경찰이념과 경찰조직

경찰학 총론

Police Ideology & Police Organization

최선우

도서출판 그린

서 문

사람이 사는 곳은 그 장소를 막론하고 범죄와 무질서가 존재하기 마련이다. 국가는 이러한 문제를 일정부분 해결하기 위해서 경찰 등 형사사법기관이 제도적으로 운용하고 있다. 경찰조직이 범죄와 무질서 등 당면한 치안문제에 효율적으로 대응하기 위해서는 그에 맞는 적절한 관리 및 운용이 필요하다. 그리고 치안환경은 복잡하고, 가변적이기 때문에 조직개편 또한 시의적절하게 이루어져야 한다. 그러나 주의할 것은 이러한 경찰조직의 변화가 당면한 치안문제의 개선이 아닌 단순한 정치적 이해관계에 의해 이루어져서는 결코 안 된다. 위정자 및 경찰최고관리자는 올바른 국정철학과 경찰이념을 가지고 일관성 있게 중·장기적인 관점에서 경찰제도의 발전을 도모해야지, 순간의 위기를 모면하거나 당리당략적인 차원에서 보여주기식으로 문제를 해결하려고 하는 것은 더 많은 혼란과 예산의 낭비 등을 가져올 뿐이다.

박근혜정부 때인 지난 2014년 4월에 발생한 세월호사건를 계기로 그해 11월에 해양경찰청의 해체와 국민안전처라는 새로운 조직을 급하게 신설한 바 있다. 결국, 국민안전처는 2017년 7월에 해체되고, 해양경찰청은 다시 설치되었다. 졸속행정의 전형이라 할 수 있다. 지난 2021년 7월에 시행한 자치경찰제도 역시 문제점을 안고 있다. 문재인정부는 2017년부터 중·장기적 관점에서 논의되었던 자치경찰제도의 도입계획을 특별한 이유 없이 전면 폐기하고, 정권 말기인 2020년 12월에 경찰법을 급작스럽게 개정하고, 이듬해인 7월에 자치경찰제도를 시행한 것이다. 다만, 자치경찰제도의 도입에 앞서, 2020년 2월에 형사소송법을 개정하여 범죄수사 등에서 종래의 검사와 경찰의 수직적 관계가 아닌 협력관계로 재정립한 것은 바람직하다고 본다.

민주국가의 정책결정과 집행, 그리고 평가과정은 소수의 정치권력집단의 이해관계와 의견으로 이루어져서도 안 되고, 이루어질 수도 없다고 본다. 정부의 국가안전에 대한 정책결정과 비전제시는 시기가 다소 늦춰질지라도 타당성 및 실효성을 갖도록 하는 것이 중요하다. 제도를 운용하는 것은 사람이기 때문에, 제도의 개편에 앞서 관계부처 담당자들의 인식 전환과 심도 있는 의견 개진을 통한 정보교환, 역할 정립 및 조정, 그리고 국민의 이해 등을 통한 거시적인 합의가 있어야 성과를 거둘 수 있다고 본다.

이번에 경찰학총론을 발간하게 되었다. 경찰학총론이 경찰학의 새로운 학문영역이라기보다는 경찰학을 총론과 각론으로 나누어 이를 체계적으로 정립한 것이다. 경찰학총론에서는 경찰개념, 경찰이념과 윤리, 경찰역사, 경찰조직이론과 조직·인사·예산 등을 중심으로 다루었다. 경찰학총론에서는 위에서 언급한 경찰제도의 개편 또는 개혁과 관련된 내용을 반영하여 논의를 전개하였다(별도의 책인 경찰학각론에서는 경찰권한을 바탕으로 경찰현장운용 즉, 생활안전, 수사, 교통, 경비, 정보, 보안, 외사경찰 등 경찰기능을 중심으로 살펴보았다). 경찰학을 학문적·실무적으로 연구하는 여러 사람에게 작은 도움이 될 수 있기를 기대한다.

이 자리를 통해 이 책에 많은 관심과 격려, 그리고 조언을 준 여러 선후배 교수님들께 감사의 마음을 전한다. 그리고 동료 교수로서 오랜 세월 함께 해 온 김경태 교수님께 감사의 마음을 전한다. 그리고 그동안 본인의 부족한 저술을 묵묵히 발간해준 그린출판사 윤덕우 사장님과 관계자분께도 감사의 마음을 전한다. 끝으로 사랑하는 아내와 아이들에게 늘 미안하고 감사하는 마음을 전한다. 모두에게 건강과 행운이 함께 하기를 기원한다.

2021년 겨울날

연구실에서 최선우 씀

차 례

제1장

서 론

제1절 현대사회의 범죄와 무질서 문제

제2절 경찰활동에 따른 인권과 질서의 딜레마

제1장 서 론

제1절 현대사회의 범죄와 무질서 문제

1. 현대사회의 특징

우리가 '경찰'(警察, police)이라는 존재를 쉽게 이해하기 위해서는 현대사회(現代社會)라는 거시적인 틀을 이해해야 한다고 본다. 경찰이라는 것 역시 시대적 산물이며, 따라서 그 시대적 특징을 이해하는 것이야말로 경찰의 본질에 가깝게 접근할 수 있기 때문이다.

그렇다면 현대사회의 모습을 설명할 수 있는 요소 또는 특징은 무엇인가? 이와 관련하여 비록 모든 상황을 해석해주지는 못하고 있지만, 많은 용어가 현대사회의 특징을 설명하고 있다. 예컨대 물질적 영역에서의 도시화·산업화·과학화·정보화 등은 현대사회의 특징을 상징적으로 표현해주고 있다. 또한 정신적 영역에서의 개인주의·익명성·인간소외·배금주의·소비주의·향락주의 역시 의미 있는 상징성을 가지고 있다. 이러한 현대사회의 특징들은 마치 동전의 양면처럼 긍정적인 요소와 부정적인 요소를 내포하고 있다고 본다.

특히, '포스트모던'(post-modern)이라는 개념의 등장은 현대사회의 또 다른 모습을 보여주고 있다. 근대 인간 이성의 회복과 과학문명의 발달은 우리에게 낙관주의적 세계관을 심어주었지만, 지난 20세기 이후 전쟁, 질병과 기아, 핵의 무기화 및 이의 안전사고, 테러, 범죄와 무질서의 심화 등은 우리의 현실을 자각(自覺)하게 하는데 충분하였다. 세계화·지방화라는 상호 조화되기 어려운 국가·사회현상 속에서 개인과 집단 간의 갈등은 더욱 심화되고 있다.

또 지난 2019년 12월에 발생한 바이러스성 호흡기 질환인 코로나19는 2021년 10월

전 세계 확진자가 2억 명(누적 사망자가 500만 명)을 넘었다. 이로 인해 전 세계는 이전에 전혀 경험하지 못한 정신적 충격과 공포, 그리고 경제적 어려움에 직면하고 있으며, 이에 대응하는 국가·사회 통제시스템은 이미 한계에 직면한지 오래다. 이와 같은 미래에 대한 낙관주의의 포기와 미래에 대한 불확실성(不確實性)의 증대는 어떻게 바라봐야 하는가?

2. 범죄와 무질서 문제

흔히들 인간은 사회적 동물이라고 한다. 이는 인간은 혼자서 살아가는 존재가 아니라 서로가 상호작용하면서 함께 살아가는 것을 의미한다. 이러한 인간의 사회적 상호작용은 크게 협력, 경쟁, 그리고 갈등 등의 형태로 나타나며, 이는 오늘날에 국한된 현상이 아니라 인류가 출현함과 동시에 시작된 것이다. 여기서 주목할 것은 협력 및 경쟁과 마찬가지로 갈등 역시 자연스러운 사회화과정의 일부라는 점이다. 범죄와 무질서라는 것은 결국 갈등의 산물인 것이다.

따라서 범죄통제를 위한 노력 역시 인류의 역사와 함께 한 것임을 알 수 있다. 창세기에 이브(Eve)의 사과 절도나 카인(Cain)의 아벨(Abel) 살해, 그리스 신화 속의 판도라 상자, 그리고 모세의 십계(十戒), 불교의 오계(五戒) 또는 십계(十戒) 등에서 범죄문제를 규정하고 있다. 이는 인류의 역사와 함께 범죄문제가 인식되고 있으며, 한편으로는 인간의 본성 속에 범죄성(犯罪性)이 있다는 것을 의미하는 것이기도 하다.[1)]

한편, 범죄와 관련하여 뒤르켐(E. Durkheim) 등은 범죄를 자연스러운 사회현상 가운데 하나로 보고 사회구조와 이의 관련성을 연구한 바 있다. 그는 범죄가 우리사회에 부정적인 기능 또는 결과를 가져오지만, 한편으로는 부분적으로 긍정적인 특성도 갖는다고 보았다. 범죄가 사회를 통일시키고 결속력(solidarity)을 강화한다는 순기능적인 측면도 있다는 것이다.[2)]

그렇다면, 개인의 자유와 권리가 신장 되는 데 많은 공헌을 한 근대국가(近代國家)가 등장한 이후 우리사회의 범죄와 무질서 문제는 감소하였는가? 우리나라는 19세기 일본 및 서구열강에 의해 문호를 개방한 이래로, 일제강점기(日帝强占期, 1910~1945)와 미군정기(1945~1948), 그리고 대한민국 정부수립(1948) 이후, 문민독재와 군사독재시대를 극복하면서 '자유민주주의의 가치'가 확고한 신념으로 자리 잡아가고 있음은 주지

1) 이상현(1996), 범죄심리학, 서울: 박영사, p. 11.
2) John E. Conklin(1998), Criminology, Boston: Allyn and Bacon, pp. 41-42.

의 사실이다. 그렇다면, 우리의 치안여건은 어떠한가? 삶의 질과 밀접한 관련성을 가지고 있는 범죄와 무질서 문제는 국민의식의 향상 및 국가발전과 더불어 감소하고 있는가?

결론부터 말한다면, 범죄와 무질서 문제는 결코 감소하지 않았다고 본다. 우리가 최근 범죄현상을 설명할 때 가장 빈번하게 사용하는 표현이 '범죄의 양적·질적 심화(즉, 발생빈도의 증가와 수단의 흉폭화), 광역화·기동화·조직화 등'이라 할 수 있다. 여기에 '범죄의 연소화와 고령화', 그리고 '사이버범죄의 증가'도 일상적으로 사용하고 있다.

이와 관련하여 지난 기간의 범죄 관련 통계를 살펴보자. 비록 범죄통계가 가지고 있는 몇 가지 한계(형사사법기관의 범죄통계 누락 및 의도적 조작, 암수범죄 등)에도 불구하고 이는 어느 정도 타당성을 갖는다고 본다. 단순 비교로 1990년대 초의 범죄발생 건수는 약 130만 건(인구 10만 명당 2,951명)인데, 2019년 현재에는 약 177만 건(인구 10만 명당 3,409명)에 이르고 있다.[3] 그리고 범죄와 직접적인 관련이 없는 경우도 있지만, 자살 역시 중대한 사회문제 가운데 하나로 인식되고 있다. 이와 관련하여 2020년에 12,776명이 자살한 것(1일 약 35명)으로 나타나 OECD 국가 가운데 1위를 차지하고 있다.[4]

그리고 교정시설에 수감 중인 재소자 현황을 보면, 2010년에 1일 평균 수용자가 47,471명(인구 대비 0.10%)이었는데, 2019년 현재 54,625명(인구 대비 0.11%)으로 증가하였음을 알 수 있다.[5]

한편, 이러한 범죄 등의 문제에 대응하기 위하여 경찰조직의 규모를 계속 확대해 왔다. 이와 관련하여 경찰관서는 2011년 16개 지방경찰청 249개 경찰서에서 2020년 18개 시·도경찰청 257개 경찰서로 증설하였다. 그리고 경찰공무원 정원은 2011년 101,239명에서 2020년 126,227명으로 증가하였다. 경찰 1인당 담당 인구로 보면,

---

3) 법무연수원(2020), 범죄백서, p. 66.

4) 자살 등에 의한 변사자(變死者)조사 역시 경찰의 중요한 역할 가운데 하나이다. 2010년 현재 변사자 21,573명 가운데 자살 12,776명 외에 타살 369명, 과실사 6,690명, 재해사 212명, 기타 1,526명에 이르고 있다. 한편, 자살자의 직업 가운데 특히, 무직자(無職者)가 6,006명, 일용노동자가 139명으로 전체의 약 48.0%를 차지하는 것으로 나타났다. 사회경제적 무능력이 자살과 밀접한 관련이 있음을 알 수 있다. 경찰청(2021), 경찰통계연보, pp. 334-336.; 사회경제적 무능력의 또 다른 모습은 '생계형 범죄' 및 '사회에 대한 분노 표출'과 같은 범죄현상과도 관련성이 있다고 본다. 범죄는 개인적 요인(심리·생물학적 관점)보다 사회환경적 요인(구조·과정)에 의해 좌우되는 경향이 높기 때문이다. 범죄원인이라는 것은 개인적 요인과 환경적 요인들이 복합적으로 결합하여 나타나는 것으로 볼 수 있는데, 일부 범죄학자들은 범죄자 가운데 30%는 선천적·생래적으로 범죄성(犯罪性)을 가지고 태어났고, 나머지 70%는 부적절한 환경적 요인에 의해 범죄를 저지르게 된다고 보기도 한다. John E. Conklin(1998), op. cit., pp. 147-148.

5) 법무연수원(2020), 위의 책, pp. 344-347.

2011년 501명에서 2020년 411명으로 감소한 것이다.[6] 그러나 이러한 상황에도 범죄와 무질서 문제는 여전히 감소하는 기미를 보이지 않는다는 점이다.

이는 미국 등 다른 선진국들 마찬가지이다. 물론, 경찰이 치안환경에 미치는 영향은 한계가 있는 것이 사실이다. 그러나 국가차원의 경찰제도의 개혁 및 경찰조직 스스로가 어떠한 '자아성찰'(自我省察)을 통한 노력을 기울인다면, 일정부분 치안환경의 개선은 이루어질 수 있다고 본다.

제2절 경찰활동에 따른 인권과 질서의 딜레마

1. 경찰과 경찰활동의 발전

공공의 안녕과 질서를 유지하고 범죄를 통제할 수 있는 치안활동 또는 경찰활동의 필요성은 그 정도의 차이가 있을 뿐 어느 사회에서나 요구되었고, 따라서 어떠한 형태로든 존재해 왔다고 볼 수 있다. 국가성립 이전의 고대 부족에서는 부족의 성인 남자들의 집합적 노력을 통하여 자경주의(自警主義, self-policing or vigilantism)의 형태로 개인과 집단을 보호자고자 하는 활동을 수행하였다고 볼 수 있다.

그리고 이러한 범죄 및 무질서에 대한 통제는 '국가'(國家)라는 실체가 역사에 등장하면서 복잡해졌다고 볼 수 있다. 국가성립 이전의 사회와는 달리 국가가 성립되고 체계화될수록 국가적 차원에서 범죄를 구체적으로 규정하고, 이를 통제하려는 경향이 뚜렷하게 나타나기 때문이다.[7]

국가가 성립하고, 발전함에 따라 자경주의 차원의 경찰활동보다는 제도적·공식적인 경찰활동이 확대되었음을 알 수 있다. 이러한 논의는 대륙법계 경찰개념에서 말하는 이른바 '실질적 의미의 경찰'에서 '형식적 의미의 경찰'로의 변화 또는 발전을 의미하는

6) 경찰청(2021), 위의 책, pp. 4-10.
7) 또한 국가가 등장한 이래로 인간의 자연적 생활주체로서의 이익보호와는 별도로 국가자체의 질서를 보호하고 이 질서를 침해하는 행위(예: 내란죄와 외환죄 등)를 범죄로 취급하기 시작하였다는 점이다. 따라서 일반적으로 자연범(自然犯, natural crime)으로 인정되는 형법상의 각종 범죄 중에서도 국가의 존재를 전제로 하는 것이 적지 않다는 점을 인식할 필요가 있다. 이 때문에 근대국가의 형벌법규하에서는 기본적으로 자연범과 법정범과의 구별을 명확하게 하기가 어렵다는 점도 제기된다. 최선우(2003), "형사사법의 역사성과 체제론적 접근," 한국공안행정학회보 제16호, pp. 206-207.

것이다(이에 대한 상세한 논의는 제3장 경찰개념 참조).

한편, 클러카스(C.B. Klockars)가 지적한 바와 같이 경찰과 시민의 관계에 대한 새로운 접근은 19세기 이후 전문화된 직업적 경찰활동의 도래와 함께 매우 중대한 관심사가 되기 시작하였다.[8] 서구경찰에 있어서 19세기(예컨대, 1829년 영국 런던수도경찰)를 근대경찰(近代警察)의 출발점으로 보고 있다는 점에서 매우 중요한 역사적 의미가 있다.

이는 국가성립 이전의 자경주의적 경찰활동 단계에서 국가성립 이후의 제도적 경찰활동 단계로 발전하고, 근대국가 등장 이후 전문적·독립적 경찰활동 단계로 발전하였다는 것을 의미하기 때문이다. 국가성립은 했으나 근대국가가 등장하기 전에는 비록 국가차원에서 경찰활동이 이루어지기는 했으나 어떠한 제도적 독립성을 갖기보다는 군(軍)과 다른 형사사법기관, 그리고 일반행정 등과 미분화(未分化)된 상태에서 이루어졌다고 볼 수 있다. 또 고대 부족국가에서부터 이루어진 '병농일치'(兵農一致)의 관념 등에 의해 경찰활동이 전문적인 직업인에 의해서 이루어지지 못하였다고 볼 수 있다.

그런데, 근대국가 성립 이후에 경찰이 제도적으로 독립하고, 경찰활동을 전문으로 하는 직업인으로서 관련 업무를 수행하게 되었다는 점이다. 이는 근대국가 이전의 지배권력집단의 권력유지 수단으로 존재하는 경찰관념에서 훨씬 진보(進步)한 것이라 할 수 있다.

이렇게 됨으로써 경찰과 시민의 관계는 변화되었고, 매우 큰 역사적 의미를 갖게 된다. 경찰과 시민의 관계가 권위적·수직적 관계가 아닌 피고용자와 고용자의 관계 속에서 논의되고 있기 때문이다. 시민이 이전과 같이 경찰활동을 스스로 하기보다는 전문인력을 선발하여, 이들에게 관련 업무를 수행하도록 하고, 그 대신 이들의 활동에 대한 일정한 대가(즉, 세금)를 지불함으로써, 시민은 일종의 '치안서비스 고객 또는 수혜자'의 위치에 서게 된 것이다.

물론, 오늘날에도 경찰과 시민의 관계에 대한 이러한 인식은 단지 피상적인 선언에 불과한 면이 없지 않다. 따라서 현실적으로는 여전히 권위적·수직적 요소(이는 물리적 강제력을 행사하는 경찰활동의 본질에서 비롯된 것이기도 함)가 존재하고, 또 어떠한 것이 바람직한 '경찰상'(警察像)인가 하는 것에 대한 국가적·사회적 합의가 도출되지 못한 부분도 없지 않은 것이 사실이다.

---

8) Robert H. Langworthy, Lawrence F. Travis III.(1994), Policing in America, New York: Macmillan Publishing Company, p. 316 재인용.

이러한 문제는 비록 민주국가 일지라도 공통으로 직면한 것이며, 각 나라가 처한 시대적·역사적 상황에 따라 상이하게 나타난다. 일반적으로 지방분권적인 자치경찰을 기초로 하는 영미법계 국가의 경찰보다는 중앙집권적인 국가경찰을 기초로 하는 대륙법계 국가경찰에서 경찰의 국가지향성은 뚜렷하게 나타나고 있다고 볼 수 있다. 그리고 경찰은 시민에 대한 봉사자가 아닌 감시와 통제자로서 기능을 수행해 온 점도 적지 않다. 그동안 우리가 경험하였던 수많은 역사적 사실들은 이를 증명해주고 있다.

그런데, 이러한 현상이 비단 대륙법계의 국가경찰에서만 나타나는 것이 아니다. 영미법계의 자치경찰에서도 시민에 대한 감시와 통제, 그리고 경우에 따라서는 부당한 인권침해가 빈번하게 발생해 온 것이 사실이다. 20세기 영국과 미국의 경찰과 시민의 관계에서 이러한 예는 얼마든지 찾을 수 있다.

2. 인권과 질서의 딜레마

흥미로운 것은 국가가 개인의 자유 및 권리 확대를 보장하는 정도 즉, 인권보장(人權保障)의 정도는 범죄 및 무질서의 증가와 일정한 관련성을 갖는다고 보기도 한다는 점이다. 우리나라뿐만 아니라 자유민주주의 이념이 훨씬 이전부터 정착되어온 선진국에서도 범죄와 무질서 문제는 해결 내지 감소하지 않고 있다.

살인, 강도, 성범죄와 같은 강력범죄는 여전히 적지 않게 발생하고 있고, 교도소는 과밀수용 문제로 어려움을 겪고 있다. 미국의 예를 든다면, 1990년대 후반에 이르러 이전보다 범죄통제에 대한 국가적 노력(조직 및 예산 확대 등)을 훨씬 많이 하고 있으나 100만 명이 넘는 범죄자들을 교정기관에 수감하고 있다.[9)]

윌슨(J. Q. Wilson)은 이러한 범죄 및 무질서 문제의 본질이 바로 인권보장의 정도와 밀접한 관련성이 있다고 보았다.[10)] 그는 국가가 개인의 '자기표현'(personnel expression)의 권리를 장려 또는 보장해주는 것은 한편으로는 '자기방종'(self- indulgence)을 장려하는 것과 '동일한 결과'를 가져다준다고 보고 있다. 바꿔 말하면, 자유롭게 무엇인가를 행사하고자 느끼는 사람은 마찬가지로 정당성과 불법성의 여부를 떠나서 자신의 권리를 자유롭게 행사하고자 하는 욕구를 갖게 되고, 결과적으로 그것이 무질서한 상태로 표출될 가능성을 내포하고 있다는 것이다. 자기욕구를 범죄로 표출시키고자 하

---

9) Samuel Walker(1998), Popular Justice: A History of American Criminal Justice, NY: Oxford University Press, p. 1.

10) James Q. Wilson and Susanne Washburn(1993.8), "A Rhythm to the Madness," Times, p. 31.

는 것도 마찬가지이다.

이러한 시각에서 본다면, 일정한 수준에서 개인의 자유와 권리를 통제할 필요성이 제기된다. 그렇다면, 그 기준은 어디에 있는가? 이와 관련하여 밀(J. S. Mill)은 그의 저서인 『자유론』(On Liberty, 1859)에서 개인은 자기 자신의 행복을 각자의 방식에 따라 추구할 수 있는 자유(사상과 언론의 자유 등)를 가졌을 때, 참다운 의미의 자유라고 하였다. 그러나 다른 사람의 권리나 자유를 침해하거나 공동체의 안전을 위협하는 때에는 그 자유를 억제해야 한다고 하였다. 밀은 보호받아야 할 자유와 제한하는 자유를 구별하여 개인 또는 공중에게 분명한 가해의 위험이 있는 때에는 그것은 자유의 영역을 넘어서 '법이나 도덕'의 '공적 제약' 영역에 속한다고 본 것이다. 그래서 관객으로 가득 찬 극장 안에서 '불이야!'(fire!)하고 큰 소리 칠 수 있는 자유란 돌발적 사상자가 생길 위험 때문에 그 자유를 스스로 억제해야 한다는 것이다. 밀은 개인의 자유를 다른 사람의 권리와 공동체의 안전을 전제로 한 질서와의 관계에서 본 것이다.[11)]

이렇게 볼 때, 밀의 자유론은 약육강식, 적자생존 등 자연질서(自然秩序, natural oredr)상의 자유를 논한 것이 아니라 강자로부터 약자가 보호되는 사회질서(社會秩序, social order)상의 시민의 사회적 자유를 논하였음을 알 수 있다. 그리고 이러한 사회질서상의 자유는 국가의 적절한 중재 또는 조정이 이루어질 때 가능한 것이다. 물론, 밀은 국가의 가치라는 것은 결국 그 국가를 구성하는 개인의 가치에 있으며, 따라서 개인을 경시하는 국가는 존립하지 못한다는 점을 분명히 하고 있다.

그런데, 여기에서 주의해야 할 점이 있다. 이 글에서 논의하는 인권과 질서에 대한 경찰의 개입은 원칙적으로 '가치중립적'(價値中立的)이어야 한다는 점이다. 헌법(憲法)에서 보장하고 있는 개인의 기본권과 공공의 안녕과 질서유지를 위한 기본권 제한(제37조)은 이러한 가치중립적 관점을 전제로 한 것이라고 본다. 경찰은 전형적인 법집행기관으로서 그러한 법집행의 정당성은 가치중립적인 '적법절차'(適法節次, Due process of law)에 의해서 실현되는 것이다.

이러한 경찰의 가치중립은 특히, 정치권력에 대한 객관적 태도를 의미한다. 바꿔 말하면, 경찰이 정치적으로 중립적이지 못하고 자의적으로 또는 소수의 국가 지배권력집단의 의사를 반영하여 법집행을 하게 되면 인권은 후퇴할 수밖에 없다. 이렇게 되면, 범죄와 무질서 문제보다 더욱 심각한 사태 즉, 독재권력(獨裁權力)이나 경찰국가(警察國家)를 조장하게 됨은 자명한 이치이다.

11) 이상안(2005), 인권과 질서, 서울: 대명출판사, pp. 53-54 재인용.

생각건대, 개인의 자유와 권리보호가 범죄 및 무질서와 밀접한 관련성이 있다 할지라도 경찰의 존재가치는 1차적으로 집단보다는 개인, 질서유지보다는 인권보장에 있다고 본다. 이는 헌법의 기본정신에도 부합하는 것이다. 경찰이 진정으로 개인의 자유와 권리를 보호해주고, 국민(개인)으로부터 신뢰와 존경을 받게 되고, 그러한 상태에서 정당하게 공권력이 행사할 수 있다면, 범죄와 무질서 문제는 상대적 감소 될 것으로 기대한다.

제2장

경찰학의 성립과 패러다임

제2장 경찰학의 성립과 패러다임

제1절 경찰학의 학문성과 패러다임 정립 문제

1. 경찰학의 의의

경찰현상을 하나의 학문(學問)으로 인식하고, 오늘날 이에 관한 연구가 활발하게 이루어지고 있는 까닭은 무엇인가?[1] 인간의 본능적인 자위(自衛, self defense) 수단으로서의 경찰기능과 국가차원의 경찰제도의 역사가 오랫동안 이루어져 왔음에도 불구하고, 이의 과학적·체계적인 접근은 그리 오래되지 않았다고 본다. 경찰을 과학에 기초를 둔 하나의 독자적인 학문영역으로 인식하기 시작한 것은 최근의 일이다. 비교적 일찍 근대경찰 개념이 정립된 서구에서도 경찰에 대한 학문적 접근은 20세기 중반에서야 비롯된 것으로 보기도 한다.[2]

서구에서는 경찰학(警察學, Police Science)에 대해서 "이는 응용학문으로써 학문적 방법론 및 이론체계를 활용하여 공공질서유지와 경찰체제 그리고 경찰활동에 관련된 문제를 해결하기 위한 과학적 연구이다"라고 정의하고 있다.[3] 이에 대해서 이황우교수는 "실정법상의 경찰조직 및 활동에 관한 학문적 연구성과의 총체라고 정의할 수 있으며, 철학·사회학·행정학, 기타 경험과학 분야를 포함하고 있다. 따라서 경찰학은 경찰실무와 동떨어진 공리공론(空理空論)이 아니며, 실무를 학문적으로 이론화한 것이다. 즉, '경찰'이라고 불리는 국가제도(지방제도 포함) 또는 공권력 행사와 관련된 제반 관념이나 현상 혹은 원리들을 체계적으로 규명한 지식의 총체를 일컫는 말이다. 그러므

1) 최선우(2007), "경찰학의 패러다임과 발전과제 연구," 경찰학논총 제2권 제1호, pp. 45-73.
2) 이상안(1999), 신경찰행정학, 서울: 대명출판사, p. 145.
3) Hans Gerd Jaschke etc.(2007), Perspectives of Police Science in Europe, European Police College. p. 24.; 김창윤(2012), "한국 경찰학의 성립과 기원에 관한 연구," 한국공안행정학회보 제47호, p. 93 재인용.

로 시각적으로 확인되는 경찰조직의 구조, 활동, 관리뿐만 아니라 경찰관들의 의식 세계나 범죄와 같은 일탈행위까지도 연구영역에 포함된다"고 하였다.[4)]

경찰학에 대한 논의는 이를테면 '이론(理論)과 실제(實際)'의 문제인데, 이의 접근은 실용주의적인 면이 강하다. 이왕이면 좀 더 양질의 치안서비스를 제공할 수 있는 경찰조직의 운영 및 관리방법 등을 모색하기 위한 것이다. 이를 위해서는 비록 경찰이념과 경찰현실 사이에는 불일치되는 부분이 있지만, 국가 지배권력의 의사를 반영하는 것이 아닌 일반 시민을 위해서 존재하는 경찰상을 정립하고자 노력해야 한다. 그리고 경찰이 효율적으로 치안서비스를 제공하고, 부정부패를 저질렀을 때는 이를 적절하게 통제할 수 있는 방법을 찾는 등의 노력을 이론적·학문적으로 체계화해야 한다.

경찰학에 대한 학문적 요구는 우리사회가 요구하는 경찰을 조직화하여 운영하고, 이를 통해 최적의 치안서비스를 시민들에게 제공하기 위한 일종의 '사회적 기반'(social infra)을 구축하기 위한 것이다. 이러한 관점에서 볼 때, 경찰에 대한 학문적 논의는 바로 경찰의 '진보'(進步, progress)를 지향하기 위한 과정이라고 할 수 있을 것이다.

2. 경찰학의 연구대상과 방법론

1) 과학적 접근과 한계

경찰학을 연구하는데 과학적 접근방법을 취하는 것은 중요한 일이다.[5)] 과학적 접근이라는 것은 경찰현상을 경험적으로 분석하여, 그것에 내재한 일정한 법칙성(法則性)과 보편성(普遍性)을 발견하는 과정이라고 할 수 있다.

이를 위해서는 연구의 접근방법이 체계적·경험적·실증적·객관적·계량적일 것이며 요구되며, 이의 성과는 일반성 또는 보편성을 지녀서 결과적으로 미래의 유사한 상황에서도 그러리라는 예측까지도 할 수 있도록 해야 할 것이다.

이를테면 현실의 세계에 있는 사실로부터 귀납(歸納)적으로 잠정적인 이론을 정립해 놓고, 이것을 이론의 세계에서 연역(演繹)하여 예측을 가능케 하고, 그 예측된 것을 다시 현실의 세계에서 입증하여 완벽한 이론으로 정립시키고, 또 정립된 이 이론은 다음의 새로운 이론을 도출하기 위한 출발점 또는 가설로 삼을 수 있다면 이는 매우 의미

4) 위의 논문, p. 93 재인용.

5) 경찰학의 학문적 접근방법 역시 다른 사회과학과 마찬가지로 여러 가지가 있는데, 방법론 자체는 크게 다르지 않고, 다만, 연구대상에 있어서 차이가 있다고 본다. 이를테면 연구방법과 연구대상은 '체용'(體用)의 관계이며, 따라서 인접 학문의 일반론적인 접근방법은 모두 경찰학에 있어서도 중요한 접근방법이 될 수 있다고 본다.

있는 일이다.[6)]

일반적으로 경험의 세계에서 타당성이 있다고 믿게 될 때 우리가 생각하고 있던 변수와 변수와의 관계는 하나의 진리로 판명되고, 그것을 '이론'(理論, Theory)이라고 부르게 된다. 어떻게 보면, 이론이라는 것은 '예측가능성'(豫測可能性)을 의미하는 것이다.[7)] 이 경험의 세계에서 판명된다는 것은 실증적으로 알아낸다는 의미가 되며, 그것은 또한 한두 사람의 견해에 따르는 것이 아니라 많은 사람이 그렇다고 생각하는 객관적인 수준에서 이루어져야 한다는 것을 의미한다.

과학적 방법의 속성이 경험적·실증적·객관적이라고 하는 것은 이러한 의미가 있다. 그리고 과학적 방법이 객관적 또는 일반적인 것이 되어야 하고 수학의 논리를 따르는 것이므로 현상의 분석절차나 방법이 계량적인 형식으로 이루어져야 한다.

그러나 여기서 주의해야 할 것은 사회과학의 한 유형으로서 경찰학의 일반성이라고 하는 것이 자연과학의 그것과 똑같을 수가 없다는 점이다. 이들 상호 간에는 연구의 대상이 지니는 성격이 다르기 때문에 경찰학에서는 사실상 일반이론(General Theory or Great Theory)으로 정립하기는 어렵고 그 지역 또는 나라가 처한 역사성이나 문화적 특수성에 맞는 중범위이론(Middle gauge Theory)을 정립하는 정도가 현실적일 수 있다.

따라서 예컨대, 전 세계에 공통으로 적용되는 경찰개념과 경찰이념, 조직체계, 그리고 현장운용원리를 제시한다는 것은 사실상 불가능한 일이라고 본다. 반면, 자연과학의 만유인력(萬有引力)의 법칙 등 자연과학의 경우에는 적어도 지구 대기권 내에서는 보편적인 진리가 된다).

6) 이하 접근방법론에 대한 기본논의는 최종태(1988), 조직구조론, 한국방송통신대학교, pp. 1-7 재구성.

7) 많은 사람은 이론이란 말을 처음 접할 때 당장 저항감을 가진다. 이론이란 무언가 추상적인 것이어서 '현실세계'에 잘 들어맞지 않는다고 보기 때문에 일어나는 감정이다. 그러나 우리는 부지불식간에 항상 이론을 이용하고 있고, 이것은 곧 일상생활을 일부를 이루고 있다. 예컨대, 우리가 하늘의 먹구름을 보고 곧 비가 올 것 같다고 말한다면, 이것은 바로 하나의 이론을 말한 것이다. 이러한 이론은 아주 간단한 것일 수도 있고, 매우 복잡한 것일 수도 있는데, 그것은 표현하는 관계의 수와 형태에 달려있다. 이론은 또 구체적일수도 있고, 추상적일수도 있다. 우리가 세상을 살아가기 위해서는 이론이 필요하다. 사물에 대한 일반화를 하지 못할 경우, 우리의 삶은 어떻게 될 것인가를 생각해보자. 요약건대, 이론은 일종의 일반화(一般化)이고, 그것은 둘 또는 그 이상의 사건 내지 현상들이 서로 어떻게 관련되어 있는가를 설명해주는 것이다. 물론, 자연과학은 100% 맞을 때 이론으로 정립되지만, 사회과학은 30% 수준에만 이르러도 이론으로 정립될 수 있다고 본다. 상징적 상호작용을 하는 인간의 행태에서 일반성·법칙성을 발견한다는 것은 그만큼 어려운 일이다. Frank P. Williams, Marilyn D. McShane/박승위 역(1994), 사회문제론, 서울: 민영사, p. 11.

이론적 검토: 형사사법이념과 수사구조론

이론적 관점에서 형사사법이념과 수사구조론(搜査構造論)을 살펴보자. 형사사법이 지향하는 목표는 궁극적으로 범죄통제에 있다고 볼 수 있다. 따라서 형사사법이라는 것은 경찰·검찰·법원·교정기관의 과학적 행정을 통하여 범죄통제(犯罪統制)를 꾀하고자 하는 일련의 지식체계라 할 수 있다.[8)]

이러한 범죄통제 목표를 달성하기 위해서는 무엇보다도 ㉠ 실체적 진실발견이 핵심이라 할 수 있는데, 한편으로는 그러한 과정에서 야기될 수 있는 ㉡ 인권침해에 대한 보호 역시 이에 못지않은 중요한 비중을 차지하고 있다.

그렇다면, 이러한 형사사법 목표를 달성하기 위해서 공식적 형사절차의 첫 단계인 '수사구조'(搜査構造)를 어떻게 하는 것이 바람직한가? 바꿔 말하면, 하나의 이론으로서 어떠한 형식의 수사구조를 갖추었을 때, 현실적·미래지향적으로 범죄통제의 효율성을 극대화할 수 있을 것인가 하는 문제이다. 그리고 이 수사구조론의 핵심에 경찰 수사권독립론(搜査權獨立論)이 자리 잡고 있다.

경찰조직은 경찰청을 정점으로 하여 시·도경찰청, 경찰서, 그리고 지구대·파출소에 이르는 체계화된 조직을 바탕으로 범죄예방 관련 중추적인 역할을 하고 있다. 범죄수사는 이러한 범죄예방이 실패하였을 경우에 이루어지는데, 양자가 분리되기도 하지만 일련의 연속체로 이루어지는 경우도 적지 않다. 상호불가분리성(相互不可分離性)의 관계를 갖는다는 의미이다. 이러한 관점에서 사법경찰관에게 검사의 지휘·감독으로부터 독립한 수사주재자의 지위를 부여하자는 입법론적 주장인 수사권독립론은 많은 설득력을 갖는다.

이러한 이유로 2020년 2월 형사소송법이 개정(2021년 1월 시행)되어 '검사와 사법경찰관은 수사, 공소제기 및 공소유지에 관하여 서로 협력하도록 함'(제195조 신설)으로서 경찰에게 일정부분 독자적인 수사권을 부여한 것은 의미가 있다. 이러한 수사업무를 효율적으로 수행하기 위하여 2021년 1월 경찰청 산하에 수사업무를 총괄하는 국가수사본부(國家搜査本部)가 설치된 것이다. 이에 따라 국가수사본부는 범죄수사에 대하여 독립적인 책임을 지며 각 시·도경찰청장과 경찰서장 및 수사부서 소속 공무원을 지휘·감독하도록 하고 있다(국가경찰과 자치경찰의 조직 및 운영에 관한 법률(약칭: 경찰법) 제16조).

그런데, 형사사법에 있어서 수사권한과 같은 물리적 강제력의 사용이 법적으로 허용되고 있는 두 국가기관(경찰과 검찰)의 관계를 놓고 나라마다 차이가 있다. 먼저, 독일과 같은 대륙법계의 수사구조에서는 사법경찰을 검사의 지휘·감독하에 두고 있는 형태를 취하고 있다. 이는 검찰의 인권보장기관으로서의 역할 정립 및 중앙집권적인 국가경찰에 대한 권력분립(權力分立)의 관점에서 의미가 있다.

반면, 미국, 영국 등 영미법계에서는 대륙법계와 같이 검찰과 경찰이 수직적인 지휘·감독관계에 놓이게 될 때, 형사사법기관 간의 '견제와 균형'(check and balance)원리가 깨

8) Joseph J. Senna, Larry J. Siegel(1998), Essential of Criminal Justice, N. Y.: Wadsworth Publishing Company, p. 8.

지고, 또 수사절차상의 비효율적인 운영 등의 문제가 발생한다고 보고 있다. 이에 따라 양 기관을 역할을 분리하여 경찰은 수사, 그리고 검찰은 소추에 전념하도록 하고 있다.[9)]

한편, 영미법계에서 경찰조직이 중앙집권적인 국가경찰이 아닌 지방분권적인 자치경찰 형태로 운영되고 있기 때문에 경찰의 수사권 오남용으로 인한 정치적 폐단 등이 상대적으로 적다는 것도 중요한 요인이 된다. 우리나라의 경우, 형사소송법의 개정과 함께 경찰법이 개정되어 2021년 7월부터 비록 제한적이지만 자치경찰제도를 도입한 것도 이러한 이유라 할 수 있다.

생각건대, 형사사법에서 경찰의 수사권독립 또는 수사구조의 합리화는 경찰과 검찰 두 권력기관 간의 밥그릇 싸움 또는 이해타산에 의하기보다는 개인의 자유와 권리의 보호를 본질로 하는 민주주의적 가치실현에서 찾아야 한다고 본다.

따라서 이러한 문제는 어떻게 보면 경찰학 연구의 일반화에 대한 한계를 보여주는 것이기도 하며, 한편으로는 경찰학에서 이용하고 있는 과학적 방법 자체에 일정한 한계가 내재해 있다는 것을 의미하는 것이 된다. 그것은 경찰학의 주요 연구 대상인 경찰조직과 인간의 행태가 과학적으로 규명하기에는 사실상 불가능할 정도로 매우 다양하고 복잡하기 때문이다. 이 밖에도 경찰학의 연구대상에 있어서 법과 제도, 환경적 요인 등 다양한 대상에 대한 접근이 요구된다. 그러나 결과론적으로 본다면 모든 연구는 인간행태에 귀결된다고 본다. 사회과학으로서 경찰학이 안고 있는 과학적 방법의 한계를 보다 구체적으로 보면 다음과 같다.

첫째, 경찰·범죄자·일반시민 등 인간의 행태는 복잡하고 가변적이기 때문에 명확한 예측이 불가능하다.

둘째, 인간행태의 본질을 알아내는 객관적 절차 즉, 실험과 같은 방법은 완전하지 못하다.

셋째, 인간에게는 예측을 전복시킬 수 있는 능력이 있다.

넷째, 경찰학 연구는 연구자 자신의 목적의식을 통한 상징적 존재인 인간에 관한 상징적 연구이기 때문에 연구대상이 규범적인데, 단지 그것을 과학이라는 이름으로 분석하고 기술하고 있다.

다섯째, 연구를 위한 접근방법의 정확도와 신뢰도를 지나치게 강조하여 적합성과 타당성을 무시하기도 한다.

여섯째, 비인간화를 재촉하는 폐단을 낳기도 한다.

일곱째, 가치중립의 문제와 가치개입의 불가분성 문제가 상존한다.

9) 신동운(2006), 형사소송법, 서울: 법문사, pp. 51-53.

따라서 자연과학과 사회과학은 그 대상과 전개 방법에서 차이가 있음을 잊어서는 안 된다. 먼저 연구대상에 있어서 자연과학은 객관의 세계를 대상으로 하고 있고, 경찰학과 같은 사회과학은 인간과 그의 행동을 대상으로 한다. 그러므로 사회과학에서 다루는 인간, 그리고 그의 행동의 변화양상은 자연과학의 객관적인 세계와는 다르다.

따라서 일차원적인 자연의 세계에서 활용되는 분석도구를 사회과학의 과학성을 높인다는 명분으로 타당성 여부도 검토하지 않고 다원적인 사회현상 파악에 자의적으로 적용하는 것은 위험한 일이다. 물론 지나치게 이론의 반복(순환모순)만을 계속하는 비경험과학의 함정에 빠져서는 안되며, 사회현상에 특유한 의사소통과 상호작용의 내용을 인식론적 차원에서 파악해야 할 것이다.

2) 상징적 상호작용의 인식

경찰관 개인은 물론이며 범죄자 등 인간의 행태는 독립적·개별적으로 이루어지는 것은 아니다. 인간은 사회적 동물로써 상호작용(interaction)을 통해서 존재하는 것이다. 따라서 인간행태를 중요한 연구대상으로 하는 경찰학에서는 이의 상호작용의 중요성을 인식하고, 이를 적절하게 파악하고자 노력해야 함은 물론이다. 그러나 자연현상의 상호작용과 사회현상의 상호작용을 동일시해서는 안 된다. 단순한 논리로 기계와 기계의 상호작용과 인간과 인간의 상호작용은 엄청난 차이가 있기 때문이다.

상호작용과 게임이론

인간은 때로는 서로 대립적으로 행동하며, 때로는 서로 협력적으로 행동한다. 이들 상호간에 가지고 있는 정보는 제각각이며, 그들의 열망은 투쟁 또는 협력으로 치닫는다. 그러나 자연은 비정(非情)하기 때문에 이러한 특징은 전혀 나타나지 않는다. 원자·분자·항성(恒星)은 응결하고 충돌하고 폭발하겠지만, 그것들은 서로 다투는 일이 없으며, 제휴하는 일도 없다. 요약건대, 자원과학에서 전개한 방법과 개념을 사회과학 문제에 적용하는 것에는 한계가 있다는 의미이다.

이러한 관점에서 자연 대 자연, 인간 대 자연, 인간 대 인간의 상호작용은 게임이론(Game theory)으로 설명된다. 인간 대 자연과의 상호작용 관계에서 예컨대, 엘리베이터의 승객이 선택할 수 있는 대상은 누를 수 있는 몇 개의 버튼이며, 일어날 수 있는 결과는 도착하게 될 각 층이다. 그리고 여기에서는 선택과 결과의 사이에 명백한 인과관계가 존재한다. 이러한 인간 대 자연의 범주의 문제는 이처럼 단순하지만 복잡한 경우도 있다.

또 다른 예를 들어보자. 다섯 명의 범죄 용의자가 어느 빌딩의 지하실에 은밀히 모였다. 밖에서는 이들 일당의 두목을 미행하도록 명령받은 경찰이 그들이 해산하기를 기다리고 있다. 경찰은 두목이 일당 중에서 가장 키가 크다는 것을 알고 있으며, 그것이 일당으로부터 두목을 식별해 낼 수 있는 유일한 단서이다. 조심스럽게 일당은 한 명씩 자리를 뜬다. 한 명이 떠나고 다음 사람이 나서기까지 충분히 간격을 두고 있기 때문에 다음 사람을 기다리고 있으려면 그 앞의 사람을 미행할 수 없게 된다.

용의자들이 불규칙한 순서로 빠져나간다면 경찰이 취할 수 있는 최선의 선택적 전략은 무엇일까? 그가 최선의 전략을 취한다고 하면 미행할 인물이 두목일 확률은 얼마나 될까?

언뜻 생각하면 이것은 복수 게임처럼 보일지 모른다. 분명 두 사람 이상이 결과에 대해 이해관계를 가지고 있다. 그러나 용의자들은 닥쳐오는 위험을 알아차리지 못한 채 이 위험에 관해 명확한 결정을 내리지 않은 상황이기 때문에 이 게임은 사실상 인간 대 자연의 게임인 것이다. 그러나 용의자들이 경찰의 의도를 알아차리고 의논한 끝에 그 경찰을 따돌리고자 한다면, 또는 경찰이 용의자들에 대한 아무런 사전 정보가 없다면 문제는 전혀 달라진다.[10)]

요약건대, 경찰활동은 인간 대 (선택적 조건이 정해진)자연과의 게임이 아닌 선택적 조건을 예측하기 어려운 인간(경찰) 대 인간(범죄자, 일반시민)의 상호작용 속에서 이루어지는 것이며, 따라서 이러한 상황에서 최선의 전략을 선택하는 것은 결코 쉬운 일이 아니다.

인간과 인간의 상호작용 즉, 사회적 상호작용을 이해하는데 분석할 수 없는 함축성이 있는 상징적 논리(symbolic logic)에 의한 상징적 상호작용(symbolic interaction)에 관한 연구가 있어야 한다. 즉, 상호작용을 시너지(synergy) 개념에서 파악해야 하고, 이는 '1+1=2'가 된다는 식이 아니라 '1 + 1= 3'도 될 수 있고 '10'도 될 수 있으며, 경우에 따라서는 '마이너스'도 될 수 있는 것이다. 이것은 합리적인 분석적 차원이 아닌 이해적 차원이 필요하다는 것이다.

따라서 어떠한 현상에 대한 설명에서도 자연과학은 예측(豫測, prediction)에 중점을 둘 수 있지만, 경찰학과 같은 사회과학은 예측보다는 사람과 사람 사이의 의사소통(意思疏通)에 비중을 두는 것이다.

물론, 사회과학에서도 미래에 대한 기대를 무시하지는 않는다. 뿐만 아니라 자연과학은 보편화된 법칙을 존중하지만, 사회과학은 사회적 관습의 입장에서 설명된다. 또

10) 이 경우 경찰이 취할 수 있는 최선의 전략은 최초의 두 사람을 살펴 보내고, 남은 세 사람 중에서 앞서 보았던 두 사람보다 키가 큰 최초의 남자를 미행하는 것이다. 만약 남은 세 명 중 누구도, 먼저 빠져나간 처음 두 사람보다 키가 크지 않다면 두목은 이미 도망쳐 버린 것이 된다. 경찰이 이런 식으로 행동을 취하면, 목표로 삼은 남자를 미행할 수 있는 비율은 약 40%이다. 의외로, 지하실에 몇 명이 모여 있더라도, 모여 있는 인원 수를 미리 정확히 알고 있으면 경찰은 약 40%의 비율로 두목을 찾아낼 수 있다. 그는 최초(근사적으로) 40%의 사람 수를 보내고 나서 남은 60% 중에서 먼저 보았던 이들보다 키가 큰 최초의 인물을 미행하면 된다. 이처럼 인간 대 자연, 인간 대 인간의 상호작용 과정에서 불완전한 정보로 의사결정을 내리지 않으면 안 되는 상황은 얼마든지 존재한다. Morton D. Davis/홍영의 역(1998), 게임의 이론, 서울: 팬더북, pp. 18-20.

사회의 구성적 의미에다 중점을 두기 때문에 자연과학 이론처럼 경험의 연역적 통일성을 마련하는 것도 결코 쉬운 일이 아니다. 따라서 연역적 논리에 입각하는 것보다는 현상을 해설하는 것에 초점을 두기 마련이다.

이와 같이 사회과학은 자연과학보다 추구하는 바의 보편성이 약하고 다루는 대상이 극히 가변적이다. 사회과학은 영혼을 지닌 인간의 행위를 다루고 있고, 그 인간은 그가 속해 있는 사회의 생활조건으로부터 절대적으로 영향을 받기 때문에 자연과학적인 규칙성을 찾는다는 것은 기대하기 어렵다.

어느 과학이나 똑같이 과학적 활동의 근거를 가치전제(價値前提)에다 두고 있는데, 자연과학에서의 가치전제는 선험적(先驗的)으로 단순하고 자명한 것이라면, 경찰학과 같은 사회과학에서의 가치판단은 복잡하고 어려운 것이라고 할 수 있다. 사회과학에서는 관심이 없는 연구라는 것은 행하여질 수 없으므로 가치판단이 연구의 모든 것을 결정짓는다고 할 수 있다. 그러므로 경찰학과 같은 사회과학을 연구하는 사람은 가치명제를 분명히 하는 노력부터 해야 하며, 이의 과학성을 높이기 위한 자연과학적 방법의 활용에는 반드시 사회과학의 특성을 고려해야 한다.

사실, 객관성과 보편성 및 과학성을 최대로 추구하는 자연과학에서도 그 자연현상을 어떠한 각도에 보느냐 하는 관점에 따라서 도출해 내는 결과가 다를 수 있다. 이러한 점에서 자연과학의 방법론 추구에서도 절대적으로 확정을 지을 수 없다는 불확정성이론(不確定性理論)이 하이젠베르그(W. Heisenberg)나 프랑크(M. Planck)에 의하여 제시되고 있다.

이처럼 지연과학에서도 과학적인 방법의 적용에 한계를 지니고 있는데, 심지어 사회현상의 분석에 있어서는 연구자의 편견에 의한 몇 가지 변수를 찾아서 그의 상관관계를 분석하고 그 결과를 객관적인 과학적 방법이라고 확신시키려고 하는 태도는 대단히 위험한 사고라 할 수 있다. 심지어 가치전제에 다분히 모순을 지녔거나, 혹은 처음부터 의도적이거나 주관이 많이 담긴 조사내용을 가지고 연속성이 없는 불연속성의 내용을 연속성이 있는 것 같이 표본 추출하여 그 결과를 절대시하는 그릇된 태도를 많이 볼 수 있다.

따라서 인간사회의 현상을 객관적·분석적인 차원 이외에 상호작용 과정에 발생하는 제반 상황을 이해하는 지식과 능력이 경찰학과 같은 사회과학에서는 반드시 강조되어야 한다. 이러한 점에서 사회과학의 방법론은 자연과학의 방법과 똑같이 일치할 수가 없겠고, 사회현상 분석에는 자연과학에서 활용되는 과학적이고 객관적인 분석방법을 그대로 적용할 수 없는 것이다. 그러므로 사회과학의 전개에는 '인식론적인 대상'이 경험적 대상과 더불어 활용되어야 한다는 것은 중요한 일이다.

3) 객관적 관점과 주관적 관점

일반적으로 어떠한 학문적 대상은 두 가지로 구분하여 생각할 수 있다. 그것은 경험적으로 '주어진 것'에 근거를 두느냐 혹은 인식적으로 '만드는 것'에 근거를 두느냐에 따라 경험대상과 인식대상으로 구분될 수 있는 것이다.

전자는 어떤 사실이 경험적으로 미루어 객관적으로 형성된 것을 거점으로 분석 파악하는 데 비하여, 후자는 그것보다도 주체로서 인식하고 그것을 주관적인 입장에서 문제를 형성시키고 그에 대한 해결책을 모색하는 것이다. 이러한 이유로 경험대상 이론에서는 객관설 또는 객관주의적인 데 비하여, 인식대상 이론에서는 학문의 자율성에 근거를 두어 주관설 또는 주관주의로 맞서게 되는 것이다.

그런데 사회과학으로서 경찰학의 전개에 있어서는 이 두 점을 모두 고려할 필요가 있다. 물론 경찰학은 '순수과학' 혹은 '이론과학'으로서가 아닌 '응용과학' 혹은 '실천과학'을 그 존재의 의의를 지니기 때문에 경험적이고 객관적인 사실 규명에 충실해야 함은 물론이며, 그렇다고 해서 인식론적인 학문의 자율성과 주관성을 배제해서는 안 될 것이다.

베버(M. Weber)의 입장을 인용할 필요도 없이, 사회과학 전개에 있어서는 경험으로 주어진 객관적인 경험대상에만 빠져서는 안 될 것이며, 이와 더불어 일정한 방법에 따라 문제를 선택하여 그것을 가공하는 인식대상이 확립되어야 할 것이다. 말하자면, 이론과학의 이론적 구조를 명확히 형성시켜주고 그 전개에 경험적인 자율성을 신장시킬 수 있어야 한다는 의미이다.

따라서 경찰학이 독립과학으로서 그의 발전을 위해서는 그 현상을 규명할 수 있는 이론과 실제가 잘 조화되어야 하고, 그러기 위해서는 이러한 경험론과 인식론의 대상이 동시 기초가 되어야 한다. 물론 인식론적인 특성을 내세운다고 해서 과학적 방법의 전개과정을 무시해도 좋다는 것은 아니다. 경찰학을 연구하는데 타당성(validity), 신뢰성(reliability), 그리고 객관성(objectivity)을 갖지 못하고 직관적(intuitive)인 것이어야 한다는 것을 의미하지는 않는다.

이상과 같이 자연과학에서 비롯된 과학적 연구방법이 한계성을 지니고 있지만, 한편으로는 이의 공적을 부인할 수는 없다. 아무리 과학적 연구가 사회현상의 연구에 무의미하다는 극단적인 비판을 받아도 분석적·경험적 입장에서 현상을 분석하는 '과학정신'은 의미가 있기 때문이다. 다만 그동안 과학주의의 환각에 빠져 인간행동의 규명에 극단적인 통일성을 기하여 융통성 없는 모델을 정립하고, 복잡한 사회현상을 지극히 단순한 몇 개의 변수로써 모든 것을 판단하고자 하는 경향에 대하여 재검토할 필요가 있다는 의미이다.

인간현상의 자료는 흔히 부정직하여 믿을 수 없는 경우가 많음에도 불구하고 복잡한 사회현상으로부터 정확한 객관적인 지식을 얻을 수 있다는 과신하는 경향이 없지 않다. 이러한 신념 속에서 연구자는 애매모호한 질적(質的) 정보를 무리하게 양적 정보로 전환시키며, 심사숙고된 개념이나 엄격한 측정과 자료처리도 없이, 임의적으로 자료를 조작하는 경우도 가끔 볼 수가 있다.

사실, 경찰현상을 포함한 사회현상은 계량화가 불가능한 경우도 있고, 측정이 가능한 것을 숫자로 만들어 분석해 보았자 그 진의(眞意)가 희석되어 버리는 경우도 있다. 또 계량화라는 도구를 빌어 사실을 오히려 과대 포장하는 경우를 초래할 위험도 없지 않다. 더욱이 경찰학은 실천과학으로서 그리고 응용과학으로서 순수한 이론정립보다는 관련 치안정책의 개발 및 현장응용에 많은 관심을 기울여야 한다. 그러나 이러한 사정에도 불구하고 지나친 몰가치적인 과학성을 강조하게 되면, 순수한 이론정립에 휩싸여 실천적인 요소를 간과할 가능성도 있다.

물론 과학적 접근 및 계량화 등을 통한 이론정립(理論定立)은 경찰학을 독자적인 학문으로 발전시키는데 간과될 수 없는 것들이다. 다만 경찰학은 그 입증과정에 있어서 경험적·실천적인 조사가 매우 중요하고, 그에 따른 이론적 연구도 뒤따라야 한다. 가설(假說, hypothesis)에 대한 입증에 있어서 경험적·실증적 조사는 항상 이론적인 전개와 더불어 이루어져야 하며 그 어느 것이라도 소홀히 해서는 안 된다.

그리고 너무 관념적·추상적, 그리고 형이상학적인 입증만으로 경찰학 발전할 수 없듯이, 충분한 이론적인 뒷받침이 없이 지나치게 실증적인 조사에만 급급한 나머지 이론적인 연역이 없게 되며, 정치적 목적을 위한 실증조사 또는 사이비적 실증조사(pseudo empirical research)가 되어서는 안 된다. 경찰현상에 대한 관찰이나 분석을 통해서 가설을 세우고 그것을 구체적인 실증적 조사를 통해서 검증하는 귀납적인 방법에서도 '비교', '분석', '추론', '개념형성'에 논리적인 바탕이 있어야 함은 당연하다. 이러한 노력을 통해 경찰학은 심도 있는 연구가 될 것이고, 이것 조금 저것 조금하는 식의 피상적·상투적인 연구를 피할수 있을 것이라고 본다. 요컨대, 이론적 연구와 실증적 연구의 상호교류 및 상호연계는 다른 학문과 마찬가지로 경찰학에서 끊임없이 이루어져야 한다는 의미이다.

이상과 같은 점에서 사회과학의 한 분야라고 할 수 있는 경찰학을 다만 그의 과학성을 높이기 위하여 일차원적인 입장에서 자연과학과 똑같이 경찰활동과 관련된 모든 현상을 다룬다는 것은 위험한 일이라 할 수 있고, 특히 인간행동을 중심으로 다루는 연구에서는 더욱더 주의할 필요가 있다. 생각건대, 우리는 과학성에 따른 몰가치적인 객관주의를 무시해서는 안 되지만 인간을 대상으로 하는 사회현상의 연구에서는 행태주의의 보완으로 현상학(現象學, phenomenology)적 접근을 일정부분 수용해야 한다고 본다.

현상학은 학문연구에서 객관주의뿐만 아니라 인간 개인의 주관적 특성을 고려함으로써 인간사회에 내재하는 복잡한 의미를 이해시켜 주는 역할을 한다. 즉, 현상학적 연구방법은 인간행태의 외면만을 관찰함으로써 의식이라는 핵심은 간과해 버리는 오류에서 탈피하여 인간의 내면세계를 아울러 파악하고자 하는데, 그것도 개인의 사적 세계가 아닌, 타인과 상호작용하는 상호주관적·주체적(inter subjective)인 사색을 주제개념으로 삼아 인간의 행동을 파악하는데 초점을 두고 있다.[11] 비유컨대, 이러한 현상학적 접근은 예컨대, '빙산'(氷山)의 정확한 실체를 파악하기 위해서는 수면 위에 피상적으로 드러나는 외면뿐만 아니라 수면 아래에 존재하는 인지하기 어려운 내면을 아울러 파악해야 한다는 것과 일맥상통한다고 볼 수 있다.

3. 정상학문으로서의 경찰학

1) 경찰학의 정체성과 정상학문이 갖는 의미

경찰학은 그 연구범위가 형이상학(形而上學)적인 철학에서부터 형이하학(形而下學)적인 기술수단에 이르기까지 포괄적이다.[12] 그리고 이러한 형이상학적인 영역과 형이하학적인 영역이 동시에 작용하기도 한다.

예컨대, 흉기를 들고 경찰에게 격렬하게 대항하는 범죄자에 대해서 권총과 같은 무기를 사용하고자 할 때, 단순히 권총을 기술적으로 어떠한 각도에서 어떠한 방법으로 사용할 것인가 하는 것만을 고려할 수는 없다는 점이다. 거기에는 개인의 자유와 권리보호 및 공공의 안녕과 질서유지라는 국가이념·경찰이념적인 문제가 고려되어야 하기

11) 현상학은 구체적으로 경험하는 현상에 대한 새로운 접근, 즉 가능한 한 개념적 전제를 벗어던지고 그 현상을 충실히 기술하려는 시도를 의미한다. 실증주의와 전통적 경험론과 비교해서 현상학은 경험의 실증적 자료를 무조건 존중한다는 점에서는 동일하지만 이러한 자료를 단순히 감각적 경험에 제한하지 않고 관계·가치 등 비감각적 요소 등 직관적으로 나타나는 것인 한 허용한다는 점에서 다르다. 다음백과(http://100.daum.net/).

12) 이상안(2005), 알기 쉬운 경찰행정학, 서울: 대명출판사, p. 72.

때문이다. 또 그 속에는 관련법의 근거와 절차, 그리고 경찰관의 가치판단 및 태도뿐만 아니라 사법부, 시민, 그리고 정치적 판단 및 태도 등의 문제가 복잡하게 얽혀 있다고 본다(비록 무기사용의 정당성 여부는 사법적 판단으로 가능하지만, 거시적 관점에서는 철학, 법, 행정, 사회, 정치, 그리고 과학 등 수많은 학문적 요소들이 복잡하게 얽혀 있다고 볼 수 있다).

이러한 점에서 본다면, 경찰현상을 하나의 학문으로 인식하고 이의 학문적 영역을 설정하는 것은 결코 쉬운 일이 아니라는 점을 알 수 있을 것이다. 이는 경찰학을 하나의 독립된 학문으로 인정했을 때, 이른바 '학문적 정체성'(學問的 政體性)이라는 것이 과연 존재하는지, 그리고 존재한다면 어디까지를 그 학문적 영역으로 설정할 것인지의 문제 등으로 귀착된다. 물론, 경찰학은 행정학이 그러하듯이 현실응용학문이 갖는 보편적 현상으로서 인접학문과의 상호연계 및 상호종합은 필요불가결한 것이라고 본다. 그러나 경찰학이 하나의 독립된 단일학문으로서 인정을 받기 위해서는 적어도 일정한 요건을 갖추어야 한다고 본다.

따라서 경찰학이 하나의 학문이 독자적·독립적인 분과학문으로 성립되기 위해서는 첫째, 고유한 연구주제가 있어야 하며, 둘째, 주제를 체계적으로 정리·해석할 수 있는 이론이 있어야 하며, 셋째, 개념적 경계가 뚜렷해야 한다. 여기에 더하여 대학에 그 학문을 가르치는 독립된 학과가 있으면 독자성의 정도가 높아질 수 있다고 본다.[13)]

오늘날 어떤 학문이 하나의 정상학문으로서 위치를 차지하고 있느냐, 아니냐 하는 문제와 관련하여 쿤(T. Kuhn)이 제시한 이른바 '패러다임'(Paradigm)이라는 용어가 널리 사용되고 있음은 주지의 사실이다. 패러다임이라는 것은 하나의 '거대이론'(Great Theory)을 의미하는 것으로써 한 학문 내에서 현재 연구의 기초가 되는 것으로 인정되는 과거의 연구업적인 이론·표준·응용, 그리고 다루어야 할 또는 다룰 수 있는 문제, 그리고 방법들을 총칭하는 것이라 할 수 있다.

이에 따라 쿤은 패러다임이 확립된 학문을 '전(前) 패러다임적 학문'(pre paradi-gmatic science)에 대비되는 개념으로 하여 '정상학문'(正常學問, Normal Science)이라고 하였다. 다시 말해서 쿤은 일정한 패러다임이 정립된 학문에 대해서 정상학문이라고 부른 것이다.[14)]

---

13) 조철옥(2000), 경찰행정학: 이론과 실천의 만남, 서울: 대영문화사, p. 107.

14) 그는 과학적 체계화는 '정상과학'(normal science)을 의미하는 것이며, 학문적 패러다임 간의 경쟁은 '과학혁명'(scientific revolution)을 통해서 이루어진다고 하였다. Thomas Kuhn(1970), The Structure of Scientific Revolution, Chicago: University of Chicago Press, pp. 12-22. 한편, 오늘날과 같이 미래에 대한 불확

어떤 하나의 학문이 패러다임을 갖추지 못한 때에는 무엇을 연구해야 하며 어떤 '분석단위'(unit of analysis)를 가져야 할지 또 어떤 이론을 세워야 하고 어떤 자료를 수집해야 하는지 등과 관련된 기본문제에 대해 논란이 발생하고, 학문적 발전은 기대하기 힘들게 된다. 이와는 반대로 패러다임이 확립된 경우에는 확립된 구조 내에서 체계적인 심오한 연구가 진행되어 관련 학문이 급격히 발전할 수 있게 된다.

그런데 이러한 패러다임이라는 것이 항상 고정불변의 것, 혹은 절대적인 것이 아니라는 점에 주의할 필요가 있다. 패러다임이라는 것도 그 시대를 반영하는 것이며, 따라서 경찰학의 패러다임 역시 전환이 이루어지고 있음은 물론이다. 예컨대, 서구에서 논의하는 현대경찰은 전통적 경찰활동(TP: Traditional Policing)시대,[15] 경찰과 커뮤니티 관계개선(PCR: Police Community Relations)시대, 커뮤니티 경찰활동(CP: Community Policing)시대를 거치면서 발전하고 있다고 보는 시각 등이 바로 그것이다. 그리고 이러한 패러다임의 전환이 어느 한순간에 이루어지는 것이 아니라 각 패러다임이 생성·성장·발전·소멸의 과정을 거치면서 서서히 교체과정을 겪게 된다고 본다.[16]

따라서 경찰학이 하나의 독자적 학문영역을 갖는 정상학문이 되기 위해서는 그 시대에 맞는 경찰현상을 이해하고, 그에 맞는 연구범위 및 대상을 설정하고 이와 관련된 연구방법론과 이론이 제시·개발되어야 한다는 것을 의미한다. 그리고 이러한 경찰학 관련 이론의 제시 및 개발 문제는 기본적으로 경찰학에 대한 '방법론'(方法論, methodology)에서 출발하게 된다. 방법론이라는 것은 한 학문이 지식을 얻기 위하여 사용하는 절차를 말하는 것으로서, 경찰학의 연구대상이 정해졌다면, 그에 상응하는 방법론은 매우 중요한 의미를 갖기 때문이다.

실성의 증대로 인하여 이론을 과학적으로 체계화시킬 수도 없고, 따라서 학문적 패러다임 간의 경쟁도 의미가 없어졌다는 주장까지도 제기되고 있다. William Bergquist(1996), "Postmodern Thought in a Nutshell: Where Art and Science Come Together," in Jay M. Shafritz, J. Steven Ott, Classics of Organization Theory, N. Y.: Wadsworth Publishing Company, p. 578.

15) 예컨대, 미국의 1960년대 이전의 전통적 경찰활동시대에는 범죄통제의 능률성지향, 과학기술에 의존, 기계적 사고방식, 냉철한 감정소유, 건장한 남성상, 법집행, 보수성, 권위주의, 전문가주의 등을 특징으로 지적하였으며, 경찰학 연구는 주로 이러한 부분으로 전개되었다. 그러나 1970~80년대 이후의 커뮤니티 경찰활동시대에 이르러서는 이러한 경찰지향적 연구에서 시민지향적 연구로 상당부분 전환되는 등 적지 않은 변화가 이루어졌음에 주목할 필요가 있다. Richard N. Holden(1994), Modern Police Management, Englewood Cliffs, NJ: Prentice Hall, p. 23.

16) 최선우(2010), 경찰과 커뮤니티, 서울: 대왕사, pp. 165-168.

경찰학의 선구자 – 서기영

서기영(徐基榮, 1915~2001.6)선생은 황해도 황주출생으로 1953년 제1차 정부파견으로 미국으로 건너가 경찰교육행정을 연수하였고, 영국·프랑스·독일 정부의 초청으로 경찰행정과 소방행정 분야를 연수한 최초의 인물이다. 선생은 일찍이 영국 국립경찰대학 경찰장과정, 프랑스 파리·리옹·쌍스 지방경찰학교, 독일 힐트랍경찰학교, 이태리 로마경찰학교, 파리 육군소방연대, 마르세이유 해군소방연대, 영국 국립소방대학교에서 한국 최초로 연수를 받았고, 한국 소방행정의 발전을 위해 내무부 치안국(治安局)에 소방과를 신설하고 소방과장을 역임하기도 하였다. 그리고 수도경찰학교(首都警察學校) 부교장 및 교장을 역임하였다.

선생은 경찰행정사 및 공안행정 분야의 석학으로서 1946년 2월 수도경찰학교 교육을 시작으로 1992년에 이르기까지 초지일관 경찰교육에 헌신한 경찰 교육계의 대부로, 한국 경찰의 교육발전에 지대한 공헌을 하였다. 선생은 경찰업무의 전문성과 학문적 토대를 구축하기 위하여 1962년 12월 당시 동국대학교(東國大學校) 총장 정두석 및 한신 내무부장관과 합의하에 이 대학에 최초로 경찰행정학과(警察行政學科)를 신설하였고, 1963년 2월부터 이 대학의 초대 주임교수로 몸담은 이후 1980년 8월 정년퇴임하기까지 수많은 학문적 연구와 인재를 육성하여 한국경찰학의 산파역할을 하였다.

2) 경찰학과 인접학문의 관계

그런데, 모든 학문은 그것이 비록 순수학문일지라도 결코 독자적으로 형성·발전될 수는 없다고 본다. 더욱이 응용학문의 성격이 강한 경찰학은 인접학문의 이론 및 접근방법을 상당부분 원용할 수밖에 없는 것이 사실이다. 다만 경찰학이 인접학문(예컨대: 법학·행정학·정치학·범죄학 등)의 영향을 적지 않게 받기 때문에 오히려 경찰학 자체의 정체성이 심각하게 의문시하는 경우도 발생하게 된다.

그러나 옛말에 '아전인수'(我田引水)란 말이 있다. 이는 '자기에게만 이롭게 되도록 생각하거나 행동함'을 뜻하는 것으로 부정적인 의미가 내포되어 있다. 그러나 아전인수식 접근이 긍정적으로 요구되는 때도 있다. 법학, 행정학, 정치학, 범죄학 등 여러 인접학문에서 경찰현상을 바라보는 시각은 다르다. 따라서 각각의 관점에서 옳다고 생각하는 이른바 '정의'(justice) 또는 '진리'(truth)는 다를 수밖에 없다. 이는 무엇을 의미하는가. 바로 각각의 관점에서 아전인수식으로 관련 현상을 접근하고 해석하기 때문에다. 이러한 점에서 본다면 '가치중립적 태도'를 취하는 것이 얼마나 어려운 일인지를 알 수가 있다. 다만, 어느 정도 객관적이고 합리적인 태도를 취하느냐의 차이만 존재할 뿐이다.

따라서 경찰학이 적어도 하나의 정상학문 또는 독립학문으로서 성격을 가지고 있다면, 경찰학 고유의 관점에서 경찰현상을 직시할 수 있어야 한다고 본다. 이처럼 다른 학문의 관점과는 다른 어떠한 고유하면서도 독자적인 접근(일정한 보편성을 전제로 한)이 가능할 때 경찰학의 정체성은 존재한다고 본다. 바꿔 말하면 경찰학 고유의 시각이 존재하지 않는다면 경찰학은 다른 학문의 아류에 불과하다고도 할 수 있을 것이다.

이러한 점에서 임재강교수의 연구(2000)는 선행연구로서 매우 가치가 있다고 본다. 경찰학의 영역과 경찰학과 밀접한 관련성 또는 경찰학 관련 연구에 많은 영향을 미치는 주변 학문을 탐색하는 것은 매우 의미가 있다고 보기 때문이다. 그는 이 연구에서 경찰학 자체의 학문적 영역(경찰학개론을 기본으로 하여 수사, 방범, 보안, 외사, 정보, 경비, 교통, 경무경찰 등 경찰기능으로 구분)과 인접학문을 법학, 행정학, 사회학, 정치학 등 크게 4개 영역 정도로 구분하여 그와 관련된 수많은 학문 분야를 제시하고 있다.[17)]

또 김창윤교수의 연구(2012) 역시 매우 의미가 있다고 본다. 그는 단순한 경찰현상론적 시각 아닌 역사적·비교론적 관점에서 프랑스·독일·영국·미국·일본의 근대경찰과 경찰학을 조명하고 있다. 그리고 이들의 영향을 직·간접적으로 받은 한국근대경찰 및 경찰학의 성립과 기원을 살펴봄으로써 경찰학을 더 근원적으로 접근하고 있다.[18)]

생각건대, 경찰학과 관련된 수많은 학문영역 가운데 어떠한 학문이 구체적이고 직접적으로 경찰학에 지대한 영향을 미치고, 또 그러한 영향하에 경찰 고유의 특성으로 형성·발전되었는가에 대해 체계화하는 작업은 쉬운 일이 아니라고 본다. 그러나 적어도 법학, 행정학, 정치학, 범죄학 등 영역은 경찰학과 상당히 밀접한 관련성을 맺고 있다고 본다. 이 밖에도 다른 사회과학과 자연과학, 그리고 인문학 등과도 적지 않은 관련성을 맺고 있음은 물론이다.

(1) 경찰학과 법학의 관계

자유민주주의라는 것이 본질적 이념이라면 법치주의(法治主義)는 수단적 이념이라고 할 수 있다. 거시적으로 입법부·행정부·사법부와 같은 통치구조와 미시적으로 행정부 내의 경찰제도는 모두 헌법과 법률에 근거를 두고 있다. 따라서 경찰조직의 목표, 경찰

17) 다만, 그가 제시한 수많은 학문영역을 토대로 경찰에 내재하는 고유한 특성을 나타내는, 즉 정체성을 부각시킬 수 있는 구체적 접근을 하였다기보다는 표면적으로 그러한 학문의 지원을 받아야 한다는 필요성을 제시하는 선에서 그치고 있다. 임재강(2000), "한국의 경찰학 연구: 주제별 동향분석과 발전과제," 한국공안행정학회보 제10호, pp. 191-237.

18) 김창윤(2012), "한국 경찰학의 성립과 기원에 관한 연구," 한국공안행정학회보 제47호, pp. 83-123.

조직의 구조, 경찰인사관리, 경찰예산관리, 경찰작용, 경찰통제 등은 모두 이에 따라야 함은 물론이다.

주지하는 바와 같이 개인의 자유와 권리의 보호 및 공공의 안녕질서유지를 본질로 하는 현대 자유민주국가의 경찰작용(즉, 경찰권한의 행사)은 법에 근거를 두고 있다. 경찰작용은 그것이 이른바 '행정경찰작용' 또는 '사법경찰작용'이든 간에 기본적으로 규제적·강제적 성향이 강하다. 그리고 규제적·강제적 성향이 강하다는 점은 인권침해의 여지가 상당히 높다는 것을 의미한다. 따라서 경찰작용(경우에 따라 그것이 비록 선언적·명분적 의미에 불과할지라도)은 특정 개인 및 소수의 지배집단의 이해관계 속에서 이루어지는 것이 아니라 법률유보(法律留保)를 전제로 하게 된다. 미국의 경우에는 경찰을 '법'(law) 또는 '법집행'(law enforcement)으로 의인화하여 설명하고 있는 것도 바로 이러한 까닭이라고 본다.

물론, 엄격한 법치주의의 구현이라는 명분을 가지고 예컨대, '무관용 경찰활동'(zero tolerance policing)과 같이, 재량권이 '영'(零, zero)으로 축소되었을 경우에는 시민과의 마찰을 불러일으키기도 한다. 그러나 경찰작용은 '법치'라는 원칙을 준수하지 않고서는 사회적 합의를 이끌어내는 것이 불가능하다고 본다. 버클리(G. E. Berkley)가 지적한 바와 같이 "민주주의는 시민의 합의에 기초하고, 경찰의 일은 이 합의가 깨질 때 시작된다"는 말은 이러한 경찰작용의 특징을 잘 설명해주고 있다.[19] 여기에서 합의라는 것은 명분상으로는 사회계약론적 관점에서 시민의 합의에 기초를 두고 제정된 '법'을 의미한다.

따라서 경찰학의 관점에서 경찰조직 및 경찰작용 등에 직간접적으로 관련되는 법학적 지식을 이해하는 것은 매우 중요한 일이다. 그리고 단순히 법적용의 차원을 떠나서 능동적으로 경찰의 이해관계를 반영하여 새로운 쟁점(예컨대: 자치경찰, 수사구조 등과 관련된 법제정·개정 등)을 부각하는 노력도 필요하다고 본다.

(2) 경찰학과 행정학의 관계

경찰은 다른 조직과 마찬가지로 일정한 조직목표를 가지고 있는 하나의 거대조직이라 할 수 있다. 조직설계 및 관리와 관련된 학문영역으로서 공공조직은 행정학(行政學), 민간부문은 경영학(經營學)을 들 수 있다. 경찰조직은 하나의 공공조직으로서 주어진 또는 기대되는 목표에 도달하기 위하여, 행정학적 관점에서 조직구조, 조직과정,

19) G. E. Berkley(1974), Democratic Policeman, Boston: Beacon Press, p. 1.

조직행태, 조직환경 등 수많은 요인을 고려하면서 운용(運用)된다.

그런데, 법학과 행정학은 상호 불가분의 관계를 맺고 있다.[20] 법학이 과거지향성을 가지고 원칙적인 차원에서 경찰조직을 조직화하는 것(즉, 입법작용)에 초점을 두었다면, 행정학은 미래지향성을 가지고 융통성 차원에서 효율적(效率的)으로 경찰조직을 관리해 나가는 과정(즉, 행정작용)에 두었다고 할 수 있다. 또 경찰조직을 운영·관리해 나가는 과정에 문제가 발생했을 때에는 다시 법적인 통제과정(즉, 사법작용)이 이루어지게 된다.

경찰목표 또는 경찰역할은 단일한 것이 아니라 여러 가지가 있으며, 또 시대와 장소에 따라 가변성을 갖는다. 이러한 상황에서 예컨대, 거시적으로 경찰의 목표 또는 주요역할을 공공의 안녕과 질서유지보다는 개인의 자유와 권리보호, 그리고 대민봉사에 보다 초점을 두고자 한다면 경찰조직은 기본적으로 중앙집권적인 구조보다는 지방분권적인 구조가 바람직하고, 권위주의적인 관리방식을 추구하는 경찰보다는 민주적인 관리방식을 추구하는 경찰이 바람직하게 된다.

따라서 경찰조직은 행정학을 떠나서는 설명할 수가 없으며, 조직목표달성을 위해서는 행정학에서 논의되고 있는 수많은 이론(예컨대, 관료제론·행정관리론·과학적관리, 인관관계론·행태과학, 시스템이론·상황이론, 학습이론 등)들을 원용·적용하여 경찰조직에 부합하도록 지속적인 연구를 해야 할 것이다.

(3) 경찰학과 정치학의 관계

현대 자유민주국가에서 경찰의 존재는 과거와 같이 소수 지배집단의 이해관계를 반영하기보다는 다수 국민의 이해관계를 반영해야 한다는 점은 분명한 사실이다. 국민주권주의(國民主權主義) 원리에 의해 통치권은 주권에서 비롯되며, 따라서 통치권에 근거한 경찰권 역시 주권에서 도출된다. 요약건대, 경찰의 제도적 운용은 최우선적으로 국민의 의사를 반영해야 한다는 점이다.

그러나 경찰현실은 국민지향적인 면보다는 정치권력 지향적인 면이 강하다. 간접민주정치 아래에서 경찰조직화의 근거가 되는 법률은 입법부(국회)에서 제정되며, 따라서 정치집단의 의사는 매우 중요한 의미를 갖기 때문이다.

한편, 베버(Weber)는 자본주의와 경찰을 포함한 공식적·제도적 형사사법을 '동전의

---

20) 다만, 우리나라의 법학(특히 행정법)과 행정학은 각각 계통이 다른 독일의 행정법학과 미국의 행정학에 뿌리를 두고 있다. 이 때문에 이론적·실천적인 면에서 상호불신 또는 갈등이 노정되어 있다. 이광윤(2000), 행정법이론: 비교적 고찰, 성균관대학교 출판부, pp. 3-7.

양면'(two sides of the same coin)으로 표현하기도 하였다.[21] 자본주의사회에서 경제적 부(富)를 향유하고 있는 집단은 자신들의 입지를 유지 강화하기 위해서 경찰 및 형사사법 역시 자신들에게 유리한 방향으로 조정·통제할 수 있다는 것이다. 그리고 정치권력집단과 자본가집단 역시 밀접하게 연계되어 있음은 물론이다. 따라서 사회 내의 지배집단의 실질적 목표는 어떠한 희생을 치르더라도 현존하는 사회질서를 그대로 유지하고자 하며, 이를 위해서 새로운 신진세력의 억압이 불가피해지게 되는데, 거기에 교묘하게 경찰과 같은 공권력을 이용하게 된다는 점이다.

그리고 국가(여기서는 전체로서의 의미가 아닌 대통령을 위시한 국정 운영주체를 의미)가 지향하는 목표와 경찰이 지향하는 목표가 어느 정도 조화를 이루어야 한다는 점, 그렇기 때문에 조직인사 차원에서도 경찰관리계급은 다분히 정치적인 의사를 반영한다는 점도 사실이다. 또 최근 경찰의 개혁과제라 할 수 있는 수사구조의 합리화가 제대로 이루어지지 못하고 있는 이유는 여러 가지가 있지만, 무엇보다도 검찰과 같은 법조인 집단이 경찰보다 훨씬 많은 정치적 영향력을 행사할 수 있기 때문이라고 본다.

따라서 경찰학의 관점에서 단순히 특정, 경찰행태를 정치적으로 이해하는 차원을 떠나서 정치적 역학관계가 조직의 위상과 목표달성에 얼마나 지대한 영향을 미치는지를 인식하고 이에 대한 활발한 논의가 필요하다고 본다.

(4) 경찰학과 범죄학의 관계

경찰활동의 대상은 경찰관 자신이 아닌 국민이라고 할 수 있다. 이 가운데 일반적으로 경찰활동의 대상은 준법을 지키는 국민보다는 법규위반자(자연범 또는 질서범)와 관련된다. 이 때문에 심리학·생물학·사회학 등에서 파생된 범죄학(犯罪學, Criminology) 차원에서 범죄원인을 규명하고, 또 그러한 원인론에 입각해서 예방과 대책을 마련하고 있다.

범죄심리학 및 생물학에서 접근하는 개인적 요인과 범죄원인론, 범죄사회학에서 접근하는 환경적 요인과 범죄원인론에서는 범죄자 개인과 환경을 둘러싼 수많은 원인을 과학적·체계적으로 분석·제시함으로써 형사정책적 대안을 마련하는데, 도움을 주고 있다.

생각건대, 제한된 경찰의 인적·물적 자원을 가지고 모든 사람을 대상으로 경찰활동을 수행한다는 것은 한계가 있다. 또 실제로 모든 사람이 범죄와 무질서 등을 일으키지

21) Michael King(1981), The Framework of Criminal Justice, London: Croom Helm, p. 27 재인용.

는 않기 때문이다.[22] 따라서 경찰이 효율적으로 주어진 목표를 달성하기 위해서는 문제의 근원이 되는 요소를 면밀하게 분석하여, '선택과 집중'을 할 수 있는 전략을 수립해야 할 것이다.

사실, 전통적·고전주의인 관점에서 본다면 평상시에 개인 및 국민이 경찰과 상호작용할 여지는 별로 없게 된다. 경찰과 같은 형사사법기관은 범죄 및 무질서와 같은 문제가 발생했을 때, 권위적·규제적인 자세를 견지하면서 적절하게 대응할 수 있다고 가정하고 있다. 그러나 최근 경찰의 법집행 역할과 질서유지와 같은 권위적·규제적 역할 외에도 '대민봉사'(civil service)의 역할이 특히 강조되고 있다.

또 범죄에 있어서 무엇보다도 예방이 중요한 것은 사실인데, 전통적 관점에서는 사후통제전략(정확성·신속성·엄격성)을 통해서 궁극적으로 예방을 추구하였다면, 최근에는 사전예방 전략을 통해서 이를 추구하고 있다는 점은 주목할만하다. 비상시가 아닌 평상시의 경찰과 시민의 관계개선을 통한 상호 신뢰회복을 추구하고, 공동으로 경찰활동에 참여는 전략 즉, 이른바 '커뮤니티 경찰활동'(Community Policing)이 활발하게 논의되고 있음을 인식할 필요가 있다.

이처럼 경찰활동의 성패가 과거와 같은 정치적 이해관계보다는 국민의 신뢰와 지지를 어떻게 얻느냐가 중요한 변수로 떠오르고 있으며, 따라서 경찰의 입장에서는 수많은 심리학·생물학·사회학을 바탕으로 한 범죄학 및 형사정책학적 논의를 바탕으로 이러한 요소들을 어떻게 형성·발전시키느냐는 중요한 관건이라고 할 수 있을 것이다.

---

22) 그런데 범죄문제와 관련하여 대한 다음과 같은 재미있는 주장을 살펴볼 필요가 있다. 미국의 범죄통계학자들에 의하면 미국인 14세에서 50세 미만의 사람들 가운데 1~4%의 사람들이 소위 말하는 '골수범죄자'에 해당되며, 이들에 의해 주요 범죄의 대부분이 발생하게 된다고 한다. 그런데, 이들에 의하면 골수범죄자들은 경찰과 커뮤니티 관계가 개선되어도 특별하게 개선의 여지가 없다는 것이다. 주의할 것은 이들 1%~4%의 사람만이 나쁘고 나머지 96%~99%의 사람들은 본질적으로 선량한 사람들이라고 생각해서는 안 된다는 점이다. 이를테면, 1%~4%의 사람만이 '본질적으로 나쁘다'고 한다면, 논리적으로 단지 1%~4%의 사람들만이 '본질적으로 선량하다'는 결과가 나오게 된다. 그렇다면 본질적으로 나쁘지도, 선하지도 않은 나머지 92%~98%에 해당되는 사람들은 이러한 기준에 따라 다시 각각 절반씩 나눌 수가 있다. 즉, 이 가운데 절반은 '잠재적으로 나쁜 사람'과 '잠재적으로 선량한 사람'으로 구분된다. 중요한 것은 잠재성을 갖고 있는 이들이 본질적으로 나쁘지도, 선하지도 않기 때문에 상당히 가변적으로 선과 악의 경계를 넘나들 수 있다는 결과가 나온다. 여기에서 국가가 취할 수 있는 형사정책적 대안이 도출되는 것이다. Howard H. Earle(1980), Police Community Relations: Crisis in Our Time, Illinois: Bannerstone House, p. 10.; Howard H. Earle/김충남 역(1992), 경찰과 지역사회: 현대의 위기, 서울: 여명출판사, pp. 19-20 재구성.

〈경찰학의 주요 인접학문 예〉

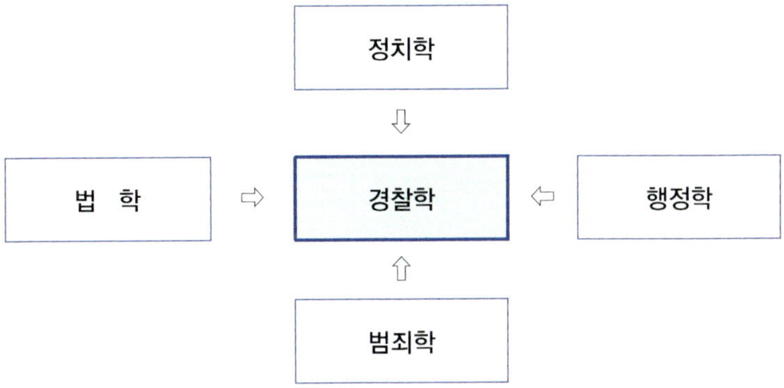

제2절 경찰학 패러다임의 한계

1. 경찰학 패러다임에 내재한 본질적 문제

경찰학 패러다임에 내재한 본질적 문제는 먼저 현대 민주주의에 내재하는 본질적 한계 문제를 어떻게 극복하면서 이를 학문적으로 정립시키느냐 하는 것과 관련된 것이다. 이는 바로 "개인의 자유 및 권리의 보호와 공공의 안녕과 질서유지"라는 어떻게 보면 상호 조화될 수 있을 것 같으면서도, 한편으로는 상충 될 가능성이 많은 두 가치(values)문제가 경찰활동에 내재하고 있기 때문이다.

사실, 모든 국가작용은 이러한 두 가치문제가 항상 공존하고 있다. 그러나 이 가운데 특히, 경찰과 같이 권력적·강제적인 속성을 가진 국가조직이 공공의 안녕과 질서유지라는 명분 아래 수많은 개인의 자유와 권리를 침해할 수 있는 여지를 많이 가지고 있기 때문이다.

민주국가에서 개인의 권리(생명, 자유, 재산)보호는 본질적이다. 대표적으로 미국은 개인의 자유와 권리야말로 민주사회의 본질이라는 원칙에 기초를 두고 만들어진 나라로 인식되고 있다. 이에 따라 미국헌법은 개인에게 어떤 외압의 두려움 없이 자신들의 의사를 자유롭게 표명하고 행동할 수 있음을 명시하고 있다.[23]

우리나라 역시 민주국가의 기본원리를 바탕으로 하고 있음은 물론이다. 이러한 개인의 권리에 대한 보호는 경찰과 같은 형사사법기관의 제반 활동에서도 핵심을 이루고 있다. 즉, 개인의 권리가 침해되기 쉬운 형사절차(刑事節次)에 있어서 헌법적인 권리보장 규정(제12·13·27조 상의 적법절차, 고문금지, 묵비권, 자기부죄금지, 영장주의, 변호인선임권, 구속적부심사청구권, 일사부재리, 무죄추정의 원칙 등)을 둠으로써 이를 분명히 하고 있다.

그러나 민주국가의 기본 가치가 비단 이러한 개인의 권리보호에만 국한되는 것은 아니다. 국가와 사회 전체를 위한 공공의 안녕과 질서유지 역시 보호되어야 할 중요한 가치이기 때문이다. 이와 관련하여 헌법에서 "국민의 모든 자유와 권리는 국가안전보장·질서유지 또는 공공복리를 위하여 필요한 경우에 한하여 법률로써 제한할 수 있으며, 제한하는 경우에도 자유와 권리의 본질적인 내용을 침해할 수 없다"고 규정하고 있다(제37조).

여기에서 '필요한 경우에 한하여' 개인의 자유와 권리를 일정부분 제한할 수 있다는 한계를 분명히 하고 있지만, 이와 같은 추상적 개념은 해석의 따라 얼마든지 달라질 수 있다는 것을 알 수 있다. 역사적·경험적으로 살펴볼 때에도 개인 내지 시민에 대해서 비교우위적 권한을 가진 경찰이 자신의 권한을 오남용하여 인권침해를 한 경우도 적지 않았던 것이 사실이다.[24]

그렇다면, 공공의 안녕과 질서를 최대한으로 유지하게 되면, 결국은 사회구성원들 개개인의 자유와 권리가 보장된다는 논리가 타당한 것인가? 아니면 개개인의 자유와 권리를 최대한으로 보호하게 되면, 결국은 공공의 안녕과 질서가 유지된다는 논리가 타당한 것인가? 어떻게 보면, 경찰학은 해결하기 어려운 이 문제를 항상 안고 있는 셈이다. 결국, 이 문제는 주어진 시대적 상황(예컨대: 치안환경 등)을 고려하여 최선의 치안정책을 수립하고, 적절한 경찰조직구조와 인사관리, 그리고 활동모형을 제시하는 것과 관련되며, 이는 경찰학의 패러다임 정립을 위한 주요 연구대상이 될 것이다.[25]

---

23) Patricia D. Netzley(2000), Issues in Crime, CA: Lucent Books, Inc, p. 9.

24) 인권에 대한 내용은 한상범·이철호(2003), 경찰과 인권, 서울: 패스 앤 패스.; 이상안(2005), 인권과 질서, 서울: 대명출판사 참조.

25) 근래와 같이 전 세계적으로 대규모 테러가 발생하고 이에 대한 공포가 확산되게 되면 아무래도 개인의 권리가 후퇴하는 경향이 있다. 실제로 미국은 2001년 9월 11일 발생한 이른바 '911테러' 이후 형사절차상의 개인의 권리에 대한 제한 또는 선별적 제한(아랍계 외국인 등)을 보다 적극적으로 하는 계기가 되었다. 그러나 개인의 자유와 권리는 국가의 헌법에서 보장하고 있는 것이며, 따라서 가능한 한 헌법정신을 반영하도록 해석, 운영되어야 한다는 제약이 따르게 된다. 이른바 '헌법적 형사절차론'(憲法的 刑事節次論)의 문제에 직면하게 된다. 헌법적 형사절차에 따르면 형사절차는 국가의 형벌권행사에 관한 절차이므로 국가권력행사의 기본원칙

2. 근대경찰의 타율적 수용과 패러다임의 충돌

1) 근대경찰의 타율적 수용

모든 국가의 경찰제도는 주변 국가와 직·간접적인 관련성을 맺고 상호영향을 주고 받으며, 형성·발전된다고 본다. 이러한 과정에서 다른 나라의 경찰제도를 자율적·능동적으로 수용하는 국가도 있으며, 타율적·수동적으로 수용한 국가도 있다. 근본적으로 경찰제도의 자율적 수용이냐 아니면 타율적 수용이냐 하는 문제는 그 나라의 정치·경제·사회적 안정성을 바탕으로 한 국력(國力)에 따라 달려있다.

일본의 근대경찰 성립

일본은 메이지유신(明治維新, 1868) 이후, 새로운 국가에 부합하는 신체제(新體制)를 구축하기 위해 당시의 막부(幕府)의 혁명세력은 미국과 서구유럽에 사절단을 파견하여 그들의 선진제도를 도입하고자 하였음은 주지의 사실이다. 특히, 당시 유럽의 강국인 프랑스 체제에 대한 많은 관심을 가지고 이를 적극적으로 수용하고자 하였다. 경찰에 있어서도 중앙집권적인 프랑스경찰은 일본의 좋은 역할모델(role model)이 되었던 셈이다.[26] 물론, 서구 근대경찰의 제도적 도입은 이루어졌지만, 이념적인 민주주의는 도입되지 않았다.[27]

일본은 메이지유신 이후 조선식민화 등 군국주의를 바탕으로 한 국가근대화를 표방하였지만, 결국은 제2차 세계대전(1939~1945)에 패망하여 미군정(美軍政) 아래에 놓이게 되었다. 이때 경찰제도는 다시 한번 일대 개혁이 이루어지는데, 이는 종전과는 달리 타율적·수동적으로 이루어졌음은 물론이다. 종전(終戰) 후 미군정에 의해 1947년 12월에 '근본적인 개혁의 법전'이라 불리는 경찰법(警察法)이 제정되어 이전의 군국주의적인 경찰에서 민주국가의 민주경찰로 일대 전환하게 된 것이다.

이 법에 따라 중앙집권적인 국가경찰은 해체되어 국가경찰과 자치경찰로 이원화되고,[28]

을 정한 헌법의 제원칙을 실현하여야 한다는 것이다. 헌법론적 관점에서는 형사절차에 관한 법률도 그 내용의 적정성과 정확성은 헌법기준에 따라서 그 합헌여부의 실체적 심사가 이루어지므로 그것은 헌법의 기본적 권리 내용을 담은 정당한 법의 적정절차로 구성되어야 한다. 따라서 그것은 인권 내지 적법절차의 우월적 가치를 인정하여야 하므로 처벌을 위한 절차라기보다는 무고한 자의 불처벌의 기능을 중시하여야 한다. 여기에서 종래 국가권위주의 내지 절대주의를 배경으로 하는 '범인필벌주의'(犯人必罰主義)로부터 '적법절차원칙'(適法節次原則)으로의 전환이 요청된다. 따라서 피의자 등의 권리를 충분히 보장하고 방어권행사의 기회와 편의를 최대한 제공해 주어야 한다는 것이다. 헌법적 형사절차론에 대해서는 차용석(1993), "한국의 수사법론과 수사구조론: 사법경찰관의 독자수사권," 서재근 편저, 독일·미국·일본·한국의 수사구조의 비교연구: 범죄수사를 중심으로, 동국대학교 부설 공안행정연구소, pp. 105-107 참조.

26) 이에 대한 자세한 내용은 시바 요따로(司馬遼太郞)/21세기정보전략연구소 역(1994), 명치(明治)라는 국가, 21세기정보전략연구소 참조.

27) 신현기 외 8인(2003), 비교경찰제도론, 서울: 법문사, p. 180.

또 중앙과 지방 경찰행정의 정치적 중립성 확보 및 민주적 관리를 목적으로 공안위원회(公安委員會) 즉, 국가공안위원회·도도부현(都道府縣)공안위원회·시정촌(市·町村)공안위원회가 설치되었다. 이 당시의 경찰개혁은 경찰민주화와 자치경찰에 초점을 두었다고 볼 수 있다. 그것은 군국주의의 색채가 강한 이전의 일본의 국가체제가 재발하는 것에 대한 우려(즉, 강력한 군사력과 경찰력)에 대한 조치라고 볼 수 있다.

그런데, 이러한 일본경찰체제는 오래가지 못했다. 일본에 민주경찰을 도입하였다는 점에서는 의의가 있었으나, 이는 점령정책(占領政策)의 일환으로 타율적으로 실시된 것으로서 현실적인 상황을 고려하지 못하고, 지나치게 분권주의(分權主義)를 취함으로써 치안유지의 효율성에서 많은 문제를 안고 있었다. 이에 따라 일본 경찰법은 1954년에 전면개정이 이루어지게 되었는데, 실질적으로 신법제정이었다고 할 수 있다.

이렇게 해서 1947년의 경찰법을 '구(舊)경찰법', 1954년의 경찰법을 '신(新)경찰법'이라 부른다.[29] 신경찰법에 따른 경찰도 국가경찰과 자치경찰로 이원화된 것은 마찬가지이다. 다만, 다음과 같은 점에서 커다란 차이가 있다. 국가경찰은 내각총리대신 소할(所轄) 하에 국가공안위원회를 두고 그의 관리하에 경찰청(警察廳)과 관구경찰국을 두었다. 그리고 자치경찰은 종래의 기초자치단체인 시·정촌(市·町村)에서 광역자치단체인 도도부현(都道府縣)으로 격상하여 지사(광역자치단체장)의 소할(所轄) 아래에 도도부현 공안위원회를 두고 그의 관리하에 도도부현경찰로 일원화하였다.[30]

그런데, 우리나라의 경찰을 포함한 근대화 과정은 내재적(內在的), 자생적으로 이루어졌다기보다는 외세(外勢)에 의한 타율적, 종속적인 요소가 적지 않았다고 본다. 바꿔 말하면 이는 타율적인 힘에 의존한 부분이 적지 않다는 것을 의미한다. 이와 관련하여 1876년 문호개방 이후 개항장경찰의 정체성, 1894년 탄생한 갑오경찰의 정체성, 1897년에서 1910년에 이르는 대한제국경찰의 정체성, 1910년에서 1945년에 이르는 일제 강점기경찰의 정체성, 1945년에서 1948년에 이르는 미군정시대경찰의 정체성에 대해 진지하게 고민할 필요가 있다고 본다.[31](이에 대해서는 제4장에서 상세하게 살펴보기로

---

28) 국가경찰은 내각총리대신의 소할(所轄, 조직상 상하관계지만 독립성이 강한 관계 사이에 소속관계를 표현하는 것으로 지휘감독보다 더욱 약한 관계를 의미)하에 ① 국가지방경찰본부와 그 지방사무국인 경찰관구본부 및 ② 도도부현(都道府縣) 국가지방경찰이 있다. 여기에서 도도부현 국가지방경찰은 자치경찰을 유지할 수 없는 촌락지역(농촌지역)을 담당하였다. 한편, 시(市) 및 인구 5천 명 이상의 정촌(町村)(도시지역)은 자체부담으로 자치경찰을 두도록 하였는데, 이는 시·정촌장의 관할로 시·정촌 공안위원회를 두고 경찰을 관리하였다. 이로 인해 일본 전체에 1,605개의 자치경찰이 조직화되었는데, 이들은 국가비상사태의 경우를 제외하고는 국가지방경찰과 대등한 지위에 있었다. 정진환(2006), 비교경찰제도, 서울: 백산출판사, pp. 262-266.

29) 大津英男(1958), 警察行政, 東京: 良書普及會, p. 24.

30) 도도부현(都道府縣, Prefectures of Japan)은 일본의 광역자치단체인 都(도쿄도), 道(홋카이도), 府(오사카부와 교토부), 縣(나머지 43개의 현)을 묶어 이르는 말이다. 신현기 외 8인(2003), 위의 책, p. 184.; 경찰대학(2002), 비교경찰제도론, pp. 398-401.

한다).

그리고 이 시기에 서로 다른 대륙법계(大陸法系)의 경찰과 영미법계(英美法系)의 경찰패러다임이 주체적 선별과정 없이 타율적·수동적으로 무분별하게 한국에 수용된 부분이 적지 않았다는 점이다.

개항 이후 1894년 갑오경장, 그리고 1945년 해방 전까지는 일제에 의한 대륙법계의 경찰체제가 계수되었고, 해방 후 미군정시대(1945-1948)에는 영미법계 경찰이 계수되고, 이후 양 법계의 경찰제도가 혼합되어 제도권과 학자들에 의해 수용되었다고 볼 수 있다. 이 가운데서 특히 오랜 기간 일제 식민통치를 경험하는 과정에서 현재까지도 대륙법계 경찰요소(예: 중앙집권적 국가경찰, 행정경찰과 사법경찰 관념, 많은 질서행정 기능 수행, 제한된 수사권, 특별권력관계 문제 등)가 강하다고 볼 수 있다. 한편, 경찰제도의 근본적인 틀(즉, 중앙집권적인 국가경찰)은 국가의 중앙집권화를 추구·강화해 온 우리의 역사(삼국시대, 고려시대, 조선시대 등)적 산물이라고도 할 수 있다.

2) 대륙법계와 영미법계 경찰학 패러다임의 충돌

이러한 대륙법계 경찰과 영미법계 경찰관념이 근현대 한국경찰에 타율적·수동적으로 계수되었다는 것 자체도 문제거니와 더욱 심각한 문제는 양자의 경찰은 여러 면에서 차이가 있고, 그것으로 인해 이론과 실무에 있어서 갈등요소가 적지 않다는 점이다. 이 문제는 특히 대륙법계의 법학(法學) 영역과 영미법계의 행정학(行政學) 영역 간의 갈등으로 볼 수도 있을 것이다.[32)]

대륙법계 경찰패러다임과 영미법계 경찰패러다임의 갈등 문제는 구체적으로 경찰 역할 및 권한의 범위설정과 관련된다. 이와 관련하여 그동안 대륙법계 경찰에서 논의되어온 행정경찰의 '탈경찰화'(脫警察化)와 영미법계 경찰의 '수사구조 및 소송구조의 변화'에 대해서 살펴볼 필요가 있다. 이는 이른바 '행정경찰'과 '사법경찰'의 영역에 대한 재인식과 관련되며, 이 두 문제는 오늘날 한국경찰의 현실에 그대로 노출되어 나타나

---

31) 이에 관한 내용은 최선우(2006), "한국경찰의 '근대성'에 관한 연구," 한국공안행정학회보 제23호, pp. 407-439.

32) 프랑스와 독일 등 대륙법계 국가는 로마법의 영향을 받아 일찍부터 법체계가 발달하여 이론성·논리성이 우수하다는 특징이 있다. 법이 가지고 있는 과거지향성과 원칙성은 사회안정성을 확보하는데 이점이 있다. 반면, 급변하는 사회에서는 융통성을 가지고 대응하는 데는 한계가 있다. 영국과 미국 등 영미법계 국가는 보통법법원(普通法法院, common law court)에서 내린 판결을 기초로 하여 보통법(common law)이 형성·발전되어 왔으며, 따라서 대륙법계 국가보다는 법체계가 발달하지 못한 것이 사실이다. 그러나 이들 국가는 법보다는 실용주의적인 면이 강하여 행정현실을 보다 강조하는 경향이 있다. 그렇기 때문에 현실 지향적이며, 융통성을 확보하는 데는 이점이 있다. 물론, 오늘날 대륙법계 국가이든 영미법계 국가이든 간에 각각의 단점을 보완하고 있는 추세이다. 그러나 한국경찰은 여전히 양자 간에 적지 않은 괴리가 있다고 본다.

고 있다. 대륙법계 경찰에서는 위험방지 또는 예방에 초점을 두고 있다. 종래의 위험방지 대상은 범죄예방뿐만 아니라 무질서, 각종 재해 및 수많은 사항이 이에 포함된다. 반면, 사후대응 즉, 범죄수사에 관한 부분에 대한 경찰의 역할과 권한은 다소 제한적이다.

영미법계 경찰에서는 위험의 예방에 대한 범위가 대륙법계와 마찬가지로 포괄적이지 않다. 대신 범죄수사, 심지어 소송업무까지도 경찰업무의 일부로 인식하는 등 형사절차에서 폭넓은 권한을 행사하고 있다.

(1) 대륙법계 행정경찰의 탈경찰화

독일, 일본 등 과거에 경찰권이 강대했던 나라들에서는 제2차 세계대전 이후 경찰의 기능이 축소되어 종래에 경찰의 권한 영역에 속해 있던 광범위한 영역에 대한 이른바 '탈경찰화'(脫警察化) 또는 '비경찰화'(非警察化)가 이루어졌고, 그 한도에서 위험방지 임무가 대폭 일반 행정기관에 이전되었다.

제2차 세계대전 후, 경찰의 민주화가 행해지면서 경찰개념을 제도적 경찰과 집행경찰을 동일시하려는 시도가 이루어졌다. 여기에서는 질서유지행정과 행정경찰을 동일시하는 전통적인 행정경찰개념을 포기되었고, 따라서 예컨대, 건축경찰·위생경찰·노동경찰·소방경찰 등은 개별법이 정하는 행정기관의 관할로 이관되고, 그 명칭도 건축행정·위생행정·노동행정·소방행정으로 되어 탈경찰화가 이루어진 것이다.

따라서 경찰이란 국민의 생명, 신체 및 재산의 보호를 기본임무로 하는 법집행 또는 법강행 기능을 수행해야만 하는 경찰기관의 활동을 말하는 것이 되었다. 경찰을 원칙적으로 법집행 또는 법강행 기능에 한정하는 것은 행정의 광범위한 위험방지의 책무(임무)를 경찰로 보지 않는 것을 의미하고, 위험방지의 책무를 행하는 일반적 행정기관의 기능은 질서행정(秩序行政)이라고 일컬어진다. 이 경우 질서행정은 단순한 소극적인 위험방지를 넘어 공공의 복지를 실현하기 위한 적극적인 목적을 추구하는 사전 배려, 계획 및 정책형성에까지 미치고, 위험방지와 불가분이고 또한 종종 구별할 수 없는 목표설정과 내용을 떠맡게 되었다고 할 수 있다.[33)]

우리나라도 미군정시대에 탈경찰화가 이루어졌다. 일제강점기의 조선총독부 경찰은 치안유지라는 경찰 본래의 기능 외에 정치·경제·출판·보건위생·군사경비·소방·사법 등 광범위한 권한을 행사하고 있었다. 이는 조선을 강제적으로 지배하고 조선민족의 독립투쟁을 억압하기 위한 수단으로 경찰을 활용했기 때문이다. 따라서 미군정당국은

33) 미야타 사부로우(宮田三郞)/한귀현 역(2003), 일본경찰법, 한국법제연구원, p. 5.

남한의 경찰권을 접수한 이후 본래의 경찰영역을 넘어선 비정상적인 부분을 경찰관할에서 회수하여 다른 관서로 이관시켜 탈경찰화를 단행하였다.[34]

이러한 탈경찰화는 미군정 이후에도 꾸준히 진행되고 있다. 한편, 오늘날 민영화(民營化, privatization) 등의 논리에 의해 경찰권한의 민간위임 즉, 사인(私人)에 의한 경찰작용(예컨대: 경비업법상의 민간경비 등) 역시 중요한 연구대상으로 떠오르고 있음에 주목할 필요가 있다.

(2) 영미법계 경찰의 독자적 수사권한의 행사와 기소권한의 조정

영국 형사사법에서 전통적으로 수사권한 행사의 주체는 경찰로 인식되고 있으며, 이에 관한 광범위한 경찰재량권을 인정하고 있다. 더욱이 1985년 국립기소청(Crown Prosecution Service)을 설치하여 국가가 고용한 변호사들에 의해 기소 업무를 전담시키기 전까지는 경찰이 기소업무까지 모두 담당하였다. 이 국립기소청은 스코틀랜드 지역을 제외한 잉글랜드와 웨일즈 지역에서 경찰이 수사한 범죄사건에 대한 기소업무를 맡고 있다. 이러한 점에서 영국경찰은 우리나라와는 달리 형사사법에서 상당한 위상과 역할을 해 왔음을 알 수 있다.[35]

영국의 기소에 대한 역사를 간략히 살펴보면, 1879년 「범죄의 기소에 관한 법률」(Prosecution of Offences Act, 이하 기소법) 이전에는 공식적인 기소 담당기관이 설치되지 않았었다. 따라서 이전까지는 범죄피해자 등 시민들은 직접 기소를 하거나 변호사를 사서 기소업무를 담당하도록 하였다. 이는 고대 앵글로-색슨 정착기(5세기 이후)부터 형사사법에서 일정한 권리회복을 위해 주민이 직접 권한을 행사할 수 있다는 자경주의 전통에서 비롯된 것이라 할 수 있다. 이른바 '사인소추주의'(私人訴追主義) 전통을 가지고 있었다.

여기에서 주목할 만한 것은 기소법이 제정되기 이전인 1829년에 영국에서는 현대경찰의 모태가 되는 런던수도경찰이 탄생하였는데, 이때부터 경찰은 수사업무뿐만 아니라 시민들이 행사해오던 기소업무를 점차 경찰이 담당하기 시작하였다는 점이다. 즉, 1879년의 기소법 시행 이후 기소업무가 내무부(Home Office)의 업무로 되어 1880년 내무부장관이 최초의 기소국장을 임명하여 극소수의 매우 중요하거나 어려운 사건의 기소를 담당하게 하였고, 대다수의 범죄사건의 기소업무에 대해서는 경찰이 계속 담당해왔다. 물론 경찰의 기소업무의 수행은 시민의 위임(委任)에 의한, 즉 시민의 대표로

34) 신상준(1997), 미군정기의 남한행정체제, 한국복지행정연구소.; 경찰대학(2002), 한국경찰사, p. 204 재인용.
35) 이하 김형만 외 8인(2003), 비교경찰제도론, 서울: 법문사, pp. 318-322 재구성.

서 시민을 위하여 기소업무를 담당하게 된 것으로 보아야 할 것이다.

그러던 중, 1962년 왕립 경찰조사위원회(Royal Commission on the Police)에서 '동일한 경찰관이 동일한 사건의 수사와 기소업무를 모두 담당하는 것은 적절치 않으므로 각 경찰청은 변호사로 구성된 별도의 기소담당 부서를 두도록' 권고하게 되었고, 이에 일부 지방경찰청은 기소담당 부서를 설치하였으나 일부는 지역 변호사에게 기소 관련 조언을 구하는 것으로 대체하였다. 그러나 변호사의 조언에 법적 구속력이 없었기 때문에 기소권한은 계속 경찰이 행사하였다.

그리고 1978년에 왕립 형사절차조사위원회(Royal Commission on Criminal Procedure)에서는 다시 형사사법절차의 3대 문제점을 지적하였다. ㉠ 수사를 담당한 경찰은 동일한 사건의 기소 여부에 대해서 공정한 판단을 내린다고 신뢰할 수 없음에도 불구하고 동일 경찰이 수사와 기소업무를 병행하고 있다. ㉡ 전국의 지방경찰청이 사건의 기소 여부에 대해 서로 다른 기준을 적용하고 있다. ㉢ 경찰이 너무 많은 부적당한 사건들을 기소하여 판사의 기각률이 높다는 점이다.

따라서 1981년 조사위원회는 이와 같은 문제점들에 대한 해결책으로 정부에서 독립된 기소전담기구를 설치하는 입법을 권고하기에 이르렀다. 이에 따라 1983년 내무부에서 기소업무를 담당하는 독립된 국가기구의 창설과 신속한 기소 여부를 결정하기 위해 그 기구의 지역 사무소에서 대부분 사건의 기소업무를 처리하게 하는 것을 골자로 하는 정부의 입법안을 발표하였다.

결국, 1985년 「범죄의 기소에 관한 법률」(Prosecution of Offences Act)이 다시 제정되어 기존의 내무부에 설치된 기소국과 지방경찰청에 설치된 기소 담당 부서를 통합·확대한 국립기소청(CPS: Crown Prosecution Service)이 창설되었다. 국립기소청은 그 역사에서 알 수 있듯이 광범위한 경찰업무로부터 기소업무만을 분리해 내어 전반적인 형사절차의 운영을 원활하게 하자는데 그 설립목적이 있으며, 따라서 '경찰에 종속되지 않고 독립된'(completely independent of the police) 기관으로서 경찰이 입건한 형사사건에 대한 기소를 하도록 하였다.

이상과 같이 영국경찰의 사법경찰의 역할 및 권한을 살펴보면, 수사권한은 물론이거니와 기소권한 역시 경찰이 행사하다가 이의 문제점이 제기되어 기소권한은 타 기관으로 넘어가고 수사권한은 그대로 가지고 있는 행태를 취하고 있음을 알 수 있다.

(3) 한국경찰의 나아갈 방향

한국경찰에 지대한 영향을 미친 대륙법계 경찰과 영미법계 경찰이 현재까지 변화와 개혁을 거듭하고 있으며, 한국 역시 그러한 과정을 거치고 있다. 이러한 대륙법계와 영미법계의 변화과정을 고려할 때, 한국경찰의 행정경찰과 사법경찰의 영역은 어떻게 설정할 것인가 하는 문제가 관건이 된다. 행정경찰의 변화과정과 사법경찰의 변화과정 속에서 어떠한 정체성을 찾지 못한다면, 경찰학은 하나의 정상과학으로서 자리 잡기는 어려울 것이다.

한국경찰의 행정경찰 영역에서의 탈경찰화는 미군정 이후 꾸준히 진행되고 있고, 또 사법경찰 영역에서의 수사권한 조정 역시 역대 정권마다 뜨거운 도마 위에 오르고 있는 것이 사실이다.[36)] 이러한 문제는 행정경찰과 사법경찰의 불가분리성, 그리고 유관기관(예: 검찰, 국가정보원, 대통령경호처, 군, 그리고 여러 행정기관 등)과의 관계 재정립과도 관련된다. 행정경찰과 사법경찰의 불가분리성은 형사사법상의 수사구조의 합리화의 중요한 근거가 되는 것이며, 경찰의 유관기관과의 관계 재정립은 행정경찰의 탈경찰화 또는 타 기관 조장행정업무의 재검토와 관련되는 것이다.

이러한 문제가 한국경찰이 안고 있는 가장 본질적인 문제 가운데 하나라고 한다면, 이는 경찰학이 우선 연구해야 할 과제 가운데 하나이며, 따라서 이는 경찰학의 패러다임 정립과 직결된 것이라 할 수 있다.

제3절 경찰학 패러다임의 정립을 위한 과제

이상과 같은 경찰학의 패러다임에 내재하는 문제를 보다 심도 있게 논의하기 위해서는 근본적으로 어떠한 접근방법의 개선이 이루어져야 한다고 본다. 일반적으로 학문연구와 관련하여 논의되는 접근방법이란 '해당 분야의 연구대상이나 연구방법에 대한 관점이나 시각'을 의미한다. 따라서 경찰학의 학문적 정체성을 확립하는데 연구방법은 연구대상 못지않게 중요하다는 점을 알 수 있다. 경찰학에서는 인접 학문의 접근방법을 그대로 활용 또는 이를 토대로 발전시켜 나가고 있는 것이 사실이다.

이와 관련하여 이상안 교수는 제도론적 접근, 행태론적 접근, 법률적 접근, 체제론적

36) 지난 2020년 2월 형사사송법의 개정(시행 2021년 1월)으로 검사와 사법경찰관의 관계에 있어서 '검사와 사법경찰관은 수사, 공소제기 및 공소유지에 관하여 서로 협력(協力)하여야 한다'는 규정(제195조 제1항)을 신설한 것은 수사구조의 합리화에 있어서 매우 큰 역사적 의미를 갖는다.

접근, 범죄경제학적 접근, 경찰정책론적 접근방법 등을 제시하였고, 김충남교수는 법률적 접근, 역사적 접근, 제도적 접근, 행태론적 접근, 체제론적 접근 등을 제시하고 있다.

또 정진환교수는 전통적 경찰연구로서 이를 이념적 접근(경찰체제, 경찰조직)과 기능적 접근(경찰역할, 경찰행태)으로 크게 구분하였으며, 새로운 연구방향으로서 부문적 차원(공·사 부문의 제휴관계의 이론화, 공·사 양분법에 대한 새로운 인식, 그리고 기존의 police연구가 아닌 policing연구와 같은 초점의 변화), 공간적 차원(집권화와 분권화, 세계화와 공간의 확대), 구조적 차원(구조조정, 새로운 치안구조의 형성)으로 구분하여 접근하고 있다.[37)]

이상안교수와 김충남교수가 제시한 접근방법은 인접 학문의 방법을 그대로 원용했다면, 정진환교수는 새로운 시각에서 경찰현상을 분석하였다는 점에서 의미가 있다고 본다.

그런데 모든 학문의 접근방법은 근본적으로 시간과 공간 차원에서 이루어진다고 본다. 그리고 그러한 시간과 공간을 이해하는데 가장 기초적인 방법이 바로 역사적 접근(歷史的 接近: 종적 접근)과 비교론적 접근(比較論的 接近: 횡적 접근)이라고 할 수 있다. 사실, 역사적 접근과 비교론적 접근은 위에서 제시된 모든 접근방법의 토대가 되기도 한다. 즉, 역사적 접근과 비교론적 접근을 통해서 가장 기초적·근본적으로 경찰현상을 입체적 접근할 수 있기 때문이다. 역사적 접근과 비교론적 접근은 시간과 공간 차원에서 경찰학에 대한 새로운 통찰력(洞察力)을 제공해 줄 것으로 기대된다.

1. 역사연구의 활성화

일반적으로 '역사'(歷史, history)라고 하면, '지나버린 일들', '오래된 것', '현재와는 무관한 과거', '고리타분한 것' 등으로 치부해버리는 경우가 있다. 그러나 경찰학이 하나의 체계화된 정상학문으로 자리 잡기 위해서는 무엇보다도 역사적 연구가 이루어져야 한다고 본다. 경찰학의 토착화 및 학문적 정립을 위해서는 한국 사회 내에서 이루어지는 경찰현상(그 이면의 본질 포함)을 우리의 역사적 시각에서 보는 독자적인 연구가 요구된다(역사적 접근 역시 기본적으로 과학적 과정을 따르는 과학적 접근방법이 요구되며, 이를 통하여 하나의 학문 분야의 이론이 수립된다).

따라서 적어도 근대경찰의 태동기라 할 수 있는 갑오경찰과 대한제국의 경찰, 일제

37) 이상안(2005), 알기 쉬운 경찰행정학, 서울: 대명출판사, pp. 77-86.; 김충남(2005), 경찰학개론, 서울: 박영사, pp. 16-20.; 정진환(2002), "민간경비와 경찰연구의 새 방향," 21세기 질서행정(정진환교수 정년기념논총), pp. 29-69.

강점기의 경찰, 미군정시대의 경찰, 그리고 대한민국정부수립 이후의 경찰에 대해서 법학, 행정학, 정치학, 사회학 등 다양한 학문적 관점에서 고찰하고, 거기에서 경찰에 내재하는 고유한 특성이 어떻게 형성·발전되었는지를 파악하는 것은 무엇보다도 중요한 일이다. 한국경찰의 역사적 발전과정을 이해하지 않고 단순히 서구경찰을 우수성 등을 논하는 것은 매우 위험한 발상이다.

사실, 모든 학문 분야에 있어서 해당 학문(또는 연구대상)의 역사적 접근은 가장 본질적인 것이다. 역사란 어떤 시간에 어떤 일이 있었다는 것을 다루는 학문이다. 그리고 오히려 역사는 학문이라기보다는 모든 학문을 존립하게 하는 기반이라고 해야 할 것이다. 왜냐하면 어떤 학문이든 그 연구대상은 어떤 시간에 일어난 어떤 일일 수밖에 없기 때문이다. 따라서 모든 학문의 출발은 어떤 면에서 그 연구대상의 역사적 접근에서 비롯된 것이라고 해야 할 것이다.[38)]

그런데, 역사에 대한 접근이 '역사' 그 자체로서 목적만 가지고 있는 것은 아니라고 본다. 그리고 단순히 해당 학문에 대한 학문적 정립을 위한 것도 아니다. 궁극적으로는 역사적 접근을 통해 얻은 교훈이 현실에 반영되고, 미래지향적인 비전을 제시해 줄 때 그 의미가 있다고 본다. 따라서 한국 경찰에 대한 역사적 접근을 통해서 이 세 가지 욕구를 충족시켜야 할 것이다. 한국경찰의 역사성 인식, 한국경찰의 학문적 체계화, 그리고 한국경찰의 실천적 비전제시가 바로 그것이다.

따라서 경찰학의 학문적 기초에 경찰사(警察史)에 대한 이해가 무엇보다도 중요하다. 이러한 문제는 경찰학뿐만 아니라 정치학, 사회학, 행정학 등 모든 학문적 영역에서 본질을 이루고 있다.

이와 관련하여 예컨대, 영국의 정치학자 라스키(H. Laski)는 정치학에서 역사의 중요성을 다음과 같이 표현하고 있다. "현재는 과거의 자식이며 현재의 우리는 미래의 어버이다. 참된 정치학은 무엇보다도 역사를 가지는 이론이다. 정치학을 부정(不正)에 대한 정의(正義)의 싸움이라고 본다든가 또는 악(惡)에 대한 선(善)의 싸움이라고 보는 것과 같은 관점으로 단순화시킨다면 좀처럼 그 본질을 이해할 수 없을 것이다. 적어도 역사적 관점에서 그것을 보지 않는 한, 우리는 그 내용을 이해할 수 없게 될 것이며, 또한 합리적 분석과는 동떨어진 것으로 되어 아무런 의미도 없는 허구적인 것으로 그치고 말 것이다"라고 하였다.[39)] 이와 같이 라스키의 정치이론 연구에 있어서 역사적 관점

38) 최선우(2004), "한국경찰의 역사적 접근에 관한 서설적 연구," 한국공안행정학회보 제18호, p. 499.
39) 이극찬(1994), 정치학, 서울: 법문사, pp. 170-171 재인용.

이 그 핵심을 이루고 있음을 알 수 있다.

이와 마찬가지로 경찰현상 역시 그 나라의 역사적 배경 속에서, 즉 그 사회의 역사적 전통과 역사적 현실을 기초로 하여 접근해야 하는 것은 분명한 사실이다. 원래 현재는 그 어떠한 사소한 부분이라 할지라도 과거로부터 연속되고 있으며, 과거에 그 원인을 가지는 것이기 때문에 현재의 경찰과 앞으로의 가능성은 과거에 의해서 규정되며 제약되는 것이 적지 않다.

따라서 현재를 이해하기 위해서는 과거를 알지 않으면 안 된다. 어떠한 사정에서 경찰제도가 발생했으며, 어떠한 발전경로를 따라서 발전되어 왔는가를 아는 일은 현대경찰을 이해하는데 불가결하다. 뿐만 아니라 이 사실은 현재의 제도가 앞으로 어떠한 방향으로 발전될 수 있으며, 또한 개선될 수 있는가의 가능성과 한계를 파악하는 점에서도 중요하다.

카(E. H. Carr, 1964)는 "역사는 현재와 과거의 끊임없는 대화"(History is an unending dialogue between the present and the past)라 보았는데, 역사적 의식을 가지고 있는 사람들은 지나 가버린 과거를 재현 또는 재구성하려는 것이 아니라 그것을 받아들여 이를 분석함으로써 그 속에서 의의를 찾아보려는 것이라고 말하고 있다.[40)]

역사적 의식을 가지고 있는 사람들은 무엇보다도 먼저 현재의 빛에 비춰서 과거를 분석하고, 그곳으로부터 성장하는 미래를 분석하며, 그다음에는 현재와 미래를 지배하는 주장 위에다 과거의 빛을 비추는 것이다. 요약한다면, 경찰의 역사적 연구의 참된 의의는 현재의 올바른 성찰과 미래의 방향 제시에 있다고 할 수 있다.

2. 비교연구의 활성화

위에서 논의한 경찰학에 대한 역사적 접근은 주로 일정 지역(즉, 한국경찰)을 중심으로 과거와 현재라는 시간적 차원에서 다루어진다. 그러나 비교론적 접근은 주로 여러 지역(한국경찰, 일본경찰, 미국경찰, 독일경찰 등)을 중심으로 현재를 기준으로 공간적 차원에 초점을 두고 있다(역사적 관점이나 비교론적 관점 모두 시간과 공간이 고려됨은 물론이다).

비교(比較, comparison)라는 것은 기본적으로 어떤 현상을 더 잘 이해하고 설명하고 예측하기 위하여 그들 사이의 유사점과 상이점을 찾아내는 것으로 우연한 관찰의 형태

40) E. H. Carr/김택현 역(2002), 역사란 무엇인가?, 서울: 까치글방, p. 50.

와 구별되는 과학적 탐구를 통한 관찰이라고 할 수 있다.[41)]

그리고 이러한 비교과정은 과학적 탐구를 통한 관찰을 전제로 하는 것이다. 현상과 현상의 군에 대한 유사점과 차이점의 추구는 종종 공간과 시간을 통한 비교를 요구한다. 공간적 분석을 동시적(synchronic) 분석이라고도 한다. 이것은 특정한 시기에 있어서 특정한 상황에서 발생하는 현상에 대한 분석인데, 여기에는 시간적 요소에 의하여 영향을 받지 않는 것으로 간주하는 것이다.

주의할 것은 비교론적 접근 역시 역사적 접근과 마찬가지로 모든 학문의 기초라는 점이다. 따라서 경찰현상(경찰조직구조, 경찰행태, 경찰작용, 경찰구제 등)을 설명하는데 대부분 비교론적 접근방법을 원용하고 있다. 예컨대, 자치경찰제도의 도입, 수사구조의 합리화, 경찰의 정치적 중립성 등 수많은 경찰학 관련 담론들은 비교론적 접근을 통해서 그 당위성이 제시되고 있음에 주목할 필요가 있다.

물론, 역사적 접근(예: 한국경찰사 등)과 마찬가지로 비교자체를 하나의 분석대상 및 방법으로 설정(예: 비교경찰제도 등)하기도 한다. 어쨌든, 비교연구를 통해서 각국에 내재하는 경찰과 관련한 여러 현상의 유사성 및 보편성을 탐구하고, 아울러 각국 경찰의 차이점 또는 상이성을 파악함으로써 경찰의 실체를 올바로 파악할 수 있다.

따라서 경찰학의 정체성과 정상학문으로서의 위상을 확립하기 위해서 비교연구가 필요하다는 것은 당연하며, 여기에서 강조하고자 하는 것은 특히 그러한 비교연구를 위해서는 무엇보다도 '번역'(translation)의 중요성이 재인식되어야 한다는 점이다. 사실, 우리나라는 번역에 대해 학문적 비중을 그다지 많이 두지 않는 경향이 있다. 대학에서 교수업적을 평가할 때 전문학술지나 저서 등에 대해서는 상당히 높은 점수를 부여하는 반면 번역서에 대해서는 지나치게 인색한 것이 사실이다.

그러나 번역을 해 본 사람은 번역이야말로 학문활동에서 가장 긴 시간과 가장 수준 높은 스칼라십(scholarship)을 요구한다는 점에 공감할 것이다. 예컨대, 20세기 후반에 등장한 서구의 새로운 경찰활동의 패러다임이라 할 수 있는 '커뮤니티 경찰활동'(Community Policing)에 관한 논문을 쓰는 일보다 트로야노비치(R. Trojanowich) 등이 저술한 「Community Policing(1990)」, 레덜렛(L. A. Ladelet) 등이 저술한 「The Police and The Community(1994)」를 완역하는 일이 훨씬 더 어렵다는 사실은 아무도 부인하지 못할 것이다.

따라서, 예컨대, '....에 관한 연구'와 같은 논문을 쓰는 일은 그것에 대한 철저한 지식이 없더라도 가능하다. 해석이 안 되는 부분은 슬쩍 넘어갈 수도 있고, 또 책을 다

41) 정진환(2006), 앞의 책, p. 29.

읽지 않더라도 여기저기에서 적당히 인용하여 적당히 일관된 논리의 구색만 갖추면 훌륭한 논문이 될 수도 있다고 본다. 그러나 번역의 경우에는 전혀 이야기가 달라진다. 그 작품의 문자 그대로 '완전한' 이해가 없이는 불가능하기 때문이다. 즉, 모르는 부분을 슬쩍 넘어갈 수도 없고, 또 전체에 대한 지식이 없이는 부분의 철저한 해석조차 불가능하다. 그리고 인용 출전에 대한 완전한 조사를 강요당한다. 번역서의 경우에는 번역자의 학문적 수준이 그대로 노출된다.[42)]

따라서 경찰학의 학문적 정체성과 패러다임을 정립하기 위해서는 각국의 경찰현상이 어떻게 나타나고 있는지를 철저하게 규명해야 하는데, 그러한 과정에서 제1차적으로 이루어져야 하는 단계가 바로 번역이라고 할 수 있다. 한국경찰의 정체성은 영미법계 경찰패러다임, 그리고 대륙법계 경찰패러다임이 어떠한 모습을 하고 있는지를 살펴봄으로써 가능하다고 보는데, 이를 위해서는 각국 언어로 쓰인 경찰학 관련 서적을 우리의 관점에서 철저히 해석하고 소개하는 작업이 요구된다.

물론, 번역작업은 단순히 영어와 일본어, 독일어 등 외국어에 국한되지 않는다고 본다. 한자(漢字)에 대한 독해 역시 번역의 일부라고 본다. 우리가 한자문명권에 속하지만 오늘날 경찰학 관련 학자들의 한자에 대한 학문적 지식은 그다지 높지 않다고 본다. 사실, 번역을 통한 경찰에 대한 비교론적 접근 역시 각 나라의 역사적 발전과정을 전제로 한 것이다. 이러한 점에서 본다면, 역사적 접근과 비교론적 접근은 그 본질에 있어서 유사한 면이 적지 않음을 알 수 있다.

요약건대, 경찰학의 과제는 ㉠ 현대 자유민주국가의 경찰에 내재해 있는 본질적 한계인 '개인의 권리'와 '사회의 권리'를 어떻게 조화시킬 것인가 하는 문제(보편적 한계)와 ㉡ 한국경찰이 안고 있는 청산하지 못한 역사적 과제와 그로 인해 나타난 대륙법계 경찰패러다임과 영미법계 경찰패러다임의 부조화 문제(특수적 한계) 등을 어떻게 해결할 것인가와 관련되어 있다고 본다.

이를 위해서는 본질적 문제를 회피한 체, 외향적 개혁만을 추진해서는 결코 해결할 수 없을 것으로 보인다. 오히려 문제의 근원을 보다 심도 있게 분석(역사적 접근)하여 자성(自省)하고, 현대 한국경찰의 형성에 지대한 영향을 미친 서구 선진 경찰의 변화과정을 심도 있게 통찰(비교론적 접근)하여 그것을 내면화(內面化)할 수 있을 때 문제해결의 실마리를 찾을 수 있을 것으로 기대된다.

---

42) 김용옥(1997), 동양학: 어떻게 할 것인가, 서울: 통나무, p. 127.

제3장

경찰의 의의와 기본이념

제3장 경찰의 의의와 기본이념

제1절 경찰의 의의

1. 경찰개념의 정립 문제

1) 경찰개념 정립의 어려움

경찰(警察, Police)이란 무엇인가? 그러나 이에 대한 정의를 명확하게 내리는 것은 쉬운 일이 아니다. 심지어 오랫동안 경찰조직에 근무한 경력을 가지고 있거나, 경찰 분야를 학문적으로 연구하는 학자들도 마찬가지이다. 이들 역시 경찰현상의 한 측면만 보고 그 특성을 평가하는 경향이 있기 때문이다.

더욱이, 경찰이라는 것은 역사성(歷史性) 즉, 가변성(可變性)을 내포하고 있는 개념으로써 국가마다 고유의 정치이념과 전통문화 등이 반영되는 것이어서 획일적으로 이를 정의하는 것은 결코 쉬운 일이 아님은 분명한 사실이다.[1] 바꿔 말하면 경찰이라는 개념은 국가마다 상이하고, 또 동일 국가일지라도 시대에 따라 다르다는 점이다. 미국경찰, 일본경찰, 한국경찰이 각각 다르고, 또 한국경찰이라 할지라도 삼국시대·고려시대·조선시대·대한민국시대의 경찰이 각각 다른 것이다. 그리고 대한민국시대의 경찰이라 할지라도 1948년 정부수립 이후, 오늘에 이르기까지 그 정체성은 계속 유동적으로 변화하고 있음은 물론이다(경찰역사에 대한 논의는 제4장에서 보다 상세하게 살펴보기로 한다).

---

1) 이에 대해서는 이하에서 상세하게 살펴보겠지만 '경찰이 무엇인가'에 대한 답을 얻기 위해서는 제2장에서 제시한 바와 같이 다양한 견해와 연구결과를 종합하고, 그러한 과정에서 경찰에 내재하는 지배적인 견해인 '패러다임'(Paradigm)을 찾기 위해 노력해야 할 것이다. 이상안(2005), 경찰행정학, 서울: 대명출판사, p. 3.

2) 경찰이라는 용어

경찰개념에 관한 심도 있는 논의에 앞서, '경찰'(警察)이라는 용어에 대해서 살펴보기로 하자. 일반적으로 '경찰'(警察)이라는 용어를 사용한 것은 1894년 갑오개혁 이후 조선시대의 포도청(捕盜廳)을 폐지하고 경무청(警務廳)을 설치하면서 시작한 것으로 알고 있지만, 1885년 10월 29일의 정부의 공식문서 내용을 통해 '경찰'이라는 용어가 이미 사용되었음을 주목할 필요가 있다.[2] 이렇게 보면 우리가 경찰이라는 용어를 사용한지 약 130년이 되는 셈이다. 사실, '警察'이라는 한자어는 일본에서 차용한 것이라 할 수 있다.

갑오개혁에 많은 영향을 끼친 일본은 1868년 메이지유신(明治維新) 이후 당시 근대국가의 역할모델을 서구 유럽국가에서 찾은 바 있다. 이와 관련하여 '일본경찰의 아버지'라 불리는 가와지 도시요시(川路利良)는 1872년 유럽의 치안조직 또는 경찰조직에 대한 시찰보고서를 작성하였는데, 그는 프랑스·독일 등의 경찰조직을 '게이사쯔'(警察, けいさつ)라고 번역하여 일본에 소개한 것이다. 같은 한자권 국가라도 중국과 북한은 경찰이라는 용어 대신 '공안'(公安) 또는 '인민보안'(人民保安) 이라는 용어를 사용하고 있다.[3]

따라서 우리가 경찰의 개념을 이해하는데 '경찰'이라는 용어 자체에 중요한 의미를 부여하고 이에 집착할 필요는 없다고 본다. 용어 자체는 나라마다 상이하기에 그것을 어떠한 형태로 부르든 그것이 본질은 아니기 때문이다. 그것보다 정작 중요한 것은 경찰이 어떠한 시대적 이념(理念) 속에서, 구체적으로 어떠한 권한을 가지고 어떠한 역할 또는 기능을 하고 있는지를 살펴보는 일이라고 본다. 이렇게 함으로써 경찰의 '정체성'(正體性)을 파악할 수 있고, 경찰개념은 추상적 관념에서 구체적인 실체로 다가온다고 본다.

서구의 Police의 어원과 의미의 변천

오늘날 영어권 국가에서는 경찰을 'Police'라 부르고 있고, 우리도 이를 일상적으로 사용하고 있다. 이 Police라는 단어의 어원에 대해서는 여러 가지 견해가 있는데, 일반적으로 고대 그리스어의 'Polis'(또는 'Politeia') 라는 단어를 그 기원으로 보고 있다.[4] 당시의 Polis는 소규모의 '도시국가'로서의 의미뿐만 아니라 '시민의 합의로 조직화 된 도시국가를 총체적으로 관리하는 체계'로서의 의미도 가졌다. 즉, Polis는 본래 사회구성원의 생존과 행복 및 질서유지를 총괄하는 개념이었기 때문에 '도시를 통치하는 기술'(the art of

2) 김상호 외 8인(2004), 경찰학 개론, 서울: 법문사, p. 415.
3) 이황우·조병인·최응렬(2001), 경찰학개론, 한국형사정책연구원, p. 3.
4) J. L. Sullivan(1977), Introduction to Police Science, N. Y.: McGraw-Hill Co, pp. 1-2.

governing the city)의 의미도 가진 것이다.

물론, 당시의 Polis의 책임자들은 공공질서(公共秩序)·안전(安全)·도덕·식량공급·복지 등 시민생활과 관련된 일체의 도시업무를 총괄적으로 관리하였기 때문에 경찰기능 역시 그 속에 포함된 것으로서 어떠한 제도적 분리가 이루어진 것은 아니었다고 본다.

그러나 인류역사의 발전으로 국가권력의 분화 및 국가작용의 전문화가 이어지면서 이의 개념은 분화·발전하였다고 할 수 있다.[5] 즉, Polis라는 개념은 이후 Politics(정치), Policy(정책), Police(경찰) 등으로 분화된 것이다.

이와 관련하여 서구유럽에서 프랑스는 14세기 초에 경찰조직을 확립하였다고 볼 수 있다. 즉, 'la police de Paris'라는 단어는 '파리시의 치안을 유지하는 경찰조직'의 의미(주격명사)로서, 'Policer'를 '시민들을 교화개선 또는 단결시켜 질서를 바로잡는 활동'과 관련된 의미(타동사)로 사용하였다. 한편, 영국에서는 18세기에 이르러 '질서유지를 목적으로 하는 경찰조직'을 의미하는 용어로 'Police'를 사용하기 시작하였다.[6]

이러한 점에서 본다면, 서구유럽에서 Police라는 용어는 영미법계보다는 대륙법계에서 먼저 사용한 셈이다. 그리고 우리나라는 근대 일본과 미국을 통해서 직·간접적으로 이를 수용한 것이라 할 수 있다.

생각건대, 경찰에 해당하는 존재를 어떠한 식으로 명명했든 간에, 그리고 각 시대의 국가 및 집단이념이 어떠하든 간에 경찰개념은 역할 또는 기능적 관점에서 볼 때, '범죄 및 각종 무질서문제에 대응하는 제반활동' 차원에서 거시적·보편적으로 접근할 수 있을 것이다.

3) 경찰수단을 통한 경찰개념의 이해

따라서 비록 불명확하지만, 경찰개념을 정립하기 위해서는 무엇보다도 시대와 장소를 초월하여 경찰에 내재하는 어떠한 '공통점'을 찾는 일은 중요한 의미가 있다. 이는 이른바 경찰개념의 '보편성'(普遍性)을 의미하는 것이며, 여기에 더하여 각각의 '특수성'(特殊性)을 살펴보는 과정이 병행되었을 때, 경찰의 개념적 정체성은 윤곽을 드러낸다고 본다. 아래에서는 경찰개념의 보편적인 공통점과 관련하여 거시적 차원에서 '경찰수단'(警察手段)을 중심으로 살펴보기로 한다.

사실, 어느 시대와 국가를 막론하고 경찰은 범죄와 같은 위험방지와 제거, 질서유지 등의 목표를 달성하기 위해 일정한 '보편적·공통적인 수단'을 사용해 왔다. 만약 이러한 '보편적·공통적인 수단'에 기초하여 경찰개념을 정립하고자 한다면, 그러한 '보편적

5) Brian Chapman(1970), Police State, London: Pall Mall Press, pp. 11-12.
6) James J. Fyfe, et al(1997), Police Administration, N. Y.: McGraw-Hill Co., p. 4.

·공통적인 수단'은 무엇인가 하는 문제가 제기되며, 이는 미국경찰, 영국경찰, 프랑스 경찰, 독일경찰, 일본경찰, 그리고 한국경찰을 막론하고 우리사회에 존재해 온 모든 경찰에 공통된 것이어야 한다고 본다.[7)]

(1) 물리적 강제력의 행사

경찰이 주어진 목표달성을 위해 사용하는 보편적인 수단은 바로 '물리적 강제력'(物理的 强制力, Coercive force)을 의미한다. 동서고금을 막론하고 시대가 요구하는 어떠한 경찰목표 또는 경찰목적을 달성하기 위하여 타인에 대해 이러한 물리적인 강제력을 행사할 수 있는 권한을 가지고 있지 않은 경찰은 존재하지 않는다고 본다. 바꿔 말하면 그러한 물리적인 강제력을 행사할 수 있는 권한을 갖지 못한다면 그것은 경찰이라고 부를 수 없을 것이다(후술하겠지만 '물리적 강제력'의 문제는 경찰의 개념적 유형화에 있어서 이른바 '실질적 의미의 경찰'을 형성하는 중요한 기준이 된다).

이러한 관점에서 경찰은 '물리적 강제력을 행사할 수 있는 권리를 가지고 있는 개인 또는 조직'이라고 할 수 있다. 그러나 단지 물리적 강제력에만 초점을 두게 된다면, 예컨대, 은행강도, 격투사, 교도관, 교사, 군인, 부모 역시 이를 행사할 수 있기 때문에 좀 더 분석적으로 살펴볼 필요가 있다.

경찰과 시민의 관계

대륙법계 국가의 경찰개념과 영미법계 국가의 경찰개념을 설명할 때, 종종 경찰과 시민의 관계를 가지고 설명하기도 한다. ㉠ 대륙법계 국가는 경찰권이라는 것이 국가통치권을 바탕으로 한 것이며, 시민에 대한 통제와 지시를 주요 목적으로 하기 때문에 경찰과 시민의 관계는 '대립적 관계'라는 것이다. 반면 ㉡ 영미법계 국가의 경찰권이라는 것이 시민의 자치권을 바탕으로 한 것이며, 시민에 대한 보호와 서비스를 주요 목적으로 하는 것이기 때문에 경찰과 시민의 관계는 '협력적 관계'라는 것이다.

그러나 국가(대륙법계·영미법계)에 따라 경찰과 시민관계를 다르게 보는 것은 문제가 있다. 정도의 차이는 있겠지만 국가경찰 또는 자치경찰이든 간에 경찰은 범죄와 무질서 대응이라는 목표달성을 위해 기본적으로 '물리적 강제력'을 행사할 수밖에 없는 것이다. 국가에서의 경찰의 존재 이유는 바로 여기에 있기 때문이다.[8)]

7) Carl. B. Klockars(1985), The Idea of Police, New Delhi: Sage Publications, Inc, pp. 9-13.
8) 다만, 전통적으로 중앙집권화 된 경찰조직은 국가지향적이며, 지방분권화 된 경찰조직은 국민 또는 시민지향적인 특성이 있다. 민주국가에서 경찰조직은 국민전체에 대한 봉사자로서 존재하지만, 본래 경찰조직이라는 것은 권력조직의 속성을 가지고 있으며, 따라서 중앙집권적인 국가경찰의 경우에는 경찰권을 오남용하여 개인의 이해관계보다는 국가의 이해관계를 반영할 가능성이 적지 않기 때문이다. 이 경우 경찰의 정당성 문제는 사법심

시민들의 합의를 바탕으로 민주주의가 확립되었지만, 경찰은 이러한 합의가 깨질 때(즉, 법규를 위반할 때)에는 물리적 강제력이라는 수단을 동원하여 문제를 해결하고자 한다. 따라서 경찰활동이 궁극적으로 개인의 자유와 권리를 보호하고 공공의 안녕질서를 유지하는 것이라고는 하는 것이지만, 그러한 목표달성을 위해서는 1차적으로 그러한 위험상태를 일으킨 자에 대해서는 물리적 강제력을 동원하여 규제할 수밖에 없는 것이다. 더욱이 민주국가에서도 경찰에게 부여한 광범위한 물리적 강제력 및 재량권에 대한 적절한 통제가 이루어지지 못하는 경우에는 이를 오남용하여 언제든지 시민의 자유와 권리가 침해될 가능성이 항상 존재하게 된다.

이러한 점에서 볼 때, 경찰과 시민의 관계는 근본적으로 '대립관계' 또는 '수직적 관계'에 있다고 볼 수 있다. 이러한 이유로 민주주의와 경찰이 조화롭게 양립하기가 대단히 어렵다는 것을 알 수 있다. 다만, 오늘날 비규제적인 대민봉사 기능이 대륙법계와 영미법계 국가를 막론하고 중요한 경찰기능 가운데 하나로 등장하고 있고, 이에 따라 법집행기능 못지않게 비중을 두고 있는 것은 주목할만하다.

이러한 현상은 전통적 경찰활동(Traditional Policing)이 직면하고 있는 한계 즉, 오늘날과 같이 복잡·다양한 사회 속에서 범죄와 무질서문제의 양적·질적 심화를 경험하고 있고, 이를 해결하기 위해서는 종래와 같은 경찰과 시민이 대립관계 속에서는 이를 해결할 수 없다는 문제인식을 전제로 하고 있다. 따라서 전략적으로 경찰이 수직적 관계 속에서 시민을 하나의 통제대상이 아닌 수평적 동반자(partner)로 인식하고 범죄와 무질서문제를 공동으로 대처하고자 하는 노력을 기울이고 있다(물론, 그렇다고 해서 본질적인 수직적 관계가 사라지는 것은 아니다). 경찰이 시민의 자발적·적극적 협력을 이끌어 내지 않고서는 경찰 스스로가 범죄와 무질서 문제를 해결할 수 없는 상황에 직면한 것이 오늘날의 현실이다.

따라서 오늘날 선진국가(대륙법계와 영미법계의 구분 없이)에서는 범죄 및 무질서 대응에 있어서 시민을 하나의 동반자로 이끌어내고자 하는 전략 즉, 커뮤니티 경찰활동(CP: Community Policing)을 21세기 경찰활동의 새로운 패러다임으로 인식하고 있다. 그리고 전통적 경찰활동에서 커뮤니티 경찰활동으로 전개되기 위한 중간과정으로 경찰과 커뮤니티 관계개선(PCR: Police Community Relation)이 논의되고 있다.[9] 이로써 경찰과 시민은 대립관계가 아닌 상호협력관계로 재탄생하고 있다고 볼 수 있다.

(2) 물리적 강제력의 국가 독점화

물리적인 강제력을 행사하는 권한을 가지고 있는 경찰과 은행에 침입하여 물리적인 강제력을 행사하는 강도(强盜)의 차이는 무엇인가? 물론, 은행강도는 물리적인 강제력을 행사할 수 있는 권한을 가지고 있지는 않지 않기 때문에 이 문제는 이론의 여지가

사의 대상이 되기도 한다.

9) '경찰과 커뮤니티(community) 관계개선' 및 '커뮤니티 경찰활동'에 대한 세부적인 내용은 최선우(2017), 경찰과 커뮤니티: 커뮤니티 경찰활동, 서울: 박영사 참조.

없다고 본다. 어느 사회를 막론하고 강도 등 범죄자에 의해 개인의 사유재산이 침해당하는 것을 허용하지는 않기 때문이다. 따라서 여기에서 논의하고자 하는 것은 물리적 강제력 자체가 아닌 그것을 행사할 수 있는 '합법성'(合法性)에 관한 것이다.

그렇다면, 현대사회에서 타인에 대해 물리적인 강제력을 행사할 수 있는 합법적인 권한을 가지고 있는 유일한 주체는 국가인가? 이 문제는 오늘날에는 타당한 것이지만 역사를 거슬러 올라가면 물리적 강제력의 행사에 대한 합법적인 권한을 부여한 것은 단지 국가에만 국한되지는 않는다고 본다.

바꿔 말하면, 근대국가형성 이전까지는 국가가 유일한 주권 또는 통치권을 가진 존재는 아니었다는 점이다. 따라서 지역사회 내의 종교집단, 가족, 부족, 그 밖의 여러 집단은 일정 수준 물리적 힘을 행사할 수 있는 여지가 있었으며, 이들은 국가와는 별개의 위치에서 그리고 경우에 따라서는 국가보다 강력한 힘을 행사할 수 있는 권한도 가지고 있었다. 요약건대, 국가가 합법적인 물리적 강제력을 행사할 수 있는 '독점권'(monopoly)을 가졌던 시기는 '근대국가'(近代國家) 이후인 셈이다.[10)]

그런데 근대국가가 '합법성'(合法性, legitimacy) 차원에서 볼 때, 경찰에게는 이를 부여하였고, 강도에게는 부여하지 않았다는 것과 관련하여 좀 더 구체적으로 국가가 어떠한 형식의 합법성을 부여하고 있는지를 살펴볼 필요가 있다. 사실 엄밀하게 말한다면, 국가는 단지 '법적 합법성'(法的 合法性, legal legitimacy)을 허용한 것 이상 이하도 아니라고 본다. 즉, 경찰은 오직 물리적인 강제력을 행사할 수 있는 '법적인 권한'을 가졌을 뿐이고, 강도는 그렇지 않다는 점이다. 그러나 그렇다고 해서 경찰활동은 '윤리적'이고 강도행위는 '비윤리적'이라는 것을 의미하는 것이 아니라는 점이다. 국가가 '윤리적 합법성'(倫理的 合法性, moral legitimacy)까지 경찰에게 부여한 것은 아니기 때문이다.

---

10) Carl. B. Klockars(1985), op. cit., p. 10. 물론, 근대의 서구 및 우리사회에서 사적(私的)차원의 물리적 강제력 행사가 완전히 없어진 것은 아니다. 국가에는 국법(國法)이 있다면, 마을에는 자치법규라 할 수 있는 동법(洞法) 또는 동규(洞規)가 존재한 것이다. 해방(1945) 직후에도 관습형벌이 존재하였다. 예컨대, 경상북도 평해읍 거일리에서는 시부모에게 불효한 며느리에 대해 마을 주민들은 '지르메'(줄로 묶어 소에 매달고 마을을 한 바퀴 돌림)를 태웠다. 이후 여러 사람이 모인 자리에 꿇어앉히고, 며느리를 둔 시어머니들이 모두 와서 문초를 하였다. 며느리가 변명하자 시어머니들이 주먹세례를 퍼부었다. 그리고 며느리가 버둥대자 매로 때렸다. '다시는 불효를 저지르지 않겠다'는 확답을 받은 후 며느리를 귀가시켰다. 남편 역시 마을 모임에 불려 나와 호된 질책을 받았으며, 마을 내의 일정한 지위를 박탈당하였다. 한편, 경상북도 상주군 낙동면 운평리에는 마을 주민 가운데 누군가가 '불효하다'거나 '불측하다'는 평판이 나면 제1차로 측근 어른들을 통해 경고하였고, 그것이 시정되지 않을 경우 종갓집 큰 사랑에 혐의자와 부모를 불러 대질신문을 펴고 문책하였다. 그래도 시정되지 않을 경우 정월 대보름에 '멍석말이'를 실시하였다. 이러한 사적차원의 체포 및 형벌권 행사가 6.25이전까지는 여러 지역에서 실시되었다. 전재경(1996), 복수와 형벌의 사회사, 서울: 웅진출판, pp. 257-261.

이러한 윤리적 합법성과 법적 합법성 문제를 인식하는 것은 매우 중요한 의미가 있다. 왜냐하면, 수많은 국가의 역사적 발전과정을 살펴보면, 예컨대, 2차 세계대전(1939~1945) 당시의 독일의 나치주의,[11] 메이지유신(明治維新, 1868)시대 이후의 일본의 군국주의, 대한민국 정부수립 이후의 문민독재 및 군사정권 등의 시대에서 경찰은 어떠한 국가목적을 달성하기 위하여 법적인 합법성이라는 명분 아래에 비윤리적인 잔혹한 행위를 수없이 저지르기도 하였기 때문이다.

한편, 어떤 범죄자의 행위는 비록 자신의 행위가 법적으로 불법이지만 경우에 따라서는 윤리적으로 옹호 받을 수도 있기 때문이다. 예컨대, 상습적으로 자신을 성폭행한 의붓아버지를 살해한 경우, 법적으로는 살인죄에 해당하지만, 윤리적으로는 충분히 옹호 받을 수 있을 것이다. 그리고 역사적인 예로써, 제2차 세계대전 당시 독일군에 저항한 프랑스의 레지스탕스(Resistance)는 군자금을 마련하기 위해 독일은행에 예치된 예금을 강탈하였는데, 이는 법적으로 볼 때 범죄에 해당하지만, 대다수의 사람은 이러한 범죄행위에 대해 윤리적으로는 열렬히 옹호하였다는 점이다.

이상에서 살펴본 바와 같이 오늘날 경찰과 은행강도는 모두 물리적 강제력을 행사한다는 점에서는 동일하지만, 법적인 차원에서 국가에 의해 행위의 정당성이 인정되는지의 여부에서 차이가 있음을 알 수 있다. 이러한 점에서 경찰은 국가에 의해 법적으로 물리적 강제력 행사의 정당성을 인정받은 '개인'(individual) 또는 '기관'(institution)으로 볼 수 있을 것이다.

(3) 경찰과 다른 집단과의 차이

위에서 물리적 강제력과 그에 대한 국가의 정당성 인정 여부에 의해서 일정부분 경찰개념을 정리하였다. 그런데, 이러한 물리적 강제력과 그에 대한 국가의 정당성 인정은 단지 경찰에 국한되는 것이 아니라 격투사·교사·교도관·군인·부모 등도 이에 해당한다고 볼 수 있다. 그렇다면, 이와 같은 합법적인 물리적 강제력을 행사할 수 있는 수많은 집단의 권한과 경찰의 권한은 어떻게 구분할 수 있을 것인가?[12]

11) 1933년 이래 1945년까지 이른바 '나치시대', 즉 국가사회주의시대의 독일의 중앙집권적 국가경찰제도 가운데 특이한 것으로 '게슈타포'(Gestapo)를 들 수 있다. 게슈타포는 일종의 '비밀국가경찰'로서 이들의 활동은 외부로부터의 일체의 간섭을 받지 않은 완전한 독립기관으로서 그 활동의 주요 목적은 국가안전이었으며, 이에 따라 모든 정치사범의 예방에 대한 책임을 지고 있었다. 따라서 게슈타포는 어떠한 자를 막론하고 체제에 반하는 정치범의 혐의가 있는 자에 대하여는 언제든지 영장 없이 구속할 수 있는 권한을 가지고 있었으며, 이들의 경찰권한 행사에 대한 권리구제는 사실상 불가능하였다. 정진환(1978), "대륙법계국가의 경찰제도, 건국대 대학원 논문집 제8집, pp. 137-138.

12) Carl. B. Klockars(1985), op. cit., pp. 11-13.

① 경찰의 활동영역: 상대적 광역성

이와 관련하여 첫 번째 중요한 차이로서 '관할'(管轄, territory)을 들 수 있다. 경찰의 관할이라는 것은 '경찰권한이 미치는 범위 또는 권한을 행사할 수 있는 범위'라고 할 수 있다.

이러한 관할은 경찰과 격투사·교사·교도관 등을 구분하는데 명백하게 차이가 난다고 할 수 있다.[13] 지역적·공간적 관점에서 봤을 때, 격투사·교사·교도관들이 행사할 수 있는 물리적 강제력은 지역적으로 극히 제한된 영역 내에서만 행사가 가능하다는 점이다. 물론, 국가경찰이 아닌 자치경찰의 경우 일정하게 제한된 지역적 관할구역 내에서 직무를 수행하지만, 위의 대상들과의 차이는 명확하게 나타난다고 볼 수 있다.

② 경찰활동의 대내성

군대와 경찰과의 관계도 살펴볼 필요가 있다. 군대의 존재이유는 본질적으로 외부의 적(敵)에 대한 방위 및 대응을 목적으로 한다면 경찰은 대내적(對內的)으로 국민 또는 내국인을 대상으로 범죄예방 및 질서유지 등을 목적으로 한다고 볼 수 있다. 다만, 군대도 심각한 국가비상사태 발생시 일정부분 경찰의 역할을 할 수도 있다.[14]

마찬가지로 경찰 역시 평상시에 대외적인 활동(예: 외사·보안경찰 등)도 수행하고 일정한 비상사태의 경우 군인과 같은 역할도 담당할 수 있음은 물론이다.[15] 그러나 경찰의 대내성과 군대의 대외성은 근대국가 이후 경찰이 제도적으로 전문화·독립화되면서 정형화되었다고 볼 수 있다.

물론, 일부 국가에서는 평상시에도 군인이 경찰과 같은 역할을 하는 나라도 있다. 예컨대, 프랑스와 같은 경우는 경찰뿐만 아니라 군인경찰(軍人警察, National

13) 경찰관할(권한이 미치는 범위)에 대한 논의는 단지 지역적인 것(지역관할)에 국한되지 않고, 경찰이 처리하는 사무·업무의 내용(사물관할), 그리고 경찰이 처리하는 사람의 대상(인적관할)이 어디까지 인가와 관련된다. 조철옥(2008), 경찰학개론, 서울: 대영문화사, pp. 154-157.

14) 대통령은 전시·사변 또는 이에 준하는 국가비상사태에 있어서 병력으로써 군사상의 필요에 응하거나 공공의 안녕질서를 유지할 필요가 있을 때에는 법률이 정하는 바에 의하여 계엄을 선포할 수 있다(헌법 제77조).

15) 통합방위사태라는 것은 적(敵)의 침투·도발이나 그 위협에 대응하여 일정한 구분에 따라 선포하는 단계별 사태(갑종사태, 을종사태, 병종사태)를 말한다. 통합방위작전이란 통합방위사태가 선포된 지역에서 통합방위본부장, 지역군사령관, 함대사령관 또는 지방경찰청장이 국가방위요소를 통합하여 지휘·통제하는 방위작전을 말한다. 이러한 통합방위사태 가운데, 병종사태는 "적의 침투·도발 위협이 예상되거나 소규모의 적이 침투하였을 때에 지방경찰청장(地方警察廳長), 지역군사령관 또는 함대사령관의 지휘·통제하에 통합방위작전을 수행하여 단기간 내에 치안이 회복될 수 있는 사태"를 말한다(통합방위법 제2조).

Gendarmerie)이 존재하며, 이들은 일정한 지역에서 보통경찰과 동일한 임무를 수행하고 있다. 즉, 프랑스는 전국적으로 군인경찰조직(일반경찰의 1/3수준)을 두고 인구 2만 명 미만의 소도시와 농촌지역, 그리고 주로 간선도로 등 전국토의 95%에 해당하는 지역에서 경찰업무를 수행하고 있다.[16] 이러한 시각에서 볼 때, 경찰과 군인의 역할관계는 다분히 상대적·역사적인 문제로서 파악해야 할 것이라고 본다.

③ 경찰활동의 보편성

이상과 같이 물리적 강제력을 행사하는 주체의 지역적 관할의 차이, 그리고 군인과의 역할관계를 통해서 경찰의 정체성은 어느 정도 확인된다고 본다. 그런데, 여기에서 물리적 강제력의 보편성과 특수성을 이해할 필요가 있다. 이는 예컨대, 경찰과 부모의 차이에서 찾아볼 수 있다. 부모도 통상적으로 자녀에 대해서 일정부분 물리적 강제력을 행사할 수 있다고 본다. 부모가 자녀에 대해 행사하는 물리적 강제력은 다른 주체(격투사·교사·교도관, 그리고 심지어는 경찰과 비교해 볼 때에도) 지역적으로 제한을 받지 않는다. 부모는 길거리, 쇼핑몰, 기타 어느 장소에서도 버릇없는 행동을 하는 자녀의 볼기 등을 때릴 수도 있기 때문이다.

그런데, 부모가 행사하는 물리적 강제력은 단지 '자신들의 자녀'(their own children)에 대해서만(이 경우에도 국가가 법적으로 부모의 양육권을 인정한 경우에 한해서) 가능하다는 점이다. 따라서 다른 부모의 아이(비록, 품행이 극도로 불량하여 훈육을 받는 것이 당연한 경우라 할지라도)에 대해서 체벌을 하게 되면 범죄행위로 인식될 수도 있고, 아울러 민사상의 책임을 면치 못하는 경우도 감수해야 할 것이다. 따라서 이러한 논의를 바탕으로 경찰의 개념정의를 하는데 두 가지 차원에서 고려할 필요성이 있을 것이다.

첫째, '물리적 강제력을 행사하는 권리 또는 권한'(right to use coercive force)라는 개념 앞에 '일반적인'(general) 용어를 추가해야 한다는 점이다. 여기에서 '일반적인'이 갖는 의미는 경찰이 행사하는 물리적 강제력은 특정한 사람이나 특정한 장소에 국한되지 않고, 보편적으로 행사될 수 있다는 것을 의미한다. 우리가 경찰을 표현할 때, '보통경찰 또는 일반경찰'(General Police)이라고 하는 것은 이러한 까닭이다(이는 특별경찰 또는 특별사법경찰과는 비교되는 개념이다).

---

16) 김형만 외 8인(2003), 비교경찰제도론, 서울: 법문사, pp. 558-559. 경찰대학(2002), 비교경찰제도론, p. 297.

둘째, 경찰의 개념정의를 하는데 '국가 내의 관할구역 안에서'(within the state's domestic territory)라는 의미를 고려할 필요성이 있다.

이상에서 논의한 내용을 토대로 경찰개념을 정립하면 다음과 같이 할 수 있을 것이다. "경찰은 국가 내의 관할구역 안에서 국가가 부여한 물리적 강제력을 행사할 수 있는 일반적 권한을 가지고 있는 개인 또는 기관을 의미한다."[17] 물론, 이상과 같은 경찰개념에 대한 논의 역시 완전한 것은 아니기 때문에 아래에서는 국가정체성 차원에서 살펴보기로 한다.

2. 국가정체성에 따른 경찰개념의 접근

사실, 경찰개념은 국가의 정체성과 밀접한 관련성을 가지고 있다. 경찰은 국가질서를 유지하는 매우 중요한 수단 가운데 하나이며, 따라서 국가가 지향하는 이념 또는 정체성은 경찰이념과 제도의 근간이 되기 때문이다.[18] 여기서 주의할 것은 국가라는 실체가 지향하는 가치가 고정불변의 것이 아니라 시대에 따라 변화한다는 점이다. 또한 하나의 국가체제라 할지라도 국가형성 초기와 국가발전기, 그리고 국가쇠퇴기에 국가가 국가존립을 위해 취하는 경찰과 같은 질서유지작용은 다르다는 점이다.

아래에서 논의하고자 하는 국가정체성에 따른 경찰개념은 근대 서구유럽을 중심으로 접근하고자 한다. 서구유럽국가의 경찰개념 및 이의 발전과정을 근원적으로 거슬러 올라간다면, 앞에서 언급한 고대 그리스에서부터 살펴볼 수 있을 것이다. 그러나 여기에서는 근대국가를 전후해서 형성된 개념 즉, ㉠ 경찰국가시대의 경찰개념, ㉡ 법치국가시대의 경찰개념, ㉢ 복지국가시대의 경찰개념을 중심으로 살펴보고자 한다.

1) 경찰국가시대의 경찰개념

경찰국가(警察國家, Police State)라는 것은 17~18세기 유럽에서 발달한 관방학(官房學)이론에 입각한 절대국가시대를 배경으로 한다(행정사에 있어서 절대국가는 경찰국가로 불리기도 한다).[19]

---

17) "Police are institutions or individuals given the general right to use coercive force by the state within the state's domestic territory." Carl. B. Klockars(1985), op. cit., p. 12.

19) 일반적으로 국가행정은 ① 질서행정, ② 조세행정, ③ 급부행정 또는 복지행정을 기본으로 한다. 근대이전의 전통적 국가에서는 군(軍)과 경찰력을 바탕으로 한, 체제유지 차원의 질서행정과 조세행정을 중심으로 국가를 통치하였다면, 오늘날에는 여기에 사회적 약자를 보호·지원하는 급부행정이 추가되었다고 볼 수 있다.

19) 관방학은 국가 경영의 학문으로서 관리들에게 국가통치에 필요한 행정기술과 지식을 제공하기 위한 목적에서 형성된 학문체계로서 일종의 국가경영학이라고 볼 수 있다. 이는 절대군주제를 유지하는데 필요한 정치적, 경제적,

절대국가는 봉건세력의 지방분권화를 막고, 귀족들이 차지한 공권력의 분화를 극복하고 국왕 한 사람에게 권력을 집중시키는 정치체제로서 강력한 전제정치를 수반한 것을 특징으로 한다.[20] 절대국가는 곧 중세봉건국가시대에 약화된 왕권을 다시 회복하는 과정이라고 할 수 있다.

따라서 왕권을 잡은 국왕은 자신들의 권력을 유지하기 위한 노력을 하지 않을 수 없었던 것이다. 이를테면, 절대국가는 하나의 '국가형성 초기'인 셈이다. 사실, 어떤 나라, 어떠한 체제(왕정·귀족정·민주정)를 막론하고 국가형성초기에는 불안정한 것이며, 따라서 이에 대한 총체적 노력과 권력집중화는 불가피한 현상이라고 본다.

물론, 절대국가시대에 국가행정은 제도적 분화가 이루어졌다. 이에 따라 경찰로부터 외무행정·재무행정 및 군사행정이 분리되었고, 이어서 통치의 개념이 독립한 후에 끝으로 사법행정이 경찰로부터 독립하였다. 따라서 경찰의 범위는 '양적'으로는 축소되었다고 할 수 있다. 그러나 당시에 지배적이던 '행복론'(幸福論)의 영향 아래에 경찰은 '질적'으로는 오히려 강화되어 경찰개념에 포함되는 국가의 활동은 '공공복리의 증진'에까지 확장되었다.[21]

따라서 절대국가시대에 있어서 경찰은 '모든 신민(臣民)의 공공복리의 증진을 위한 권한을 포함한 내무행정의 전 영역'을 의미하였다. 당시 경찰은 절대군주의 권력유지수단 또는 행정수단으로 사용되었다. 즉, 절대군주는 공공복리의 증진을 위하여 자기 마음대로 행동하고, 신민의 사회생활 전체를 규율하며, 또한 자신의 명령을 강제할 수 있는 거의 '무제한'의 경찰권(警察權)을 가지고 있었다. 이 시대의 경찰개념의 특징은 아무런 법적 제한을 받지 않는 경찰의 효력영역이 인정되었다는 것에서 찾을 수 있다. 이러한 점에서 이 시대의 경찰은 마치 '만능의 대명사'처럼 생각되었다.

사회적 활동에 관한 모든 문제를 다루었다. 따라서 농업, 임업, 재정학, 경제학, 경찰학(警察學), 사회과학이 미분화된 상태로 혼재되어 있었으며, 특히 재정학적 성격을 강하게 띠고 있다. 이황우(2005), 경찰행정학, 경기: 법문사, p. 6.

20) 프랑스의 경우 1661년 루이 14세의 친정시대가 열려, 전례 없는 국왕권한을 누리고 효율적인 군사적·행정적 기구를 이용하여 절대주의의 전성기를 맞이하여 루이 14세 자신은 '태양왕'으로 불리게 되었다. 17세기 서유럽 대부분의 나라에서는 절대왕권이 강화되어 봉건세력을 억제하고 국민국가의 기반을 공고히 하는 과정에 놓여 있었다. 한편, 절대주의는 관료제와 상비군을 유지하기 위하여 막대한 자금이 필요하였다. 이러한 부의 증대를 위해 추구한 경제정책이 곧 '중상주의'(重商主義, Mercantilism)이다. 이러한 중상주의는 황금의 가치를 중시하는 중금주의, 무역차액주의, 산업보호주의, 식민지 확보 등으로 요약된다. 김상호 외 8인(2004), 앞의 책, pp. 383-384 재인용.

21) 서정범(1992), "경찰권발동에 관한 연구: 그의 요건, 대상 및 정도를 중심으로," 고려대학교 박사학위논문, pp. 7-10 재인용.

유길준의 서유견문(西遊見聞)에 나타난 경찰개념

유길준(兪吉濬)은 1883년(고종 20) 사절단으로 미국에 건너가 매사추세츠(Massachusetts)주(州)에서 공부하고, 1885년 미국을 떠나 유럽 각국을 거쳐 귀국했다. 이때 듣고 본 것(서양의 역사, 지리, 산업, 정치, 풍속 등)을 기록하여 저술한 것이 「서유견문」(西遊見聞, 1895)이다.

여기에서 그는 경찰제도에 대해서 다음과 같이 설명하고 있다. "경찰제도를 두는 근본 이유는 국가의 치안을 유지하여, 개명한 진보사회로 나아가는 데 있다. 따라서 경찰은 법질서를 파괴하여 사회의 안녕을 방해하는 자를 없게 하고, 평온케 하려는 취지에 걸림이 되고 사회의 분위기를 손상하는 자가 있으면 억제하는 역할을 해야 한다. 그리고 '민생의 복지(福祉)와 안녕(安寧)에 관계되는 모든 사항'을 그 직제의 관장사무로 하고 있기 때문에, 그 업무의 중대함을 알 수 있다."[22]

유길준이 경찰제도를 설명하는데 '민생의 복지와 안녕에 관계되는 모든 사항'을 경찰의 관장사무로 설명하고 있는데, 이는 경찰국가시대의 경찰개념에 가깝다고 할 수 있다. 다만, 그가 서유견문에서 프랑스 공화국 당시에 정립된 행정경찰과 사법경찰개념(1795), 그리고 영국 로버트 필(Robert Peel)에 의한 탄생한 런던수도경찰(1829)을 소개한 것을 보면,[23] 후술하는 자유주의적·시민적 법치주의국가의 경찰개념 역시 인식하고 있었다고 본다.

2) 법치국가시대의 경찰개념

18세기 후반에는 계몽주의(啓蒙主義)와 자연법론(自然法論)의 영향으로 자유주의적·시민적 법치국가(自由主義的·市民的 法治國家)의 관념이 대두되었다. 이 시기에 들어 자유주의적·개인주의적 성향을 가진 계몽주의 사상가들은 광범위한·광의의 실질적 의미의 경찰개념과 그에 상응하는 군주의 광범위한 경찰권행사에 대해 반론을 제기하기 시작했다.

이전의 경찰국가시대에는 경찰이 적극적인 공공복리의 증진에까지 개입하면서, 많은 권한을 오남용하였는데, 이 시대에 들어 그러한 경찰의 적극적 개입은 경찰의 본래의 직무가 아니란 점을 인식하게 된 것이다.

서구유럽은 사회계약론과 자연법사상을 바탕으로 영국의 청교도 혁명(1640~1660)과 명예혁명(1688)을 비롯하여 미국의 독립선언(1776), 프랑스의 대혁명(1789) 등 자유주의적 법치국가사상을 발전시키는 계기가 되었다. 이에 따라 국가의 목적과 임무를 제한하고 권력분립의 원칙을 제도화한 것이다.

22) 유길준/허경진 역(2005), 서유견문, 서울: 서해문집, p. 292.
23) 위의 책, pp. 292-296.

특히, 경찰국가시대에 인정되던 적극적 복리경찰(福利警察) 개념이 제외되고 경찰권의 행사는 오직 '소극적 질서유지'(消極的 秩序維持)에 국한하게 하였다. 이는 국가작용(비록 그것이 비권력적인 경우에도)은 국가의 존립과 공공질서의 유지를 위하여 필요한 범위 내에서 한정되어야 한다고 주장되던 당시의 시대를 반영한 것이었다.[24)]

독일의 크로이츠베르크 판결

독일에서 법치국가로의 전환점을 형성한 것이 1882년 6월 14일의 프로이센 상급행정법원(Pr. OVG)의 이른바 '크로이츠베르크'(Kreuzberg) 판결이다.

이 판결에서는 크로이츠베르크에 있는 전승기념비(戰勝記念碑) 주위의 건축구역에서는 기념비 하단에서 도시와 그 주위를 조망하는 것이 방해받지 않고, 또 도시에서 기념비를 전망하는 것이 침해받지 않는 정도의 고도 내에서만 건축이 허용된다고 한 베를린 경찰청장의 경찰명령(警察命令)에 근거하여서 그 지역 내에서의 건축허가의 발급을 거절한 것이 문제가 되었다.

이 사건에서 동법원은 "프로이센 일반란트법(1794, 제정) 제2장 제17절 제10조에 따를 때 경찰은 위험방지의 권한만을 가지며, 미적(美的)인 이익을 추구할 권한은 없기 때문에 크로이츠베르크에 있는 전승기념비에 대한 조망을 해치지 않기 위해서 도로상 건축물의 고도를 제한하는 경찰명령은 무효(無效)"라고 판결하였다.[25)]

---

24) ① 17세기 중엽부터 19세기 중엽의 서구 유럽에서는 이른바 '야경국가'(夜警國家, Nachtwachterstaat)라는 관념이 등장하기도 하였다. 이는 국방과 외교, 치안 유지 등 개인의 자유와 사유 재산을 보호하기 위한 최소한의 활동으로 국가의 임무를 한정하는 국가관(國家觀)을 말한다. 여기에서 '야경'(夜警)이란 밤에 순찰을 도는 경찰을 뜻하는데, 국가는 야간에만 순찰활동을 하는 것처럼 여러 형태의 이해관계가 자유롭게 얽히도록 내버려두는 것이 사회·경제 질서유지에 도움이 된다고 보는 것이다. 즉, 국가의 간섭 없는 자본의 자유경쟁만이 최대 다수의 최대 행복을 보장하는 최적 배분을 가져온다는 국가관이다. 이 야경국가라는 용어는 독일의 사회주의자 라살(F. Lassalle, 1825~1864)이 그의 저서 「노동자 강령, 1862」에서 영국 부르주아지의 국가관을 비판하는 뜻으로 쓴 말이다. ② 한편, 애덤 스미스(Adam Smith, 1723~1790)는 그의 저서 「국부론(國富論, 1776)」에서 모든 경제 주체가 건전한 사회제도하에서 사전 조정 없이 경쟁하면 시장이라는 '보이지 않는 손'(invisible hand)에 의해 경제 질서를 가져오고 부와 번영을 이루게 된다고 보았다. 이극찬(1993), 정치학, 서울: 법문사, p. 34.; 다음백과(http://100.daum.net/).

25) 한편, 독일의 일부 학자들은 동 판결을 단순히 법원이 공공복리의 증진을 위한 경찰의 개입을 거절한 것으로 이해하여서는 안 된다고 보기도 한다. 오히려 이 판결이 갖는 의의는 공공복리의 증진을 위한 경찰의 개입은 구체적인 특별법의 수권(授權)에 근거하여야만 한다는 것을 명백하게 했다는 점에서 찾아야 한다고 한 것이다. 어쨌든 이 판결 이후에 프로이센 상급행정법원은 프로이센 일반란트법 제10조에 근거한 경찰법의 체계를 완성하고자 하였는데, 그러한 노력의 결과는 결국 입법을 통해 법전 속에 받아들여지게 되었다. 즉, 프로이센 경찰행정법(Pr. PVG) 제14조는 "경찰행정청은 공공의 안녕과 질서를 위협하는 위험으로부터 공중 및 개인을 보호하기 위하여 실정법의 범위 내에서 의무적합적 재량(義務的合的 裁量)에 따라 필요한 조치를 해야 한다"고 규정한 것이다. 서정범(1992), 앞의 논문, pp. 10-11 재인용.

이러한 법치주의 영향을 받은 영국은 근대경찰의 발전과정에서 1829년 런던수도경찰법을 제정하여, 근대경찰로 발전시키는 계기를 마련하였다. 한편, 독일은 제2차 세계대전 이후에는 소방, 영업, 도로, 위생, 건축 등의 행정경찰사무를 경찰로부터 분리하여 일반 질서행정으로 이관시키는 이른바 '탈경찰화'(脫警察化)작업이 단행되었다.

3) 21세기 복지국가시대의 경찰개념

이상과 같이 국민의 자유와 권리보호를 바탕으로 하는 법치국가론의 등장으로 경찰국가론은 자취를 감추게 되었다. 그러나 20세기에 들어와 독재정권이 등장하면서 특히 사상경찰(思想警察)이 강화되고 공권력을 남용하는 경향을 띠게 되었다. 특히, 제2차 세계대전 전의 일본을 비롯하여 독일, 이탈리아, 스탈린 치하의 소련 등을 비판할 때 다시 경찰국가라는 말이 사용되었다.

그러나 이러한 현상은 국가체제 불안기의 일시적인 현상에 불과한 것이며, 오늘날에 이르러 법치국가를 토대로 한 경찰개념은 확고한 자리를 잡아가고 있다. 그런데, 지난 20세기 이후 오늘에 이르기까지 범죄와 무질서 문제는 양적·질적으로 심화되어 가고 있다. 우리사회가 과거와는 달리 산업화·과학과·도시화 등으로 인해 복잡·다양해지고, 이로 인한 역기능 또는 부작용이 범죄 문제로 표출되고 있다. 그리고 국민의 권리의식이 향상됨에 따라 국가에 대해 요구하는 사항이 증대하고 있고, 경우에 따라서는 개인 및 집단이기주의로 인해 많은 무질서 문제가 팽배하고 있다.

또 공무원은 국민에 대해 군림하는 자가 아닌 봉사자라는 헌법적 국가관념에 의해 경찰공무원 역시 법집행과 질서유지뿐만 아니라 봉사자로서의 역할을 요구하고 있다. 아울러 자본주의 체제하에서 '빈익빈 부익부'의 양극화는 국민의 '삶의 질'(quality of life)을 위협하고 있고, 이로 인한 사회적·경제적 소외자는 많은 어려움을 겪고 있는 것이 현실이다.

이러한 시대적 상황 속에서 경찰이 과거 법치주의 원리에 따른 '소극적 질서유지' 차원의 접근만으로는 한계에 직면하고 있다. 복지주의(福祉主義)는 사회적 강자로부터 약자를 보호하고, 배분적 정의(配分的 正義)가 실현될 수 있도록 하는 것을 기본 전제로 하고 있으며, 따라서 경찰은 소극적 질서유지 개념만으로는 소기의 성과를 기대하기 어려운 것이 현실이다. 이에 따라 경찰은 다시 '적극적 공공복리 증진자'로서 역할 재정립이 요청되고 있다.

그러나 이는 과거 경찰국가시대의 경찰개념은 결코 아니다. 복지국가의 경찰은 근본적으로 법치주의에 근간을 두고 있고, 그러한 법치주의의 한계를 극복하기 위해서 경찰권 행사에 있어서 이른바 '조리(條理)상의 한계'(소극목적의 원칙, 공공의 원칙, 비례의 원칙, 평등의 원칙, 책임의 원칙 등)를 사법적 판단에서 적용하고 있기 때문이다. 바꿔 말하면 복지국가시대는 경찰에게 적극적인 공공복리 증진자로서의 역할을 요구하면서도, 동시에 입법부에 의한 사전적 통제와 사법부에 의한 사후적 통제를 통한 경찰권의 오남용 문제를 해결하고자 하는 것이다.

3. 경찰개념의 유형화

이상에서 경찰개념을 경찰수단과 국가정체성을 가지고 살펴보았는데, 아래에서는 경찰개념을 몇 가지로 유형화하여 구체적으로 살펴보고자 한다. 이러한 경찰개념의 유형화는 ㉠ 실질적 의미의 경찰과 형식적 의미의 경찰, ㉡ 행정경찰과 사법경찰, 그리고 ㉢ 국가경찰과 자치경찰, ㉣ 공경찰과 민간경찰 등을 들 수 있다.

그런데, 이러한 유형화 논의가 보편성을 갖는 것은 물론 아니다. 이 가운데, '㉠ 과 ㉡' 은 대륙법계(大陸法系)의 분류방식이며, 따라서 영미법계(英美法系)의 경찰개념에서는 이러한 구분의 의미는 없으며, 이 대신 '㉢ 및 ㉣'과 같은 분류를 하고 있다.[26)]

1) 실질적 의미의 경찰과 형식적 의미의 경찰

'실질적 의미의 경찰'과 '형식적 의미의 경찰'은 무엇을 의미하는가? 이들 양자의 차이와 특성을 이해하기 위해서는 '실질적'(實質的)이라는 의미와 '형식적'(形式的)이라는 의미 자체를 이해하고 있어야 한다. 그리고 이러한 경찰분류 방식이 보편적인 것은 아니며, 특히 독일에서 정립된 것이라고 할 수 있다.

(1) 실질적 의미의 경찰

국가작용 또는 국가활동이라는 것은 국가가 지향하는 목적(예: 체제유지, 경제성장, 개인의 자유와 권리보호 등)을 달성하기 위한 제반활동이라고 할 수 있다. 이러한 국가목적을 위한 국가작용은 그 성질상 소극적으로 이루어질 수도 있고, 적극적으로 이루

26) Robert H. Langworthy, Lawrence F. Travis Ⅲ.(1994), Policing in America: A Balance of Forces, N.Y.: Macmillan Publishing Company, pp. 8-10.; 생각건대, 영미법계의 분류방식('㉢ 과 ㉣')이 거시적인 틀에서 일반화가 가능하다고 할 수 있다. 후술하겠지만 대륙법계 분류방식인 실질적 의미의 경찰과 형식적 의미의 경찰개념은 학문적·역사적 관점에서는 의미가 있겠지만, 오늘날의 상황에서는 큰 의미가 없기 때문이다. 또 행정경찰과 사법경찰의 구분 역시 역사적 산물이며, 특히 경찰활동의 특성상 양자의 불가분리성(不可分離性)이라는 본질적·현실적 문제를 안고 있다. 물론 영미법계의 분류방식 역시 국가경찰과 자치경찰의 혼합형태, 공경찰과 민간경찰의 중간영역 등이 존재하기 때문에 일정한 한계가 있다.

어질 수도 있다. 또한 그러한 목적달성을 위하여 권력적 수단도 사용할 수 있고, 비권력적 수단도 사용할 수 있다. 비권력적인 수단과 관련하여 예컨대, 국가작용 가운데 사회복지(社會福祉)는 성질상 적극적인 복리증진을 위한 것이라 할 수 있으며, 그 수단으로는 비권력성을 가지고 있다고 본다.

일반적으로 실질적 의미(實質的 意味)의 경찰이라는 것은 “공공의 안녕과 질서를 위협하는 위험으로부터 개인이나 공중을 보호하거나, 공공의 안녕이나 질서에 대한 위해의 제거를 목적으로 하는 국가기관의 ‘권력적 작용’(權力的 作用)”을 말한다.[27] 법에서는 경찰이 이러한 위험·위해를 예방하고 제거하기 위해서 수단적으로 타인에 명령·강제할 수 있는 권한을 부여하고 있다.

그런데, 경찰이 개입하는 위험·위해는 추상적이라기보다는 구체적·직접적이며, 긴박성을 띠고 있을 때 가능한 것이다. 즉, 경찰에게 불확실한 장래에 발생할 위험·위해까지 적극적으로 예방·제거할 수 있는 권한까지 부여한다면, 경찰의 권한 오남용 문제가 제기될 것이며, 이는 비례원칙에도 위배 된다. 따라서 경찰은 성질상 ‘소극적 위험방지 및 제거’에 개입하게 되며, 그 수단으로 명령·강제할 수 있는 권력작용을 기본적으로 갖는다고 보는 것이다.[28]

여기에서 특히, 국가의 이름으로 타인에 대해서 명령 강제할 수 있는 ‘물리적 강제력’(物理的 强制力, coercive force), 즉 ‘공권력’(公權力)은 실질적 의미의 경찰을 이해하는데 중요한 의미가 있다. 바꿔 말하면 실질적 의미의 경찰이라는 것은 수많은 국가작용 가운데, ‘경찰’(警察)이라는 명칭으로 불리는 것과는 관계없이 위해의 방지라는 국가목적의 달성을 위하여 타인에게 명령강제 할 수 있는 물리적 강제력을 행하는 모든 활동이 이에 포함된다는 것을 의미한다. 따라서 여기에는 경찰뿐만 아니라 소방, 보건, 건축, 영업 등 제반 국가작용 가운데 위해의 방지를 위한 권력작용은 실질적 의미의 경

27) 홍정선(2007), 경찰행정법, 서울: 박영사, p. 4.

28) 고대 그리스·로마시대, 중세, 절대왕정 등에 이르기까지 경찰작용을 실질적 의미에서 본다면, 국가활동의 종류에 대한 구분 없이 위험에 대한 공공의 안녕과 질서유지를 위한 적극적 국가작용 및 이를 위한 물리적 강제력 행사가 모두 이에 해당한다고 볼 수 있다. 독일에서 실질적 의미의 경찰개념으로서 ‘소극적 위험방지 또는 질서유지’에 국한하는 것은 19세기 이후부터라고 할 수 있다. 예컨대, 1882년 독일 베를린 경찰청장의 적극적 경찰명령에 대해 무효라 하고, 경찰의 임무가 위험방지에 있다고 한 크로이츠베르크 판결(Kreuzberg-Urteil)이 대표적이다. 아울러 독일의 경찰개념은 그 임무를 수행하는 행정청의 종류 여하를 불문하고 모든 위험방지 임무로 이해되었다. 그리하여 경찰개념은 건축경찰, 어업경찰, 보건위생경찰, 시장경찰, 집회경찰 등으로 세분화되어 사용하게 되었다. 그리고 지난 제2차 세계대전(1939-1945) 이후 이러한 행정경찰기능 들은 정비되어 고유한 독립된 경찰영역으로 정비되기에 이른다. 오늘날에는 이러한 국가기능(건축, 어업, 보건위생, 시장 등)은 관련 행정청에 남아있는 활동은 단속업무일 뿐이지 그것을 경찰활동이라고 부르지는 않는다. 위의 책, pp. 6-7.

찰에 해당한다고 할 수 있다.

그런데, 주의할 것은 나라마다 차이는 있지만, 근대국가의 출현과 더불어 근대경찰이 탄생하였고, 이러한 과정에서 경찰은 제도적으로 전문화·독립화가 진행되었다는 점이다. 경찰의 제도적 전문화·독립화는 무엇을 의미하는가? 그것은 경찰을 다른 국가작용과 분리하여 고유한 영역으로 정착시켰다는 것을 의미한다. 즉, '경찰 = 통일적인 제복을 입은 경찰'이라는 등식이 성립된 것이며, 일반시민이 생각하는 경찰은 바로 이러한 제복을 입은 경찰을 의미한다.

바꿔 말하면, 실질적 의미의 경찰개념에 대한 논의는 경찰이 제도적으로 전문화·독립화되지 못한 전(前)근대적 경찰과 근대화의 과도기적 상황에서 실익이 있다고 본다. 그러나 19세기 전후하여 근대경찰이 탄생한 이래로 21세기를 맞이하여, 경찰의 제도적 전문화·독립화가 어느 정도 이루어진 오늘날, 실질적 의미의 경찰개념에 특별한 의미를 부여하여 논의하는 것은 실익이 없다고 본다.[29] 이미 경찰개념은 형식적·제도적으로 정착된 까닭이다.

따라서 현재 시점에서는 경찰학(警察學)의 학문영역으로서 후술하는 형식적 의미(形式的 意味)의 경찰을 중심으로 하여 이에 내재하는 특성 및 관련 문제들을 중심으로 접근하는 것이 타당하다고 본다.

(2) 형식적 의미의 경찰

형식적 의미(形式的 意味)의 경찰이라는 것은 위에서 살펴본 실질적인 성질 또는 수단(즉, 위험방지와 관련된 권력작용)을 불문하고, 제도적 의미의 경찰기관이 관장하는 모든 사무와 관련된다.

이는 현행법(국가기관과 자치경찰의 조직 및 운영에 관한 법률, 경찰청과 그 소속기관 직제 등)에 따른 경찰청과 그 소속기관이라는 경찰조직에 의해 수행되는 제반활동을 의미하는 것이다. 이러한 점에서 '형식적 의미의 경찰'과 '제도적 의미의 경찰'은 동일한 의미이다.[30]

29) 실질적 의미의 경찰개념과 같이 경찰개념을 광의로 이해하게 되면 사실상 모든 국가행정기관이 경찰작용을 부분적으로 수행하는 것이 되고, 결과적으로 모든 행정기관이 경찰기관이라는 결과가 된다. 그렇다면 경찰은 하나의 고유한 행정영역이 아니라 단지 모든 행정영역에 있어서 행정기관이 수행하는 직무의 일부일 뿐이라고 해야 한다. 요약건대, 각 국가행정기관의 활동영역과 권한은 실정법에 의해 대부분 정비되었으며, 따라서 별도로 실질적 의미의 경찰개념을 원용할 필요성은 거의 없어졌다고 볼 수 있다. 최영규(2005), 경찰행정법, 서울: 법문사, p. 14.

30) 제도(制度)와 형식(形式)이라는 것은 입법작용에 의해 경찰이라는 조직(제도)을 만들고, 그 조직이 수행하는 업무를 규정한 것(형식)을 의미하는 것이기 때문이다. 제도적 의미의 경찰 범위는 정부조직법과 경찰법령에서

형식적 의미의 경찰은 법적으로 제도화된 경찰기관이 수행하는 모든 업무와 관련된 것으로서, 그 내용이 무엇인가를 가리지는 않는다. 바꿔 말하면, 실질적 의미의 경찰에서 말하는 '위험발생 방지'를 위한 '물리적 강제력'을 수반한 권력작용뿐만 아니라 법에서 규정하고 있는 다른 경찰활동 역시 형식적 의미의 경찰개념에 포함된다는 의미이다.

따라서 경찰이 수행하는 비권력적인 활동(예: 순찰활동, 청소년선도·보호, 주취자 보호, 헤어진 가족 찾아주기, 교통계몽·안내·지도 등)도 형식적 의미의 경찰개념에 포함된다. 더 나아가 위험발생의 방지와 관련된 행정경찰작용뿐만 아니라 범죄수사와 같은 사법경찰작용 역시 경찰이 수행하고 있기 때문에 이 또한 형식적 의미의 경찰개념에 포함된다(그리고 이러한 범죄수사에서도 물리적 강제력을 수반하지 않는 임의수사가 원칙임은 물론이다).[31]

그리고 21세기 복지국가에 이르러 비권력적인 경찰의 대민봉사(對民奉仕)활동은 매우 중요한 비중을 차지하고 있다고 볼 수 있다.[32] 예측할 수 없는 위험 및 어려움에 처한 국민이 1년 365일, 1일 24시간 '마지막으로 의지할 수 있는 기관'(the agency of last resort)이 바로 경찰인 까닭이다.[33]

규정되어 있는데, 경찰조직은 제도적으로 국가경찰(國家警察)을 기본으로 하면서, 부분적으로 자치경찰(自治警察)을 두고 있다. 여기에서 ① 국가경찰은 다시 육상경찰인 경찰청과 해양경찰인 해양경찰청으로 이원화되어 있다. 이와 관련하여 ㉠ 정부조직법에 '치안에 관한 사무를 관장하기 위하여 행정안전부장관 소속으로 경찰청을 둔다'고 규정하고 있고, 아울러 '경찰청의 조직·직무범위 그 밖에 필요한 사항은 따로 법률로 정한다'고 규정하고 있다(제34조 제5항 및 제6항). 그리고 ㉡ 정부조직법에 '해양에서의 경찰 및 오염방제에 관한 사무를 관장하기 위하여 해양수산부장관 소속으로 해양경찰청을 둔다'고 규정하고 있다. 그리고 해양경찰청에 청장 1명과 차장 1명을 두되, 청장 및 차장은 경찰공무원으로 보하도록 하고 있다(제43조 제2항 및 제3항). ㉢ 그리고 지난 2020년 12월 경찰조직법이라 할 수 있는 경찰법이 「국가경찰과 자치경찰의 조직 및 운영에 관한 법률」로 전부 개정되어, 현행 국가경찰인 경찰청체제하에서 생활안전, 교통 등 일부 경찰기능을 자치경찰로 전환하여 2021년 1월부터 시행하기 시작하였다. 한편 ② 제주특별자치도 설치 및 국제자유도시 조성을 위한 특별법(2006년 제정)의 시행과 더불어 제주특별자치도에 부분적으로 자치경찰이 조직화되었는데, 이 역시 형식적·제도적 의미의 경찰에 해당된다고 볼 수 있다.

31) 실질적 의미의 경찰개념을 정립한 특히, 독일과 같은 대륙법계 관점에서 본다면, 사법경찰 즉, 수사경찰은 말 그대로 사법작용의 일부이기 때문에 실질적 의미의 경찰개념에 해당하지 않는다. 우리나라 실정법은 사법경찰관(경무관, 총경, 경정, 경감, 경위)은 범죄혐의가 있다고 사료하는 때에는 범죄수사를 하도록 하고 있고, 사법경찰리(경사, 경장, 순경)는 수사 보조자의 지위를 인정하고 있다(형사소송법 제197조 단서). 이는 형식적 의미의 경찰개념에 해당한다.

32) 이러한 점에서 미국에서는 경찰의 역할을 법집행(法執行, Law Enforcement), 질서유지(秩序維持, Order Maintenance), 대민봉사(對民奉仕, Civil Service)로 제시하고 있다. 법집행은 범죄예방, 범죄수사, 범죄자 체포, 범죄소추 지원 등과 관련된 제반 활동을 의미하며, 질서유지는 집회시위 및 혼잡군중에 대한 통제, 교통규제 등과 관련된다. 한편, 질서유지 역시 법집행의 한 유형으로 보기도 하며, 이렇게 접근할 경우, 경찰의 역할은 법집행과 대민봉사로 요약할 수 있다. J.Q. Wilson(1968), Varieties of police behavior: The management of law and order in eight communities, M.A.: Harvard University Press, pp. 4-5.

33) Robert H. Langworthy, Lawrence F. Travis Ⅲ.(1994), op. cit., p. 10.

요약건대, 오늘날 경찰은 다른 국가작용과 제도적으로 전문화·독립화되어 있으며, 그 활동영역이 범죄 등에 대한 위험방지에 국한된 것이 아니라 범죄수사, 그리고 비권력적인 대민봉사활동 역시 활발하게 수행하고 있음을 알 수 있다.

〈형식적 의미의 경찰 임무〉

구분	관련내용	근거법 등
한 국	• 국민의 생명·신체 및 재산의 보호 • 범죄의 예방·진압 및 수사 • 범죄피해자의 보호 • 경비, 요인경호 및 대간첩·대테러 작전 수행 • 공공의 안녕에 대한 위험의 예방과 대응을 위한 정보의 수집·작성 및 배포 • 교통의 단속과 위해의 방지 • 외국 정부기관 및 국제기구와의 국제협력 • 그 밖의 공공의 안녕과 질서유지	국가경찰과 자치경찰의 조직 및 운영에 관한 법률 제3조 경찰관직무집행법 제2조
일 본	• 경찰은 개인의 생명, 신체 및 재산의 보호를 위하여 범죄의 예방, 진압 및 수사, 피의자의 체포, 교통의 단속, 기타 공공의 안전과 질서유지를 담당하는 것을 그 책무로 한다.	일본경찰법 제2조 제1항
독 일	• 경찰은 공공의 안녕 또는 질서에 대한 위험을 방지하는 것을 그 직무로 한다. 경찰은 이러한 직무의 범위 내에서 범죄행위에 대한 수사 준비를 하고, 범죄행위를 예방해야 하며, 장래의 위험을 방지할 수 있어야 한다. • 경찰은 다른 행정청에 대한 집행원조를 행한다.	통일경찰법 모범초안 제1조 제1항, 제3항
미 국	• 법집행 및 범죄예방(순찰 및 지도 등) • 질서유지 • 대민봉사 및 보호(범죄피해자, 제보자 등)	17,000개의 미국 자치경찰(local police)의 기본적 임무[34)]

34) Robert H. Langworthy, Lawrence F. Travis Ⅲ.(1994), op. cit., pp. 10-14.; U.S. Department of Justice (1998.6), "Census of State and Local Law Enforcement Agencies, 1996," Bureau of Justice Statistics Bulletin, p. 1; Kenneth J. Peak(2003), Policing America: Methods, Issues, Challenges, N. J.: Prentice Hall, pp. 53-59.

경찰학의 정체성과 연구범위 문제

근래에 들어 경찰학(警察學)을 하나의 정상과학으로 인정하고, 그에 대한 학문적 정체성 확립에 대한 논의가 활발하게 이루어지고 있다. 이러한 배경에는 먼저, 1962년 12월에 동국대학교에 최초로 경찰행정학과가 신설된 이래로 2021년 현재에 이르기까지 전국의 많은 대학에 경찰학 관련학과가 개설되었다는 점을 들 수 있다. 그리고 1987년 11월에 한국공안행정학회(韓國公安行政學會)가 설립(1991년 12월에 창간호 발행)된 이래로, 한국경찰학회, 한국치안행정학회, 한국범죄심리학회등 많은 관련학회가 설립되어 이와 관련된 학문적 연구가 매우 활발하게 이루어지고 있다는 점이다. 그리고 이들 경찰학 관련학과의 교육체계 및 경찰학 관련학회의 학문적 연구는 기본적으로 '형식적 의미의 경찰' 즉, 제도적인 경찰과 밀접한 관련성을 가지고 있음은 물론이다.

더욱이, 경찰조직이 과거와 같이 다른 국가작용에 부수하여 이루어지는 것이 아니라, 경찰청(警察廳)이라는 하나의 독립된 조직체계를 갖추고 운용되고 있다. 이를 위해 「국가경찰과 자치경찰의 조직 및 운영에 관한 법률」(2020. 12 / 1991년에 제정된 경찰법 전부개정), 「경찰공무원법」(1969), 「경찰관직무집행법」(1953), 기타 수많은 개별법 등 독립된 법체계를 갖추고 있음은 물론이다. 이는 경찰조직이 하나의 독립된 국가관청(행정안전부 외청)으로서 전문적인 관련 업무를 독자적으로 수행할 수 있는 여건이 마련되어 있음을 의미한다. 물론, 경찰의 실질적 정치적 중립화, 수사구조의 합리화, 실질적인 자치경찰제도의 도입, 경찰채용구조의 개혁 등 여전히 개선되어야 할 과제는 적지 않다.

한편, 종래에 법학(특히, 행정법)을 전공한 학자들은 '경찰법 또는 경찰행정법'이라는 이름 아래에 경찰학의 연구대상을 형식적 의미의 경찰뿐만 아니라 실질적 의미의 경찰까지 포괄하여 다루는 경향이 있으나 이는 재검토할 필요가 있다고 본다. 경찰의 제도적 전문화·독립화가 이루어진 현시점에서 행정관청(예: 소방, 건축, 보건, 영업 등)이 수행하는 활동까지 경찰학 및 경찰제도 차원에서 다루는 것은 구시대적이다.

2) 행정경찰과 사법경찰

(1) 행정경찰과 사법경찰의 의의

경찰을 행정경찰(行政警察)과 사법경찰(司法警察)로 구분하는 방법은 1795년 프랑스 공화국법에서 그 기원을 찾을 수 있다.[35] 행정경찰은 범죄예방과 같은 위험의 방지를 위한 행정작용을 의미한다면, 사법경찰은 이미 발생한 범죄에 대한 사법작용(특히, 범

35) 프랑스 혁명시대에 등장한 공화국 제4년(1795)에 제정된 형법 제18조에 의하면, 경찰을 행정경찰과 사법경찰로 이원화하였고, 여기에서 행정경찰은 각 지방에 있어서 공공의 질서유지를 목적으로 특히, 예방적 단속에 의한 형벌법위반행위를 방지하는 작용으로 규정하였다. 그리고 1808년의 형사소송법 제8조에서 중죄(重罪), 경죄(輕罪) 및 위경죄(違警罪)를 수사하여 그 증거를 수집하고, 범인을 관할 형사재판소에 인도하는 것을 사법경찰이라고 규정하였다. 서재근(1995), "일본 행정경찰과 사법경찰에 관한 연구," 공안행정학논총(서재근박사 정년기념), 서울: 진명문화사, p. 294 재인용.

죄수사)을 의미한다고 볼 수 있다.

이러한 대륙법계 관점에서 본다면, 사법경찰은 말 그대로 사법작용의 일부이므로 '실질적 의미'(實質的 意味)의 경찰에 해당하지 않는다고 보고 있다.[36] 그러나 영미법계 관점에서 본다면, 범죄예방뿐만 아니라 범죄수사 역시 경찰의 고유한 활동영역으로 구분하고 있으며, 따라서 행정경찰과 사법경찰로 구분하는 것 자체가 무의미한 것이다.

프랑스에서 행정경찰과 사법경찰을 엄격하게 구분하고 있는 것은 권력분립론(權力分立論)에 근거를 두고 있다고 볼 수 있다.[37] 중앙집권적인 국가경찰체제(國家警察體制) 하에서 경찰이 범죄예방뿐만 아니라 수사권한까지 보유하게 되었을 경우, 그 순기능보다는 역기능이 더 크다고 우려한 까닭이다. 반면, 지방분권적인 자치경찰체제(自治警察體制)를 근간으로 하는 영미법계 경찰에서는 이러한 경찰의 권한 오남용 문제가 상대적으로 적다고 볼 수 있다(이러한 관점에서 본다면, 한국경찰의 수사권독립 문제는 실질적인 자치경찰제도의 도입 등과 함께 논의되어야 할 필요성이 있다고 본다).

이러한 프랑스 경찰의 영향을 받아 독일과 일본에서도 행정경찰과 사법경찰을 구분하고 있다.[38] 그리고 우리나라에서도 이를 일정부분 제도적으로 수용하고 있다. 즉, 행정경찰과 구분되는 사법경찰개념이 현행 형사소송법의 범죄수사와 관련된 규정(제195조~제245조의10)에서 일반적으로 사용되고 있다.

행정경찰과 사법경찰의 불가분리성(不可分離性)

대륙법계의 영향을 받은 일본은 행정경찰과 사법경찰로 구분하였다. 그러나 경찰업무 현실에 있어서 이의 구별이 매우 어렵다는 사실을 인식하게 되었다.[39] 본래 행정경찰은

36) 홍정선(2007), 앞의 책, p. 29.

37) 범죄예방과 같은 위험방지를 통한 공공질서의 유지는 행정권(行政權)에 속하고, 범죄수사 등은 사법권(司法權)에 속한다고 구분하는 것은 각 작용의 목적에 따른 구분, 즉 목적기준설(目的基準說)에 따른 것이다. 국가의 행정작용은 예방적 목적을 지향하는 것이라면 사법작용은 사후에 진실규명을 지향하는 것이기 때문이다. 반면, 국가공권력의 행사가 어떠한 목적을 가지고 있느냐에 기준을 두지 않고, 그러한 권한을 행사한 주체가 행정기관에 의해 이루어진 것이면 그것은 행정경찰이고, 사법기관에 의한 것이면 사법경찰이라고 보기도 한다. 이는 조직기준설(組織基準說)이라 할 수 있다. 서재근(1995), 앞의 논문, p. 296.

38) 독일의 경우에는 행정경찰을 다시 '보안경찰'과 '협의의 행정경찰'로 구분하기도 한다. ① 보안경찰은 보통경찰기관이 기능별로 소관업무를 독립하여 수행하는 경찰을 의미한다. 예컨대, 현행 경찰법제상 조직화된 경찰(즉, 경찰청, 시·도경찰청, 경찰서, 지구대·파출소 단위)을 의미한다. ② 반면, 협의의 행정경찰은 19세기 독일에서 '비경찰화' 또는 '탈경찰화'의 결과로서 형성된 개념이다. 협의의 행정경찰은 다른 행정기능에 부수하여 그 행정기능의 분야에서 생길 수 있는 위험예방 및 제거와 관련된다. 예컨대, 지방자치단체의 인허가 업무에 부수되어 발생하는 해당업소에 대한 단속이나 감독 등이 바로 이에 해당하며, 이른바 영업경찰, 위생경찰, 건축경찰 등이 이에 해당한다. 그러나 이처럼 복잡한 용어를 사용해 가면서 굳이 '보안경찰'과 '협의의 행정경찰'로 구분하는 것이 과연 실익이 있는지는 의문이다.

범죄행위 이전의 영역에 속하며, 사법경찰은 그 이후의 활동과 관련된 것이다. 그런데, 행정경찰의 업무로 되어있는 예방 순찰, 청소년선도 및 보호, 불심검문, 장물 또는 풍속영업단속, 교통단속 등의 제반 활동은 범죄수사 또는 범인체포와 같은 사법경찰의 활동과 매우 밀접하게 관련된 것이다. 따라서 행정경찰의 목적으로 하는 경찰권한 행사가 곧바로 사법경찰행위로 이행되는 경우가 대단히 많으며, 양자 간의 한계선을 긋는 것은 매우 어려운 일임은 누구나 인정하고 있다.

사실, 위에서 언급한 「경찰관직무집행법」상의 '불심검문'(不審檢問)에 대해서 종래에는 이를 행정경찰작용으로 보는 것이 일반적이었다. 그런데, 그 규정 내용을 보면, "경찰관은 수상한 행동이나 그 밖의 주위 사정을 합리적으로 판단하여 '㉠ 어떠한 죄를 범하였거나 범하려 하고 있다고 의심할 만한 상당한 이유가 있는 사람, ㉡ 이미 행하여진 범죄나 행하여지려고 하는 범죄행위에 관하여 그 사실을 안다고 인정되는 사람'을 정지시켜 질문할 수 있다"로 하고 있다(제3조 제1항). 따라서 여기에서 '㉠'의 앞 문장 즉, '어떠한 죄를 범하였거나'에 해당하는 자에 대한 불심검문은 이미 저질러진 범죄행위에 대한 경찰대응이기 때문에 사법작용으로 보아야 할 것이다.

한편, 현행범(現行犯)의 경우를 살펴보자. 이 경우 행정경찰과 사법경찰의 개념적 구분 자체에 의심이 간다. 이 경우, 가해자를 즉시 체포하는 행위는 사법작용일 뿐만 아니라 피해확대 방지라는 예방적 목적도 가지고 있다. 더 나아가 범죄발생 후, 특정인의 수사, 체포행위(특별예방)도 직접적으로 사회의 불안과 위험을 제거하여 안녕을 보전하기 위한 것(일반예방)이라 볼 수 있다. 이러한 시각에서 본다면, 행정경찰과 사법경찰로 구분하는 의의는 사라지게 되고, 공공의 안녕과 질서유지는 양자의 조화로운 합일작용의 결과라고 볼 수 있을 것이다.[40]

3) 국가경찰과 자치경찰

국가경찰(國家警察)은 경찰사무를 수행하기 위해 국가가 경찰조직을 운영하는 것을 의미하고, 자치경찰(自治警察)은 경찰사무를 수행하기 위해 지방자치단체가 이를 운영하는 것을 의미한다. 바꿔 말하면, 국가경찰은 국가 즉, 중앙정부가 경찰조직·인사·재무 등 전반에 걸쳐 관리하는 형태를 말하며, 자치경찰은 지방자치단체가 이를 담당하는

39) 이하 서재근(2995), 앞의 논문, pp. 311-312 재구성.

40) 앞에서 언급한 유길준은 『서유견문(1895)』에서 경찰제도(警察制度)를 행정경찰과 사법경찰 두 종류로 나누어 설명하고 있다. "행정경찰은 적절한 조치를 하여, 재앙과 피해를 사전에 방지하고 국민이 죄를 짓지 않도록 하는 것이다. 사법경찰은 이미 일어난 범죄에 대하여 수사하여 죄인을 체포하고 신문하여 국민의 근심과 재난을 제거하는 일을 한다. 그러므로 행정경찰의 힘이 미치지 못할 때에는 사법경찰이 담당하게 되어, 이 둘의 관계가 머리칼 한 가닥도 허용치 않을 만큼 밀접한 것이다. 비유하나를 들어보자, 어떤 사람이 남의 집 울타리를 넘어가려고 할 때에 이를 막는 것은 행정경찰이고, 그가 한 발이라도 울타리 위로 넘어가면 무고히 남의 집에 침입하는 잡범이니 사법경찰의 직분에 속하여 형법의 처단을 받게 된다. 그러므로 사실은 행정경찰과 사법경찰은 표리(表裏)의 관계를 이루는 셈이다" 유길준/허경진 역(2005), 앞의 책, p. 293.

것을 말한다. 자치경찰은 다시 광역자치단체(특별시, 광역시, 도 등)에 둘 수도 있고, 기초자치단체(시, 군, 구 등)에 둘 수도 있다. 이러한 국가경찰과 자치경찰의 존재 방식은 지극히 해당 국가의 역사적인 발전 배경을 전제로 한 것이다.[41)]

그리고 이러한 국가경찰과 자치경찰은 관할(管轄)에 있어서 큰 차이가 있다. 관할이라는 것은 '경찰권한이 미치는 범위'와 관련되는데, 지역적 차원에서 볼 때, 국가경찰은 국가전체의 행정구역이 지역관할(地域管轄)이 된다. 반면, 자치경찰은 지방자치단체의 행정구역 내에서만 경찰권한을 행사할 수 있다.

그런데, 국가경찰과 자치경찰은 각각은 일정한 장단점을 가지고 있기 때문에,[42)] 어느 하나가 보다 좋은 체제라고 단정 짓기는 어렵다. 그리고 경찰활동의 성과는 제도적 특성뿐만 아니라 그 나라의 정치·경제·사회문화적인 상황과 조직 운영상의 민주성과 합법성 정도 등에 따라 다르게 나타나기 때문이다.

최근 각국의 경찰제도 운영형태를 보면, 국가경찰제도를 유지하고 있는 나라는 자치경찰의 특성을 가미하고 있고, 반대로 자치경찰제도를 유지하는 나라는 국가경찰의 특성을 가미하는 등 양자의 장점을 취하는 형태로 발전하고 있다고 볼 수 있다. 이러한 점에서 오늘날에는 가히 국가경찰(대륙법계)과 자치경찰(영미법계)의 혼합·융화의 시대라 할 수 있다.[43)]

---

41) 스테드(P. Stead)는 영미의 관점(자치경찰)에서 볼 때 "국가경찰체제를 가지고 있는 프랑스경찰의 광범위한 권한행사는 놀라운 수준이라 할 수 있다"라고 표현하고 있다. 이러한 프랑스경찰의 힘은 중앙집권화된 경찰조직의 특성에서 비롯된 것으로 보고 있다. 즉, 프랑스경찰은 국가적 차원에서 조직화되고 관리되며, 특히 국가의 이해관계를 반영하기 위해 활동한다는 것이다(물론, 이러한 시각은 상대적이다). 프랑스경찰의 중앙집권화 현상은 1789년 프랑스혁명 이래로 지속적으로 노정되어 왔던 프랑스의 격렬한 정치적 불안정에서 찾고 있다. 불과 200여 년의 역사 속에서 프랑스는 각각의 세 명의 군주, 두 명의 황제, 그리고 다섯 번의 공화정을 경험하였다. 그리고 이들 정부의 교체는 폭력적인 혁명과 정복을 통해서 이루어졌던 것이다. P. Stead(1983), The police of France, NY: Macmillan, p. 9.

42) 국가경찰의 장점은 자치경찰의 단점이 되고, 국가경찰의 단점은 자치경찰의 장점이 된다고 볼 수 있다. ① 국가경찰의 장점으로는 ㉠ 국가권력을 바탕으로 강력하고 광범위한 집행력(광역범죄 대응 등)을 행사할 수 있음은 물론 통일적인 조직운영(인사, 교육, 시설, 장비 등)을 할 수 있다. ㉡ 타행정부처와 긴밀한 협조체계를 구축할 수 있으며, 국가비상사태시에 특히 유리하다. ㉢ 지방 정치인의 정치적 개입 등을 방지할 수 있다. ② 국가경찰의 단점으로는 ㉠ 중앙정부의 국가권력의 영향하에 이른바 '정치경찰'의 폐해가 우려된다. ㉡ 조직운영이 기본적으로 전국에 걸쳐 공통적으로 적용되므로, 지방실정에 부합한 치안정책 및 대응이 쉽지 않다. ㉢ 관료주의적 성격이 강하며, 지역주민에 대한 공복(公僕)의식이 낮을 수 있다. ㉣ 인사관리 등에 있어서 중앙의 이해관계가 많이 작용하고, 유능한 인재의 지방기피 등의 현상이 우려된다. 정진환(2006), 비교경찰제도, 서울: 백산출판사, pp. 43-47 재구성.

43) 서재근(1963), 경찰행정학, 서울: 삼중당, p. 43.

4) 공경찰과 민간경찰

경찰은 공경찰(public police)과 민간경찰(private police)로 구분할 수 있다.[44] 여기에서 민간경찰은 특히, 민간경비(民間警備, private security)를 의미하는 것이다. 영미법계 국가에서는 대륙법계보다 전통적으로 '모든 주민에게 치안유지 책임이 있다'는 인식이 강하여,[45] 지방분권적인 자치경찰이 형성·발전되었음은 주지의 사실이다. 아울러 이러한 사적 자치의 원칙하에 민간차원에서 이루어지는 치안활동 역시 하나의 경찰활동으로 간주하고 있다.

그리고 실제로 미국은 지난 18세기에서 21세기에 이르는 동안 경찰 못지않게 민간경비가 중요한 비중을 차지하면서 성장·발전해 왔다고 볼 수 있다. 이러한 과거에는 자경주의(自警主義) 차원에서 이루어진 것이라면, 오늘날에는 자본주의와 연계되어 하나의 산업으로 성장·발전하고 있다. 그리고 오늘날의 민간경비는 미국뿐만 아니라 일본, 한국 등 전 세계에서 빠른 속도로 성장하고 있으며, 이미 공경비의 규모를 넘어서고 있다.

그러나 우리나라와 같은 대륙법계의 영향을 받은 국가들 역시 민간경비가 산업으로 크게 성장하고 있지만, 법적인 관점에서 경찰과 민간경비의 관계를 본다면, 상호간의 수직적 관계가 강하다고 볼 수 있고, 또 영미와 같이 민간경비를 하나의 경찰 유형으로 간주하는 경향은 상대적으로 약하다고 본다. 다만, 최근 경찰을 포함한 형사사법 영역에서 민간참여가 빠르게 진전되고 있으며, 이러한 논의 속에서 치안서비스의 민영화(民營化, privatization) 및 공동생산(共同生産, coproduction)의 논리는 민간경비의 역할확대 및 역할재정립에 있어서 의미하는 바가 크다고 할 수 있다.[46]

물론, 경찰을 공경찰과 민간경찰로 유형화하는 것도 쉬운 일이 아니다. 공경찰과 민간경찰의 '중간영역'이 적지 않게 존재하기 때문이다.[47] 미국의 경우, 경찰조직이 민간

---

44) Robert H. Langworthy, Lawrence F. Travis Ⅲ.(1994), op. cit., p. 9.

45) 무기휴대의 권리(미국수정헌법 제2조, 1791 제정): '잘 규율된 민병대(Militia)는 자유로운 주(州)의 안보에 필수적이다. 따라서 무기를 소장하고 휴대하는 시민의 권리는 침해될 수 없다'(A well regulated militia being necessary to the security of a free State, the right of the People to keep and bear arms shall not be infringed).; 미국에서 개인의 총기소유권리는 행정력이 미치지 못하는 광활한 땅을 개척해야 했던 당시에 자신은 물론 가족의 생명과 재산을 지키기 위해서 반드시 필요한 권리로 간주되어 왔으며, 여기에는 국가가 개인을 온전히 보호해 줄 수 없다는 관념도 영향을 미쳤다. 한편, 수정헌법 제2조의 해석과 관련하여 '개인의 권리'이론과 '주의 권리'이론 두 관점이 존재하는데, 미연방대법원은 민병대의 유지에 필요한 한도 내에서 '개인의 권리'이론을 지지한 것으로 해석된다. 그러나 최근 미국 내에서 총기관련 인명피해 사건이 적지 않게 발생하면서 이에 대한 논란이 계속되고 있다. 위키백과(https://ko.wikipedia.org).

46) 이에 대한 자세한 논의는 최선우(2002), 치안서비스 공동생산론, 서울: 대왕사.; 최선우(2021), 민간경비론, 인천: 진영사, pp. 143-148 참조.

47) Robert H. Langworthy, Lawrence F. Travis Ⅲ.(1994), op. cit., p. 9.

경비와 계약을 체결하여 경찰업무 가운데 적지 않은 부분(예, 시설경비, 회계, 전산, 주차관리, 범죄감식, 신원조사, 순찰활동 등)을 민간경비에 '위탁'(委託)하고 있다. 또 경찰이 근무시간 이후에 민간경비회사에 취업하여 '부업'(part time)으로 경비업무를 수행하는 경우도 적지 않다.

우리나라의 경우에는 미국에 비해 경찰업무의 민간위탁이 제한되어 있고, 경찰공무원의 영리(營利)행위는 법(국가공무원법 제64조)으로 금지되어 있다. 그러나 민간경비와 같은 민간차원에서의 경찰활동 참여는 향후 보다 활발하게 논의·실현될 것으로 보인다.

청원경찰의 정체성

청원경찰(請願警察)은 국가중요기관 및 시설 또는 사업장의 경비(警備, security)를 위하여 배치하는 경찰을 말한다.

한국전쟁(1950) 이후 남북 간에 형성된 첨예한 대립상황은 이러한 국가중요시설에 대한 경비를 단순히 범죄피해로부터의 예방 즉, '방범'(防犯)이 아닌 적대세력으로부터의 시설파괴에 대한 '방호'(防護)개념으로 인식하게 되었다. 방호개념이 적용된 것은 국가가 이 시설들에 대한 경비에 적극적으로 개입하겠다는 것을 의미한다. 그러나 경찰 등 국가가 이들 중요시설에 대한 실질적인 경비 및 보안업무를 직접적으로 담당하는 것은 한계(인력, 예산 등)가 있었기 때문에 이에 대한 대안 가운데 하나로 1962년 청원경찰법을 제정하게 된 것이다(그러나 실질적으로 활성화된 것은 1973년 이 법의 전면개정 이후부터이다).[48)]

이러한 시대적 배경하에 도입된 청원경찰은 특별한 권한을 부여받은 일종의 '특별구역경찰'(SDP: Special District Police)이라고 할 수 있다. 즉, 근무지 내에서는 청원주(請願主)와 관할경찰서장의 감독을 받아 그 경비구역만의 경비를 목적으로 필요한 범위에서 경찰관직무집행법(警察官職務執行法)에 따른 경찰관의 직무를 수행할 수 있도록 한 것이다(청원경찰법 제3조).

한편, 청원경찰은 임용자격에 대해서는 국가공무원법상의 결격사유에 해당하지 않는 사람으로 하고 있으며, 복무에 관해서는 국가공무원법 및 경찰공무원법을 준용하도록 하고 있다(제5조). 그리고 청원경찰은 근무 중 제복을 착용해야 하고, 시·도경찰청장이 필요하다고 인정하면, 청원주의 신청을 받아 관할경찰서장은 이들에게 무기를 대여하여 지니게 할 수 있도록 하고 있다(제8조). 그리고 형법(刑法)이나 그 밖의 법령에 따른 벌칙(罰則)을 적용할 때에는 '공무원'으로 보도록 하고 있다(제10조 제2항).

이처럼 청원경찰은 그 신분과 권한행사에 있어서 경찰과 동등한 한 것은 아니지만 일정

48) 최선우(2021), 앞의 책, pp. 102-103.

한 지위를 가지고 있음을 알 수 있다. 특히, 청원경찰 가운데 '국가기관이나 지방자치단체'에 근무하는 경우에는 이들의 근무관계는 고용계약관계가 아니라 '공법'(公法)상 근무관계로 보고 있다는 점이다.[49)]

그리고 국가기관이나 지방자치단체에 근무하는 청원경찰은 보수에 있어서도 경찰공무원의 보수를 감안(㉠ 재직기간 15년 미만: 순경, ㉡ 15년 이상 23년 미만: 경장, ㉢ 23년 이상 30년 미만: 경사, ㉣ 30년 이상: 경위)하여 정하도록 하고 있다(청원경찰법 제6조 제2항). 또한 국가기관이나 지방자치단체에 근무하는 청원경찰은 직무상 불법행위에 대한 배상책임에 대해서 국가배상법의 적용을 받도록 하고 있다(제10조의2).

한편, 국가기관이나 지방자치단체에 근무하지 않는 청원경찰은 직무상 불법행위에 대해서는 민법의 적용을 받도록 하고 있고, 보수에서도 경찰청장이 정하되 민간기관 등의 청원주가 부담하도록 하고 있다는 점에 주의할 필요가 있다(제2조, 제6조, 제10조의2 단서). 이처럼 청원경찰은 민간인 신분을 가지면서 동시에 공무원의 신분을 아울러 가지고 있는 이른바 '경계인'(境界人)의 위치에 놓여 있다고 볼 수 있다.

4. 경찰의 법적 토대

그렇다면, 경찰은 어떠한 법적 근거에 의해서 조직을 만들고, 구성원을 관리하고, 관련업무를 수행하는가? 경찰은 기본적으로 대한민국헌법(大韓民國憲法)에 그 기초를 두고 있고, 수많은 개별법에 근거를 두고 있다고 볼 수 있다. 이러한 수많은 개별법(특히, 경찰직무수행과 관련된 법)을 하나하나 제시하는 것은 쉬운 일이 아니다. 왜냐하면, 경찰조직 및 경찰인사에 관한 법적 근거는 어느 정도 명확하지만 직무수행과 관련된 법적 근거는 매우 복잡하고 다양하기 때문이다.

아래는 국회 행정안전위원회 소관법률(경찰청) 및 법제사법위원회 소관법률(법무부) 가운데 경찰과 관련된 법률 등을 제시한 것이다.[50)] 여기에서 보는 바와 같이 사법경찰(司法警察)활동에 관한 법 즉, 형법 및 특별형법 그리고 형소법 등 관련법은 대부분 법

49) 국가나 지방자치단체에 근무하는 청원경찰은 국가공무원법이나 지방공무원법상의 공무원은 아니지만, 다른 청원경찰과는 달리 그 임용권자가 행정기관의 장이고, 국가나 지방자치단체로부터 보수를 받으며, 산업재해보상보험법이나 근로기준법이 아닌 공무원연금법에 따른 재해보상과 퇴직급여를 지급받고, 직무상의 불법행위에 대해서도 민법이 아닌 국가배상법이 적용되는 등의 특징이 있다. 그리고 그 외 임용자격, 직무, 복무의무 내용 등을 종합하여 볼 때, 그 근무관계를 사법상의 고용계약관계로는 보기 어려우므로 그에 대한 징계처분의 시정을 구하는 소송은 행정소송의 대상이지 민사소송의 대상은 아니다. 대법 1993.7.13, 92다 47564.

50) 2021년 현재 국회에는 행정안전위원회, 법제사법위원회 등 18개의 상임위원회가 있다. 행정안전위원회에서는 행정안전부, 경찰청, 소방방재청, 중앙선거관리위원회 각각의 소관법률을 다루고 있다. 법제사법위원회에서는 법무부, 감사원, 헌법재판소, 법원 등의 소관법률을 다루고 있다. 국회상임위원회(http://committee.na.go.kr).; 행정안전위원회(http://adminhom.na.go.kr).; 법제사법위원회(http://legislation.na.go.kr) 참조.

무부 소관임을 알 수 있다. 이와 관련된 세부적인 내용은 이하 본문 내용을 전개하는 과정에서 설명하기로 한다.

〈국회 행정안전위원회(경찰청)와 법제사법위원회(법무부)의 소관법률 등〉

<table>
<tr><td rowspan="3">행정안전위원회
소관법률(경찰청)[51]
25개</td><td>조직 관련법</td><td>• 국가경찰과 자치경찰의 조직 및 운영에 관한 법률(약칭: 경찰법)
• 의무경찰대 설치 및 운영에 관한 법률 등[52]</td></tr>
<tr><td>인사 관련법</td><td>• 경찰공무원법 등</td></tr>
<tr><td>직무관련법</td><td>• 경찰관직무집행법
• 경찰직무응원법
• 경범죄처벌법
• 경비업법
• 교통사고처리 특례법
• 도로교통법
• 사격 및 사격장 단속법
• 사행행위 등 규제 및 처벌 특례법
• 유실물법
• 집회 및 시위에 관한 법률
• 청원경찰법
• 총포 · 도검 · 화약류 등의 안전관리에 관한 법
• 풍속영업의 규제에 관한 법률
• 화염병사용 등의 처리에 관한 법률 등</td></tr>
<tr><td colspan="2">법제사법위원회
소관법률(법무부)
160개</td><td>• 가정폭력 범죄의 처벌 등에 관한 특례법
• 국가배상법
• 국가보안법
• 사법경찰관리의 직무를 행할 자와 그 직무범위에 관한 법률
• 성매매 알선 등 행위의 처벌에 관한 법률
• 성폭력 범죄의 처벌 및 피해자 보호 등에 관한 법률
• 소년법
• 즉결심판에 관한 절차법
• 특정범죄 가중처벌 등에 관한 법률
• 특정 경제범죄 가중처벌 등에 관한 법률
• 특정 강력범죄의 처벌에 관한 법률
• 폭력행위 등 처벌에 관한 법률
• 행정소송법
• 형법
• 형사소송법 등</td></tr>
<tr><td colspan="3">기타 국회 상임위원회의 소속기관의 소관법률</td></tr>
</table>

51) 이 밖에도 행정안전위원회 행정안전부의 소관법률인 정부조직법, 그리고 인사혁신처 소관법률인 국가공무원법, 공직자윤리법 등도 경찰조직 및 인사관리 등과 관련된 중요한 법적 근거 가운데 하나라고 볼 수 있다.

52) ① 1970년에 「전투경찰대 설치법」(戰鬪警察隊 設置法)이 제정되었는데, 이 법에 따라 대간첩작전을 수행하

제2절 경찰의 기본이념

1. 경찰이념의 의의

1) 경찰이념의 개념

우리사회에 경찰이 존재하는 이유는 무엇인가? 누구를 위한 경찰인가? 사람들은 일생을 살아가면서 범죄 및 무질서 등을 직간접적으로 경험하고 있으며, 그러한 상황에서 한 번쯤은 이에 관한 생각을 할 것이다. 경찰의 존재이유에 관한 물음은 '경찰이 왜 필요한가?'에 관한 것이다. 그리고 그러한 존재이유(存在理由)가 있다면, '어떠한 형식으로 존재하는 것이 바람직한가?' 하는 물음도 제기될 수 있다. 이는 존재방식(存在方式)에 관한 것이다.

이 장에서는 이 두 가지 물음 즉, 존재이유와 존재방식에 대해 생각해보기로 하는데, 이러한 두 물음이 바로 '경찰이념'(警察理念, Police Ideology)과 관련된 것이다.

일반적으로 '이념'(理念)이라는 것은 '어떤 사회의 정치적·사회적 구성원들이 가지고 있는 일반적인 생각'을 뜻한다. 즉, 어떤 집단에 의해 사실 또는 진리로 받아들여진 가치체계 또는 신념체계를 의미하는 것으로, 이는 그것을 믿는 사람들에게는 자신들이 살아가는 세계에 관한 사실적이면서 당위적인 청사진을 제시해 준다. 그렇게 함으로써 매우 복잡한 이 세계를 아주 단순하게 이해할 수 있는 것으로 재구성해준다.[53]

예컨대, 현대사회를 '민주주의 사회' 또는 '복지주의 사회'라고 표현함으로써, 현대사회의 특징 또는 방향을 제시해 주고 있는 것이 바로 그것이다. 경찰이념도 바로 이러한 시각에서 접근해야 할 것이다.

그런데, 주의할 것은 경찰이념은 단순히 사회구성원들의 경찰에 대한 가치체계 또는 신념체계일 뿐만 아니라 경찰에게 '당위성'(當爲性)을 부여하게 된다는 점이다. 민주국가(民主國家, democratic state)라면, 민주주의의 본질(즉, 개인의 자유와 권리의 보호)을 수호하기 위해 경찰이 존재해야 하며, 따라서 과거 경찰국가(警察國家, police

---

는 전투경찰(작전전경)과 치안업무(방범순찰, 집회시위관리, 교통질서유지 등)를 보조하는 의무경찰이 설치되었다. ② 전투경찰의 역할 감소 등 시대적 상황을 반영하여 지난 2013년 9월 전투경찰(작전전경)이 폐지되고 그 기능이 의무경찰로 일원화되었다. 2015년 7월 「전투경찰대 설치법」의 명칭이 「의무경찰대 설치 및 운영에 관한 법률」(약칭: 의무경찰대법)로 개칭되어 오늘에 이르고 있다. ③ 한편, 국방의무 대신 대체복무의 일환으로 운영되었던 의무경찰제도는 병력자원 급감 등의 이유로 2023년 폐지될 예정이다.

53) 이대희 외(2001), 한국의 행정사, 서울: 대영문화사, p. 35 재인용.

state)시대와 같이 지배집단의 정권유지수단으로서 초법적이며, 인권침해인 역할을 하게 되면 그 정당성을 잃게 되는 것이다. 요약건대, 경찰의 존재에 대한 필요성과 당위성은 경찰철학적인 관심에서 경찰이념으로, 경찰이념에서 경찰조직과 개인에 대한 윤리(倫理) 문제에까지 이르는 것이다.[54)]

2) 경찰이념의 다원성과 가치상충 문제

(1) 경찰이념의 다원성

경찰이념은 단지 하나만 존재하는 것은 아니다. 우리사회의 수많은 가치와 신념체계를 설명하기 위해서는 이념 역시 다양한 관점에서 논의될 수밖에 없다. 과거에서 현대로 올수록 사회구조가 복잡다양해진 것과 같이 이념 또한 현대사회에 다원화되는 것이 사실이다.

그렇다면, 경찰이념에는 어떠한 것들을 들 수 있는가? 사실, 경찰이념이라는 것은 국가이념과 별개의 것이 아니다. 오늘날 경찰이라는 존재는 국가를 전제로 한 것이며, 따라서 국가이념 속에 경찰이념이 존재한다고 할 수 있다. 따라서 국가가 어떠한 정치적·사회적 지향성을 갖느냐 하는 것은 경찰의 존재이유와 방식에 있어서 매우 중요한 의미가 있다.

이러한 점에서 본다면, ㉠ 국가이념으로서의 민주주의와 복지주의, 그리고 법치주의는 중요한 경찰이념이 된다고 볼 수 있다. 한편, ㉡ 경찰조직 운영상의 내재하는 경찰이념으로 정치적 중립성, 능률성, 효과성, 전문성 등을 들 수 있다.[55)]

그런데 경찰이념이라 할지라도 모두 동일한 가치 또는 위상을 가지고 있는 것은 아니라고 본다. 경찰이념 가운데에는 본질적인 이념이 있는가 하면 수단적인 이념이 있다고 본다. 예컨대, 경찰이념으로서 민주주의와 복지주의는 본질적 이념이라면 법치주의는 이를 실현하기 위한 수단적 이념으로 볼 수 있을 것이다.

---

54) 철학(哲學, philosophy)은 우주(宇宙)·자연과 인간·사회의 존재의 본질성에 대한 의문에서 출발하여, 이의 보편적인 운동과 발전의 법칙을 과학적으로 탐구하고는 인식하는 학문이라고 할 수 있다. 이념에 대한 문제는 이러한 철학적 물음에서 개인으로서의 인간이 집단으로서 사회를 이루고 살아가는데 가장 이상적인 삶의 형식을 어떻게 하면 구현할 수 있을 것인가 하는 문제와 관련된다. 정치이념 또는 국가의 정체성은 바로 여기에서 시작되는 것이며, 이에 따라 국가권력의 의지이자 국민의 보호수단의 상징인 경찰(警察)의 존재이유와 존재방식이 즉, 경찰이념이 도출되는 것이다. 그리고 그러한 집단적·추상적인 경찰이념에서 개별적·구체적인 경찰윤리(警察倫理)가 도출된다.

55) 경찰이념을 국가이념과 경찰조직 차원에서 구분한 것 자체가 명확한 것은 아니며, 그것을 상위개념과 하위개념으로 두는 것도 한계가 있으며, 관련내용이 중복되기도 한다. 다만 이 글에서는 논의의 편의상 유형화(類型化)하여 살펴보고자 한다.

(2) 경찰이념의 가치상충 문제

경찰이념이 지향하는 가치가 조화되기보다는 상충되는 경우도 적지 않다. 국가이념 차원에서 볼 때, 개인의 자유와 권리의 보호를 본질로 하는 민주주의를 지향하다 보면, 사회경제적 강자로부터 약자의 보호 또는 사회적 형평성을 본질로 하는 복지주의가 후퇴하기 마련이며, 반대로 사회적 형평성을 지나치게 강조하다 보면 개인의 자유와 권리는 후퇴하기 마련이다.

또 법치주의를 본질적 이념으로 내세워 엄격한 '법적인 정의'(legal justice)의 잣대를 강조하게 되면, 오히려 민주주의와 복지주의가 희석되어 목표와 수단이 전도될 수도 있게 된다. 이러한 문제는 경찰조직 운영상의 이념이라 할 수 있는 능률성과 효과성에서도 나타날 수 있다.

경찰활동의 실제에 있어서 국민 또는 개인 생명과 재산을 보호하고 아울러 공공의 안녕과 질서를 유지해야 하는 상황에서 상호간의 가치 충돌은 항상 존재하고, 또 불가피한 것이 현실이다. 민주국가는 개인의 자유와 권리보호를 본질로 하고 있지만, 공공의 안녕과 질서 역시 경시될 수 없는 중요한 가치임에는 분명한 사실이다.

이러한 두 가지의 가치에 대해 헌법의 태도는 어떻게 보면 원론적이다. 즉, '㉠ 국민의 자유와 권리는 헌법에 열거되지 아니한 이유로 경시되지 아니한다'고 하면서도 '㉡ 국민의 모든 자유와 권리는 국가안전보장·질서유지 또는 공공복리를 위하여 필요한 경우에 한하여 법률로써 제한할 수 있으며, ㉢ 제한하는 경우에도 자유와 권리의 본질적인 내용을 침해할 수 없다'고 규정하고 있다(제37조). 그만큼 이들 두 가치가 충돌했을 경우, 이의 우선순위와 조화를 모색하는 것은 어렵다는 것을 의미한다.

결국은 이러한 이념간의 가치가 상충하는 때에는 경찰조직의 차원을 넘어 종국적으로 각 경찰관의 윤리의 문제, 즉 법의 테두리 내에서 양심에 따른 가치판난의 문제로 귀결된다고 본다.[56] 다만, 경찰관이 정치권력집단의 이해관계에 흔들리지 않고, 법과 양심에 따라 최선의 가치판단을 하는 일은 결코 쉬운 일이 아니라고 본다.

2. 경찰이념의 사상적 토대

1) 근대국가의 형성과 사회계약론

러셀(B. Russel)은 인간의 싸움 문제에 관하여 "인간이란 존재는 본래 무엇이든 상

56) 경찰대학(2002), 경찰학개론, p. 39

대하여 투쟁하려는 성질을 갖고 있다. 그러한 투쟁에서 어떤 사람은 승리하고 어떤 사람은 패하게 된다... 인간이 행하는 투쟁에는 다음과 같은 세 가지 종류가 있다. ㉠ 인간과 자연과의 투쟁, ㉡ 인간과 인간과의 투쟁, ㉢ 인간 그 자신과의 투쟁이 바로 그것이다"라고 하였다.[57)]

그리고 그는 "이들 세 가지 종류의 투쟁은 그 성질에 있어서 매우 서로 다르며, 인간의 역사와 더불어 그 상대적인 중요성도 끊임없이 변화하고 있다. 자연과의 투쟁은 자연과학(自然科學)이나 기술에 의해서 행하여지고, 인간과 인간과의 투쟁은 정치(政治)나 전쟁에서 행해진다. 인간 그 자신과의 투쟁은 지금까지는 종교(宗敎) 등에 의해서 다루어져 왔다(한편, 인간 자신과의 투쟁에 대해서 정신분석 등의 방법으로 과학적으로 해결할 수가 있다고 주장하는 사람들도 있으나, 이와 같은 방법으로써 온갖 필요한 것들이 과연 해결될 수 있을지는 의문이다)"라고 하였다.[58)]

여기에서 인간과 인간과의 투쟁에서 정치가 행해지며, 정치를 통해서 인간 상호간의 투쟁을 어떻게 하면 최소화할 것인가 하는 방안을 찾게 되는데, 그것의 구체화가 바로 '국가'(國家)라고 할 수 있다.

그렇다면, 국가라는 것은 무엇이며, 왜 필요한 것인가? 그리고 어떠한 형태의 국가가 가장 이상적인 모습인가? 국가성립 이전의 상태 혹은 국가가 존재하지 않는 상태에서 인간사회는 어떠한 모습을 하고 있었을까? 이에 대한 명확한 해답을 내리는 것은 사실상 불가능한 일이다. 이와 관련하여 서구 근대국가(近代國家)의 형성 및 발전과 밀접한 관련이 있는 것이 바로 '사회계약론'(社會契約論, Social Contract Theory)이라 할 수 있다.[59)]

사회계약론을 토대로 오늘날 현대 자유민주국가의 정체성이 형성·발전되고 있다고 볼 수 있다.[60)] 그리고 그러한 자유민주국가의 정체성을 바탕으로 경찰의 존재이유와 존재방식이 성립된다. 오늘날 경찰이라는 존재는 국가를 떠나서는 존재할 수 없는 까닭이다. 따라서 근대국가의 형성·발전의 사상적 토대가 되는 사회계약론을 통해서 자유민주

57) Bertrand Russel(1951), New Hopes for a Changing World, London: George Allen & Unwin, Ltd., p. 18.; 이극찬(1980), 희망의 철학, 서울: 도서출판 나남, pp. 25-26 재인용.

58) 위의 책, pp. 25-26 재인용.

59) 최선우(2011), "국가질서와 시민불복종의 연구: 소로우(H. D. Thoreau)의 사상을 중심으로," 한국공안행정학회보 제45호, p. 205.

60) 개인의 권리, 국가의 구성, 혁명의 권리를 설파하는 로크의 사회계약론은 미국 독립전쟁(1775~1783), 그리고 이후의 헌법제정, 주권(state's right)운동 등 18~19세기 미국사회를 형성했던 핵심적인 사건들의 중요한 이론적 토대로 작용하였다. 예컨대, 미국 '독립선언서'(Declaration of Independence)의 서두에서 제퍼슨(T. Jefferson)은 로크의 사회계약론의 논지를 그대로 수용하며, 이를 식민지 독립선언의 전제로 삼고 있다. 김은형(2010), "로크, 에머슨, 그리고 자연: 쏘로의 초월주의적 사회계약론," 미국학논집, 42(3): 243-279.

주의 국가관을 인식하고, 동시에 그것을 통해서 경찰의 존재가치를 규명하는 것도 의미 있는 일이라고 생각한다.

2) 홉스의 사회계약론적 관점

홉스(T. Hobbes, 1588~1679)가 근대계약론의 원형을 제시한 이래 사회계약론은 '계약'(contract)이라는 개념을 논증의 방식으로 국가의 형성을 설명하고 있는데, 이는 종래의 형이상학적이고 신학적인 배경과는 달리 지극히 인간중심적 관점에서 접근하고 있다는 점에서 의미가 있다.[61]

(1) 이기적·합리적 인간관과 자연상태

홉스의 사회계약론을 이해하기 위해서는 보다 중요한 것으로서 '이기적·합리적 인간관'과 그로부터 비롯되는 '자연상태'(state of nature)라는 개념이다. 여기에서 자연상태는 크게 두 가지 의미를 함축하고 있다.

하나는 자연상태라는 것은 국가가 존재하지 않는 상태를 의미하는 것으로서, 그렇게 되면 약육강식의 생존경쟁 속에서 인간의 삶이 얼마나 살벌하고 비참한지를 보여주고자 한 것이다. 이는 '만인(萬人)의 만인에 대한 투쟁(鬪爭)'(the war of all against all)로 표현된다.

다른 하나는 사회구성원들은 자연상태가 이처럼 위험하다는 것을 합리적으로 이해하고 있기 때문에 이를 해결할 수 있는 통치체제(즉, 국가)를 세우는 것이 서로에게 이익이 된다는 것을 인식한다는 것이다.

그런데 홉스는 자연상태에 있는 인간들은 대체로 능력 면에서 동등하고, 동정심 등 타고난 우호적인 감정을 갖지 못하고 각자는 이기적(利己的)으로 자신의 보존과 안녕을 추구하는 비사회적(非社會的) 존재들이라고 보았다.[62] 이와 더불어 인간의 욕구를 만족시켜 줄 자원과 수단의 절대적 부족이라는 객관적 여건은 상호 경쟁과 상호 불신을 불가피하게 함으로써 자연상태는 언제나 긴장과 갈등에 의한 전운(戰雲)이 감도는

---

61) 이하 황경식(1991), 사회정의의 철학적 기초, 서울: 문학과 지성사, pp. 182-186 재구성.

62) 홉스의 이러한 견해는 비난을 받고 있다. 즉, 홉스는 절대권력에 의해서만 공공의 안녕과 질서가 효율적으로 유지될 정도로 인간을 철저히 이기적이고, 자기중심적인 존재로 규정하고 있다. 그러나 절대권력에 의한 문제의 해결은 그에 상응하는 대가를 치르는 것이며, 그러한 극단론을 피하기 위해서는 그 전제가 되는 인간관이 재고되어야 한다는 점이다. 이에 대해 흄(D. Hume, 1711~1776)은 홉스의 인간관에 수정을 가하였다. 즉, 인간은 도덕의 바탕이 될 제2의 본능과도 같은 '동정심'(sympathy)을 개발하게 되며, 이러한 자연적·본능적 성향은 사회 속에서 도덕적인 생활을 지속함에 따라 보다 강화될 수 있다고 하였다. 그러나 홉스는 이러한 가능성을 고려하지 않았으며, 자연상태에 및 사회 속에 있어서나 인간은 영원히 이기적인 존재로 간주하였다. J. L. Mackie(1977), Ethics, Penguin Books, pp. 111-115.

잠재적 전쟁상태로 나아가지 않을 수 없다는 것이다.

(2) 자연법의 창조

그래서 인간의 이성은 '평화를 위한 법규범의 창조'를 제시해 주는데, 홉스는 이를 '자연법'(自然法, natural law)이라고 하였다. 인간의 이성에 의해 발견·제정되는 자연법으로 인해 인간은 모두에게 불운하고 불안한 자연상태로부터 계약을 통해 국가를 구성하는 것이 개인에게 있어서도 합리적이고, 이해타산이 맞다는 것이다.

그런데 홉스의 자연법은 어떻게 보면 개인의 이해타산적 합리성에만 기초를 두고 있으며, 그의 이론체계에서 인간의 도덕적 의무라는 개념은 성립되기가 어렵다. 자연상태에 있는 이기적 인간들 간에는 설사 각자의 자기보존을 위해서 자연법을 지키자는 계약에 합의한다고 할지라도 모두가 준수하리라는 계약이행을 보장할 길이 없기 때문이다. 따라서 홉스에 있어 이러한 인간의 타산적 이기성은 결과적으로 '강력한 장치'에 의해 통제되어야 한다는 결론이 불가피하게 된다.

(3) 사회계약론과 절대권력자의 필요

따라서 모든 사람이 두려워할 통치권력이 존재하지 않는 자연상태에서는 사람들이 주어진 여건하에서 각자 개별적으로는 합리적 행위를 한다고 할지라도 그것은 결국 상호 파괴적인 전쟁상태 또는 범죄상태를 일으킬 뿐이며, 이는 전체적으로 볼 때 불합리한 것이다.

이에 대한 해결책으로 홉스는 모든 사람이 '사회계약'(社會契約)을 통해서 자신의 모든 권리를 양도함으로써 그러한 위험한 상태를 통제하고 평화로운 상태를 유지하기 위해 모든 권력을 갖는 '통치자'(統治者, sovereign) 즉, '리바이어던'(Leviathan)을 내세울 것을 주장하였다. 여기에서 주목해야 할 것은, 통치자는 사회계약의 당사자가 아니라는 점과 국가의 백성이 되는 자들은 그의 통치를 평가하고 판단하는 권리마저도 포기해야 한다는 점이다.

3) 로크의 사회계약론 관점

(1) 홉스의 사회계약론 한계

그런데, 홉스의 인간관을 그대로 수용할지라도 그의 이론은 여전히 문제를 내포하고 있다. 이와 관련하여 로크(J. Locke, 1632~1704)는 홉스의 인간관을 전제할지라도 그가 말하는 합리적인 이기주의자가 그러한 절대군주를 내세운다는 것은 불합리하다고

하였다.[63)]

인간은 자연상태에서 누리던 평등을 포기하면서, 자신과 대등한 어떤 적대자보다도 더 강력한 군주를 설정한다는 것은 불합리한 처사이며, 따라서 개인 위에 군림하는 절대권력을 도출하려는 홉스의 견해는 합리성에 의해서도 부당한 것이 된다는 것이다.

(2) 국민에 의한 통치

이러한 문제점을 해결하고자 했던 로크는 통치권의 소재를 정부로부터 국민에게로 이전시킴으로써 새로운 사회계약론 모형을 제시하였다. 이에 따라 국가 또는 정부는 사람들이 일정한 목적을 위해서 그 권력의 일부를 양도한 국민의 대행자로서 의미를 갖게 된다.

물론 정부와 국민 간에 계약이 이루어지기는 하나 그것은 대등한 자들 간의 계약이기보다는 재산소유자와 그 관리자 간의 계약에 가깝다. 즉, 국가는 개인이 소유한 재산을 관리해주는 관리인에 불과하다는 것이다.

따라서 국민과 군주 간에 문제가 발생할 경우, 심판자는 당연히 국민이어야 한다고 하였다. 단순한 관리자는 소유자의 처분에 따라야 할 것이기 때문이다.

(3) 인간의 본질적 권리

로크에 있어서 인간은 자신의 '생명·자유·재산'(生命·自由·財産)에 관한 세 가지 권리를 가지고 있다고 하였다. 이러한 권리는 모든 개인이 소유하고 있는 것으로서 아무도 타인의 그러한 권리를 침해할 수 없으며, 인간은 그러한 권리를 행사하는데 오직 신(神)에 대해서만 책임 질뿐이다.

이러한 제반 권리를 보호하기 위해 어떤 '자연법'의 존재를 필요로 하며, 그것은 사실상 로크에 있어서 신의 법을 의미한다. 신에 의해 부여된 그러한 자연법은 인간이 타인의 생명·자유·재산의 침해를 규제하기 위한 것이다. 그러나 이러한 신학적 배경에도 불구하고 로크는 자연법에 근거를 인간의 이성(理性)에 둠으로써 경험적인 도덕철학을 전개하고자 하였다.

(4) 국가의 존재이유

그렇다면, 로크에 있어서 자연상태에 있던 사람들이 계약을 통해서 국가나 정부를 수립하는 합리적인 이유는 무엇인가? 홉스와는 달리 로크에 있어서 자연상태는 본질적

---

63) J. Locke(1690), Second Treatise of Government, ch. 9. sec. 13.; 이하 황경식(1991), 앞의 책, pp. 187-191 재구성.

으로 전쟁상태가 아니다. 따라서 계약을 위한 다른 이유의 제시가 요구된다.

로크가 제시하고 있는 몇 가지 이유를 요약해 보면, 우선 자연상태에 있어서 자연법에 대한 인식이나 해석이 사람에 따라 다르고 다양할 수 있다는 것과 자연법의 시행에 있어서 규제나 처벌의 문제가 있다는 것이다.

따라서 자연법에 대한 공통된 이해의 기반이 요구될 뿐만 아니라 그것을 판정해 줄 공정한 심판자와 그러한 판정을 시행하고, 그 위반을 방지해 줄 적절한 권력기관이 필요하게 된다. 바로 이러한 점에서 사람들은 자연상태보다 계약에 의한 국가사회 속에 살기를 원하게 되는 충분한 이유가 있다는 것이다.

(5) 국가의 존재방식

그런데 인간이 합리적인 존재라면 더 나쁘게 되려는 의도를 가지고 자신의 조건을 변경하려고는 하지 않기 때문에 인간은 국가에 대해서 자신의 모든 권리를 양도하지 않는다는 점이다. 로크에 있어서 국가는 홉스식의 리바이어던(Leviathan)이 아니라, 일부의 권리를 양도하되 그것도 국가가 생명·자유·재산에 대한 각자의 자연권을 보장해 준다는 조건 아래에 성립한다는 것이다.

더 나아가 국가라는 것은 단지 계약에 따라 형성된 공동체인 까닭에 국가의 정책은 공동체에 의해서 결정되거나 혹은 일치된 합의가 없는 때에는 구성원의 '다수결의 원칙'(Majority Rules)에 의해 결정된다는 것이다. 물론, 이러한 다수결의 원칙도 사회계약의 기본적 조항 즉, 개인은 자연법의 효과적인 시행을 위해 권리의 일부를 양도한다는 것과 국가는 모든 사람을 평등하게 다스리는 공법의 테두리 내에서 개인의 자연권을 보장한다는 조항을 침해할 수 없다. 따라서 국가는 시민들의 자연권의 수탁자인 동시에 그 보호자인 것이다.

(6) 로크의 사회계약론의 한계

로크의 국가관에 대한 비판은 주로 그의 주장이 경제적 부(富)의 불평등한 분배를 허용·정당화한다는 점에서 제기된다. 로크는 개인의 재산은 국가 이전의 자연상태에서도 인정된다고 보고 있다.

그런데 그것으로 인해 근본적으로 불평등이 생겨나고, 그것이 계약을 통해 시민사회에 이행됨으로써 정당화(正當化)되고, 영속성(永續性, permanence)을 갖는다는 점이다. 더 나아가 경쟁적인 자유시장 내에서는 세대(世代)가 바뀔수록 본인 자신의 능력뿐만 아니라 그들이 태어난 '사회적 지위'로 인해서 재산을 축적하게 된다. 오늘날 이른바 '금수저, 은수저, 흙수저' 문제가 제기되는 것을 바로 이러한 까닭이다. 따라서 비록 모든 사람이 재산권 축적에 대한 동등한 권리를 지닌다 해도 재산을 얻기 위한 현실적인 능력에 있어서 그들은 불평등할 수밖에 없는 것이다.

따라서 자유시장경제체제 내에서 경쟁의 공정한 옹호자라면 소득·재산·권력의 재분배 원리를 통해서 자유시장의 교환규칙을 보완해야 한다. 이는 자유에 대한 소극적 권리 이상으로 적극적 권리가 요구됨을 의미하며 야경국가(夜警國家)를 대신해서 복지국가(福祉國家)의 출현이 정당함을 의미한다. 사람들이 자신의 정당한 소유권을 가지고 있을지라도 그러한 권리가 절대적이라는 결론은 나오지 않으며, 최소한의 인간다운 생활조건에 대한 적극적인 관리도 갖는다고 생각되기 때문이다.

롤스의 공정(公正)으로서의 정의

합리적인 인간들이 과연 로크가 제안한 방식의 계약조건에 합의할지는 의심스럽다. 로크는 계약 당사자들이 자연상태에서 비롯된 경제적 불평등에도 불구하고 계약을 통해서 시민사회를(즉, 국가) 형성할 것이라고 가정하고 있다. 이러한 점에서 로크가 주장하는 국가는 기존에 자연상태에서 개인이 가지고 있는 자유와 권리를 최소한도로 제한 즉, 국가에 위임(委任)하는 '소극적 존재'로 상정하였음을 알 수 있다.

그러나 이러한 가정은 정당화되기 어렵다고 본다. 그리고 자연상태에서 혜택을 받지 못한 사람들이 과연 계약에 합의할 것인지에 대해서 합리적인 근거를 제시하는 것도 어렵다. 따라서 국가가 갖는 기본적 기능에 대한 로크의 이론, 즉 국가는 시민의 자연권(自然權: 생명, 자유, 재산)을 보호하는 것이어야 한다는 입장에 동의한다고 해도 국가가 소극적으로 개입해야 한다는 결론에는 이견(異見)이 나올 수 밖에 없다.

특히, 오늘날과 같이 사회경제적으로 양극화된 우리사회에서 사회적 약자를 보호하기 위해서는 국가의 적극적인 개입이 이루어져야 한다는 것은 설득력을 얻고 있다. 바로 이러한 지점에서 롤스(J. Rawls, 1921~2002)의 「정의론(正義論, A Theory of Justice, 1971)」이 출발한다고 볼 수 있다.

롤스는 "하나의 주장이 보편성을 갖기 위해서는 특정한 어떤 것을 '옳다'(善)라는 식의 가치관에 근거를 두고 접근해서는 안되는데, 로크의 계약론은 이러한 법칙론적 요구를 무시하고 있다"라고 비판하였다.

생각건대, 인간의 가치관은 다양하며, 따라서 지배적인 하나의 목적이란 있을 수 없다. 롤스는 "가치관을 선택하는 자유는 그러한 가치관에 선행적인 제약을 가하지 않는 이론에서 연역된 원칙에 의해서만 제한된다"는 것이다. 그런데, 로크는 인간이 사회와 국가에 속하고자 하는 가장 크고 주된 목적은 자신의 재산권을 보장하기 위한 것이라 하고, 그러한 목적이 자연상태에 의해 주어진 것임을 계약의 전제로 받아들이고 있다는 점이다.

따라서 롤스는 그동안 제시된 사회계약론적 접근방식은 합당한 정의(正義)를 도출할 수 있는 순수절차를 거친 형태가 아니었다고 보았다. 왜냐하면, 그러한 주장 이면에 불순한 역사적·정치적·사회적 침전물이 내재 되어있기 때문이며, 따라서 보편적이고, 공정(公正: 어느 한쪽으로 치우침 없이 공평하고 올바름)한 과정을 거쳐 절차의 순수화가 요구되어야 할 것을 강조하고 있다.[64] 이를 위해 롤스가 제시하는 정의의 두 가지 원칙은 다음과 같다.[65]

① 제1의 원칙: 모든 사람은 동등한 기본적 자유를 최대한 누려야 한다(평등한 자유의 원칙).

② 제2의 원칙: 사회적 불평등은 두 가지 전제 조건 아래에서 인정될 수 있다. 첫째, 가장 불리한 처지에 있는 사람들에게 이익이 돌아가도록 해야 한다(차등의 원칙). 둘째, 사회적 지위에 접근할 기회가 평등하게 부여되어야 한다(기회균등의 원칙).

3. 국가이념상의 경찰이념

근·현대 자유민주주의 국가는 입헌주의원리(立憲主義原理)에 따라 국가가 나아갈 방향을 제시해 주고 있다.[66] 물론, 헌법에 국가기능 또는 기본원리가 구체적으로 명시된 것은 아니지만 첫째, 모든 법령의 해석의 척도가 되고, 둘째, 입법과 정책입안의 방향 제기가 되며, 셋째, 공직자와 모든 국민의 행동지침이 된다는 점이다. 이를 경찰이념의 관점에서 본다면, 경찰 관계 법령의 척도가 되고, 경찰정책의 기준이 되며, 경찰공무원의 행동지침이 된다는 것을 의미한다.

이러한 헌법의 기본원리와 관련하여 논자에 따라 약간의 차이는 있지만, 민주주의, 사회복지주의, 문화국가주의, 국제적 평화주의, 법치주의 등이 제시되고 있다. 그리고 이러한 기본원리들이 명확히 구분되는 것은 아니며, 상호 유사한 맥락으로 해석될 수도 있다. 이러한 헌법의 기본원리를 토대로 경찰이념에 적용할 수 있는 국가이념으로서 ㉠ 민주주의, ㉡ 복지주의, ㉢ 법치주의를 중심으로 살펴보기로 한다.[67]

64) J. Rawls (1971), A Theory of Justice, Cambridge, Harvard University Press, p. 253.; 황경식(1991), 사회정의의 철학적 기초, 서울: 문학과 지성사, pp. 193-194 재인용.

65) 다음백과(https://100.daum.net/).

66) 입헌주의(立憲主義)라는 것은 국민의 자유와 권리가 국가권력으로부터 침해당하지 않도록 보호하기 위하여 통치관계를 헌법(憲法)에 규정하고, 국가가 국민에 대하여 행하는 권력작용을 헌법에 구속되도록 하는 '헌법에 의한 통치'의 원리를 말한다. 권영성(1991), 헌법학원론, 서울: 법문사, pp. 102-122.; 김철수(2006), 헌법학원리, 서울: 박영사, p. 3.

67) 권영성(1991), 앞의 책, pp. 102-122.

1) 민주주의

(1) 국민주권의 원리

국가이념과 관련하여 헌법(憲法)은 국가형태로서, 그리고 정치영역에 적용되는 기본 원칙으로 민주주의(民主主義)를 채택하고 있으며, 주권(主權)은 국민에게 있고, 따라서 모든 권력은 국민에게서 나온다는 것을 천명하고 있다(헌법 제1조).

여기에서 주권이라는 것은 국내에서 최고의 권력, 국외에 대하여 독립의 권력이며, 그 속성이 절대적이고 항구적인 권력을 의미한다. 이러한 주권개념은 통치권(統治權)의 개념과 혼동하기도 하지만 차이가 있다.

바꿔 말하면, 현대 민주국가에서 주권이라는 것은 국가의사를 전반적·최종적으로 결정할 수 있는 최고권력(즉, 헌법제정권력)을 의미한다. 반면, 통치권은 구체적인 국가목적을 수행하기 위한 현실적인 국가권력(입법권·집행권·사법권)을 총괄하는 것으로서, 주권에서 도출된, 그리고 주권이 위임한 권력을 총괄적으로 지칭하는 것이다.[68]

이러한 주권이론에서 핵심이 되는 것은 주권의 담당자, 즉 주권의 주체가 누구냐 또는 누구라야 하느냐 하는 문제이다. 이는 기본적으로 이념상의 문제이므로, 논자의 국가관(國家觀)에 따라 달라질 수 있다. 현대국가의 보편적인 이념은 민주주의이고, 민주주의는 국민에 의한 통치를 기본으로 하고 있다. 따라서 주권의 주체는 일반 국민임은 분명한 사실이다.

(2) 기본적 인권 보장

따라서 민주국가는 국민의 한 개체로서 개인의 자유와 권리의 보호를 본질로 하는 것이다.[69] 인간의 존엄성과 인격의 존중을 바탕으로 하는 '개인의 기본적 인권'(人權, individual rights)의 보장은 민주주의 내용 중에서도 가장 중요한 기본적인 요소라 할 수 있다.

이에 대해 헌법에서는 '모든 국민은 인간으로서의 존엄과 가치를 가지며, 행복을 추구할 권리를 가진다. 국가는 개인이 가지는 불가침의 기본적 인권을 확인하고 이를 보장할 의무를 진다'라고 규정하고 있다(제10조 이하 관련 규정). 또한 이를 바탕으로 경찰법에서는 '국가경찰은 그 직무를 수행할 때 헌법과 법률에 따라 국민의 자유와 권리

68) 민주국가에서 주권은 국민에게 귀속되고, 통치권은 최고국가기관으로서의 국민 또는 국민에 의하여 선출된 각급 국가기관에 의하여 행사된다. 주권은 단일불가분(單一不可分)·불가양(不可讓)의 권력인데 반하여, 통치권은 분할이 가능하다.

69) Patricia D. Netzley(2000), Issues In Crime, San Diego, Lucent Books, p. 9.

를 존중하고, 국민 전체에 대한 봉사자로서 공정·중립을 지켜야 하며, 부여된 권한을 남용하여서는 아니 된다'고 규정하고 있다(제4조).

그런데, 헌법에서는 특히, 경찰과 검찰 등 형사사법기관에 의한 형사절차상의 국민의 기본적 인권의 침해 여지를 우려하여 이에 대한 적지 않은 규정을 두고 있다. 바꿔 말하면, 국민의 기본적 인권의 침해 가능성은 형사절차에서 가장 많이 내재해 있다는 의미이다.

헌법에서 명시하고 있는 형사절차상의 인권보호 규정

- 제12조 ① 모든 국민은 신체의 자유를 가진다. 누구든지 법률에 의하지 아니하고는 체포·구속·압수·수색 또는 심문을 받지 아니하며, 법률과 적법한 절차에 의하지 아니하고는 처벌·보안처분 또는 강제노역을 받지 아니한다.
  ② 모든 국민은 고문을 받지 아니하며, 형사상 자기에게 불리한 진술을 강요당하지 아니한다.
  ③ 체포·구속·압수 또는 수색을 할 때에는 적법한 절차에 따라 검사의 신청에 의하여 법관이 발부한 영장을 제시하여야 한다. 다만, 현행범인인 경우와 장기 3년 이상의 형에 해당하는 죄를 범하고 도피 또는 증거인멸의 염려가 있을 때에는 사후에 영장을 청구할 수 있다.
  ④ 누구든지 체포 또는 구속을 당한 때에는 즉시 변호인의 조력을 받을 권리를 가진다. 다만, 형사피고인이 스스로 변호인을 구할 수 없을 때에는 법률이 정하는 바에 의하여 국가가 변호인을 붙인다.
  ⑤ 누구든지 체포 또는 구속의 이유와 변호인의 조력을 받을 권리가 있음을 고지받지 아니하고는 체포 또는 구속을 당하지 아니한다. 체포 또는 구속을 당한 자의 가족 등 법률이 정하는 자에게는 그 이유와 일시·장소가 지체 없이 통지되어야 한다.
  ⑥ 누구든지 체포 또는 구속을 당한 때에는 적부의 심사를 법원에 청구할 권리를 가진다.
  ⑦ 피고인의 자백이 고문·폭행·협박·구속의 부당한 장기화 또는 기망 기타의 방법에 의하여 자의로 진술된 것이 아니라고 인정될 때 또는 정식재판에 있어서 피고인의 자백이 그에게 불리한 유일한 증거일 때에는 이를 유죄의 증거로 삼거나 이를 이유로 처벌할 수 없다.
- 제13조 ① 모든 국민은 행위시의 법률에 의하여 범죄를 구성하지 아니하는 행위로 소추되지 아니하며, 동일한 범죄에 대하여 거듭 처벌받지 아니한다. ② 생략.
  ③ 모든 국민은 자기의 행위가 아닌 친족의 행위로 인하여 불이익한 처우를 받지 아니한다.
- 제16조 모든 국민은 주거의 자유를 침해받지 아니한다. 주거에 대한 압수나 수색을 할 때에는 검사의 신청에 의하여 법관이 발부한 영장을 제시하여야 한다.

- 제17조 모든 국민은 사생활의 비밀과 자유를 침해받지 아니한다.
- 제18조 모든 국민은 통신의 비밀을 침해받지 아니한다.
- 제27조 ① 모든 국민은 헌법과 법률이 정한 법관에 의하여 법률에 의한 재판을 받을 권리를 가진다. ② 생략.

  ③ 모든 국민은 신속한 재판을 받을 권리를 가진다. 형사피고인은 상당한 이유가 없는 한 지체 없이 공개재판을 받을 권리를 가진다.

  ④ 형사피고인은 유죄의 판결이 확정될 때까지는 무죄로 추정된다.

  ⑤ 형사피해자는 법률이 정하는 바에 의하여 당해 사건의 재판절차에서 진술할 수 있다.
- 제28조 형사피의자 또는 형사피고인으로서 구금되었던 자가 법률이 정하는 불기소처분을 받거나 무죄판결을 받은 때에는 법률이 정하는 바에 의하여 국가에 정당한 보상을 청구할 수 있다.
- 제30조 타인의 범죄행위로 인하여 생명·신체에 대한 피해를 받은 국민은 법률이 정하는 바에 의하여 국가로부터 구조를 받을 수 있다.

(3) 권력분립의 원리

민주주의에서 권력분립(權力分立)은 중요한 의미가 있다. "권력은 부패되기 쉽다. 절대권력은 절대적으로 부패한다"(power tends to corrupt, absolute power corrupts absolutely)는 액톤 경(Lord Acton)의 말은 국가권력의 성향 또는 위험성을 단적으로 보여 준다.[70)]

민주국가는 사회의 구성원인 '국민의, 국민에 의한, 국민을 위한'(of the people, by the people, for the people) 정치가 이루어져야 한다. 따라서 국가권력이 특정집단 또는 개인에 집중되어서는 진정한 의미의 민주국가를 실현하기는 불가능한 일이다.

이러한 권력분립의 원리에 따라 국가의 통치기능을 입법·행정·사법으로 3분하고, 이들 기능을 각기 분리·독립된 입법부·행정부·사법부에 귀속시킴으로써 기관 상호간의 견제와 균형을 유지하고 있다. 이와 같은 권력분립의 원리는 민주국가에서 국민의 자유를 확보하기 위하여 요청되는 통치구조의 기본원리라 할 수 있다. 권력분립의 본질은 권력의 분할, 권력상호간의 견제와 균형, 권력의 통제에 있다고 할 수 있다.

이러한 권력분립의 원리가 경찰에도 적용됨은 물론이다. 근대프랑스에서 경찰을 행정경찰과 사법경찰로 구분한 것도 바로 이러한 권력분립 사상이 이면에 깔려 있음은 주지의 사실이다.

경찰조직 및 작용 등에 관한 법은 입법부인 국회에서 만들어지고, 실질적인 조직체

70) 이극찬(1994), 정치학, 서울: 법문사, p. 261.

계 및 경찰권 행사는 행정부에서 이루어진다. 아울러 경찰권 행사의 적합성 및 적법성 문제가 제기되는 때에는 사법부의 통제를 받도록 하고 있다.[71] 이러한 점에서 경찰은 행정부에 속해 있으면서도 입법부와 사법부의 견제와 조정을 받지 않을 수 없는 상황에 놓여 있는 것이다.

한편, 권력의 견제와 균형의 원리는 경찰인사과정에서도 나타난다. 예컨대, 지난 2003년 12월에 경찰법을 개정하여 경찰청장 임명과정에 '국회의 인사청문'을 받도록 한 것이다.[72] 그리고 경찰청장이 그 직무집행에 있어서 헌법이나 법률을 위배한 때에는 국회는 탄핵의 소추를 의결할 수 있도록 하고 있다(현행 경찰법 제14조 제2항, 제5항 참조).

2) 복지주의

(1) 국가의 적극적 기능 강조

근대 자유민주주의 국가에서 입헌주의는 개인의 자유와 권리를 보장하기 위하여 개인의 자유롭고 자율적인 활동을 보장하고, 국가는 최소한의 안전과 질서유지에 국한하여 활동하는 '소극적 국가'(消極的 國家)의 원리를 기초로 하고 있었다.

그러나 오늘날에 이르러 국가는 확대·강화되어 단순히 질서유지의 기능뿐만 아니라 국민의 실질적인 권리향상을 위한 '적극적 국가'(積極的 國家)의 기능이 강조되고 있다. 적극적인 국가는 바로 '복지국가'(福祉國家)를 의미하는 것이다. 복지국가라는 것은 모든 국민에게 생활의 기본적 요건을 충족시켜 줌으로써 건강하고 문화적인 생활을 유지

71) 민주주의 가치를 실현하기 위해서는 사법권의 독립 또는 법원의 독립은 중요한 의미가 있다. 이는 사법권을 행사하는 법관이 구체적인 사건을 재판하는데 입법권과 행정권 등으로부터 절대적으로 독립하여, 누구의 지시나 명령에도 구속되지 아니하는 원칙을 말하는 것이다. 사법권의 독립은 자의적인 국가공권력으로부터 국민의 기본적 인권을 보호하는 최후수단인 것이다.

72) 인사청문회(人事聽聞會)는 대통령이 행정부의 고위공직자를 임명할 때 국회의 검증절차를 거치게 함으로써 국회가 대통령을 견제하는 장치다. 인사청문회에서는 공직에 지명된 사람이 자신이 맡을 공직을 수행해 나가는데 적합한 업무능력이나 인간적 자질이 있는지 없는지를 검증한다. 이와 관련하여 2003년 국가정보원장, 검찰총장, 국세청장, 경찰청장을 인사청문 대상에 포함하는 인사청문회법 개정안이 국회에서 통과되었다. 이에 따라 대통령은 이들을 임명하려면 반드시 국회의 인사청문 절차를 거치도록 하고 있다. 그러나 국회는 이들에 대해 청문회만 열 뿐 국무총리 후보와는 달리 임명동의안 표결은 하지 않는다. 헌법상 이들에 대한 임명은 대통령의 고유 권한이며, 국회가 관여할 수 있는 근거 규정이 없기 때문에 임명동의안 표결을 할 경우 위헌소지가 있기 때문이다. 또한 이들의 인사청문회는 '인사청문특별위원회'가 아닌 소관 상임위원회에서 실시하도록 하고 있다. 국정원장은 정보위, 검찰총장은 법사위, 국세청장은 재정경제위, 경찰청장은 행정자치위에서 한다. 그러나 경찰청장에 대한 인사청문회 자체가 어떠한 구속력을 갖지 않을지라도 이를 통한 경찰청장 후보자의 검증과정은 결과적으로 임명권자인 대통령에게 적지 않은 부담으로 작용할 것이며, 따라서 이의 실효성은 적지 않다고 본다.

할 수 있도록 하는 것이 정부의 책임인 동시에, 그것이 국민의 권리로서 인정된 국가를 말한다.[73)]

20세기에 들어오면서, 사회적 생산의 분배를 둘러싼 노사 간의 갈등과 대립이 심화되고, 노동자집단의 생존을 위협하는 사회적 빈곤이 일반화되자, 빈곤의 구제와 부의 공정한 배분을 위하여 자본주의질서에 대한 수정을 의미하는 정부의 정책과 사회적 개혁이 불가피하게 되었다. 이에 따라 종래 시장경제의 자율 또는 자동조절기능에 대한 신뢰를 바탕으로 하는 경제적 자유방임주의에서 벗어나, 국민의 생존을 배려하기 위한 소득의 평준화와 적정한 배분을 목표로 하는 부의 재분배정책이라든가, 국가에 의한 투자계획화의 필요성을 주장하는 이론들이 등장하고 있다.

여기에서 말하는 복지주의(福祉主義)라는 것은 민주주의 입장에서 개인의 자유를 존중하고 법치국가의 방법으로 모든 국민의 복지를 실현하려는 국가적 원리를 말한다. 이와 같은 복지국가의 실현을 위해서는 인간다운 생활권(생존권)을 비롯한 일련의 사회적 기본권의 보장, 재산권의 사회적 기능의 강조, 기회균등의 보장과 적정한 소득의 배분 등 경제민주화, 사회보장제·사회복지정책의 추진, 경제질서에 대한 규제와 조정 등이 요구된다.

(2) 경찰의 정의구현과 적극적 활동 요구

경찰활동에 있어서도 복지주의 이념이 적용되고 있다. 피상적으로는 민주주의 또는 자본주의가 발전함에 따라 개인의 자유와 권리가 확대되고 실현되는 것처럼 보이지만 그 이면에는 계층간의 '양극화'(兩極化)가 심화되고, 이러한 과정에서 정치·경제·사회적 권력집단이 자신들의 기득권 유지를 위해 법치질서를 위반하는 일들을 적지 않게 자행하고 있다. 이러한 과정에서 경찰은 사회적 약자의 입장에서 '정의'(Justice)를 실현하는 역할을 할 수 있어야 할 것이다.

한편, 오늘날 경찰의 역할은 단순히 법집행과 질서유지에 국한되지 않고 시민에 대한 봉사자로서 기능할 것을 요구하고 있다. 1년 365일 1일 24시간 범죄 및 무질서 등을 포함하여 수많은 위험에 처한 국민이 의지할 수 있는 최후수단은 경찰이기 때문이다. 그리고 법집행에서 경찰의 적극적인 개입(예: 학원폭력, 성범죄, 가정폭력사건, 실종사

73) 현행 헌법에서 "모든 국민은 인간으로서의 존엄과 가치를 가지며, 행복을 추구할 권리를 가진다."(제10조)라고 하여, 모든 국민이 인격의 주체로서 존중되고, 행복을 누릴 권리를 갖는다는 것을 선언하고 있다. 또 복지국가의 요청에 따라, 국가의 적극적 목적으로 공공복리(公共福利)를 규정하고 있다(제37조). 뿐만 아니라 제31조~제36조는 일련의 사회적 기본권을 규정하고 있다.

건 등)을 요구하는 경우가 점차 늘고 있다.

전반적으로 볼 때, 오늘날 국가나 국민이 경찰에게 기대하는 수준은 점차 증가하고 있음을 알 수 있다. 이러한 상황에서 경찰은 과거의 소극적 질서유지 차원에서 접근하는 것은 한계가 있다. 치안환경이 급변하기 때문에 어떠한 범죄와 무질서 문제는 걷잡을 수 없는 상황으로 전개될 가능성이 높은데, 그에 대해 경찰이 소극적으로 개입하다 보면, 소기의 성과를 거두기가 어렵기 때문이다.

경찰의 역할과 관련하여 도드(D. Dodd)는 3단계로 나누어 설명하고 있다. ㉠ 평화를 만드는 단계(peace making), ㉡ 평화를 유지하는 단계(peace keeping), ㉢ 평화를 건설하는 단계(peace building)가 바로 그것이다.[74] 평화를 만드는 단계는 무질서한 상태에서 질서 있는 상태를 만드는 단계 즉, 국가형성 초기라 할 수 있다. 평화를 유지하는 단계는 국가체제가 정비되고 그에 따라 일정한 질서 있는 상태를 유지하는 단계라고 할 수 있다. 끝으로 평화를 건설하는 단계는 질서 있는 상태의 유지에서 더 나아가 성숙한 시민의식을 바탕으로 국가를 한 단계 발전시켜 진정으로 사회구성원들이 공동으로 협력과 화합을 이룩하는 단계라 할 수 있다. 이는 앞에서 언급한 경찰국가(警察國家), 법치국가(法治國家), 복지국가(福祉國家)의 다른 표현이다.

3) 법치주의

(1) 법치주의의 의미

근대국가 이후 국가는 통치원리의 하나로서 '인(人)의 지배'나 '폭력(暴力)의 지배'가 아닌 '법(法)의 지배'(rule of law)를 기본원리로 하고 있다. 법치주의(法治主義)에서 말하는 법의 지배는 '국가가 국민의 자유와 권리를 제한하든가, 국민에게 새로운 의무를 부과하려 할 때에는 국민의 의사를 대표하는 국회가 제정한 법률에 의하거나 법률에 근거가 있어야 한다. 또 법률은 국민만이 아니고 경찰과 같은 국가권력의 담당자도 규율한다는 원리'를 말한다.[75]

법치주의가 '법에 의한 통치' 또는 '법에 의한 지배'를 의미한다고 할 때, 그 법은 두

---

74) David Dodd(1996.12), "Clarity of Purpose in Policing," Law and Order, pp. 45-48.; 최선우(2010), 경찰과 커뮤니티, 서울: 대왕사, p. 254 재인용.

75) 이것은 국가권력에 대하여 국민의 자유와 권리를 보장하려는 이념으로 하는 것으로서, 이와 같은 합리적 지배의 원리를 실현하기 위해서는 먼저 법의 제정이 의회(議會)에서 이루어져야 한다는 것을 전제로 한다. 그리고 경찰과 같은 국가행정(國家行政)은 소정의 법에 근거하여 집행되어야 하며, 더 나아가 법은 독립된 법원(法院)에 의하여 그 법에 따라 적용되어야 한다는 것을 의미한다. 말하자면, 권력분립주의가 법치주의의 기초를 이루고 있으며, 국민의 기본권을 보장하기 위한 자유민주주의적 원리가 법치주의의 내용을 이루고 있는 것이다. 김철수(2006), 헌법학원론, 서울: 박영사, p. 191.

가지 기능 즉, ㉠ 적극적으로는 국가권력 행사의 근거로서 기능을 수행하고, ㉡ 소극적으로는 국가권력을 제한하고 통제하는 기능을 수행한다.

법이 국가권력 행사의 근거로서 기능한다는 의미에서의 법치주의는 전제군주국가나 전체주의국가를 포함한 모든 국가에서 볼 수 있다. 그러나 법이 국가권력을 제한하고 통제한다는 의미에서의 법치주의는 자유주의국가에서만 볼 수 있다. 이러한 점에서 자유민주국가의 법치주의는 후자의 의미에 보다 비중을 두고 있음을 알 수 있다.

(2) 형식적 법치주의와 실질적 법치주의

그런데, 이러한 법치주의 내용에 있어서 '형식적 법치주의'(形式的 法治主義)는 고려할 필요가 있다. 형식적 법치주의는 '행정과 재판이 의회가 제정한 법률에 적합하도록 행하여질 것을 요청할 뿐, 그 법률의 목적이나 내용을 문제로 삼지 않는 것'의 의미하는 것이다. 쉽게 말하면 형식적 법치주의 논리에서는 '악법(惡法)도 법'이 되는 셈이다.

따라서 이러한 형식적 법치주의 논리 아래에서는 법률을 개인의 권리보호를 위한 수단이 아니라 억압의 수단으로 악용되기도 하였다. 이 경우 법치주의는 '법의 지배'가 아닌 법률을 도구로 이용한 '합법적 지배'를 의미할 뿐이다.

따라서 오늘날에는 형식적 법치주의뿐만 아니라, 법률의 목적과 내용도 정의에 합치하는 정당한 것이 아니면 안 된다고 하는 '실질적 법치주의'(實質的 法治主義)가 요청되고 있다. 실질적 법치주의라는 것은 '법적 안정성'의 유지와 더불어 '인간의 존엄성 존중'이라든가 '실질적 평등'과 같은 정의의 실현을 내용으로 하는, 그러한 법에 의한 통치의 원리를 말한다.

요약건대, 형식적 법치주의가 통치의 합법성(合法性)을 그 특징으로 하는 것이라면, 실질적 법치주의는 정당성(正當性)을 그 특징으로 하는 것이다.

(3) 법치주의의 구현

법치주의의 구현을 위해서는 기본적으로 성문헌법주의(成文憲法主義)가 요구된다. 그리고 이러한 헌법에 따른 기본권보장의 선언과 적법절차의 보장, 권력분립의 확립, 위헌법률심사제의 채택, 집행부에 대한 포괄적 위임입법의 금지,[76] 행정의 합법률성과 사법적 통제,[77] 국가권력행사에 대한 예측가능성의 보장 등이 규정되어 있어야 할 것이다.

---

76) 현대국가의 행정국가화(行政國家化) 경향에 따라 행정부 광범위한 행정입법권을 부여하고 있지만, 그러나 그것은 "법률에서 구체적으로 범위를 정하여 위임받은 사항"에 관해서만 명령을 발하게 하는 것일 뿐, 법치주의의 원칙에 반하는 포괄적 위임입법은 금지하고 있다.

77) 헌법은 "명령·규칙 또는 처분이 헌법이나 법률에 위반되는 여부가 재판의 전제가 된 경우에는 대법원은 이를

경찰업무는 국민에게 명령·강제하는 권력작용을 본질로 하기 때문에 많은 경우, 국민의 자유와 권리를 침해할 여지(특히, 형사절차 등)가 많은 것이 사실이다. 따라서 헌법에서는 "국민의 모든 자유와 권리는 국가안전보장·질서유지 또는 공공복리를 위하여 필요한 경우에 한하여 '법률'로써 제한할 수 있으며, 제한하는 경우에도 자유와 권리의 본질적인 내용을 침해할 수 없다"(제37조 제2항)고 하고 있다. 이는 경찰활동에 있어서 법치주의의 내용과 한계를 규정한 것이라 할 수 있다.

마찬가지로 경찰법에서 "국가경찰은 그 직무를 수행할 때 헌법과 법률에 따라 국민의 자유와 권리를 존중하고, 국민 전체에 대한 봉사자로서 공정·중립을 지켜야 하며, 부여된 권한을 남용하여서는 아니 된다"고 규정하고 있다(제4조).

경찰은 그 업무의 특성상 많은 재량권(裁量權)을 행사하고 있다. 그러나 이러한 재량권이 인정될지라도 법치주의 범위 내에서 허용되며, 이를 일탈·남용해서는 안 된다. 그리고 특별히 중요한 법익(예: 생명·신체 등)이 직접적으로 위험에 처하거나, 중대한 피해 발생이 불가피한 경우에는 재량권이 '영'(零, zero)으로 수축된다. 경찰은 법률이 정한 절차에 따라 의무를 이행해야 함은 물론이다.

물론, 모든 경찰활동에 있어서 법치주의가 반드시 필요한 것은 아니다. 국민에게 의무를 부과하지 않는 활동과 수혜를 제공하는 활동은 법률의 근거규정 없이도 행할 수 있다고 본다.

(4) 법치주의의 제한

이상과 같이 헌법은 법치주의 또는 법치국가의 원리를 다양하게 채택하고 있지만, 국가가 위기나 비상사태의 경우에는 일정한 범위 안에서 법치주의가 제한적으로 적용될 수 있다.

헌법은 국가가 위기나 비상사태에 처한 경우, 대통령에게 긴급명령권과 긴급재정·경제명령권과 계엄선포권을 인정하고 있다(제76조, 제77조). 이와 같이 국가적 위기나 비상사태 아래에서는 대통령이 긴급명령, 긴급재정·경제명령이나 계엄선포를 할 수 있게 함으로써 일정한 범위 안에서 법치주의가 제한될 수 있다고 하고 있다.

그러나 비상사태 하에서의 법치주의 적용의 제한은 극히 한정된 경우에 국한되어야 하고, 그것도 헌법적 질서를 유지하기 위한 최소한의 범위에 그쳐야 한다는 점에서 일정한 한계가 없는 것은 아니다.

최종적으로 심사할 권한을 가진다"라고 하여(제107조 제2항), 독립적 지위를 가진 법원이 행정입법과 행정처분의 합헌성과 합법률성을 심사하게 함으로써 이를 통제하도록 하고 있다.

4. 경찰조직 운영상의 경찰이념

이상에서 국가이념상의 경찰이념(민주주의, 복지주의, 법치주의)을 살펴보았다. 아래에서는 경찰조직 운영상의 이념으로서 ㉠ 정치적 중립성, ㉡ 능률성, ㉢ 효과성, 그리고 ㉣ 형평성·공정성을 중심으로 살펴보기로 한다.

국가이념상의 경찰이념은 거시적 차원에서 논의되기 때문에 다소 추상적인 면이 강하며, 경찰조직 운영상의 이념은 이보다는 구체화 된 형태로 구현된다고 본다. 한편, 능률성, 효과성, 형평성·공정성을 '생산성'(生産性, productivity) 개념으로 설명하기도 한다.[78)]

1) 정치적 중립성

(1) 정치적 중립의 의의

경찰의 이념으로서 '정치적 중립성'(政治的 中立性)이라는 것은 경찰이 정치적 이해관계에 의해서 직무를 수행해서는 안 된다는 것을 의미한다. 이는 정권의 교체와 관계없이 경찰의 정치적 중립이 보장되고 이에 따라 경찰활동의 영속성·안정성이 지속되어야 한다는 것이다.

이에 대해 헌법은 "공무원은 국민전체에 대한 봉사자이며, 국민에 대하여 책임을 진다. 공무원의 신분과 '정치적 중립성'은 법률이 정하는 바에 의하여 보장된다"고 규정(제7조)하고 있다. 이에 따라 국가공무원법에서는 공무원의 정치적 행위를 금지하고 있다(제65조). 그리고 직접적으로는 경찰법 제4조(권한남용의 금지)에도 분명히 규정되어 있다(제4조).

(2) 경찰업무의 현실

그러나 이러한 경찰의 정치적 중립은 결코 쉬운 일이 아니다. 중앙집권적인 국가경찰체제를 유지하고 있는 경찰은 시민을 상대로 강력한 공권력을 행사할 수 있기 때문

78) 생산성(生産性) 개념은 원래 민간부문에서 제기된 것인데, 근래에 들어 경찰을 포함한 공공부문에서 이를 새롭게 개념 정의하여 접근방법을 모색하고 있다. 즉, 민간부분의 생산성은 서비스 생산과정에서 비용절감과 관련된 능률성(能率性)으로 정의되는 반면, 경찰활동에서의 생산성은 능률성뿐만 아니라 서비스의 결과나 질을 중시하는 효과성(效果性)을 동시에 의미하는 것으로 보고 있다. 종래에 능률성과 효과성을 모두 포함하는 용어로 효율성(效率性)을 사용하였다. 따라서 생산성 개념은 효율성과 같은 의미로 사용되기도 한다. 그리고 이에 더하여 공공서비스 전달의 형평성(衡平性)·공정성(公正性)을 생산성 개념에 포함하기도 한다. Jeffrey L. Brudney & David R. Morgan(1988), "Local Government Productivity: Efficiency and Equity, in Rita Mae Kelly(ed.), Promoting Productivity in the Public Sector: Problems, Strategies and Prospects, N.Y.: St. Martin's Press, pp. 163-164.; 최선우(2010), 앞의 책, pp. 269-275.

에 과거부터 정권유지 및 재창출의 수단으로 악용되어 왔던 것이 사실이다.

예컨대, 자유당 시절(1960년 3월 15일) 경찰은 부정선거에 개입하고 권위주의 하의 독재정권의 연장을 위한 도구로 사용되어 국민으로부터 신뢰를 잃고 경찰의 정치적 중립성에 대한 심각한 비판이 제기된 바 있다.[79] 이러한 문제는 현재에도 끊임없이 계속되고 있다. 지난 2012년 대통령선거 과정에서 국가정보원의 부정선거 개입 및 그에 대한 경찰수뇌부의 수사조작(사건축소·증거인멸 등) 혐의가 제기된 바 있고, 이에 대해 일반시민은 물론이고 일선경찰 및 퇴직경찰들도 비난의 목소리가 제기되기도 하였다. 또 2020년 이후 코로나19라는 국가비상사태 속에서 보수단체와 진보단체가 주도하는 집회시위에 대한 경찰의 정치편향적 태도 역시 많은 비난을 받은 것도 사실이다.

(3) 경찰의 정치적 중립의 한계

경찰의 정치적 중립성에도 불구하고 완전히 정치와 독립되고 분리될 수는 없다고 본다. 경찰은 근본적으로 정치와 밀접하게 연계되어 있기 때문이다. 정치(입법과정)를 통해서 경찰의 활동범위가 설정되며, 경찰을 통해서 정치적 가치(민주주의·복지주의·법치주의 등)가 실현되기 때문이다.[80] 또 경찰인사관리 과정에서도 고위직 경찰의 임용은 엽관주의·정실주의 등 정치적 이해관계를 바탕으로 하고 있기 때문이다.

이러한 현실에도 불구하고 경찰의 정치적 중립성 요구는 경찰이 정치적 권력구축과정에 개입하거나 정치로부터 부당한 영향력을 받는 것을 금기시하는 것이다.[81] 이는 역설적으로 경찰이 과거와 현재에 이르기까지 경찰이 정치적 중립성을 확보한다는 것은 결코 쉬운 일이 아니라는 것을 반증하는 것이라고도 할 수 있다.

2) 능률성

능률성(能率性, efficiency)은 경찰활동에 대해 투입된 비용의 정도를 말하는 것으로, 치안서비스의 제공 주체인 경찰이 무엇을 수행하였는가 하는 것보다는 얼마나 비용을 절감하였는가에 중점을 둔다. 즉, 능률성은 특정한 산출목표를 달성하기 위하여 얼마만큼의 시간과 비용이 투자되어야 하는가의 문제가 주요 관심사항이 된다.[82] 따라

79) 김충남(2008), 경찰학개론, 서울: 박영사, p. 34.
80) 백완기(1999), 행정학, 서울: 박영사, pp. 53-54.; 김상호 외 8인(2004), 앞의 책, p. 14 재인용.
81) 경찰은 권력을 유지하는 대표적인 권력장치(apparatus)로서 독재정치체제에서는 비밀경찰 등과 같은 기관을 통해 권력유지의 핵심적 장치로서 역할을 하는 반면, 자유민주주의 국가들에서도 정치체제의 유지를 위한 정보수집 등의 기능을 수행해야 한다는 현실을 고려할 때, 기능적 연계성이 부정적인 방향으로 변질될 가능성은 언제나 존재함을 기억해야 할 것이다. 신정현(1998), 정치학, 서울: 법문사, p. 343.
82) Charles R. Swanson et al.(1998), Police Administration, New Jersey: Prentice Hall, p. 599.

서 경찰이 능률적이기 위해서는 조직은 산출목표를 시간과 비용의 감소를 통해 달성하거나, 같은 비용으로 더 큰 산출효과를 얻어야 한다는 결론이 나온다.

능률성과 관련하여 린드(Lind)와 립스키(Lipsky)는 경찰활동의 산출 및 측정을 네 가지 유형으로 제시하고 있다.[83] ㉠ 경찰 1인당 지출예산액, ㉡ 검거율과 출동시간(response time)과 같은 중간생산물의 범위, ㉢ 실제범죄율이나 희생률 등의 최종산출물, ㉣ 생산된 이익(편익)의 금전 가치가 바로 그것이다.

한편, 경찰활동의 산출(output)을 결정짓는 과정에는 경찰관의 선발과 교육훈련·조직 설계·관리 행태·리더십·커뮤니티의 기대 등이 포함된다. 경찰관리자는 경찰활동의 결과(outcomes)보다는 산출(output)에 영향력을 행사하고 있다.[84] 이러한 경찰활동의 능률성은 개인용 컴퓨터의 보급을 통한 전산화, 보고서의 수를 줄이는 방법, 내구연한이 긴 장비를 구입하는 방법, 지휘체계를 재구성하는 방법, 계급의 수를 줄이는 방법, 낮은 보수의 시민을 고용하여 고임금의 경찰인력과 대치하는 방법 등을 통해 어느 정도 이루어질 수 있다.

경찰조직이 능률적이기 위해서는 이러한 미시적이고 기술적인 개혁보다는 거시적이고 혁신적인 개혁이 함께 이루어져야 한다. 이는 ㉠ 전문가적 관리기법의 발전, ㉡ 기획과 조사연구의 개선, ㉢ 지휘의 분권화 등의 방법으로 논의될 수 있다. 한편, 능률성과 관련하여 불필요한 감독계층에 의한 명령체계를 간소화시키는 방법도 또한 중요하게 인식되고 있다.[85] 이밖에도 비용절감을 통한 경찰활동의 능률성 향상방안으로서 민간부문의 활용, 경찰직무와 직접 관련 없는 부수적 업무의 제거, 경찰서비스에 대한 요금징수 등을 들 수 있다.

3) 효과성

효과성(效果性, effectiveness)은 경찰이 제공하는 치안서비스의 영향 및 질(quality)과 관련된 것이다. 효과성은 경찰활동이 국민 또는 특정 개인에게 전달되었을 때, 그에

83) 여기에서 경찰 1인당 지출예산액(per capita expenditure)은 그 자체만으로 보면 경찰활동의 비용의 크기 즉, 효과나 비용, 그리고 경찰서비스의 조건에서 규모의 경제(economics of scale)가 어떤 것인가를 제시해 준다고 볼 수 있다. 따라서 능률성을 측정하는 통계적 기준으로서 범죄율, 검거율, 유죄율, 출동시간 등이 많이 이용되어 왔다. 그러나 편익의 금전가액으로 산출물을 평가할 때에는 많은 어려움이 있기 때문에, 경찰서비스 생산함수와 활동성과를 연구할 때는 중간생산물로서 범인 검거율(arrest rates)을 많이 사용하게 된다. 이상안(1999), 범죄경제학, 서울: 박영사, p. 400 재인용.

84) Roy R. Roberg & Jack Kuykendall(1997), Police Management, L.A.: Roxbury Publishing Company, p. 10.

85) Ibid., pp. 84-91.

대한 긍정적(positive)인 결과뿐만 아니라 부정적(negative)인 결과까지도 평가대상으로 삼게 된다.[86] 이러한 효과성은 더 나아가 거시적으로는 공공의 안녕과 질서유지 정도가 여기에 해당하며, 단순한 범죄의 감소도 효과성에 영향을 미친다고 볼 수 있다.

따라서 효과성 차원에서 볼 때, 기본적으로 모든 경찰활동의 결과는 국민의 태도(예: 범죄에 대한 안전도 내지 두려움 정도, 시민의 경찰에 대한 평가 등)와 행위(예: 범죄행위에 대한 적극적인 시민협력 정도 등)와 관련되어 있다.

4) 형평성·공평성

형평성(衡平性, equity)·공정성(公正性, rectitude)은 일종의 배분적 정의로써 공공서비스의 혜택을 모든 사회구성원이 균등하게 받는 것을 의미한다. 경찰활동의 형평성·공정성 문제는 효과성 및 능률성과는 또 다른 관점으로서 아마도 시민들에게 가장 민감한 이슈로 제기될 수 있다.

이는 경찰이 법에 따라 시민을 얼마나 공평하고 도덕적으로 대하고 있는가를 묻는 문제로서, 범죄예방이나 비용절감을 통한 효과성 또는 능률성과는 별개의 개념으로 작용하는 것이다. 또한 형평성은 사회계층·성·지역 등에 따른 집단 간의 차별적 이익의 제공에 관한 문제로서 주로 사회적 형평의 문제를 의미한다고 볼 수 있다. 특히 경찰서비스의 배분에 관한 연구에 있어서 가장 핵심적인 내용은 커뮤니티(Community) 내에서 경찰서비스가 공평하게 배분되고 있는가를 규명하는 문제라 할 수 있다.

따라서 각국 각 지역의 경찰은 형평성·공정성의 달성을 자체적으로 다양한 프로그램들을 개발하고 있다.[87] 즉, ㉠ 국민의 불평 해소절차와 조사의 실행을 위한 새로운 내부규정의 수립, ㉡ 잘못된 경찰관의 행위에 대한 조사를 위한 부서 설치, ㉢ 신규채용의 다원화, ㉣ 문화적 다양성 및 특성에 대한 훈련, ㉤ 주민과의 갈등을 해결하기 위한 비폭력적 방법의 사용에 대한 훈련, ㉥ 경찰의 불공정한 태도에 대한 시민의 자료제출 유도, ㉦ 무기사용 등과 같은 논란의 여지가 있는 다양한 경찰활동 유형에 대한 집행방법상의 매뉴얼 제작, ㉧ 무기를 사용한 범죄자나 상습범죄자들의 불법행위를 정확히 확보할 수 있도록 관련 부서의 재조직화 등으로 구체화되고 있다.

그런데, 결과적으로 경찰활동의 효과성과 형평성은 어떤 면에서는 매우 밀접한 관계를 맺고 있다. 효과성이 서비스 수혜자인 시민 또는 특정고객의 관점에서 서비스의 영

86) Charles R. Swanson et al.(1998), op. cit., pp. 599-600.

87) D.H. Bayley(1994), Police for the Future, New York: Oxford University Press, p. 91.; 최선우(2010), 앞의 책, pp. 273-274.

향과 질을 평가하는 과정은 형평성에 대한 하나의 기준을 제시해 준다. 왜냐하면 서비스 수혜자인 특정 개인의 만족도가 모두 높게 나타난다면, 경찰활동의 형평성은 높게 나타날 가능성이 있을 것이다. 반대로 서비스 수혜자의 일부가 서비스에 크게 불만을 나타내고 있다면, 이는 서비스가 효과적이지 못하였다는 것이며, 결과적으로 서비스가 형평성을 갖지 못했다는 것을 의미한다.

5. 경찰이념과 경찰윤리

1) 경찰윤리의 의의

이상에서 살펴본 바와 같이 경찰의 존재이유와 존재방식에 대한 물음은 경찰철학(警察哲學)에서 경찰이념(警察理念), 경찰이념에서 경찰윤리(警察倫理)가 도출되는 과정에서 구체화 된다. 경찰이념은 국가적·조직적 차원에서 경찰이 나아갈 방향을 제시하는 것이라면, 경찰윤리는 경찰관 개개인에게 요구하는 실천덕목이라고 할 수 있다.

여기에서 윤리(倫理, ethics)라는 것은 사람들이 마땅히 지켜야할 당위규범이라 할 수 있다. 따라서 경찰윤리라는 것은 '경찰관으로서 지켜야할 당위규범'인 것이다. 이는 경찰이라는 하나의 직업으로서 경찰관이 지켜야 할 '직업윤리'(職業倫理)를 의미하는 것이다. 이러한 점에서 윤리의 보편성과 특수성이 제기된다. 윤리의 보편적인 면은 '인간으로서 지켜야 할 도리'를 말하는 것이고, 특수적인 면은 '경찰공무원으로서 지켜야 할 도리'를 의미하는 것이다.[88] 다만, 윤리의 보편성과 특수성이 명확히 구분되는 것이 아니라 보편적인 것이 동시에 특수적임을 인식할 필요가 있다.

전술한 바와 같이 경찰이념간의 가치상충 있을 때에는 종국적으로 경찰관 개인의 윤리의 문제 즉, 법의 테두리 내에서 양심에 따른 가치판단의 문제로 귀결된다고 본다. 더욱이 경찰관이 권한을 오남용하여 법치주의를 벗어나는 행태를 하는 경우에는 경찰관의 윤리문제는 중요한 사회문제로 대두된다.

이러한 경찰윤리는 크게 두 가지 관점에서 접근할 수 있다. 거시적인 접근방법으로서 사회환경 및 제도적·구조적 관점에서 처방과 평가를 하는 것이고, 다른 하나는 미시적 접근방법으로서 개인에 초점을 두어 이들의 행태에 대한 도덕적 평가와 지도를 하는 것이다.[89] 따라서 예컨대, 경찰에 대한 사회적 인식변화, 제도적 보완, 정책적 지

88) 따라서 국가공무원법, 경찰공무원법, 공직자윤리법 등에서는 경찰공무원이라는 특수한 신분을 고려하여 의무규정을 두고 있는데, 이는 경찰윤리와 밀접한 관련성을 갖고 있다. 이러한 경찰윤리 문제는 단순히 도덕적 비난의 차원을 넘어선 법적 책임(징계·형사·민사책임)을 수반하게 된다.

원, 사법(司法)적 태도 등은 거시적인 개선방안이라고 할 수 있다. 반면, 경찰에 대한 교육훈련, 엄격한 관리감독, 근무여건 및 복지수준의 향상 등은 미시적인 방안이라고 할 수 있다.

2) 경찰의 일탈행위: 부정부패

경찰윤리 문제로서 경찰의 일탈행위 즉, 부정부패는 후진국은 물론이고 미국, 일본, 프랑스, 독일 등 선진국가에서도 직면하고 있는 문제이다. 이러한 현상은 사회 변혁기에 더욱 빈번하게 발생하며, 정도의 차이는 있지만 거의 공통된 속성처럼 되어있어 그 원인과 유형 및 결과에서도 거의 유사한 양상을 보인다.[90)]

많은 관료조직 가운데 경찰조직은 관료사회의 복합적인 제반 문제들을 가장 많이 내포하고 있다. 경찰은 사회 일선에서 합법적으로 위임 받은 법을 집행하면서 여타 어떠한 공공기관들보다도 많은 재량권을 행사하면서, 국민의 삶에 직·간접적으로 영향을 미치고 있기 때문이다. 그동안 경찰의 민주화·선진화가 진전되면서 부정부패 문제는 적지 않게 감소하였지만, 여전히 사회문제로 인식되고 있는 것이 현실이다.

이러한 경찰의 부정부패로 인해서 법집행이 제대로 이루어지지 못하면 법은 한낱 종이 조각에 불과하게 된다. 최근과 같이 매스미디어가 발달한 상황에서 경찰비리 문제가 언론의 도마 위에 오르게 되면, 경찰의 권위는 땅에 떨어지고 이로 인해 나머지 전체 경찰의 근무 의욕에 악영향을 미치게 된다. 특히 경찰개혁을 부르짖는 경찰청장·지방경찰청장·경찰서장 등 경찰수뇌부에 의한 비리사건의 부정적 여파는 이루 말할 수 없다.

(1) 경찰 부정부패의 유형

경찰 부정부패의 형태는 매우 복잡·다양하여 설명하기가 쉽지 않다. 경찰 부정부패 형태를 개괄적으로 살펴보면, 조직 내적으로는 경찰관들은 보직의 결정·승진 등을 위하여 금품을 제공하기도 하고, 경리·회계부서에서 외부 용역계약이나 물품구매과정에서 대가를 받기도 하고 장부를 조작할 수도 있다. 또 전문성을 고려하지 않은 지역자문위원회를 구성하여 본래의 목적은 형식적으로 처리하고, 그보다는 그들에게 관할구역 내에서 일정한 편의를 제공해주고 그에 해당하는 대가를 받기도 한다.

조직 외적으로는 각 경찰기능(생활안전, 수사, 교통, 경비, 정보, 보안, 외사 등)이 현장에서 주어진 직무를 수행하는 과정에서 일반시민들을 상대로 부정부패를 저지르기

89) 경찰대학(1998), 경찰윤리론, pp. 2-3.
90) 부정방지대책위원회(1997), 경찰부조리 실태 및 방지대책, p. 5

도 한다.[91] 이러한 경찰 부정부패는 보는 관점에 따라 다양한 특징을 가지고 있다.[92]

① 권력형 부정부패

후진국 모형으로 분류되는 권력형 부정부패(權力型 不正腐敗)는 집권자 또는 집권여당의 정통성 결여, 권력에 대한 민주적 통제 또는 견제 수단이 없는 상황에서 정권유지를 위하여 고위관료 및 정치인들에 의해 저질러지는 부정한 행위로 나타난다.

이들 정치권력집단들은 경찰조직을 이용하여 그들의 권력유지에 장애가 되는 제반 요소들을 직·간접적으로 제거 또는 형태를 취한다. 더 나아가 경찰뿐만 아니라 대부분의 정부 사정기관(국가정보원, 검찰, 국세청 등)을 이용하고 있다. 권력형 부정부패는 대한민국의 헌정질서(憲政秩序)의 근간을 위협하는 문제이기 때문에 이에 대한 대책 마련은 매우 절실하다고 본다.

그런데, 이러한 권력형 부정부패는 집권세력 스스로가 '회개'하지 않는 한 그 실체를 파악하고, 책임을 묻는 것은 결코 쉬운 일이 아니다. 또 비록 반대세력이 집권했다 할지라도 자신들 역시 그러한 행태를 자행하고 있고, 또한 정치적 암묵 관계를 형성하고 있기 때문에 해결의 실마리를 찾기는 어려운 것이 현실이다.

따라서 과거 정부의 많은 반부정부패(反不正腐敗) 노력은 권력형 부정부패 사건들을 끝까지 추적하거나 공정하게 조사 및 처벌하는데 실패하였으며, 이로 인해 국민으로부터 많은 비난을 받아 왔다. 그리고 경찰 집권세력의 권력유지를 위해 제1차적으로 활동을 하기 때문에 국민으로부터 가장 많은 비난을 받는 것도 사실이다.

② 구조적 부정부패

구조적 부정부패(構造的 不正腐敗)의 특징 가운데 하나는 특정인에게 그 책임을 묻기 어렵다는 점이다. 그 이유는 부정부패의 원인이 특정한 개인에게 있다기

---

91) 바커(Thomas Barker)는 경찰 부정부패 유형으로 ① 권위에 의한 부패(경찰관이라는 이유만으로 이익을 얻는 행위, 예컨대, 공짜식사·술·성상납·향응 등), ② 리베이트(Rebate; 경찰관이 다양한 사건·사고와 관련하여 변호사, 병원, 견인회사, 구급차, 차량정비업소를 소개해주는 대가로 받는 재화·서비스를 받는 행위), ③ 사건 현장에서의 절도(살인·강도·화재 현장, 밀수품 압수과정, 풍속사범 단속시 압수과정 등에서의 절도행위 등), ④ 갈취(경찰관이 범죄행위 도중 적발된 범죄자들을 검거하지 않는 대가로 뇌물을 받는 행위), ⑤ 불법보호활동(경찰관이 유흥업소 등을 보호해 주는 대가로 뇌물을 받는 행위), ⑥ 기타 경찰관들의 비윤리적·위법한 행위. Thomas Barker(1966), Police Ethics: Crisis in Enforcement, Charles C. Thomas Publisher, pp. 26-36.; 조철옥(2010), 경찰학총론, 경기: 21세기사, pp. 148-150 재인용.

92) 이하 부정방지대책위원회(1997), 앞의 책, pp. 14-18 재구성.

보다는 경찰조직과 같은 국가 공공기관 전체 혹은 우리사회의 구조적 모순, 제도 또는 절차의 비현실성·불합리성에 있기 때문이다.

따라서 부정부패는 이미 형성되어 있는 조직구조에 만연되어 있어서 소수 개개인의 의사만으로는 변화를 모색하는 것에 한계가 있다. 이러한 부도덕한 조직구조 속에서 개인의 도덕적 결함은 부차적 문제이다. 결국, 부정부패에 연루된 당사자들의 부정부패 척결의지는 낮을 수 밖에 없다. 구조적 부정부패의 통제는 부정부패에 대한 책임이 공동체와 그 구성원 모두에게 있어서 전체사회의 구조적 개혁을 통해서만이 가능하다고 본다. 따라서 부패한 개인에 대한 도덕적 접근만으로 부정부패 문제를 해명하고자 하는 방법으로는 그 유용성이 극히 낮다고 할 수 있다.

③ 비공식적으로 제도화된 부정부패

경찰의 부정부패는 비공식적(非公式的)으로 제도화된 부정부패에 의해 관행적으로 일어나고 있다. 이러한 비공식적으로 제도화된 부정부패는 위에서 설명한 구조적 부정부패 하에서 불가피하게 나타난다. 이의 특징은 부정부패가 정기적 또는 부정기적으로 반복하여 발생하고, 그러한 전례를 조직구성원들이 부담 없이 수용한다는 점에 있다. 따라서 이러한 부정부패는 조직구성원들 사이에 어느 정도 일반화된 즉, 반공개적으로 이루어진다고 볼 수 있다.

이와 관련하여 예컨대, 경찰은 관할지역 업소로부터 받는 뇌물의 금액이 일정비율로 정해져 있고, 이 수입의 총액은 조직 내에서 상납(上納), 평납(平納), 하납(下納)으로 분배되는 등 그 방법이 비공식적으로 정착되어 있다. 따라서 비공식적으로 제도화된 부정부패의 관행은 공식적 절차와 규범을 대체하고, 결국은 통상적인 업무처리에까지 영향을 미치게 된다. 이러한 비공식적으로 제도화된 부정부패는 특정인에게 국한되지 않는다. 조직의 구성원은 물론이며 일반시민들 사이에서도 많은 사람이 그러한 부패과정의 실체를 잘 알고 있다. 따라서 부정부패에 연루된 사실이 밝혀진 소수의 관료를 대체하는 것만으로는 소기의 성과를 거둘 수 없다. 이는 또 다른 부정부패의 시작일 뿐이다.

한편, 이러한 부정부패 문제에 대한 조직 자체의 통제나 저항은 거의 없다고 본다. 많은 경우 조직 또는 그 구성원들 간의 암묵적 지지나 수용 분위기에 의하여 관행화되기 때문이다. 그렇기 때문에 오히려 그러한 부정부패 관행을 거부하는 사람은 조직생활에 크고 작은 어려움을 겪게 된다.

④ 문화적 부정부패

문화적 부정부패(文化的 不正腐敗)는 우리사회에 문제시되는 부정부패 현상의 기초를 이룬다. '맨손이나 빈손의 실례(失禮)'라는 옛 전통이 부정부패의 발생을 만연되게 하거나 쉽게 허용한다는 것이다. 문화적 부정부패의 두드러진 특징은 부정부패의 발생영역이 매우 넓으며, 부정부패에 대한 일반인들의 부정적 이미지나 견제심리가 쉽게 희석된다는 것이다.

이와 관련하여 ㉠ 보험형 부정부패(保險型 不正腐敗)나 ㉡ 정실형 부정부패(情實型 不正腐敗)는 모두 문화적 부정부패의 변형이라 할 수 있다. 특정한 편익을 전제로 한 금품수수, 일시적인 현장거래와 같은 즉시성 부정부패와는 달리, 보험형 부정부패는 평상시의 계속적인 과분한 부조나 접대 등으로 우의(友誼)를 다지면서 향후에 발생 될 문제에 대해 사전대비한다는 점에서 일종의 보험적 의미를 가지고 있다.

한편, 정실형 부정부패는 자신과 관련이 있는 사람을 위하여 부당한 결정을 통하여 혜택을 베푸는 것이고, 이러한 혜택의 대가는 금품 혹은 반대급부로 나타나기도 한다. 이러한 정실형 부정부패의 거래는 주로 혈연·지연·학연 등과 같은 요인을 통하여 이루어진다.

이러한 문화적 부정부패는 평상시에 일상적으로 이루어지기 때문에 특정사건에 대한 부당한 배려와 뇌물 사이의 인과관계를 명확히 입증하기가 곤란하기에 사법적 조사에는 어려움이 따른다. 그리고 이와 같은 부정부패는 내부고발자의 폭로 또는 고발의 의지를 크게 떨어뜨리는 결과를 가져올 수도 있다.

총체적 경찰 부정부패 문제

지난 2012년 12월 8일 경찰관 김○○ 경사가 금고털이 사건에 가담한 것을 계기로 Y경찰서의 총체적 기강해이 문제가 드러나 큰 사회적 파장을 일으키고 있다. 김○○ 경사는 지난 2011년 3월 발생한 오락실 여사장 실종사건에도 연루된 의혹이 일면서 지역민은 물론 경찰 내부에서도 크게 충격을 받은 모습이다. 당시 여사장은 오락실 불법영업 수사를 하던 김○○ 경사의 전화 연락을 받고 나가 1년 10개월이 지난 지금까지 연락 두절된 상태이다. 그러나 문제는 비단 이뿐만이 아니다. 오래전부터 Y경찰서는 기강이 해이해져 있었으며, 따라서 이 사건도 이러한 분위기 속에서 발행한 것이라는 점이다. Y경찰서 기강의 총체적 난맥은 이전의 일부 경찰서장들의 부도덕한 처신에서 이미 싹을 틔웠던 것이다.

즉, 한 경찰서장은 지난 2011년 발생한 사행성 오락게임장 업주 비리사건, 다른 한 경찰서장은 비리 의혹 경찰관에 대한 특혜인사 논란 등과 관련 대기발령 되거나 결국 옷을 벗는 등 문책을 받았다. 또 직전 전임서장은 금고털이에 경찰관이 낀 사실을 밝혀냈지만, 조직관리에 대한 책임으로 서장직을 물러나야 했다.

특히, 오락게임장 비리사건은 불법영업을 눈감아주고 뇌물을 수수한 혐의로 경찰관 5명이 구속되고, 게임장 업주 21명이 무더기 사법처리 되면서 Y경찰서의 부패상을 단적으로 보여준 사건으로도 회자되었다. 이들 경찰관 5명은 단속반장 등 모두 오락실 단속업무 담당자로, 4년간이나 업무를 봐온 것으로 드러나자 경찰조직 묵인 아래 부패가 조직·토착화한 '토착비리'라는 지적과 함께 대대적 수술이 요구됐다. 더욱이 같은 관할인 K지방검찰청 L지청 김○○(44) 수사관도 이들 업주에게 돈을 받은 사실이 뒤늦게 밝혀져 구속되면서 토착비리가 검찰에도 연계되었다는 비판이 일고 있다.

한편, Y경찰서 소속 박○○ 경위는 지난 2012년 7월 사채업자에게 돈을 받는가 하면, 추락사한 중학생 사건과 관련 살인혐의로 자신이 조사하던 과외교사를 성폭행하고 3년에 걸쳐 7,000만원 상당의 금품까지 뜯어낸 혐의로 구속되어 큰 충격과 파장을 일으키기도 하였다. 박○○ 경위는 5년 전인 지난 2007년 폐기물처리업체 공단환경 김○○ 대표와 이 회사 경리직원 간의 검찰 고소사건에도 개입한 정황이 포착되기도 하였다. 그는 사라진 회사돈 50억 원의 행방을 놓고 벌어진 맞고소 사건의 당사자인 경리직원에 대해 횡령 혐의로 조사 중인 상황에서 차명계좌로 경리직원과 수억 원대가 넘는 거액의 돈거래를 한 사실이 드러났다. 또한 박○○ 경위는 지난 2009년 3월 구속된 불법 사채업자에게 1억 5천만원을 투자해 이자 4천만원을 받아 챙기는 등 단속대상인 불법 대부업에 가담한 것으로 밝혀졌다.

또한 Y경찰서는 지난 2013년 1월 11일 시민제보로 해결한 자살시도 사건을 마치 경찰 스스로 해결한 것처럼 보도자료를 배포해 물의를 빚기도 하였다.[93)]

(2) 경찰 부정부패의 원인

그렇다면, 경찰 부정부패의 원인은 무엇인가? 우리사회 전체가 직면하고 있는 문제인가? 경찰조직의 구조적인 문제인가? 아니면 경찰공무원 개개인의 문제인가? 경찰의 부정부패 원인은 다양하지만, 이들은 상호 독립적이라기보다는 일정부분 연계되어 있다고 보아야 할 것이다.[94)]

---

93) 노컷뉴스(2012.12.26.).; 연합뉴스(2013.01.11.).; 노컷뉴스(2013.01.15.).

94) Edwin J. Delattre(1996), Character and Cops: Ethics in Policing, The AEI Press, pp. 71-78.; 조철옥(2010), 앞의 책, pp. 151-153 재인용.

〈경찰 부정부패 원인의 접근방법〉

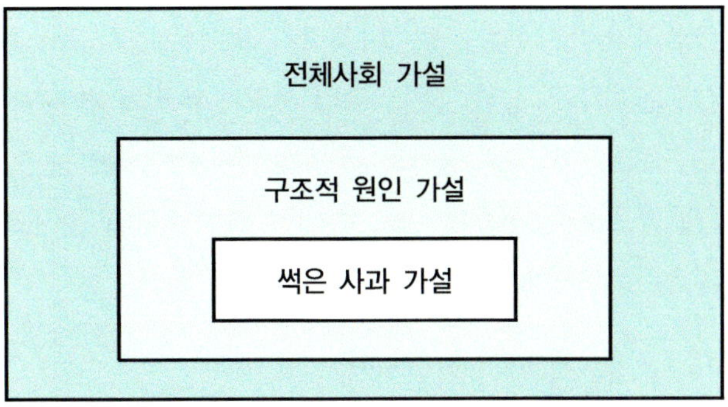

① 전체사회가설

공직사회 역시 전체사회의 일부분을 차지하고 있다. 따라서 전체사회의 풍조와 정서는 공직사회에 직접적인 영향을 미치게 된다. 전체사회가 정의로우면 공직사회도 정의로운 방향으로 가고, 사회에 비도덕적인 부패현상이 만연되어 있으면, 공직사회도 마찬가지로 부패하게 된다. 결과적으로 전체사회의 부정부패 문화는 경찰관의 부패를 촉진하는 요인으로 작용한다.

㉠ **작은 호의**

전체사회가설(the Society at large Hypothesis)은 우선 사회 전체가 경찰관의 부패를 묵인하거나 조장할 때 경찰관은 자연스럽게 부패행위를 하게 된다는 주장을 내세운다. 경찰부패는 다양한 계층의 시민들이 개인이나 조직의 부당한 이득을 위해 경찰관에게 작은 호의(gratuity)를 베푸는 것에서부터 시작하여 점점 부패의 규모가 커지는 부패관행으로 발전한다고 보는 것이 전체사회기설이다. 즉, 처음에는 불법적인 행위를 하지 않더라도 커피 한잔을 주는 것과 같은 작은 호의에 익숙해져서 나중에는 저절로 명백한 부정부패 행위로 발전하게 된다는 것이다.

이처럼 전체사회가설에서는 부정부패는 비교적 해악이 없고 좋은 의도를 가진 관행으로부터 시작하여 시간이 지남에 따라 명백한 부패유형으로 발전하게 되는데 이는 전체사회가 그 원인을 제공한 결과이다.[95]

95) 1960년 시카고 경찰국장 윌슨(O.W. Wilson)은 "경찰은 시카고의 시민들에 의해서 부패되었다. 문지기, 기사, 하녀, 요리사, 배달원에게 조그만 선물과 호의를 베푸는 것은 관례적인 일이었다. 사람들은 서비스의 수준이 이 작은 호의에 달려있다고 생각한 것이다. 따라서 이와 같은 사적인 심부름꾼에 대한 생각이 공적인 심부름꾼에게로 적용되는 것은 어렵지 않은 일이었다. 그리고 그러한 공적인 심부름꾼에는 경찰이 포함되었다. 불행하게도 이러한 관행이 합법적이지 않은 작은 일들을 해주는 경찰관들에 대한 작은 호의의 제공으로 발전하는

㉡ 미끄러지기 쉬운 경사로

작은 호의와 유사한 논리는 미끄러지기 쉬운 경사로도 논증될 수 있다. 실제로 부패는 아주 사소한 행위로부터 시작해서 점차 큰 부패로 이어지며, 작은 호의의 수용은 미끄러운 경사로 위에 행위자를 올려놓는 것과 같아 점점 깊이 빠져들게 함으로써 나중에는 그 속에서 빠져나오지 못하고 부패하게 된다는 것이다.

② 구조적 또는 소속된 것이 원인이라는 가설

니더호퍼(A. Niederhoffer)는 '구조적 또는 소속된 것이 원인이라는 가설'(Structural or Affiliation Hypothesis)을 가지고 경찰 부정부패의 원인을 설명하였다. 그는 경찰부패의 원인을 기존의 부패한 경찰문화에서 찾고, 젊은 경찰관들은 선배 경찰관들의 부패행위에서 학습된다고 하였다.[96] 따라서 젊은 신임 경찰관들은 선배 경찰관들에 의해 조직의 부패문화에 사회화(社會化) 즉, 학습되어 부패의 길에 들어서게 되며, 이러한 부패의 관행은 경찰관들 사이에 침묵의 규범 등에 의해 보호되고 조장 된다.

이러한 경찰의 구조적 부정부패는 상대적 박탈감이나 사회적 부패문화와 밀접한 관련이 있다고 볼 수 있다. 경찰공무원은 다른 공무원들과 마찬가지로 일반 기업체의 사원들에 비해 보수 등 근무여건이 낮아 상대적 박탈감을 느낄 경우, 또는 사회의 부패문화가 만연되어 있을 경우, 경찰조직의 구조적 부패문화는 자연스럽게 형성될 수 있다. 그러나 구조적 원인가설은 인간의 개별적인 윤리관의 차이를 무시하고, 모든 사람이 부패의 규범에 따라 행동하게 된다고 주장하고 있다는 점에서 비판을 받고 있다.

③ 썩은 사과가설

사과 상자 속의 사과 가운데 처음부터 상태가 안 좋은 사과가 썩듯이, 경찰로서 자질이 없는 사람이 경찰이 됨으로써 부패의 원인이 된다. 따라서 썩은 사과가설은 경찰의 부정부패라는 것은 경찰관으로 채용되기 전의 부정직하고 부도덕한 사

것은 쉬운 일이었다. 사람들은 경찰관이 이제 작은 호의를 기대하고 있음을 알게 되었다"고 하였다. 경찰대학(1998), 앞의 책, p. 249 재인용.

96) 니더호퍼(A. Niederhoffer)는 "실제로 경찰관들은 탐욕 이외의 또 다른 이유로 뇌물을 받는다. 처음의 탈선은 우연한 기회에 일어난다. 또는 젊은 경찰관들은 나이 든 고참 경찰관들에 의해 세뇌당한다. 이러한 과정에서 경찰관들은 사소한 잘못에서 시작하여 점차 갈취와 같은 중대한 범죄행위를 저지르게 된다." 위의 책, p. 250 재이용.

람이 경찰관이 되고 나서도 부패경찰이 된다는 측면을 강조하고 있다. 즉, 부패의 원인이 조직구조적인 특성에 있는 것이 아니라 개인 자체에 있다는 것이다.

이러한 관점에서 본다면, 자질 없는 경찰관들을 모집·채용과정에서 적절하게 배제하는 것은 매우 중요한 의미가 있다. 경찰관으로서 자질이 없는 사람은 선천적으로 또는 성장과정에서 형성된 개인적 특성 즉, 인성 면에서 경찰관이 되기에는 부적합한 사람을 말한다.

그러나 썩은 사과가설은 왜 특정 조직 또는 특정 부서에 부정부패가 많이 발생하는지를 설명하지 못하고 있다. 이는 개인에 대한 사회환경이나 조직구조적인 영향을 무시하고, 조직의 상사가 조직의 부정부패 문제를 특정 개인에 대한 처벌로 끝냄으로서 책임을 회피하려고 하는 경우 악용될 소지가 크다고 본다. 또한 도덕적 인간과 비도덕적 인간이 별도로 존재하는지도 분명하지 않다.

윤리적 냉소주의

일선의 많은 경찰은 경찰조직 내적으로 냉소적인 태도를 보인다. 이와 관련하여 특히, 경찰고위직의 이중인격(二重人格)적인 면이 주된 원인 가운데 하나라고 할 수 있다. 경찰조직관리의 공정성을 위장한 연고주의와 파벌주의, 정치권에는 아부하면서도 부하들에 대한 권위주의적인 태도, 자신들의 보신을 위해 부하들에 대한 책임 전가, 부하들에게 많은 것을 요구하지만 부하들을 위해서는 하는 것이 거의 없는 행태 등이 바로 그것이다.

그리고 경찰은 사회에 대해서도 냉소적인 태도를 보이기도 한다. 이는 일반시민들의 이중인격적인 면이 주된 원인이라고 할 수 있다. 즉, 시민들은 경찰에게 높은 윤리의식을 요구하지만, 그들 자신은 비도덕적인 행동을 일삼으면서 경찰에게 갖은 압력이나 청탁으로 자신의 잘못을 눈감아 달라는 위선적인 태도를 보여준다는 점이다. 또한 경찰에 대한 외부통제 기능을 하는 정치권력이나 대중매체, 또는 시민단제의 부패는 경찰의 냉소주의를 부채질하고 부패의 전염효과를 가져다주기도 한다.[97)]

97) 조철옥(2010), 앞의 책, p. 153.

제4장

경찰의 역사적 발전과정

제4장 경찰의 역사적 발전과정

제1절 경찰역사의 의의와 접근방법

1. 경찰역사의 의의

경찰에 대한 역사적 접근이라는 것은 과거에 있었던 경찰현상과 관련된 '역사적 사실'(歷史的 事實)을 확인하고 이를 '해석'(解釋)하는 과정이라고 할 수 있다. 개인에게는 이력서(履歷書), 집안에는 족보(族譜), 나라에는 국사(國史), 그리고 경찰에는 경찰사(警察史)가 존재한다. 생각건대, 인간은 과거에서 현재에 이르기까지 본능적으로 '진보'(進步, progress)를 지향하고 있다고 본다. 여기에서 진보란 기준이 되는 상태보다 나아진 것이라는 비교적 단순한 개념을 의미한다.[1] 예컨대, 인간이 누리는 기본권(基本權)의 범주가 확대되어 가는 것도 역시 진보의 한 기준이 된다.

그렇다면, 경찰은 역사적으로 진보하고 있는가? 아니면 퇴보를 하고 있는가? 사실, 경찰역사는 근대국가 형성 이후 전반적·거시적으로는 전진과 상승을 하고 있지만 특정한 시기나 상황 속(특히, 국가체제의 혼란기)에서는 하향곡선을 그리고 있는 경우도 얼마든지 있다고 본다. 그렇다면 거시적인 차원에서 21세기 한국경찰의 진보 요소는 무엇인가? 여기에는 경찰의 민주화, 정치적 중립화, 수사구조의 합리화, 인사관리의 합리화, 자치경찰의 실질적 도입 등을 제시할 수 있다. 이는 한국경찰이 직면하고 있는 단기적·장기적인 과제로써 이러한 문제들이 해결 또는 개선되었을 때 진보하고 있다고 말할 수 있을 것이다.

1) 진보에 대한 다양한 논의는 윤명철(1992), 역사는 진보하는가, 서울: 온누리 참조.

2. 경찰역사의 접근방법

경찰의 역사적 접근을 위해서는 모든 역사적 시기에 적용할 수 있는 경찰의 개념정립(概念定立)이 먼저 이루어지고 나서 이를 토대로 경찰현상에 대한 논의가 전개되어야 한다는 주장이 제기되기도 한다. 사실, 모든 연구에서 어떤 연구대상에 대한 개념정립은 매우 중요하다. 그러나 모든 역사적 시기에 적용할 수 있는 경찰개념의 정립은 결코 쉬운 일이 아니라고 본다. 경찰개념 자체가 역사성(歷史性) 즉, 가변성을 띠기 때문이다.

다만 역사라 할지라도 현재의 시점에서 보기 때문에, 오늘날에 수용되고 있는 경찰개념을 하나의 분석기준 정도로 삼을 수는 있을 것이다. 그러나 이 역시 미흡한 것이 사실이다. 현재의 경찰개념이라는 것도 보는 관점에 따라 다양하고 설혹 그 기준을 제시했다고 해서 그것을 가지고 과거를 설명하기도 어렵다. 과거의 시대상황에 따른 경찰기능 및 제도는 현재와 상이하기 때문이다. 또한 근대 이전의 경찰역사는 사실상, 일반행정사(一般行政史), 법제사(法制史), 군사(軍史), 형벌사(刑罰史) 등과 중복되기도 하며, 따라서 예컨대, 이렇게 보면 행정사가 되고, 다른 관점에서 보면 경찰사가 되기도 한다는 점이다.

〈경찰역사의 인식 틀〉

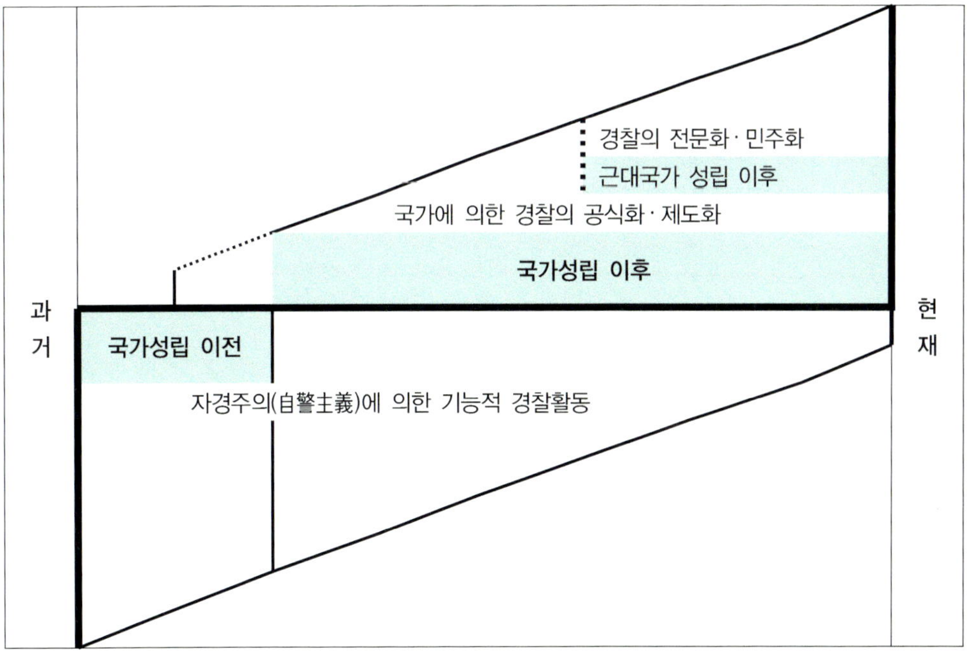

따라서 중요한 것은 이러한 역사적 접근의 한계를 인식하고, 분석 가능한 일정한 기준을 마련하는 것인데, 이는 거시적·포괄적 인식 틀을 제시하면 족하다고 본다. 여기에서 말하는 거시적·포괄적 인식 틀은 특히, '국가'(國家) 성립과 관련된 것이다.[2] 즉, 경찰의 역사는 크게 국가의 성립 이전과 이후로 구분하고, 국가성립 이후는 다시 근대국가 이전과 이후로 구분하여 살펴보는 방법이다.

먼저, 경찰활동을 국가성립 이전과 이후로 구분하는 것은 자경주의에 의한 '기능적 경찰활동' 단계에서 국가에 의한 '제도적 경찰활동' 단계로의 변화를 말한다. 다음으로 국가성립 이후는 다시 국가의 '근대성'을 기준으로 근대국가 이전의 경찰의 공식화·제도화 단계에서 근대국가 이후의 경찰의 전문화·민주화 단계로의 변화를 말한다.

요약건대, 역사적 관점에서 볼 때, 경찰활동은 ㉠ 자경주의에 의한 기능적 경찰활동 단계, ㉡ 국가성립에 의한 경찰의 제도화·공식화 단계, ㉢ 근대국가에 의한 경찰의 민주화·전문화 단계로 발전하면서 현대에 이르고 있다고 할 수 있다.

1) 국가성립 이전·이후의 기능적 경찰활동: 자경주의

(1) 국가성립 이전의 자경주의

기능적 경찰활동은 경찰제도(警察制度) 이전 인간의 선험적(先驗的)·본능적인 보호기능 즉, 자경주의를 말한다. 자경주의 차원의 경찰활동은 국가 이전부터 오늘날에 이르기까지 일정부분 이루어지고 있다고 본다. 그리고 국가성립 이전의 과거로 거슬러 올라갈수록 자경주의에 의한 사회통제가 중심이 되었다고 본다.

자경주의라는 것은 개인 내지 집단 스스로가 '물리적인 강제력' 등을 행사하여 자신 내지 집단의 방어·보호하기 위한 제반 활동이라고 할 수 있다. 이는 단지 소극적인 예방적 활동뿐만 아니라 개인 내지 집단 스스로가 '옳고 그름'(right or wrong)을 판단하여 적극적으로 '정의'(正義, Justice)를 실현하고자 하는 활동도 포함하고 있다.[3]

---

2) 최선우(2004), "한국경찰의 역사적 접근에 관한 서설적 연구," 한국공안행정학회보 제18호, p. 499 재구성.

3) 사후대응적 자경주의의 전형적인 형태는 '복수'(復讐, 원수를 갚음)라고 할 수 있다. 이는 개인과 집단의 갈등과 원한을 물리적인 힘으로 해결하는 전통적인 방법이라 할 수 있다. 그러나 복수는 대등한 정도의 앙갚음을 표방하였지만, '되로 받고 말로 주기'가 흔하였다. 국가권력은 이러한 복수를 형벌로써 제어하고 순화시키고자 하였다. 국가권력은 형벌의 독점을 선언하였지만, 근대국가 이전에는 마을이나 씨족집단과 같은 공동생활체에서는 관습상의 형벌이 남아있었고, 지배계층의 사형(私刑)이 횡행하기도 하였다. 오히려 샤머니즘의 주술은 갈등을 평화적으로 해결하고 공동체의 화합을 도모하는 묵시적 기능을 수행하였다. 이러한 모습은 오늘날의 여러 국가에서 여전히 존재하고 있다. 한편, 개인의 원한과 신(神)을 대신하였던 국가의 형벌은 때로는 사사로운 복수보다 더 잔인하였다. 많은 지배자들은 국가의 이름으로 자기의 복수심을 만족시켰던 것이다. 전재경(1996), 복수와 형벌의 사회사, 서울: 웅진출판, 서문(序文).

이러한 점에서 본다면, 자경주의는 시대와 장소에 따라 상이하겠지만 단지 범죄예방·수사 등과 관련된 경찰활동에만 국한되는 것이 아니라 형사사법(刑事司法, Criminal Justice) 전반 또는 그 이상의 의미(민사사법을 포함)로 사용된다고 볼 수 있다. 형사사법의 관점에서 본다면, 자경주의가 지향하는 목표는 우선 예방에 있으며, 그러한 예방활동이 실패했을 경우 취해지는 복수와 응보 또는 그에 상응하는 원상회복에 있다고 본다.

여기에서 '기능적 경찰활동'이라는 것은 이러한 자경주의를 의미하는 것이며, 오늘날의 경찰 관점에서 본다면 특히, '범죄와 무질서' 등에 대한 초기대응(즉, 예방·수사 등)을 의미하는 것이다. 이러한 범죄와 무질서에 대응하는 경찰기능은 어떠한 형태로든 인간이 살아가고 있는 사회에는 존재해 왔다고 볼 수 있다.

(2) 국가의 성립과 자경주의의 감소

본질적으로 자경주의 차원의 기능적 경찰활동은 국가와는 무관하게 존재하는 것이다. 자경주의는 국가 이전에 이루어져 온 것이다. 또 국가가 존재할지라도 일정부분 존재하고 있는데, 이 가운데 오늘날 법으로 허용되는 것(예, 형법 제21조의 정당방위, 제22조의 긴급피난, 제23조의 자구행위 등[4])과 법의 허용범위를 벗어나 위법한 방식(예, 사적 결투나 복수)으로 자행되는 경우가 있다.

그러나 분명한 것은 자경주의는 국가성립 이전, 국가성립 이후, 근대국가 이후로 넘어올수록 그 영역은 축소되었고, 따라서 국가의 형사사법(범죄예방, 수사, 재판, 행형 및 교정)에 대한 독과점(獨寡占) 양상은 현대국가의 확고한 형식으로 자리 잡게 되었다. 바꿔 말하면, 경찰을 포함한 일련의 형사사법시스템 속에서 형사사법은 국가만이 할 수 있고, 또 국가에 의해 집행되는 형식이 된 것이다.[5]

그러나 이러한 근·현대 국가이념의 틀 속에 확립된 형사사법의 국가 독과점 현상은 포스트모던(post-modern)사회에서 다시 변화하고 있다. 정치·경제·사회·문화의 변화로 형사사법의 국가 독과점, 즉 형사사법 분야에 있어서 형성되어 있었던 강한 '카르텔'(cartel)이 비록 부분적이기는 하지만 완화되고 있다는 점이다. 현대사회의 복잡성

---

4) ① 정당방위: 현재의 부당한 침해로부터 자기 또는 타인의 법익(法益)을 방위하기 위하여 한 행위는 상당한 이유가 있는 경우에는 벌하지 아니한다(형법 제21조 제1항). ② 긴급피난: 자기 또는 타인의 법익에 대한 현재의 위난을 피하기 위한 행위는 상당한 이유가 있는 때에는 벌하지 아니한다(제22조 제1항). ③ 자구행위: 법률에서 정한 절차에 따라서는 청구권을 보전(保全)할 수 없는 경우에 그 청구권의 실행이 불가능해지거나 현저히 곤란해지는 상황을 피하기 위하여 한 행위는 상당한 이유가 있는 때에는 벌하지 아니한다(제23조 제1항).

5) 한영수(2001), "형사사법업무의 민간위탁에 관한 연구," 형사정책 제13권 제2호, p. 145.; 최선우(2003), "형사사법의 역사성과 체제론적 접근," 한국공안행정학회보 제16호, p. 208.

과 역동성, 그리고 그것으로 인한 범죄와 무질서 등 역기능의 양적·질적 심화 현상 속에서 이전과 같이 국가가 모든 형사사법을 독과점하여 처리하는 것은 한계가 있기 때문이다. 최근 들어 형사사법에서 민간부문의 참여방안이 활발하게 논의되고 있는 것은 이를 반영하고 있다. 이와 관련하여 경찰활동에서 커뮤니티 경찰활동(Community Policing)의 등장과 민간경비(Private Security)의 빠른 성장은 대표적인 예라 할 수 있다.

2) 국가성립 이후의 경찰의 공식화·제도화

한편, 국가가 성립하면서 경찰활동에 있어서 변화가 이루어졌다고 볼 수 있다. 종래의 자경주의 차원의 기능적 경찰활동을 대신하여 국가차원에서 경찰활동이 공식화·제도화되고, 이를 통해서 사회구성원들을 통제함으로써 자경주의적 요소는 서서히 감소하게 된 것이다. 다만, 근대국가 이전의 경찰(삼국시대, 고려시대, 조선시대)은 제도적으로 전문성이나 독립성을 이루지는 못하고 일반행정(一般行政), 사법행정(司法行政), 군사행정(軍事行政)과 혼합되어 운영되었다고 볼 수 있다.

어쨌든, 경찰역사를 논의하는데 '국가'라는 실체의 등장은 매우 큰 의미가 있다. 국가의 등장으로 인해 정치·사회·경제적으로 지배계층과 피지배계층의 구분이 구체화되고, 이전의 자경주의 중심의 기능적 경찰활동에서 국가차원의 공식적·제도적 경찰활동이 점차 중요한 비중을 차지하였기 때문이다. 물론, 국가의 성립 기원과 이의 정체성에 대한 논의는 다소 모호한 측면이 없지 않으며, 따라서 이에 대한 논의 역시 다양한 관점에서 이루어지고 있는 것이 사실이다.[6)]

그러나 비록 국가기원(國家起原)과 정체성이 명확하지 않지만, 일정한 기준을 가지고 국가라는 실체를 제시하고 거기에서 경찰의 역사를 전개해야 한다고 본다. 우리가 논의하는 형식적·제도적 의미의 경찰이라는 것은 국가를 전제로 하는 것이기 때문이다.

일반적으로 국가라는 실체는 ㉠ 시원적(始原的) 지배권(支配權)으로서의 국가권력(주권·통치권)이 있고, ㉡ 일정한 인간의 집단, 즉 국민(國民)을 그 구성요소로 하며, ㉢ 공간적으로 한정된 지역의 일부, 즉 영토(領土)·영역(領域)이 있어야 한다.[7)] 따라서 국

6) 국가가 어떻게 만들어졌는가(즉, 성립기원)와 관련하여 여러 가지 견해가 있다. 이와 관련하여 신의설(神意說, 신에 의하여 창조되거나 신의 명령으로 성립), 정복설(征服說, 강한 인간집단이 약한 인간집단을 실력으로 정복함으로써 지배와 복종의 관계가 형성되고, 여기에 국가가 성립), 재산설(財産說, 세습토지에 대한 지배권을 가지고 있는 사람들이 그와 관련된 사람들에 대한 지배권으로 발전함으로써 성립), 계급국가설(階級國家說, 자유재산권이 발생하고 노예제도가 성립하는 과정에서 경제적 지배계급이 피지배계급을 경제적으로 억압·착취하기 위한 수단으로 성립), 계급설(階級說, 자연상태에서 자유롭고 평등한 개개인이 그들의 자연권을 확실하게 누리기 위하여 자발적으로 체결한 계약을 통하여 성립) 등이 있다. 권영성(1991), 헌법학원론, 서울: 법문사, pp. 128-129.

가라는 실체는 이러한 3요소(주권·통치권, 국민, 영토)가 갖추어졌을 때 성립되는 것이다. 이를 토대로 했을 때, 한반도에서의 국가는 삼국시대에서 비로소 시작된다고 볼 수 있다.[8)]

그리고 이러한 국가의 성립을 토대로 비소로 '개인적·사회적 법익'(個人的·社會的) 뿐만 아니라 '국가적 법익'(國家的 法益)에 대한 제도적 의미의 경찰활동이 전개되기 시작했다는 점에 주목할 필요가 있다. 요약건대, 국가성립 이후 보호법익의 다원화와 국가의 통제력이 강화되었다고 볼 수 있다.

3) 근대국가성립 이후의 경찰의 전문화·민주화

이러한 국가의 성립과 발전 이후, 근대국가(近代國家)가 등장함에 따라 경찰 및 형사사법은 또 한 번의 변화·발전을 경험하게 된다. 먼저, 근대국가의 성립과 더불어 국가의 경찰활동에 독점화는 보다 강화되었다고 볼 수 있다. 이는 국가통제력의 강화를 의미하며, 체계화된 법치주의(法治主義)의 결과라고도 볼 수 있다.

그리고 법치주의를 토대로 한 경찰조직의 제도적 전문화·독립화가 이루어졌다는 점에 주목할 필요가 있다. 이전의 다른 국가행정과의 미분화 상태에서 경찰은 제도적으로 독립된 위치에서 활동영역을 전문화하여 나갔던 것이다. 그리고 근대국가 이후의 경찰 및 형사사법의 뚜렷한 특징 가운데 하나는 이념적으로 민주주의(民主主義)를 근간으로 하고 있다는 점이다. 국가의 국민에 대한 통제시스템이 강화되면서도, 한편으로는 국민의 자유와 권리의 보호를 본질로 하는 형식으로 경찰제도가 정립·발전되었던 것이다.

이로써 전근대국가에서는 경찰이 제도적으로 미분화된 상태에서 소수의 지배집단의 이해관계 속에서 활동하였다면, 근대국가의 등장 이후에는 제도적 전문화와 다수의 국민을 위한 민주경찰로써 재탄생되었다. 한국 근대경찰의 태동과 관련하여 비록 한계 및 논란의 여지가 있지만 1986년 문호개방 및 1894년 갑오개혁 등을 계기로 일정부분 시작되었다고 볼 수 있다(이에 대한 자세한 논의는 후술하기로 한다).

---

7) 위의 책, p. 128.

8) 물론, 이러한 기준이 삼국시대(고구려, 백제, 신라)에 그대로 부합되는지는 다소 문제가 있을 수 있다. 즉, 당시의 주권·통치권이 국가전역에 미치고, 오늘날과 같은 국민(國民)의 개념이 있었는지, 그리고 오늘날과 같은 선(線)개념의 영토가 명확히 존재했었는지도 의문이다. 다만, 이전의 연맹국가와는 달리 삼국시대에 이르러 이념정립, 율령(律令)반포, 왕위세습, 정복전쟁을 통한 왕권확립과 영토 확대 등을 비추어 볼 때, 적어도 고대국가(古代國家)로서 완성된 틀을 갖추었음은 분명하다고 본다.

제2절 국가성립 이전의 경찰

1. 원시공동체사회의 경찰

원시공동체사회 즉, 군사회(群社會, Bands; 구석기시대)와 씨족·부족사회(신석기시대)의 경찰이 어떠한 형태로 존재했는지를 파악하기는 어렵다. 다만, 경찰활동이라는 것이 제도적으로 공식화되어 이루어졌다기보다는 개인 및 집단의 자기방어 본능 차원에서 시작되었다고 볼 수 있다.

먼저, 군사회의 사람들은 천재(天災)나 인간·동물 등 외부의 침입에 대하여 스스로의 힘으로 자기 또는 그 가족을 지키는 외에는 달리 수단이 없었을 것이다. 이와 같은 방어적 차원의 자위행위(自衛行爲) 내지 자경주의(自警主義)가 오늘날 말하는 바로 일종의 경찰활동이라 할 수 있다.

씨족·부족사회의 경찰 역시 군사회와 마찬가지로 자경주의의 범주에서 크게 벗어나지는 않는다고 본다. 그러나 씨족·부족사회에 이르러 정착생활을 하게 되고, 혈족을 중심으로 씨족공동체를 형성하고, 이것이 확대되어 부족사회를 이루고, 부족 간에 전쟁이 전개되었다는 점은 군사회와는 다른 새로운 경찰기능이 부여되었음을 알 수 있다. 특히 종교적인 요소가 사회통제에 있어서 중요한 기능을 하였다.

이러한 씨족·부족사회의 생활을 규율하는 규범의 대부분은 관습법(慣習法)·불문법(不文法)이며, 법률·정치·종교·도덕이 일체가 되어 아직 분화되지 않았고, 사회통제력은 종교적 색채가 농후한 주술적 규범이 주를 이루었다고 볼 수 있다.[9] 따라서 토테미즘(Totemism), 타부(Taboo) 자체가 그 사회의 법질서 기능을 수행하였을 것이다. 또한 샤머니즘도 널리 행해져서 씨족 구성원들에게 피해를 준다고 생각되는 악귀를 주술적인 방법으로 물리침으로써 이들을 어떠한 재난에서 구제할 수 있는 것으로 믿었다.

한편, 부족사회의 구성원들은 하나의 공동체(共同體, Community)를 이루어 생산활동과 신앙생활을 공동으로 하면서 다른 씨족의 영역을 침범할 경우, 처벌을 받는 관습이 있었다.[10]

---

9) 중앙문화연구원(1975), 한국문화사신론, 서울: 중앙대학교출판국, pp. 339-340.; 김형중(1991), 한국고대경찰사, 서울: 수서원, p. 35.

10) 예컨대, 동예(東濊)에서는 산천에 각기 구분이 있어서 서로 함부로 들어가지 못했으며, 혹은 읍락이 서로 침범하면 소, 말, 노비 등을 벌로 물어야 하는 책화(責禍)의 습속이 있었다. 한영우(2004), 다시 찾는 우리역사, 서울: 경세원, p. 63.

2. 고조선시대의 경찰

고조선은 크게 단군조선(BC 2333), 기자조선(BC 1122~195), 위만조선(BC 194~108) 시대로 구분할 수 있는데, 도구문명(道具文明)으로 본다면, 신석기 말기에서 청동기, 청동기에서 철기시대에 이르는 과정에서 형성·발전되었다고 본다.[11] 이는 정치·사회 구조적으로는 씨족·부족사회(氏族·部族社會), 군장·성읍국가(君長·城邑國家), 연맹국가(聯盟國家) 단계에 해당한다고 볼 수 있다.

이 시대의 경찰활동 역시 기본적으로 자경주의에 바탕을 두었다고 볼 수 있으며, 연맹국가 단계에 이르러 일정부분 제도적 경찰활동이 이루어졌다고 볼 수 있다.[12] 그러나 고조선시대에 경찰활동과 관련된 어떠한 법규정이 있었는지 또는 그것이 보호하고자 하는 법익이 어떠한 형태로 존재하였는지는 문헌상으로 뚜렷이 기록되어 있지 않기 때문에 명확하지는 않다.[13]

1) 군장·성읍국가시대의 경찰

이와 관련하여 고조선에 8조 금법(八條 禁法)이 존재한 것으로 나타나 있다. 우리에게 널리 잘 알려진 고조선의 8조 금법은 기원전 1122년 중국 은나라의 기자(箕子)가 고조선에 전해온 것으로 알려져 있다. 중국 주나라 무왕(武王)은 기자에게 나라를 다스리는 경략을 전수 받았는데, 『서경』(書經)에 전하는 홍범9주(洪範九疇)가 바로 그것이다. 이후 기자는 중국을 떠나 고조선에 들어와 이를 토대로 8조 금법을 만들어 시행하였다고 전한다. 이 가운데 3개의 조만이 전하는데, 그 내용은 다음과 같다.

8조 금법(八條 禁法)

① 사람을 죽인 자(살인죄)는 사형에 처한다.
② 남에게 상해를 입힌 자(상해죄)는 곡물로 배상한다.

---

11) 고고학 상으로 기원전 2천 년경에는 만주지방에 청동기문화가 시작되었으므로, 이 시기에 소규모 성읍국가(城邑國家)가 탄생 되었을 가능성은 있다. 그 후 기원전 8-7세기경에 요동지방의 강상(崗上)에서 100여 명을 순장한 무덤이 발견되어 한층 규모가 큰 연맹국가(聯盟國家)가 탄생 되었을 가능성이 있다. 위의 책, p. 79.

12) 경찰의 제도화 정도는 나라마다 다르다고 본다. 정치적 관점에서 볼 때, 인류역사에서 주변국가가 아닌 중심국가 즉, 고대 중국, 이집트, 그리스, 로마 등은 일찍이 제도화된 경찰조직을 운용하였다. James J. Fyfe, et al(1997), Police Administration, N.Y.: McGraw-Hill Co., p. 4.

13) 고조선이 중국의 기록에 처음 나타나기 시작한 것은 기원전 7세기 제(齊)나라에서 편찬된 『관자』(管子)라는 책이며, 이후 기원전 3세기 『사기』(史記), 『한서』(漢書), 『함허자』(涵虛子) 등의 책에는 은(殷)나라(BC 17~16세기~BC 11세기)가 주나라에 의해 망하자 은나라 귀족이던 기자(箕子)가 5,000명의 그 일족들을 데리고 조선에 와서 왕이 되었다고 한다. 한영우(2004), 앞의 책, p. 79.

③ 남의 물건을 훔친 자(절도죄)는 노비로 삼으며, 속죄하려는 자는 1인당 50만 전(錢)을 내야 한다.

오늘날의 시각에서 본다면, 당시에 제정되었던 8조 금법은 일정한 역사적 발전단계의 모든 민족과 집단에서 보편적으로 인식되는 일종의 자연법(自然法)의 성격을 띤 것으로 성문법(成文法)이라기보다는 관습법(慣習法)·불문법(不文法)이라고 보아야 할 것이다.[14)]

따라서 이러한 8조 금법을 경찰활동과 연결하여 살펴본다면, 사회구성원들 사이에서 8조 금법에 적용되는 상황이 발생하게 된다면, 일정한 경찰활동을 통해 그 문제를 발견하고 대응 내지 해결하기 위한 일정한 조치가 이루어졌다는 것은 분명하다고 본다.

물론, 군장국가시대의 군장을 정점으로 하는 지배체제는 오늘날 생각하는 국가와는 비교하기가 어렵다. 다만, 이전 씨족·부족사회의 평등구조가 붕괴되고, 서서히 계급구조가 발생하는 과정에서 일정한 소규모지역을 영도하는 지배계층이 등장하였다는 정도로 파악해야 할 것이다. 오늘날 보기에 8조 금법이라고 하니까 이름은 그럴듯하게 들릴지 모르지만 실상 그 내용은 지극히 평이 한 점이 없지 않다. 비록 수천 년 전의 옛날이라 해도 불과 여덟 개의 형법 조항으로 고조선사회의 치안을 유지할 수 있었다면, 아마 당시 군장국가인 고조선은 상당히 단순한 사회였고, 세력권도 그리 넓지 않았을 것으로 추정된다.

따라서 군장국가시대의 경찰활동이라는 것은 제도적 의미의 경찰이라기보다는 기능적 의미의 경찰활동 즉, 자경주의적 성격이 강하게 나타나 있다고 볼 수 있다. 8조 금법의 기록이 모두 남아있지는 않지만, 남아있는 3조만 가지고도 적어도 당시까지는 국가적 법익(國家的 法益)이 등장하지 않았다는 점을 알 수 있다. 만약 군장국가시대에 사회지배계급인 군장의 지배권력이 강력했다면, 그리고 국가체제가 보다 완성되었다면, 국가적 법익이 개인적·사회적 법익에 선행하여 명시되어야 할 것이다.[15)]

14) 관습법(慣習法)이라는 것은 사회의 자연발생적인 규범을 말하는데, 일정한 조직을 갖게 된 국가체계 아래서 법원(法源)으로서 하나의 지위를 차지하게 된다. 그러므로 관습법이라 하는 것은 성문(成文)화되지 않고 불문(不文)적인 모습으로 국가에 의해서 법으로 승인을 받고 강제규범으로서 국가법체계에 참여하는 것을 말한다. 다시 말하면, 국가의 입법기관이 제정한 법이 아니고 국가사회 안에 관행(慣行)의 형태로서 존재하는 것이 그대로 법으로 된 것을 말한다. 관습 가운데 어느 것은 국가적 입장에서 국가의 질서유지를 위하여 그에 대한 준수가 절대로 필요하다고 인정되는 것이며, 그러한 종류의 관습이 국가의 힘에 의해 보장됨으로써 관습법이 되는 것이다. 최종고(1994), 법학통론, 서울: 박영사, p. 79.

15) 현행 형법체계를 살펴보면, 우선 국가적 법익과 관련된 범죄(내란죄, 외환죄 등)가 규정되고, 그다음에 사회적 법익과 관련된 범죄(방화와 실화죄, 교통방해죄 등)가 규정되어 있다. 그리고 마지막으로 개인적 법익(살인죄,

2) 연맹국가시대의 경찰

국가적 법익에 관한 범죄는 연맹국가시대에 이르러 나타나게 된다. 만주 및 한반도 지역에서 연맹국가로 발전한 것은 고조선 외에 부여, 옥저(沃沮)와 동예(東濊), 고구려(高句麗), 삼한(三韓) 등이 연맹국가로 발전하면서 지배계층의 정체성이 뚜렷해지고 한편으로는 사회구조의 복잡성으로 인해 치안환경이 변함으로써 종래의 8조 금법과 같은 질서체계로는 대응하기 어려운 상황에 놓이게 되었다고 볼 수 있다.

이와 관련하여 예컨대, 기원후 3세기경의 부여는 사방 2천리, 인구는 8만 호에 이르렀다고 한다. 반면, 부여족의 한 갈래인 옥저와 동예지역에는 기원후 3세기경까지 강력한 연맹국가는 성립되지 못하였다(물론, 군장국가의 형태는 벗어난 미약한 연맹국가 형태였다고 볼 수 있다). 옥저는 오늘날 함경도에 위치한 총 5천 호의 연맹국가로서 각 부락(部落)에는 소족장들이 있었으나 이들을 통솔할 수 있는 보다 큰 정치세력이 성립하지는 못하였다. 동예는 지금의 강원도 북부에 위치하여 총 호수 약 2만을 헤아리는 국가였다.[16)]

연맹국가시대에 이르러서도 기능적으로 경찰활동 중심으로 이루어졌다고 볼 수 있다. 따라서 개인적·사회적 법익은 중요한 위치를 차지하고 있다. 예컨대, 연맹국가시대의 부여에는 개인적·사회적 법익에 관한 경찰활동 이루어졌음을 알 수 있다. 즉, 부여의 형벌을 보면, "㉠ 살인자는 사형에 처하고 그 가족은 노비로 만든다. ㉡ 도둑질한 자는 그 물건의 12배를 보상한다. ㉢ 간음한 여자는 사형에 처한다" 등이 기록되어 있다. 또 남편에 대하여 질투하는 아내는 죽였다고 한다. 즉 부여에서는 부녀자의 간음과 투기에 대해서는 더욱 증오하여 모두 이를 극형에 처하고 그 시체를 서울 남쪽 산 위에 버려 썩게 하였다. 다만, 그 여자의 집에서 시체를 가져가려고 할 때에는 우마(牛馬)를 바쳐야 한다고 하였다.[17)]

그런데, 연맹국가시대에는 단순한 부족 간의 결합이 아닌, 연맹체의 국왕을 정점으로 하여 다소나마 일정한 관료제가 형성되기 시작하였다고 볼 수 있다. 예컨대, 연맹국가시기의 고조선에는 상당한 정도의 관료조직을 갖추고 있었던 것으로 나타나고 있다. 관명으로는 국왕 이외에 상(相), 경(卿), 대부(大夫), 대신(大臣), 장군(將軍), 박사(博士) 등이 보인다. 이 중에서 상(相)의 세력은 상당했던 것으로 보인다.[18)]

상해죄, 강도죄 등)이 규정되어 있다. 따라서 군장국가시대에 국가적 법익에 관한 범죄가 규정되어 있다면 8조 금법에서 가장 먼저 규정되었을 것이다.

16) 한영우(2004), 앞의 책, pp. 87-88.
17) 허남오(1998), 한국경찰제도사, 서울: 동도원, p. 78.
18) 한영우(2004), 앞의 책, p. 83.

이처럼 미약하지만 국가체제가 만들어지고, 이에 따라 오늘날의 국가적 법익(國家的法益)에 대한 경찰활동이 서서히 나타나고 있음을 알 수 있다. 예컨대, 부여의 위거왕(位居王) 때, 계부(季父: 아버지의 막내동생) 우가(牛加)가 반역의 마음을 품고 있어, 왕이 계부의 부자를 사형에 처하고, 그 재물을 몰수하였음을 보아 당시의 경찰권 행사가 모반(謀叛)에 대하여 특히 가혹하였고, 연좌제(緣坐制)를 적용하여 실시했음을 알 수 있다.[19)]

이처럼 비록, 성문법(成文法)적인 규정에 구체적으로 명시되고 있지는 않지만, 이는 사회통제에 있어서 지배계층의 이해관계를 반영하고 있다. 이전까지는 경찰활동이 개인적 법익(혹은 사회적 법익)을 위해 존재하였다면, 연맹국가시대 이후, 국가적 법익이 등장하였다는 것은 제도적 의미의 경찰활동이 시작되고 있음을 알 수 있다.

그러나 이때까지도 명문으로 규정되기보다는 하나의 역사적 사건형식으로 기록되어 나타나고 있기 때문에 명확하지 않다. 국가적 법익에 관한 명문 규정은 연맹국가시대 이후 고대국가시대(고구려, 백제, 신라)에 이르러 구체적으로 나타나게 된다.

제3절 국가성립과 경찰의 공식화·제도화

역사적으로 국가라는 실체가 등장한 이래로 정치권력집단은 자신들의 권력의지를 관철하기 위해 근본적으로 중앙집권(中央集權)을 지향해 왔다고 볼 수 있다. 이러한 중앙집권화 현상은 근대 이전 국가의 형성·발전과정에서 뚜렷하게 나타난다. 바꿔 말하면, 삼국시대(三國時代), 고려시대(高麗時代), 조선시대(朝鮮時代)는 정치적으로 국왕을 정점으로 하는 중앙집권화가 완성되는 과정이라고 볼 수 있다.

이와 같은 국가통치체제의 정비과정에서 질서행정(경찰·군대)의 제도화는 체제유지를 위한 매우 중요한 요소라고 할 수 있다. 그리고 국가통치체제의 유지를 위하여 특히, 국가적 법익(國家的 法益)의 공식화는 매우 중요한 의미가 있다. 근대국가 이전의 국가에서는 질서행정은 국가적 법익을 보호하기 위해 존재하기 때문이다. 이는 이전 8조금법에서와 같이 개인적·사회적 법익 등에 초점을 둔 사회와는 차이가 있음을 알 수 있다.

19) 김형중(1991), 앞의 책, p. 51.

이러한 국가의 통치체제구축과 보호의 근간으로서 나라마다 일정한 법체계(法體系)를 정립하여 적용하게 된다. 비록 그것이 오늘날과 같은 '실질적 법치주의'를 표방한 것은 아니지만 근대 이전의 국가체제와 경찰을 이해하는 매우 중요한 의미가 있다.

1. 삼국시대의 경찰

한반도 각지에서 성장한 정치세력 가운데 초기국가(일종의 연맹국가와 고대국가의 과도기적 단계를 말한다)를 성립하는데 성공한 것은 고조선·부여·고구려·백제·신라였다. 옥저나 동예, 그리고 삼한지역의 여러 정치세력은 국가형태로 발전하지 못한 채 소멸하고 말았다. 그러나 초기국가를 이룬 이들 여러 나라도 모두 순조롭게 발전을 거듭한 것은 아니었다. 고조선은 B.C 108년 한의 침략으로 멸망하였고, 부여는 인접한 고구려에 병합됨으로써 마침내 고구려·백제·신라만이 고대국가로 발전할 수 있었다.

1) 국가통치체제의 정비

삼국시대는 '율령'(律令)이라는 성문법규(成文法規)에 의해서 국가통치체제가 정비되었다는 점에 주목할 필요가 있다.[20] 즉, 연맹국가를 탈피하여 하나의 '국가'체제를 기초로 지배체제를 구축하기 위해서는 필연적으로 중국의 관료제적·전제적 국가체제의 법적 기초인 율령을 수용하지 않을 수 없었다.

오늘날의 관점에서 본다면, '령'(令)이라는 것은 바로 국가조직을 제도적으로 정립하는 행정법(行政法)에 해당하는 것이라 할 수 있다. 이에 따라 예컨대, 백제는 중앙에 12부, 지방에 10부를 합하여 22개의 관부(官府)를 둘 정도로 관료제가 정비되었다. 그리고 여러 등급의 관료를 두었는데, 고구려는 대략 14등급, 백제는 16등급, 신라는 17등급으로 구분하고 복색(服色)도 구별하였다.

20) 법전(法典)으로서의 율령(律令)의 연원은 중국의 진·한(秦·漢)시대에까지 거슬러 올라가는데, 당시에는 율과 령의 구별이 아직 명확하지는 않았다. 이는 오늘날의 형벌 및 행정에 관한 법규로서 중국 수·당(隋·唐) 시대에 완성을 본 중국 고대의 법전체계로 우리나라의 고대국가에서는 그 영향을 받아 법체계를 이루게 되었다. 그런데, 법령과 현실 사이에는 여러 가지 차이가 있고 때에 따라 그 차이를 좁히기 위한 규정이 필요하였다. 이것들이 과(科), 고사(古事), 격(格), 식(式) 등으로 불리었는데, 수나라 시대가 되면 격, 식의 두 분야로 정리되어 결국 율령격식(律令格式)으로 체계화되었다. 율령격식은 각각 단독 법전조규(法典條規)이며, 이들은 상호간에 불가분의 관계를 이루고 있다. 당나라의 대당육전(大唐六典)에 의하면 율(律)은 죄를 정하는 형벌법이며, 령(令)은 규범을 두고 제(制)를 세우는 교령법(交靈法), 즉 일반행정법에 해당하는 것이다. 당나라의 율령은 전대의 집대성이며, 특히 신라·일본을 비롯하여 동아시아 여러 국가의 법률에 기본이 되었던 것은 주지 사실이다. 법이란 일반적으로 사회관계의 규범을 보편화 한 것인데 율령질서는 재통일 된 중국 사회를 보편적으로 규범화했을 뿐 아니라 중국 주변에서 점차 통일국가로서 성장했던 비한족사회도 규범화하게 되었다.

삼국시대에 이르러 지방행정조직도 정비되었다. 삼국은 규모가 커지면서 지방의 행정단위를 정비하였는데, 고구려의 5부(五部), 백제의 5방(五方), 신라의 주(州)가 그것이다. 여기에 파견된 장관을 고구려는 욕살(褥薩), 백제는 방령(方領), 신라는 군주(軍主)라고 불렀다.

2) 삼국시대 경찰의 특징

(1) 법익의 다원화에 따른 국가통제력 강화

율령(律令)에서 '율'(律)이라는 것은 국가의사에 반하는 형벌을 규정한 것(즉, 형법)이라 할 수 있다. 여기에서 개인적·사회적 법익뿐만 아니라 국가적 법익(國家的 法益)이 중요한 위치를 차지하고 있음에 주목할 필요가 있다. 국가적 법익에 대한 명문화는 고구려, 백제, 신라 모두의 중요한 사항이었다고 본다.

이와 관련하여 예컨대, 고구려의 법에서는 "모의(謀議)·반란자(叛亂者) 즉, 반역자는 사람들을 모아 횃불을 가지고, 서로 다투어 태우고, 그 몸이 타서 문드러진 다음에 목을 베고, 가산을 모두 몰수하였다. 성을 지키다가 적에게 항복하거나 전쟁에 임하여 패주한 자, 살인하여 빼앗은 자는 참형(斬刑)에 처하였다. 그리고 물건을 훔친 자는 12배로 배상하고, 우마(牛馬)를 죽인 자는 노비로 삼았다"고 한다.[21] 여기에서 국가적 법익의 침해는 그 처벌에 있어서 엄격하였음을 알 수 있다.

이처럼 고조선의 8조 금법에서는 기본적으로 개인적 법익이 우선적으로 등장하고 있는데, 삼국시대에 이르러 국가적 법익을 우선시하고 있다. 이것은 무엇을 의미하는가? 명문상으로 국가체제 유지를 최우선시한 것이며, 이러한 국가체제에 반하는 제반활동 등에 대한 국가적 통제수단이 어느 정도 마련되었다는 것을 의미한다. 그리고 경찰은 이러한 국가통제수단의 전형인 것이다.

(2) 경찰기능의 제도화와 다른 국가행정과의 미분화

① 중앙경찰

삼국은 국가통치체제 정립과정에서 경찰기능을 담당하는 제도를 두고 이를 공식적으로 운용하였다. 이와 관련하여 예컨대, 백제의 최고위층에 속하는 관료(6좌평) 가운데 위사좌평(衛士佐平)은 중앙의 숙위(宿衛) 즉, 오늘날의 경비경찰기능을 하였고, 조정좌평(朝廷佐平)은 형옥(刑獄) 즉, 형사사법 사무를 담당하였는

21) 김형중(1991), 앞의 책, pp. 67-68.

데, 여기에 사법경찰의 기능도 가지고 있었다고 본다.

그러나 삼국시대에 이르러 경찰이 제도화·공식화되었지만 그것이 다른 국가행정(군사행정, 사법행정, 일반행정 등)과 구분되어 독립적으로 이루어진 것은 아니라는 점이다. 또 형식적 의미의 경찰로서 오늘날과 같은 일반경찰기관으로서 경찰행정 전반에 관한 업무를 수행하는 독립된 경찰제도가 마련된 것도 아니었다.

② 지방경찰

삼국시대 지방행정조직은 기본적으로 군사조직(軍士組織)의 성격이 뚜렷했으며, 따라서 지방의 경찰행정은 군사행정과 밀접한 관련성이 있다고 본다.[22] 삼국시대는 아직 국가체제가 안정적으로 정비되지 못한 까닭에 지방에서 전쟁 등이 많이 발생하였고, 이에 대해 왕이 직접 군대를 이끌고 직접 전투에 참여하는 일이 많았다.

이러한 특징은 고려나 조선시대와 상대적으로 차이가 있다고 본다. 삼국시대는 이러한 군대를 통해 나라를 지키고, 또 지방주민들을 지배했기 때문에 그만큼 주민에 대한 강압과 통제가 클 수밖에 없었다고 본다.[23]

(3) 사적 경찰활동에 의한 주민통제

그러나 한편으로는 삼국시대가 비록 중앙집권화된 국가체제를 갖추었다고는 하지만 실질적으로 지방 말단에까지 그 영향력이 미쳤다고 보기는 어렵다. 따라서 지방에 대한 경찰활동이 이루어졌다면, 주로 국가적 법익을 침해하는 범죄 등을 중심으로 한 것이며, 개인적·사회적 법익침해에 대한 경찰활동은 상당 부분 사적 자치(私的 自治) 차원에서 이루어졌다고 본다. 특히, 지방 토착세력(土着勢力)에 의한 자경주의에 크게 의존하였다고 볼 수 있다.[24]

지방의 모든 군현(郡縣)에 지방관이 파견된 것은 아니고 규모가 큰 곳에만 파견되었으며, 나머지 작은 지방이나 촌은 지방세력가들의 자치가 그대로 인정되었기 때문에,

22) 고구려는 북방의 요수(遼水)를 건너는 사람을 경계·경비하기 위하여 국경지역에 무여라(武厲邏)를 설치하였다. 경찰의 관점에서 본다면, 이는 경비경찰(警備警察)에 해당하는 것이라 할 수 있다. 이는 일종의 국경수비대로서 군사조직과도 밀접한 관련성을 갖는다고 본다.

23) 한영우(2004), 앞의 책, p. 122.

24) 고구려의 5부, 백제 5방, 신라의 주(州)와 같은 광역 지방행정단위 아래 기초 지방행정단위를 정비하였다. 즉, 과거 족장들이 독립적으로 지배하고 있던 소국(小國)들은 크기에 따라 성읍(城邑)이나 촌(村)으로 개편되고, 뒤에는 중국식 군현제도(郡縣制度)를 모방하여 군 혹은 현으로 부르게 되었다. 이러한 지방행정구역에는 지방관이 파견되었는데, 고구려에는 처려근지(處閭近支: 도사(道使)), 백제는 군장(軍將), 신라는 군태수(郡太守)로 불렀다. 그러나 일반적으로 지방관을 성주(城主) 혹은 지주(地主)라고 불렀다. 위의 책, pp. 121-122.

이곳의 주민들은 간접적으로 국가의 지배를 받는 느슨한 예민(隷民)으로 귀속되었다. 이는 그만큼 중앙권력이 지방권력에 미치지 못하였다는 것을 의미한다. 이처럼 지방관이 파견되지 못한 지역을 '속현'(屬縣)이라고 하였는데, 이 속현은 지방관이 파견된 주현의 간접통치를 받는 형식이었다.

따라서 실제에 있어서 이들 속현의 경찰기능을 포함한 사적 자치는 매우 방대하게 이루어졌다고 본다. 이러한 현상은 통일신라시대에도 계속되었으며, 따라서 중앙정부는 경주 인근에만 지배력을 행사했을 뿐 나머지 지역에서는 일종의 '사적인 지방자치'가 이루어지고 있었다.

2. 고려시대의 경찰

1) 국가통치체제의 정비

고려시대(918~1392)는 왕건(王建, 재위 918~943)이 고려를 세운 이후 후삼국을 통일하면서 시작된 것으로, 이 시대를 크게 구분하여 고려전기, 무신정권기, 고려후기로 구분하고 있다. 고려전기의 통치체제는 처음에는 태봉(泰封)의 관제를[25] 주축으로 하고 신라의 관제가 병행되다가 성종(成宗) 2년(983) 때 당과 송의 제도를 참고하여 새로 정비하기 시작하여 문종(文宗) 30년(1076) 때에 완성되었다.[26]

이러한 고려 중앙관제의 핵심은 당(唐)나라의 제도를 참고한 3성과 6부였다. 그런데 당의 3성은 중서성(中書省)·문하성(門下省)·상서성(尙書省)을 말하는데, 고려는 이를 고려 실정에 맞게 조정하여 중서성과 문하성을 합하여 중서문하성(中書門下省)으로 만들고, 그 장관인 문하시중(門下侍中)을 수상으로 삼아 국정을 총괄하게 하였다. 그리고 중서문하성 밑에 실무부서로 이부(吏部)·호부(戶部)·예부(禮部)·형부(刑部)·공부(工部)의 6부를 두었다.

그리고 지방행정조직도 중앙관제가 정비된 성종 2년(983)부터 시작하여 현종 9년(1018)에 일단락되었다. 이에 따라 전국을 5도와 경기, 그리고 양계(兩界: 군사 중요지역)로 크게 나누었다. 한편, 군사제도로서 중앙에는 2군 6위(二軍 六衛)의 중앙군을 두었고, 지방에는 주현군(州縣軍)이 있어 주요 지역과 양계에 주둔하여 국방을 담당하였다.

25) 901년 궁예(弓裔)가 세운 나라로 후고려(後高麗, 또는 후고구려)·마진(摩震)이라고도 한다. 신라·후백제와 함께 후삼국을 형성했다가 918년 고려 왕건에 의해 멸망되었다.

26) 한영우(2004), 앞의 책, pp. 198-199.

고려는 건국 후 약 200년간 중앙집권제도를 확립해 나아가는 과정에서 유교적인 통치기구를 정비하고 과거제도를 실시하여 문신의 지위가 높아졌다. 이에 대하여 무신의 지위는 격하되고 그들의 불만이 높아져 결국 난(亂)을 일으켜 집권하여 무단전제정치(1170~1270)를 실시하였다. 무신의 난 이후에도 3성6부의 공식적인 정부기구는 그대로 유지되었지만, 이는 형식화되었고 대신 무신정권은 독자적인 지배기구를 만들어 무인정치를 하였다. 한편, 충렬왕(1274~1308) 이후 원나라의 지배를 받으면서 중앙의 최고행정기구인 중서문하성과 상서성을 합하여 첨의부(僉議府)라 하였고, 6부는 통폐합되어 4사(四司)가 되었다.

2) 고려시대 경찰의 특징

(1) 고려의 형벌과 경찰활동

고려시대에 형사법(刑事法)과 관련하여 고려율(高麗律) 등을 들 수 있다. 고려율은 당율(唐律)과 삼국시대의 율령을 토대로 하여 체계화된 법률이라고 할 수 있다.[27)]

고려율에 경찰에 대한 특별한 규정은 없지만, 당시에 범죄로 규정하고 있는 내용 등을 토대로 경찰활동을 간접적으로 판단할 수 있을 것이다. 고려시대에는 삼국시대보다 범죄에 대한 형벌규정이 더욱 분화되었으며,[28)]따라서 경찰활동(특히, 사법경찰과 관련하여) 역시 훨씬 다양한 형태로 이루어졌음을 알 수 있다.

(2) 경찰기능의 제도화와 다른 국가행정과의 미분화

① 중앙경찰

고려 초기 중앙의 경찰기능을 수행했던 제도로서 순군부(巡軍部)·내군부(內軍部) 등을 들 수 있다. 국가형성 초기는 경찰국가(警察國家)로서 군사행정이 곧 경찰행정인 것이 일반적이다. 바꿔 말하면 경찰업무는 여전히 군인이 담당하였고 볼 수 있다.[29)] 이와 관련하여 성종대에 이르러 관제가 정비되었고, 이에 따라 6부 가운데 병부(兵部)는 경비업무, 형부(刑部)는 사법경찰업무를 수행하였다. 또 중앙군인 2군과 6위도 경찰기능을 일정부분 수행하였다.[30)]

---

27) 한용근(1999), 고려율, 서울: 서경문화사, p. 83.
28) 고려시대에 들어오면서 범죄에 대한 형벌규정은 더욱 분화되어 모반·대역죄, 살인죄, 절도죄 등 전통적인 범죄 외에 공무원 범죄, 문서에 관한 범죄, 무고죄, 도주죄, 방화죄·실화죄, 간통 등 성범죄, 도박죄, 유기죄, 인신매매에 관한 범죄, 장물죄 등이 새롭게 처벌되었다. 경찰대학(2002), 한국경찰사, 경찰대학, p. 86.
29) 위의 책, pp. 52-53.
30) 2군은 국왕 친위부대로서 응양군(鷹揚軍)과 용호군(龍虎軍)을 말하고, 6위는 좌우위(左右衛), 신호위(神號衛),

한편, 무신정권시대에는 야별초(夜別抄)라는 특별군대가 창설되어 군대이면서 경찰고유의 업무인 순찰, 포도(捕盜), 금란(禁亂)의 업무를 담당하였다. 고려후기에 이르러서는 중앙경찰기관으로써 원나라의 영향을 받아 설치한 순군만호부(巡軍萬戶府) 등을 들 수 있다.

그러나 고려시대에 이르러서도 삼국 및 통일신라시대와 마찬가지로 경찰은 아직도 독자적인 지위를 차지하지 못하고 군사행정 등 다른 국가행정작용에 혼합되어 있었다. 또 독립된 관청으로서 일반경찰사무를 수행하는 경찰기관도 존재하지 않았다.

② 지방경찰

고려시대에는 지방관으로서 안찰사(按察使), 병마사(兵馬使), 수령(守令) 이외에도 주현군(州縣軍)도 일정부분 경찰기능을 수행하였다. 이러한 국가행정의 미분화 현상은 특히 지방행정에 있어서 더욱 두드러지게 나타났다. 이와 관련하여 예컨대, 고려시대의 수령오사(守令五事)는 이를 단적으로 보여준다.

고려시대에서 수령은 5가지 임무를 수행하였는데, 이는 ㉠ 전야벽(田野闢: 농토의 개간·확대), ㉡ 부역균(賦役均: 공평한 부역균등과 세금징수), ㉢ 호구증(戶口增: 인구증대), ㉣ 사송간(詞訟簡: 공정한 재판), ㉤ 도적식(盜賊息: 치안유지)을 말한다. 이처럼 지방 기초행정조직의 지방관인 수령은 사실상 국가행정 전반에 걸친 업무를 수행하였음을 알 수 있다.

(3) 사적 경찰활동에 의한 주민통제

그런데, 삼국시대보다 통치체제가 정비된 고려시대에도 모든 지방의 군·현에 지방관 즉 수령이 파견된 것은 아니고, 중요한 지역에만 선별적으로 파견되어 이를 주군(主郡)과 주현(主縣)이라 부르고 나머지 군현은 속군(屬郡)과 속현(屬縣)이라 하여 주군이나 주현의 간접지배를 받았다. 그런데 주군과 주현보다 속군과 속현이 더 많아 그만큼 중앙의 지방통제력이 한계를 지니고 있었다.[31] 속군과 속현은 실질적으로 향리(鄕吏)들

흥위위(興威衛), 금오위(金吾衛), 천우위(千牛衛), 감문위(監門衛)를 말하는데, 앞의 세 부대는 수도경비와 국경방어 임무를 맡았고, 금오위는 경찰, 천우위는 의장(儀仗), 감문위는 궁성과 성문수비를 맡았다.

31) 이에 대해 『고려사』(高麗史) 지리지(地理志)에는 고려 전기에 주현 130개, 속현 374개를 기록하고 있는데, 이 같은 속현의 존재는 고려 지방제도의 미숙성을 보여준다. 이에 대해서 예종 1년(1106)에 27개의 속현에 감무(監務)를 파견한 이래 국가에서는 계속해서 속현의 수를 줄이는 노력을 시도하였다. 이후 속현은 조금씩 줄어갔으나 완전히 소멸하는 것은 조선시대의 일이다. 이와 관련하여 중종 25년(1530)에 편찬된 『신증동국여지승람』(新增東國輿地勝覽)에는 2개의 속현이 기록되었다. 속현은 17세기경에 모두 소멸되어 개별화된 군현들을

이 조세, 공물 등의 징발을 맡고 있어 이들의 영향력이 컸다.

따라서 비록 행정구역상으로는 전국이 단일한 권력 아래에 편제되어 있었지만, 각 지역에서는 그 지방의 토착세력들이 독자적인 경제적 기반과 사병(私兵)조직까지 거느리고 경찰활동 등에 있어서 사실상 전권을 행사하였다고 볼 수 있다.

3. 조선시대의 경찰

1) 국가통치체제의 정비

1392년 태조 이성계(재위 1392~1398)에 의해 건국된 조선왕조의 통치체제는 성종(成宗, 재위 1469~1494)에 이르는 100년간은 새 국가의 이념과 통치질서가 틀을 잡아가던 시기였다고 볼 수 있다. 그리고 성종 5년(1474)에 만들어진 경국대전(經國大典)은 시대의 변화에 따라 다소 간의 변동은 있었지만, 갑오개혁(1894) 때까지 기본법전으로 시행되었다. 조선시대는 삼국시대, 고려시대보다 훨씬 체계화된 통치질서를 바탕으로 중앙과 지방을 다스렸다.[32)]

조선은 통치조직으로서 중앙에 의정부(議政府)와 이조(吏曹)·호조(戶曹)·예조(禮曹)·병조(兵曹)·형조(刑曹)·공조(工曹)로 이루어진다. 이 밖에도 왕명을 시행하는 승정원(承政院), 왕명에 따라 재판을 수행하는 의금부(義禁府), 관리들을 감찰하고 풍속경찰의 일을 수행하는 사헌부(司憲府), 그리고 서울의 행정과 치안을 담당하는 한성부(漢城府) 등으로 구성되어 있다.

한편, 지방행정조직은 초기에 고려의 지방관제를 답습하다가, 다시 정리하여 8도(八道)로 확립되었다. 즉, 지방을 8도로 나누어 각 지역에 관찰사(觀察使)를 임명하였고, 그 밑에 부·목·군·현(府·牧·郡·縣)에 수령을 두어 관할구역을 통할하게 하였다.

2) 조선시대 경찰의 특징

(1) 경찰기능의 제도화와 다른 국가행정과의 미분화

조선시대에 이르러서도 경찰기능을 담당하는 조직은 제도화되었지만 다른 국가행정조직과 분리되지 못한 형태로 존재하였다. 즉 경찰은, 일반행정과 사법, 그리고 군사행정과 분리되지 못하였고, 따라서 순찰과 포도, 사법경찰업무를 담당하는

바탕으로 구조적·지역적으로 일원화된 지배질서가 성립되게 되었다.

32) 한영우(2004), 앞의 책, pp. 287-294.

관청은 다양하였다. 바꿔 말하면, 각 행정기관은 그 소관업무에 위배되는 것을 단속하고 처벌하는 권한을 행사하였다. 조선시대의 경찰을 경찰개념상으로 본다면, 형식적 의미의 경찰이라기보다는 실질적 의미의 경찰이라고 본다. 이는 경찰의 제도적 미분화를 의미하는 것이다.

① 중앙경찰

도적의 체포(순찰 및 금란을 포함하여)와 관련된 경찰기능을 조선초기에는 순군(巡軍)이 담당하였으나 태종 14년(1414)에 그 명칭이 의금부(義禁府)로 개칭되었고, 이 가운데 의금부의 도부외(都府外)가 순찰기능을 담당하였다.

그런데 이후 의금부가 사실상 순찰업무를 병조의 5위 및 한성부 등에 넘기고, 왕명에 따라 죄인을 심문하는 일과 국왕의 행차를 호위하는 일을 담당하게 되었다. 즉, 의금부는 왕권이 확립되어가는 태종 때부터는 군사적인 성격의 순군체제에서 벗어나 사법기능을 수행하는 전문기관이 되었다고 볼 수 있다.

따라서 순군이 의금부로 개칭되고 의금부가 일종의 특별사법기관으로 변모하고, 순군이 맡았던 경찰기능을 5위 및 한성부 등이 분장하게 되어, 이후 포도청(捕盜廳)이 상설되기 전까지는 전문적인 경찰기능을 수행하는 기관이 정식관제에서 나타나고 있지 않다(포도청에 대해서는 뒤에서 살펴보기로 한다). 이 밖에도 순청(巡廳), 사헌부(司憲府), 형조(刑曹) 등도 관련 경찰업무를 수행하였다.

② 지방경찰

고려시대와 마찬가지로 경찰을 포함한 국가행정의 미분화 현상은 지방에서 더욱 뚜렷하게 나타났다고 볼 수 있다. 고려시대에는 지방수령의 업무가 다섯 가지였으나, 조선시대에는 7가지 임무를 수행하였다. 이를 수령 7사(守令七事)라고 한다.

수령7사는 ㉠ 농상성(農桑盛: 농업진흥), ㉡ 부역균, ㉢ 호구증, ㉣ 사송간, ㉤ 간활식(奸猾息: 교활하고 간사한 것을 금함 즉, 치안유지)에 추가하여 ㉥ 군정수(軍政修: 군대정비)와 ㉦ 학교흥(學校興: 교육장려)을 말한다. 이렇게 본다면, 지방수령의 업무는 국가행정 전반에 걸쳐 포괄적으로 수행하고 있음을 알 수 있다. 특히 지방에 있어서 경찰기능이 다른 국가행정과 분리되지 못하였다는 점을 의미하는 것이다.

그런데, 주지하는 바와 같이 조선시대에 이르러 전국의 주민을 중앙정부가 일원적으로 통치하기 위하여 전국의 모든 군현에 수령을 파견하였다. 고려시대까지만 하더라도 수령이 파견되지 못한 속현이 많아서 국가의 공권력이 전국 골고루 미치지 못하여 지방 토호들이 마음대로 백성을 지배하는 일이 많았다.

요약건대, 조선시대에서도 고려와 마찬가지로 경찰기능이 다른 국가행정과 미분화된 것은 사실이지만, 적어도 표면적으로는 중앙에서 지방에 이르기까지 제도화된 경찰활동이 이루어졌다고 볼 수 있다.

직수아문

경찰제도의 미분화는 삼국시대와 고려시대뿐만 아니라 조선시대에 이르러서도 중앙과 지방 전반에 걸쳐 나타났다고 볼 수 있다. 경찰기능의 제도적 미분화·비전문화와 관련하여 대표적으로 조선시대의 '직수아문'(直囚衙門) 개념을 들 수 있다.

직수아문이라는 것은 죄인을 직접 체포·구금하는 '관청'[衙門]을 말한다. 오늘날의 사법경찰업무를 담당하는 기관으로 볼 수 있다. 이러한 직수아문은 조선시대에 등장한 특별한 상황이 아니라 삼국시대, 고려시대에도 보다 광범위하게 존재해 온 것이라 할 수 있다. 즉, 각 관청은 필요에 따라 일정한 경찰권한을 직접 행사하였으며, 또 각 관청의 권한범위가 명확하지도 않았다고 볼 수 있다.

조선시대의 형사사법체계와 관련하여, 태조 이성계는 그의 즉위 조서에서 『형조(刑曹)는 형법(刑法)·청송(聽訟, 재판을 위하여 당사자로부터 소송사유를 듣는 일)·국힐(鞫詰: 죄인을 신문하는 일)의 업무를 관장하고, 순군(巡軍)은 순작(巡綽: 야간 순찰)·포도(捕盜: 범죄자 체포)·금란(禁亂: 질서유지)의 업무를 관장하도록 하였다.[33] 이렇게 볼 때, 형조의 재판업무와 순군의 범죄예방 및 수사업무는 구분된 것으로 볼 수 있다. 그러나 각 관청에서는 자신들의 직무에 속하는 피의자를 자의적으로 체포·구금하였다.

이러한 폐단을 없애기 위하여 범인을 직접 체포하여 감금할 수 있는 관청인 직수아문을 법으로 정하였다. 즉, 중앙의 병조·형조·한성부·사헌부·승정원·장예원(掌隸院: 노예관리), 종부시(宗簿寺: 왕실관리), 지방의 관찰사·수령 등이 이에 해당한다. 조선후기에 비변사(備邊司), 포도청(捕盜廳) 등이 추가되었다. 그리고 나머지 관청은 범죄자를 직접 체포·구금하지 못하고, 이를 형조로 이관하여 체포·구금하도록 법으로 정하였다.[34]

이처럼 조선시대에 이르러서도 범죄자 체포·구금과 관련하여 오늘날의 경찰과 같은 독립된 전문적인 기관에 의해 일원화되기보다는 국가행정과 관련하여 해당업무를 수행하는 관청에서 관련 위반사범에 대한 체포·구금을 하였음을 알 수 있다. 그런데, 문제는 법에서 정한 직수아문조차 제대로 지켜지지 못하였다는 점이다. 즉, 법에 규정되어 있지 않은 궁방(宮房: 왕족)이나 권문(權門: 문벌귀족) 또는 서원(書院)과 같은 곳에서도 사적으로

33) 서일교(1974), 조선왕조의 형사제도 연구, 서울: 박영사, p. 8.
34) 대전회통(大典會通) 형전(刑典) 수금편(囚禁篇).; 내무부치안국(1972), 한국경찰사(1), p. 229 재인용.

관련 범죄자를 구속하고 형벌을 과하는 일들이 자주 발생하였던 것이다.[35)]

이상과 같은 점에 비추어 볼 때, 조선시대에 이르러서도 아직까지 경찰기능이 제도적으로 전문화되지 못하고, 법치주의(法治主義)가 확립되지 못한 상황에서, 여전히 특정 개인 및 특정집단의 우월적 지위를 인정하고 있음을 알 수 있다.

(2) 제도적으로 독립화· 전문화된 경찰의 등장: 포도청

포도청은 그 이름에서 의미하는 것처럼 '도적 또는 범죄자의 체포'[捕盜]를 주요 임무로 하는 경찰기관이라 할 수 있다. 조선시대의 치안상황을 살펴보면, 세조(수양대군, 재위 1455~ 1468) 때까지도 전국적으로 극성을 떨치던 도적의 횡포를 종전의 경찰기능을 담당하던 의금부 등에서는 감당할 수 없는 지경이었다.[36)]

이러한 문제를 해결하기 위하여 포도청제도를 도입하였는데, 이의 성격이 경찰뿐만 아니라 군사행정과도 관련이 있지만, 경찰 차원에서 접근했을 때 경찰기능이 타 관청으로부터 분리되어 제도적으로 독립화· 전문화된 것으로서 그 역사적 의의가 있다.

① 포도에 대한 유시와 사목의 제정

세조 이후, 성종(成宗, 재위 1469~1494)은 '포도'(捕盜)에 대한 지대한 관심을 보였다. 이에 즉위한 해(1469)에 전국 관찰사에게 포도에 관한 '유시'(諭示, 국왕의 칙령)를 내려 도적의 횡포를 근절토록 하였다. 그리고 이들 도적의 발생 원인을 규명하고 예방과 체포에 만전을 꾀하기 위해 '포도사목'(捕盜事目)을 제정·시행(1470)하였다. 포도사목은 관할, 인원 배치, 포상 등에 관한 일종의 '현장운용규정'이라 할 수 있다. 그러나 이러한 노력에도 불구하고 도적의 발호는 날로 심해져, 그 대책으로 포도장제를 실시하게 되었다.

② 포도장제의 실시

이에 대한 대책으로 '포도장제'(捕盜將制)를 시행하게 되었다. 단순히 지방의 관찰사에게 포도의 임무를 맡기는 수준으로는 도적을 근절할 수가 없기 때문에 별도의 포도장(捕盜將)을 임명하여, 이들에게 포도업무를 수행하도록 한 것이다. 이에 따라 지방 관찰사는 포도장의 지휘 아래 도적토벌업무를 수행하였다.

그런데, 이때의 포도장은 전국적으로 도마다 임명한 것이 아니고 특히 도적의 발호가 극심한 지역에만 파견한 것이며, 따라서 포도장은 항구적인 것이 아니라

35) 위의 책, p. 229.
36) 허남오(1998), 앞의 책, pp. 127-133.

임시로 설치한 것에 불과하였다.

③ 포도청의 설치

이러한 포도장제는 중종 23년(1528)에 이르러 포도대장(捕盜大將)으로 직제의 승격을 보게 되었다. 한편, 포도청이라는 명칭은 중종 39년(1544)에 처음 보이고, 명종 7년(1562) 및 그 이후에도 계속 보인다.

이러한 점에서 볼 때, 포도청은 성종대에 임시로 설치되어 중종대에 이르러 항구적으로 설치되었다고 볼 수 있다.[37] 그런데, 이때 상설화된 포도청의 관할은 수도인 한성(漢城: 오늘날의 서울)이라고 할 수 있다(포도제도는 초기에는 전국을 대상으로 하다가 점차 수도인 서울을 중심으로 재정비되었다고 볼 수 있다). 이후 지방에도 설치되어 이를 중영청(中營廳)이라 하였고, 그 조직은 중앙의 포도청을 토대로 하여 운영하였다. 이렇게 해서 설치된 포도청은 고종 31년(1894) 7월 경무청(警務廳)으로 개편될 때까지 지속되었다.

그런데, 포도청은 숙종대(1674~1720)로 오면서 기강이 문란해졌다. 이로 인해 도성 내에서 도적의 횡포가 극심하였고, 심지어는 무덤을 발굴하여 매장품을 태연하게 매매하기도 하였다. 한편, 조선 후기 순조대(1800~1834)에 이르러 포도청은 그 본연의 직무인 범죄대응보다는 천주교 탄압에 주력하였으며, 이를 위하여 오가작통(五家作統)을 활용하기도 하였다.

5가작통

5가통(五家統) 또는 5가작통(五家作統)은 조선건국 이래 당나라제도를 받아들여 백성들의 통제수단으로 실시한 제도이다.[38] 따라서 이 제도는 각 마을에 자발적으로 조직된 것이 아니라 중앙에서 강제로 조직한 최하위 지방자치조직이라 할 수 있다. 이 제도는 초기부터 경국대전(經國大典)으로 법제화되었다. 조선왕조는 이 5가작통제도를 강화하려고 노력하였고, 이 제도를 개선하여 10호를 한 단위로 한 10가통(十家統)으로 바꾸어 운영하기도 하였지만 큰 실효는 거두지 못하였다.

5가작통제도의 목적으로 이웃과의 상호부조와 상호감시, 그리고 연대책임(連帶責任)을 기본으로 하여 호적·호구를 명백하게 하고, 더 나아가 예방경찰의 기능까지 달성하고자 하였다. 또 이에 따라 주민의 거주이전도 엄격하게 통제하였다.

---

37) 내무부치안국(1972), 앞의 책, p. 236.; 다만, 포도청이 설치된 시기 및 상설화된 것과 관련 하여 정확하게 파악하는 것은 한계가 있다. 이에 대한 여러 논거에 대해서는 차인배(1998), "조선후기 포도청 연구: 기능변천을 중심으로", 동국대학교 대학원, 석사학위논문, pp. 8-9 참조.

38) 현규병(1955), 한국경찰제도사, 민주경찰연구회, p. 55.

(3) 사적 경찰활동에 의한 주민통제

조선시대에 이르러 전국의 주민을 중앙정부가 일원적으로 통치하기 위하여 전국의 모든 군현에 수령을 파견하였다는 점은 위에서 설명한 바와 같다. 그러나 지방행정조직 말단인 면(面)에까지 지방관이 파견된 것은 아니다. 또 면 밑에는 리(里)가 있다. 이들 면과 리 단위에서는 여전히 지역 토호세력 등에 의한 사적 경찰활동을 통한 주민통제가 이루어졌다고 볼 수 있다.

이는 조선시대에 지방에 설치된 유향소(留鄕所)와도 밀접한 관련성이 있다. 조선시대의 지방관청인 부·목·군·현에는 수령의 자문기관으로서 유향소(후기에는 이를 향청이라 함)이라는 것이 설치되어 있다. 유향소의 구성원들은 지역의 덕망이 높고 명망이 있는 양반들로 이루어졌는데, 이들은 지방수령을 보좌하여 풍속을 교정하고, 일정부분 치안에 대한 책임을 지고, 경우에 따라서는 형벌권(刑罰權)도 행사하였다. 그리고 실제 민생범죄에 대한 이들의 영향력과 폐단은 적지 않았던 것으로 보인다.

제4절 근대국가의 성립과 경찰의 전문화·민주화

1. 근대경찰의 의의와 인식 틀

1) 근대경찰의 의의

우리는 근대(近代) 또는 현대(現代)라고 불리는 역사의 시간대에 살고 있다. 그러나 이러한 근대를 표상하는 '근대성'(近代性, modernity)에 대해 그것의 의미와 본질을 둘러싸고 학문적으로 일치된 견해를 찾아보기 어렵다. 특히 우리나라의 경우 아직도 근대성이 완성되지 않은 것으로 바라보고 있기 때문에 이에 대한 논란은 더욱 가중되고 있는 것 같다.[39] 어떻게 보면 이러한 문제는 근대성에 관한 우리의 '자기정체성의 결여'에서 기인한 것으로 볼 수 있을 것이다.

39) 임현진(1997), "사회과학에서의 근대성 논의: '근대화 프로젝트'를 중심으로," 역사문제연구소(편), 한국의 '근대'와 '근대성' 비판, 서울: 역사비평사, pp. 187-188.

사실, '근대'라는 것은 유럽사의 경험이 세계사적 맥락에서 일반화된 시대구분의 용어이다. 역사관에 따라 시대구분 방법은 다르지만, 그 바탕에 권력의 의지가 깔려 있음은 물론이다. 결국, 세계사 안에서 시대적 구획의 문제는 중심부적 지식과 권력의 담합으로 볼 수밖에 없으며, 이러한 견지에서 근대는 필연적으로 서구지배의 소산으로 인식된다.

이러한 점에서 본다면, 한국경찰의 근대성은 아시아문명권에서 벗어나 서구의 경찰제도와 이념이 한국사회에 직·간접적으로 영향을 미치는 시기로 비춰질 수도 있다. 그렇게 본다면, 이미 한국경찰의 근대성은 서구의 근대경찰을 전제로 한 것인지도 모른다. 그러나 서구의 근대경찰의 관점에서 단순히 한국경찰의 근대성을 논의하는 것은 한계가 있다.

19세기 당시 한국사회가 안고 있는 시대적 특성을 이해할 필요성이 있기 때문이다. 즉, 서구경찰의 근대성이 온전한 방법으로 한국에 이식되기보다는 일본 등에 의한 타율적·종속적인 방법으로 이식된 면이 적지 않기 때문이다. 또한 당시 한국사회에는 서구와 일제의 영향과는 관계없이 내재적 발전 동력에 의해 경찰을 포함한 사회 모든 영역에서 서서히 진보적인 요소가 어느 정도 형성되고 있었다는 점도 지적되고 있기 때문이다.

따라서 여기에서는 서구의 경찰근대성을 기본으로 하고, 한국의 특수사정을 반영하여 개항 전후에서 미군정시대에 이르는 과정에서 한국경찰의 근대성이 어떻게 형성·발전되었는가를 살펴보고자 한다.

2) 근대경찰의 인식 틀

이처럼 경찰의 근대성이라는 의미가 서구의 역사적 발전과정과 맞물려 논의된 것이기 때문에 한국경찰의 근대성을 논의하는데 한계가 있는 것이 사실이다. 그러나 그러한 이유는 차치하더라도 서구에서 경찰의 근대성이 어떠한 형태로 형성·발전되었는가는 주목할 필요가 있다. 그것은 보편주의적 차원에서 서구와 우리나라 상호간의 어떠한 비교를 가능하게 해주는 하나의 기준이 되기 때문이다. 또한 그러한 비교과정에서 경찰근대성과 관련하여 우리나라에 내재하는 독특한 특성 역시 발견할 수 있을 것이다.

이와 같이 경찰근대성은 보편성과 특수성 차원에서 논의할 필요성이 있는데, 이를 위해 다음과 같은 인식의 틀을 설정할 수 있을 것이다. 제도적·이념적 경찰근대성은 보편적 차원에서 접근한 것이며, 내재적·종속적 경찰근대성은 한국의 특성을 반영하여 접근한 것이다.[40)]

〈근대경찰의 인식 틀〉

제도적 근대경찰 • 다른 국가작용과 독립화·전문화 정도 • 경찰관할의 광역화 정도		내재적 근대경찰 • 한국사회의 내의 자생적인 근대경찰의 생성·발전의 정도
⇨	근대경찰	⇦
이념적 근대경찰 • 개인의 자유와 권리보호에 기초를 둔 민주주의의 수용 정도		종속적 근대경찰 • 외부에 의한 타율적인 근대경찰의 생성·발전의 정도

(1) 제도적·이념적 근대경찰

① 제도적 근대경찰

제도적 근대경찰은 경찰의 제도적 전문화 및 광역화 등과 관련된다. 경찰의 제도적 전문화라는 것은 기본적으로 경찰 관련법령이 제정되고 경찰기능이 다른 국가기능(예컨대, 일반행정·사법·군사 등)과 분리되어 단일기관에 의해 이루어지는 것을 의미한다. 그리고 광역화는 전문화된 경찰제도가 그 나라의 수도와 같은 어느 특정지역에 국한되어 제한적으로 적용되고 있는지, 아니면 전국에 걸쳐서 그와 유사한 수준으로 이루어지는지와 관련된다. 이는 중앙의 지방에 대한 통제 수준을 의미하는 것이다. 오늘날의 자치경찰이라는 의미도 중앙정부를 전제로 한 것이며, 따라서 실질적으로 중앙정부의 통제를 받지 않는 자치경찰은 존재하기 어렵다. 따라서 제도적 근대경찰의 정도는 중앙정부의 통제를 받지 않는 이른바 '사적(私的) 자치경찰'이 어느 정도의 수준으로 존재하고 있는지를 파악하면 알 수 있을 것이다.[41]

이를 위해서는 그 시대의 지배권력구조가 어떻게 이루어졌는가에 대한 이해가 선행되어야 한다. 한 사회의 권력구조의 양상을 파악하는 것은 그 사회의 경찰을 이해하는데 중요하다. 경찰제도의 구체적인 존재 방식은 그 사회의 권력구조와

40) 이하 최선우(2006), "한국경찰의 '근대성'(近代性)에 관한 연구," 한국공안행정학회보 제23호, pp. 411-412 재구성.

41) 베일리(David Bayley, 1990)는 근대경찰의 특성을 '공적'(public), '단일화'(specialized), 그리고 '전문화'(professional)라는 개념으로 설명하고 있다. 여기에서 공적이라는 것은 경찰력의 후원자가 국가라는 것이고(auspice의 차원), 단일화는 하나의 기구로 경찰업무가 집중된다는 것을 의미하며(focus의 차원), 전문화는 특정기구가 경찰업무만을 수행하도록 제도적으로 합리화된다는 것을 의미(rationalization의 차원)한다. 최경준(2002), "식민지 경찰과 근대성: 일제 강점기 경찰을 통한 근대성과 식민지 국가특성 연구," 서울대학교 석사학위논문, p. 11 재인용.

긴밀하게 얽혀 있고, 특히 국가의 발달과 평행하게 전개되어 왔기 때문이다.[42)]

② 이념적 근대경찰

다음으로 근대경찰을 논의하는데 경찰의 존재이유를 밝혀야 한다. 경찰이 본질적으로 국가와 사회의 보호를 위해서 존재하는 것인지, 아니면 개인의 자유와 권리보호를 위해서 존재하는지를 살펴보아야 한다는 의미이다. 더 나아가 경찰이 1인 또는 소수의 지배권력집단의 이해관계를 반영하고 있는지, 아니면 다수의 사회구성원의 이해관계를 반영하고 있는가에 대해 살펴볼 필요가 있다.

경찰의 존재이유와 관련하여 19세기 독일의 마이어(Otto Mayer)에 의하면, 경찰은 생래적·본질적으로 사회적 의무를 전제로 한 것으로서, 사회의 공공질서를 유지하는 것은 불가피하게 인권의 내재적인 제약이 따른다고 보았다.[43)] 여기에서의 경찰은 개인의 권리보다도 사회의 권리를 우선으로 하고 있음을 알 수 있다.

그런데, 19세기 영국의 밀(J.S. Mill)은 개인은 자기 자신의 행복을 각자의 방식에 따라 추구할 수 있는 자유(사상과 언론의 자유 등)만이 참다운 의미의 자유라고 하였다. 다만 다른 사람의 권리나 자유를 침해하거나 공동체의 안전을 위협할 때에는 그 자유를 억제해야 한다고 하였다. 밀은 보호받아야 할 자유와 제한받아야 하는 자유를 구별하여 개인 또는 공중에게 분명한 가해의 위험이 있을 때에는 그것은 자유의 영역을 넘어서 '법이나 도덕'의 '공적 제약' 영역에 속한다고 본 것이다.[44)] 이렇게 볼 때, 밀의 자유론은 약육강식, 적자생존 등 '자연질서'(natural order) 상에서의 자유를 논한 것이 아니라 강자로부터 약자가 보호되는 '사회질서'(social order) 상에서의 시민의 사회적 자유를 논하였음을 알 수 있다. 따라서 사회질서 상의 자유는 국가의 적절한 중재가 이루어질 때 가능한 것이다. 그러나 중요한 것은 밀 역시 국가의 가치는 결국 그 국가를 구성하는 개인의 가치에 있으며, 개인을 경시하는 국가는 존립하지 못한다는 점을 분명히 하고 있다. 이러한 점에서 본다면 국가라는 실체 또는 경찰의 존재는 개인의 자유와 권리를 전제로 한 것임을 알 수 있다.

따라서 이념적 관점에서의 근대경찰은 특히, 민주주의와 관련된다고 볼 수 있다. 근대라는 의미가 개인 및 시민의 자유와 권리를 지향하는 것이라면 그에 내재

42) Cyril D. Robinson, and Richard Scaglion(1987), "The Origin and Evolution of Police Function in Society: Notes Toward a Theory," Law and Society Review, Vol. 21, No. 1., p. 10.
43) 정진환(2006), 비교경찰제도, 서울: 백산출판사, p. 330 재인용.
44) 이상안(2005), 인권과 질서, 서울: 대명출판사, pp. 53-54 재인용.

하는 이념적 가치가 바로 민주주의라 할 수 있기 때문이다. 따라서 이념적으로 민주주의에 대한 사회적 인식 및 사회구성원들 가운데 그러한 혜택을 어느 정도 실제도 받았는지를 살펴볼 필요가 있다. 사실 엄밀하게 말한다면, 이념적인 민주주의를 현실화하기 위해서는 실질적인 관련 제도적 장치가 어느 정도 마련되어 있느냐를 전제로 하는 것이기 때문에 양자(즉, 제도적 근대경찰과 이념적 근대경찰)는 동전의 양면과 같은 것이다.

경찰의 존재이유가 국가와 사회보호를 전제로 한 것인지, 아니면 개인의 권리보호를 전제로 한 것인지에 대한 일치된 견해를 이끌어 내기는 어렵다. 그러나 국가와 사회의 권리보호를 전제로 한다면, 개인의 자유와 권리보호에 대한 최후의 방어장치는 취약해질 수밖에 없다. 따라서 경찰권 발동의 근거는(비록 선언적 의미에 불과할지라도) 개인의 자유와 권리보호에 기초를 둔 것에서 찾아야 한다고 본다.

서구의 근대경찰

'서구 최초 근대경찰의 탄생'과 관련하여 테릴(R. Terril)은 1829년 영국 내무성장관인 필(R. Peel, 1788~1850)에 의해 만들어진 영국수도경찰을 제시하고 있다.[45] 마찬가지로 랭워디(R. Langworthy) 등은 로버트 필에 대해 '근대경찰의 아버지'(the Father of Modern Police)라 표현하고 있다.[46]

Robert Peel(1788~1850)

이러한 관점에서 본다면, 당시에 제정된 영국수도경찰법(London Metropolitan Police Act, 1829)이 최초의 근대경찰법이 되는 셈이다. 사실, 필이 제시한 경찰의 개혁안은 주목할만하다. 즉, 제도적으로 경찰의 전문성·독립성뿐만 아니라 아울러 이념적으로 국왕이나 소수의 귀족이 아닌 다수의 일반시민을 위한 경찰을 제시한 것이다. 필이 제시한 경찰개혁의 원칙을 보면 경찰제도적인 정비뿐만 아니라 이전과는 달리 시민의 입장에서 경찰이 존재할 것을 명확히 하고 있다는 점에 주목할 필요가 있다. 이는 당시의 절대권력에 대한 거부반응, 그리고 소수 부르주아계급의 이해관계 반영에 불과할지도 모르지만, 그래도 표면적으로는 경찰의 존재성, 활동과 행태, 더 나아가 경찰권한 자체가 시민의 승인 아래 부여된 것이라는 점을 분명히 하고 있다.[47]

45) Richard J. Terril(1999), World Criminal Justice System, Cincinnati: Anderson Publishing Company, pp. 11-13.

46) Robert H. Langworthy, Lawrence F. Travis Ⅲ.(1994), Policing in America: A Balance of Forces, N.Y.: Macmillan Publishing Company, p. 58.

47) 로버트 필이 제시한 경찰활동의 원칙에 대해서는 James J. Fafe, et al.(1997), Police Administration,

다만, 영국수도경찰의 근대경찰모델이 곧바로 영국 전역에 적용된 것은 아니며, 1930년대에 이르기까지 서서히 적용·시행되었다. 영국수도경찰은 근대경찰의 완성이 아니라 출발인 셈이다. 마찬가지로 근대경찰이 부르주아계급과 결부되어 발전되었다 할지라도, 이 시점에서 시민지향적 경찰이념이 형성되었다는 점에서 의미가 있으며, 분명한 것은 이후 개인 및 시민지향적 가치체계는 더욱 확대되어 오늘에 이르고 있다는 점이다.

(2) 내재적·종속적 근대경찰

한국의 근대경찰을 논의하는 과정에서 그것(제도적·이념적 근대성)이 한국사회에 본질적으로 내재하여 형성·발전해 왔는가 아니면 타율적·종속적으로 형성·발전해 왔는가를 밝히는 작업은 매우 중요하다.

사실, 내재적 발전론과 종속적 발전론 모두 '자본주의 경제구조의 근대성'과 관련된 것이다. 조선후기에 조선 스스로 서구와 비슷한 자본주의 경제가 형성될 조짐이 있었는지, 아니면 조선은 스스로 그러한 능력이 없었으며, 일본에 의해서 비로소 자본주의 경제가 형성되었는지 하는 문제이다. 그리고 전자는 민족주의적 경향을 띠는 면이 없지 않고, 후자는 주로 통계 의존적 연구방식 때문에 그 한계를 가지고 있다. 이러한 문제는 특히 대한제국시대(1897~1910)와 일제강점기(1910~1945)에 있어서 한국의 근대성과 관련하여 내재적 발전론과 식민지 종속적 발전론 간의 논쟁은 그 절정에 다다르고 있다.[48] 그런데, 이러한 접근방식은 다양한 관점에서 응용·적용될 수 있다고 본다. 자본주의 경제구조뿐만 아니라 민주주의와 관련된 정치구조, 더 나아가 민주주의와 관련된 경찰제도에서도 물론이다(어떻게 보면, 자본주의는 민주주의의 또 다른 표현이기 때문이다).

① 내재적 근대경찰

내재적 발전론의 관점에서 본다면, 먼저 서구 및 일본의 영향과는 관계없이 한국사회 스스로 근대경찰이 추진되고 있었고, 적어도 서구 및 일본의 영향을 불가피하게 받는 과정에서도 자생적인 근대경찰이 전개되고 있었다는 것이다. 더 나아가 만약 서구 및 일본의 영향을 받지 않았다면 보다 진보된 근대경찰을 추진할 수 있었다는 가정까지도 설정할 수 있을 것이다.

N.Y.: McGraw- Hill Companies, p. 8 참조.

48) 이와 관련하여 이태진·김재호 외(교수신문 기획·엮음)(2005), 고종황제 역사청문회, 서울: 푸른역사 참조.

② 종속적 근대경찰

반면, 종속적 발전론의 관점에서 본다면, 서구 및 일본의 영향을 통해서 비로소 근대경찰이 시작되었고, 따라서 서구 및 일본의 영향이 없었다면 근대경찰은 이루어질 수 없다는 것이다.

종속적 근대경찰과 관련하여 이철우(Lee, Chul Woo)는 보다 구체적으로 국가공권력을 둘러싼 일제식민지시대의 근대성을 주장하고 있다. 그에 따르면, 식민지 시기 '법적 통치체제'(legal-governmental system)가 조직되고 작동하여 식민지국가는 전통국가가 손대지 못했던 세부적인 삶에 대한 권력과 통제력을 확장시켰으며, 이러한 통제력의 증가는 근대국가의 전형적인 모습이라고 할 수 있고, 그런 의미에서 근대화가 일어난 것이라는 본 것이다.[49)]

③ 종속적 근대경찰의 한계

그런데, 위에서 이념적 근대경찰은 개인의 자유와 권리보호를 전제로 한 것임을 밝힌 바 있다. 1948년 영국의 블랙번(Blackburn)에서 3살 난 아이를 폭행·살해한 범죄자를 찾기 위해서 4만 명이 넘는 그 지역 모든 남성의 지문을 조사하여 결국, 범죄자를 체포하여 교수형에 처하고, 이후 다른 시민들의 지문기록을 공개적으로 파기한 것은[50)] 경찰제도의 체계화, 세밀화 이전에 개인의 자유와 권리가 우선이라는 것을 보여주는 단적인 예라고 할 수 있다.[51)]

이상과 같은 근대경찰의 논의를 바탕으로 한국 근대경찰의 형성 및 발전과정은

---

49) 일제강점기에 이르러 사회구성원들에 대한 체계적인 행위통제, 면밀한 감시, 전문적인 지식에 의한 지도, 관찰과 기록의 복합적인 정리가 식민지 권력, 특히 경찰에 의해 이루어지고, 이로써 국가의 통치행위가 변화되어 '규율권력'이 출현하게 되었다고 보았다. 즉, 아주 사소한 사회적 삶에 대해서도 광범위한 국가권력의 통제가 이루어지고 경찰은 이러한 과업달성의 주요수단이 되었다는 것이다. 권력과 지배에서 '근대성'을 의미한다고 본 것이다. Lee, Chul Woo(1999), "Modernity, Legality, and Power in Korea Under Japanese Rule," in Shin, Gi Wook and Robison, Michael(eds.), Colonial Modernity in Korea, Harvard University Press, p. 23, p. 50.

50) 리처드 플랫/안재권 역(2005), 범죄의 현장, 경기: 해나무, p. 47.

51) '자율적·내재적'으로 경찰근대화가 이루어졌는지 아니면 '타율적·종속적'으로 이루어졌느냐 하는 것은 '한국 근대경찰의 정체성'을 확립하는데 중요하다. 그리고 그러한 근대화과정으로 인해 어떠한 결과가 나타났는지를 밝혀야 한다고 본다. 타율적·종속적으로 경찰근대화가 이루어졌다 할지라도 제도적으로 경찰제도가 발전하고, 이념적으로 국민 개개인의 자유와 권리를 보호하는 경찰상이 정립되었다면 논란의 여지는 희박하다고 본다. 그러나 특히, 일본에 의한 타율적 개혁 및 식민시대의 경험은 오늘날까지도 우리가 극복해야 할 경찰과제로 남아있다는 점이다. 한편, 미국이 독립 이후, 영국의 경찰제도와 이념을 독립적·선별적으로 수용하였다는 점, 그리고 일본이 서구유럽의 경찰제도와 이념(물론, 이념은 형식화되었지만)을 수용했을 때 역시 주체적이었다는 점은 우리에게 시사하는 바가 크다. 오늘날의 선진경찰의 위상은 그러한 과정속에서 형성되었기 때문이다. 최선우(2006), 앞의 논문, pp. 416-417.

크게 5가지 시대로 구분하였다. ㉠ 문호개방(1876) 이후의 개항장(開港場) 경찰, ㉡ 갑오개혁(1894) 이후의 경찰, ㉢ 대한제국시대(1897~1910)의 경찰, ㉣ 일제강점기(1910~1945)의 경찰, ㉤ 미군정시대(1945~1948)의 경찰이 바로 그것이다.[52] 대한민국 정부수립 이후에도 경찰근대성에 대한 논란은 여전히 지속되고 있지만, 이는 별도로 살펴보고자 한다.

2. 문호개방과 개항장 경찰

1) 문호개방에 따른 개항장 감리서의 설치

1876년 조선정부는 일본과 '병자수호조약'(丙子修好條約)을 체결한 이래로 일본과 통상을 위하여 항구 등에 개항장(開港場, Open port)을 두게 되었다. 이들 개항장은 새로운 사상과 문물, 그리고 제도가 가장 먼저 유입되는 곳이라고도 할 수 있다. 한편, 일본을 포함한 서구열강들과의 통상이 활발해지면서 개항장과 같이 항구에만 한정되지 않고 내륙에도 개시장(開市場)·개방지(開放地)·잡거지(雜居地)의 형태로 설정되었다.

이들 각 개항장 등에 감리서(監理署)를 두어 외국영사와 교섭을 담당하고, 외국인 거주지역[租界]과 관련된 모든 사무를 관장하도록 하였는데, 인천·부산은 1883년 8월, 의주개시장은 동년 12월, 경주개시장은 1889년 8월에 감리서가 설치되었다. 감리서의 최고책임자인 감리(監理)는 관찰사(觀察使)와 동격의 지위에 있었다. 개항장은 그만큼 중요한 비중을 차지하고 있었다.

2) 감리서에 경찰관 배치

이러한 감리서에 경찰관(警察官)을 배치하였다. 각 개항장 등에 설치된 감리서에 경찰관을 배치한 것과 관련하여, 1885년 10월에 부산과 원산에 배치하였다는 기사가 있고, 이에 앞서 인천에 배치되었다고 기록(1884)되어 있다. 통상적으로 '경찰'(警察)이라는 단어가 등장한 것은 보통 1894년 갑오개혁 이후라고 하지만 이미 1885년 10월 29일의 구한말 정부공식문서 내용을 통해 '경찰'이라는 용어가 사용되었음을 주목할 필요가 있다.[53]

52) 위의 논문, pp. 419-433.

53) 승정원일기(承政院日記) 고종 22년(1885) 10월 29일; 고종실록(高宗實錄) 고종 22년 10월 29일; 통리교섭통상사무아문일기(統理交涉通商事務衙門日記) 고종 22년 10월 28일 등에 개항장에 경찰관(警察官)을 배치한다는 내용이 기록되어 있다. 김상호 외 8인(2004), 경찰학 개론, p. 415.

이들 감리서가 개항장 등에서 외국인을 상대로 국제적인 업무를 수행하였으며, 개항장 내에서 자국인 및 외국인에 의한 범죄가 발생한 때에는 이에 대한 대응 또한 하였다. 따라서 감리서에 배치된 경찰관들은 감리서의 보호 및 개항장 내의 치안유지와 관련된 업무를 수행하였다. 한편, 영사사무관계가 많은 개항장에는 각국이 영사관을 두어 자기나라의 권익확보와 보호에 힘썼는데, 이곳의 외국인 범죄자에 대해서는 국내법이 미치지 못하는 치외법권(治外法權)을 허용하였다.

이처럼 개항장은 조선의 다른 지역과는 달리 근대화를 먼저 경험한 서구사상과 제도의 접견지이고, 따라서 경찰활동 역시 그러한 분위기를 반영하였다고 본다. 이러한 점에서 개항장 경찰은 '근대경찰'의 단면을 일부 보여주고 있다고 볼 수 있다.[54)]

3) 제도적으로 독립된 경무서의 설치

그러나 개항장 등에 배치된 경찰관이 어떠한 이념적 토대 아래 어떠한 관련 업무를 수행하였는지가 기록상으로 명확하지 않고, 또한 각 개항장 등에 배치된 경찰이 하나의 독립된 관청으로서 존재한 것이 아니고 감리서에 소속되어 배치되었다는 점을 인식할 필요가 있다. 사실, 각 개항장 등에 독립된 관청으로서 경무서(警務署)를 설치한 것은 한참 후인 1897년(광무 원년) 9월에 가서야 이루어지게 된다.[55)]

그리고 개항장에 설치된 경찰은 개항장 등과 같은 특수한 지역을 대상으로 한 것이지 수도 또는 지방을 대상으로 한 것은 아니라는 점이다. 아울러 그러한 경찰관의 배치 및 설치가 조선정부 독자적인 의지에 의하였다기보다는 국제관계상 필요한 불가피한 조치였다고 볼 수 있다.

한국 근대경찰의 구상

우리나라에서 근대적인 형태의 경찰제도 구상이 나타난 것은 1880년대 이후부터라 할 수 있다. 이 시기의 경찰개혁에 대한 논의 배경은 크게 두 가지 차원에서 접근할 수 있다.

하나는 정치적 관점에서 정치세력의 이해관계와 관련하여 경찰이 지배권력의 중요한 유지수단이 되기 때문에 이를 자신들에 유리한 방향으로 설정해 놓으려는 의도를 가진다는 점이다. 다른 하나는 사회적 관점에서 종래의 치안제도가 적절하게 치안활동을 수행하지 못했고, 따라서 개선하기 위한 의도를 아울러 가지고 있다는 점이다.

따라서 이 시기에 하나의 정치세력을 형성하게 된 이른바 '개화파'는 자신들의 물리력 확보와 근대적인 국가개혁의 일환으로 '경찰'에 주목하게 되었고, 그에 따라 1883년에 순

54) 내무부치안국(1972), 앞의 책, p. 323.
55) 위의 책, p. 323.

경부(巡警部)를 설치하였다. 비록 이 기구의 실제 운영 면모는 알 수 없으나, 이러한 개화파의 경찰력 확보에 대한 노력은 다시 1884년 갑신정강(甲申政綱)에서 나타난다. 갑신정변으로 정권을 장악한 개화파는 군제 개편과 순사제도를 도입함으로써 정권유지의 물리적 기반으로 삼고자 한 것이다.

그러나 갑신정변의 실패로 근대 경찰제도의 실시는 구상에 그치고 만다. 이후 경찰제도가 법제화되고 실제 운영된 것은 그로부터 10년이 지난 1894년 갑오개혁을 계기로 개화세력이 다시 정권을 잡게 되면서부터이다.[56)]

3. 갑오개혁과 근대경찰의 태동

1) 갑오개혁의 의의

개항 이후 조선정부는 서구열강의 계속적인 침투와 국내의 불안정한 정세 속에서 근대화의 정체성을 확립할 여력이 없었다.

이러한 상황에서 1894년 동학농민혁명을 계기로 청일전쟁이 시작된 이래, 일본은 전쟁의 우위가 확실해지자 조선의 내정을 개혁한다는 취지 아래 동년 6월 9일 일본의 오도리 게이스케(大鳥圭介)공사를 통해서 일본의 내정간섭에 유리하도록 조선의 개혁을 강요하였다. 이에 따라 흥선대원군이 다시 집정하게 하고, 신정권의 기구가 정비될 때까지 임시특별기구를 잠정적으로 설치하여 내정개혁을 착수하고자 하였는데, 동년 6월 26일에 설치된 군국기무처(軍國機務處)가 바로 그것이다.

군국기무처는 영의정 김홍집이 총재관이 되고 오도리공사가 고문(顧問)이 되어 6월 23일에는 청나라와 조선의 조약을 폐기하고 군국기무처 관제를 제정하였다. 그리고 6월 28일에는 정부관제와 직장(職掌, 직무의 분장)을 편성하여 이를 '갑오신정부'(甲午新政府)라 칭하였으니 갑오개혁은 이로부터 전개된 것이다.

2) 제1차 갑오개혁과 경찰

제1차 갑오개혁에서 중점적으로 다루어진 것은 정치와 경제의 개편이었다. 특히, 이 시기에 내무아문 산하에 '경무청'(警務廳)이라는 강력한 경찰기관을 설치하였다는 점이다. 정치적 격변기에 경찰은 정치적으로 가장 중요한 개혁대상 가운데 하나였으며, 따라서 일본이 우선으로 관심을 기울인 부분이라고 볼 수 있다.

이러한 갑오개혁에 의해 탄생한 경무청을 또 하나의 '근대경찰'(近代警察)의 출발점

56) 최선우(2008), "대한제국 좌절기의 경찰: 러일전쟁(1904) 이후 일제강점(1910) 전까지를 중심으로," 한국콘텐츠학회논문지 제8권 제12호, p. 311.

으로 인식되고 있다.[57] 이 개혁에 따라 1894년 8월 15일에 경무청관제직장(警務廳官制職掌)과 행정경찰장정(行政警察章程)이 제정되었기 때문이다.[58]

(1) 경무청관제직장의 제정

경무청관제직장은 오늘날의 경찰법의 성격을 갖는 '근대적 경찰조직법'이라고 할 수 있다. 이러한 경무청관제직장에 의해 조선시대의 전문적 경찰기능을 수행했던 좌·우 포도청(捕盜廳)이 폐지되고, 수도인 한성부에 경무청(오늘날의 서울경찰청)이 신설되었고, 경무청은 내무아문의 관할에 속하게 되었다. 내무아문에 소속된 경무청의 등장은 경찰기능을 수행하는 조직의 제도적 전문화·독립화를 의미하는 것이다.

경무청의 등장을 계기로 조선시대에 가장 대표적인 경찰기능을 담당하였던 포도청(捕盜廳)이 폐지되고,[59] 그동안 제도적으로 시행해 왔던 각 부(府)·아문(衙門)·군문(軍門)·사(司) 등의 경찰권 행사를 금지하고, 군(軍)의 순찰활동도 금지하게 되었다. 이로써 조선초기의 이른바 '직수아문'(直囚衙門) 제도에 의해 여러 관청이 실시하던 범인 체포 및 구금업무가 경무청으로 어느 정도 '일원화'(一元化) 되었다고 볼 수 있다.

그리고 이때 등장한 경무청은 군무아문(軍務衙門: 兵曹의 새 이름) 소속이 아닌 내무아문(內務衙門)에 소속되어 내무대신의 지휘를 받도록 하였다는 점은 주목할 필요가 있다. 이를 계기로 비로소 공식적으로 문관경찰제도가 도입되었기 때문이다.

한편 경무청은 관장사무로써 경찰사무뿐만 아니라 감옥사무(監獄事務)까지 관장하였다. 즉, 종래 형조(刑曹)에 속하였던 수도의 감옥사무를 경무청에 소속시켰으며, 이러한 감옥사무는 1907년의 경시청관제(警視廳官制)에 이르러서야 경찰업무 가운데서 제외되었다.[60]

---

57) 허남오·이승주(2005), 한국경찰제도사, 서울: 지구문화사, p. 60.

58) 다만, 경무청관제직장은 일본의 가와지 도시요시(川路利良)의 건의에 따라 프랑스·독일의 경찰제도를 모방해 만들어진 일본의 경시청관제(警視廳官制, 1891)를 명칭만 바꾼 것이고, 경찰복장도 일본식을 그대로 모방한 것이었다. 그리고 경찰작용을 규제하는 행정경찰장정은 프랑스의 경죄처벌법전(輕罪處罰法典, 1795)을 모방한 일본의 행정경찰규칙(行政警察規則, 1875)과 위경죄즉결례(違警罪卽決例, 1885)를 혼합한 것에 불과하였다. 그리고 당시 경무청의 출범은 일본의 한국지배를 위한 수순으로 한국의 경찰권을 흡수하려는 일본정부의 치밀한 계산에 의해 이루어진 것이었다. 이황우·조병인·최응렬(2001), 경찰학개론, 한국형사정책연구원, p. 69.

59) 당시 포도청 제도의 개혁논의는 일본이라는 외세와 개화세력의 정권유지를 위한 타협의 산물이면서, 동시에 포도청 자체가 현실적으로 여러 가지 작폐(作弊)가 많아 경찰기구로서 제구실을 하지 못하였음은 물론이다. 이러한 경찰의 제도적·운영적 문제는 서구경찰의 근대화과정에서도 나타난다. 예컨대, 1829년 영국수도경찰이 탄생하기 이전의 보우가의 치안대(Bow Street Runner) 역시 비전문성과 부정부패 문제로 적지 않은 폐단을 안고 있었다. Robert H. Langworthy, Lawrence F. Travis Ⅲ.(1994), op. cit., pp. 52-59.

60) 내무부치안국(1972), 앞의 책, p. 320.

(2) 행정경찰장정의 제정

행정경찰장정(行政警察章程)은 오늘날의 경찰관직무집행법 등의 성격을 갖는 '근대적 경찰작용법'이라고 할 수 있다.

먼저, 행정경찰장정은 경찰의 업무와 관련하여 ㉠ 백성의 위험방지(위민방해의 방호사무), ㉡ 위생사무(건강을 보호하는 일), ㉢ 풍기단속(방탕·음란한 행위를 제지하는 일), ㉣ 범법자의 수사(국법을 범하고자 하는 자를 은밀한 가운데 탐지·체포하는 일)로 구분하였다. 그리고 이러한 직무수행과 관련하여 경찰관리자인 총순(總巡)과 일선경찰에 해당하는 순검(巡檢)의 직무규정을 세부적으로 두었다. 이러한 행정경찰장정의 내용은 오늘날의 경찰업무와 비교하면 업무영역이 좀 더 포괄적이며, 다른 질서행정과도 미분화된 측면이 적지 않았다고 본다.[61)]

그리고 행정경찰장정은 '경찰관 임용에 관한 규정', 즉 순검선용(巡檢選用)에 관한 규정을 별도로 두어 채용과 징계 등 임용에 관한 내용도 두고 있다. 이러한 점에서 행정경찰장정은 오늘날의 경찰공무원법의 성격도 가지고 있었다고 본다.

끝으로 행정경찰장정은 위경죄즉결(違警罪卽決)에 관한 내용도 규정하고 있다. 이에 따라 일선 경찰지서장 등은 위경죄 즉, 경범죄(輕犯罪)를 범한 자가 있으면, 재판을 거치지 않고 즉시 처벌 할 수 있도록 하였다(물론, 이에 대한 불복시 정식재판을 청구할 수 있도록 하였다).

3) 제2차 갑오개혁과 경찰

(1) 지방의 근대경찰화

그런데, 제1차 갑오개혁을 통해 좌우포도청을 합쳐서 만든 경무청은 전국에 관한 경찰사무를 담당한 것이 아니라 수도인 한성부(漢城府)의 치안을 담당하도록 한 것이며, 아직 지방의 경찰사무는 여전히 종래의 체제(즉, 관찰사 등 지방수령의 지휘를 받아 관할지역 내의 경찰활동을 하도록 함)에 의해 이루어졌다. 따라서 경무청의 탄생은 '수도경찰의 근대화'를 의미한다고 볼 수 있다.

근대경찰의 지방화는 다음 해인 제2차 갑오개혁(1894.12.17~1895.7)에서 지방제도를 종래의 8도(道)에서 23부(府)로 세분하고, 비로소 경무관 이하의 경찰(경무관보·총순·순검 등)을 배치함으로써 가능해졌으나, 여전히 그 이하 지방행정구역인 군(郡)단위까지는 이러한 새로운 경찰을 배치하지는 못했다.

61) 위의 책, pp. 326-330.

또한 지방에 경찰을 파견·배치했다 할지라도 이들은 경무청의 지휘감독을 받지 않고, 지방 관찰사의 지휘감독을 받았다는 점, 그리고 지방에 전문화된 경찰관청이 설치되지는 않았다는 점 등 한계를 안고 있다.[62]

(2) 경찰과 타행정관청과의 관계

제2차 갑오개혁 당시 각부관제통칙(各部官制通則)이 제정되어 경찰과 다른 행정부서 간의 관계가 명시되었다. 이에 따르면 각부대신(오늘날의 행정각부의 장관)은 주요 소관사무와 관련하여 지방관 및 경무사(警務使)를 감독 및 명령을 내릴 수 있다고 규정하였으며, 만약 지방관과 경무사가 내린 명령과 처분이 법규에 위반하여 공익을 침해하거나, 또는 이들이 권한을 남용하였다고 판단했을 때에는 그것을 정지·취소할 수 있다고 규정하였다(제5조, 제6조 단서).

이와 같이 내무아문[內部]에 속한 경찰을 내부대신뿐만 아니라 각부 대신들이 자신들의 소관사무와 관련하여 명령과 감독할 수 있는 권한을 부여하고 있다는 것은 무엇을 의미하는가? 제2차 갑오개혁에서 이노우에 카오루(井上馨)공사가 제시한 내정개혁안(1894.11.20)을 보면, 제11조에서 "경찰권은 한 곳에서 나오지 않으면 안 된다"고 규정되어 있다.[63] 여기에서 의미하는 바는 순찰업무의 단일화뿐만 아니라 범죄자 체포 및 구금업무의 단일화를 의미하는 것으로 볼 수 있다. 그렇다면, 위의 각부 관제통칙에서 각부 대신들이 직접 경찰권을 행사하는 대신 일정부분에 대해서는 내부 소속의 경무사에 대한 지휘감독권을 부여한 것은 무엇을 의미하는가? 이는 당시의 조선정부가 일본의 내정개혁안을 수용하면서도, 한편으로는 기존에 관행적으로 행사해 온 경찰권(즉, 직수아문(直囚衙門)의 성격)을 완전히 버리지 못한 일종의 타협점의 산물일지도 모른다.

4) 갑오개혁 경찰의 의의와 한계

갑오개혁(1894~1895)시기에 제정된 경무청관제직장과 행정경찰장정은 역사적으로 경찰조직 및 경찰작용에 관한 최초의 성문법이라 할 수 있다.[64] 갑오개혁을 통해서 경찰에 관한 조직법적·작용법 등의 근거가 마련되었다는 점에서, 비록 서구에서와 같은 법치주의적 사고의 발전에 따른 것은 아닐지라도, 적어도 외형상으로는 근대적 경찰제도가 갖추어졌다는 측면은 의의가 있다.[65]

---

62) 위의 책, p. 307.
63) 위의 책, p. 337.
64) 이황우·조병인·최응렬(2001), 앞의 책, p. 69.

그러나 경무청은 여전히 경찰기능면에서 전문화되지 못한 부분이 있으며, 특히 개인의 자유와 권리의 보호를 본질로 하는 민주주의 이념을 충분히 반영하지 못하였다고 본다. 갑오개혁 당시에도 경찰권한의 행사는 신분에 따라 차별적이었기 때문이다.

이와 관련하여 행정경찰장정의 총순집무장정(總巡執務章程) 제5조에서 "칙임(勅任)·주임(奏任) 등 고위관리에게 신문할 때는 그 집사자(執事者, 하인)를 소환하여 조사하고, 판임관 이하 사족 및 평민은 그 당사자를 직접 불러들여 조사한다"고 규정하고 있는 것은 단적인 예라 할 수 있다.[66] 이를 통해 당시 신분에 따른 차별 현실을 엿 볼 수 있다(오늘날에도 법적으로는 차별을 두고 있지 않지만, 국가 고위공직자 및 특정 경제인 등의 범죄행위에 대한 형사사법기관의 이중적 태도는 여전히 존재하고 있음은 물론이다).

더욱이 당시 조선정부 스스로에 의한 내재적 근대화과정을 거쳤다기보다는 일본에 의한 타율적·종속적 요소가 많이 작용한 결과의 산물이었다고 볼 수 있을 것이다. 따라서 갑오개혁의 경찰은 여전히 미완의 근대경찰인 것은 분명하다. 일본에 의한 타율적이고 정치적인 의도 속에서 이루어진 경찰의 근대화라면 그 역사적 의의는 감소할 수밖에 없다.

4. 대한제국시대 경찰의 개혁과 한계

1) 대한제국의 성립

1895년 일본의 국모시해 만행[을미사변(乙未事變)]과 일본이 주도하는 갑오경장 이후의 일련의 급진적 제도개혁은 백성들의 크나큰 반발을 샀다. 이에 항거하여 의병운동이 일어나고, 반일(反日) 정서가 팽배하였다. 특히, 갑오경장과 을미사변으로 위축된 국가의 자주독립과 고종의 위상을 높여야 한다는 여론이 높아갔다. 이에 고종은 1897년 2월 20일 러시아 공사관에서 경운궁(뒤의 덕수궁)으로 환궁하였다.

이어 고종은 8월 16일 연호를 '광무'(光武)라 고쳐 부국강병의 기치를 내세우고, 국호는 삼한[삼국]을 모두 아우른다는 뜻으로 '대한'(大韓)으로 바꾸었다. 이어 1899년 8

65) 경찰대학(2002), 앞의 책, p. 137.

66) 고종31년(1894.07.) 갑오경장으로 관료제도가 대폭 개편되었다. 관료의 등급이 1품에서 9품까지 정(正)·종(從)을 합해 18품급(品級)이던 것을 1·2품에는 정·종을 두되, 3품에서 9품까지는 이를 폐지해, 모두 11개의 품급으로 축소하였다. 아울러 1품에서 9품까지를 당상(堂上)·당하(堂下)·참상(參上)의 세 직계로 나누던 것도 폐지하고, 칙임(勅任)·주임(奏任)·판임으로 3대별(大別)하였다. 이때 7품에서 9품까지를 판임관이라 하였다. 내무부치안국(1972), 앞의 책, p. 328.

월 17일에 교정소(校正所)라는 특별입법기구를 통해 헌법이라 할 수 있는 '대한국국제'(大韓國國制)를 발표하여 만국공법(즉, 국제법)상 근대국가의 모습을 갖추게 되었다.[67] 이로써 500여 년의 조선(朝鮮)이라는 국호가 막을 내리게 되었다.

2) 대한제국의 경찰개혁

(1) 갑오개혁 당시의 경무청체제의 유지

일본에 의해 타율적으로 이루어진 갑오개혁 이후 일련의 급진적 제도개혁은 국민의 크나큰 반발을 샀으며, 이러한 분위기 속에서 대한제국시대(1897.10~1910.8)에는 이를 다시 개혁(엄밀하게 말하면 기존체제로 환원 성향이 뚜렷함)하게 되었다.

그런데, 갑오개혁에 의해 만들어진 경무청관제(警務廳官制)는 대한제국시대에 이르러서도 특별한 변동 없이 한동안 계속되었다.[68] 일본의 조선지배를 용이하게 하기 위해 우선적으로 정비된 경찰제도임에도 불구하고 대한제국으로서는 체제유지적 차원에서 이전보다 제도화된 강력한 경찰은 여전히 필요했던 까닭이다.[69]

한편, 갑오개혁에 의해 정비된 23부제의 지방행정은 폐지되고, 종전의 것을 수정하여 13도제가 확립되었다. 이 제도는 그 후에 일제 식민시대에도 변경되지 않고 지속되었다. 그리고 대한제국 초기의 지방경찰은 이전과 마찬가지로 전문화된 단일 관청으로 설치되지 못하고 지방관찰사의 지휘감독을 받아 관할구역 내의 경찰업무를 수행하는 수준이었다.

(2) 경무청이 경부로 승격

주목할 만한 것은 갑오개혁 이후 지속되어온 경무청이 1900년 6월에 경부(警部)로 개편되어, 1902년 2월에 이르는 1년 8개월 동안 우리나라에서 처음으로 경찰이 내무행정기관에서 하나의 국무부서로 독립하여 위상이 높아졌다는 점이다.[70]

---

67) 한영우(2004), 앞의 책, pp. 489-491.
68) 내무부치안국(1972), 앞의 책, p. 398.
69) 프랑스 대혁명(1789)을 거치면서 혁명의 주체인 시민들이 치안유지를 위하여 1,800명으로 구성된 민간방범대를 조직하여 파리시의 치안유지를 맡도록 하였다. 그러나 아이러니하게도 혁명세력은 혁명 이전의 구체제 경찰제도(탄압경찰, 정치경찰)를 모두 포기하지 못하고 유지하였다. 즉, 혁명세력은 마찬가지로 경찰권력을 오남용하였고, 스파이활동(첩보망) 등은 그대로 유지한 것이다. 한편, 당시 혁명의 주체 가운데 한 사람인 라파예트(Lafayette)는 이전 궁수(弓手, archers)와 컨스터블(constable)을 개편하여 "National Guard"를 설치하였는데(1791), 이것이 오늘날의 국립헌병대(National Gendarmerie)의 기원이 되고 있다. Richard J. Terril(1999), op. cit., p. 202.
70) 내무부치안국(1972), 앞의 책, p. 432.

경부관제(警部官制)에 의하면 경찰이 감옥사무까지 관장하여 행형(行刑)을 포함하는 것은 전과 다름없으나, 이전까지 내부대신의 지휘감독 아래에 있던 경찰이 부(部)로 승격되어 전국의 경찰을 관할하게 되고, 또 수도인 한성(漢城)과 각 개항장(開港場)의 경무서(警務署) 및 각 개시장(開市場)의 경무서를 관할하도록 하였다.

(3) 경부의 경무청으로의 환원과 전국관할

그러나 경부는 얼마 지나지 않아(1년 8개월 존속) 폐지되었는데, 그 이유는 분명하지 않다. 따라서 다시 경무청으로 개편되었는데, 주목할 만한 것은 이전까지의 경무청은 수도인 한성부만을 관할하였으나, 새로 출범한 경무청은 전국경찰을 관리하였다는 점이다. 중앙에서 전국경찰을 관리하게 될 때, 진정한 의미의 중앙집권화된 국가경찰의 성립을 의미한다. 이러한 점에서 당시의 경무청을 오늘날 경찰청의 전신으로 보는 입장도 있다.[71)]

그러나 여전히 경찰업무를 수행하는 단일관청이 지방에 설치된 것은 아니다. 다만, 이 시기의 경무청은 내부대신(현재의 행정안전부장관)의 지휘·감독 아래에 있으면서 사법업무에 한하여 법무대신의 지휘·감독을 받을 뿐, 그 외에는 각 부(部) 등의 장관과 수평적 관계에서 의사를 전달하고 지방관찰사 이하에는 훈령 또는 지령을 발하였다는 점에 주목할 필요가 있다.[72)]

대한제국 이전인 갑오개혁 당시에는 각 부 장관들의 관련업무와 관련하여 경무사를 직접 지휘·감독을 받는 등 경찰이 제도적으로 전문성·독립성을 가지지 못했었는데, 이 시기에 이르러 어느 정도 전문성·독립성을 확보할 수 있었다는 것을 의미한다.

(4) 경무청의 수도경찰로의 환원과 지방경찰관청의 설치

한편, 전국을 관장하는 경무청체제는 1905년 2월에 다시 수도경찰로 환원시켰다. 그리고 1906년에 이르러서야 비로소 지방의 경찰관청이 독립적으로 조직·설치되었다. 즉, 지방 각 도에 서울과 같이 경무서와 경무분서를 창설하는 법적 조치(지방 13도 각 관찰부 경무서 및 분서 설치에 관한 건)가 이루어진 것이다.[73)]

갑오개혁에 의해 설치된 경무청을 제도적으로 독립화·전문화된 근대경찰의 출발이라 할 때, 비록 근대경찰이 수도에 국한되었다면, 1906년의 경찰개혁을 통해 비로소 점차 각 지방을 대상으로 이러한 제도적 근대경찰이 확대되었다고 볼 수 있을 것이다

71) 이황우·조병인·최응렬(2001), 경찰학개론, 한국형사정책연구원, pp. 69-70.
72) 내무부치안국(1972), 한국경찰사, p. 459.
73) 위의 책, p. 521.

(현대적 관점에서 본다면 각 지방에 시·도경찰청, 경찰서 등의 조직체제를 갖추기 시작했다는 것을 의미한다). 그래서 이러한 경찰조직은 전국적으로 오늘날의 경찰과 제도상 비슷하게 완성시킨 시대라고 할 수 있다.[74] 이러한 각 지방에 대한 경찰관서의 설치는 1910년 6월 국권을 상실할 때까지 계속 증가하였다.

(5) 경시청체제로의 전환

1907년에 이르러 종래의 경무청을 다시 경시청(警視廳)으로 고치게 되었다. 새로운 경시청관제(警視廳官制)의 특징은 첫째, 갑오개혁 이래로 경무청이 담당해온 감옥사무가 빠지고, 둘째로 경시청의 관할구역이 한성 5부에다 황궁과 경기도까지 포함되었다는 것이다. 경기도는 7개월 후인 각 도에 경찰부(현대의 시·도경찰청)가 창설될 때까지 경시청에서 관할하였다.

그러나 당시에도 산간벽지에는 여전히 경찰력이 미치지 않는 이른바 '무경찰'(無警察) 지역이 존재하였으며, 경찰은 본연의 업무 외에도 산림·토목·징세·재판의 강제집행·집달리 업무, 심지어 우편호위까지 담당하는 등 조장행정업무가 적지 않았다.[75]

3) 대한제국 경찰의 한계

이상에서 살펴본 것처럼 대한제국시대의 경찰은 여러 차례 축소와 확대를 하는 등 일관된 발전과정을 보여주지 못하고 있다. 이는 경찰이 어떠한 근대적인 발전계획 속에서 정비된 것이 아니라 단지 정치적인 이해관계에 따라 그 외형을 바꾸는 수준에 그쳤다는 것을 의미한다. 더욱이 대한제국을 한국근대화의 '내재적 발전'이라는 측면에서 본다면 그 위상을 찾을 수 있으나, 대한제국의 정체성 자체는 오히려 근대국가(민주국가라는 관점에서 볼 때) 혹은 근대경찰과 역행하는 면이 없지 않다.[76]

사실, 대한제국의 헌법이라 할 수 있는 '대한국국제'(大韓國國制)는 황제에게 육해군 통수권, 입법권, 행정권, 관리임용권, 조약체결권과 사신임용권 등 모든 권한을 집중시켰다는 점에서도 나타난다. 그리고 황제권한을 제약할 가능성이 있는 의회나 국민의 참정권, 그리고 사법권 등에 대해서는 규정을 두지 않았다.

---

74) 허남오·이승주(2005), 앞의 책, p. 183.

75) 현규병(1955), 앞의 책, pp. 135-136.

76) 이와 관련하여 1897년(건양 2) 3월 9일에 발행된 독립신문을 보면, 경무청에서 서울 5개 경무서 관내에 14개조의 금지사항을 공고했다고 하는데, 이는 백성에게 윤리, 풍기, 노상교통, 경찰관리의 관기위반 및 미신·선동 등의 단속 등을 내용으로 하고 있다. 그런데, 이 14개조 금지사항에서 제1조 '천한 사람이 귀한 사람을 함부로 해서는 안 된다'라는 규정을 보면 아직도 사회적으로 신분제도가 뿌리 깊게 남아있음을 짐작할 수 있다. 내무부치안국(1972), 앞의 책, p. 401.

더욱이, 일본은 영·일동맹(1902)년 이후, 러·일 전쟁(1904~1905)에서 승리하고, 미국과 카스라·테프트 밀약(1905)을 체결함으로써 대한제국에 대한 지배력을 공고히 하였다. 이후 을사조약(1905)과 정미조약(1907)이 체결되면서 대한제국의 정체성은 더욱 불투명해졌고, 일본의 침략 의도는 더욱 노골화되었음은 주지의 사실이다.[77)]

이러한 상황 속에서 대한제국의 존립을 위한 경찰은 더욱 형해화(形骸化: 내용은 없이 뼈대만 존재함) 되었고, 일본의 침략의도 속에서 경찰조직은 향후 식민통치를 위한 방향으로 변질되어 갔다고 볼 수 있다. 즉 1904년 8월 체결된 한일협약(韓日協約)에 따라 이른바 '경찰고문제'(警察顧問制)가 시작되어 일본 경시청 제1부장 경시 마루야마 시게토시(丸山重俊)가 고문으로 왔는데, 단순한 고문이 아니라 한국경찰을 총체적으로 지배하고자 하는 의도가 있었다.[78)]

또한 1905년 12월 을사보호조약에 기하여 통감부(統監府) 및 이사청(理事廳, 일본이 각 지방에 설치한 통감부 지방기관을 의미)을 설치하여 이른바 '통감정치'(統監政治)가 시작되었다. 이 통감부에 경무고문부, 각 도에는 경무고문지부를 두고, 고문 이하의 소속관리는 직접 통감부의 지배를 받도록 하여 사실상 한국경찰을 통제하였다. 그리고 1907년 7월 출범한 경시청을 통해서 한국 내에 있는 일본경찰과 한국경찰은 통합되고, 1910년에 경찰권은 일본에 의해 완전히 박탈되었다.

일제의 경찰권 침탈과정

1907년 이후 일제에 의한 한국경찰권 침탈과정을 살펴보면 다음과 같다.

① 「경찰사무에 관한 취극서」(1908.08): 재한국 일본인에 대한 경찰사무의 지휘감독권을 일본관헌이 지휘감독 하도록 함

② 「재한국 외국인민에 대한 경찰에 관한 한일협정」(1909.03): 재한국 외국인에 대한 경찰사무의 지휘감독권을 일본관헌이 지휘감독 하도록 함

③ 「한국사법 및 감옥사무 위탁에 관한 각서」(1909.11): 한국의 사법경찰권을 포함하는 사법과 감옥사무가 일본에 위탁하도록 함

④ 「한국경찰사무 위탁에 관한 각서」(1910.06): 한국의 경찰사무를 일본에 완전히 위탁하도록 함

---

77) 갑오개혁(1894) 당시의 경찰조직의 법적 근거가 된 경무청관제직장에 의한 경무청(警務廳)은 일본의 경시청관제(警視廳官制)에 의한 경시청(警視廳)을 모방한 타협적인 명칭이라고 할 수 있다. 일본은 1900년대 초에 이르러 서구열강으로부터 조선에 대한 식민적 통치를 잠재적으로 승인받고, 경찰조직 역시 일본을 그대로 모방하여 경시청체제로 전환시킨 것이다. 이처럼 일본은 일본식으로 경찰조직을 완성함으로써 식민통치의 기초를 마련한 셈이다.

78) 경찰대학(2002), 앞의 책, p. 153.

〈대한제국 좌절기의 일본의 경찰권 침탈과정〉

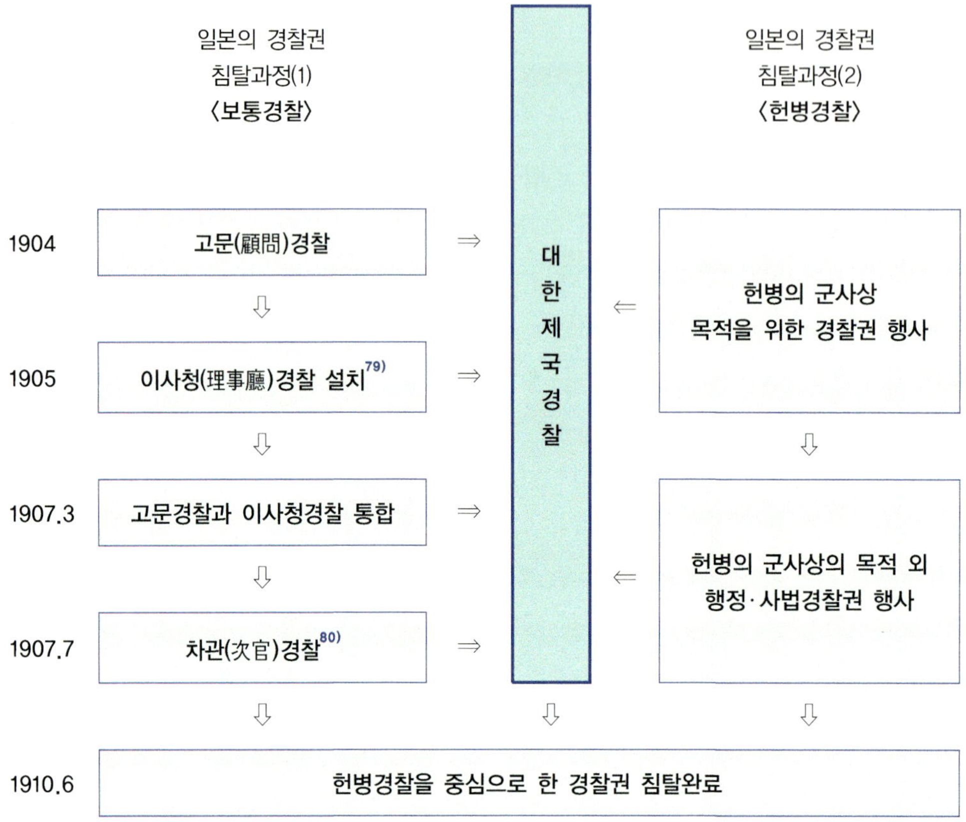

79) ① 일본은 대한제국의 보호자로서 이른바 '통감정치'(統監政治)를 시작되었다. 대한제국의 실질적인 주체가 일본인 통감이 되어버린 셈이다. 을사보호조약을 통해 대한제국정부의 외교권을 박탈한 일본은 1905년 12월 21일 통감부(統監府) 및 이사청관제(理事廳官制)를 공포하고, 초대 통감에 이토 히로부미(伊藤博文)를 임명한 것에 이어, 1906년 1월 31일 주한일본공사관을 비롯한 각국의 영사관을 철수하고, 전국 13개소에 이사청(理事廳) 및 11개소의 이사청지청을 설치하는 등 식민지 지배를 위한 기초공사에 착수했다. ② 이러한 상황 속에서 각 이사청에 일본경찰기관이 설치되었다. 이사청이 설치되기 이전에도 한국에 거류하는 일본인은 치외법권을 누려 일본이 직접 영사재판권을 행사하였다. 그리고 일본외무성에서 직접 일본인 경찰관을 대한제국에 파견하여 이를 공사관 및 영사관에 배치하여 거류민에 대한 경찰사무를 집행하기 위하여 각 영사관에 경찰서를 설치한 바 있다. 을사조약 이후 대한제국에 거류하는 일본인이 크게 증가하여 관제를 고쳐 영사관을 이사청으로 고치고, 550명의 이사청경찰을 배치하였다. 그런데, 외교관이 아니라 대한제국에 거류하고 있는 일반일본인 조차도 치외법권을 가진다는 점은 당시의 국내현실을 보여주고 있다. 위의 논문, p. 314.

80) 1907년 6월에 네덜란드 헤이그(海牙) 밀사사건을 계기로 '한·일신협약(정미7조약)'이 체결되었다. 이 조약에 의해 대한제국 각 부(部)의 차관(次官)에 일본인을 임용할 수 있게 되었다. 이에 따라 이해 8월 공식적으로는 경무고문에 불과하였던 마루야마 시게토시(丸山重俊)는 경시총감(警視總監)이 되고, 11월에는 경무고문부에 소속한 일본인 직원은 전원 대한제국경찰의 경시·경부·순사에 임명되었다. 그리고 내부대신에 직속하는 경시청(警視廳)을 제외한 전국의 경찰은 내부 경찰국(警察局)에서 통할하기로 하고 마쓰이 시게루(松井 茂)가 내부 경무국장(警務局長)에 임명되었다. 위의 논문, p. 315.

이상에서 본다면, 대한제국시기의 한국경찰은 갑오개혁시대보다 제도적·기능적으로 전문화·독립화되고, 수도에 국한되었던 근대경찰모델이 각 지방에까지 확산·적용되었다는 점에서 의의가 있다. 그리고 초기의 개혁은 대한제국 스스로 내재적으로 추진했음을 알 수 있다.

그러나 대한제국이 추진하고자 했던 국가근대화 프로젝트, 경찰근대화 프로젝트는 실효성이 없는 면이 적지 않았으며, 특히 이념적 경찰근대성(민주주의)과는 역행하는 것이었다. 또한 러·일 전쟁 이후에는 대한제국은 상징적인 국가 모습만을 가진 채, 일본에 의해 타율적·종속적으로 경찰근대성이 추진되었으며, 일본이 추진한 경찰근대성 역시 이념적으로 민주주의를 지향하는 것이 아니라 식민지배를 위한 사전 작업에 불과했다는 점을 인식할 필요가 있다.

요약건대, 일본은 크게 보통경찰(普通警察, 오늘날의 일반경찰)과 헌병경찰(憲兵警察)의 2원화 된 경찰제도가 대한제국의 경찰에 접목되어 자신들의 본래 목적(즉, 조선 식민화) 달성에 유리한 방향으로 영향력을 행사하였다고 볼 수 있다(그리고 경우에 따라서는 2원화 된 일본경찰 상호간에도 역할갈등이 빚어지기도 하였다. 이러한 과정을 거치면서, 1910년 8월 일제강점 후에는 헌병경찰로 일원화되었다).[81)]

5. 일제강점기 경찰의 제도적 근대화와 한계

1) 조선총독부의 설치와 총독의 제령권

1905년 을사조약에 따른 통감부(統監府)가 설치된 이래로 대한제국의 경찰사무는 강제병합(1910.08.22) 직전에 통합되었다.

1910년 5월 육군대신 데라우치 마사타케(寺內正毅)를 통감으로 임명하고 6월에 각서를 교환하여 종래의 사법경찰권 이외에 일반경찰권까지 강탈하였다. 이때 통감을 정점으로 한 일원화된 명령체계를 지닌 경찰제도가 성립하게 되는데, 이 시기에 군사경찰인 헌병경찰과 일반경찰이 하나가 되는 헌병경찰체제가 사실상 수립되었다.[82)]

경찰권 강탈에 이어 데라우치 통감은 이해 8월에 이완용과 합병조약을 체결하여 대한

81) 위의 논문, p. 312.; 최선우(2008), 앞의 논문, p. 314.

82) 이에 따라 대한제국의 경시청은 폐지되었고, 중앙에는 통감직속 하에 경무총감부(警務總監部)을 두었으며, 각 도에 경무부를 두어 경찰을 지방행정기관으로부터 독립시켰다. 朝鮮總督府 編(昭和 10, 1935), 施政25年史, pp. 29-32. 서기영(1972), "근대한국경찰 행정구조에 관한 연구(1894-1945)," 동국대학교 논문집 10, p. 257.

제국을 강제병합하였다(일제는 대한제국의 국호를 개정하여 '조선'으로 함). 그리고 통감부 대신 조선총독부(朝鮮總督府)를 설치하여 데라우치가 초대 총독을 맡았다. 조선총독의 조선에 대한 억압적 식민통치는 제령권(制令權, 의회가 구성되지 않는 식민지에서는 법률적 효력을 갖는 법규명령권)에 의해 실현되었다. 이와 관련하여 조선형사령, 범죄즉결례, 조선태형령이 대표적이다.[83)]

(1) 조선형사령

조선형사령(朝鮮刑事令)은 검사 및 사법경찰관리에게 예심판사에 준하는 고유의 강제수사권을 부여하였다. 이에 따라 검사와 사법경찰관리는 법관의 영장을 일체 필요로 하지 않고 언제든지 피의자의 인신을 구속하거나 물건을 압수·수색하여 수사를 할 수 있었다. 따라서 당시에는 강제수사(强制搜査)가 수사의 기본원칙이 되었다.

(2) 범죄즉결례

범죄즉결례(犯罪卽決例)를 통하여 식민지 헌병·경찰은 피의자를 수사한 다음, 징역 3월 이하의 형벌을 형사범 일부 및 행정범 사건(선고형 기준)에 대하여 즉결로 선고할 수 있었다. 여기에서 '즉결'(卽決)이라는 것은 검사의 공소제기 및 법원의 심판을 기다릴 필요 없이 즉시 판결을 선고한다는 의미이다. 이러한 즉결재판제도 아래에서는 수사기관이 소추기관임과 동시에 재판기관이 되었다.

(3) 조선태형령

일제는 조선태형령(朝鮮笞刑令)에 따라 3월 이하의 징역이나 벌금형을 선고하는 경우, 종래의 전근대적 형벌유형의 하나인 태형(笞刑)으로 환형처분 할 수 있도록 하였다. 헌병·경찰이 3월 이하의 징역이나 벌금형을 선고할 경우, 그 형을 태형으로 환형하여 즉시 집행할 수 있도록 한 것이다. 이 조선태형령은 일제가 조선을 강제로 합병한 직후에 실시한 무단통치의 전형적인 도구요 상징물이라 할 수 있다.

2) 무단통치와 헌병경찰제도

(1) 헌병경찰에 의한 경찰조직의 단일화

조선총독부는 총독 아래 경찰최고기관으로 경무총감부(警務總監部)에 경무총감을 두고 전국의 경찰사무를 총괄하고 경찰관서의 전 경찰관을 지휘하도록 하였다. 데라우치

83) 김창윤·이창한·최선우 외 13인(2012), 경찰학, 서울: 다해, p. 111 재인용.

총독은 조선인의 저항이 워낙 강한 것을 알고 헌병이 경찰업무를 맡도록 하는 이른바 '헌병경찰제도'를 실시하였다.

따라서 강제병합 한 후 조선에서 시행한 경찰제도는 이전보다 훨씬 조직적이고 체계적이었다. 즉, 총독을 정점으로 한 '단일화'된 경찰기구가 수립되고, 전국적인 조직망을 갖추어 지방에까지 국가에 의한 통제력을 마련하게 된 것이다. 다만 초기 헌병경찰제도는 헌병경찰과 일반경찰이 이원적으로 공존 한 채 경무총감의 일원적인 지시를 따르며 상호보완적인 역할을 하여 조선에 대한 지배력을 강화하였다.

강제병합 후 총독부의 헌병경찰체제는 앞의 통감부 경찰체제의 일부만 수정되어 발전된 것인데, 헌병과 경찰의 두 조직체계가 연립한 상태에서 헌병이 최고 치안책임자로서 이 두 조직의 장을 겸하여 일원적인 명령체계를 이룬 것이다. 조선주차 헌병대사령관이 총독 직속의 경무총감부 총감을 겸임하고, 각 도의 경무부장을 도 헌병대장이 취임하여 중앙과 지방의 경찰을 관할하여 일원적인 명령체계를 수립한 것이었다.[84)]

또한 지방 각 요소에는 경찰서를 설치하고 경찰서가 없는 지방에는 헌병분대, 분견소를 두어 관할하였는데, 경찰은 주로 개항지 및 철도연선 등 질서유지가 필요한 도시에 배치되어 행정경찰 및 사법경찰의 업무를 수행하였고, 헌병은 국경지대, 의병이 출몰하는 지방 등에 주로 배치되어 양자의 운영상의 특성을 살렸다.

그리고 각 도의 헌병대장은 경무부장으로서는 행정관이었고, 따라서 규정상 도장관의 명에 따라 도행정의 집행을 돕고, 지방경찰사무에 관해 도장관의 명령을 받들어 필요한 명령을 발포·처분하도록 하였다. 그러나 도장관이 명령계통이 전혀 다른 현역 육군에게 명령하는 것은 사실상 불가능하였고 도장관은 경찰권에 관여할 수 없었다. 오히려 이들 헌병경찰이 지방행정까지 장악하여 지방행정을 주관하였다.

헌병보조원제도

헌병보조원(憲兵補助員) 즉, 이른바 조선인들로 구성된 '토병'(土兵)의 활용구상은 헌병대사령관이자 경무총감인 아카시 겐지로(明石 元二郞)가 대한제국에 부임하기 10년 전부터 대만 및 베트남(당시 프랑스령)을 시찰할 때 배웠던 것이다.[85)] 이와 같은 방침은 대한제국 의병토벌에 적용하여 대단한 성과를 거두게 되었다. 결과적으로 이러한 일본군의 전

84) 이에 따라 헌병대사령관인 아카시 겐지로(明石 元二郞)는 경무총감(警務總監)을 겸직하고 헌병장교는 경시(警視), 준사관·하사는 경부(警部) 등에 임명되었다. 각 도 경무부장(警務部長)에는 헌병중좌(憲兵中佐) 5명, 헌병소좌(憲兵少佐) 8명이 7월 1일부로 임명되었다. 경무일보(警務日報), 제1호, 1910. 8.; 최선우(2008), 앞의 논문, p. 319 재인용.

85) 이연복(1971), "구한국 경찰고(1894-1910)", 서울교육대학논문집 4, p. 18.

술 변경으로 군경(軍警)을 통한 치안작전 수행에서 경찰보다 헌병대의 비중과 역할이 커지게 되었다.

아카시는 1908년 6월 대한제국정부로 하여금 보조원 3,000명을 모집하게 하고, 이어 8월 1,300명을 추가로 모집하여 전국 453개소의 헌병분대(憲兵分隊) 및 헌병분견소(憲兵分遣所)에 배치하였다. 여기에 지원한 사람들은 대부분 불량배이며, 특히 의병 측에 있다가 탈락 귀순한 자, 면직된 순사, 전직군인 등이 많아 일본에 위협적인 요소가 있다고 하여 반대가 있었다. 그러나 아카시와 이토 히로부미(伊藤博文) 통감의 결단으로 이러한 보조원 배치조치는 이루어졌는데, 이에 따라 일본헌병 1명에 보조원 2명, 후에는 3~4명을 배치하였다.

이들 헌병보조원은 아카시의 예상대로 자신들의 출신지에 배치되어 지방사정에 정통하였고, 아울러 불량배 특유의 능력을 발휘하여 일제의 충견(忠犬) 역할을 하여 그 성과(의병토벌)가 만족할만한 수준에 이르렀었다. 이들은 그 인원에 있어서 수비대보다 훨씬 소수였음에도 불구하고 의병토벌에 적극적인 전의를 발휘하여 의병진압의 중심적인 역할을 수행하였음은 물론이다. 이러한 노력으로 일본의 조선병탄은 더욱 가속화될 수 있었고, 이들 헌병보조원은 일제강점기에 순사(巡査)로 다시 임용되어 일본의 앞잡이 노릇을 하였다.[86)]

(2) 헌병경찰의 특징

1910년대 헌병경찰은 치안업무뿐만 아니라 대단히 포괄적이고 다양한 기능을 수행하였다. 특히, 주목해야 할 점은 경찰이 치안업무와 관련된 행정경찰과 사법경찰의 업무뿐만 아니라 사법권과 행정권 자체도 행사했다는 점이다.

먼저 사법사무의 경우, 헌병경찰은 지방법원 가운데 검사가 배치되지 않은 곳에서 경시 또는 경부가 검사사무를 대신 취급하였다. 그리고 재판소가 없는 지역의 경찰서장은 주택·건물 또는 물품의 인도, 부동산의 경계 및 2백 원 이하의 금전채권에 대해 조정할 수 있었다. 조선 전체에 재판소가 있는 곳은 55개 군에 불과했으며, 따라서 재판소가 없는 나머지 161개 군에서는 경찰이 검사는 물론 판사의 역할까지 수행하였다.

행정사무의 경우, 헌병경찰에게는 '조장행정원조사무'(助長行政援助事務)라는 행정기능이 부여되었다. 이에 따라 헌병경찰은 도로 수축(修築), 임야 단속, 국경지방의 관세사무, 세금징수의 원조, 농업지도, 해충구제, 산업 장려, 부업 및 저금장려, 어업 단속 등 행정기관의 사무를 원조하는 형식으로 이를 겸행하였다. 또한 헌병경찰은 호구조사를 실시함으로써 조선 민중에 대한 감시체제를 강화하였다. 이러한 점에서 볼 때 이 시기는 가히 '헌병경찰국가'(憲兵警察國家)라 불러도 손색이 없을 것이다.

86) 김용덕(1997), 한국제도사연구, 서울: 일조각, p. 363.

3) 문화통치와 보통경찰제도

(1) 3·1운동과 문화통치

1910년 한일강제병합 이후 일제의 야만적 탄압통치를 경험하면서 그 분노와 각성은 계층적으로나 지역적으로 한층 확장되면서 민족의 역량이 하나로 집결되어 갔다. 이에 따라 1919년 3월 1일 전세계를 깜짝 놀라게 한 평화적 만세운동이 전국 각지에서 일어났다.[87] 이에 따라 일제는 무단통치를 문화통치로 전환하고 몇 가지 개량적인 조치를 하였다. 즉, 헌병경찰제도(憲兵警察制度)를 보통경찰제도(普通警察制度)로 바꾸고, 관리나 교원의 제복과 칼 차기를 폐지하였으며, 언론·출판·집회·결사의 자유를 제한적으로 허용하였다.

그러나 일제의 문화통치는 우리 민족을 기만하면서 민족 분열을 부추기기 위한 고도의 술책에 지나지 않았다. 예컨대, 총독을 무관에서 문관으로 바꾼다는 약속은 애당초 지켜지지 않았다. 3·1운동 이후 새로 총독으로 온 사이토 마코토(齋藤實) 이후 6명의 총독은 모두 육·해군 대장이었다.

(2) 보통경찰제도의 특성

보통경찰(즉, 일반경찰)로의 제도 개편을 통해 우선 헌병이 경찰에서 분리되어 헌병은 군사경찰의 업무만을 수행하도록 제한되었다.[88] 그리고 조선총독부 본부관제와 지방관관제의 개정과 함께 중앙에는 총독부 경무국(警務局)을 두고, 지방은 도지사(제도 개편 이전의 도장관) 밑에 경찰부(警察部)를 두어 도지사가 경찰권을 행사하게 되었다.

이는 종래 각 도경무부장이 헌병사령관이 겸임하는 경무총감의 지휘를 받고 지방에서는 형식적으로 도장관의 명령을 받아 집행을 돕는 것과는 달리, 지방 차원에 있어서 경찰의 지휘권을 도지사에게 위임하고 경찰이 문민 행정관의 지휘를 받는다는 것을 명시적으로 규정한 것이었다. 따라서 헌병과 경찰이 혼용되어 헌병사령관인 경무총감의

---

87) 이러한 배경에는 1917년에 러시아혁명이 일어나고, 뒤이어 1918년에 제1차 세계대전이 전체주의국가의 패배로 끝나면서 이제 전 세계는 군국주의·제국주의가 후퇴하고 인도주의·평화주의·민족자결주의의 시대가 온다는 믿음이 널리 확산되고 있었던 점을 들 수 있다. 아울러 1919년 1월 21에 일제의 고종황제 독살설 소문이 퍼진 것이다. 끝으로 해외 독립운동가들(1919년 1월 상해의 신한청년단에서 김규식 파리강화회의 파견, 2월 8일 도쿄 한국인 유학생들의 독립선언 등)의 활동이 국내에 큰 자극을 준 것이다. 한영우(2004), 앞의 책, pp. 527-528.

88) 사실 3·1운동 이전부터 일본 내에서 보통경찰제도로의 전환의 움직임은 존재하였다. 헌병경찰제도는 원래 의병투쟁에 대한 대응책으로 출현한 것이었으며, 의병진압이 종료된 이후에는 문제점을 노정하고 있었던 것이다. 松田利彦(1991), "日本統治下の朝鮮における警察機構の改編: 憲兵警察制度から普通警察制度への轉換をめぐって," 史林 74, 東京: 京都帝國大學 史學硏究會, pp. 75-80.

지휘를 받는 헌병경찰제도는 폐지되어 단일화되고 전문화된 경찰기구가 출현하게 된 것이다. 이러한 체제는 1930년 외사경찰과와 경제경찰과가 신설되는 약간의 변동 외에는 식민지체제 종식 때까지 그 골격이 그대로 유지되었다.[89)]

이로써 '공적'이고 '단일화'되며, '전문화'된 실질적인 경찰기구가 완성되게 된 것이다. 일제는 이러한 경찰기구를 통하여 식민사회 말단에 이르기까지 강력하고 세밀한 통제력의 행사가 가능해지게 되었다. 이러한 단일화되고 전문화된 경찰기구와 사회에 대한 세밀한 통제력을 행사하는 국가는 이전의 경찰에 비해 외형상 근대적인 형태로 나아갔다고 볼 수 있을 것이다.

대한민국임시정부의 경찰

백범 김구(1876~1949)

3·1운동을 전후하여 독립운동가들 사이에서는 임시적인 형태로서 근대적인 정부를 세워야 한다는 인식이 확산되었다. 독립 후의 국가를 미리 준비하고, 독립운동을 효과적으로 실시하기 위함이다. 이에 따라 1919년 3월부터 4월 사이에 국내·국외에 민주공화국(民主共和國) 건설을 목표로 하는 7개의 임시정부가 수립되었다.

이들 7개 임시정부 가운데 상해정부(1919.04.13 수립)가 중심이 되어 단일정부수립운동을 전개하였다.[90)] 이렇게 해서 새로 헌법을 만들고, 내각과 의정원을 구성하여 형성된 단일정부가 대한민국임시정부(大韓民國臨時政府, 1919.09.11)이다.

임시정부는 대한민국원년인 1919년 11월 5일에 '대한민국임시관제'를 제정하여 내무부에 경무국(警務局)을 두고 내무부장관이었던 안창호(安昌浩)는 초대 경무국장(警務局長)으로 김구(金九)선생을 임명하였다.

당시 경무국의 소관사무는 ㉠ 행정경찰에 관한 사항, ㉡ 고등경찰에 관한 사항, ㉢ 도서출판 및 저작권에 관한 사항, ㉣ 일체(一切)의 위생에 관한 사항 등을 관장하는 것이었다. 그러나 정식정부가 아닌 해외에 세운 임시정부의 경찰이었기 때문에, 영토고권(領土高權)을 가지고 있지 않았고, 따라서 그 실효성을 확보하기가 어려웠다.

89) 최선우(2006), 앞의 논문, p. 428.

90) 4월 13일(2019년부터는 4월 11일)은 대한민국임시정부 수립 기념일(記念日)이다. 정부는 1989년 임시정부 수립을 선포했다는 역사자료를 근거로 임시정부 수립일을 4월 13일로 정하고 해마다 국가보훈처에서 주관하여 기념식을 거행했다. 그러나 1919년 4월 11일 국호가 제정되고, 임시헌장 반포와 국무원 선임이 이루어졌다는 반론이 제기되었다. 국가보훈처에서는 임시정부 수립 기념일에 대한 정책연구와 학계 의견수렴을 거쳐 4월 11일이 역사적 사실에 부합한다고 판단하고, 임시정부 수립 100주년이 되는 2019년부터는 4월 11일로 기념일을 변경하기로 2018년 4월 확정 발표했다. 다음백과(https://100.daum.net/).

임시정부 경찰의 실제 기능과 관련하여 김구선생의 백범일지(白凡逸志)에 의하면, "경무국의 임무는 기성국가에서 하는 일반경찰행정이 아니요, 왜(倭)의 정탐활동을 방지하고, 독립운동자가 왜에 투항하는 것을 감시하며, 왜의 마수가 어느 방면으로 들어오는가를 감시하는데 있다. 이를 위하여 정복과 사복의 경호원(경찰관) 20명을 임용하였다. 그리하여 상해의 왜영사관과 대립하여 암투(暗鬪)를 하는 것이 경무국의 임무였다"고 하였다. 김구선생은 5년 동안 경무국장으로 복무하면서, 경찰업무뿐만 아니라 검사·판사로서의 형집행업무까지 담당하였다.[91]

(3) 보통경찰제도의 기만성

그러나 1920년대의 보통경찰제도는 경찰이 군에서 완전히 분리됨과 동시에 지방에 대규모의 경찰서와 주재소(駐在所: 오늘날의 파출소)를 확장하여 조선사회 구석구석에 대한 세밀한 통제망을 구축하였다.[92] 일제는 보통경찰제 실시 이후, 전국의 경찰관서와 경찰관을 3배 이상 늘리고 부와 군마다 한 개의 경찰서, 면마다 한 개의 주재소를 설치하여 거미줄 같은 탄압망을 짜 놓았다.

그리고 언론·집회·결사의 자유를 허용하는 것도 허위와 기만에 가득 찬 것이었다. 일제는 치안유지법(治安維持法, 1925)이라는 것을 만들어 자기들의 비위에 거슬리는 언론·집회·결사를 철저히 통제 및 탄압하였기 때문이다.

4) 일제말기의 경찰

(1) 경찰의 사회통제력 강화

일제는 만주사변 이후 조선을 대륙침략의 병참기지로 활용하고자 하였고, 그 후 내선일체(內鮮一體), 황국신민화(皇國臣民化)의 민족말살정책을 강도 높게 추진하였다. 일제의 식민경찰은 이러한 식민지 내외의 정치적·경제적 상황 변화에 따른 역할변화가 이루어졌고, 이 과정에서 사회통제력은 더욱 강화되었다.

예컨대, 1932년 일제에 의해 착수된 농촌진흥운동의 일환으로 경찰은 일정한 지역마다 경찰지도 부락(部落)을 선정하여 위생시설의 환경개선 등을 추진하였다. 그리고 각

91) 김구(1995), 백범 김구 자서전, 서울: 서문당, pp. 263-267.; 대한민국은 미군정 경무국(警務局) 창설 일(1945.10.21.)을 '경찰의 날'로 기념하고 있다. 그런데, 사실 당시에 출범한 경무국은 한국경찰의 역사적 전통성 및 자주성과는 특별한 상관이 없다고 볼 수 있다. 따라서 대한민국임시정부에 경무국이 설치된 1919년 11월 5일을 '경찰의 날'로 새롭게 정하자는 견해는 진지하게 검토할 필요가 있다고 본다. 이에 대한 자세한 논의는 김창윤(2014), "경찰의 날에 대한 역사적 고찰과 변경 가능성에 관한 연구," 한국민간경비학회보, 13(3), pp. 26-54 참조.

92) 한영우(2004), 앞의 책, p. 532.

지역에 교풍회(矯風會)·자경단(自警團) 등을 조직하여, 폐습의 교정 또는 자위경찰 정신을 확립하는 등의 노력을 하였다. 그러나 이러한 일제의 조치는 진정한 환경개선 및 시민의식 등을 확립하려는 것은 결코 아니었다. 이는 일제에 우호적인 친일분자를 중심으로 조선 전체에 친일화(親日化)를 확대하려는 의도 속에서 이루어졌기 때문이다.

한편, 일제말기에 이르러 경찰의 조장행정기능은 1920년에 비해 더욱 확대되었다. 일제가 주도한 농촌진흥운동은 부락 단위가 아닌 개별 농가 단위로 진행되었는데, 이러한 과정에서 경찰은 개별 농가의 경제 상태를 파악한다는 명분 아래 철저한 호구조사(戶口調査)를 실시하였다. 경찰의 이러한 철저한 호구조사 활동 등을 통해 조선인 개개인에 대한 실태파악이 더욱 세밀하게 이루어지고, 결과적으로 이에 따른 일제의 감시 및 통제력은 강화되었음은 물론이다.

(2) 외사경찰과 경제경찰의 신설

한편, 1937년 중일전쟁이 시작되고 총동원체제로 재편되면서 경찰기구의 조직과 역할도 강화됨과 동시에 다양화되었다. 이에 따라 1937년에는 외사경찰(外事警察)가 설치되었다. 예컨대, 경기도와 함경북도에 신설되어 국외에서의 공산주의자의 조선 내 잠입을 경계하고, 항공경비 및 금의 밀수출 단속을 담당하였다.

또한 전시체제가 수립되고 경제면에서 군수산업을 위주로 하는 통제경제정책이 실시되자 이로 인해 나타난 문제점들을 해결하고 경제통제를 위한 경찰조직의 필요성이 제기되었다.

이에 따라 1938년에는 경제경찰(經濟警察)이 창설되었고, 1940년에는 경제경찰의 위상이 강화되어 본부와 각 도에 경제경찰과를 설치하여 경제경찰의 업무를 독립으로 수행하도록 하였다. 경제경찰은 물가 단속, 물자배급 등의 경제통제의 업무와 경제정보의 수집과 민심통제의 역할을 하였다.[93]

5) 일제강점기의 경찰근대성 논의

이상에서 살펴본 바와 같이 일본은 한일강제병합 이후 경찰제도가 더욱 단일화·전문화되어 조선사회 정점에서 말단에 이르기까지 체계적인 통제체제를 구축하였음을 알 수 있다.

비록, 1910년대에는 군(헌병)과 경찰이 공존하였지만, 3·1운동(1919) 이후 식민지경찰은 베일리(Bayley)가 말하는 근대경찰의 모델(공적 단일화·전문화)과 부합하는 것이

93) 김상범(1997), "일제말기의 경제경찰의 설치와 활동," 한국민족운동사연구 17, pp. 105-113.

었다. 그리고 이러한 일제 식민지의 경찰과 국가의 특성은 이전보다 훨씬 강력하게 세밀하고 체계화된 것이었고, 경찰은 국가의 사회에 대한 통제와 자원추출을 가능하게 하여 국가의 강력함을 유지해주는 핵심적인 지배기구였다(물론, 제도적 전문성 차원에서 경찰기능이 수많은 국가기능을 수행하여 마치 국가행정전반을 관할한 것은 근대성에 역행하는 부분이라 할 수 있다).

그렇다면 이와 같은 일제강점기의 경찰근대성은 어떠한 관점에서 논의할 수 있을 것인가.[94] 이와 관련하여 커밍스(B. Comings)는 일제강점기에 근대적인 요소가 출현하였다고 보았다. 그는 식민지 시대에 국가체제 전반이 고도로 정연화·규율화되었고, 침투적인 식민지 관료제가 전통적인 조선왕조와 토착 지배계급을 대체하였다고 본 것이다. 식민지국가는 오래된 약한 국가와 정체된 사회를 대체하였으며, 이것은 1961년 이후 남한에 국가주도형 개발모델을 제공하였다는 것이다.[95]

이러한 주장에 따르면, 식민지국가에 의해 전통적 폐습의 타파, 산업화 실행, 교육·군사 등에 있어서 근대적 제도의 도입이 추진되었고, 이에 대한 식민지 백성들의 반발을 억누르기 위해 물리적 강제력을 가진 경찰이 전면에 나서서 강력히 개혁을 실행하였으며, 그 결과 식민지하에서의 근대화와 해방 후 남한의 경제발전에 기여할 강력한 국가유산을 남겼다는 것이다. 여기에서 경찰은 단지 국가정책의 실행에 있어서 물리적인 수단을 제공해 주는 하나의 행정집행기구로 여겨지고 있다.

그러나 국가에 의한 일방적인 사회에 대한 감시와 정보수집, 그리고 통제력의 세밀화만을 보고 있을 뿐 이러한 국가역할과 통제체제의 변천이 구체적으로 어떠한 과정을 통해 이루어지게 되는지를 무시하고 있다. 즉, 이러한 통치방식과 국가역할의 변화라는 것이 사회영역에서 어떤 변동과 필요성과 맞물려 진행된 것인지, 그리고 이것이 어떤 방식으로 실행되는지를 무시한 채, 단지 외형적인 측면만을 대상으로 삼고 있다. 이로 인해 전통적 경찰기능과 차별화된 기능상의 변화와 특성만이 부각되고 있을 뿐 경찰의 '권력행사의 방식'(the use of power)은 무시되거나 부차적인 것으로 간주되고 있다. 따라서 이것은 중대한 문제점을 내포하고 있다.

94) 최경준(2002), 앞의 논문, pp. 31-36 재인용.

95) 한국의 근대성 출현은 제국주의적인 억압과 식민지적 수탈과 시기적으로 일치하는데, 여기서 일제 식민주의의 '야누스적'(Janus-faced) 특성이 나타나게 된다. 즉, 식민통치를 통해 조선은 교육, 군사, 정치, 경제적인 근대화를 경험하게 되고, 이를 통해 식민통치 이후에는 군사적 성공, 강성국가의 이용, 급속한 경제발전, 근대적 경제구조의 형성을 이루게 되는데, 문제는 식민통치기에 이것들이 억압과 수탈과 맞물려서 진행되었기에 조선인에게 '애증'(love and hate)의 갈등을 남겨놓았다는 것이다. 따라서 억압과 수탈은 존재하였지만 일제에 의한 근대성은 부정되지 않고, 오히려 남한에 긍정적이고 적극적인 유산을 남긴 것으로 여겨지고 있다는 것이다. Bruce Comings/김자동 역(1981), 한국전쟁의 기원, 서울: 일월서각, pp. 482-486.

즉, 경찰의 물리적 강제력은 효율적이고 강력한 집행을 위한 단순한 수단으로 여겨지고 있을 뿐 경찰이 개입했다는 사실, 그 자체가 어떠한 결과를 초래하는가와 관련하여 다른 큰 의미를 부여하지 못하고 있다. 또한 단순히 경찰이 체계적인 조직을 갖추고 감시체계를 구축하고 사회에 대한 정보를 축적하고, 이를 통해 사회를 통제한다는 외형적인 측면만이 근대성을 의미하는 것은 아니라는 점이다.

이것을 만일 근대성이라고 한다면 우리는 제정 러시아 말기와 국가 사회주의 치하의 독일에서 나타난 폭압적 경찰기구 속에서 근대성의 전형을 찾아야 할 것이며 이들 국가 속에서 근대국가의 이상적인 모습을 발견해야 할 것이다. '근대적 외양'(近代的 外樣)이라 칭할 수 있는 경찰기구 자체만 가지고 '근대성'을 결론지을 수 있는 것을 의미하는 것은 아니라는 점이다.

경찰은 이미 만들어져 있는 단순 기구가 아니라 서구역사에서 자본주의사회 형성과 더불어 만들어진 것이며, 근대 국가권력 행사방식의 변화와 맞물려 돌아가는 권력 그 자체와 뗄 수 없는 그 자체가 권력의 속성을 가지고 있다.

그렇다면 근대적 외양(外樣)으로부터 한 단계 더 들어가서 근대적 외양 속에 존재하는 실질적 의미로서의 경찰근대성을 무엇이라고 정의할 수 있을 것인가? 그것은 경찰이 어떻게 작동하는가라는 '권력행사 방식'의 특성 속에서 찾아야 한다고 본다. 이는 이념적·현실적 차원에서 즉, 근대적 형태의 경찰기구와 기능이 어떠한 이유로, 어떻게 만들어진 것이며, 이것이 사회 속에서 어떻게 작동하였는가를 파악해야 하며, 이것을 통해 근대적 경찰의 '근대성'을 규정해야 한다는 의미이다. 개인 또는 국민지향적 경찰이 이러한 이유로 중요한 것이다.

6. 미군정기 경찰의 제도적·이념적 근대화와 한계

1) 미군정기의 성립

1945년 8월 15일 우리민족은 36년간의 일제의 압제에서 벗어나 해방의 감격을 맞이하였다. 이후 남한에 진주한 미군은 하지(J. R. Hodge) 중장을 사령관으로 하여 곧바로 군정(軍政, Military Government)을 실시하였다. 이후 1948년 8월 15일에 대한민국이 수립될 때까지 3년 동안 우리나라는 정부수립의 과도기적 기간으로 미군정(美軍政) 아래에 있었다.

남북분단의 비극

해방 후 한반도에 대한 전후처리 문제를 둘러싸고 강대국들이 몇 차례 회담이 이루어진 바 있다. 1943년 11월 카이로에 모인 미국·영국·중국의 3국 수뇌들은 처음으로 한국 문제에 언급하여 '적당한 시기'에 한국을 해방 및 독립시킬 것을 결의하였고, 1945년 7월의 포츠담회담에서는 이를 재확인한 바 있다.

그런데, 이러한 전시회담에 있어서 한국의 독립에 대한 강대국들의 약속은 유감스럽게도 즉각 독립이 아니라 '적당한 시기'의 독립이었다. 따라서 일제가 패망한 뒤 한국에서는 미국과 소련의 군정(軍政)이 실시되었다. 지정학적으로 동북아시아에서 매우 중요한 지역이었기 때문에 미국과 소련 어느 한쪽이 독점적으로 영향력을 행사하게 되는 것을 바라지 않았고, 이 때문에 양국이 남북을 분할 점령하게 된 것이다.

이때 소련군이 먼저 한반도에 도착하여 남하해 왔으므로, 미국은 소련의 점령지역이 과도하게 확대되는 것을 방지하기 위해서 북위 38도선을 경계로 일본군의 무장을 해제시킬 것을 제의하였고, 소련이 이에 동의함으로써 3.8선이 확정되었다. 따라서 해방되던 날 바로 그날부터 국토분단의 비극이 싹트기 시작하였다고 볼 수 있다.[96)]

2) 미군정기의 경찰제도의 정비과정

미군이 정식으로 한국에 진주하게 된 것은 1945년 9월 9일이었다. 따라서 해방 후 미군이 진주할 때까지 약 24일간은 일종의 '치안공백 상태'에 놓여 있었다. 특히, 일제강점기에 존재했던 경찰은 해방 후 그 기반과 정당성을 잃은 상황이었다.

일제강점기 경찰의 학정에 시달려 온 일반 국민은 경찰에 대하여 결코 우호적일 수 없었다. 한국인 경찰관들은 일제에 협력하여 민족을 탄압한 반역자로 몰려 전국 각처에서 집단폭행, 구타, 심지어는 살해까지 당하여 대부분 다른 지방으로 은신하는가 하면 공포 속에서 구명에 급급하였다. 일본경찰과 헌병대에 의해 일시적으로 치안기능이 지속되었던 수도경찰의 경우에도 출근율이 20% 이하였던 것을 보면 당시의 상황을 짐작할 수 있다.[97)]

이러한 상황에서 주로 마을 단위로 임시조직 된 청년단체나 야경원 또는 치안대 등이 활동하였으나, 이것은 일정한 체계가 잡히지 않아 사회의 무질서와 혼란상태는 어쩔 수 없는 상황이었다.

96) 박봉식(1982), "열강의 정책과 한국의 분단," 국사편찬위원회, 한국현대사; 변태섭(1993), 한국사통론, 서울: 삼영사, pp. 538-539.
97) 경찰청(1995), 경찰 50년사, pp. 17-18.

(1) 임시적인 경무국 체제

한편, 1945년 10월 21일 미군정청에 경무국(警務局, The Police Bureau)이 창설되었다.[98] 이것이 비록 군정법령에 근거를 둔 군정경찰(軍政警察)의 성격을 띠고 있었으나 경찰조직의 유지 및 운영이 일정부분 한국인 손으로 이루어졌다는 점에서 의의가 있다.

물론, 엄밀한 의미에서 이날 경무국이 창설되었다고 보는 것은 다소 한계가 있다. 실제 경무국은 일제강점기 조선총독부에 설치되어 있었고, 미군정에서도 이날 새로이 창립되었다는 기록은 없다. 사실 미군정은 일제강점기의 경무국체제를 그대로 존속시켰다고 볼 수 있다. 그리고 미군정의 경무국은 진정한 의미의 국립경찰이라고 보기는 어렵다. 우리의 주권 아래에서 유지·운영된 경찰이 아니라 미국의 군정권에 근거를 둔 경찰이기 때문이다. 다만, 이러한 미군정기의 경찰은 이후 대한민국 정부수립과 함께 민주경찰로 성장·발전할 수 있는 계기가 되었다고 볼 수 있다.

경무국체제는 중앙에 경무국을 두고, 각 8개 지방에는 도지사 소속하에 경무부(警務部)를 설치하였다.[99] 여기에서 조병옥(趙炳玉)은 경무국 국장, 장택상(張澤相)은 경기도 경찰부장에 임명되었다. 이들은 미군정 시기에 경찰조직의 최고책임자(오늘날로 본다면, 경찰청장과 서울경찰청장)로서 많은 활동을 하게 된다.[100]

(2) 경무부체제로의 전환

그런데, 이러한 경무국체제가 얼마 지나지 않아 경무부(警務部)체제로 개편되었다. 경무부체제의 전신인 경무국체제는 1945년 10월 21일에 발족하여 1946년 1월 16일에 이르러 경무부체제로 바뀌었으므로 불과 3개월에 못 미치는 단기간 내에 존속하였다. 이러한 점에서 볼 때 경무국체제는 다소 정비되지 않은 과도기적 경찰조직체제이며, 따라서 경무부체제로 정착되었다고 볼 수 있다.

중앙경찰의 개편과 맞물려 지방경찰 역시 1946년 4월 11일 개편작업이 이루어졌는데, 종전의 각 8개 도경찰부가 8개 관구경찰청(管區警察廳)으로 개칭되었다.[101] 그리고

---

98) 위의 책, pp. 29-32.

99) 지방경찰의 경우 각 도지사 소속하에 경무부를 두었다고는 하나 이것은 단지 행정체계 상 그러할 뿐이다. 즉, 1945년 12월 27일 경무국 고문인 W.H. 맥클린 헌병대령이 서명한 「조선국립경찰의 조직에 관한 건」은 당시 경찰의 조직편성을 상세하게 설명해주고 있는데, 여기에서 경찰권한을 도지사의 권한으로 완전히 분리시켜 독립을 시켜버린 것이다. 위의 책, pp. 29-32. 이러한 현상은 오늘날 각 지방경찰청과 광역자치단체장과의 관계(형식적인 소속관계)에서 마찬가지로 나타나고 있다.

100) 이에 대한 내용은 최선우(2010), "미군정기 수도경찰청장 장택상 연구," 경찰학논총 제5권 제1호 참조.

101) 당시의 경찰관청의 용어 사용은 다소 혼란스럽게 느껴진다. 즉, 경무국체제에서는 중앙에는 '경무국', 지방에

경기도경찰부(즉, 제1관구경찰청)에서 수도의 치안사무를 관장하였는데, 1946년 9월 18일에 서울은 '서울특별시'라는 별도의 행정구역으로 탄생하였고(미군정법령 제106호), 이에 따라서 수도관구경찰청이 탄생하였다. 이로써 미군정기에 남한 지역에 9개의 관구경찰청(현재의 시·도지방경찰청)이 설치된 것이다.

3) 미군정기 경찰의 특징

미국은 개인의 자유와 권리보호를 기초로 하는 민주주의 이념에 따라 전형적으로 지방분권화 된 자치경찰제도를 중심으로 운영되고 있음은 주지의 사실이다. 따라서 한반도 역시 미군정체제 아래에 있었기 때문에 당연히 지방분권화 된 자치경찰을 고려할 수도 있었을 것이다. 그러나 당시의 우리나라가 직면하고 있는 치안환경(좌·우 사상의 대립)과 지리적인 여건(협소한 국토), 빈약한 지방재정 등을 고려하여 미군정 당국과 우리의 민정 당국이 논의한 결과 국가경찰(國家警察)의 형태를 취하는 것이 오히려 우리 실정에 부합된다는 결론에 도달하게 되었다.

그리고 조선의 역사나 일본의 식민지 수탈과정을 알지 못하는 미국의 시각에서 볼 때 한반도는 일본과 같은 전범국(戰犯國)으로 간주하였다는 점을 인식할 필요가 있다. 미군이 '해방군'이 아닌 '점령군'의 자격으로 온 것이라면, 군정청(軍政廳)을 수립하고 식민지지배 형식(중앙집권화된 통치구조)을 취한 것이다. 아울러 미군정경찰의 역할은 미점령군의 안전과 그 병력의 유지 및 군사업무와 밀접한 관련이 있다고 볼 수 있다.

그러나 미군정경찰은 궁극적으로 일제강점기의 식민경찰의 해체를 전제로 한 것이었고, 따라서 일제강점기 경찰에서 자주독립국가의 국가경찰로 거듭날 수 있는 교량적인 역할을 담당하였다는 점은 부인할 수 없다고 본다. 따라서 이 시기에 일정부분 민주주의에 입각한 근대경찰의 토대를 구축하게 되었다고 본다.[102)]

(1) 행정경찰의 탈경찰화

일제강점기의 조선총독부 경찰은 치안유지라는 경찰 본래의 기능 외에 정치·경제·출판·보건위생·군사경비·소방·사법 등 광범위한 권한을 행사하고 있었다. 이는 우리나라를 강제적으로 지배하고 우리민족의 독립투쟁을 억압하기 위한 수단으로 경찰을 활용했기 때문이다.

는 '경무부'를 두었는데, 이것이 이후 경무부(중앙)와 관구경찰청(지방)으로 바뀌었기 때문이다. 지방경찰의 명칭을 비교해 본다면, 경무국체제에서는 지명위주(경기도 등 8개 지역)의 명칭을 사용하였다면, 경무부체제에서는 구 번호별(제1관구에서 제8관구까지)로 바뀌게 되었다는 점이다.

102) 경찰대학(2002), 앞의 책, pp. 204-209.

따라서 미군정 당국은 남한의 경찰권을 접수한 이후 본래의 경찰영역을 넘어선 비정상적인 부분을 경찰관할에서 회수하여 다른 관서로 이관시켜 '탈경찰화'(脫非察化)를 단행하였다.

이와 관련하여 예컨대, ㉠ 1945년 9월 24일 미군정법령 제1호 「위생국 설치에 관한 건」에 의해서, 위생국이 설치되어 종래에 경찰에서 담당하던 위생업무를 이관하였다. ㉡ 동년 10월 24일 미군정법령 제17호에 의해서 경찰의 경제경찰과를 폐지하였다(일제시대부터 경제경찰과는 경제경찰, 노무자 모집·단속 등에 관한 업무를 담당하고 있었다). ㉢ 1946년 4월 10일 미군정법령 제66호에 의해서 독립된 소방부를 창설하여 종래 경찰에서 담당하던 소방업무를 이관하였다. ㉣ 기타 출판물 등의 검열업무 이관(1946.4.12.), 각종 허가권의 이관 및 폐지(1947.12.30.), 선박 및 선원의 단속업무 이관(1948.6.21.) 등이 이루어졌다.[103] 이는 경찰업무의 제도적 전문화·독립화 차원에서 매우 중요한 의미를 갖는 것이다.

(2) 독자적 경찰수사권 확보

그리고 미군정에 의해 경찰의 독자적 수사권이 인정되었다. 미군정이 실시되기 전에 일제강점기 검찰은 단순한 소추기관으로서의 지위뿐만 아니라, 범죄수사기관으로서의 사법경찰관에 대한 지휘감독권을 가지고 있었다.

그러던 것이 미군정 실시 후, 1945년 12월 29일 법무국의 검사에 대한 훈령 제3호에 의해서 '검사의 기본직무는 법원에 공소를 제기하는 것으로서 세부적인 범죄조사는 검사의 직무가 아니며, 경무국이 조사하여야 할 사항은 경무국에 의뢰하도록' 하였다.

(3) 민주경찰상 정립

미군정에 의해 경찰의 민주적 운영을 위한 개혁이 일정부분 이루어졌다. 1947년 11월에 미군정법령 제157호에 의해 중앙경찰위원회(中央警察委員會)의 설치규정이 제정되었고, 12월에 6명의 위원으로 구성된 중앙경찰위원회를 설치하였다. 이는 영미식 전통에 따른 경찰의 민주화 및 정치적 중립화를 위한 노력의 일환이라고 볼 수 있다.[104]

한편, 일제강점기의 일제는 한국인의 자유로운 정치활동 및 독립운동을 통제·탄압

103) 위의 책, pp. 204-205.

104) 위의 책, p. 202.; 한편, 1946년 5월 5월 15일에 최초로 여자경찰관을 채용하여 국립경찰학교에서 교육을 하여 동년 7월 16일 졸업하게 되었다. 이들이 졸업하기에 앞서 7월 1일에는 경무부 공안국(公安局)에 여자경찰과(女子警察課)를 신설하였고, 다음 해인 1947년 2월 17일에는 수도관구경찰청에 여자경찰서(女子警察署)를 창설하였다. 이후 서울, 부산, 대구, 인천 등에 여자경찰서가 창설되었다. 서기영(1981), 한국경찰행정사, 서울: 법문사, p. 354.

하기 위한 각종 악법(惡法)을 제정하여 경찰이 이를 집행하도록 하였다. 미군정에서는 이러한 민주주의 이념에 위배되는 각종 악법들을 폐지함으로써 경찰의 반민주적 활동의 근원을 제거하였다.

미군정법령 제11호(1945. 10. 9)에 의해서 조선총독부시대 한국인의 정치개혁 시도를 금지하는 정치범처벌법(1919. 4. 15 제정), 공산당의 활동 및 한국인의 독립운동을 금지하는 치안유지법(1925. 5. 8 제정), 치안유지법 위반자의 관찰과 한국독립운동 혐의자를 감시하는 정치범보호관찰령(1936. 12. 12 제정), 정치범의 감독 및 예비검속(豫備檢束)에 관한 예비검속법(1941. 5. 15 제정) 등이 폐지되었다.[105] 그리고 이러한 법규 위반자를 다루는 이른바 '고등경찰업무'를 담당하였던 경무국 보안과(保安課)가 1945년 9월 29일 폐지되었다.

그리고 형사소송법규를 개정, 영미법계의 장점을 도입하여 형벌불소급(刑罰不遡及) 등 죄형법정주의 원리와 불법 구금·처벌의 금지조항을 규정함으로써 일제하의 비민주적인 관행을 타파하고자 하였다.

(4) 봉사경찰상의 구현

일제강점기의 경찰은 식민통치의 목적달성을 위하여 권력적·강압적인 수단을 사용하였다. 예컨대, 경찰은 민중들에게 위협·위력적인 이미지를 심어주기 위해 패검(佩劍)하고 직무를 수행하였다. 미군정기에 이러한 폐단 역시 개선되었다. 즉, 1945년 11월 8일을 기해 이를 폐지하여 칼 대신 경찰봉을 휴대하고 근무하도록 한 것이다.

그리고 일제강점기 경찰의 억압적인 이미지를 쇄신하기 위하여, 경찰의 표어를 '봉사와 질서'로 채택하고 그 정신을 함양하기 위하여 그 표어의 마크를 경찰제복 상의 좌측 가슴의 위쪽에 착용하도록 하였다. 비록 당시에 경찰의 역할과 관련하여 '봉사'의 의미는 선언적인 것에 불과할 수도 있지만, 역사적인 의미가 있음은 분명하다.

4) 미군정기 경찰의 한계

(1) 일제시대 경찰의 재임용

그러나 미군정이 한반도에 수립되었을 때 한국의 민주화 또는 경찰의 민주화는 제대로 이루어지지 못했던 부분 역시 적지 않게 지적되고 있다. 미군정경찰은 일제강점기

105) 일제강점기의 경찰작용법인 치안유지법, 정치범처벌법, 예비검속법 등을 비롯한 치안악법(治安惡法)이 일부 폐지되었지만, 나머지 일제강점기의 법령 대부분이 미군정법령 제21호(법률 제명령의 존속)에 따라 그 효력을 유지하고 있었다. 윤성의(2008), "경찰관직무집행법상의 경찰활동의 문제점과 개선방안에 관한 연구," 호남대학교, 박사학위논문, pp. 9-10.; 김창윤·이창한·최선우 외 13인(2012), 앞의 책, p. 125 재인용.

라는 암울했던 식민경찰 및 정치경찰 등의 역사를 극복하고, 민주경찰이라는 새로운 경찰역사가 시작되는 계기를 마련하는데 기여를 한 것은 분명한 사실이다.

그러나 우리 스스로 경찰개혁이 아닌 미국이라는 타율적인 요소에 의해서 개혁이 이루어졌다는 점, 그리고 일제강점기의 경찰 출신자들이 미군정 및 지배세력과 결탁하여 생존하였던 점 등은 당시 경찰개혁의 한계를 보여주고 있다.[106)]

(2) 경찰의 정치적 예속화

오늘날 현대 한국경찰이 극복해야 할 과제 가운데 하나가 바로 정치적 중립화인 것은 주지의 사실이다. 이러한 문제는 현대 한국경찰의 모태가 되는 미군정에서부터 이미 깊숙이 내재해왔다는데 점이다.

당시 미군정과 연계된 한국 지배권력 집단(이승만-한국민주당 세력)은 자신들이 차후 권력을 장악하기 위해서 경찰력을 필요로 하였고, 경찰(일제강점기 경찰출신자) 역시 자신들의 생존을 위해서 이들과 정치적 결탁하는 모습을 보인 것이다.

결과적으로 이러한 미군정경찰과 한국민주당(약칭 한민당) 상호간의 유착은 1946년 11월 과도입법의원 선거 당시, 경찰의 간섭 또는 불법활동으로 한국민주당이 승리하게 하였다. 또 경찰은 1948년 5월 10일 총선에서는 전면에 나서서 선거에 등록을 강요하고 거부자를 모략, 협박, 구타, 검거하는 강제수단을 동원하였으며, 심지어 대리투표, 무더기 투표, 선거시간 연장 등을 강행함으로써 선거과정에 깊숙이 개입하는 폐단을 보여주었다.

이처럼 미군정시대의 경찰은 제도적으로 정비되었음에도 불구하고 또 다른 지배권력 집단의 이해관계 속에서 많은 문제점을 야기하였고, 그것으로 인해 경찰의 근대성은 여전히 미완의 것으로 남아 오늘에 이르고 있다.

106) 불행하게도 일제강점기의 경찰관들이 그대로 미군정경찰의 고위간부가 되었다. 1946년 현재 남한의 경위급 이상의 경찰관 1,157명 가운데 949명(약 82%)이 일제강점기의 경찰출신 이었다. 여기에서 미군정청 및 군정경찰 수뇌들이 일제강점기 경찰출신자들에 대해 갖고 있던 인식과 태도에서도 발견할 수 있다. 이와 관련하여, 당시의 미군정과 경찰수뇌부들은 경찰을 치안유지를 위한 기술직으로만 보고 국가형성기에 이들이 가지고 있는 정치적 의미는 중요시하지 않았다는 점으로 분석하기도 한다. 김왕식(1994), "미군정경찰의 정치적 위상," 한국문화연구원논총, 제65집(제1-2호), pp. 213-214.

제5절 현대 민주경찰의 발전과 과제

1. 대한민국 정부수립과 건국·호국경찰

1) 대한민국 정부수립

1948년 7월 17일 초대 국회의 제헌의원들은 헌법을 공포하고 대통령에 이승만(李承晩, 재임 1948.07.~1960.04.), 부통령에 이시영(李始榮)을 선출하였고, 같은 해 8월 15일 대한민국 정부의 성립을 내외에 선포함으로써 제1공화국이 출범하였다. 그리고 국회에서는 대한민국 정부의 근간이 되는 정부조직법(7.17)을 제정하였다.

당시의 경찰조직의 법적 근거는 정부조직법에 두고 있다. 그런데, 경찰은 정부조직법상 하나의 독립된 관청이 아닌 내무부(內務部) 산하에 있는 하나의 국(局)인 치안국(治安局)으로 편제되었다. 미군정 당시에는 경찰조직이 경무부(警務部, 1946.01.~1948.08.)라는 명칭을 가지고 하나의 독립된 국가행정부서였던 것에 반해 정부수립 후에는 내무부 산하의 치안국으로 축소된 것이다. 당시 정부조직법상 내무부에는 지방국, 치안국, 토목국, 통계국을 두도록 하였다(제15조).

다만, 대한민국 정부수립 이후 설치된 경찰은 건국경찰(建國警察)로서 미군정경찰과는 근본적으로 다른 자주경찰(自主警察)이었다는데 그 역사적 의미를 부여할 수 있다.

2) 정부수립과 건국경찰

그런데 대한민국 정부가 수립되었지만, 당시의 혼란스러운 시대상황에 비추어 볼 때, 경찰조직 위상의 축소는 다소 의외의 조치였다고 볼 수 있다.[107]

사실, 대한민국 정부수립 이후, 경찰조직을 독립부서로 존속시킬 것이냐 아니면 축소할 것이냐에 관한 문제는 정부조직법이 국회에 제정될 때부터 논쟁이 벌어졌다. 경찰조직의 축소를 주장하는 측은 법치주의·민주주의·국제적 위신과 같은 대의명분을 들고나왔으며, 기존대로 하나의 독립부서로 둘 것을 주장한 측은 주로 반공(反共)상의 이유를 내세웠는데, 표결 결과 축소안이 받아들여졌다.

이처럼 경찰조직이 축소된 가장 큰 원인은 미군정시대에 경찰조직의 규모가 확대되는 과정에서 친일경찰(親日警察)의 재임용과 수준 낮은 경찰의 갑작스러운 채용, 그리

107) 이하 경찰청(1995), 앞의 책, pp. 101-111 재인용.

고 이로 인한 경찰의 권력 오남용 문제가 적지 않게 제기되었기 때문이다. 따라서 경찰에 대한 반감은 이념적으로 좌익뿐만 아니라 중간노선을 갖는 사람들에게도 영향을 미쳤던 것으로 보인다. 당시 경찰조직의 축소론자들 사이에서는 경찰관의 횡포를 막기 위해서는 이들의 질적 향상과 근무조건의 향상을 꾀하는 방법보다는 예산과 인원 등 기구의 축소를 통해 이를 통제해야 한다는 인식이 지배적이었다.

그런데, 한편으로는 내무부 소속으로 경찰기구가 축소되었다고 해서 경찰력 자체가 약화되었다고 단정 짓기는 어렵다고 본다. 당시의 혼란스러운 치안환경 속에서 지방경찰관서의 수가 증가한 것을 보면, 경찰의 조직규모 및 역량은 확대된 것으로 볼 수도 있기 때문이다(미군정기인 1945년 147개 경찰서로 출발한 국립경찰은 정부수립 이후 1949년 말에 170개 경찰서로 증설되었다).

일제 친일경찰 잔재 청산의 한계

미군정시기에 있어서도 극복하지 못했던 역사적 한계는 무엇보다도 일제식민통치가 우리에게 남긴 불행한 유산이었다. 한 세대를 넘어선 36년간의 일제의 식민통치로 인해 정치·경제·사회문화 모든 영역에 있어서 이의 잔재는 우리사회에 뿌리 깊게 박혀있었다. 더욱이 문제가 심각한 것은 대한민국 정부수립 후에 사회구조적으로 이들 친일세력을 제거하지 못하고 정치권력적 이해관계 속에서 이들이 다시 지배세력으로 계속 남아 있었다는 점이다.

일제식민 잔재 청산의 중요한 과제인 이른바 '친일파'(親日派) 정리는 민족정기를 회복한다는 차원에서 매우 중요한 것이었으나, 가장 미흡하게 끝났다. 주지하는 바와 같이 해방 직후, 미군정은 치안확보의 필요에 따라 조선총독부에서 근무한 경험이 있던 관료와 경찰을 그대로 등용하였다. 그리고 일제말기 친일경력이 있는 한국민주당 인사들과 가장 가까운 관계를 유지하였는데, 이들은 반탁운동(反託運動)과 반공정책(反共政策)의 선봉에 서서 점차 입지를 넓혀가게 되었다. 그리고 대한민국 수립 후에도 이승만정부는 친일관료들을 대거 등용하였다. 이들을 대신할 만한 고급지식인과 숙련된 인재들이 적고, 이승만 자신이 오랜 망명생활로 국내세력기반을 갖지 못하여 친일파와의 타협 속에서 권력을 유지할 수밖에 없었다.

친일문제를 해결하기 위하여 1948년 9월 국회의 양심적인 소장의원들은 '반민족행위자처벌법'(약칭, '반민법')을 국회에 상정하고, '반민족행위 특별조사위원회'(약칭, '반민특위')와 특별재판부를 구성하여 반민족행위자를 체포하기 시작했다. 그러나 이들의 활동은 처음부터 거센 저항을 받았다. 이승만의 비호 아래 경찰이 반민특위를 습격하는 등 갖가지 방해로 친일파 처단은 유야 무야로 끝나고, 1950년 6월 20일로 규정된 반민법의 시효기간을 1949년 8월 31로 단축한 법안이 통과됨으로써 반민특위는 해체되고 말았다. 이승만의 친일파 포용은 민족문화의 정상적 발전을 저해하고, 대한민국의 전통성을 약화시키는 요인으로 남게 되었다.[108)]

1945년 미소군정에 의해 남북이 분단된 이래로 1948년은 우리 민족이 다시금 남북국 시대로 돌아간 비극의 해였다. 이해 8월 15일 38선 이남에는 '대한민국'(大韓民國)이 수립되고, 9월 9일에 38선 이북에서는 '조선민주주의 인민공화국'(朝鮮民主主義 人民共和國)이 수립되었다. 그리고 이에 앞선 1948년 5월 10일 남한에서는 총선거가 실시되었다.

이에 대해 좌익은 격렬한 선거 반대투쟁을 벌이고, 김구·김규식 등이 이끄는 중도우파에서는 선거불참을 선언하였다. 북한은 남한선거에 대한 보복으로 전기 공급을 중단하여 공장의 조업이 중단되는 사태가 발생하기도 하는 등 극심한 치안혼란 상황이었다.[109)]

또 1948년 2월 7일 남로당(남조선노동당)의 지령에 따라 전평(조선노동조합전국평의회) 산하 노조 30만 명이 총파업을 단행하여 통신, 운수, 송전이 중단되었다. 또한 이해 4월 3일 제주도에서는 단독선거 반대운동이 일어났는데, 이를 과잉 진압하는 과정에서 수만 명의 무고한 인명 피해가 나타났다. 이 사건으로 인하여 5월 중순 연대병력의 군대가 출동하여 진압작전에 나섰으나, 현지의 경찰과 극우청년단체, 그리고 토벌군대의 가혹행위에 의해 사태가 더욱 악화되었다.

제주 4·3사건은 정부수립 이후에도 계속되어 1948년 10월 여수에 있는 14연대를 투입하려고 하였으나, 출동군인들이 반란을 일으키고 여수·순천 등지의 양민들까지 가세하여 이 지역에 계엄령이 선포되고 군대가 파견되어 진압되었다. 그 후 반란군인과 반란에 가담 양민들은 지리산, 태백산, 오대산 능지로 들어가 인민유격대[빨치산]을 조직하고, 일부 지역에서는 북한에서 파견한 훈련된 게릴라의 지도를 받으면서 한국전쟁 이후에도 저항을 계속하다가 1955년 4월에 군과 경찰 토벌대에 의해 소탕되었다.

이처럼 경찰은 대한민국 정부수립 전후에 건국경찰(建國警察)로써, 극심한 남북대립으로 인한 정치·경제·사회문화적인 혼란 상황에서 국민의 생명·자유, 재산보호라는 본래의 사명 이외에 좌익 극렬분자들의 반란·파업·폭동·공비 진압이라는 시대적 과제를 안고 있었다.

한편, 이승만정부와 자유당(自由黨)은 1948년 12월 국가보안법(國家保安法)을 제정

108) 한영우(2004), 앞의 책, p. 579.
109) 이하 위의 책, pp. 574-575 재인용.

하여 반공정책(反共政策)을 더욱 강화하였다. 이후, 국가보안법에 의한 국가적 법익보호라는 미명하에 경찰은 국민의 인권과 사상을 탄압하는 수단으로 악용되어 많은 논란이 되었다.[110)]

3) 6.25전쟁과 호국경찰

대한민국 정부수립을 전후하여 국가체제는 좌익과 우익의 갈등과 경제난, 그리고 이로 인한 폭동 등 국가소요사태로 인해 매우 혼란스러운 상황이었음을 알 수 있다. 이러한 상황에서 1950년 5·30 총선거에서 이승만대통령의 지지 세력은 210명의 의석 중에서 겨우 30석을 차지하였다. 설상가상으로 미군이 1949년 6월 군사고문단만 남겨놓고 철수하고, 중국은 1949년 10월 장개석의 국민당이 모택동의 공산당에 패퇴하고 중화인민공화국(中華人民共和國)이 수립되었다.

이러한 상황에서 미국 국무장관 애치슨(D. G Acheson)은 1950년 1월 태평양지역의 방위선에서 한국과 대만을 제외한다고 선언하였다. 모든 사태가 한국에 불리하게 전개되고 있었다.[111)] 이처럼 남한의 어려운 사정과는 반대로 북한의 국력은 급속도로 성장하고, 소련의 스탈린과 중국의 모택동이 김일성 정권을 강력하게 지원하였다. 이러한 강력한 정치적·군사적 기반을 바탕으로 북한은 1950년 6월 25일 일요일 새벽에 남침을 감행한 것이다.

6.25전쟁은 건국경찰이 민주경찰로서의 기반을 다지기도 전에 좌익 공산주의와 대처해야 하는 시련의 시기였다. 건국 전후의 반란·폭동·파괴는 상대적으로 국지적·지엽적인 것이었으나 6.25전쟁은 전면전으로 발전한 것이라 할 수 있다. 이러한 전시상황에서 경찰의 주요 임무는 호국경찰(護國警察)로서 전투에 참여하고, 치안유지를 하는 것이었다.

이를 위해 경찰조직은 일반경찰조직과는 별도로 전투경찰대조직을 이원적으로 운영하면서, 군과 함께 막강한 화력을 가지고 남하하는 공산군에 대항하여 수차례 방어전선을 구축하고 많은 희생자를 내면서 호국경찰로서 사명을 다하였다.[112)] 당시 국민의 자유와 권리보호라는 최소한의 경찰 본연의 임무를 수행하기도 어려운 실정이었다.

110) 김창윤·이창한·최선우 외 13인(2012), 앞의 책, p. 124 재인용.
111) 한영우(2004), 앞의 책, pp. 578-580.
112) 이황우(2005), 경찰행정학, 경기: 법문사, p. 74.

태안사(泰安寺)전투에서 순직한 전남 곡성경찰서 경찰관(47명)을 기리는 경찰충혼탑(忠魂塔)

전쟁에 참전하여 순직한 경찰관의 집 대문에 부착하였던 문패

한편, 전쟁이 끝난 이후에도 여전히 상당수의 공비가 남한 산간지역 등에 잔존 하면서 치안을 교란하였다. 1953년 7월 27일 판문점에서 휴전협정이 체결된 후에도 경찰에 의한 공비토벌은 계속되었는데, 이러한 과정에서 수많은 경찰이 국가와 민족을 위해 희생되었다.[113]

〈6. 25전쟁 전후 순직 및 상이 경찰관 현황〉

연 도	순 직	상 이	계	연 도	순 직	상 이	계
1948	639	182	821	1955	94	57	151
1949	732	344	1,076	1956	49	36	85
1950	5,450	2,499	7,949	1957	41	31	72
1951	2,317	2,859	5,176	1958	34	43	77
1952	976	866	1,842	1959	30	44	74
1953	554	308	862	1960	37	190	227
1954	155	155	310	총 계	11,108	7,614	18,722

4) 전쟁 후 치안혼란과 경찰의 제도적 정비와 한계

전쟁 후 전투임무가 끝나자 경찰의 제도적 정비가 이루어지면서, 경찰 본연의 임무를 위한 노력이 이루어졌다. 당시 전쟁 후유증으로 범죄는 심각한 사회문제로 대두되었다.[114]

전쟁 이후 민생사범이 증가하였는데, 이는 전쟁의 여파로 인한 경제적 불황이 빚은 결과였다. 그리고 전국 각처에서 빈발하는 살인·강도 등 강력범 중에는 군복을 착용하

113) 경찰청(1995), 앞의 책, p. 184.
114) 이하 위의 책, pp. 209-212 재인용.

여 군인을 가장하고 무기를 휴대한 자들이 많았고, 1953년에 들어서는 이들 중 일부는 무장 강도단으로 변모하여 갔다.

한편, 휴전이 성립되고 정부가 부산에서 서울로 환도한 후인 1954년 여름부터 전국적으로 성행하기 시작한 민간 사금융인 계(契)는 정부 또는 금융기관이 돌봐주지 못하고 있는 영세사업자금의 조달원으로써 이듬해는 이미 절정에 도달하고 있었다. 고리대금의 원천이라는 이유에서 사설계를 반대하여 오던 금융계에서까지도 경제적인 필요악인 존재로 인식하고 묵인하는 실정이었다. 이 때문에 국가금융정책상의 문제뿐만 아니라 이를 둘러싼 자살·가정파탄과 같은 각종 범죄가 크게 만연하였다.

그리고 당시 특이한 현상의 하나는 밀수사건의 늘어났다는 점이다. 불안한 시기를 노리는 악질 무역상들은 배후에서 밀수업자와 결탁하여 국가경제를 좀먹는 범죄행위를 서슴치 않고 자행하였다.

또 당시 전쟁 후 사회적 허탈감과 서구문명의 도래로 인한 전통윤리관이 파괴되는 조짐이 서서히 나타나기 시작했는데, 그 대표적인 사건이 이른바 '박인수 사건(朴仁秀事件)'으로 이 있었다. 박인수는 해군대위를 사칭하고 인기 댄스홀을 휩쓸며 1년 동안 70여 명의 여성을 농락했다. 그가 만난 여성들은 대학생이 대부분이었으며 고관·국회의원 등 상류층 가정출신도 많았다. 결국 그는 1955년 5월 31일 검거되었으나 7월 22일 선고공판에서 혼인빙자간음죄에 대해서는 무죄선고를 받고 공무원자격사칭에 대해서만 벌금형을 받았다. 법정에서 그는 자신의 행적을 정당화하며 상대한 여성들을 형편없이 매도해 세상을 떠들썩하게 했다. 당시 판사는 '법은 정숙한 여인의 건전하고 순결한 정조만을 보호한다'는 유명한 말을 남기고 역사 속으로 사라져 갔다(항소심에서 박인수는 징역 1년 형을 받고 유죄가 확정되었다).

이러한 범죄문제에 대응하기 위해 경찰활동의 기본법이라 할 수 있는 「경찰관직무집행법」(警察官職務執行法, 1953)과[115] 국민의 기초질서(특히, 걸인·부랑아들에 의한 잠재적 범죄위험성 대응)을 확립하기 위하여 「경범죄처벌법」(輕犯罪處罰法, 1954)이 제정되었다.

한편, 범죄수사의 현대화·과학화를 위하여 「국립과학수사연구소」(1955년)를 신설하였다. 또한 1957년 7월 치안국은 체신부의 협조를 얻어 서울시경과 부산시경에 '112

115) 경찰관의 직무집행에 관한 일반적인 근거법이 정부수립 이후에도 마련되지 못하여 직무수행상의 많은 문제점이 제기되었다. 따라서 휴전 후인 1953년 12월 일본의 경찰관직무집행법을 사실상 모방한 경찰작용의 일반법인 경찰관직무집행법을 제정함과 동시에 시행하게 되었다. 윤성의(2008), 앞의 논문, pp. 9-10.; 김창윤·이창한·최선우 외 13인(2012), 앞의 책, p. 125 재인용.

범죄신고 전화'를 설치하였다. 이듬해에 이 112 전화는 전국적으로 확대되어 범죄예방 및 수사·검거에 있어서 많은 기여를 하였다.[116)]

과학수사의 역사와 국립과학수사연구소의 설치

① 일제강점기의 과학수사

대한민국 정부수립 이후의 과학수사는 일제강점기에 시행되어온 지문감식(指紋鑑識) 방법 등을 활용하면서 시작되었다.

일제는 1911년 조선총독부령 제11호로 일본의 형법과 형사소송법을 의용하도록 한 후, 조선총독부 법무국 행형과에 지문계(指紋係)를 설치하여 전국 수감자의 지문을 채취·보관하여, 전과유무 등의 확인을 위한 자료로 사용하였다. 이후 보관된 지문자료를 이용하여 용의자의 지문을 채취하여 이를 대조·검색하여 범인을 식별하게 되었다. 이러한 지문 이용에 의한 수사의 유용성이 인정되어 수형자 이외에 일반 피의자의 지문채취를 목적으로 1931년 8월 경기도경찰부 형사과에 지문계를 별도로 설치하였다. 그 후, 관련과학의 발전으로 법의학적 감정과 형사사진의 이용이 가능해져 1935년 4월 위 형사과에 법의이화학실(法醫理化學室) 및 형사사진실을 설치하고 변사체에 대한 부검과 독극물 등에 대한 이화학적 감정 및 범죄현장사진과 검증사진 및 개인 식별사진을 이용하게 되었다.

② 미군정기의 과학수사

해방 후, 미군정 기간 중인 1946년 2월 경무부(警務部) 산하에 감식과(鑑識課)를 두어 종래의 지문감식을 전담하게 하고, 법의학 감정을 위하여 법의학시험소를 별도로 두었다가 1948년 정부수립 이후 다시 내무부 치안국 감식과에 법의학시험소로 통합하였다.

한편, 일제강점기 최초로 시작하였던 법무국의 지문감식 등의 감식업무는 미군정 기간 중 경무부 감식과 설치로 폐지되었다. 이 시기의 과학수사 수준은 법의학적 감정에서는 혈액·타액(唾液, 침)·모발의 감정 등 혈청학(血清學)의 이용이 가능했고, 총기·폭발물감정을 위한 시설을 설치하였으며, 문서감정 등 기본적인 감정은 모두 할 수 있었다.

③ 대한민국 정부수립과 과학수사

6.25전쟁 이후, 1955년 3월 내무부산하의 독립기관으로 국립과학수사연구소를 설치하여 과학수사에 관한 종합적 연구체제를 갖추게 되었다. 이 연구소는 범죄수사에 관한 과학연구와 관공서 또는 공무원의 요청에 따라 범죄수사에 필요한 감정을 담당하여 종래의 치안국 감식과의 업무 중 지문에 관한 업무를 제외한 모든 감정 업무를 이관받았

116) 경찰청(1995), 앞의 책, p. 213.

다.
이러한 연구소체제의 출발은 일본 등 선진외국의 영향을 받은 것으로 과학수사의 연구와 발전을 위하여 획기적인 일이었다. 일본은 1948년에 과학경찰연구소를, 독일은 1951년에 과학수사연구소를 설립하였으며, 이에 앞서 미국은 1932년에 연방수사국(FBI) 산하 연구소를 설립·운영하고 있다. 그러나 감정보다는 감정기술의 연구·개발에 주력하는 외국의 연구소와는 달리 우리의 과학수사는 주변 여건의 불충분으로 인하여 부검을 비롯한 감정에 치중하여 연구의 여력이 많지 않았다는 것이 설립 당시부터 현재까지 문제점으로 지적되고 있다.[117)]

그런데, 당시 경찰은 민생치안(民生治安)보다는 시국치안(時局治安)에 치중한 것은 사실이다. 전쟁 이후, 경찰조직은 제도적 정비가 어느 정도 완성되어 강력한 기능을 발휘하기도 전에 집권당의 정권유지 수단으로 이용되었다. 또 타행정부처에 대한 조장행정업무가 확대되면서 경찰 본연의 역할이 정립하는 것도 한계가 있었다.

한편, 당시 경찰조직의 부정부패 문제는 심각한 수준이었다. 이는 여러 가지 요인들이 있겠지만, 일선경찰의 낮은 보수체계, 부족한 조직운영 경비문제, 상납관행(上納慣行) 등이 주요한 원인으로 지적되었다. 따라서 예컨대, 교통경찰은 검문소 등에서 세금 아닌 세금을 관행적으로 받아들이는 등 적지 않은 사회적 민폐를 끼쳤다. 경찰의 민폐는 교통경찰이 그 상징적인 것으로 국민의 눈에 비친 것이다. 경찰인사에서도 이러한 중요 보직(검문소 근무 등)을 서로 선호하였고, 당시 경찰수뇌부에서도 '배고픈 경찰관'은 일선으로 돌려주겠다고 말한 바 있었으니 가히 그 시대상황을 짐작할 수 있을 것이다.[118)]

결국, 국민의 뇌리에 경찰은 정권의 도구와 민폐의 상징으로 각인될 수밖에 없었다. 이로써 전투경찰로서의 호국경찰의 이미지는 곧바로 정치권력의 시녀로서, 그리고 부정부패와 연관된 타락된 이미지로 바뀌어 오늘에 이르기까지 부정적인 유산으로 남게 되었다.

5) 4.19혁명과 경찰의 위기

그런데 한국전쟁 이후, 이승만정부는 실정(失政)을 거듭하면서 민심에서 멀어져 갔다. 농지개혁으로 농촌사회는 어느 정도 안정되고, 미국 등에 의한 원조경제에 의해 경공업은 비교적 활기를 찾았으나 자립기반이 취약하여 남북간의 경쟁에서 열세에 놓였

117) 대검찰청(1993), 과학수사편람, pp. 23-24.
118) 경찰청(1995), 앞의 책, p. 189.

다. 특히, 도시의 지식인층을 실망시킨 것은 장기집권을 위한 잇따른 부정선거 등에서 비롯되었고, 이에 따른 이승만정부에 대한 국민의 불신은 갈수록 높아졌다.

1960년 3월 15일에 치러진 제4대 정·부통령 선거는 이승만정권의 종말을 가져오게 한 최악의 부정선거였다. 민주당 후보인 조병옥(趙炳玉)이 선거 10일을 앞두고 급사하여 단일후보가 되었음에도 자유당 충성파들은 40%의 사전투표를 하는 등 공무원과 관변단체를 동원하여 온갖 부정을 자행하였다. 개표과정에서 부통령 이기붕의 표가 100%에 육박하는 결과가 나오자 이를 79%로 하향 조정하는 희극도 연출되었다.[119)]

이러한 부정선거에 항의하는 국민시위가 대구, 부산, 서울, 마산 등 전국의 대도시에서 벌어지는 가운데, 마산에서 시위 도중 경찰이 쏜 최루탄을 맞고 숨진 김주열(金朱烈)군의 시체가 바다에서 발견되자 국민의 분노는 절정에 달했다.

이제 시위목적은 부정선거에 항의에서 독재정권 타도로 바뀌어 갔다. 4월 18일 고려대학교에서 학생의 시위에 이어 4월 19일에는 서울의 주요 대학과 고등학생까지 시위에 참가하고, 시민들이 합세하여 광화문 앞거리가 시위 군중으로 가득 찼다. 그중 일부는 대통령관저인 경무대(현, 청와대)를 향하여 돌진하다가 경찰의 총격으로 100여 명이 목숨을 잃었다. 드디어 유혈사태가 벌어진 것이다.

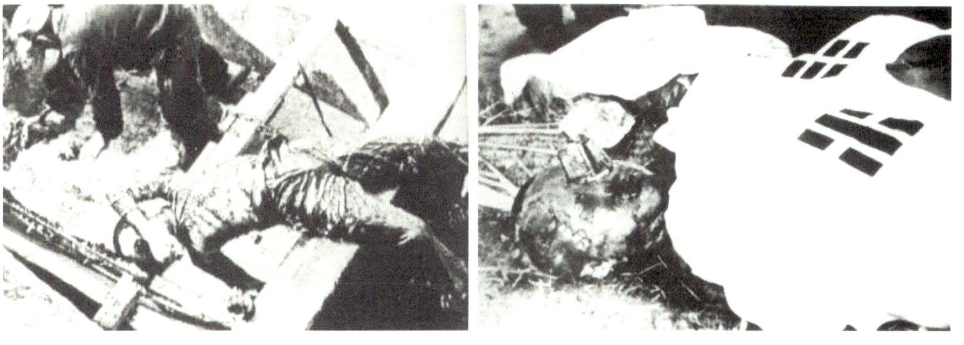

마산 앞바다에 떠오른 김주열군(당시 마산상고생)의 시체는 눈에 경찰이 쏜 최루탄이 박힌 채 처참한 모습을 하고 있었다. 이에 격분한 시민들이 대거 시위에 가세하면서 3·15부정선거 규탄시위가 4.19혁명으로 이어졌다(60.04.11).

유혈사태로 국민정서는 크게 격앙되고, 4월 25일에는 "학생들의 피에 보답하라"는 서울시내 대학교수단의 시위가 일어나고 미국 측도 이승만의 퇴진을 권유했다. 이에 이승만은 4월 26일 "국민이 원한다면 대통령직에서 물러나겠다"는 성명서를 내고 하야하였다. 이로써 12년간에 걸친 독재정권이 무너지게 되었다.

119) 한영우(2004), 앞의 책, pp. 589-590.

6) 제2공화국 출범과 체제의 불안정

4.19혁명 이후, 사태의 수습을 위하여 허정(許政)을 내각 수반으로 하는 과도정부가 구성되었다. 과도정부는 1960년 6월 15일 내각책임제와 양원제를 골자로 하는 개헌안을 통과시키고, 7월 29일 신헌법에 따라 총선거를 실시하였다. 그 결과 대통령에 민주당(民主黨) 구파의 윤보선(尹潽善, 재임 1960.08.~1962.03.)이 선임되고, 국무총리에 민주당 신파의 장면(張勉)이 임명되었다. 실권은 장면총리가 장악하였다. 이로써 제2공화국이 수립되었다.

제2공화국은 4.19혁명 전후의 정치·경제·사회문화적 무질서를 안정시켜 국가안보체계를 확립하고, 동시에 민족의 숙원인 평화통일을 위한 국력신장 및 경제활성화 등을 적지 않은 과제를 안고 출발하였다. 당시에 민족주의(民族主義) 운동이 열풍적으로 불어 평화통일에 대한 기대가 한층 높았으며, 경제적으로 궁핍한 민중들은 많은 어려움을 겪고 있었다. 1950년대 말 이후의 경기침체로 실업자는 240만에 이르고, 1960년 말 현재 경인지역 공장의 80%가 조업 중단에 들어갔다. 그리고 200만의 농민이 '보릿고개'라 하여 봄철의 식량난에 허덕였다. 그야말로 쌀만 가지고 있어도 부자로 불렸다.[120]

그러나 집권의 기회를 얻게 된 민주당은 신·구파로 나누어지게 되어 당내의 심각한 정치적 갈등으로 인하여 국민의 성원과 기대에 부응하지 못하였다. 일부의 정치세력들은 자유를 내세우면서 자기주장을 요구하는 가운데 크고 작은 시위가 자주 일어났다. 이렇게 시위가 지속됨으로써 사회혼란이 심각해졌으나, 정부는 치안질서유지를 위한 정치력과 국가공권력을 제대로 행사하지 못하였다. 4.19혁명을 통해 얻게 된 자유이념의 구현을 위한 어떠한 쇄신정책도 펴지 못하였고, 자유당정권시절의 반민주적 행위자나 부정축재자에 대해서도 아무런 조치를 하지도 못하였다.[121] 그러나 1961년 이후에는 정부와 민주당의 지도력이 차츰 강화되면서 사회가 안정을 찾아가고 있었다.

2. 군사정권시대의 경찰의 역할 한계와 시련

1) 5.16 군사정변과 경찰의 군 예속화

그런데, 민주당 정부는 불안정한 국정 운영 속에서 집권한지 9개월 만에 끝나고 말았다. 1961년 5월 16일 새벽 4시에 육군소장 박정희(朴正熙)를 중심으로 한 군부가 군사

120) 위의 책, pp. 591-592.
121) 경찰청(1995), 앞의 책, pp. 256-257.

정변(軍事政變)을 일으킨 것이다. 한국전쟁을 치르면서 가장 강력한 조직체로 성장한 군부는 이미 군사정변을 통해 권력을 장악하려는 의도가 있었다고 볼 수 있다.

군부는 4·19 이후의 정치 흐름을 관망하다가 1961년 5월 초 남북회담이 확정되고 북한에서도 대대적인 지지를 보내오는 등 통일을 위한 시위가 극에 달하자 마침내 정변에 의해 권력을 장악하기로 결심한 것이다. 그 이면에는 민주당정부의 군대축소 정책도 하나의 불만 요인이었다고 볼 수 있다.[122)]

군사정변의 주체들은 '군사혁명위원회'를 조직하여 정권을 장악하고, '혁명공약'을 발표하여 개혁의지를 천명하였으며, 그해 초헌법적인 최고통치기구로서 '국가재건최고회의'(國家再建最高會議, 5.18)와 그 직속기관으로 '중앙정보부'(中央情報部, 6.10)를 설치하여 본격적인 군정(軍政)을 실시하였다. 국가재건최고회의 의장에는 박정희, 중앙정보부장에는 김종필(金鍾必)이 취임하였다.

혁명정부는 우선 경찰조직을 정비하였다. 이는 경찰조직을 제도적으로 발전시키기 위한 것이라기보다는 혼란스러운 민심을 수습·통제하기 위한 것이라 할 수 있다. 따라서 이에 따른 어느 정도의 범죄통제 및 질서유지의 성과는 거두었으나, 정치적 반대세력 등에 대한 탄압 등의 문제는 계속 발생하였다.[123)] 따라서 자유당 정권 아래에서 정치적 예속화된 경찰을 다시 한번 군사정권 하에서 예속화시킴으로써 경찰의 정치적 중립성과 자주성을 위협하는 심각한 요인이 되었다고 할 수 있다.

이와 관련하여 특히, 경찰인사에 있어서 많은 문제가 발생하였다. 당시 120명에 달하는 군장교 출신이 경찰간부직으로 특별채용된 것이다. 혁명 첫날인 1961년 5월 16일자로 내무부 치안국장에 육군준장 조흥만(6월 23일 이소동 육군준장으로 경질), 서울

122) 한영우(2004), 앞의 책, p. 592.

123) ① 군부는 민생안정과 반공강화, 민족정기 정립에 최대 역점을 두고, 국가재건비상조치법, 반공법, 집회에 관한 임시조치법, 정치활동정화법 등을 잇달아 공표하여 정치·경제·사회·문화 전반에 걸쳐 강권적인 조치를 신속하게 진행하였다. 먼저, 정치에 있어서는 모든 구정치인의 활동을 금지시키고, 이른바 '용공분자'(容共分子: 공산주의자)의 색출을 내걸어 진보적 정치인들과 노조 및 학생간부 3천여 명을 검거하여 혁명재판에 회부하였으며, 4천 명의 폭력배를 검거하고, 3·15 부정선거 관련자를 의법조치하였다. 경제사회정책으로는 농어촌고리채정리법, 부정축재처리법, 농업협동조합법, 국가재건국민운동에 관한 법 등을 제정하여 구악일소(舊惡一掃)에 나섰다. ② 1962년 6월에는 경제개발을 위한 내자동원을 위해 경제질서를 바로잡는다는 명목으로 10대 1의 '화폐개혁'을 단행하였다. 이러한 경제시책은 민생안정을 목표로 한 것이었음에도 불구하고 별다른 성과를 거두지 못하였으며, 특히 민주공화당 창당과 관련된 4대 의혹사건은 국가 경제기강을 무너뜨리는 계기가 되었다. 4대 의혹사건은 5·16 이후 군사정권 아래에서 발생한 4가지 부정부패사건을 말한다. 즉, 이는 공화당의 정치자금을 확보하기 위해 중앙정보부가 일으킨 횡령사건으로 증권파동, 워커힐사건, 새나라자동차사건, 회전당구사건(일명 '빠찡고사건')을 가리킨다. 이 사건들은 진상이 명확히 규명되지 못하고, 1964년 국회 국정감사를 통해 그 내막이 일부 폭로되었을 뿐이며, 아직도 의혹사건으로 남아 있다. 위의 책, p. 593.

특별시 경찰국장에 육군대령 이광선, 경기도 경찰국장에 육군중령 정수남을 임명하였다. 이어 6월 16일자로 강원도 경찰국장에 육군대장 박영수 이하 모든 경찰국장을 국군 영관급으로 임명하여 혁명정부의 경찰조직을 장악하였다. 7월 25일에는 치안국 정보과장(육군대령 조창대) 등 주요 과장급도 영관장교로 보임하였다.[124)]

결국, 이들이 경찰조직 운영상의 정책결정이나 집행에 있어서 관여함으로써 기존 경찰조직의 구성원들에게 적지 않은 좌절감 및 박탈감을 안겨 준 것이다.

2) 군사정권시대의 경찰정비와 한계

군사정부는 혁명공약에서 2년 후에 정권을 민정으로 이양할 것을 약속하며 1962년 12월 대통령중심제와 국회단원제를 골자로 하는 새 헌법을 제정하였다. 그러나 중앙정보부가 중심이 되어 비밀리에 민주공화당(民主共和黨, 약칭 공화당)을 조직함으로써 민정이양 후에도 계속 집권할 것을 시도하였다.

이때 박정희 의장(육군대장)은 원대복귀와 대통령 출마를 놓고 몇 차례 의견을 바꾸는 것을 거듭하여 물의를 일으키다가 결국 민주공화당 후보로 출마하여 윤보선을 15만표 차이로 근소하게 이기고 대통령에 당선되었다. 곧이어 치러진 국회의원 선거에서도 온갖 부정이 자행된 가운데 공화당이 압도적으로 승리하였다. 이렇게 하여 군부에 기반을 둔 제3공화국(1963.12.16.~1972.10.)이 탄생하였다.[125)]

제3공화국의 태생상의 한계로 인해 경찰조직이 정치적으로 중립성을 확보하였다거나 민주주의를 바탕으로 민생치안이 이루어졌다고 볼 수는 없다. 다만 '군대식 관리기법'이 도입되었다는 점을 들 수 있다.

한편, 경찰인사제도에 있어서 주목할 만한 것으로 1969년 1월에 경찰공무원법(警察公務員法)이 제정되었다는 점이다. 경찰공무원의 특수성에 비추어 볼 때, 종래 제정되어 있었던 국가공무원법(1949.08)에 따라 경찰공무원의 인사관리를 하는 데에는 한계가 있었다. 즉, 경찰조직은 그 업무의 특성상 강력한 지휘체계를 바탕으로 한 엄격한 상명하복의 계급구조가 요청되기 때문에 그에 상응하는 별도의 인사관리 법이 필요했던 것이다.[126)]

124) 경찰청(1995), 앞의 책, pp. 258-259.
125) 한영우(2004), 앞의 책, p. 593.
126) 경찰청(1995), 앞의 책, pp. 272-273.

북한의 청와대 기습사건과 전투경찰대의 설치

1968년 1월 21일 북한의 정찰국 소속의 124특수부대 31명이 청와대 기습을 목표로 서울 세검동까지 침투하였다가 경찰관의 검문을 계기로 총격전을 벌이는 사건(1·21사태: 일명 '김신조 사건')이 발생하였다(김신조 체포, 그 외 30명 전원 사살).

당시 종로 경찰서장이었던 최규식 총경(후에 경무관 추서)이 검문에 불응하는 공비들이 쏜 총탄에 맞아 사망하는 등 경찰관들의 책임감 있는 대응으로 비극적인 사태를 방지하였으나 온 국민에게는 충격적이었다. 이러한 사건 등을 계기로 하여 대간첩작전 등 경찰의 비정규전 대응태세 확립이 강력하게 요구되었다.

이를 위해서 국방부 등을 비롯한 관계부처의 협조를 얻어 1970년 12월 전투경찰대설치법(戰鬪警察隊設置法)이 제정되었다(2015년 7월 '의무경찰대 설치 및 운영에 관한 법률'로 명칭 변경).[127]

3) 유신체제하의 경찰의 역할 한계

1972년 「7·4 남북공동성명」 이후, 남북 간에는 처음으로 대화의 문이 열렸다.[128] 이러한 남북 간의 해빙무드가 국민의 기대를 모으는 가운데 10월 17일 대통령은 비상계엄을 선포하여 국회를 해산시키고, 비상국무회의에서 이른바 '유신헌법'(維新憲法)을 제정한 다음 이해 11월에 국민투표로 확정하였다.

이러한 새 헌법에 따라 이해 12월 15일 '통일주체국민회의' 대의원 선거가 실시되고, 이어 12월 23일 장충체육관에서 모인 대의원회의에서 박정희를 제8대 대통령(12월 27일 취임)으로 선출하였다.[129] 이로써 제4공화국(1972.10.~1979.10.) 시작된 것이다. 제

127) 전투경찰제도의 위헌(違憲) 여부는 끊임없이 제기되었는데, 1995년 헌법재판소는 "대간첩작전은 범죄예방·진압 등 공공의 안녕과 질서유지라는 경찰 본연의 임무와 관련있다"며 5대4의 합헌 결정을 내렸다. 그러나 헌법재판관 4명의 소수의견은 "무장공비가 준동하는 사태가 없는 한 통상의 불법집회시위 진압 등은 순수한 전투경찰대의 임무라고 볼 수 없다"고 밝힌 바 있다. 김상균(2005), "전투경찰제도의 운영실태와 개선방안에 관한 연구," 법학연구 vol. 19, pp. 71-72.

128) ① 1970년대 전후는 대외적으로 긴박한 상황이 전개되고 있었다. 1968년 북한의 무장게릴라의 청와대 습격사건, 미국 정찰군함 푸에블로호의 납북사건, 울진·삼척 무장공비 침투사건 등으로 인해 위기감이 조성되었다. 이러한 상황에서 1969년 9월 개헌을 변칙 처리하는 과정에서 학생과 여론의 반대를 받았고, 선거가 치러지는 해에도 가을에 위수령(衛戍令)이 발동되는 등 학생데모가 치열하였다. 정부는 1971년 12월 국가비상사태를 선언하고, '국가보위에 관한 특별조치법'을 제정하여 국민의 기본권을 제한하는 초강경한 탄압조치를 취하였다. ② 한편, 1971년에 베트남의 공산화가 눈앞에 보였다. 정부는 국내외의 이러한 난국을 돌파하기 위해 1970년부터 남북교류를 제의하고, 1971년 남북간에 이산가족 찾기 운동을 위한 적십자대표의 예비회담이 열렸다. 이후 1972년 7월 4일에 남북공동성명이 서울과 평양에서 동시에 발표되었다. 정부는 이 『7·4 남북공동성명』을 계기로 '국민총화'와 '능률의 극대화'를 명분으로 내걸고 박정희 대통령의 영구집권과 권력 강화를 위한 '유신체제'(維新體制)를 준비하고 있었다. 남북대화를 기회로 영구집권이 시도된 것이다. 한영우(2004), 앞의 책, pp. 594-595.

129) 유신헌법의 골자는 '통일주체국민회의'라는 새로운 주권수임기구를 만들어 대통령을 간접 선거하도록 하고,

4공화국의 유신체제는 민주주의를 열망하는 국민의 독재체제에 대한 끊임없는 저항 속에서 1979년 10월 26일 막을 내렸다.

이처럼 1970년대 이후의 정치적 불안정과 함께 정부 주도의 경제개발 정책은 노사간의 갈등 및 도시와 농촌의 불균형 등을 심화시켜 이로 인한 치안수요는 증대되었다. 이러한 상황에서 1974년 8월 15일 광복절 기념행사에서 '육영수 여사 저격사건'이 발생하였다. 사건의 주범 문세광은 북한과 조총련의 지령을 받고 8월 15일 오전 9시경 광복절 기념식장인 장충동 국립극장에 들어가 경축사를 낭독하던 박정희 대통령에게 권총 4발을 쏘아 그중 1발이 대통령부인 육영수 여사에게 맞아 숨지게 한 것이다.

정부는 이 사건을 계기로 경찰 고유의 치안유지 기능을 살리기 위해 경찰조직에 대한 개선안(특히, 경호·경비업무의 강화)이 검토되었고,[130] 치안국장에는 박현식 육군중장이 예편과 동시에 임명되었다. 그리고 그해 12월에는 정부조직법을 개정하여 내무부 치안국(治安局)을 치안본부(治安本部)로 격상시켰다. 이에 따라 치안국장도 치안본부장으로 명칭이 바뀌고 차관급 대우로 격상되었으며, 초대 치안본부장에 박현식이 임명되었다.

이러한 일련의 조치는 1948년 정부수립 이후, 경찰조직의 인적 규모나 업무의 중요성 등과 비교해 볼 때, 경찰 최고책임자인 치안국장의 직위가 타부처에 비해 낮은 비정상적인 상황을 시정하였다는 점에서는 의미가 있다고 본다. 그러나 당시 육군 중장이 전역하여 경찰 최고책임자가 된 일은 경찰조직의 위상과 정체성 확립에 한계요인으로 작용하였다.

4) 신(新)군사정변과 경찰의 시련

1979년 10월 26일 박정희대통령이 피살된 후, 전국에는 비상계엄이 선포되었고, 12월 6일 최규하(崔圭夏) 국무총리가 통일주체국민회의 대의원회에서 대통령(제10대)으로 당선되었다. 국민은 최규하 대통령을 매개로 하여 장차 유신체제와 군사통치가 종식될 것으로 기대하였다. 그러나 최규하 대통령이 당선 된지 6일 만인 12월 12일 국군

대통령의 중임제한을 없애며, 대통령이 의회와 사법부를 통제할 수 있도록 하여 대통령의 권한을 무소불위로 보장하는 것으로서 독재정치의 극치를 이루는 것이었다. 위의 책, p. 596.

130) 당시의 경호원칙은 국민에게 위화감을 주지 않는 경호 즉, 경호를 하지 않는 것처럼 경호하라는 것이었기 때문에 행사 당일에 몸수색도 정확히 하지 않았다. 이러한 경호실의 지시로 경찰이 사건 당일 할 수 있었던 일은 고작 출입문에서 들어오는 사람에 대한 검문검색이었으며, 특히 외국인에 대해서는 불쾌감을 주지 않도록 간단히 검색하라는 지시에 따라 검색조차 제대로 할 수 없었다. 어쨌든 이 사건에서 경찰이 경호에 실패한 책임을 물어 8월 26일 서울 중부경찰서장 등 경찰관 28명을 파면 또는 면직시켰다. 경찰청(1995), 앞의 책, pp. 291-299.

보안사령관 전두환(全斗煥)소장, 9사단장 노태우(盧泰愚)소장, 그리고 보안사령부 장교들이 중심이 되어 쿠데타(이른바 12·12사태)가 일어났다.[131)]

이러한 불안정한 정치적 상황 속에서 1980년 5월 14일부터 서울에서는 '민주화 대행진'을 표방한 대규모 학생시위가 벌어져 서울 시내가 시위대로 가득 찼다. 그러나 신군부는 5월 17일 전국에 계엄령(戒嚴令)을 선포하고, 모든 정치활동을 정지·통제하였다. 그리고 각 대학에는 무장 군인들이 진주하였고, 신군부는 5월 31일 이어 '국가보위 비상대책위원회'를 설치하였다. 한편, 이상과 같은 상황 속에서 민주화의 기대가 좌절되자 국민은 실망이 커지는 가운데 1980년 5월 18일 전라남도 광주에서 대규모 학생시위가 일어났다.

신군부는 이를 진압하기 위해 계엄군을 투입하였다. 그러나 계엄군의 과잉진압으로 많은 사상자가 발생하자 흥분한 학생들과 광주시민들은 무기를 탈취하여 계엄군과 시가전을 벌이는 사태까지 나타나고, 다른 인근으로 시위가 확산되었다. 결국, 계엄군의 무력진압으로 광주는 5월 27일 평온을 되찾았으나, 수많은 사상자(사망 240명, 행방불명 409명, 상이 2,052명)를 낸 비극의 상처는 쉽게 아물지 않았다.[132)]

〈민주화투쟁을 위해 집결한 시위군중(좌)과 무력진압을 위해 진입하는 계엄군(우)〉

131) 한영우(2004), 앞의 책, pp. 604-605.
132) 5.18기념재단(http://www.518.org).

인권경찰의 표상-안병하

5.18 광주 민주화운동이 국가기념일로 지정되어 폭도들의 난동이 아니라 전 국민적인 열망을 실은 민주화운동이었음을 인정받기까지 17년의 세월이 걸렸듯이, 당시 사건에 연루된 한 사람의 명예가 제대로 회복되기까지는 장장 26년이라는 기나긴 시간이 걸렸다.

2012년 8월 서울지방보훈청은 5.18 광주민주화운동 당시 시민들에 대한 강경진압을 거부하여 직무유기를 이유로 해임되어 고문 후유증으로 사망한 안병하(安炳夏, 1928~1988) 전(前) 전남도경국장을 순직경찰로 등록하였다. 이에 앞서 2005년 11월 24일 경찰청은 과거사 진상 조사 결과를 토대로 안병하 전국장의 순직 사실을 확인하고 유해를 국립현충원 경찰묘역에 안장시켰다.

5.18 광주 민주화운동 당시 전남도경국장을 지낸 그는(당시 52세) 5월 14일 도청 분수대의 집회현장을 찾아가 학생대표와 만났다. 그는 평화적인 집회와 질서유지를 요구하고, 시위 중에 경찰에 연행된 학생 11명을 보내달라는 학생들의 요구를 흔쾌히 수락하였다. 16일에도 박관현 당시 전남대학교 총학생회장과 면담하여, 평화적인 시위를 한다는 약속을 전제로 야간 횃불시위 요구를 허락하였다.

당시 경찰로서는 파격적인 조치로서 시위대는 폭력시위를 자제하고, 경찰은 시위대를 보호하며 질서유지 활동을 펼친 것이다. 만약 계엄군이 투입되지 않았다면 1980년 5월의 광주는 더 이상의 충돌과 희생 없이 끝날 수 있었다. 안병하국장은 자신의 비망록에 당시의 집회시위 방침으로 "절대 희생자가 발생하지 않도록 할 것(경찰 희생자가 있더라도 일반시민 피해 없도록). 주동자 외에는 연행하지 말 것(교내에서의 연행 금지). 경찰봉 사용에 유의할 것(반말·욕설 금지), 주동자 연행시 지휘보고할 것(식사 등에 유의)"라고 기록해 놓았다. 그러나 5월 18일 공수부대가 투입되어 여론 및 사태가 악화되자 시민들의 희생을 막기 위해 시위대에 대한 발포명령과 강경진압을 거부하고, 시민과의 충돌에 따른 불상사를 우려하여 시위진압 경찰관의 총기를 회수하는 등의 조치를 하였다.

이 때문에 안병하국장은 지휘권 포기를 이유로 강제 해임된 뒤 보안사로 끌려가 심한 고문을 받게 되었다. 그리고 광주청문회가 시작되기 바로 전인 1988년 10월 고문의 후유증으로 사망하였다.

1997년 5.18 민주화운동이 국가기념일로 인정되었음에도 안병하국장은 5.18 당시에 사망하지 않았다는 이유로 순직이 인정되지 않았으며, 2006년에서야 최종적으로 순직경찰로 등록되었다. 경찰청은 경찰청 과거사진상규명위원회의 조사를 근거로 안병하국장이 국민의 생명과 재산을 보호하고 공공의 안녕과 질서를 유지한 인권경찰(人權警察)의 표상으로 삼고 그의 업적을 기리고자 노력하고 있다.[133)]

133) 이재의(1994. 05), 5.18 발포거부 전남도경국장의 광주비망록.; http://avenuel.tistory.com.

한편, 신군부는 사회안정을 이유로 정치인의 정치활동을 규제하고, 언론을 통폐합하였으며, 민주화에 앞장선 교수와 기자들을 직장에서 추방하였다. 그리고 1980년 5월 17일 비상계엄이 발표된 직후 국가보위 비상대책위원회가 사회정화정책의 일환으로 군부대 내에 '삼청교육대'(三淸敎育隊)를 설치하였는데, 이는 제5공화국(1981.03.~1988.02.) 전두환정권 초기 대표적인 인권침해 사례로 꼽힌다.[134)]

1980년 8월 마침내 최규하 대통령이 신군부의 압력으로 사퇴하고, 9월 1일 전두환이 통일주체국민회의에서 대통령으로 선출되었다. 이후의 시기를 제5공화국으로 부르기도 한다.

전두환대통령은 취임 후 재야, 학생운동에 대해 강온 양면의 정책을 썼다. 학원의 시위현장에는 직접 정사복 경찰을 캠퍼스 안에 투입하여 가차 없이 진압하였으며, 1984년 3월까지 사복경찰이 대학에 상주하였다. 이 때문에 80년대의 학원은 전보다 더 살벌하였고, 최루탄가스가 그칠 날이 없었다. 또한 여러 언론매체를 통폐합하고, 반정부 성향 기자를 대거 해직시켜 언론을 장악하였다.

이처럼 경찰은 대한민국정부 수립 이후, 이승만정부와 박정희정부, 그리고 전두환정부를 거치는 과정에서 경찰 본연의 목적을 달성하기보다는 집권세력의 권력유지 수단으로 크게 부각 되었다. 1980년대의 경찰은 가히 격동의 시대라고 부를 수 있을 것이다. 이러한 상황에서 1981년 10월 경찰의 날을 앞두고 '하형사사건'이 발생하였다.[135)] 더 나아가 1982년 4월에 발생한 경남 의령경찰서 구유지서 우범곤 순경의 총기사건은 경찰의 연이은 악재이자 시련이었다.

---

134) ① 삼청교육대는 1980년 8월 4일 '사회악 일소 특별조치'와 당시의 이희성 계엄사령관의 '계엄포고령 13호' 발표에 이어 '삼청 5호 계획'이라는 이름하에 진행되었다. 폭력범과 사회풍토 문란사범을 소탕하기 위함이라는 명분이었지만 실상은 무자비한 인권탄압이 이루어졌다. ② 그해 8월부터 수많은 '범죄자'들을 잡아들이기 시작하여 1981년 1월까지 총 60,755명을 체포하고 보안사령부, 중앙정보부, 헌병대요원, 검찰, 경찰, 지역정화위원으로 구성된 심사위원회에서 A·B·C·D의 4등급으로 분류하여, A급 3,252명을 군법회의에 회부하였고, B급·C급 39,786명은 4주 교육 후 6개월 복역케 한 다음 2주 교육하여 훈계방면 하였으며, D급 17,717명은 경찰에서 훈계방면 하였다. 1988년 국회의 국방부 국정감사 발표에 의하면, 삼청교육대 현장 사망자가 52명, 후유증으로 인한 사망자 397명, 정신장애 등 상해자 2,678명이 발생하였다고 보고하였다. 경찰청(1995), 앞의 책, p. 335.; http://blog.daum.net/toogary2.

135) 당시 윤경화 노인과 가정부, 양녀 등이 원효로 자택에서 살해당하여 사회적 관심을 불러일으키는 사건이 발생하였는데, 그 사건의 수사를 맡은 용산경찰서 수사과 형사계 하영웅 순경은 사건현장에서 증거품으로 압수된 예금통장 목록을 정리하던 중, 목록에서 누락된 거액의 정기예금증서 3매(550만원)를 횡령한 것이다. 이 사건으로 인해 경찰의 위신실추와 사기 저하라는 큰 대가를 치러야 했으며, 경찰은 지탄의 대상이 되었다. 그러나 한편으로는 당시 경찰의 열악한 보수체계와 근무환경에 대한 동정심이 일어, 이를 계기로 경찰공무원 보수체계가 상당부분 개선되었다. 위의 책, pp. 338-339.

우범곤 순경의 총기난사 사건

1982년 4월 26일 오후 9시 30분쯤 경남 의령군 궁유면 지서에 근무하던 우범곤(禹範坤, 당시 27세) 순경은 술에 취한 상태에서 지서와 예비군무기고에서 수류탄 7발과 카빈소총 2정, 실탄 1백80발을 들고나와 주민들에게 무차별 난사하였다.

사건 당일 그는 먼저, 궁유지서 바로 옆 궁유 우체국에서 일하던 전화교환원 등 3명을 사살하여 외부와 통신을 두절시킨 뒤, 궁유면 4개 마을을 미친 듯이 찾아다니며 총을 쏘고 수류탄을 터뜨렸는데, 이로 인해 56명이 사망하고, 34명이 중경상을 입었다. 당시에 그는 이성을 완전히 잃은 상태에서 8시간 동안 생후 1주일 된 영아부터 70세가 넘은 할머니에게도 총격을 가하여 토곡리 등 4개 마을을 공포의 도가니로 몰아넣었다.

주민 신고로 1시간 20분 뒤 사건을 접수한 의령경찰서는 뒤늦게 사살 명령을 내리고 기동대를 출동시켰지만 우순경은 이미 자취를 감춘 뒤였다. 이처럼 끔찍한 살상을 저지른 우순경은 자정이 지나자 정신이 드는 듯 총기난사를 멈추고, 다음날 오전 5시 30분쯤 평촌리의 한 외딴 농가에 몰래 들어가 일가족 5명을 깨운 뒤 수류탄 2발을 터뜨려 자폭했다.

무고한 민간인을 상대로 총기를 난사한 우범곤 순경 사건과 관련하여 두 가지 차원으로 설명할 수 있다. 하나는 그가 청와대 경비대(해병대 특등사수 출신)에서 근무하고 있다가, 징계를 받아 의령경찰서 가운데서도 가장 오지인 궁유지서로 보낸 것에 대해 불만을 가지고 있었다는 것이다. 그리고 궁유면에서 사귄 애인(당시 27세)과도 사이가 몹시 좋지 않았다고 한다(그녀 및 일가족 5명 역시 총격으로 사망함).

그러나 우범곤 순경은 근본적으로 경찰관으로서의 자질이 부족했다고 본다. 당시의 증언에 의하면, 1981년 12월 궁유지서로 오자마자 주민을 상대로 활동비 갈취 등 독직행위를 일삼았고, 술버릇이 나빴으며, 따라서 사건 발생 1개월 전에 의령경찰서장에게 문제를 제기하였지만 묵살 당했다는 것이다.

이 사건으로 인해 국민은 엄청난 충격에 휩싸였음은 물론이다. 당시 정부(전두환 대통령 집권기)는 경찰의 치안체계 허점을 무마하기 위해 사건 당일 자리를 비운 궁유지서장 등 4명을 구속하였고, 내무부장관도 사임했지만, 파문은 쉽게 가라앉지 않았다.

이를 계기로 경찰은 경찰관 임용자격기준 강화와 무기관리 개선 등 각종 대책을 세우게 되었다. 그리고 벌칙규정을 강화하여 우범곤 순경 사건과 같은 집단살상의 위급사태시 허위보고 또는 지휘권 남용을 할 경우, 7년의 징역이나 금고에 처할 수 있게 하는 등 벌칙규정을 강화하여 복무기강을 확립하고자 하였다. 그러나 당시 경찰조직 안팎에서 막 시작된 경찰수사권 독립논의는 우범곤 순경 사건을 비롯한 몇 건의 경찰 비리사건에 의해 크게 후퇴되었음은 물론이다.

1980년대 중반부터 민주화운동은 학생뿐만 아니라 정치권과 사회 각계각층으로 넓게 확산되었다. 각 대학의 교수들이 시국선언을 하고 학생들의 시위는 갈수록 격렬해지고, 분신·투신자살하는 사례가 비일비재하였다. 1986 이해에 경찰은 3,400명을 구속하였고, 최루탄 구입비가 60억 원에 이르렀다.

한편, 1987년 1월에 거국적인 민주항쟁의 도화선이 되는 사건이 발생하였다. 서울대학교 박종철(朴鍾哲)군이 경찰의 고문을 받다가 사망한 사건(14일)이 알려지면서 국민의 분노가 치솟았다. 이에 더하여 이해 6월 9일에 연세대학교 이한열(李韓烈)군이 시위 도중 경찰의 최루탄에 맞아 사망하는 사건이 발생하자 시위는 전국으로 확산되었다. 이해 6월 26일에는 전국 37개 도시에서 백여만 명이 시위에 참가하였으며, 서울에서는 시가전을 방불케 하는 격렬한 시위가 심야까지 계속되었다.

전두환정부는 더 이상 버틸 수 없음을 깨닫고, 6월 29일 차기대통령 후보로 지명된 노태우 민정당대표에게 '대통령 직선제'개헌을 골자로 하는 시국수습방안을 발표하게 하였다. 이것이 이른바 「6.29선언」이었다.[136)]

박종철군의 영정을 앞세우고 시위를 벌이는 서울대학생들

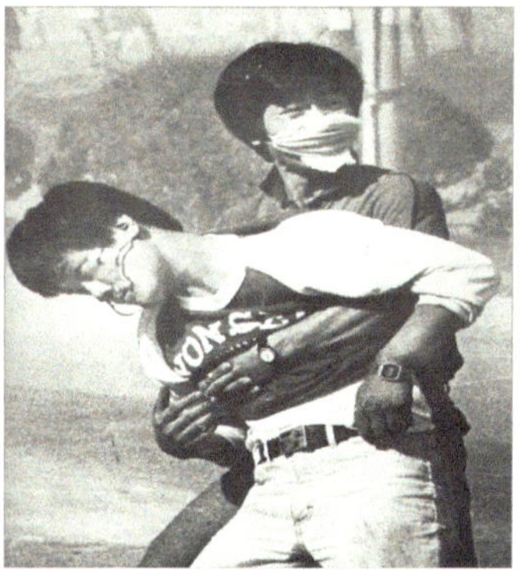

경찰이 쏜 최루탄 직격탄에 맞아 사망한 이한열군

제5공화국 말기가 가까워지면서부터 시작된 민주화의 물결은 1987년도에 그 정점에 달하였다고 볼 수 있다. 군사정권에 탄압을 받은 국민은 정권에 대한 불신과 불만을 경찰을 상대로 표출하였고, 이로 인해 경찰은 설 땅을 잃어버리게 되었다. 민생치안(民生治安)이라는 경찰의 본연의 업무는 시국치안(時局治安)의 논리에 밀려 제 기능을 하지 못한 부분이 적지 않았던 것이 사실이다.

그러나 1980년대 급변하는 치안환경 속에서 범죄와 무질서에 대응하는 수많은 경찰

136) 6월 민주항쟁으로 얻어진 6·29선언으로 1987년 10월 직선제개헌안이 국민투표로 확정되고, 이해 12월 16일 대통령선거가 실시되어 1971년 이후 16년 만에 직선으로 대통령을 뽑을 수 있게 되었다. 한영우(2004), 앞의 책, pp. 609-610.

이 부상을 당하고, 과로로 순직(1987년 56명의 경찰이 순직함)는 경우도 비일비재하였지만, 이는 제대로 평가받지 못하고 역사 속에 묻히게 되었다.[137)]

3. 경찰청시대의 경찰의 중립화·민주화와 과제

1) 극심한 사회혼란과 경찰의 위기

1987년 「6·29 선언」 이후, 12월 16일에 대통령직선제에 의해 선거가 실시되어, 노태우 후보가 대통령에 당선되었다. 이로써 제6공화국(1988.03.~1993.02.)이 출범하였다. 노태우대통령은 직선제 대통령의 정통성을 지녔으나 신군부출신의 전력에다가 제5공화국 세력(민정당)을 여당으로 가져 과감한 개혁에 착수하지 못하였다.

노태우정부시대에는 그동안 비민주체제에 억눌려 있던 국민의 민주화 욕구가 한꺼번에 터져 나오는 동시에, 제5공화국 세력의 비리척결이라는 시대적 사명을 안고 있었다. 따라서 국민 각자의 불만이 집단적인 행동으로 표출되어 운동권학생이나 노동자에 국한되지 않고, 농민, 도시빈민 등 전 계층으로 확대되었다.[138)]

또 이 시기에는 사회적 모순점이 표출되는 사건도 적지 않게 발생하였다. 1987년 8월에는 거액의 사채를 빌려 쓰고 잠적한 충남 대전시 가수원동 오대양 대표 박순자씨가 오대양 사원, 공장종업원 등 31명과 함께 경기도 용인의 회사 소유 공예품 공장식당 천정에서 집단으로 자살한 시체로 발견되어 충격을 던져주었다. 또 1988년 10월 호송중이던 지강헌 등 12명의 미결수가 탈출하여 8박 9일간 서울 시내를 누비고 다니다가 결국 자살한 사건이 발생하여 수도권 일대를 공포로 몰아넣었다. 이 사건은 '유전무죄 무전유죄'(有錢無罪 無錢有罪)라는 유행어를 만들어 내면서 사회 일각의 구조적 모순을 드러냈다.

한편, 1989년 4월 마산·창원지역에서 공단 근로자들이 연대한 노사분규가 발생하여 임금투쟁 등 1989년 전국 노사분규의 향배를 결정짓는 '태풍의 눈'으로 작용하였다. 당시 경찰과 노조 측이 대립하였는데, 경찰이 노조원을 불법 연행하여 전자봉으로 고문을 했다고 주장을 하여 국회의원들이 진상 조사차 현지에 내려와 조사를 벌였다. 이러한 와중에 수배 중인 노조원을 검거하여 경찰서로 연행하려는 것을 국회의원이 항의하는 과정에서 경남도경 교통과장 정○○ 총경의 뺨을 때린 사건이 발생하여 경찰관 3,725명이 집단사표를 하는 초유의 사태로 발전하였다. 이는 그동안 경찰이 정치적 이

137) 이황우(2005), 앞의 책, p. 77.
138) 경찰청(1995), 앞의 책, pp. 432-435.

해관계 속에서 희생을 당한 것에 대한 경찰의 분노 표출이었다고 볼 수 있다.[139)]

또 1989년 5월 3일 부산 동의대 도서관 세미나실 복도에 학생들이 시너(sinner)를 뿌리고 방화하여 전날 납치된 전경을 구출하기 위해 진입한 경찰관 6명이 순직하고 11명이 중상을 입는 참사가 발생하였다. 이는 학생시위 사상 최악의 사건으로 학생시위의 양상이 과격의 극단으로 치닫고 있음을 보여주었다. 그리고 1991년 4월 26일 학내문제로 계속된 시위 도중 명지대학교 학생 강경대군이 5명의 기동대원에게 집단폭행 당하여 사망하는 사건이 발생하였다. 이 사건을 계기로 63일 동안 각종 규탄대회와 국민대회, 노제 등이 연이어 개최되어 352회의 시위에 337,735명의 시위 인원이 가담하였으며, 경찰관 901명이 중경상을 입고 수많은 물적 피해가 발생하였다.

2) 경찰청의 설립과 경찰개혁의 추진

1990년 10월 13일 노태우대통령은 모든 경찰관을 무장시켜 범죄와 폭력에 정면 대응할 것이라는 '범죄와의 전쟁'을 선포하여 범죄에 대한 전면적인 소탕을 선언하였다.

1980년대 후반의 잇따른 집단시위와 노사분규로 치안역량이 민생분야로 전환되지 못하면서 강력범죄가 잇달아 발생하는 등 사회의 불법과 무질서가 팽배하였기 때문이었다. 그동안 정당성이 취약한 정권 속에서 경찰력이 대외적으로 무기력 및 왜소화되어 있었는데, 이를 극복하고자 '범죄와의 전쟁'이라는 강도 높은 표현으로 범죄척결을 선포한 것이다.

(1) 경찰청의 설립

이상과 같은 시대적 상황 속에서 1990년 12월 13일 행정개혁위원회의 '경찰의 중립성 보장에 관한 건의'를 토대로 여러 차례의 여론 수렴 과정을 거쳐 정부·여당의 경찰법안이 국회에 상정되었다. 그리고 1991년 5월에 경찰법(警察法)이 국회를 통과하여 경찰청(警察廳)이 정식 설립되었다. 이로써 내무부 산하의 치안본부(治安本部)에서 내무부의 외청으로 독립함으로써 '경찰청시대'(警察廳時代)가 열린 것이다.

경찰조직의 형태는 내무부 '외청'(外廳) 형식으로 '경찰청'을 두도록 함으로써 내무부장관(현 행정안전부장관)의 보조기관이 아닌 독립적인 관청 형태를 취하였고, 경찰청

139) 이 상황에서 경찰관의 뺨을 때린 국회의원이 오히려 폭행을 당했다며 진상조사단이 경남도경에 항의 방문하여 사과를 요구하자, 경남도경국장 최재삼 경무관은 '부하가 폭행을 당했는데도 사과를 요구하는 상황에서 경남경찰을 지휘할 수 없게 되었다'고 하며 사표를 제출하였다. 이에 각 과장, 경찰서장 등 도내 23개 경찰서 경찰관 876명이 집단사표를 제출한 데 이어, 1989년 4월 29일까지 전국 경찰관 3,725명이 사표를 제출하는 사태가 발생하였다. 위의 책, pp. 436-437.

장은 치안총감으로 보하되 경찰위원회의 동의를 얻어 내무부장관의 제청으로 국무총리를 경유하여 대통령이 임명하도록 하였다.

2003년 2월 4일 경찰법 개정으로 경찰청장의 임명과정에서 국회의 인사청문(人事聽聞)을 거치도록 하였다. 그리고 동년 12월 31일에 법개정으로 경찰청장의 임기를 2년으로 하고, 중임할 수 없도록 하였다. 경찰조직은 전형적인 권력조직으로서 그동안 정치적 역학관계 속에서 존재해 온 부분이 적지 않았던 것이 사실이다. 이러한 법개정은 경찰의 정치적 중립성을 확립하고자 하는 의지의 표현으로 해석될 수 있다. 그러나 이러한 노력에도 불구하고 오늘날까지도 정치적 중립성 확보는 쉬운 일이 아니다.[140)]

한편, 2020년 12월 22일 경찰법이 「국가경찰과 자치경찰의 조직 및 운영에 관한 법률」(약칭: 경찰법)로 전부 개정되었다. 이렇게 하여 2021년 7월 1일부터 전국 시·도경찰청에 일정부분 자치경찰제도가 도입되는 역사적 계기가 되었다. 그러나 이의 한계 또한 적지 않은 것이 사실이다(이에 대해서는 제4장에서 자세히 살펴보기로 한다).

(2) 경찰위원회의 설치

또 내무부에 7명으로 구성된 경찰위원회(警察委員會)를 설치하도록 하였다. 경찰위원회의 설치는 무엇보다도 경찰의 정치적 중립성(政治的 中立性)을 확보하기 위한 것이라 할 수 있으며, 따라서 위원의 자격과 임명에서도 이점이 특히 강조되었다. 경찰위원회는 경찰청장의 임명 동의, 경찰의 인사·예산·장비·통신 등에 관한 주요정책 및 인권보호 등 경찰업무 개선에 관한 정책 관련 심의·의결권을 가지고 있다.

그러나 현재에 이르기까지 경찰위원회가 정치적으로 중립하여 제기능을 하기에는 적지 않은 한계가 있음은 물론이다. 경찰위원회는 2020년 12월 경찰법 전부개정으로 국가경찰위원회(國家警察委員會)로 명칭이 변경되었다.

(3) 경찰의 개혁 방향

경찰청시대 이후 경찰은 많은 변화와 발전을 거듭해 왔다고 본다. 즉, 경찰의 민주화가 진전되어, 경찰의 인권보장과 정치적 중립을 위한 제도마련과 경찰관의 행태개선을 위한 노력이 이루어져 왔다. 특히, 임권침해의 사각지대였던 범죄수사 영역에서 적지 않은 개혁과 개선을 하고자 하였다.[141)]

140) 지난 2003년 경찰청장의 임기제(2년) 도입 이후 2020년 현재에 이르기까지 경찰청장에 임명된 11명 가운데 3명만이 법정 임기제를 채우고 나머지는 중도에 퇴진하였다. 정권의 교체 또는 정치적 이해관계와 관계없이 경찰의 정치적 중립성을 보장하는 인사관리를 실천하는 것은 요원한 일이다.

141) 최응렬(2013), 경찰조직론, 서울: 박영사, p. 108.

이와 관련하여, 과거 수사과정에서 자행되었던 피의자에 대한 고문과 폭행을 없애고, 과학적인 증거에 의해 범죄행위를 입증하려는 노력이 이루어졌다. 피의자신문에 앞서 진술거부권 고지 여부를 조서에 기록하게 하고, 구속영장 실질심사제도를 통해 인신구속에 신중을 기하였다. 또 피의자 신문과정에서 변호인을 참여할 수 있게 함은 물론, 지구대와 형사과 등에 CCTV를 설치하여 피의자 신문과정을 녹화하고 청문감사관실을 신설하여 수사이의에 대한 조사를 엄격하게 하였다. 그리고 인권보호 시민참관단을 구성하여 경찰수사의 외부통제방안을 마련하였으며, 긴급체포 위주의 수사관행을 체포영장을 발부받는 합리적인 인권보호절차를 따르도록 개선하였다.

그러나 경찰의 이와 같은 개혁을 위한 노력에도 불구하고 많은 과제가 있다. 경찰의 정치적 중립성 문제는 여전히 중요한 이슈 가운데 하나이며, 검·경의 역할 정립을 통한 수사구조의 합리화(그리고 여전히 남아 있는 수사경찰의 인권침해 관행 개선),[142] 진정한 의미의 자치경찰제도의 도입, 그리고 경찰인사관리의 개혁 등은 경찰발전을 위한 중요한 과제라고 할 수 있다.

142) 2020년 2월 4일 형사소송법이 개정되어, 종전의 검사의 사법경찰관에 대한 수사지휘감독권 행사 대신 상호협력관계로 재정립되었다. 즉, "검사와 사법경찰관은 수사, 공소제기 및 공소유지에 관하여 서로 협력하여야 한다"고 규정된 것이다(형사소송법 제195조 제1항). 이는 2018년 6월 21일 법무부장관과 행정안전부장관이 발표한 「검·경 수사권 조정 합의문」의 취지에 따른 것이다. 검찰과 경찰은 국민의 안전과 인권 수호를 위하여 서로 협력하고, 수사권(搜查權)을 국민을 위해 민주적이고 효율적으로 행사하게 하려는 입법적 의지라 할 수 있다.

제5장

경찰조직의 이론적 토대와 실제

제5장 경찰조직의 이론적 토대와 실제

제1절 경찰조직의 의의

1. 경찰조직의 개념

1) 현대사회와 조직

현대를 조직의 시대라고 한다. 현대조직은 일반적으로 대규모성과 복잡성 등을 그 특징으로 하고 있다.

오늘날 인간은 태어나면서부터 조직의 구성원이 되며, 하루도 조직에서 벗어나서는 생활하기가 어려운 것이 현실이다. 따라서 피상적으로 보면 자기중심의 존재론(存在論)적 삶을 살아가고 있는 것 갖지만, 오히려 관계론(關係論)적 삶을 영위하지 않으면 안 되는 것이 현실이며, 근본적이다. 따라서 사람들은 특정 조직에 소속되어 삶을 영위하고 있으며, 조직을 통하여 국가나 사회의 제반 문제들을 해결해 나가고 있다.[1]

이러한 조직이 사회의 보편적인 하나의 현상으로 자리 잡게 된 이유는 조직을 구성함으로써 자연적인 인간의 집단보다 훨씬 효율적으로 사회적 요구에 대처할 수 있을 뿐만 아니라 다양한 인간활동을 조정함으로써 강력한 사회적 수단을 창출해 낼 수 있기 때문이다. 바꿔 말하면 공적·사적 차원의 조직이라는 메커니즘을 통해서 인간은 지향하고자 하는 저마다의 목표 즉, 생산성을 최대화하고자 노력하고 있다고 할 수 있다.

1) 최선우(2011), "경찰조직의 진단과 건강성 연구," 한국공안행정학회보 제44호, p. 309.

2) 경찰조직의 개념

조직(組織, organization)이라는 단어의 개념을 정의해 보면, 이는 '과정'(過程, process)과 '구조'(構造, structure)라는 두 가지 개념을 동시에 포함하고 있다. 과정이라는 관점에서 보면, '조직한다'는 것은 혼돈된 상황에 '질서를 부여함'을 의미한다. 조직 내에 있는 구성원들의 행위를 예측할 수 있으면 질서가 있는 것이고, 예측할 수 없으면 혼돈이 있는 것이다. 즉, '조직한다'는 것은 구성원의 행위를 예측할 수 있도록 질서를 부여하는 과정이고, 이러한 과정의 결과로서 구조적인 측면에서 '조직'이 만들어지게 된다.[2)]

사실, 조직은 각각의 다른 목표와 역할을 가지고 있으며, 그러한 조직을 연구하는 학자의 조직관 즉, 조직을 바라보는 시각에 따라 조직개념은 다양하게 나타난다. 이처럼 조직의 개념정의가 어려운 것은 조직을 구성하는 변수(즉, 목표·구조·과정·행태·환경 등)가 매우 복잡·다양하기에 이를 체계화시키기가 쉽지 않다는 것을 의미한다. 따라서 조직의 개념을 정립하고자 하는 사람들은 차선책으로 마치 '장님 코끼리 만지듯'이 조직의 특정 측면을 강조하여 그것을 가지고 조직 전체를 설명하려고 하는 경향이 있기 마련이다. 물론 조직의 개념정의를 하는 논자들 상호간에는 갈등이 많지는 않은 것 같다. 조직에 관한 여러 관점은 그 나름대로 장점이 있기 때문이며, 오늘날 이를 취합·통합하는 경향이 있다.

이러한 조직의 개념과 관련하여 종래에 논의된 것을 통합하여 경찰조직의 정의를 내리면, 경찰조직이란 "㉠ 공동의 목표를 가지고 있으며, ㉡ 이를 달성하기 위하여, 의도적으로 정립한 체계화된 구조에 따라 구성원들이 상호작용하며, ㉢ 일정한 경계(즉, 환경)를 가지고, ㉣ 외부환경에 적응하는, ㉤ 인간들의 사회적 집단"이라고 할 수 있다.[3)]

생각건대, 경찰조직은 '경찰구성원의 집합체로써 경찰조직의 목표를 추구하기 위해 의식적으로 구성된 사회적 단위'라고 할 수 있다. 여기서 경찰조직은 공식화된 분화와 통합의 구조·과정·규범을 갖는 조직체로서, 환경과 상호작용하는 특성이 있다. 그리고 조직 내의 비공식적 요소 또한 강조되며, 환경에 대한 탐색·해석·학습 과정 등을 통해서 '자기조직화'(self-organization)하는 경향도 있다.

사실, 경찰조직에 대한 개념정의를 어떠한 특정 조직개념에 의한 주어진 틀 속에서 접근하기보다는 다양한 관점에서 접근할 필요가 있다고 본다. 정도의 차이는 있지만,

---

2) 유종해(1996), 현대조직관리, 서울: 박영사, p. 3.

3) R. Daft(1992), Organization theory and Design, MN: West Publishing Co., pp. 7-8.; 이창원·최창현(1998), 새조직론, 서울: 대영문화사, pp. 31-37.; 신유근(1998), 조직론, 서울: 다산출판사, pp. 20-30.

경찰조직뿐만 아니라 모든 조직은 이러한 요소들을 모두 포함하고 있다. 주어진 시대적 배경 즉, 정치·경제·사회문화적 요소들에 의해서 경찰조직은 특징 지워진다. 따라서 경찰조직은 폐쇄적인 특성과 개방적인 특성을 모두 갖고 있다. 그리고 합리적인 특성과 비합리적(자연적)인 특성도 갖고 있다. 다만, 오늘날에는 경찰조직을 개방체제로 보는 시각이 강하고, 합리적인 면 못지않게 비합리적인 면도 강조되고 있음은 분명하다. 우리가 경찰조직의 개념을 정의하는데 일반조직과는 구별되는 경찰조직의 특성을 여러 관점에서 고려해야 하는 것은 물론이다.

2. 경찰조직의 특성

국가와 사회의 존립·유지라는 관점에서 보면 경찰조직은 강한 조직일 필요가 있으나 국민의 자유와 권리의 보호라는 관점에서 보면 경찰조직은 약화되어야 한다고 본다. 물론, 강력한 경찰이라고 해서 국민의 자유와 권리가 제한된다고 단정하기는 어렵고, 반대로 약한 경찰이라고 해서 국민의 자유와 권리가 보장되는 것은 아니다.

그러나 경찰조직에 지나치게 많은 권한이 집중되어 있으면, 국민의 자유와 권리는 위축되기 마련이다. 이는 역사적으로도 이미 경험한 바 있다. 또 국가질서가 혼란스러운 상황에도 불구하고 경찰조직이 지나치게 약화되어 있으면, 국민의 자유와 권리를 보호해줄 수 없기 때문에 오히려 강력한 경찰이 요구되기도 한다.

사실, 국가와 사회의 존립·유지와 개인의 자유와 권리 양자 간에는 상호 조화되기 어려운 상충되는 면이 적지 않다. 국가와 사회의 질서유지를 위해서는 개인의 자유와 권리가 침해·제한되기도 하며, 개인의 자유와 권리를 보호하기 위해서는 국가와 사회의 권리가 제한되기 때문이다. 이 때문에 버클리(G. E. Berkley)는 “민주주의와 경찰 간에는 이처럼 양립하기 어려운 관계가 있다”고 말하고 있다.[4)]

어쨌든, 경찰조직에 내재하는 특성은 주로 경찰업무의 대상과 그 자체의 성격, 혹은 경찰이 가지고 있는 권한 및 권력과 관련된다. 그리고 범죄통제 및 질서유지를 위한 명령과 강제를 할 수 있는 권력적인 특성과 아울러 어려움에 처한 시민을 지원해주는 봉사지향적인 특성도 가지고 있다.[5)]

---

4) G. E. Berkley(1969), The Democratic Policeman Boston: Beacon Press, p. 1.; 이황우(2005), 경찰행정학, 경기: 법문사, p. 19.

5) 경찰조직의 특수성과 관련하여 스콜닉(J. H. Skolnick, 1966)은 위험성과 권력성을 들고 있으며, 다카하시 유사이(高橋雄豺, たかはし ゆうさい, 1970)는 강한 정치성과 보수성을 들고 있다. 그리고 서재근교수(1963)는 돌발성, 시급성, 직접성, 위험성, 조직성 등을 들고 있다. 이러한 견해를 종합하여 이황우교수는 경찰조직의 특수

이상과 같이 경찰조직은 국가와 사회의 존립·유지 및 개인의 자유와 권리보호라는 특수한 목표를 가지고 있기 때문에 일반조직과는 여러 가지 면에서 다른 성격을 갖는다. 따라서 아래에서는 이와 관련하여 통합조직, 강제적 조직, 정치·체제유지 조직, 봉사조직과 공공복리조직이라는 차원에서 살펴보기로 한다.[6)]

1) 통합조직

파슨스(T. Parsons)는 조직이 사회적 필요성을 충족시키기 위해서 어떠한 기능을 하느냐 하는 관점에 따라 경제조직, 정치조직, 통합조직, 사회조직으로 구분하였다. 이러한 조직유형 가운데 '사회의 안정을 유지하고 일탈을 예방하는 조직'을 통합조직(統合組織)이라 하였고, 경찰조직은 여기에 속한다고 보았다. 따라서 경찰과 같은 통합조직은 사회 내의 갈등을 해결하고 사회의 각 부문이 공존·협동할 수 있게 하는 기능을 수행한다고 보았다.[7)]

사회간접자본

경찰조직이 제공하는 치안서비스는 사회간접자본(社會間接資本, SOC: Social Overhead Capital)가운데 하나로서, 범죄와 무질서 대응이라는 매우 본질적인 사회적 욕구를 충족시키는 역할을 한다고 볼 수 있다.[8)]

사회간접자본은 재화와 서비스의 생산에 직접 사용되기보다는 간접적으로 생산활동을 지원하며 촉진하는데 필요불가결한 자본을 말한다. 이것은 보통 정부가 소유하거나 개인이나 기업이 소유하더라도 정부의 규제를 받는 사회적 성격을 띤 자본이다. 이 개념을 협의로 사용할 때는 수송, 통신, 전력, 용수 등 자본시설을 지칭하며, 광의로 사용할 때는 이에 추가하여 국방, 치안(治安), 보건, 의료, 후생, 교육 등 산업의 생산활동과 일상생활에 필수불가결한 모든 공공적 성격을 띤 시설을 포함한다.

2) 강제적 조직

에치오니(A. Etzionni)는 조직을 복종관계의 기초가 되는 권력과 관여의 유형에 따라 강제적 조직, 공리적 조직, 규범적 조직으로 나누었다. 이 가운데 강제적 조직(强制

성을 제시하고 있다. 경찰조직의 특성을 경찰문화와 관련하여 접근한다면, 이 밖에도 권위주의, 비밀주의, 냉소주의, 결속력과 고립 등도 경찰조직을 이해하는데 중요한 요소가 될 것이다. 어떤 면에서 이러한 특징은 경찰조직의 문화적 특성을 의미하는 것이기도 하다. 위의 책, pp. 20-24.; 최선우(2010), 경찰과 커뮤니티, 서울: 대왕사, pp. 118-131 재인용.

6) 이황우(2005), 앞의 책, pp. 113-114 재인용.

7) T. Parsons(1960), Structure and Process in Modern Society, N.Y.: Free Press, pp. 45-46.

8) 이상안(2005), 경찰행정학, 서울: 대명출판사, p. 68.

的 組織)은 조직의 주된 통제의 수단이 강제적이며, 이로 인해 조직구성원들이 소외감·고립감·좌절감 속에서 업무를 수행하는 경향도 있다고 보았다. 대표적으로 군대나 경찰조직 등이 이에 해당한다고 하였다.[9)]

3) 정치적·현상유지적 조직

캇츠(D. Katz)와 칸(Kahn)은 조직의 기능을 기준으로 생산·경제조직, 정치조직, 현상유지조직 등으로 구분하였다. 여기서 경찰을 포함한 형사사법기관은 법의 집행수단이라는 점에서 정치조직(政治組織)이며, 아울러 사회화 기능 및 규범적 기능을 수행한다는 점에서 현상유지조직(現狀維持組織)에 해당한다고 하였다. 이러한 조직은 사회구조와 질서가 무너지지 않도록 규범적 통합을 유지하려고 노력한다고 하였다.[10)]

4) 봉사조직과 공공복리조직

블라우(P. Blau)와 스콧(R. Scott)은 조직활동의 주된 수혜자가 누구냐를 기준으로 사업조직, 봉사조직, 공공복지조직 등으로 구분하였다. 범죄피해자를 주요 수혜자로 볼 때는 경찰은 봉사조직(奉仕組織)이 될 수 있다고 보았다. 한편, 각종 봉사활동 등 국민을 주요 수혜자로 할 때는 공공복리조직(公共福利組織)이 된다고 보았다.[11)] 다만 경찰이 적극적 공공복리 증진자로서 활동할 때는 과연 그 범위를 어디까지로 할 것인가 하는 한계문제가 제기될 수 있다.[12)]

5) 다른 치안조직과의 비교

광의적으로 볼 때, 치안서비스를 제공하는 공식적인 조직에는 경찰뿐만 아니라 군, 검찰·법원·교정기관 등과 같은 국가조직과 경비업법상의 민간경비 등과 같은 민간조직을 들 수 있다. 그리고 비공식적인 치안조직으로 기능하는 것은 순수한 형태의 자경활동을 들 수 있다.

이들 공식적 조직들은 공공의 안녕과 질서유지에 관련된 수많은 치안서비스를 제공하는데, 국방서비스를 제외한다면, 전통적으로 경찰조직을 포함한 형사사법기관들은 대체로 특정지역에 지방공공재나 국가 공공재로 공급되는데, 영미법계는 주로 전자에

---

9) A. Etzioni(1964), Modern Organization, N.J.: Prentice-Hall, p. 72.

10) D. Katz and Robert L. Kahn(1966), The Social Psychology of Organization, N.Y.: John wiley and Sons, pp. 112-113.

11) Peter M. Blau and R. Scott(1962), Formational Organization, San Francisco: Chandler Publishing Co., pp. 42-52.

12) 이에 대한 자세한 내용은 김상호 외 8인(2004), 경찰학개론, 서울: 법문사, pp. 456-460 참조.

해당하며, 대륙법계에서는 주로 후자 중심으로 이루어지고 있다.

이러한 치안서비스를 제공하는 주체들의 특징을 살펴본다면, 먼저 군은 거시적으로 국가방위와 관련된 것이며, 형사사법은 전체적으로 범죄통제와 관련된 것이다. 그런데 경찰조직은 형사사법(Criminal Justice)적 관점에서 볼 때, 범죄통제의 기능(범죄예방, 수사·체포)을 일부 담당하지만, 이에 국한되지 않고 비범죄적 업무 또는 순수한 형태의 서비스(예: 교통질서유지, 노약자보호 등)를 제공하고 있다. 이러한 특성은 경찰을 형사사법기관의 일부로 포함하면서도, 한편으로는 이와 구별되는 성향을 갖는 것으로 보게 한다.

어쨌든, 경찰조직만큼이나 범죄 등을 포함한 수많은 사회문제에 직·간접적으로 대응하는 조직도 없을 것이다. 경찰조직은 거대한 조직규모를 갖추고 끊임없이 일반시민 또는 범죄자들과 범죄적 요소뿐만 아니라 비범죄적 요소들을 다루면서 직접적으로 시민과 상호작용하고 있음을 인식해야 할 것이다.

실제로 군은 조직적인 면에서 경찰보다 그 규모가 크지만, 대외적으로 국가방어적 차원에서 치안을 담당하기 때문에 일반시민과의 직접적인 상호작용은 이루어지지 않는다. 마찬가지로 형사사법기관으로서 검찰·법원·교정은 일반시민을 대상으로 하기보다는 범죄자와 밀접한 관련성을 가진 사람들과 상호작용을 한다. 그리고 최근 많은 관심의 대상이 되는 민간경비(Private Security) 역시 일반시민을 대상으로 하는 것이 아니라 세금 이외의 별도의 비용을 부담하는 특정고객(special clients)을 대상으로 관련 치안서비스를 제공하게 된다.

또한 형사사법과정에 있어서 경찰조직은 제1단계에 위치한 일종의 '입구'(intake valve)로서, 예컨대 경찰의 범죄예방과 수사결과의 여하에 따라 다음 단계인 기소와 재판 그리고 행형과 교정대상의 양과 질을 좌우하게 된다.[13] 이는 경찰조직의 범죄예방활동이 어느 정도의 성과를 거두느냐에 따라, 혹은 범죄인지와 체포 및 검거율에 의해서 형사사법적 대응의 양이 결정되고, 수사과정의 인권존중과 증거확보의 정도에 따라 유죄와 양형의 결정 등 형사사법의 질을 좌우하게 된다는 것을 의미한다. 그렇기 때문에 경찰의 역할은 범죄통제에 있어서 가장 1차적이고, 본질적인 것이다. 이러한 점에서 경찰조직은 치안서비스를 제공하는 가장 대표적인 공식적 조직으로 인식된다.

13) 백형조(1985), "한국형사사법행정의 문제점과 대책: 경찰의 역할을 중심으로," 서재근 편저, 한국행사사법행정의 발전과 그 과제, 서울: 신응출판사, p. 25.

3. 경찰조직의 목표

1) 경찰목표의 개념

모든 조직은 목표(目標, Goals)를 가지고 있다. 목표 없는 조직은 존재할 수 없으며, 목표가 불명확하면 나침반 없이 조난된 배와 같다. 경찰조직의 목표는 '경찰조직이 실현하고자 하는 바람직한 상태'를 말한다.

경찰조직의 목표라는 것은 앞에서 논의한 경찰이념(警察理念)에서 도출된다고 본다. 경찰목표는 하위목표인 경찰목적이 도출되고, 경찰목적에서 세부적인 경찰업무가 배분(경찰현장운용의 실행)되고, 이는 결과적으로 경찰관 개개인의 행태(行態)로 이어진다.[14)]

〈경찰이념에서 경찰목표와 경찰행태에 이르는 일련의 과정〉

경찰이념·사명 ⇨ 경찰 목표 ⇨ 경찰 목적 ⇨ 경찰업무배분 경찰현장운용 ⇨ 경찰행태

이러한 경찰목표는 단일적·일원적인 것이 아니라 다원적·복합적인 구조를 가지고 있다. 특히, 오늘날과 같이 범죄와 무질서 등 각종 사회적 문제의 양적·질적 심화 속에서 경찰의 역할은 더욱 증대되고 있는 상황에서는 더욱 그러할 수밖에 없다고 본다.

경찰조직이 추구하는 목표가 많다는 것은 그만큼 경찰의 역할이 증대되고 그에 따른 위상이 높아진다는 것을 의미한다. 반면, 경찰활동의 구심점을 흩트리고 경찰조직의 이념구현과 성과(능률성, 효과성, 형평성 등)를 달성하는데 장애가 될 수도 있다는 점을 고려해야 한다.

경찰목표와 경찰정책·기획

경찰목표·목적달성을 위해서는 적절한 경찰정책(警察政策, Police Policy)과 경찰기획(警察企劃, Police Planning)을 체계적으로 수립하지 않으면, 소기의 성과를 거두기 어렵다.

급변하는 치안환경 속에서 적절한 경찰정책 수립이 중요하다는 점은 이론의 여지가 없다. 경찰현장운용의 성패는 어떻게 경찰정책을 수립하느냐에 달려있다. 경찰정책과정 즉, 치

14) Gary W. Cordner(1999), Police Administration, Cincinnati: Anderson Publishing Co., p. 46.

안수요를 가능한 한 정확하게 예측하고, 그에 따른 적절한 대응방안에 대한 의사결정을 내리는 일련의 과정에서 국민의 권리보장과 국가안전을 위한 방향성이 제시되기 때문이다. 이러한 경찰정책이라는 개념은 논자에 따라 다양하지만 '직면한 치안문제 해결 및 바람직한 방향으로 치안환경의 변화를 유도하기 위한 공적 수단으로서, 현재 및 미래에 관한 경찰조직의 제반 활동지침'으로 정의를 내릴 수 있다.

한편, 경찰기획이라는 것은 '특정한 경찰목표를 달성하기 위하여 장래의 활동에 관한 이용 가능한 방법이나 절차를 의식적으로 개발하는 과정'이라고 할 수 있다. 경찰기획은 미래지향적이며, 목표지향적인 성격을 갖는다.

경찰정책이 목표달성을 위한 일반적인 방침이나 지침을 의미한다면, 경찰기획은 경찰정책보다는 구체적이고 특정적인 성격을 갖는다. 따라서 경찰정책과 경찰기획 양자만을 놓고 볼 때는 상대적인 차이, 즉 목표와 수단의 관계에 놓인다고 볼 수 있다. 요약건대, 경찰기획은 특정한 목표를 달성하기 위하여 누가, 언제, 어떠한 방법과 어느 정도의 예산으로, 어떠한 활동을 할 것인가를 결정하는 세부적인 과정이라고 할 수 있다.

생각건대, 경찰목표에 대한 개인 내지 집단의 인식 차이가 크면 클수록 목표달성 정도는 낮아질 것이며, 상호화합과 통합을 통한 인식의 공유는 목표달성 정도를 보다 높여줄 것이다. 경찰목표는 그 성격이 미래지향적이지만 현재의 조직활동에 강력한 영향을 미친다는 것은 분명한 사실이다. 그리고 경찰목표는 경찰활동의 방향을 제시하거나 정당성을 부여하며, 경찰활동에 대한 평가기준을 제공하기도 한다.

2) 경찰목표의 유형

경찰목표는 여러 가지 관점에서 다양하게 접근할 수 있기 때문에 이를 명확하게 이해하는 것은 쉬운 일이 아니다. 여기에서는 이와 관련하여 ㉠ 공식성, ㉡ 계층성, ㉢ 유형성 여부 등 3가지 기준에 따라 이를 살펴보기로 한다.[15]

① 공식적 경찰목표와 실질적 경찰목표

경찰목표를 공식성의 유무를 기준으로 분류하면 공식적 목표와 실질적 목표로 나눌 수 있다. 여기에서 공식적 목표(公式的 目標, Formal Goals)라는 것은 정부와 경찰조직이 공식적으로 설정하여 추진하는 목표이며, 이는 경찰법 및 관계법령, 그리고 대통령, 경찰청장 등 기관장의 훈령, 지시 등에 의해서 밝혀진다.

이와 관련하여 예컨대, 경찰법 제3조는 국가경찰의 임무(任務)를 규정한 것인데, 이는 경찰목표를 의미하는 것이라고 본다. 경찰목표라는 것이 하나의 결과라

15) 김영종 외 3인(1998), 행정학, 서울: 법문사, pp. 231-233 재구성.

면, 임무 또는 역할은 하나의 과정이라고 본다. 그러나 양자는 불가분의 관계에 있기 때문에 임무 또는 역할을 곧 목표로 간주할 수도 있다고 본다.

공식적 목표 : 경찰의 임무(국가경찰과 자치경찰의 조직 및 운영에 관한 법률 제3조)

① 국민의 생명·신체 및 재산의 보호
② 범죄의 예방·진압 및 수사
③ 범죄피해자 보호
④ 경비·요인경호 및 대간첩·대테러 작전 수행
⑤ 공공안녕에 대한 위험의 예방과 대응을 위한 정보의 수집·작성 및 배포
⑥ 교통의 단속과 위해의 방지
⑦ 외국 정부기관 및 국제기구와의 국제협력
⑧ 그 밖에 공공의 안녕과 질서유지

한편, 실질적 목표(real goals)라는 것은 정부와 경찰조직이 현실적·직접적으로 추구하는 목표로서 '운영적 목표' 또는 '비공식적 목표'(非公式的 目標)라고도 한다. 이들 공식적 목표와 실질적 목표는 일치될 수도 있고, 상반·대립할 수도 있는데, 일치되는 것이 가장 이상적임은 물론이다.

한편, 경찰조직의 공식적 목표는 다른 목표(예: 권력집단의 권력유지 및 재창출 등)를 은폐하기 위하여 의도적으로 사용되는 경우도 있다. 그리고 이들 두 목표가 차이가 나는 것은 환경의 변화나 정치적 이해관계, 그리고 조직구성원들의 개인적 인식 차이에서 비롯된 것일 수도 있다.

② 상위목표와 하위목표

경찰조직은 상위계층과 하위계층으로 계층구조를 이루고 있으며, 따라서 이에 따라 상위목표와 하위목표로 구분할 수 있다. 상위목표는 정부 및 경찰조직 전체의 차원에서 추구하는 목표로서 범죄 및 무질서로부터 자유로운 자유민주주의 사회의 건설, 공공의 안녕과 질서유지 등을 들 수 있다.

이러한 상위목표는 보통 하위목표보다 추상적이고 일반적인 성격을 띠고 있다. 반면, 하위목표는 상위목표를 기본으로 하되, 보다 구체적이고 특정적인 성격을 띠고 있다. 경찰조직은 각 기능에 따라 생활안전, 수사, 교통, 경비, 정보, 보안, 외사 등으로 구분되는데, 하위목표는 이들 기능별 부서가 추구하는 목표와 관련된다.

이와 관련하여 「국가경찰과 자치경찰의 조직 및 운영에 관한 법률」(약칭: 경찰법) 제3조에서 규정한 경찰의 임무를 다시 계층화시켜보면 다음과 같다. 경찰목표라는 것은 궁극적으로 국민의 생명·신체 및 재산의 보호와 공공의 안녕과 질서유지로 귀결되기 때문이다.

〈상위목표와 하위목표의 설정〉

상위목표	① 국민의 생명·신체 및 재산의 보호 ② 공공의 안녕과 질서유지
	⇩
하위목표	① 범죄의 예방·진압 및 수사 ② 범죄피해자의 보호 ③ 경비·요인경호 및 대간첩·대테러 작전 수행 ④ 공공안녕에 대한 위험의 예방과 대응을 위한 정보의 수집·작성 및 배포 ⑤ 교통의 단속과 위해의 방지 ⑥ 외국 정부기관 및 국제기구와의 국제협력

그리고 경찰조직의 목표는 바람직한 미래상을 구현할 수도 있고 그렇지 못할 수도 있다. 그러나 가능한 그 미래상에 가장 가깝게 접근하려고 노력하며, 일단 정해진 목표가 달성되면 그 이후부터 그것은 목표로서의 효용을 상실하게 된다. 예컨대, 어떤 지역에서 발생한 '연쇄살인사건의 해결'과 같이 일정기간에 구체적으로 설정된 목표는 목표 달성 이후, 그 의미를 상실하게 된다.

여기에서 '의미를 상실한다는 것'은 그에 투입된 인적·물적 자원의 변동을 의미한다. 그러나 이러한 것은 경찰목표 가운데 하위목표라고 할 수 있으며, 범죄통제를 통한 국민의 생명·신체·재산의 보호 및 공공의 안녕과 질서유지라는 상위목표는 여전히 거시적인 가치로서 어느 정도의 영속성(永續性)을 가지고 있음은 물론이다.

생각건대, 경찰이 추구하는 목표는 나라마다 다소 간의 차이가 있지만, 일정한 공통점을 가지고 있으며, 이를 위해 다양한 경찰활동을 수행하고 있다고 볼 수 있다.[16] 더욱이 오늘날과 같이 사회적 통합보다는 분열과 갈등이 첨예화되고

16) 미국경찰은 상위목표의 예로써 ① 생명의 보호, ② 재산의 보호, ③ 질서의 유지를 들고 있다. 그리고 하위목표로서 ① 위험한 행동의 예방과 통제, ② 위험한 상황에 빠진 개인의 구제, ③ 헌법적 권리의 보호, ④ 사람과 차량 이동의 편리성 도모, ⑤ 스스로 돌볼 수 없는 사람들에 대한 지원, ⑥ 갈등의 해결, ⑦ 잠재적인 심각한 문제

있는 현실에서 경찰의 역할은 세분화·전문화될 것을 요구하고 있음에 주목할 필요가 있다. 이러한 하위목표는 상위목표의 달성을 위한 수단으로서 기능을 한다고 볼 수 있다. 다만, 이러한 상위와 하위의 계층성은 상대적인 것이며, 확정적 개념은 아니다.

③ 무형의 목표와 유형의 목표

경찰이 수행하는 목표의 유형성 여부와 정도를 기준으로 무형의 목표와 유형의 목표로 분류할 수 있다. 무형의 목표는 위에서 설명한 상위목표와 유사하게 그 성격이 추상적이며 일반성을 띠고 있을 뿐만 아니라 행동의 융통성을 확보하고, 다양한 이해관계나 의견대립을 극복할 수 있고, 구성원의 자발적 참여를 확보하기 쉽다는 장점이 있다.

반면 유형의 목표는 위의 하위목표의 성격을 가지므로 구체성을 많이 내포하고 있다. 이는 어떠한 사건·성과·기술이나 단기적 목표와 관련이 있으며, 목표달성도의 측정이 쉽다. 일반적으로 유형의 목표는 구체적이고 명백하며, 계량화가 가능하므로 업적의 기준으로 사용할 수 있다.

그러나 항상 무형의 목표가 상위목표이고, 유형의 목표가 하위목표인 것은 아니라고 본다. 경찰이 제공하는 치안서비스는 국가가 제공하는 공공서비스의 한 형태로서 근본적으로 '서비스'(Service) 자체에 내재하는 추상적인 특성을 갖는다. 다만, 이러한 추상적인 특성만 가지고는 그 성과를 측정하여 평가하기가 어렵기 때문에 일정한 계량화를 전제로 한 구체적인 측정·평가기준을 마련하기도 한다.

3) 경찰목표의 설정과 갈등, 변화

(1) 경찰목표의 설정과 갈등

바람직한 경찰조직의 목표는 어떻게 설정할 것인가? 이러한 경찰조직의 목표는 법으로 명시할 수도 있고, 통치권자 및 치안책임자의 가치관 및 정책결정 등에 의해서도 설정될 수 있다. 다만, 경찰조직의 목표설정은 비록 그것이 조직이 달성해야 할 미래상이라 할지라도 독단적으로 설정될 성질의 것은 아니라고 본다.

민주국가에서 경찰목표는 보다 많은 사람과 집단들이 참여하는 민주적 과정을 통해서 설정하는 것이 바람직하다고 본다. 특히, 개방체제에서 환경과 유관하게 상호작용

의 확인, ⑧ 안전한 상태의 창조와 유지를 들고 있다. Gary W. Cordner(1999), Police Administration, Cincinnati: Anderson Publishing Co., pp. 47-52.

하여 국가 및 지역실정에 맞는 목표를 설정할 필요가 있기 때문이다.

물론, 이러한 과정에서 치안활동의 전문집단인 경찰이 적극적으로 참여해서 자신의 입장을 밝히는 것은 중요한 일이다. 가장 이상적인 경찰목표의 설정이라는 것은 조직 외적으로 개인과 국가질서유지에 모두 부합하고, 아울러 조직 내적으로 조직구성원들의 이해관계를 충분히 반영하는 방향으로 설정되는 것이 바람직하다고 본다.

그런데, 설정된 경찰목표가 항상 바람직한 방향으로 추진되는 것은 아니다. 특히, 조직 내외적인 정치권력집단의 이해관계에 의해 설정된 목표가 왜곡될 가능성도 적지 않기 때문이다. 물론, 경찰활동이라는 것이 국가권력을 전제로 한 것이기 때문에 이러한 문제는 항상 내재하는 한계요인이라고 본다.

따라서 예컨대, 정치지도자의 가치관이나 정국의 안정성 정도, 정치와 경찰과의 관계 여하에 따라 목표의 내용은 물론 그 수준의 결정에 있어서 지대한 영향을 미치게 된다.

4대 사회악 어떻게 생각하는가?

2013년 3월 박근혜대통령은 ㉠ 성폭력, ㉡ 학교폭력, ㉢ 가정파괴범, ㉣ 불량식품을 '4대 사회악'(4大 社會惡)으로 규정하고, 이를 근절하기 위한 추진 본부와 성폭력 특별수사대를 발족시켜서 민생안정을 도모할 것이라고 밝혔다. 이를 위해 안전행정부(현 행정안전부)·경찰, 법무부·검찰 모두 한마음으로 협력해줄 것을 요청하였고, 이 가운데 특히, 경찰이 4대 사회악 근절을 위해 선도적인 역할을 해야 한다고 강조하였다. 그리고 이를 실천하기 위해 '감축 목표관리제'를 시행하여 주기적으로 점검과 평가를 할 수 있도록 주문하였다.

당시 경찰청장은 대통령이 제시한 4대 사회악 근절이라는 경찰목표를 달성하기 위하여, 이와 관련된 제반활동을 지방경찰청 및 경찰서 등에 지시하여 시행하도록 하였다. 이에 따라 경찰청장은 4월 11일 경찰청에서 전국 경찰지휘부 회의를 열고 "새 정부 출범 100일이 되는 6월 4일까지 가시적인 성과가 나타날 수 있도록 4대 사회악 척결에 경찰의 모든 역량을 집중해야 한다. 성과가 나타나지 않는 지역은 지휘관에게 책임을 묻겠다"고 밝혔다.[17)]

또 경찰조직 내의 특정계층 또는 특정집단의 이해관계에 의하여 목표설정에 영향을 미치게 될 수 있다. 아울러 경찰목표는 사회 내의 특정계층, 특정지역, 특정집단에 유리하거나 불리하게 작용할 수도 있다. 그리고 사회적으로 어떠한 변화나 갈등이 야기될 때, 예측하지 못한 사태가 전개될 때 경찰목표는 이들을 해결하는 쪽으로 설정되기도 한다. 이러한 과정에서 시민의 이성을 잃은 집단행동과 경찰의 과잉대응이 문제 되

17) YTN(2013.03.14.).; 파이낸셜 뉴스(2013.04.05.).; 아시아 투데이(2013.04.11.).

어 또 다른 사회적 갈등을 야기하기도 한다.

(2) 경찰목표의 설정 기준

경찰목표를 설정하고 이를 추구하는데 항상 본질적인 어려움은 경찰목표의 양면성에서 비롯된다고 본다. 개인의 자유와 권리보호 및 공공의 안녕과 질서유지라는 양 가치는 항상 조화되지 않고, 경우에 따라서는 가치상충이 될 수도 있는 것이기 때문이다. 다만, 경찰목표는 경찰조직에 의해 달성되어야 할 과제이기 때문에 사회적 여건, 조직의 역량 등을 고려하여 설정함으로써 야기될 수 있는 문제를 최소화해야 한다. 아래에서는 어떠한 기준을 가지고 경찰목표를 설정할 것이가에 대해서 살펴보기로 한다(이는 추상적인 경찰의 상위목표라기보다는 구제적인 하위목표와 관련성이 깊다고 본다).

이와 관련하여 첫째, 경찰목표는 가능한 한 명료하고, 현실적이어야 한다. 애매모호하거나 비현실적인 것은 지양되어야 한다는 의미이다. 둘째, 경찰목표는 그 시기가 적절하고, 설정된 목표 간의 우선순위가 분명해야 한다. 셋째, 경찰목표는 실현가능성과 결과의 확실성이 높아야 한다. 실현 가능성도 불분명하고, 실현 결과의 내용도 불확실한 목표는 배제되어야 한다. 넷째, 경찰목표는 상황변동에 대한 적응 가능성이 높아야 한다. 일반적으로 경찰목표의 달성에는 막대한 인적·물적 자원이 동원된다. 따라서 상황변동에 대한 적응력을 높이지 못할 경우, 국가적 자원낭비 문제를 야기하게 될 것이다. 다섯째, 경찰목표는 목표달성을 통하여 경찰조직 스스로는 물론이고 국민의 욕구충족이 동시에 가능해야 한다.[18] 예컨대, 과거 경찰조직은 범죄사건 해결에 있어서 세계적 수준에 이르렀다고 스스로 만족하고 공표하였지만, 국민은 범죄에 대한 불안감 팽배와 경찰에 대한 불신이 뿌리 깊게 내재한 것은 경찰의 접근방법에 있어서 어떠한 문제가 있었음을 보여주는 것이라 할 수 있다.

(3) 경찰목표의 변화

현대사회는 매우 빠르게 변화를 거듭하고 있다. 따라서 치안환경이라는 것도 그러한 시대변화에 맞게 변화하기 마련이다. 이와 관련하여 거시적·본질적 차원에서의 경찰목표 즉, 개인의 자유와 권리의 보호 및 공공의 안녕질서유지라는 두 가지의 '가치'(價値)를 가지고 살펴보자.

정치·경제·사회적으로 안정되어 일정수준의 사회적·국가적 통합이 이루어질 때는 범죄와 무질서 문제 역시 그와 비례해서 감소한다고 본다. 이러한 상황에서 경찰은 개

18) 김영종 외 3인(1998), 앞의 책, p. 236 재구성.

인의 자유와 권리보호에 보다 초점을 두고 목표를 설정하여 주어진 임무를 수행할 수 있을 것이다. 반면, 정치·경제·사회적 불안정으로 인해 수많은 이해관계가 상충되어 사회적·국가적 갈등이 심화되어 있을 때, 경찰은 무엇보다도 공공의 안녕질서에 초점을 두고 경찰활동을 하지 않을 수 없다. 이 경우 개인의 자유와 권리라는 가치는 일정 수준 후퇴할 수밖에 없다고 본다.

제2절 경찰조직이론의 발전

1. 경찰조직이론의 기본 논의

다소 의외의 이야기인데, '축구 4강 신화'를 이룩한 지난 2002년 한·일 월드컵에 대한 우리의 관심과 열기는 매우 뜨거웠다(이에 비해 2014년 브라질 월드컵은 아쉬움으로 남아있다). 축구경기를 보는 국민은 모두가 준전문가 수준이 된다. 축구의 현실적 목표는 승리이고, 따라서 누가 많은 골을 넣느냐가 관건이다.

그렇다면, 대한민국 축구대표팀이 4강 신화를 이룩할 수 있었던 요인은 무엇인가? 한국 축구선수 개개인의 개인기가 뛰어났는가? 조직력이 매우 탁월했는가? 감독 등의 역량이 뛰어났는가? 국가차원의 경제적 지원 등이 아주 잘 이루어졌는가? 아니면 국민의 성원이 대단하였는가? 이 모든 것들이 중요하다면 이 가운데 무엇이 가장 중요한 요소라고 생각하는가? 아니면 이 모든 요소가 적절하게 상호작용하여 상승효과를 일으킨 결과인가?

이러한 질문은 경찰조직에 대해서도 마찬가지로 적용된다. 경찰이 추구하는 목표(비록 축구경기에 비해 훨씬 복잡다양하고 모호하지만)를 달성하기 위해서 어떻게 해야 할 것인가 하는 본질적인 물음은 동일하다. 경찰 개개인의 역량, 조직력, 지휘관의 리더십, 적절한 예산지원, 국민적 관심과 기대 등은 모두 중요한 요소가 된다. 조직이론(組織理論, Organization Theory)은 바로 이러한 구성요소들을 적절하게 운용하여 목표를 달성할 수 있는 일반적 원리를 제시하는 것이다.

1) 일반조직이론의 발전

조직에 관한 연구는 오랜 과거까지 거슬러 올라가 살펴볼 수 있으나, 이에 대한 과학적·체계적인 연구와 이론적 틀의 형성은 20세기에 이르러서야 비로소 시작되었다고 볼 수 있다. 그런데, 지난 100년간의 조직이론의 형성·발전과정을 살펴보면, 각 시대가 처한 상황에 따라 인식 및 접근방법에서 차이가 있다는 점을 알 수 있다. 이러한 인식 및 접근방법에 따라서 시대별 조직이론의 변화·발전과정을 단계별로 구분할 수 있을 것이다. 다만, 조직이론의 변화·발전은 단절적이라기보다는 연속적인 성격을 가지고 있다.

그리고 과거의 생각이나 주장이 전혀 잘못되었고, 현재에 대두된 주장이 전적으로 옳다는 식의 이분법적 구분이 아니라 어느 한 시대를 풍미했던 이론이 일정 시점에 이르러서는 퇴보되고 이에 대한 보완 또는 수정, 그리고 더 나아가서 반대되는 새로운 이론이 서서히 등장하면서 '이론의 세대교체'가 자연스럽게 이루어짐을 알 수 있다. 이는 쿤(T. Kuhn)이 제시한 '패러다임(Paradigm)의 전환'과도 일맥상통하는 것이라 할 수 있다.

조직이론에 대해 국내외의 수많은 관련 학자는 이에 대한 적절한 기준과 근거를 제시하고 있음은 주지의 사실이다.[19] 이 가운데 조직이론을 가장 잘 체계적으로 정리한 것 가운데 스콧(W. R. Scott)의 조직이론 분류를 들 수 있다.[20] 그는 두 가지 차원 즉, ㉠ 조직 환경과의 관계에서 조직을 폐쇄체제(閉鎖體制, Closed System)로 또는 개방체제(開放體制, Open System)로 생각하는지의 여부, ㉡ 조직과 인간을 합리적(合理的, rational) 존재 또는 자연적(自然的, natural) 존재로 생각하는지의 여부를 기준으로 하여 조직이론을 네 가지로 분류하였다.[21]

---

19) ① 현대 조직이론의 역사적 구분을 3단계로 접근하는 경우가 많다. 예컨대, 사이몬(H.A. Simon)과 마치(J.G. March, 1958)는 전통적 이론, 인간관계론, 의사결정론으로 구분하였다. 그리고 에치오니(A. Etzioni, 1964)와 타우스키(C. Tausky, 1970)는 고전이론, 인간관계론, 구조론으로 구분하였고, 왈도(D. Waldo, 1969)는 고전이론, 신(新)고전이론, 현대이론 등으로 구분하고 있는데 그 내포하는 의미는 거의 비슷하다. 왈도는 1978년에 와서 현대조직이론의 연구경향에 대한 자신의 견해를 다시 정리하면서 체제이론과 상황적이론이 다양화된 접근방법의 통합하화에 기여할 수 있음을 지적하고 있다. ② 한편 베이커(R.J.S Baker, 1972)는 고전이론, 인간관계론 및 그에 관련된 이론, 유기적 이론과 체제이론(Organic and System Theory)으로 구분하였다. 이러한 기준은 1950-1970년대에 이루어진 것이며, 우리나라 조직이론가들도 이들의 영향을 받아 지난 오늘날까지도 주로 이러한 기준을 가지고 접근해 왔음을 알 수 있다. 물론 조직이론의 시대적 변천과정을 3분하는 학자들만 있는 것은 아니다. 최근에는 이러한 경향이 더욱 뚜렷하게 나타나고 있다. 박연호(1988), 조직관리론, 서울: 법문사, pp. 29-53.; 유종해(1996), 앞의 책, pp. 37-67.; 오석홍(2009), 조직이론, 서울: 박영사, pp. 10-63.

20) T. Peter and R. Jr. Waterman(1982), In Search of Excellence, NY: Harper & Row, p. 91.

21) W. R. Scott(1987), Organization: Rational, Natural, and Open System, NJ: Prentice-Hall.

여기에서 조직과 조직구성원을 자연적 존재로 보는 관점은 조직구성원의 심리 및 사회적 욕구를 강조하고, 조직의 목표달성보다는 조직의 생존과 조직 속에 흐르는 비공식성, 비합리성 등에 중점을 두고 있다.

스콧의 이러한 조직이론의 분류방법 역시 크게는 시대적 전후 관계를 기준으로 한 것이며, 따라서 기존의 접근방법과 상충되는 것은 아니다. 다만 스콧은 조직이론의 발전을 추상적으로 고전이론, 신고전이론, 현대이론이라는 용어를 사용하지 않고, 당시 크게 논의되었던 이론들이 가지고 있는 기본적 특성, 즉 환경과의 관계(환경에 개방적인 조직과 폐쇄적인 조직)와 인간에 관한 인식 방법(합리적 인간과 자연적·비합리적 인간)을 기준으로 접근하였다는 점에 특색이 있다. 또한 개방-합리적 이론(체제이론과 상황이론 등)에서 한 단계 더 나아가 개방-자연적 이론(학습이론, 혼돈이론 등)을 제시하였다는 점에 의의가 있다.[22)]

2) 경찰조직이론의 특징

경찰조직이론(警察組織理論)은 경찰조직에 고유한 이론이라기보다는 행정학·경영학 등의 영역에서 각 시대적 상황에 따라 체계화된 이론들을 원용하여 발전시킨 것이라 할 수 있다. 경찰조직 역시 이러한 시대적 배경을 전제로 하기 때문에 이들 조직이론을 경찰조직에 적용할 수 있을 것이다. 물론, 이들 일반조직이론을 경찰조직이론에 적용할 때, 어떻게 경찰조직이 가지고 있는 특수성을 반영하느냐가 관건일 것이다.

그런데, 경찰 및 군대와 같은 조직은 다른 공공부문과 민간부문과는 달리 업무의 특성상 체제유지적이고 보수성이 강하다. 이는 경찰조직이 사회변화에 민감하게 변화하기 어렵다는 것을 의미한다. 따라서 어떤 면에서는 다른 부문의 조직이 이미 새로운 조직이론에 기초를 두고 변화·발전하고 있는 시기에 경찰은 여전히 기존의 조직이론의 틀(예컨대: 전통적 관료제이론 등) 속에서 운영되는 성향이 있는 것도 사실이다.

따라서 경찰조직 역시 하나의 '조직'으로서 동시대에 등장하는 공공부문과 민간부문의 일반조직이론의 기본원리를 수용하면서도, 한편으로는 경찰이 갖는 특수성(업무의

---

22) ① 폐쇄-합리적 조직이론으로 조직을 외부환경과 단절된 폐쇄체제로 보면서, 조직구성원들이 합리적으로 사고하고 행동하는 것으로 간주하는 이론이다. 시기적으로는 대체로 1900년~1930년 정도를 전후한 이론들이다. ② 폐쇄-자연적 조직이론은 조직을 아직도 외부환경과 단절된 폐쇄체제로 보지만, 조직구성원들을 합리적이 아닌 자연적 관점으로 보는 것으로 조직구성원의 인간적 문제에 중점을 둔다. 1930년~1960년 정도 사이를 지배하였던 조직이론들이다. ③ 개방-합리적 조직이론으로 비로소 조직환경의 중요성을 강조하지만, 조직이나 인간의 합리성 추구를 다시 강조한다. 1960년~1970년 정도 사이에 등장한 이론들이다. ④ 개방-자연적 조직이론으로 역시 조직환경의 중요성을 강조하지만, 조직의 합리적인 목표 수행보다는 조직의 존속이나 비합리적인 동기적 측면을 강조한다. 1970년대 이후에 많은 관심을 받고 있는 이론들이라 할 수 있다.

특성)을 반영하여 경찰조직의 목표달성에 가장 부합되는 조직이론을 정립하는 것이 필요하다고 본다.

3) 경찰조직이론의 체계화

그동안 논의되어 온 일반조직이론을 토대로 경찰조직이론의 역사적 발전과정을 다음과 같이 정립할 수 있을 것이다. 이는 거시적으로 ㉠ 왈도(D. Waldo) 등이 제시한 기존의 일반조직이론의 3단계 분류기준(고전이론, 신고전이론, 현대이론)에 포스트 현대(post-modern)이론을 첨부하고, 이를 ㉡ 스콧(W. R. Scott)이 제시한 4단계 분류기준(폐쇄-합리적 조직이론, 폐쇄-자연적 조직이론, 개방-합리적 조직이론, 개방-자연적 조직이론)에 절충하여 체계화시킨 것이다.

왈도식 접근방법은 시간적 차원에서 조직이론의 역사적 발전과정을 조명할 수 있으며, 스콧식 접근방법은 그러한 과정에서 환경관계(폐쇄·개방체제)와 인간관계(합리적·자연적 인간)를 분석·정리하는데 유용하다.

그런데, 오늘날 현대조직이론(스콧의 기준에 의하면 개방-합리적 조직이론과 개방-자연적 조직이론이 여기에 해당)이라 칭하는 조직이론이 이미 1960년대 이전까지 거슬러 올라가기 때문에 현대조직이론 속에서도 더욱 현대적인 이론(시기적으로 최근에 해당하는)으로 구분할 필요가 있다.

이러한 접근을 위해서 오늘날 인문과학 및 사회과학 영역에서 널리 쓰이고 있는 이른바 '포스트 현대'(post-modern) 개념을 사용하여 현대조직이론을 다시 재분류하고자 하였다. 물론, 이 역시 어떠한 새로운 조직이론의 제시라는 측면도 있지만, 더 나아가 조직이론을 분류하는 하나의 기준으로 사용하고자 하는 의도에서 제시한 것이다.

여기서 한 가지 주의할 것은 어떤 이론의 학문적 위치와 조직사회의 실제에서 차지하는 '시장점유율'이 반드시 부합되는 것만은 아니라는 사실이다. 예컨대, 인간관계론이 학문적으로 가장 우세한 때에도 고전이론의 처방들이 실천적으로 조직의 설계와 운영에 더 많은 영향을 미치고 있었다. 오늘날에는 자기실현적 인간모형에 입각한 반관료제적 이론들이 처방적 차원에서 아주 강세를 보이고 있지만, 조직사회의 실제에서 시장점유율은 그리 높지 않다는 점이다. 현대 경찰조직 역시 여전히 관료주의적 성향이 매우 강하게 나타나고 있음은 주지의 사실이다.

그리고 비록 이러한 각각의 접근방법들은 개인 및 조직행태에 대해서 서로 다른 관점에서 출발하고 있으며, 그 결과 관리자들이 어떻게 조직문제를 정의하고 해결하고자 하는가에 대해서도 서로 다른 견해를 가지고 있지만, 이를 토대로 실천적이고 미래지향적인 조직이론의 발전을 기대할 수도 있을 것이다.

〈경찰조직이론의 체계〉

고전이론
(폐쇄-합리적 조직이론)
공식적 조직 강조
- 고전적 관료제론
- 행정관리론
- 과학적관리

신(新)고전이론
(폐쇄-자연적 조직이론)
비공식적 조직 강조
- 인간관계론
- 행태과학적 접근

⇘ ⇙

현대이론
(개방-합리적 조직이론)
공식적 조직 강조
- 체제이론
- 상황이론
- 품질관리

⇓

포스트 현대이론
(개방-자연적 조직이론)
비공식적 조직 강조
- 학습이론
- 혼돈이론

2. 고전적 조직이론: 폐쇄-합리적 조직

조직이론에 관한 고전적 또는 전통적 접근은 1900년 이후 오늘날에 적지 않은 영향을 미치는 이론으로 이는 관료제론, 행정관리론, 과학적관리론의 세 가지 주요 영역으로 구분되어 논의 할 수 있다.

여기서 ㉠ 관료제론이 조직 전체의 구조적 특성에 대하여 포괄적인 관심을 가졌다면, ㉡ 행정관리론은 조직의 상층부에 초점을 두고 하향적 방식에 의한 조직의 합리화를 추구하였다고 평가할 수 있다. 그리고 ㉢ 과학적 관리는 하위수준(하위계층)의 조직 생산성에 관심을 가졌다. 따라서 우리는 이들 세 가지 고전적 조직이론을 통해서 경찰조직의 전체적인 구조적 특성과 경찰조직 관리층의 관리방식, 일선경찰의 생산성 향상 등과 관련하여 기본적인 지식을 쌓을 수 있을 것이다.

1) 고전적 관료제론

관료제(官僚制, Bureaucracy)라는 개념은 현대 사회학에 지대한 영향을 미친 베버(Max Weber)의 연구와 관련된다. 그는 19세기 후반 유럽의 사회적 변화의 결과를 연구하는 과정에서 합리성에 기초를 두고 운영되는 복잡한 조직을 이해하기 위하여 '관료제'라는 용어를 만들어 냈다.

베버는 이러한 관료제를 통해서 산업혁명 초기의 열악한 노동환경, 족벌주의(族閥主義), 그리고 주관적 판단에 의한 관리자들의 관행을 줄일 수 있다고 생각했다. 당시에는 객관적 능력과는 상관없이 친인척을 고용하고, 단지 상류계급 출신이라는 이유만으로 정부와 산업체 내에서 높은 지위의 직책을 맡게 되는 일들이 관행적으로 이루어졌다.

물론, 베버의 연구는 이러한 사회현실을 반영하였다기보다는 조직의 능률성을 달성하기 위해서 조직을 어떻게 구조화(構造化, organize)하고, 관리해야 하는 것과 관련된 일종의 '이상적인 관료제'(ideal type of bureaucracy)를 기술하였다고 볼 수 있다. 따라서 당시의 베버가 제시한 관료제 개념과 오늘날의 '번거롭고 까다로운 절차'를 강조하는 이른바 '관료적 형식주의'(red-tape, 繁文縟禮)를 강조하는 '부정적 의미의 상징'으로 인식되는 관료제를 비교하는 것은 부적절한 면이 있다.[23)]

사실, 베버의 관료제는 조직의 권한구조에 관한 이론에 기초를 둔 것이라 할 수 있다. 따라서 베버의 조직이론에 대한 기여는 합리적·법적 권한에 근거한 관료제를 제시한 데서 찾아볼 수 있다.

베버는 권한의 유형을 ㉠ 카리스마적(charismatic) 권한, ㉡ 전통적(traditional) 권한, ㉢ 합리적·법적(rational-legal) 권한으로 분류하고, 이 가운데 합리적·법적 권한에 기초를 둔 관료제 모형이 근대사회의 대규모조직을 설명하는데 가장 적합한 것이라고 하였다. 베버의 이상적 관료제 모형은 다음과 같은 특징들을 가지고 있다.[24)]

㉠ 전문화에 기초를 둔 노동의 분화

㉡ 하위직이 상위직의 통제와 감독을 받도록 하는 계층적 구조

㉢ 조직전체에 적용되는 일련의 규칙

㉣ 구성원 간에 공식적·기계적인 관계의 유지: 합리적인 의사결정은 객관적이고, 감

23) Roy R Roberg, Jack Kuykendall(1997), Police Management, L.A.: Roxbury Publishing Company, p. 26.
24) 오석홍(2001), 조직이론, 서울: 박영사, p. 21.

정이 개입되지 않는 상황에서만이 이루어질 수 있다고 봄

㉤ 능력에 기초를 둔 선발과 승진

베버가 제시한 고전적 관료제 모형에 있어서 기본적인 가치기준은 능률성(efficiency)이라고 볼 수 있다. 직위를 관할과 계층에 관련하여 규정하고, 그 해당 직위에 전문직원을 배치하며, 활동유형에 관한 규칙을 제정하고, 보수와 승진 등에 의하여 전문성·신속성·명확성·통일성을 기하고, 부하들의 철저한 복종, 마찰의 감소, 인적·물적 비용의 감소 등을 보장함으로써 능률성을 제고 할 수 있다고 믿었던 것이다. 물론, 이러한 사고방식은 환경에 대한 폐쇄체제(閉鎖體制, Closed system)의 관점에 입각한 것이다.

베버는 관료제가 자본주의사회에서 개인적 목표와 사회적 목표를 동시에 달성할 수 있도록 해주는 가장 합리적인 수단이라고 생각한 것이다. 그러나 이러한 접근방법이 비록 그 당시에는 진보적인 단계로서 고려될 수 있었지만, 고도의 형식화되고 비인격화된 조직관리를 초래하게 되었다. 베버의 관료제론에 대한 주요 비판 가운데 하나는 관료제 내에서 조직구성원들은 단지 '기계 속의 톱니바퀴' 정도로 파악했다는 점에 있다. 그리고 이러한 베버의 관료제는 후술하는 테일러의 과학적관리론과 많은 유사성을 갖고 있음을 알 수 있다.

2) 행정관리론

(1) 페욜의 행정관리론

20세기 초 조직의 '관리'(管理, management) 분야에 크게 관심을 가진 사람 가운데 하나는 프랑스 사업가인 페욜(H. Fayol) 이었다. 그는 조직관리에 있어서 이론과 실제의 발전과 교육의 필요성을 인식하였다. 그는 "오늘날 신규(관리자)자들은 관리이론뿐만 아니라 관리방법도 알고 있지 않으며, 이러한 이유로 관리자들은 평생 초보자로 남게 된다"고 하였다. 그는 자신이 석탄과 철강산업 분야에서 일하는 동안 가장 자주 적용하였던 14가지의 효율적인 조직관리의 원리에 대한 정의를 내렸다.[25] 이를 통해 그는 집권화되고, 기능적으로 전문화된 조직구조, 그리고 주도면밀한 감독과 통제를 강조하였다.

25) Roy R Roberg, Jack Kuykendall(1997), op. cit., p. 27.

페욜의 관리원칙

① 업무의 분화	② 권한과 책임	③ 규율
④ 명령의 통일성	⑤ 지휘의 통일성	⑥ 조직이익의 우선
⑦ 구성원에 대한 보상	⑧ 집권화·분권화	⑨ 계층적 구조
⑩ 질서	⑪ 공평성	⑫ 재직의 안전성
⑬ 창의성	⑭ 단결성(애사심)	

페욜은 자신이 내린 각각의 관리원칙은 보편성을 갖고 있기 때문에 산업조직뿐만 아니라, 종교, 군대, 경찰(警察), 그리고 여러 다른 형태의 조직에도 적용될 수 있다고 믿었다. 그는 개발되는 관리원칙의 수나 그것이 적용될 수 있는 방법에는 한계가 없다고 하였다. 흥미로운 것은 페욜은 엄격성·경직성이라는 고정관념을 깨기 위해 '규칙'(rules)이나 '법'(laws)이라는 용어보다는 '원리 또는 원칙'(principles)[26]라는 용어를 선택·사용하였다.

비록 최근의 연구에서 어떤 특정한 조건 아래에서는 페욜이 제시한 관리원칙에 예외가 있다는 점이 발견되고 있지만, 이러한 일반적인 원칙들은 오늘날에도 여전히 광범위하게 적용되고 있다.

(2) 귤릭과 어윅의 행정관리론

한편, 미국에서는 1930년대에 이르러 조직관리의 기능, 조직관리의 원리 등에 관한 연구가 이루어졌다. 여기에 해당하는 대표적인 행정관리론가들 중에는 귤릭(L. Gulick)과 어윅(L. Urwick) 등을 들 수 있다.[27]

귤릭은 'POSDCORB'라는 두문자어(頭文字語)를 사용함으로써 행정의 주요기능을 묘사한 논문을 기고한 바 있다. POSDCORB는 ㉠ 계획(Planning), ㉡ 조직화(Organization), ㉢ 참모조직(Staffing), ㉣ 지시(Direction), ㉤ 협력(Coordinating), ㉥ 보고(Reporting), ㉦ 예산(Budgeting)을 의미하는 것이다.

---

26) "나는 어떠한 엄격성·경직성(rigidity)의 암시로부터 벗어나기 위해 원리(principles)라는 용어를 선택하였다. 왜냐하면 조직관리에 있어서는 어떠한 엄격성이나 절대적인 것은 없기 때문이다. 그것은 결국 조화·균형의 문제인데, 원리라는 것은 유연하고 모든 필요한 곳에 적용될 수 있는 것들이다. 이는 어떻게 그것들을 사용하는가를 알아내는 문제인데, 여기에는 지적능력, 경험, 결단력, 그리고 균형을 요구하는 어려운 기술인 것이다". H. Fayol/C. Storrs(trans.)(1949), Industrial and General Management, London: Pitman & Sons, p. 19.

27) L. Gulick and L. Urwick (eds.)(1937), Papers on the Science of Administration, N.Y.: Institute of Public Administration.

그리고 어윅은 행정의 원리로서(the elements of administration) ㉠ 명령의 통일성 유지, ㉡ 권한과 책임의 범위를 동일하게 유지, ㉢ 통솔범위를 제한할 것 등을 강조함으로써 페욜의 연구를 확대하였다.[28)]

① 명령통일의 원리

행정적관리 이론가들은 직원들이 한 사람의 감독관으로부터만 명령을 받아야 한다는 명령통일(命令統一, unity of command)의 원리가 엄격하게 지킴으로서 조직이 능률적이고 효과적으로 통제되고 운영될 수 있다고 보았다.

그리고 이러한 원리에 대해서 예외가 발생하는 경우에 대해서는 명문화된 정책적 요구가 강조되어야 한다고 보았다. 이는 '기능적 통제'(functional control)로 알려진 것인데, 예컨대, 특수한 살인사건과 같은 경찰현장 상황에서는 그 기능 즉, (업무)와 관련하여 더 많은 경험과 지식을 가지고 있는 다른 감독자에게 그 일을 위임할 수 있다는 것이다.

② 권한과 책임의 범위를 동일하게 유지

그리고 '책임에 상응하는 권한'(authority commensurate with responsibility)의 원리는 어떤 직원에게 관련 업무를 수행하도록 하는 책임을 부여하였다면, 그 사람에게는 그 업무를 수행하는데 필요한 권한을 아울러 부여해 주어야 한다는 것이다.

이와 관련하여 예컨대, 만약 어떤 사법경찰관이 특정 범죄사건을 해결하는 책임을 부여받았다면, 그 사건에 대한 조사가 행해지는데 필요한 지시와 관련하여 중요한 결정을 내릴 수 있도록 그 사람에게 적절한 권한을 함께 부여해야 한다는 것이다(이는 형사사법상의 수사구조의 합리화와 밀접한 관련성을 갖는다). 또 예컨대, 만약 외근경찰관들이 자신들의 담당구역 내의 범죄예방 및 단속하는 책임을 부여받았다면, 자신들이 가장 적절하다고 생각하는 방법으로 문제해결을 해 나갈 수 있는 권한도 가져야 한다는 의미이다.

③ 통솔범위의 원리

통솔범위(統率範圍, span of control)의 원리는 상관에게 직접적으로 보고하는 부하직원들의 규모로 정의된다.

---

28) Roy R Roberg, Jack Kuykendall(1997), op. cit., pp. 28-29.

고전적 조직관리에서는 작은 통솔범위를 강조하고 있는데, 이는 한 감독관이 모든 부하직원과의 밀접한 접촉관계를 유지할 수 있도록 하면서, 이들 모든 직원을 통제할 수 있게 하기 때문이다. 이에 대해 일부는 “아무리 유능한 감독관이라도 관련업무에 5명 또는 아무리 많아도 6명 이상은 동시에 직접적으로 관리할 수 없다”는 결론을 내리기도 하였다.

조직관리의 원리

행정관리론자들은 조직관리의 핵심적인 요소로서 분업과 통합·조정을 제시하고 있다. 그리고 이러한 분업과 통합·조정과 연관 지어 오늘날 우리에게 널리 알려진 ㉠ 분업의 원리, ㉡ 명령통일의 원리, ㉢ 통솔범위의 원리, ㉣ 조정의 원리, ㉤ 계층화의 원리, ㉥ 부성화의 원리(동질적인 업무끼리 묶어 부서화), ㉦ 참모조직의 원리 등을 발전시키는 것에 노력하였다. 이러한 원리들은 아울러 조직관리의 공식화(公式化)와 관련된 요소를 함축하고 있다.

역설적이지만, 행정관리론자들은 자신들이 제시한 원리 때문에 많은 비판을 받아왔다. 즉, 그들이 주장한 원리들은 인간이 경제적 욕구만 지녔다든지, 일을 싫어한다든지, 지시받기를 원한다든지 하는 ‘의심스러운 가정’ 전제에 바탕을 두고 있기 때문이다. 그리고 어떻게 보면, 이들이 제시한 원리들은 당연한 내용이거나, 모호 또는 상충되는 부분도 있고, 아울러 보편성이 없는 것을 보편적 원리라고 한 부분도 없지 않다.

그러나 행정관리론자들은 조직이론의 출범 초기에 그 초석을 놓는데 많은 기여를 한 것은 분명한 사실이다. 이들의 이론은 후대의 이론발전에 준거의 틀을 제시해 주었기 때문이다. 따라서 이들이 제시한 이론적 원리들이 비록 보편적인 것이 아닐지라도 오늘날에도 조직설계와 운영의 실제에서 중요한 기준을 제시해 주고 있음은 물론이다.[29]

3) 과학적 관리론

테일러(F. W. Taylor) 등의 조직관리에 관한 연구는 19세기 후반부터 시작하여 20세기 초반까지 진행되었다. 이들은 당시 공장과 같은 대규모 산업시설에서 발생하는 비능률성(inefficiency)에 관심을 가지고 접근하였다.

---

29) 오석홍(2001), 앞의 책, p. 23.

따라서 테일러는 산업시설내의 노동자들의 생산성을 증가시키는 방법에 초점을 두었다. 그에 의하면, 노동자들은 주로 '경제적 보상'에 의해서 동기가 부여되고 있다고 믿었다. 따라서 조직의 생산성을 높이기 위해서는 조직의 운영이 고도의 전문화된 종업원으로 구성된 명확한 '권위주의적인 계층구조'(hierarchy of authority) 속에서 이루어져야 한다고 믿었다.

테일러가 제시한 과학적 관리는 종업원이 어떤 특정한 작업을 수행하는데 최상의 방법이 있으며, 따라서 이를 발견하고자 한 것이다. 이와 관련하여 그는 미국 필라델피아 지역에 있는 철강회사에 관한 연구를 통해 노동자들이 하루에 얼마나 많은 양의 물건을 실을 수 있고, 떠 담을 수 있는가 하는 속도를 측정하였다. 그러고 나서 똑같은 노동 강도를 가지고 주어진 시간 내에 노동자들이 더 많은 일을 할 수 있도록 하는 움직임 즉, 동선(動線)을 발견하고자 하였다.

테일러는 만약 작업량에 따라서 임금을 지급하도록 하고, 노동자들이 가장 좋은 절차(process)를 배우게 된다면, 그들은 시간과 동선에 의해서 계산된 육체적으로 가능한 최대한의 노동량을 산출해 낼 것이라고 믿었다. 이러한 접근방식을 통해서, 테일러는 노동자들이 이전에는 상호간의 비난, 의심, 경계, 그리고 때로는 공개적인 다툼에 많은 시간을 허비하였던 것을 지양하도록 하고, 그 대신 고용주와 자신의 모든 작업상황에 대해서 긍정적이고, 전문적인 태도를 가질 수 있도록 하는 방법을 찾고자 한 것이다.

과학적관리는 이전의 주먹구구식 방법에서 벗어나 노동자들을 과학적으로 선발하고 훈련하여 계발시키며, 모든 업무가 과학적 원리에 의해 행해지도록 하는 것이다. 과학적 관리가 공식적인 조직구조와 조직운영규칙에 강하게 적용되기 시작한 것이다.

한편, 테일러의 접근법에 대한 주요비난은 조직구성원 개개인에 대한 배려의 결여와 경제적 동기유발에 지나치게 의존하였다는 점에 있다. 그러나 그의 연구는 당시 산업조직을 이해하는데 적지 않은 공헌을 하였으며, 조직관리에 거시적·일반적 접근을 할 수 있는 바탕을 제공하였다.

4) 고전이론의 경찰조직 적용

19세기 말 또는 20세기 초기의 미국 경찰조직은 이상에서 살펴본 고전적 조직이론의 영향을 크게 받았다(물론, 이러한 당시의 시대적 배경이 우리와는 상이하지만, 현대 경찰조직의 이론적 기초가 되기 때문에 이를 이해하는 것은 많은 의미가 있다). 이러한 영향은 계층적 권위와 통제를 강조하는 베버의 관료제, 행정관리 이론가들이 강조하는 조직관리의 보편적 원리, 그리고 능률성을 강조하는 테일러의 과학적관리 등에 의해 분명하게 나타나고 있다.

경찰이론가들은 이러한 고전적 조직이론들을 통해, 전문적인 경찰조직의 확립을 시도하였다는 점에 주목할 필요가 있다. 그 결과 경찰을 '당파성'(黨派性)을 갖는 정치로부터 격리하고자 하는 노력 속에서 고전적 군대식 특성에 따라 조직화된 고도의 관료제 경찰조직을 탄생하게 한 것이다. 이러한 준군대식(paramilitary) 경찰모델은 범죄통제를 향상하고, 부정부패 관행을 줄이기 위해서 법집행기능과 경찰의 행태를 통제하는 관리적 절차를 강조하였다.[30)]

경찰 관련자들은 1900년대 초기부터 1950년대 초기에 이르기까지 이러한 고전이론의 조직원리를 미국 경찰조직의 개혁 기초로 활용하고자 하였으며, 더 나아가 1990년대 이후에도 이의 적용 가능성을 모색하고자 하였다. 따라서 관료제 및 준군대식 경찰모델, 그리고 엄격한 권위주의적 관행과 통제는 오늘날에 이르기까지 경찰 조직설계 및 관리에 있어서 영향을 미치고 있음을 알 수 있다. 이러한 연구의 성과물 가운데 하나인 윌슨(O. W. Wilson)의 「Police Administration」(1950)은 고전적 경찰이론의 성립에 지대한 영향을 끼쳤다.[31)]

이상과 같이 고전학파에서 말하는 조직의 '원리'는 경찰의 업무수행과 관련하여 관련되는 정치적 영향력 및 부정부패를 감소·제거해야 한다는 '역사적 필연성'(歷史的 必然性)을 인식하고 있는 여러 경찰개혁론자가 추구하는 바와 일치되었다. 결국, 이러한 목표는 경찰행태를 보다 '객관화' 또는 '관료주의화'하고 정치적인 영향력 행사를 감소시킴으로써 달성할 수 있는 것으로 본 것이다.

3. 신고전이론: 폐쇄-자연적 조직

1) 인간관계론: 행태과학의 출발

이상에서 살펴보았듯이, 고전주의 조직이론가들은 조직관리에 있어서 '인간적 요소'들은 기본적으로 경시하면서 조직의 공식적인 측면들만을 강조하였음을 알 수 있다. 그러나 조직관리자들은 근로자들이 항상 합리적으로 행동하거나 예견된 행동 모형을

30) Roy R. Roberg, Jack Kuykendall(1997), op. cit., pp. 29-30.

31) 1950년 처음 발행된 윌슨(O. W. Wilson)의 「Police Administration」은 이후 Roy Clinton McLaren(1977) 뿐만 아니라 James J. Fyfe, Jack R. Greene, William F. Walsh가 공저자로 참여하여 1997년 현재, 다섯 번째 개정판을 내놓고 있으며, 오늘날 많은 국가(영국, 콜롬비아, 베네수엘라, 포르투갈, 스페인, 멕시코, 캐나다, 인도, 푸에르토리코, 싱가포르, 오스트레일리아, 일본 등)에서 이를 활용하고 있다. 가히 현대경찰학의 '바이블'이라 불릴만하다.

따르는 것은 아니라는 사실을 인식하게 되었다.

조직에 있어서 '인간적 측면'에도 관심을 가져야 한다는 사실을 깨닫게 된 것이다. 이러한 배경 속에서 이른바 '인간관계운동'(人間關係運動, Human Relations Movement)이 등장하게 되었으며, 이 운동에서는 조직의 공식적 측면보다는 비공식적 측면을 강조하였다. 초기 인간관계 연구자들은 그들의 연구에 과학적인 방법을 도입하였는데, 이를 통해 조직행태에 대한 접근을 더욱 정교하게 할 수 있었다.[32]

인간관계운동은 하버드대학의 엘튼 메이요(E. Mayo)와 그의 동료들의 연구에서 시작되었다. 이들의 연구는 1920년대 후부터 1930년대 초 사이에 웨스턴 전기회사의 호손(Hawthorne) 공장에서 실시되었다. 이 호손실험의 결과는 고전이론가들이 강조한 원리 또는 원칙과는 상반되었고, 이후 근로자에 관한 관심을 강조하는 행태주의적 접근으로 발전하였다.

(1) 첫 번째 실험

호손연구는 1924년~1927년 사이에 행해진 '조도실험'(照度研究, Illumination Studies)이라고 알려진 연구가 계기가 되었다.[33] 조도라는 것은 '빛의 밝기를 나타내는 정도'를 말한다. 메이요 연구팀이 개입하기 이전의 호손공장의 연구자들은 조도가 근로자와 작업결과에 미치는 영향을 여러 차례 연구하였다.

이 연구는 근로자들을 두 집단으로 나누어, 한 집단(통제집단, control group)에는 조도의 변화를 주지 않고, 다른 집단(실험집단, experimental group)에는 조도에 변화를 주는 방법으로 진행하였다. 빛의 밝기 정도가 생산성에 영향을 미칠 것이라고 가정한 것이다.

조도를 높이자 예상했던 대로 실험집단의 생산성은 증대되었다. 그러나 뜻밖에도 통제집단에 대해서는 전혀 조도의 변화를 주지 않았는데도 생산성이 역시 증대된 것이다. 더욱이 실험집단의 조도를 낮추었는데도 생산성이 증대되었고, 근로자들이 적절하게 보지 못할 정도로 낮아진 후에야 감소하였다. 이러한 결과는 조도과 같은 물리적 변수 외의 다른 변수들이 생산성에 영향을 끼쳤을 수도 있다는 점을 의미하는 것이었다.

(2) 두 번째 실험

매요(Mayo)와 그의 동료들은 이전보다 개선된 연구방법을 통하여 작업환경에 있어서 어떠한 변수들이 노동자들에게 영향을 끼치고 있는지를 발견하고자 하였다. 두 번

32) Roy R. Roberg, Jack Kuykendall(1997), op. cit., pp. 30-33.
33) 오석홍 외(2002), 조직학의 주요이론, 서울: 법문사, pp. 237-238.

째 실험은 1927년~1932년 사이에 행해졌는데, 그중에서 가장 유명한 실험은 '계전기 조립실험'(Relays assembly study)라고 불렸다. 이 연구는 계전기를 조립하는 5명의 여성 근로자들을 선발하여, 작업환경을 변경하면서 장기간(약 1년 6개월)에 걸쳐 진행되었다. 작업환경의 변화는 임금 인상, 주당 근무시간의 감소, 회사에서의 식사제공, 휴가기간의 증가, 감독 방법, 그리고 의사결정에 참여하는 정도 등의 포함되어 있었다.

그런데, 근로자들에 대해 감독대행자로서 참여한 연구조사자들은 어떻게 작업조건을 바꾸든 간에 생산성이 증대되었다는 사실을 발견하였다. 더 나아가서 휴식기간이 없어지고, 원래의 긴 근무기간이 다시 도입된 후에도 생산량은 지속적으로 증대되었다는 사실을 발견하였다. 따라서 연구자들은 작업실의 생산성 증대는 근로자 집단 내의 복잡한 감정적 역학관계 따라 좌우되며, 외적인 작업조건들과는 관련이 없다고 결론지었다.

이 연구의 결론은 회사의 경영진이 근로자들에게 특별한 관심을 가질 때, 그리고 근로자들에게 재량과 자유를 많이 부여할 때, 직무만족도가 높아졌고, 직무만족도의 향상이 생산성의 제고를 가져왔다는 것이다. 이는 외적인 작업조건의 변화(예: 임금 인상, 근무시간 감소, 휴가 증대 등)에 관계없이 생산성이 증대될 수 있다는 것을 보여준 것이다. 이러한 현상은 '호손효과'(Hawthorn Effect)라고 명명되었다.

요약건대, 5명의 근로자가 하나의 '사회집단'(社會集團)화 되어 스스로 작업기준과 작업목표를 가지게 되었을 때, 집단응집력이 향상되고, 결과적으로 생산성이 증대된 것이다. '사회적 요소'(社會的 要素)가 근로의 만족도와 노동의 생산성에서 중요한 역할을 한다는 점을 보여준 것이다.

(3) 세 번째 실험

마지막 실험은 1931년~1932년 사이에 행해졌는데, 그 가운데 하나는 뱅크선 작업실 실험(Bank wiring room experiment)이라고 알려졌다. 이 연구에서 14명의 노동자는 6개월 동안 하나의 별도의 방안에서 작업단위로 관찰되었다. 이들은 성과급체계(piece work system) 즉, 자신들이 이루어낸 작업량에 의해서 봉급을 받도록 하였다.

그런데, 이 실험에 참여한 노동자들은 고전이론적 관점에서 기대할 수 있는 최대한 많은 양을 생산해 내려고 하지 않고 오히려 '적절한 하루치 작업'에 대한 '생산표준'(生産標準, output norm)을 세웠다. 그리고 그 조직구성원의 일원으로 용납되기 위해서는, 각각의 근로자들은 자신들이 공동으로 세운 생산표준 내에서만 머물러야 했다. 즉, 과도한 생산성을 낸 노동자들은 '속도파괴자'(rate busters)라는 명칭이 붙었고, 기준이하의 생산성을 낸 자는 '사기꾼'(chiselers)이라고 하였다.

주목할만한 점은 실험기간 내내, 생산성 평균은 놀라울 정도로 그 집단이 결정했던 '생산표준'에 가까웠다는 점이다. 이점은 조직구성원의 일원이 되는 것이 생산성과 관련하여 금전적 보상보다도 더 중요하다는 것을 암시하는 것이다.

(4) 호손실험의 의의

비록 호손실험은 기본적으로 연구방법 상의 결함(특히, 변수의 변경) 때문에 비난을 받기는 하였지만, 행태론적 연구가 조직의 형태에 적용되는 계기가 되었다는 점에서 의미가 있다. 그리고 이러한 연구결과의 파급효과는 엄청나게 컸다. '인간관계'와 '비공식적인 조직'이 조직관리에 있어서 매우 중요한 요소로 간주하기 시작한 것이다. 이러한 연구들의 주요한 공헌은 다음과 같이 요약할 수 있다.

㉠ 생산성 수준은 개인의 생리적인 능력이 아니라 '사회적 표준'에 의해서 정해진다.

㉡ 금전적인 것과 관계없는 보상과 격려·인정 등이 노동자들의 행태에 영향을 끼치며, 경제적인 보상계획의 효과를 제한한다.

㉢ 노동자들은 개별적 존재가 아닌 한 집단의 구성원으로서 행동하거나 반응을 보인다.

㉣ 리더십은 집단의 표준을 설정하고 집행하는데 중요하며, 공식적인 리더십과 비공식적인 리더십 사이에는 차이가 있다.

이후 조직 연구자들은 행태과학, 특히 심리학과 사회학 등을 통해 더욱 체계화되었고, 더욱 개선된 연구방법을 적용하기 시작하였다. 작업환경을 연구하는데 체계화된 과학적 엄격성을 지향하는 일련의 후속 연구들은 행태과학적 접근이라고 알려지게 되었다.

2) 행태과학적 접근

행태과학(行態科學, Behavioral Science)적 접근이 되기 위해서는 ㉠ 인간의 행태를 연구대상으로 하고, ㉡ 과학적인 방법을 사용해야 하며, ㉢ 이러한 접근방법을 통해 인간행태에 대한 '일반화'(一般化)가 가능해야 한다. 위에서 살펴본 행태과학적 연구는 1920년대 중반에 호손연구와 더불어 시작되었다고 볼 수 있다. 그리고 1950년대 초반에 이르러서야 비로소 본격적으로 활용되기 시작하였다.[34)]

34) Ibid., pp. 33-35.

인간관계론적 관심과 연구기법이 확대·개편되고 발전됨에 따라 행태과학이 성립된 것이다. 행태과학의 인간행태에 관한 가설은 인간관계론의 가설보다 훨씬 더 세련되고 복잡해졌다. 행태과학은 동료 간의 관계나 상관과 부하의 관계뿐만 아니라 인간과 직무의 관계가 인간행태에 미치는 영향에까지 관심의 폭을 넓히는 등 연구대상을 확대해 나아갔다.

(1) 매슬로우의 욕구단계론

매슬로우(A. H. Maslow)는 인간의 욕구(human needs)에 대한 피라미드형 계층구조를 제시하였다. 이와 관련하여 그는 인간의 생래적(生來的)·내재적(內在的) 욕구에 주안점을 두어 인간의 보편적인 욕구를 분류하고 그 상호관계를 설명한 것이다.

그는 인간의 욕구를 다섯 가지 계층으로 분류하여 접근하였는데, 이는 ㉠ 생리적 욕구(Physiological Needs), ㉡ 안전의 욕구(Safety Needs), ㉢ 애정의 욕구(Belongingness and Love Needs), ㉣ 존경의 욕구(Esteem Needs), ㉤ 자기실현의 욕구(Need for Self-actualization Needs)를 의미한다.[35)]

욕구의 계층과 특징

① 생리적 욕구: 의식주에 대한 욕구, 성적 욕구, 수면 욕구 등 생리적 균형을 유지하는데 요구되는 기본적 욕구라 할 수 있다. 생리적 욕구는 모든 욕구 가운데 가장 우선순위가 높다.

② 안전의 욕구: 육체적 안전과 심리적 안정에 대한 욕구이다. 이는 조직구성원들은 직업적 안전성, 산업재해로부터의 보호, 생계보장 등에 관한 관심으로 나타난다.

③ 애정의 욕구: 대인관계를 통해 서로 신뢰하는 마음 등을 교환하고, 해당 조직의 구성원으로 소속되기를 바라는 사회적 욕구이다. 이는 친분, 우정, 소속감 등에 관한 관심으로 나타난다.

④ 존경의 욕구: 조직내에서 자존감을 가지고, 다른 사람들로부터 인정과 존경을 받고 싶은 욕구이다. 이는 명예, 신방, 위신, 지위 등에 관한 관심으로 나타난다.

⑤ 자아실현 욕구: 조직내에서 자신의 잠재적 역량을 최대한 실현하고, 성장하고 싶은 요구이다. 이는 자신이 하는 일에 대한 보람, 성취, 능력발전 등에 관한 관심으로 나타난다.[36)]

35) Jay M. Shafritz, J. Steven Ott(ed.)(1996), Classics of Organization Theory, N.Y: Wadsworth Publishing Company, pp. 163-175.

36) 오석홍(1996), 조직이론, 서울: 박영사, pp. 292-297.

그리고 하급의 욕구로부터 고급의 욕구에 이어지는 욕구의 계층은 '우성의 원리'(principle of relative potency)에 따라 형성된다고 보았다. 즉, 하급의 욕구가 선행적으로 충족되고 나서 다음 단계인 상위욕구를 추구하게 된다는 것이다. 이때 충족된 욕구는 약해지며 동기 유발요인으로서의 의미를 상실한다는 것이다. 따라서 조직관리자들은 근로자들의 생산성을 높여주기 위해서는 이러한 단계별 욕구를 인식하고 충족시켜주어야 한다는 것을 의미한다.

이러한 계층구조는 조직관리자들에게 노동자들은 작업장에서 그들에게 중요한 것으로서 순전히 경제적인 욕구 이외의 다른 욕구도 있다는 점을 분명하게 보여주었다는 점에서 중요한 의미가 있다. 다만, 이러한 욕구계층구조가 모든 사람에게 적용된다고 보지는 않는다. 따라서 욕구계층의 고정성에 대한 예외, 욕구충족의 상대성, 그리고 동기 유발요인의 복합성 등과 관련하여 기본적인 욕구단계론이 보완될 필요성은 있다.

(2) 맥그리거의 X·Y이론

맥그리거(D. McGregor)는 X이론과 Y이론을 인간의 행태와 관련된 가설로서 정의를 내렸다.[37] 기본적으로 ㉠ X이론의 관점에서는 인간은 야망이 없고, 일을 싫어하기 때문에 생산성을 높이기 위해서는 처벌 등으로 근로자들을 통제해야 한다고 가정하고 있다. 반면, ㉡ Y이론의 관점에서는 인간은 태어날 때부터 일을 싫어하지 않기 때문에 적절한 보상체계를 갖추면 특히, 자신의 자부심과 자기실현의 욕구를 만족시켜줌으로써 업무수행을 더욱 잘할 것이라고 가정하였다.

① X이론 가설

㉠ 일반적으로 인간은 태어날 때부터 일하기를 싫어해서, 일을 피하려고 노력할 것이다.

㉡ 일반적으로 인간은 억압, 통제, 지시, 처벌위협 등을 받았을 때 조직목표 달성을 위해서 일을 하게 된다.

㉢ 일반적으로 인간은 지시받기를 원하고, 책임을 피하기를 원하며, 비교적 야심이 없고, 무엇보다도 안전을 추구한다.

② Y이론의 가설

㉠ 일반적으로 일이라는 것은 육체적 또는 정신적이든 간에 놀이나 휴식처럼 자연스러운 것이어서 인간들은 태어날 때부터 싫어하지 않는다.

37) D. McGregor(1960), The Human Side of Enterprise, N.Y.: McGraw-Hill, pp. 33-34, pp. 47-48.

㉡ 외부통제와 처벌위협이 조직목표를 달성하도록 하는 유일한 수단은 아니다. 일반적으로 인간은 임무가 주어지면, 자기관리 및 자기통제를 하게 될 것이다.
㉢ 조직목표에 전념하도록 해주는 것은 특히, 일에 대한 자부심과 자기실현의 욕구를 충족시켜주는 보상기능 가운데 하나이다.
㉣ 일반적으로 인간은 적절한 조건 아래에서 책임을 수용할 뿐만 아니라 추구하는 방법을 학습하게 된다.
㉤ 일반적으로 인간은 문제해결을 위한 비교적 높은 수준의 지적능력과 창의력을 발휘할 수 있는 능력을 전반적으로 가지고 있다.

맥그리거는 X이론을 지향하는 조직관리자들은 엄격한 통제를 설정하고, 철저한 경제적 보상(incentive)제도를 통해서 노동자들에게 동기를 부여하려고 할 것이라고 보았다. 이러한 관리방법을 사용한 결과, 근로자들은 미숙하고 수동적인 태도로 반응하는 결과를 가져다주었다.

반면에 Y이론을 지향하는 조직관리자들은 통제를 최소화하고, 창의력과 기술혁신을 권장하고, 더 높은 수준의 욕구들을 충족시켜주는 등 근로자들을 보다 성숙한 방법으로 관리하고자 할 것이라고 보았다. 그리고 이 Y이론 가설에 초점을 둔 관리방식은 인적 자원을 잘 활용하고, 결과적으로 조직의 생산성(능률성과 효과성)을 모두 향상시킨다고 보았다.

(3) 행태과학의 경찰조직 적용

미국의 경찰조직이론가들은 1970년대 초에 계급구조, 권위주의적 관리자 태도, 그리고 법집행 중심의 제한된 경찰역할 등을 강조한 고전적 경찰관료주의 방식에 문제를 제기하였다. 즉, 노동자의 참여와 직무만족 등에 많은 관심을 가졌던 1950년~1960년대의 행태연구 조사 결과를 반영하여, 경찰이론가들은 경찰관리에 있어서 좀 더 민주적인 접근, 유연성을 가진 계급구조, 그리고 복잡·다양한 경찰역할의 본질을 인식해야 한다는 점을 강조한 것이다.[38)]

이러한 연구 결과, 상당부분의 경찰업무가 법집행(범죄수사·체포 등)과는 직접적으로 관련되기보다는 오히려 질서유지 및 대민봉사와 관련되어 있다는 점을 인식하게 되었다. 경찰조직이 직무수행과 관련하여 관료적 형식주의나 단순한 기술적 접근방법을 고수하는 것은 비효율적이라는 점을 지적하였고, 이러한 논의를 바탕으로 경찰업무에

38) Roy R. Roberg, Jack Kuykendall(1997), op. cit., pp. 35-37.

대한 새로운 시각을 제시해 준 것이다. 이와 관련하여 예컨대, 경찰이 복잡·다양한 치안상황에 직면하여 관련 업무를 효율적으로 수행하는데 필요한 재량권을 적절하게 행사하기 위해서는 유능한 경찰공무원이 임용되어야 한다는 것이다.

그리고 경찰조직에 뿌리 깊이 박혀있는 '준군사적 모형'(Para Military Model)이 심각성을 인식하게 되었다. 이에 대해 비트너(E. Bittner)는 다음과 같이 언급하였다.[39)]"기본적으로 경찰조직의 직무수행상의 명령·강제는 군사조직의 그것과는 많은 차이가 있다. 이러한 점에서 볼 때, 경찰조직의 군사관료주의적 특성은 경찰조직에 있어서 심각한 장애요인이 된다"고 하였다.

더 나아가 그는 경찰의 적절한 재량권 행사는 경찰전문가주의의 발전에 중요하다고 하였으며, 따라서 지나치게 법규정과 관료주의적 일상업무에 의존하는 것은 문제가 있다고 지적하였다. 물론, 준군사적 모형이 경찰조직 내부규율을 확립해준다는 점에 대해서는 일정부분 도움이 도지만, 경찰의 역할 정립 및 발전에는 장애가 된다는 것이다. 경찰활동이라는 것은 조직 내부의 업무처리로 이루어지는 것이 아니라 조직 외적으로 시민과의 상호작용에서 이루어지는 것이기 때문이다.

4. 현대이론: 개방-합리적 조직

현대이론에서는 고전이론(폐쇄-합리적 조직)과 신(新)고전이론(폐쇄-자연적 조직이론)을 통합하려고 하였다. 이러한 통합이론에 의해 ㉠ 체제이론(體制理論, System Theory), ㉡ 상황이론(狀況理論, Contingency Theory), 그리고 ㉢ 총체적 품질관리(TQM: Total Quality Management) 등이 제시되었다.

체제이론은 조직을 거시적 관점에 접근할 수 있는 개념적 토대를 제공하고, 상황이론은 조직을 미시적 관점에서 접근할 수 있는 틀을 제공한다. 이러한 이론들은 총체적 품질관리를 위한 토대가 되었다.

1) 체제이론

(1) 체제의 의미

그동안 버털란피(L. Bertalanffy)에 의해 개념 정립된 '일반체제이론'(General System

39) E. Bittner(1970), The Function of the Police in Modern Society, Washington, D.C.: U.S. Government Printing Office, pp. 51-55.

Theory)은 여러 학문영역에 걸쳐서 과학적인 지식을 통합하는 기초로서 제시되었다.[40] 과거의 연구자들이 어떠한 하나의 '복합체'(複合體, complex whole)를 단순한 부분(部分, parts)으로 나눈 것과는 달리 '통합적 분석'(synthetic analysis) 방식을 사용하여 복잡한 시스템으로 연구하기 시작한 것이다.

버털란피에 의하면, 부분만이 아닌 전체의 중요성을 강조하였으며, 전체는 단순한 부분의 집합이 아니라는 것을 강조하고 있다. 체제론적 관점에서 본다면 '1+1'은 단순히 '2'가 아니라는 것이다.

그리고 어떤 체제(여기에서는 하나의 조직)의 모든 구성요소가 전체를 형성하기 위해서 내적으로 상호연관 되어 있고, '상호 의존적'이라는 점이다. 하나의 체제(system)는 상호 연관되어 있고, 의존하는 하위 체제(sub-systems)로 구성되어 있다. 그리고 이러한 하위조직들이 상호작용을 할 때, 그것들은 하나의 단일한 전체 즉, 체제를 형성하게 된다.[41]

따라서 조직관리자의 관점에서 본다면, 조직을 전체로서 보기 위해서는 그리고 한 부서의 행동이 다른 부서의 행동에 영향을 끼친다는 것을 이해하기 위해서 체제이론을 사용하는 것은 매우 필요하다. 바꾸어 말하자면, 조직관리자들은 그들의 부서 내에서 이루어지는 어떠한 변화라도 다른 부서에 상응(相應)하는 결과를 가져다줄 수 있다는 점을 인식해야 한다. 조직관리자들은 자신들의 부서활동이 조직 전체적인 필요와 목표와 조화를 이루기 위해서는 긍정적·지속적으로 상호작용 할 수 있도록 노력해야 한다는 의미이다.

그리고 체제이론은 특히, 환경에 대해서 개방적일 것을 강조하고 있다. 조직이 생존하기 위해서는 환경과 끊임없는 상호작용이 이루어져야 한다는 것이다.

(2) 하위체제의 구분과 조화

체제론적 관점에서 조직을 ㉠ 목표, ㉡ 구조, ㉢ 관리·과정, ㉣ 인간행태, ㉤ 환경이라는 하위체제로 구분하고 이들 간의 유기적 연계성을 모색하고 있다. 이러한 관점에서 조직의 개념을 정의한다면, '일정한 목표를 달성하기 위하여 구조·관리·인간이라고 하는 부분 요소(하위시스템)들이 유기적인 관련성을 맺으면서 환경과 끊임없이 상호작

---

40) Ludwing von Bertalanffy(1950), "The Theory of Open System in Physics and Biology," Science, Jan., 1950, pp. 23-29.; Ludwing von Bertalanffy(1951) "General System Theory: A New Approach to Unit of Science," Human Biology, December, pp. 302-361.; 신유근(1998), 앞의 책, pp. 72-73 재인용.

41) 체제이론이 본래 생물학과 물리학에서 관련연구를 하기 위해 개발되었는데, 이를 바탕으로 모든 현상이 체제론적 관점에서 분석되거나 제시될 수 있다. 생물학·물리학·경제·사회체제들이 있으며, 조직 역시 마찬가지이다.

용하는 실체'라고 볼 수 있을 것이다.

예컨대, 경찰조직을 체제론적 관점에서 접근한다면, '범죄·무질서로부터 국민의 생명·신체, 재산의 보호'라는 거시적인 목표를 달성하기 위한 하나의 실체 즉, '유기체'(有機體, an organic body)로 볼 수 있을 것이다. 체제이론에서는 조직을 구성하는 모든 상·하위요소들이 조직 내에서 그리고 외부 환경과 끊임없이 상호작용하는 것으로 본다면, 이는 곧 살아있는 유기체와 같은 생존원리에 의해 조직이 작용한다는 것을 의미한다.[42)]

한편, 체제이론에서는 조직의 공식적인 역할 또는 기능이 강조된다. 조직 내의 각 부서의 적절한 권한구조의 설정과 통제 및 조정이 강조되고, 부서 구성원들의 행태를 강조하고 있다. 그리고 더욱이 중요한 것은 조직은 외부환경(정치·경제·사회·문화) 및 내부 환경(각 부서)의 영향을 받고 또한 영향을 미친다는 점이다. 조직은 폐쇄체제가 아닌 환경과 영향을 주고받는 개방체제(Open System)인 것이다.

(3) 체제이론의 경찰조직 적용

경찰조직은 범죄 및 무질서 등으로부터 국민의 생명·신체, 재산의 보호라는 목표를 가지고 있다. 기본적으로 경찰조직의 목표를 달성하기 위해서는 조직목표를 명확히 설정하고, 조직을 적절하게 구조화하고, 일선경찰을 체계적으로 관리하고, 아울러 일선경찰은 현장에서 주어진 권한을 적절하게 행사할 수 있어야 한다. 체제이론에서 조직 각 구성요소의 '견제와 균형'(check and balance)은 중요한 일이다. 어느 한 부분이 비대화 되면, 인간의 신체와 마찬가지로 정상적인 기능을 할 수 없기 때문이다.

따라서 이러한 일련의 요소들이 체계적으로 구축되어 있지 않으면 안 된다. 이러한 요소들 가운데 어느 한 부분이라도 문제(예컨대, 인사관리의 문제 등)가 발생하면 경찰 업무수행에 있어서 소기의 성과를 거두기는 어렵게 된다. 살아 있는 생물체의 어느 한 부분이 손상되어 있으면 생존이 어려운 것처럼 경찰조직도 어느 한 부분에 결함이 있으면, 그것으로 인해 나머지 기능이 제구실을 하지 못하는 것과 같다. 따라서 어느 한 경찰관의 부정부패 문제가 경찰조직 전체의 이미지에 끼치는 영향은 오늘날과 같이 대중매체가 발달한 상황에서는 엄청난 것이다.

경찰조직을 구조적으로 다시 보면, 그 기능은 생활안전·수사·교통·경비·정보·보안·외사 등으로 구분되어 있다. 체제이론에서 보면, 이러한 업무를 담당하는 각각의 경찰기능은 하나의 하위시스템으로서 상호 밀접한 관련성이 있고, 따라서 '상호의존'(相互

42) 최선우(2003), "형사사법의 역사성과 체제론적 접근," 한국공안행정학회보 제16호, pp. 217-219.

依存, interdependence)적이다.[43)]

예컨대, 범죄수사 업무의 성과를 높이기 위해서는 다른 기능 즉, 생활안전·교통·정보부서 등으로부터 적절한 의사소통(意思疏通)을 통한 정보의 전달은 필수 불가결한 요소가 된다는 의미이다. 정보의 전달과 관련하여 환경 즉, 시민의 경찰에 대한 협조는 매우 중요하다. 시민의 직·간접적인 협조 없이, 경찰 스스로 사건을 해결하는 것은 쉬운 일이 아니기 때문이다.[44)]

한편, 체제이론적 관점에서 경찰과 다른 형사사법기관과의 관계도 생각할 수 있다. 예컨대, 경찰이 「성매매 알선 등 행위의 처벌에 관한 법률」(약칭: 성매매처벌법)상의 성매매 사범에 대한 전면적인 단속을 한다면, 검찰·법원·교정기관에 끼치는 잠재적 영향은 어떻게 될 것인가?

이러한 법규위반 사범들을 단속하는 것은 법집행이라는 본연의 역할수행 차원에서 바람직한 일이다. 그러나 형사사법체계의 다른 구성요소들의 업무가 증가하여 사법처리는 말할 것도 없고, 행정목적을 달성하는데도 어려움이 발생할 수도 있을 것이다.[45)]

2) 상황이론

(1) 상황이론의 의의

그런데, 조직을 체제론적 관점에서 접근하게 되면, 자칫 피상적인 논의에 그칠 우려가 있다. 체제모형의 특성상 전체적 접근이 이루어지기 때문에 개별적 상황을 간과할 우려가 있기 때문이다. 어떻게 보면, 조직이라는 것 자체가 전체적인 관점에서 접근하기가 쉽지 않다는 것을 의미하는 것이기도 하다. 그리고 전체적인 접근방법이 다분히 탁상공론(卓上空論)에 흐르는 경향이 있기 때문이기도 하다.

물론, 조직을 단순한 전체가 아닌 각 구성요소의 유기적인 연계와 상호작용을 강조하는 체제론적 관점에서 접근하는 것은 주어진 조직목표를 설정하고, 조직을 구성하는 각 부서간의 불균형성을 바로잡아주기 때문에 궁극적으로 조직이 나아가야 할 방향을 제시하는데 유용할 것으로 보인다.[46)]

---

43) 따라서 어느 한 부서의 성과가 매우 높다고 해서 그것이 나머지 문제를 상쇄시켜줄 수는 결코 없다. 민간기업은 생산한 제품 가운데 한두 가지의 제품판매의 이익이 나머지 수많은 제품판매의 손실을 상쇄시킬 만큼 높다면 적어도 망하지는 않을 것이다. 그러나 경찰은 어느 특정 기능 예컨대, 수사기관의 범죄사건 해결율이 아무리 높다 한들 교통사고, 불법폭력시위, 테러위협 등의 문제를 상쇄시켜 줄 수는 없는 것이다.

44) 최선우(2010), 앞의 책, pp. 142-144.

45) Roy R. Roberg, Jack Kuykendall(1997), op. cit., p. 45.

46) 최선우(2003), 앞의 논문, pp. 219-220.

따라서 체제론적 접근방법과 함께 상황적 접근방법을 함께 고려되어야 할 것이다. 상황적 접근은 개별적인 상황에 따라 당시의 조직이 직면한 구체적인 문제점을 인지·분석·대응하는데 유용하게 사용될 수 있기 때문이다. 이러한 점에서 본다면 상황적 접근은 체제이론을 구체화하는 역할을 한다고 볼 수 있다.[47)]

체제이론은 조직 각 부서간의 상호작용 및 조직과 외부환경과의 상호작용의 중요성을 강조하고 있다. 상황이론 역시 이와 동일한 관점 즉, 조직 내외간의 상호작용이 강조된다. 다만, 상황이론에서는 조직구조와 관리방식에 영향을 미치는 내적 외적 요소의 중요성을 다시 재정립하고 있다.

조직관리에 있어서 어떠한 방법과 관행이 특정 상황에서는 효과적일 수 있지만, 다른 상황에서는 전혀 그러한 결과를 가져다줄 수도 없다는 점을 인식한 것이다. 예컨대, 특정 리더십과 직무설계가 어느 부서에서는 효과가 있는데, 다른 부서에서는 그렇지 못하다는 것이다. 그 대답은 매우 간단하다. 주어진 상황이 다르기 때문이다. 바꾸어 말하자면, 모든 상황에 적용될 수 있는 보편적인 원리란 없다는 의미이다.

(2) 상황이론의 경찰조직 적용

아마도 공공조직 가운데 가장 예측이 어려운 업무를 수행하는 조직 가운데 하나가 바로 경찰조직이라고 본다. 일선경찰이 처리하는 업무 가운데 상당부분은 예측 불가능한 일이다. 경찰이 처리하는 사건이라는 것은 돌발성, 시급성, 직접성, 위험성, 기동성 등의 특성을 가지고 있기 때문이다.

따라서 정형화된 경찰대응 방식에 의해 살인·강도·방화·강간 등 강력범죄의 발생을 예측하는 것은 불가능 한 일이다. 또 범죄가 발생했을 때, 적절한 대응을 하는 것 역시 쉬운 일이 아니다. 이러한 점 때문에 경찰은 적절한 직무수행을 하지 못했다는 이유로 빈번하게 여론의 비난을 받는 것이 현실이다. 이러한 문제를 해결하기 위해 적절한 표준운영절차(SOP: Standard Operational Procedures)를 마련하고, 그에 따른 평상시의 체계적이고 지속적인 교육훈련을 실시하는 것은 의미 있는 일이다.

이러한 과정을 통해 경찰관들은 (경우에 따라서는 위험회피와 같은 본능에 반하는 행동을 극복할 수 있는) 대응방법을 '체득'(體得)하고, 이를 직면한 상황에 적절하게 적용하여 대응할 수 있어야 할 것이다(물론, 모든 상황이 다르기 때문에 이 역시 한계가 있다). 다음과 같은 노력은 경찰조직이 상황이론적 관점에서 주어진 업무를 수행하는데 유용하다고 본다.[48)]

---

47) 신유근(1998), 앞의 책, p. 88.

㉠ 체제이론과 마찬가지로 경찰조직의 구조는 주어진 상황에 적절하게 대처하기 위해 유연성 있게 설계되어야 한다.
㉡ 경찰조직의 목표달성에 필요한 정보는 경찰관리자뿐만 아니라 일선경찰에게도 적절하게 제공되어야 한다.
㉢ 경찰조직은 일선경찰을 좌절·실망시키기보다는 욕구를 충족시켜주어야 한다.
㉣ 경찰권한은 고정된 것은 아니며, 또한 경찰관리자에 의해 독점되어서도 안 된다.
㉤ 경찰관리자는 감독능력(통솔범위)에 한계가 있다는 사실을 인정해야 한다.
㉥ 경찰조직 내의 의사전달경로는 일정해야 하지만, 여러 방면으로부터 새로운 아이디어와 비판적 평가를 수용하기 위해 충분히 공개되어야 한다.
㉦ 경찰조직은 업무와 책임이 중복되지 않도록 해야 하고, 기관 상호간에 적절한 조정이 이루어져야 한다.
㉧ 경찰조직 내의 계선·참모·보조기능이 상호갈등하지 않고, 조직목표달성을 위해 공헌할 수 있도록 관리되어야 한다.
㉨ 경찰조직과 외부환경(예: 시민, 정치집단, 언론집단 등)과 적절한 조화가 이루어지면서 상호작용할 수 있어야 한다.

상황적 접근방법은 많은 내적 그리고 외적 환경변수들이 조직행태에 영향을 끼친다는 점을 인정하고 있다. 이러한 변수들은 특정한 상황에 따라서 다르기 때문에 다양한 형태의 조직을 구성하고 관리하는데 가장 좋은 방법이란 없다는 것이다. 따라서 상황적 접근방식에서 강조되는 핵심은 '사건 하나하나가 모두 특정한 상황'이라는 점을 분명하게 인식해야 한다는 점이다. 여기에서 관리자들이 해야 할 일이란 어떤 상황과 어떤 시기에 어떤 방법이나 기술이 가장 효과적인가를 결정하는 것이다.

상황적 접근은 조직과 관련이 있는 내적 변수와 외적 변수 사이의 관계를 결정하려고 시도하며, 그 관계의 본질에 관련된 조사결과를 기초로 하여 적절한 관리관행과 조직구조를 지향하는 것이다. 이러한 면에서 상황이론은 조직행태에 관하여는 체제이론보다 더 실용적·현실적이며 아울러 체제의 개념을 통합·적용하는 경향이 있다고 본다. 다만, 상황적 접근방식은 가장 적절한 관리관행이나 방법들이 상황에 따라서 적용될 수 있도록 해주기 때문에, 그것은 고전적 이론과 행태이론 모두에 적용되는 기본개념·요소들을 등한시할 우려가 있다.

48) 이황우(2005), 앞의 책, pp. 182-183 재구성.

3) 품질관리

(1) 품질관리의 의의

종합품질관리(TQM: Total Quality Management)는 전통적 조직관리 접근방법에서 벗어나 기획·조직·지휘 등을 보다 중시하는 것으로서 고객만족을 위한 전략이면서, 통합적 관리체제라고 할 수 있다. 1980년대 민간 분야에 도입된 이후 이 접근방법은 경찰을 포함한 공공분야에 빠르게 확산되고 있다.[49]

이러한 품질관리는 '고객 지향적'(customer oriented)이며 끊임없는 개선을 실현하기 위해 인적자원과 양적 방법론(quantitative methods) 양자의 중요성을 강조하고 있다. 그리고 이러한 고객 지향적 기업경영철학 역시 진화를 거듭하고 있다. 즉, '고객 지향 → 고객만족 → 고객감동 → 고객행복' 까지도 내세우고 있다.

그리고 품질관리는 인적자원의 활용을 극대화하기 위해서, 조직구성원들 참여의 중요성, 공동작업(team works), 그리고 이들에 대한 지속적인 학습과 능력개발 등을 강조하고 있다. 양적인 방법론은 과학적 방범과 통계적 기술을 이용하여 조직관리과정을 평가·향상시키고, 그러한 과정을 결과에까지 연계시키는 것을 의미한다. 일반적으로 어떤 조직에서 품질관리이론을 적용하기 위해서는 다음과 같은 사항들이 고려되고 있다.[50]

㉠ 모든 과정, 생산, 그리고 서비스의 지속적인 향상을 위한 항구적인 목적을 제시할 것

㉡ 시스템적 접근을 하고 과학적 사고를 할 것

㉢ 통제에 의한 관리방식을 지양하고 이보다 효과적인 리더십을 개발하여 사용할 것

㉣ 조직구성원들이 창의적이고, 위험을 감수하고, 전문가로서의 자부심, 그리고 자기 스스로 목표달성을 했다는 성취감을 느낄 수 있는 조직환경을 만들 것

㉤ 조직의 수직적·수평적 구조 속에서 정직하고 개방적인 의사소통이 이루어질 수 있도록 할 것

㉥ 조직구성원들은 고객 지향적인 사고방식을 가질 것

49) Roy R. Roberg, Jack Kuykendall(1997), op, cit., p. 42.
50) C. Greebler-Schepper(1990), "Total Quality Management: The Road to Continus Improvement," pamphlet. Lucerne, C.A.: TQM Plus, p. 7.

Z이론

조직관리의 관행을 개선하려는 노력 가운데 하나로 Z이론이 있다. 오우치(William Ouchi)는 그의 저서 「Theory Z」(1981)에서 당시에 많은 기업성공을 이룬 일본의 관리방법에 주목하였다. 그는 이를 토대로 다음과 같은 Z이론 접근방식을 제시하였는데, 당시의 미국의 관리방법과는 매우 대비되었다.[51)]

㉠ 고용에 있어서 평생고용을 통한 비교적 안정적이고 안전한 직장 보장
㉡ 경력에 있어서는 특정 전문성보다는 폭넓게 인정
㉢ 구성원들에 대해서는 단순한 업무중심으로 관심 갖기보다는 전인격적(全人格的)으로 대함
㉣ 의사결정이 최고관리층에 집중되기보다는 구성원들의 참여를 통한 집합적 의사결정이 이루어지도록 함
㉤ 구성원에 대한 통제는 구체적·명시적 규정뿐만 아니라 비공식적·묵시적 규정을 활용함
㉥ 업적평가와 승진은 가능한 한 느리게 함
㉦ 급여책정은 능력보다는 연공서열을 중시함

오우치가 강조한 이상과 같은 요소들이 오늘날 모두 긍정적으로 적용되는 것은 아니라고 본다. 그러나 이러한 접근방식은 종합품질관리(TQM)의 중요한 기초를 형성하였다는 점은 주목할 필요가 있다.

(2) 품질관리의 경찰조직 적용

전통적 폐쇄체제에서는 고객의 성향과 반응과는 관계없이 제품을 생산해도 특별한 문제가 없었다. 당시의 시대적 배경(생산의 독과점체제, 보호무역정책 등)에서는 가능했다. 그러나 오늘날과 같은 무한경쟁 개방체제에서는 제품의 질과 이에 대한 고객의 평가는 기업의 생존과 직결된다. 또 제품의 질이 아무리 좋아도 기업이 비윤리적인 행태를 하게 되면, 고객의 평가는 낮아지게 된다.

과거에는 경찰조직 역시 형식적으로는 국민에 대한 봉사자이었지만, 실질적으로는 국민에 대한 감시·통제 기능을 수행해 왔던 것이 사실이다. 더욱이 경찰조직은 그 업무의 특성상 국민에 대해 명령·강제하는 공권력을 행사해 왔기 때문에 품질경영이라는 것은 전혀 생소한 것이라고 할 수 있다. 그러나 민주주의가 진전될수록 경찰의 역할은 재정립되었고, 따라서 국민의 이해관계를 반영하지 않는 경찰조직은 그 정당성을 잃고 있다. 이러한 배경에는 의사소통의 쌍방향성을 가지고 있는 인터넷, 스마트폰 등이 대중

51) 오석홍·손태원·하태권 편저(2002), 조직학의 주요이론, 서울: 법문사, p. 359 재인용.

화도 적지 않은 공헌을 했다고 본다.

한편, 경찰조직에서는 종합품질관리(TQM)라는 용어 대신 '종합품질서비스'(TQS: Total Quality Service)라는 용어를 사용하기도 한다. TQM은 서비스의 양적인 측면보다 질적인 측면을 보다 강조한 것이라 할 수 있다. 그런데, TQM이 민간부문의 생산성을 최대화하기 위한 전략으로 개발되었기 때문에 서비스지향을 본질로 하는 공공부문에서는 이를 적용하는데 한계가 있음을 발견하고, 이를 응용하여 새롭게 TQS전략으로 발전시키고 있다.[52)]

이러한 품질관리 방식을 경찰조직이 활용하게 됨에 따라 구체적으로는 경찰활동의 평가에 반영되고 있다. 즉, 종래의 투입비용에 대한 양적인 산출을 가지고 조직 내적으로 평가하는 능률성뿐만 아니라 고객인 시민의 만족도를 평가기준으로 하여 경찰생산성에 반영하기 시작했기 때문이다. 다만 치안서비스의 질인 시민만족도를 가지고 경찰활동을 평가하기 위해서는 적절한 평가방법이 개발되어야 하나 한계가 있는 것이 사실이다. 따라서 여전히 계량화하기 쉬운 종래의 방식 즉, 양적인 평가(예: 검거 건수, 구속 건수, 단속 건수 등)에 여전히 의존하고 있는 것이 현실이다.

5. 포스트(Post) 현대이론: 개방-자연적 조직

오늘날 조직들은 고도로 분화하고 급속히 변동하는 환경에 둘러싸여 있으며, 지식·기술의 고도화, 인적 전문화, 개인적 자율성과 조직 내 민주주의에 대한 요청의 증대, 조직 내외의 불확실성 증대 등이 제기하는 여러 가지 어려운 문제에 직면해 있다.[53)]

이러한 점에서 종래의 조직이론에 대한 새로운 시각이 논의되고 있다. 현대사회에 살고 있으면서도, 그것을 극복하기 위한 시도로서 '포스트'(Post) 즉, '탈(脫)현대' 또는 '후기(後期)현대이론'을 제시하고 있다. 다만, 포스트 현대이론은 기존의 접근방식을 철저히 부정한다는 의미라기보다는 기존의 방법을 계승하여 새로운 것을 발견하는 '온고지신'(溫故知新)의 의미가 있다.

포스트(Post) 현대이론에서는 조직을 완전한 개방체제(Open System)로 간주하는 동시에 조직구성원들은 자연적·비합리적인 존재로 생산활동에 참여할 것을 강조하고 있다.

---

52) TQS에 대한 자세한 내용은 Paul M. Whisenand, R. Fred Ferguson(1996), The Managing of Police Organization, New Jersey: Prentice Hall, pp. 198-222 참조.

53) 오석홍(2006), 행정개혁론, 서울: 박영사, p. 128.

조직목표를 달성하기 위해서는 무엇보다도 중요한 것이 바로 '예측가능성'(豫測可能性)이라고 본다. 가까운 미래와 먼 미래에 대한 단기적, 그리고 중·장기적 계획을 수립하고 대응해 나아가기 위해서는 예측가능성은 매우 중요한 것이다.

그런데, 포스트 현대이론의 관점에서는 조직이 완전한 개방체제로서 외부환경으로부터 끊임없이 문제와 정보가 유입되고, 구성원들 역시 자연적·비합리적인 존재로 바라보기 때문에 이의 실체를 정형화하기가 쉽지 않다. 조직의 성패에 관한 예측가능성 역시 마찬가지이다. 어떻게 보면, 인간의 삶과 마찬가지로 조직 역시 미래의 불확실성에서 생존해야 하는 시대에 직면하였다고 본다.

역설적이지만, 이와 같은 미래에 대한 불확실성에 대해 어떻게 대응하느냐 하는 문제가 조직의 생존에 직결되기 때문에 조직이 살아남기 위해서는 철저하게 환경에 대해서 개방적이고, 구성원들이 기계적·합리적 사고방식이 아닌 자연적·비합리적인 사고방식으로 능동적으로 대처해야 한다는 것을 강조하고 있다고 볼 수 있다.

범죄·무질서 문제의 불확실성과 대응의 어려움

인간 대 자연이 아닌, 인간 대 인간의 상호작용 속에서 결과를 예측할 수 있는 어떠한 변수를 파악한다는 것은 결코 쉬운 일이 아니다. '중국 베이징의 나비 한 마리가 몇 번 날개 짓을 하면 그다음 날 이로 인해 미국 뉴욕에서 폭풍이 일어날 수도 있다.' 얼핏 들으면 다소 비논리적인 이 말은 우리에게 널리 알려진 '혼돈이론'(混沌理論, Chaos Theory)의 핵심 중 하나인 '나비효과'(Butterfly Effect)를 설명한 것이다. 나비효과에 의하면, 작고 사소한 일이 나중에 매우 강력한 파급효과를 가져온다거나 초기의 미세한 변화가 시간이 흐름에 따라 엄청난 변화를 초래한다는 것을 알 수 있다.

바꿔 말하면, 이처럼 거대한 사건의 원인이 되는 요인이 아주 사소하거나 미세한 변화에서 비롯되었다는 것인데, 문제는 이러한 사소하거나 미세한 변화를 파악할 수 있느냐 하는 것이다. 뉴욕에서 일어나는 폭풍의 원인이 나비 한 마리의 날갯짓에서 비롯되었다면, 그 원인이 되는 사실이 존재한다는 것은 차치하고 도대체 그 미세한 사실을 어떻게 알 수 있느냐 하는 딜레마에 빠지게 된다.

범죄와 무질서에 대한 문제 역시 마찬가지이다. 모든 범죄는 저마다의 고유한 개인적·환경적 특성을 가지고 있기 때문에 범죄를 저지른 원인을 정확하게 파악하는 것은 매우 어려운 일이다. 또한 범죄 원인이 우리가 일반적으로 생각하는 그럴듯한 이유가 아닌 아주 사소한 계기에서 비롯되는 경우도 적지 않다.[54] 생각건대, 오늘날 범죄와 무질서 문제가 심각한 수준에 이르게 된 것은 고도화·복잡화된 현대 물질문명 속에서 증대된 엔트로피(entropy: 무질서의 양)와 불확실성의 산물이라고 할 수 있다.

54) 최선우(2009.3), "사이코패스의 연쇄살인범죄 양태와 예방대책," 자유공론, 통권 504호, pp. 110-111.

「유토피아」(1516)를 쓴 토마스 모어(T. More)가 상정한 사회는 '화폐를 쓰지 않고, 금 같은 사치품을 사용하지 않는다. 성직자와 공무원을 제외하고는 모두 오전 세 시간, 오후 세 시간만 노동을 한다. 군대를 육성하지 않는다.' '존재하지 않는 사회'라는 원 뜻을 가진 유토피아는 크지 않은 공동체사회이다. 오늘날 우리가 직면하고 있는 엔트로피 증가문제를 해결하기 위해 가장 낮은 원시공동체로 돌아가자는 것은 아니다. 그것은 '작은 사회'를 말하는 것이다. 이러한 점에서 본다면 경찰조직(警察組織) 역시 지방분권적 자치경찰(自治警察)이 바람직하다고 본다. 작은 사회를 유지하기 위해서는 노동과 정치체제, 경제체제가 새롭게 정의 내려져야 한다.

경제적이든 정치적이든 '통치'에 있어 저(低)엔트로피 문화는 '최소한의 통치를 하는 정부가 가장 좋은 정부'라는 사실이다.[55)]

경찰조직은 전통적인 관료제에 기반을 두고 있지만, 오늘날 복잡·다양해지는 치안환경에 대응하기 위해서는 외부환경에 대한 능동적 대응을 할 수 있는 '학습조직'(學習組織)으로 변화될 필요성은 있다고 본다. 이를 위해서는 무엇보다도 기존의 하향식 의사소통구조가 아닌 상향식 의사소통구조로 바뀌어야 한다고 본다. 경찰조직의 하층부 즉, 일선경찰이 외부와 직접적으로 상호작용하기 때문에 외부로부터 오는 정보를 끊임없이 받아들이고, 이를 조직상층부에 전달함으로써 조직상층부는 이를 토대로 하여 적절한 판단과 전략을 수립할 수 있는 것이다(학습조직에 관한 내용은 다음 절에서 다시 살펴보고자 한다).

제3절 경찰조직의 진단과 건강성

이상에서 경찰조직의 의의(개념, 특성, 목표)와 이론적 배경(고전이론, 신고전이론, 현대이론, 포스트현대이론)을 살펴보았다. 이러한 조직이론은 오늘날 경찰조직의 구조설계 및 관리 등에 있어서 매우 중요한 의미가 있다. 아래에서 한국경찰이 직면한 현실과 이러한 현실을 진단하는 방법과 관련 문제점을 살펴보고, 이의 개선방안을 제시해 보고자 한다.[56)]

55) http://readersguide.tistory.com.; 최선우(2010), 앞의 책, pp. 16-18 재구성.
56) 이하 최선우(2011), "경찰조직의 진단과 건강성 연구," 한국공안행정학회보 제44호, pp. 307-334 재구성.

1. 경찰조직의 현실

경찰은 「미래비전 2015」 중장기 계획을 수립하여 단순한 비전제시에 그치지 않고 구체적인 목표수준을 설정하고, 이를 실행하고자 하는 의지를 표명한 바 있다.[57]

〈경찰조직이 제시한 비전과 목표〉

	2009년		2015년		2020년		2030년
국가고객만족도	216위		100위		50위		10위
종 합 청 렴 도	37위	⇨	10위	⇨	5위	⇨	1위
기관·단체 신뢰도	10위		5위		3위		1위

그런데 위에서 제시된 경찰의 비전과 목표 달성이 과연 가능한지는 매우 회의적이다. 단적인 예로 특임장관실은 2011년 2월 25일, 4월 8~10일 두 차례에 걸쳐 여론조사 전문기관에 의뢰하여 전국 만 19세 이상 성인남녀 2,000여 명을 대상으로 국가·사회현상에 대한 '한국민의 가치관'에 대해 조사한 결과를 발표한 바 있다. 이 조사내용 가운데 '우리나라에서 가장 신뢰받는 집단'을 묻는 질문에 학계(22.3%)와 언론(20.6%)에 대한 응답률이 높았고, 이어 대기업(15.6%) 공무원(10.2%), 검찰·법원(8.1%)순이었다. 청와대(3.4%)와 국회(2.9%), 경찰(2.9%)이 가장 신뢰도가 낮았다.[58] 당시 국가·사회조직 가운데 가장 신뢰받지 못하는 집단으로서 경찰이 공동 1등을 한 셈이다.

그런데, 이러한 경찰에 대한 국민의 신뢰는 최근에도 전혀 개선되지 않고 있다. 한 여론조사기관에서 '2019년 국가기관 신뢰도'를 조사한 바 있다. 이 조사에서도 국가·사회기관 가운데 신뢰도가 가장 낮은 순위로 나타난 집단은 검찰(3.5%), 국회(2.4%), 경찰(2.2%)이었다.[59] 과거나 현재나 국민은 국가·사회기관 가운데 가장 신뢰받지 못하는 집단 가운데 하나로 경찰을 꼽은 것이다.[60]

그렇다면, 이러한 결과의 원인은 문제인가? 단지, 조사방법이 잘못된 것인가? 경찰

57) 경찰청(2010), 경찰백서, pp. 385-392.
58) 한국일보(2011.05.05.).
59) 시사저널(2019.06.26.).
60) 경찰은 지난 2020년에도 아동학대 살인사건인 '정인이 사건'에 대한 부실대응, 이용구 법무부 차관의 택시기사 폭행사건에 대한 '봐주기 수사' 논란으로 많은 비판을 받았다. 지난해 국민권익위원회가 평가한 경찰청의 종합청렴도는 4등급으로 전년과 비교해 1단계 하락했다. 머니투데이(2021.01.27.).

이 그동안 보여주기식의 전시행정을 남발했을 뿐 실속이 없었던 것인가? 경찰이 많은 성과를 내고 있는데, 국민의 인식이 잘못된 것인가? 아직 개혁의 초기단계라 그 결과를 예단하는 것 자체가 의미가 없는 것인가? 경찰조직의 개혁 의지가 집단이기주의에서 비롯되어 정당성을 잃은 것인가? 조직구성원들의 다수가 변화의 의지를 갖고 있지 못한 것인가? 아니면 보다 본질적인 문제로서 경찰관들의 자질이 문제인가?

사실, 이에 대한 명확한 답변을 구하는 일은 쉬운 일이 아니라고 보며, 보다 설득력을 얻기 위해서는 이에 대한 원인 규명 즉, 조직진단이 적절하게 이루어져야 한다고 본다. 조직과 관련된 현상을 연구하여 진단하는 궁극적인 이유는 조직을 좀 더 좋은 조직으로 만들기 위한 것이라 할 수 있으며, 이를 위해서는 조직의 평가와 적절한 평가기준의 설정 문제가 핵심적 문제로 대두된다.

아래에서는 이러한 관점에서 경찰조직의 진단에 대한 기본적 논의 및 진단기준의 하나라 할 수 있는 '조직 건강성'(組織 健康性, Organization Health)을 가지고 경찰조직이 안고 있는 문제점과 개선방향을 검토해 보고자 한다.

2. 경찰조직의 진단

1) 경찰조직의 진단의 의의

조직진단이라는 것은 발전적인 조직변화를 위하여 어떤 조직에 대한 정보를 수집·정리하고 해석하는 과정이라고 할 수 있다. 유기체적 관점에서 경찰조직은 생존을 위하여 끊임없이 환경에 적응하는 노력을 해야 한다는 것은 매우 중요한 의미가 있다. 그런데 경찰이 직면한 치안환경의 변화 속도가 빠르지 않다면, 이에 경찰은 자연스럽게 적응해 나갈 수 있지만, 오늘날과 같이 급격한 치안환경의 변화는 인위적인 조직변화를 강요하게 된다. 인위적인 경찰조직 변화는 체계적인 조직진단과 과정을 통한 조직개혁 또는 혁신을 수반하게 된다고 할 수 있다.

물론, 이러한 조직진단을 통한 조직변화 또는 혁신은 세계적인 추세이며, 따라서 우리나라 공공부문에서도 그동안 이러한 노력을 해 온 것이 사실이다. 그러나 우리의 경우, 조직혁신이라는 결과에만 너무 치중하고 과정을 경시한 나머지 소기의 성과(오히려 역효과도 가져다준다)를 기대하기 어려운 것이 현실이다. 즉, 조직진단과 혁신에 요구되는 어떠한 체계적인 이론적 근거나 모델을 바탕으로 한 것이 아니라 다분히 '정치적 이해관계' 속에서 형식적으로 명분만을 갖추고 졸속으로 추진해 온 부분이 적지 않다는 점이다.

단적인 예로 과거 정부에서는 불과 수개월의 조직진단 결과를 토대로 행정개혁을 추진한 경우도 있었다. 일반 기업에서도 멀게는 2년 이상의 경영진단을 통해서 어떠한 개혁을 추진한 것에 비추어 볼 때, 국가 행정개혁을 위해 필요한 정부진단을 단기간에 완료했다는 것은 신뢰성에 의심이 간다.[61]

국민안전처 설치와 자치경찰제도 도입 문제

지난 2014년 4월에 전남 진도 앞바다에서 세월호가 침몰하여 어린 학생들을 포함한 300명 이상이 여객선에 갇혀 있었지만 단 한 명도 구조하지 못한 사건이 발생한 바 있다. 세월호사건과 관련하여 정부는 크게 두 가지 방향으로 접근하고 있는 것 같다. 하나는 사건의 책임이 있는 관계자들에 대한 형사사법적 대응과 다른 하나는 해난구조를 제대로 하지 못한 문제의 중심이 된 해양경찰청의 해체와 국민안전처(國民安全處)라는 새로운 조직의 신설을 발표한 것이다.

그런데, 사건의 책임자에 대한 형사사법적 대응은 차치하고, 지난 5월 19일 대통령의 대국민담화문에서 밝힌 해양경찰청의 해체와 국민안전처의 신설에 대해서는 논란이 적지 않았다(11월 19일에 설치됨). 세월호사건이 발생한지 불과 몇 개월 만에 국가안전에 관한 거시적인 청사진을 제시하는 것이 과연 타당한 것인지에 대해서는 지극히 회의적이기 때문이다(결국, 국민안전처는 2017년 7월 25일에 해체되었다).

이러한 문제는 지난 2021년 7월 1일 시행된 자치경찰제도(自治警察制度) 역시 마찬가지이다. 문재인 정부에서 2017년부터 중·장기적 관점에서 논의되었던 자치경찰제도의 도입계획은 특별한 이유 없이 전면 폐기되고, 정권 말기인 지난 2020년 12월 22일 경찰법이 전부 개정되고, 불과 수개월 만에 시행한 조치는 이해하기가 어렵다. 단순히 정치적 이해관계로 자치경찰제도를 도입하게 되면 그 성과를 기대하기 어렵기 때문이다.

자유민주국가의 국가 정책결정과 집행, 그리고 평가과정은 소수의 정치권력집단의 이해관계와 의견으로 이루어져서도 안 되고, 이루어질 수도 없다고 본다. 정부의 국가안전에 대한 정책결정과 비전제시는 시기가 다소 늦춰질지라도 타당성 및 실현가능성 갖도록 하는 것이 중요하다고 본다. 제도를 움직이는 것은 인간이기 때문에 적어도 국가안전과 관련된 관계부처 담당자들의 인식 전환과 심도 있는 의견 개진 및 정보교환, 그리고 역할재인식과 역할조정 등을 통한 거시적인 합의를 이끌어내는 것이 무엇보다도 중요한 일이다.[62]

이러한 조직진단의 관점에서 보면, 경찰조직을 변화시키고 발전을 지속적으로 이끌

61) 조성한(2002), "조직진단의 주요 접근모형 및 이론," 한국행정학회 조직학연구회(편), 정부조직진단, 서울: 대영문화사, p. 81.

62) 최선우(2014.05.23), "국민의 안전과 국가적 대응문제," 전남일보, p. 19.

기 위해서는 경찰조직의 구조와 과정의 변화와 함께 조직을 구성하고 있는 인적 요소들에 대한 행태변화도 함께 병행되어야 함을 알 수 있다.

결국 조직진단이 다루고자 하는 내용적 요소들은 조직구조와 기능을 포함한 시스템적 요소뿐만 아니라 궁극적으로 조직문화의 성격, 조직구성원들인 경찰관들의 불만과 정책 및 집행에 대한 저항, 조직의 과업과 관련된 사회적 관계와 경찰관들의 행동에 중대한 변화를 미칠 수 있는 영향 요소 등 제반 행태에 대한 체계적인 진단도 아울러 필요하다는 것을 알 수 있다.

2) 경찰조직 진단기준으로서의 건강성

오늘날에도 조직진단에 대한 완전한 신뢰성을 갖추거나 누구나 공감하는 진단기준을 제시하고 그에 따른 진단모형이 구축되었다고 보기는 어렵다. 다만 제시된 조직진단 모형은 개별 단위 조직에서의 사례나 관찰을 바탕으로 실제 조직 내부에서 행해지는 업무과정을 일정한 기준에 의하여 판단하고 모범이 되는 경우를 '기본적 원형'(prototype)으로 하여 지표를 구성해 왔다.

이러한 기본적 원형들을 기준으로 공공기관의 경우 성공적인 조직이 되기 위한 요인 또는 유의할 점을 찾아 이를 치유하는 과정에서 일반화된 모형을 만드는 과정을 거치고 있다. 즉, 논리적 순서상 진단이 가장 먼저 있고, 다음에 평가가 있고, 그 결과로 처방이라는 단계를 거치는 것이 일반적이다.

(1) 조직의 진단기준의 문제

그동안 조직의 성공도를 판단하는 진단기준으로 제시된 개념들을 살펴보면, 능률성, 효과성, 형평성, 그리고 '건강성'(health) 등 다양한 개념이 제시되었다. 그런데 이러한 능률성, 효과성 등의 개념을 공공서비스에 적용하기에는 적지 않은 한계가 있음은 주지의 사실이다.

이와 관련하여 첫째, 경찰조직의 다양한 치안활동은 생산물의 가치를 측정할 수 있는 시장이 없기 때문에 명확한 공적 산출물 단위(이른바 '계량화 문제')가 없다는 점이다. 이러한 시각에서 본다면, 경찰이 시행하고 있는 성과주의(成果主義)는 한계를 안고 있다고 본다.

더욱이 많은 경찰활동은 복합적·다목적적 이며(예: 집회시위 군중의 통제·보호와 일반 시민의 보호 문제 등), 가치갈등(예: 범죄수사에 있어서 인권보장과 실체적 진실 발견 문제 등) 문제가 상존해 있다는 점이다. 그리고 이러한 경찰활동은 상당부분이 상호 의존적인 경우가 적지 않다는 점이다. 생활안전·수사·교통·경비·보안·정보·외사 경찰 등의 각각 경찰활동은 상호의존적인 관계에 있다는 의미이다. 그러면서도 동시에 추구하는 가치(인권보호와 질서유지)간의 상호 모순적인 요소가 존재함은 물론이다. 요약건대, 경찰활동을 개별화하여 이의 성과를 측정하는 것 자체가 쉬운 일이 아니라는 의미이다.

둘째, 그동안의 평가기준에 의한 경찰조직의 진단은 주로 업무수행의 결과(생산성)에 중점을 두기 때문에 조직의 능력에 대한 측정이 고려되지 않는다는 점이다. 인간들의 상호작용 및 상호협동의 결과로 나타나는 조직현상을 평가하는데 산출 결과만을 가지고 평가한다는 것(그것이 양적 의미의 능률성이든 질적 의미의 효과성이든 간에)은 조직의 단면적인 측면을 평가하는 것에 불과하다. 따라서 경찰조직의 경우 조직 고유의 특성을 고려할 때 중요한 것은 높은 산출 결과를 가져올 수 있는 조직 내의 '동태적(動態的) 운영과정'과 '환경변화에 적절하게 대응하는 능력'을 평가하는 것이 더 바람직하다고 볼 수 있다.

셋째, 이러한 문제를 좀 더 행태론적 관점에서 접근한다면, 그동안의 생산성 중심의 접근방법은 경우 경찰조직이 가져야할 '자기인식에 대한 측정'이 충분히 고려되지 않는다는 점이다. 경찰조직의 구성원들 스스로가 자신들이 존재하는 이유가 무엇이며, 무엇을 해야 하는가에 대한 자기인식(自己認識) 또는 자아성찰(自我省察)에 대한 평가가 진단에 포함되지 않는다면, 경찰조직의 목표달성 여부를 제대로 파악하기 어려워진다. (궁극적으로) 서비스 지향적 특성이 있는 경찰조직의 성과측정에는 조직구성원들의 사명감(자아효능감 등)에 대한 진단이 필수적이라 할 수 있는데, 이는 생산성과 같은 평가기준으로는 접근하기가 어렵다는 점이다.

(2) 경찰조직의 건강성

따라서 이상과 같은 평가기준이 가지고 있는 한계를 보완하면서 접근할 수 있는 진단기준이 요구되는데, 이러한 차원에서 '조직 건강성'(organizational health)을 하나의 기준으로 삼는 것은 의미가 있다고 본다.

경찰조직을 하나의 살아있는 유기체(有機體, organism)로 간주한다면, 단기간에 보여줄 수 있는 성과에 의해 조직의 성패를 진단하기보다는 장기적 관점에서 조직의 환경 적응형으로 체질을 바꾸는 것이 바람직하다고 보기 때문이다. 건강성을 인체에 비유한다면 단순히 질병이 없는 상태를 의미하는 것은 아니라 신체적 측면과 정신적 측면의 완전한 상태를 의미한다고 본다. 그리고 건강이라는 개념은 결과가 아니라 과정에 초점을 맞춘다는 점이다.

그리고 중요한 점은 경찰조직을 건강성 측면에서 이해할 때 반드시 지적해야 할 사실이 있는데, 그것은 조직이 건강하지 못한 상태에 있다 할지라도 조직의 생산성은 어느 정도 유지될 수 있다는 점이다. 많은 조직의 건강성이 떨어지고 있으면서도 여전히 생산적인 조직으로 보일 수 있는 것은 '시간차'(time lag)가 존재하기 때문이다.

그러나 결국 건강하지 못한 조직은 비생산적인 조직이 될 수밖에 없다. 따라서 조직의 건강성을 평가함으로써 얻을 수 있는 이점은 궁극적으로 건강성이 조직의 생산성 및 성과를 예측할 수 있게 해준다는 점이다. 그렇다면, 건강한 경찰조직은 어떠한 상태를 의미하는 것인가?

일반적으로 조직 건강성과 관련하여 다음과 같은 여러 가지 기준들이 제시되고 있다.[63] 이와 관련하여 마일스(Miles, 1965)는 건강한 조직이란 "환경 속에서 생존해 나갈뿐만 아니라 장기적으로 적응을 계속해 나가며, 그러한 생존과 적응 기능을 발전·확장해 나가는 조직"으로 정의하고 있다. 즉, 그는 조직 건강성의 지표로서 조직의 성장과 변화, 그리고 그에 따른 적응능력을 중시하고 있다. 클라크(Clark, 1969)는 건강한 조직이란 "개인과 집단이 그들의 성장을 위한 능력이 안정상태(homeostasis) 혹은 균형상태(equilibrium)에 도달해 있는 조직"이라고 정의하고 있다.

한편, 샤인(Schein, 1980)은 오늘날의 조직은 다수의 목적을 동시에 수행해야 하는데, 이 목적들은 서로 보완적이거나 대립·상충할 수도 있다고 전제하고 있다. 조직이 다수의 목적을 가지고 있다면, 조직의 성공도는 다양한 측면에서 복수의 기준에 비추어 평가되어야 한다는 의미이다. 조직에는 생산활동을 통한 산출의 목적이 있다는 것은 인정하지만, 생산활동의 결과만을 측정해서는 조직의 건강상태를 파악할 수 없을 뿐만 아니라 오히려 다른 요인들이 조식 건강의 판단에 더욱 중요하다고 주장하고 있다. 이와 같은 맥락에서 그는 조직 건강성의 측정 지표로서 적응성, 자기인식력, 현실인식력, 내부 통합성 등을 들고 있다.

그리고 벡하드(Beckhard, 1969)는 건강한 조직의 상태를 다음과 같은 일곱 가지 관점에서 조직의 건강성을 제시하였다. 벡하드는 보다 구체적인 관점에서 조직 건강성을 진단할 수 있는 기준을 제시하고 있음을 알 수 있다.

---

63) 이러한 논의는 어떤 특별한 조직에 국한되는 것이라기보다는 일반적인 것이라고 보며, 따라서 이를 경찰조직의 건강성에 원용하는 것은 크게 문제가 되지는 않는다고 본다. 다만, 이러한 인식체계를 토대로 경찰조직에 특화된 세부분석모형을 개발·적용해야 함은 물론이다. 이하 박경원(2002), "조직진단의 평가기준," 한국행정학회 조직학연구회(편), 정부조직진단, 서울: 대영문화사, pp. 126-130 재구성.

건강한 조직의 상태

① 조직구성원 모두가 목적의식을 가지고 있고, 그 목적달성이 조직의 목적달성과 연결된다고 믿을 때
② 조직구조가 업무 중심으로 설계되고, 인적자원이 신축적으로 배분될 때
③ 조직업무에 관한 의사결정이 지위에 관계없이 그에 관한 정보가 가장 많은 곳에서 이루어질 때
④ 조직 내의 의사전달이 원활하게 이루어질 때
⑤ 조직업무에 관한 갈등이 노출되고 합리적으로 관리될 때
⑥ 개인 간, 집단 간에 불필요한 경쟁이 감소하고 조직에 개방적이고 문제해결 지향적인 조직 풍토가 형성될 때
⑦ 조직관리자가 목적을 명확히 선정하고 관련 업무를 처리해 나갈 때

한편, 윤종건(1974)은 조직이 수행하여야 할 중요한 기능을 생산기능과 유지기능으로 보고, 이 두 가지 기능을 잘 수행할 수 있는 능력을 갖춘 조직을 건강한 조직으로 파악하고 있다. 그는 조직 건강성의 개념은 조직구성원들 중심으로 정의하고 있는데, 이에 따르면 "조직 건강성은 조직이 환경의 계속적인 변화에 잘 적응하고, 대처해 나감으로써 조직 자체의 유지발전에 효과적일 뿐만 아니라 목표 달성의 극대화를 기할 수 있는지의 여부에 관한 인적자원을 중심으로 한 조직의 능력이다"라고 하고 있다.

또 이명신(1984)은 조직 건강성을 개인, 집단, 조직의 차원으로 나누어 설명하고 있다. 즉, 건강한 조직이라는 것은 개인은 자신의 직무에 대하여 만족을 느끼고, 집단은 응집성이 있으며, 조직 전체의 풍토가 쇄신적인 조직이라고 정의하고 있다. 주목할 만한 것은 그는 조직 건강성의 개념 구성에서 목표달성의 요소를 포함하지 않고 있다는 점이다.

3. 경찰조직의 건강성 문제

이상에서 경찰조직의 진단과 그 진단기준으로 건강성에 대해 살펴보았다. 아래에서는 이 건강성 기준을 토대로 경찰조직에 내재하는 건강성 문제를 살펴보고자 한다.

이와 관련하여 특히 벡하드가 제시한 '건강한 조직의 상태'를 토대로 하여 크게 ㉠ 권력구조의 불균형성 문제, ㉡ 하향식 의사전달구조 문제, ㉢ 경직된 인적 자원의 배분 문제, 그리고 ㉣ 경찰관들의 자기인식에 대한 문제 즉, 자아효능감 문제 등을 개념화하여 접근하고자 한다(이러한 문제는 상호 복잡하게 얽혀 있지만, 논의의 편의상 구분하고자

한다).

한국경찰조직에 내재하는 건강성 문제는 특히, 전통적인 관료제의 한계를 극복하지 못하고 있다는 점과 더불어 경찰조직 내의 구조적 불균형(채용구조, 인적자원의 배치 등) 문제 등이 복잡하게 얽혀 있기 때문이라고 볼 수 있다.

1) 권력구조의 불균형 문제

경찰조직구조를 진단하여 이의 문제점을 파악하여 개선방안을 도출하고자 할 때는 무엇보다도 경찰조직 내부의 권력 분포에 대한 이해가 선행되어야 한다. 바꿔 말하면, 경찰조직의 '권력구조'(權力構造)에 대한 진단 없이는 조직구조의 진단은 신화(myth)이거나 허구(fiction)에 불과한 경우가 많다. 권력구조를 정확히 파악하지 못하면, 표면적으로는 그럴듯하게 구조화되어 있어도 내부적으로 조직이 심각한 문제를 안고 있는 경우가 자주 발견되기 때문이다.

권력구조의 불균형성 문제는 '경찰조직의 권력이 어디로 집중되어 있는가'라는 문제로 요약할 수 있다. 일반적으로 조직구조 형성에 영향을 미치는 공식적·비공식적 요인으로서 역할, 지위, 권력, 규범 등이 거론된다.[64] 우리가 경찰조직의 구조를 정확히 이해하려면 이러한 요소들 가운데 특히 권력적 요인에 주목하게 된다. 경찰조직의 현실에서 가장 핵심적인 역할을 하는 구조적 변수가 바로 권력이기 때문이다.

경찰조직의 현상을 권력으로 이해하는 관점은 조직을 '다원적 정치체계의 한 단위'로 인식한다. 다원적 정치체계로서의 조직은 조직 내부의 개인과 집단이 각기 다른 이익, 신념, 그리고 선호가치를 보호하고 강화하기 위하여 서로 경합하거나 연합하는 '복잡한 정글'과 같은 체계를 말한다. 따라서 조직구조는 권력을 차지하기 위하여 서로 다른 이익과 가치가 경합, 협상, 연합하는 행위를 통하여 나타난 결과물이 된다.[65]

권력을 자원의 교환적 관점에서 보면, 두 사람 사이의 교환 관계에서 권력관계는 한 사람이 상대방이 원하는 자원을 계속 공급할 수 있을 때 발생한다. 네트워크 관점에서 보면 사람들 상호간의 네트워크 속에서 한 사람이 중요한 정보나 자원의 유통을 마음먹은 대로 통제할 수 있는 지위를 점하게 될 때 권력관계는 발생한다.

자원의존론에 따르면, 조직 속에서 조직의 생존에 필요한 자원을 제공하는 사람이나

64) 역할은 조직구성원들의 행동을 유형화하는 가장 기초적 요소이고, 지위는 역할에 부여된 가치를 의미하며, 권력은 역할과 지위에 효력을 부여하고, 규범은 상기 세 요인의 실제와 상호관계를 당위적으로 규정한다. 조경호·김호섭·박통희(2002), "권력구조의 진단," 한국행정학회 조직학연구회(편), 정부조직진단, 서울: 대영문화사, pp. 172-186 재구성.

65) Gareth Morgan(1986), Images of Organizations, Beverly Hills, CA: Sage, p. 197.

부서가 권력을 갖게 된다. 계급적 관점에서 보면, 권력현상은 사람들의 적극적인 노력에 의해서라기보다 이미 설정된 '사전적 지배구조'(priori domination structure)에 따라 권력은 주어진 것으로 이해된다.[66] 물론, 자원교환이나 네트워크 관점에서 권력을 이해할 때 가장 문제가 되는 것은 서로 교환되는 자원이나 서비스의 가치를 각기 주관적으로 판단하기 때문에 발생하는 권력 격차의 주관성 문제는 상존하게 된다.

그렇다면, 이러한 권력구조는 어떻게 형성되는가? 이와 관련하여 경찰조직과 같은 공식적 조직에서 권력의 소재와 그 권력을 수준을 비교하고 진단하게 될 때 가장 먼저 찾으려는 요인은 조직구조상의 공식적 지위일 것이다. 그러나 권력을 가질 수 있는 조직구조상의 공식적 지위가 반드시 조직의 상층부에 위치한다고 볼 수는 없으며, 상황적 맥락에 따라 다르게 이해될 필요가 있다고 보는데, 조직내부적 요인을 중심으로 본다면 일곱 가지 요인으로 설명할 수 있을 것이다.[67]

〈경찰조직의 권력구조 요인〉

요 인	내 용
① 지식(정보)	- 다른 사람이나 조직이 획득하기 어려운 지식(정보)을 소유하고 있는 정도 - 집단적 차원의 공유 정도, 개인적 차원(전문성 포함)의 공유 정도
② 응집력	- 부서 차원의 권력수준을 결정하는 요인 - 부서나 조직의 목표와 가치에 구성원들이 강하게 몰입할 때 발생
③ 리더십	- 조직관리자가 목표 달성을 위하여 조직을 통합하고, 사회적 지지를 이끌어내는 능력
④ 공식적 지위	- 조직구조상의 공식적 지위로서 계층제의 높은 위치에 있는 구성원들은 조직의 중요한 결정을 내릴 수 있는 권한을 가지고 있으며, 중요한 조직자원을 동원할 수 있는 권력을 가지게 됨
⑤ 경 력	- 다른 조건이 동일하다면, 한 조직 또는 부서에서 오래 근무한 사람이 조직의 중요정보에 대한 접근도가 높다고 볼 수 있음 - 연공을 중시하는 사회에서 더욱 강조됨
⑥ 준 거	- "~에 따르면"이란 말의 주체가 되는 사람은 그가 속한 조직에서 권력을 상대적으로 많이 갖고 있다고 판단됨
⑦ 개인적 연계	- 조직 내의 한 개인이 가지고 있는 개인적 연계의 강도가 높고, 그 범위가 넓으면 넓을수록 그의 권력수준은 높다고 봄

66) Stewart Clegg & David Dunkerley(1980), Organization, Class and Control, London: Routledge & Kegan, p. 457.
67) 조경호·김호섭·박통희(2002), 앞의 논문, pp. 177-179 재구성.

이와 같이 경찰조직의 권력구조 요인을 고려했을 때, 각각의 요인들이 상호 일정한 수준으로 영향력을 행사할 때, 적절한 권력구조가 형성되었다고 볼 수 있다. 그렇다면, 경찰조직의 권력구조는 어떠한가? 예컨대, 경찰조직의 인적 배경(고시 출신, 경찰대학 출신, 경찰간부후보생 출신, 순경 출신 등)을 고려했을 때, 권력구조는 균형성을 가지고 있다고 판단할 수 있는가?[68] 생각건대, 경찰조직의 권력구조는 상당히 왜곡된 형태를 띠고 있다고 본다.

특히, 경찰조직 구성원들은 직무와 계급을 넘어서 비공식적인 인간적 유대, 예컨대 학연, 입직형태 등의 유대를 기반으로 형성된 권력구조는 매우 강력한 힘을 가지고 있다고 본다. 물론, 이러한 비공식적 유대관계는 모든 조직에서 필연적이고 자연적인 현상이라고 할 수 있다. 그러나 이러한 비공식적 권력구조가 지나치게 강하여 공식적 권력구조에 장애를 가져올 경우, 조직운영에 있어서 적지 않은 엔트로피(entropy)를 형성할 것이라고 본다.

2) 하향식 의사전달구조의 문제

관료제적 관점에서 볼 때 엄격한 계층구조, 상·하 간의 수직관계는 의사소통에 있어서 하향식 의사전달을 전제로 하게 된다. 하향식 의사전달구조라는 것은 조직의 계층구조를 따라 상급자로부터 하급자에게로 명령이나 지시·방침·성과 표준 등이 전달되는 형태를 말한다.

사실, 경찰활동의 특수성(위험성, 돌발성, 기동성, 조직성 등)에 비추어 볼 때 적절한 하향식 의사전달은 매우 중요한 의미가 있다. 그러나 경찰조직 구성원들 간의 원활한 소통구조 형성과 화합을 위해서, 그리고 일선 최말단의 지역 치안실정에 적합한 경찰활동을 하기 위해서는 상향식 의사전달, 수평적 의사전달 역시 중요한 의미가 있다. 그리고 이에 못지않게 중요한 것이 외적 의사전달과정의 형성이라 할 수 있다. 경찰조직이 외부환경과 유기적으로 연계시키는 외적 의사소통(시민, 이익집단, 정치집단, 매스미디어 등)은 경찰활동의 민주적 책임을 확보하는데 중요하다.

물론, 그동안 경찰조직에서 조직구성원들 간의 원활한 소통구조 형성을 간과하는 것은 아니다. 경찰은 조직 내의 계급 중심의 권위주의 문화를 개선하고 열린 조직문화를 조성하기 위하여 경찰청·지방경찰청과 일선 경찰관 간의 소통과 화합(예: 경찰수뇌부의 치안현장 방문, 치안간담회 등)을 추진해오고 있기 때문이다. 그러나 이러한 경찰의

68) 이에 대한 단계별 진단방법은 위의 논문, p. 180 참조.

노력은 다분히 여론 조성 및 정치권을 향한 또는 대국민을 향한 '보여주기식' 전시행정(展示行政)이라는 인식을 지우기가 어렵다. 이러한 현상은 여전히 계속되고 있다.

3) 경직된 인적자원의 배분 문제

경찰조직의 건강성과 관련하여 인적자원의 신축적 배분 역시 중요한 문제라고 본다. 경찰조직은 계급제(階級制)를 기본으로 하고 부분적으로 직위분류제(職位分類制)를 가미하고 있기 때문에 인적자원의 적절한 배치 및 탄력적 배분 문제는 상대적으로 쉽다고 볼 수 있다. 이러한 인적자원의 배분 문제와 관련하여 아래에서는 지역경찰을 중심으로 살펴보기로 한다.

생각건대, 모든 경찰활동의 기본은 예방에 있다고 보며, 따라서 지역경찰(지구대, 파출소 등)의 역할은 매우 중요하다. 이러한 이유로 경찰조직의 인적 규모에 있어서 지역경찰은 전체경찰의 약 40% 수준에 이르고 있다.[69] 이들 지역경찰은 치안현장의 최일선에서 일상적으로 시민들과 직접 접촉하기 때문에 대국민관계에서 '경찰의 얼굴 또는 상징'이 된다고 할 수 있다. 그리고 역할 면에서 지역경찰은 모든 경찰업무(생활안전, 수사, 교통, 경비, 정보, 보안, 외사 등)와 관련하여 전방위적이며, 1차적인 업무를 수행한고 볼 수 있다.

지역경찰은 예방적 경찰활동 및 사건발생시 현장대응의 출발점이기 때문에, 이에 대한 적절한 인적자원 배치가 얼마나 중요한 것인지에 대해서는 이론의 여지가 없다고 본다. 그러나 지역경찰의 중요성에도 불구하고 실제 인적자원의 배분은 적지 않은 문제를 내포하고 있다.

(1) 사례 하나: 지역경찰의 연령배분의 불균형

지역에 따라 다르겠지만 지역경찰의 인적자원 배분에 있어서 연령상의 불균형문제가 심각한 수준에 이르렀다고 볼 수 있다. 예컨대, 2011년 2월 전북 익산경찰서 A파출소의 경우 전체 직원 7명 가운데 새롭게 발령받아 배치된 K 경사(45세)가 가장 어린 나이였다는 점이다. 팀원 모두가 40대 이상으로 40대는 2명, 나머지 5명 모두가 50대였으며, 20~30대 경찰관은 단 한 명도 없는 것으로 나타났다. 따라서 새롭게 배치된 K 경사가 올해 나이가 45세인데 자신 밑으로 단 한 명도 없어 애칭이 '막둥이'로 불리고 있는 실정이다.

---

69) 2019년 12월말 현재 전체경찰공무원 122,913명 가운데 49,808명(약 40.0%)이 지구대·파출소에 근무하고 있다. 경찰청(2020), 경찰통계연보, p. Ⅱ.

사실, 익산경찰서 소속 지구대와 파출소에 근무하는 경찰관들의 나이 고령화가 심각한 수준에 이르고 있는 것으로 나타났다. 익산경찰서에 따르면, 2011년 4월 7일 현재 전체 경찰관은 총 476명인데, 이 가운데 지구대 4곳에서 근무하는 경찰관은 160명, 파출소 15곳 근무자가 110명 등 전체의 57%인 270명이 지역 최일선 현장에서 근무하고 있다. 이들 연령대를 파악해 보면, 40대가 160명(59%)으로 가장 많고, 이어 50대 68명(25%), 30대 41명(15%) 순으로 나타났으며, 20대는 단지 1명에 머물고 있다. 상황이 이렇다 보니 상당수 파출소는 20~30대는 고사하고 아예 40대 이상으로 팀을 구성하고 있다.

익산경찰서뿐만 아니라 전라북도 내의 모든 경찰서가 이와 같은 고민에서 벗어나지 못하고 있는 것으로 나타나 있다. 그동안 수년에 걸쳐 새로운 젊은 경찰관들의 신규 인력 채용이 거의 없었고, 그나마 20~30대 젊은 경찰관들은 기동력과 신종범죄 수법에 대한 빠른 적응력 등을 내세워 기동대나 수사과·형사과 등에 우선 배치되면서 지구대와 파출소에서 젊은 경찰관들을 찾아볼 수 없게 된 것이다. 이에 일부 직원들은 젊은 경찰관과 고참 경찰관의 인적 균형의 필요성을 제기하고 있다.

물론, 지역경찰이 여러 가지 복합적인 업무를 수행하기 때문에 경우에 따라서는 경력이 중요한 의미를 가진다. 그러나 고령화된 조직은 노련하지만, 현대범죄의 연소화·흉폭화·광역화·기동화 등의 특성을 고려하여 신속하고, 효과적으로 대응하기에는 한계가 있고, 새로운 수법의 범죄에 대한 적응력 또한 부족할 수 있다는 점이 단점으로 지적될 수 있다.[70)]

아울러 유흥주점 등이 많은 관할구역 특성상 술 취해 소란을 피우는 피의자들과 몸싸움을 하는 경우가 다반사이나 이를 제대로 제압하지 못해 애를 먹는 경우가 발생할 가능성도 없지 않다. B지구대의 한 경찰(47)은 "범죄예방활동과 술에 취한 사람의 행패, 강력범죄 초동조치 등 모든 것을 각 지구대 경찰관들이 처리하는데 사실상 나이가 많으면 어려운 점이 많다"면서 "솔직히 현장에서 젊은 용의자들이 도망가면 쫓기가 그리 쉽지 않다"고 하였다.[71)]

---

70) 2015년 현재에도 이 문제는 여전히 해결되지 않고 있다. 2015년 2월 말 기준 서울의 지구대와 파출소에 근무하는 지역경찰의 40.1%가 50대로 나타났다. 전체 경찰공무원 10만여 명 가운데 50대가 23%인 것을 감안할 때 서울 지역경찰의 '고령화'는 심각한 수준이라고 할 수 있다. 서울의 지역경찰 고령화는 전국 16개 시도 가운데 충북, 광주, 대전에 이어 네 번째이다. 그리고 서울의 지구대·파출소 가운데 50대 경찰관 비율이 가장 높은 곳은 강서경찰서 등촌2파출소(73.9%)로 나타났다. 경찰서별로는 방배서 관할 지구대와 파출소의 50대 경찰관이 56.6%로 가장 많게 나타났다. 이러한 지역경찰의 고령화는 현장대응도 문제이지만 정보기술(IT)을 바탕으로 한 행정업무처리의 미숙도 심각한 문제이다. 동아일보(2015.04.28.).

(2) 사례 둘: 지역경찰의 인구사회학적 특성 문제

아래 표는 ○○ 경찰청 C파출소 인구사회학적 특성 및 현황을 보여주고 있다. 위에서 살펴본 바와 같이 지역경찰의 연령별 인력배분의 불균형문제 역시 ○○ 지방경찰청 역시 다르지는 않다고 본다.

그런데, 더욱 중요한 것은 조직의 위계질서 및 경찰관 입직배경에 있어서 문제가 있다는 점이다. 경찰조직은 전형적인 계급조직이라 할 수 있다. 이는 앞에서 언급한 바와 같이 경찰업무의 특성상 필요하며, 따라서 계급은 중요한 의미를 가진다고 본다. 그런데, 아래 표의 상호간에 호칭에서 보는 바와 같이 계급제적 요소는 이미 붕괴된 듯한 느낌도 든다. 예컨대, 경사에게는 '부장'이라는 호칭이 사용되기도 하고, 제일 연령이 낮은 순경에 대해는 초기에는 성을 붙여 '○ 순경'이라고 했다가, 시간이 지나면, 성명 혹은 '막내'라는 표현을 사용하고 있다.[72)]

그리고 파출소에 근무하는 경찰관들의 인구사회학적 특성을 보면, 파출소장인 경감 1명, 경위 9명, 경사 5명, 경장 2명(관리반 여경 포함), 순경 3명에 이르고 있다. 그런데, 파출소장을 제외한 나머지 모든 경찰의 입직배경을 보면 모두가 순경출신이다. 경찰활동의 근간이라 할 수 있는 지역경찰에서 근무하는 대부분의 경찰은 왜 순경출신으로 배치되고 있는가? 경찰대학 출신이나 경찰간부후보생 출신의 경위급 경찰관은 왜 지역경찰에서 찾아보기 어려운 것인가? 순경출신 경위들은 왜 관리직에 배치되지 못하고 대부분이 지역경찰에만 배치되고 있는가? 파출소 팀장(경위)의 배치 역시 어떠한 리더십 등에 의하였다기보다는 지극히 현실적인 문제(연령이 동일하다는 점)에 의한 것이며, 나머지 팀원들의 배치 역시 상황은 마찬가지라 할 수 있다.

이러한 인적자원의 경직된 배분 문제는 어떠한 자질문제(즉, 순경 출신이 능력이 없어서 경찰서나 사·도경찰청에 근무하지 못하는 것이 아니라고 봄)라고보기는 어렵다.

흔히들 경찰관리자들은 다른 조직에 비하여 능력에 의해 승진할 수 있는 구조라고 강조한다. 경찰공무원법상으로도 경정 이하의 계급까지는 승진시험을 병행하기 때문에

---

71) 노컷뉴스(2011.04.08.).

72) 여기에서는 주로 지역경찰의 인구사회학적 특성과 문제를 지적하고 있지만, 근본적인 문제는 지역경찰을 하나의 팀제로 운영하고 있는데, 체계화되지 못한 팀제의 운영 속에서 계급구조는 희석되어 지역경찰의 긴장감은 사라졌다고 본다. 사실, '팀'(Team)이라고 하면, 어떤 목표를 완수하기 위해, 혹은 상위목표를 완수하기 위해 하위목표를 달성하기 위해 함께 일하면서 그들의 업무를 개선하고, 문제를 처리하고, 업무를 기획·통제하는 것이라 할 수 있다. 그러므로 하나의 팀은 어떠한 과업을 수행할 뿐만 아니라 스스로 관리·계획·통제하는 책임도 지는 것이다. 그러나 현행 지역경찰시스템은 명칭만 팀제일 뿐이지 팀제가 추구하는 본질적인 내용은 사실상 부재한 것이 현실이다. 팀제에 대한 자세한 내용은 강성남(1996), 정부조직에 〈팀제〉 도입의 문제점과 해소전략, 국회도서관 입법조사 분석실 참조.

누구나 공평하게 기회가 주어진 것처럼 보인다. 그러나 현실은 개인적 배경 및 입직 이기주의 등에 의해 인력배치가 기형적으로 이루어지고 있다는 것은 주목할 필요가 있다고 본다.

〈○○ 경찰청 M 파출소 인구사회학적 특성〉

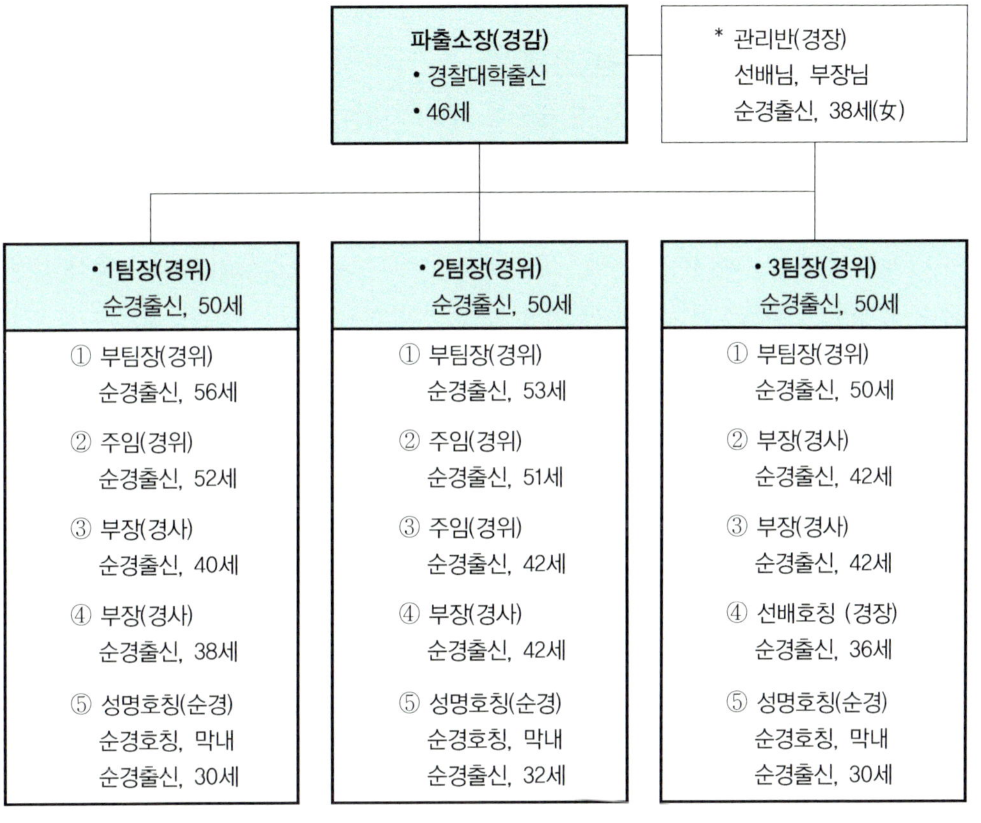

한편, 경찰이 내부 사기진작 차원에서 순경, 경장 등 하위직급 호칭을 하나로 통일하는 방안을 추진한 바 있다. 이에 따라 예컨대, 파출소의 경우 팀장급을 제외하고 모두 계급장을 없애고 '표지장'으로 하자는 것을 광주지방경찰청을 비롯하여 일부 지방청에서 2011년 4월경에 시범적으로 운영하였다. 즉, 순경, 경장, 경사 등의 하위직 호칭을 '경관'을 통일하는 방안을 검토·시행한 것이다. 이러한 제도개선의 이유로 경찰에서는 "현행 경찰관 호칭이 계급 중심으로 되어있어 현장 법집행의 어려움이 가중되고 하위직 경찰관의 사기를 떨어뜨리고 있다"는 것을 들고 있다.[73)]

73) 뉴시스(2011.12.15.).

그러나 경찰에 대한 시민의 이미지는 경찰의 국민에 대한 신뢰 등에서 비롯된 것이지, 그렇다고 해서 계급조직에서 계급장을 떼고 호칭을 바꾼다고 해결될 일은 아니라고 본다. 또 그것으로 인해 일선 하위 경찰의 사기가 진작 될 것이라고 생각하는 발상자체가 아이러니하다(표지장제도는 2012년 6월에 소리소문 없이 폐지되었고, 7월 1일에 경찰계급이 다시 복원된 것은 물론이다).

4) 하위 경찰의 자아효능감 문제

경찰조직 내의 권력구조의 지나친 불균형, 권위주의적 하향식 의사전달구조, 경직된 인적 자원의 배분 문제는 결과적으로 경찰조직의 절대다수를 차지하는 하위경찰의 사기저하 내지 근무의욕 상실을 가져다줄 가능성이 높다. 어떠한 조직이든 간에 신바람이 나야 근무의욕을 가져야 하는데, 계급제 조직에서 소수의 중상위 관리자 중심의 정책을 전개하고, 하위직에는 어떠한 희망 없이 변화만을 강조하는 것은 소기의 성과를 거두기 어렵다고 본다.

이러한 논의는 일종의 '자아효능감'(自我效能感)으로 설명될 수 있다. 자아효능감이라는 것은 자기의 능력에 대한 구체적인 신념이나 확신의 정도를 말한다. 자아효능감은 개인탄력성의 중요한 특징으로서 자신의 환경을 통제할 수 있고, 삶 속에서 발생하는 어려운 고난에도 불구하고 도전할 수 있는 능력에 대한 신념을 의미한다. 그러므로 자아효능감은 인간의 행동변화에 가장 중요한 영향을 미치는 요인이라 할 수 있다.

이와 관련된 조사연구를 보면 경찰관의 자아효능감은 어느 정도 높은 수준으로 나타났다. 그러나 순경, 경장, 경사 등 하위직 경찰관들의 자아효능감은 이에 비해 상대적으로 낮게 나타났다는 점은 고려할 필요가 있다.

이는 최근 일선경찰의 탈선과도 적지 않은 관련성이 있다고 본다. 특히 하위경찰들이 능력에 따른 조직 내에서의 어떠한 비전(예: 경력개발, 승진기회, 국민적 신뢰 등)을 찾지 못할 경우, 형식적인 직무수행과 일부 위법행위도 노정될 수 있을 것이다. 일선에서 경찰업무를 집행하는 하위직 경찰관들의 업무수행실적이 경찰조직 전체 업무수행의 성공에 결정적인 영향을 미치는 만큼 이들의 자아효능감을 높일 수 있는 방안이 모색되어야 할 것이다.[74] 이는 시급히 개선되어야 할 문제이다.

74) 문유석·허용운(2010), "경찰조직 내의 신뢰가 경찰관의 자아효능감에 미치는 영향," 한국공안행정학회보 19(1), p. 96.

4. 경찰조직의 개선 방향

1) 전통적 관료제 패러다임의 한계 현실적 인식

주지하는 바와 같이 경찰조직의 기본 설계모형은 관료제모형이라 할 수 있다. 관료제라는 것은 "합리적으로 발전시킨 규칙(rules)에 근거하여 규정된 '권위관계체계'(a system of authority relations)를 갖는 대규모의 조직"으로 규정된다.[75)]

베버(M. Weber)에 의해 제시된 관료제는 계층적 권위와 통제를 강조하고 있다. 즉, 관료제는 엄격한 계층제를 그 기본 요건으로 하는데 여기서 상·하의 수직적 지배·종속관계가 형성되게 되는데, 이러한 관료제 원리를 원용한 경찰이론가 및 경찰관리자들은 이를 통해 전문적인 경찰조직을 설계·구축하기 위해 노력하였다.[76)] 조직구조로서 관료제모형이 가지고 있는 내적 통제성과 효율성의 장점은 근·현대경찰의 형성과 발전에 많은 도움을 주었음은 물론이다. 그리고 이러한 관료제모형에 의존하는 경찰조직은 질서유지 등을 통한 체제유지 기능에 적합하다고 볼 수 있다.

그러나 이러한 구조적 특성이 장점도 있지만, 한편으로는 급변하는 조직 내외의 환경에 적절하게 대응하는 것에는 한계가 있기 마련이다. 경찰에 대한 사회적 기대는 그 어느 시기보다도 높기 때문이다. 실제로 1년 365일 1일 24시간 대도시에서 시골 변두리에 이르기까지 국민의 일상적인 삶과 밀접한 상호작용을 하는 조직은 경찰밖에 없다고 본다. 경찰은 단지 범죄와 무질서 문제에 대한 대응뿐만 아니라 사회적 약자에 대한 보호 및 서비스기능 역시 중요하게 부각되고 있는 것이 현실이다. 생각건대, 경찰은 사회통합 더 나아가 사회발전에 공헌하는 방향으로 조직이 발전되어야 한다고 본다.

2) 학습관료제의 모색과 초우량조직으로의 진화

따라서 전통적인 폐쇄적·계층적 관료제모형에 기반을 두고 있는 경찰조직은 진보된 형태의 '학습조직'(學習組織, Learning Organization)으로 변화될 필요성이 있다고 본다. 이러한 관점은 지식·정보를 획득·창출·확대하는데 능숙한 조직, 새로운 지식·정보와 통찰력을 반영하여 조직구성원들의 행동을 수정하고, 잘못된 지식·정보를 폐기하는데 유리한 조직을 의미하는 것이다.

한편, 민간차원에서 어떠한 조직환경을 가지고 있는 기업이 성공하고 있는지(이른바 '초우량기업')를 검토하여 이를 경찰과 같은 공공조직에 적용하는 것은 의미가 있다고

75) 김운태(1986), 행정학원론, 서울: 박영사, pp. 770-777.
76) Roy R Roberg, Jack Kuykendall(1997), op. cit., pp. 29-30.

본다. 아래에서는 이러한 관점에서 두 가지 차원에서 경찰조직의 개선방안을 논의하고자 한다.[77)]

(1) 정보의 중요성과 상향식 의사전달

경찰조직에 학습이 일어나려면, 경찰조직은 그 조직을 둘러싸고 있는 환경에서 어떠한 변화가 일어나고 있는지를 먼저 알 수 있어야 한다. 그런 다음, 이러한 인지(認知)가 얼마나 타당한 것인지를 판단할 수 있어야 하고, 끝으로 그에 대한 대응책을 강구할 수 있어야 한다.

이를 위해서는 첫째, 경찰조직은 개방체제(Open System)로 되어야 한다. 학습관료조직이 되기 위해서는 그 경계조직(즉, 일선경찰)이 외부환경의 변화를 민감하게 인지하고 수용할 수 있는 형태의 개방체제가 되어야 한다는 의미이다. 둘째, 경찰조직 내에서 실제로 일하는 경찰관들은 시시각각으로 외부환경에서 들어오는 엄청난 양의 신호들을 읽고, 걸러내고, 판단할 수 있도록 훈련되어야 한다.

이는 시민지향적 경찰활동(Citizen Oriented Policing) 또는 커뮤니티 경찰활동(Community Policing)과 일맥상통하는 것이다. 이러한 경찰조직이 개방체제에 대한 능동적 학습이 이루어지기 위해서는 무엇보다도 경찰조직의 하부(일선경찰)와 조직의 외부의 역할이 중요하게 고려되어야 할 것이다.

그리고 지금까지의 경찰개혁이 초래한 중요한 오류 가운데 하나는 항상 '하향식'(top-down) 의사소통의 접근방법에 따랐다는 점이다. 일선경찰과 시민이 이해하고 수용하지 못한 상태의 개혁이 계속 반복되어 온 것이다. 경찰관리자의 권한과 권위는 하위경찰관의 수용을 전제로 생겨난다는 점을 간과해서는 안 된다.

버나드(Barnard, 1968)가 지적한 바와 같이, 상급자의 권위는 소속직원이 얼마나 자발적으로 조직이 제시한 방향에 따라 주는가 하는 것에 달려있다. 효과적인 조직이 되기 위해서는 ㉠ 부하직원의 협력을 이끌어낼 수 있는 상관의 리더십, ㉡ 조직의 공동목표에 대한 자발적인 수용성, 그리고 ㉢ 이러한 목표를 향해서 직원들을 상하·좌우로 한데 엮을 수 있는 의사소통체계(communication system)가 갖추어져 있어야 한다.

따라서 조직의 목표를 효과적으로 달성하기 위해서는 조직 내에 효율적인 의사소통체제가 정비되어 있어야 하며, 이러한 체제 내에는 항상 정보가 원활하게 소통되어야

---

77) 권기헌(2002), "Donald F. Kettle의 학습관료제론," 오석홍·손태원·하태권(편), 조직학의 주요이론, 서울: 법문사, pp. 430-440.; 김병섭(2002), "Thomas J. Peters와 Robert H. Waterman의 초우량기업에 관한 이론," 오석홍·손태원·하태권(편), 조직학의 주요이론, 서울: 법문사, pp. 363-369.

한다. 조직의 명령에 포함된 정보는 위에서 아래로 흐르는 것이 상례이지만, 그 명령에 포함된 정보는 '아래에서 올라오는 것'이다. 하향식 개혁이 초래한 오류는 바로 이러한 정보채널을 파악하지 못했다는 점이며, 학습조직의 중요성을 파악하지 못했다는 점이며, 또한 상향식(down-top) 의사소통 구조를 통해 학습이 자발적으로 축적될 수 있는 여건을 마련하지 못했다는 점이다.

(2) 사람을 통한 생산성 향상

경찰조직의 최고관리자 및 중간관리자들은 피상적으로는 조직운영에 있어서 무엇보다도 중요한 것이 사람, 곧 조직구성원들이라고 말한다. 그러나 경찰조직에서 조직구성원들에게 실제로 충분한 관심을 두는 경우는 많지 않으며, 심지어 자기들이 관심을 쏟고 있지 않다는 것조차 깨닫지 못하는 경우도 있다.

그러나 경찰관리자가 경찰조직의 목표달성을 위해서는 조직구성원에 관한 관심을 기울이는 것은 중요한 일이다. 경찰관리자 스스로가 자신의 입신영달(立身榮達)을 목표로 존재가치를 찾기보다는 하위구성원들의 존재가치를 인정해주고 또 이들의 존재함으로써 자신이 존재한다는 사실을 인식하고 실천하는 것은 매우 중요한 일이다.

경찰조직이 성공적인 초우량조직이 되기 위해서는 절대다수를 차지하는 하위직 경찰관들 스스로가 승리자로 인식하도록 해야 한다. 경찰관리자는 신임경찰이 경찰조직에 입직할 때에는 사명감과 정의감이 충만하다가도 조직에 근무하는 기간이 오래될수록 조직에 대한 냉소주의(冷笑主義, cynicism)가 심화되는 문제를 인식해야 할 것이다.[78)]

요약건대, 경찰조직이 발전하기 위해서는 소수의 엘리트에게 조직의 성패를 걸기보다는 다수의 하위경찰관이 보통 이상의 성과를 낼 수 있도록 이들에게 많은 관심과 기회를 주는 것이 중요하다는 의미이다.

78) Gordon Pitter(1994.5), "Police Cynicism in the 1990s," The Police Chief, p. 57.

제6장

경찰조직의 구조

제6장 경찰조직의 구조

제1절 경찰조직의 구조 의의

1. 경찰조직의 구조 개념

경찰조직의 실체를 파악하는데 '구조'(構造, Structure)라고 하는 개념을 이해하는 것은 매우 중요하다. 어떤 의미에서는 구조론(構造論)적 접근은 모든 조직연구에 있어서 '지배적인 틀'(framework)을 제공하고 있기 때문이다.

따라서 어떠한 조직연구이든 간에 '구조적 접근'은 가장 1차적인 연구대상이 될 수밖에 없다. 조직목표를 달성하기 위해서는 기본적으로 그에 적합한 조직을 만들고(즉, 구조화하고), 그다음에 조직구성원들에 대한 인사 문제, 관리·과정상의 문제, 예산 문제, 환경 문제 등을 고려하게 된다. 이러한 점에서 조직의 구조화라는 것은 일차적으로 바로 '무'(無)에서 '유'(有)를 만드는 과정(그것이 비록 소규모이든 대규모이든 간에)인 것이다.

그런데, 여기서 말하는 구조란 단순히 위와 같은 조직의 권한 및 직위의 서열적 할당이나 관리기능의 배분을 나타내는 조직기구표만을 의미하는 것은 아니다. 예컨대, 경찰서장-과장-계장과 같은 권한 및 직위의 배분이나 생활안전·수사·교통·정보·보안·외사와 같이 업무의 배분을 나타내는 것이 구조의 실상의 전부는 아니라는 점이다.

그 이면에는 조직목표를 달성하는데 필요한 전문화된 활동을 결정하고 이 활동을 어떤 논리적인 유형에 따라 집단화시키고, 이러한 집단화된 활동을 어떤 직위나 개인의 책임하에 배분하는 것을 내포하고 있다. 바꿔 말하면, 구조는 단순히 외형적인 업무 배분을 뜻하는 것이 아니라 각각의 업무의 특성을 고려하여 사무를 분장하는 것을 의미한다. 따라서 구조는 조직구성원의 '유형화된 상호작용'(patterned interaction)을 의미하는 것으로써 일시적인 것이 아니라 비교적 안정적·지속적인 형태를 갖는다.

2. 경찰조직의 구조화 변수

경찰조직은 하나의 거대한 국가조직이다. 이러한 거대한 국가조직을 구조화하는 것은 결코 쉬운 일이 아니다. 따라서 조직구조 형성과 관련하여 ㉠ 기본요소, ㉡ 상황요소를 살펴볼 필요가 있다.[1)]

(1) 경찰조직 구조화의 기본요소

① 업무의 분화

경찰조직의 구조를 형성하는 요인으로서는 먼저 업무의 분화를 들 수 있다. 경찰조직의 목표달성을 위해서 경찰업무를 경찰청, 시·도경찰청, 경찰서로 계층화하고, 그 속에서 경찰기능을 생활안전·수사·교통·정보·보안·외사와 같이 전문화하여 분화시키는 것을 말한다.

이는 앞에서 설명한 바와 같이 단순히 외형적인 업무 배분을 뜻하는 것이 아니라 각각의 업무의 특성을 고려하여 사무를 분장하는 것을 의미한다는 점에 주의할 필요가 있다.

② 권한의 배분

경찰업무 또는 기능의 분화와 함께 관련 책임이 부여되는데, 중요한 것은 고전이론(古典理論)에서 강조한 바와 같이 '책임에 상응하는 권한의 배분' (authority commensurate with responsibility)이 이루어져야 한다는 것이다.

경찰업무를 분화하고, 그에 따른 일정한 역할을 하도록 책임을 부여했다면, 반드시 그에 상응하는 권한을 주어져야 한다. 그렇지 않다면, 적절한 업무수행이 이루어질 수 없기 때문이다. 업무에 대한 책임만 잔뜩 부여하고, 권한을 주지 않다면 어느 누구라도 책임지고 소신 있게 직무를 수행할 수 없을 것이다. 예컨대, 경찰의 핵심적 업무 가운데 하나인 수사업무를 경찰에게 부여하였다면, 그와 관련된 권한이 반드시 적절하게 배분되어야 한다는 점이다.

---

1) 신유근(1998), 조직론, 서울: 다산출판사, pp. 22-24 재구성.; 최선우(2003), "형사사법의 역사성과 체제론적 접근," 한국공안행정학회보 제16호, pp. 222-223.; 최선우(2004), "수사구조의 합리화에 관한 연구," 한국경찰학회보 제8호, pp. 280-282 재구성.

③ 공식화

경찰조직의 구성원들인 경찰관들은 같은 부서 내에 근무할지라도 주어진 업무를 다양한 방식으로 수행하게 된다. 따라서 경찰조직 전체의 입장에서 볼 때, 하나의 일관된 관리체계를 필요로 하기 때문에 일정한 공식화(公式化)가 이루어져야 한다.

공식화라는 것은 누가, 언제, 어떻게 업무를 수행해야 하는가를 지시하는 조직상의 기법으로서 조직참여자들의 행위를 규제하는 규칙과 규정, 혹은 직무지침과 관련된다고 볼 수 있다. 이와 관련하여 예컨대, 직무수행과 관련된 '표준운영절차'(SOP: Standard Operational Procedures)를 들 수 있다. 이러한 규정과 지침이 체계적으로 개발되지 않으면 소기의 성과를 기대하기가 어렵다.

④ 통합·조정

이상과 같이 경찰업무의 분화 및 권한의 배분, 그리고 공식화 등만으로는 성과를 기대하기가 어려운 면이 있다. 경찰계층구조 및 각 부서 간의 역할갈등은 상존하기 때문에, 이를 조화시킬 수 있는 통합 및 조정의 메커니즘이 요구된다.

그런데 경찰조직의 구조가 계층화되고, 분화될수록 의사소통의 장애가 발생하고, 결과적으로 문제는 보다 심화될 수 있다고 본다. 따라서 기본적으로 의사소통이 활발하게 이루어질 수 있도록 시스템화하고, 아울러 경찰 계층구조의 축소 및 부서통합을 할 수 있는 방법을 검토해야 할 것이다.

(2) 경찰조직 구조화의 상황적·환경적 변수

경찰조직의 구조는 나라마다 모두 상이하다. 경찰이라는 존재가 역사성을 갖고, 따라서 각 나라가 처한 시대적 상황에 따라서 조직구조가 서로 다르다는 것은 당연하다고 본다(조직구조뿐만 아니라 행태, 관리방식 역시 상이함은 물론이다).

경찰조직의 구조형성에 영향을 미치는 요인으로서 서재근교수는 일반행정제도, 국민의 전통적 성격, 인구의 증대나 교통·통신의 발달, 치안환경 등을 들고 있는데, 이황우교수와 정진환교수 등은 이의 견해를 따르고 있다.[2)]

그러나 주의할 것은 이러한 요소들이 절대적인 것은 아니며, 일부는 설득력이 약한 부분도 없지 않다. 그리고 이 밖에도 여러 가지 요소들을 고려할 수 있을 것이다.

---

2) 서재근(1963), 경찰행정학, 서울: 삼중당, pp. 50-52.; 정진환(1998), 경찰행정론, 서울: 대영문화사, pp. 35-36.; 이황우(2005), 경찰행정학, 경기: 법문사, pp. 47-48.

① 일반행정제도

경찰은 일반행정기관에 대한 특별행정기관(特別行政機關)의 성격을 가지고 있는데, 양자는 상호 밀접한 관계가 있다. 따라서 일반행정이 중앙집권적이라면 경찰행정 역시 중앙집권적이고, 일반행정이 지방분권적이라면 경찰행정 역시 지방분권적인 것이 바람직하다고 본다.

바꿔 말하면, 일반행정이 지방분권적으로 이루어지고 있는데, 경찰행정이 중앙집권적으로 이루어진다면, 예컨대, 중앙의 정치적 이해관계와 지방의 이해관계가 상충되는 경우, 일관된 경찰행정을 하기가 쉽지 않다고 본다.

우리나라의 경우 1988년 지방자치법이 제정되고, 1992년 지방의회선거가 실시되고, 1995년에 지방의회선거 및 지방자치단체장에 대한 선거가 이루어짐으로써 본격적으로 지방자치시대를 맞이하고 있다. 따라서 일반행정의 지방자치가 이루어지고 있기 때문에 특별행정기관으로서 경찰행정 역시 지방자치가 이루어지는 것이 양질의 치안서비스를 제공하는데 효율적일 것이다.

② 치안환경

한 나라의 범죄와 무질서 수준은 치안환경에 매우 중대한 영향을 미친다. 이와 관련하여 지방분권적인 자치경찰은 제한된 관할(管轄)에서 활동하기 때문에 광역화된 범죄와 무질서 대응에 있어서 취약한 면이 있다. 반대로 국가경찰은 강력한 집행력을 가지고 광범위한 관할영역에서 임무를 수행하기 때문에 자치경찰보다 상대적으로 유리하다(반면, 지역의 치안수요에 맞는 경찰활동에 있어서는 오히려 자치경찰이 효과적이라고 본다).

우리나라에서 그동안 정치적·사회적 역학관계에서 논의되어 온 이른바 '시국치안'(時局治安)의 논리가 크게 작용해 왔다. 대한민국정부의 수립을 전후해서 체제의 불안정과 이를 악용하여 정치집단의 지배권력 수단으로 경찰력을 활용하기 위하여 강력한 국가경찰을 선호하였다고 볼 수 있다. 이러한 시국치안의 논리로 인해 '민생치안'(民生治安)은 항상 차선으로 고려되는 부분이 없지 않았다.

생각건대, 경찰조직의 구조형성에서 무엇보다도 중요한 것은 특정 정치세력의 의도가 아닌 '일반시민의 기대'를 반영하는 것이라 할 수 있다. 파슨스(Talcott Parsons, 1965)의 말을 인용한다면, "경찰조직의 가치는 사회의 가치(국민의 기대)와 조화되어야만 조직목표를 정당화한다"는 점을 상기할 필요가 있다.[3)]

3) 신유근(1998), 앞의 책, p. 30 재인용.

③ 국민의 전통적 성격

국민의 전통적 성격이 지도와 통제와 익숙하고 관권을 신뢰하는 국가에서는 국가경찰이 발달하고, 자치공동체의 신념이 굳고 관권의 강압에 반발하는 경향이 있는 국가에서는 자치경찰이 발달한다고 보기도 한다.

그러나 현대 민주사회에서 이처럼 이분법적으로 국민 또는 시민의 정서를 구분하는 것은 어려운 일이다. 그보다는 민주국가라 할지라도 역사적 발전과정에서 국가보다 시민사회가 먼저 형성된 영미(英美)국가의 전통과, 시민사회가 형성되지 못하고 국가체제가 형성된 대륙(大陸)국가의 전통에서 국가와 경찰에 대한 시민의 가치와 신념이 어떻게 형성되었는지를 고려하는 것이 바람직하다고 본다.

④ 인구의 증대나 교통·통신의 발달 정도

이 밖에도 인구의 증대나 교통·통신의 발달 정도도 관련 요인으로 보기도 한다. 자치경찰은 상대적으로 작은 지역을 관할하는 것이 보통이므로, 인구의 증대나 교통·통신의 발달에 따라 국가경찰이 필요성이 생겨난다고 보는 것이다. 지방분권적인 자치경찰에서 기본적으로 출발한 미국의 경우에는 국가적 필요성에 의해 광역화된 범죄나, 대규모 소요사태 등에 대응하기 위해 19~20세기에 주경찰(State Police)과 연방법집행기관이 탄생한 것을 들 수 있다.

제2절 경찰조직의 3가지 구조모델

1. 기본논의

오늘날 지구상에는 200개가 넘는 독립국가가 존재하는 것으로 나타났으며, 이들 국가는 자신들의 실정에 맞는 경찰제도를 가지고 있다.[4] 각국의 경찰조직이 어떠한 형식

4) 종래의 시각에서는 '경찰조직의 구조'에 대한 세 가지 모델이 아니라 '경찰제도'에 대한 관점에서 접근하고 있다. 경찰제도라는 것은 법적 토대를 기초로 하여 조직구조뿐만 아니라 인사·예산 등을 포함한 보다 거시적 개념이라고 본다. 다만, 경찰제도적 관점에서 제시하는 세 가지 모델의 주안점이 특히 조직구조적 차원의 '직무수행과 관련된 권한의 중앙집권화·지방분권화 또는 절충형' 등과 관련된 것이다. 따라서 다른 요소를 고려하지

으로 구조화되었느냐와 관련하여 일반적으로 권한(權限)의 소재를 기준으로 ㉠ 중앙집권적 국가경찰(國家警察)과 ㉡ 지방분권적 자치경찰(自治警察)로 구분하는 방식이 가장 많이 사용되고 있다. 그리고 ㉢ 국가경찰과 자치경찰 양 요소가 혼합된 절충형경찰(折衷型警察)이 있다.

일반적으로 국가경찰은 대륙법계(大陸法系) 국가의 전통으로 인식되고, 자치경찰은 영미법계(英美法系) 국가의 전통으로 인식되고 있다. 전통적으로 중앙집권화된 경찰조직은 국가지향적이며, 지방분권화 된 경찰조직은 국민 또는 시민지향적인 특성을 가지고 있다.

민주국가에서 경찰조직은 국민 전체에 대한 봉사자로서 존재하지만, 본래 경찰조직이라는 것은 권력조직의 속성을 가지고 있으며, 따라서 중앙집권적인 국가경찰의 경우에는 경찰권을 오남용하여 개인의 이해관계보다는 국가의 이해관계를 반영할 가능성이 없지 않다. 이 경우 경찰의 민주성과 정치적 중립성 문제가 제기되기도 한다. 한편, 지방분권적인 자치경찰의 경우, 지역 토착세력과의 유착관계 및 경찰서비스의 질적 저하 등의 문제가 제기될 수 있다.

비교경찰의 의의와 접근방법: 대륙법계와 영미법계

한국경찰의 정체성을 찾기 위해서는 각 나라의 경찰제도 등을 비교하는 것은 의미 있는 일이다. 그런데, 오늘날 지구상에 존재하는 200여 국가들의 경찰을 모두 비교경찰연구의 대상으로 삼을 수는 없으며, 실제로도 불가능한 일이다. 따라서 일정한 기준을 가지고 비교의 대상이 되는 국가를 선정할 필요가 있다. 비교대상이 되는 국가를 선정하는 방법과 기준은 여러 가지(국가이념, 사회문화, 지리, 인종, 법체계 등)가 있다.

경찰학에서는 이 가운데 법계(法系: 각 나라의 법을 계통적으로 분류하는 방법) 또는 법체계(法體系)에 의한 분류를 일반적으로 하고 있다. 오늘날 경찰조직과 이의 운영은 법치주의를 근간으로 한 것이기 때문에 법과 불가분리성의 관계를 맺고 있다. 또 법이라는 것은 정형화된 형태를 띠고 있기 때문에 접근하기가 쉽다는 장점이 있다. 일반적으로 법계에 따라 각 국가를 ㉠ 대륙법계, ㉡ 영미법계, ㉢ 이슬람법계, ㉣ 북유럽법계, ㉤ 슬라브법계로 나누고 있다. 그리고 퇴색하였지만 ㉥ 사회주의법계 역시 중요한 독자성을 지니고 있다.[5)]

이 가운데 대륙법계와 영미법계는 한국경찰을 이해하는데, 중요한 의미가 있다. 현대 한국경찰은 삼국시대, 고려시대, 조선시대의 역사적 전통을 계수하여 형성되었다기보다

않고 '권한'에 기초를 둔 것이라면, 경찰조직의 구조적 접근과 제도적 접근은 큰 차이가 없다고 본다.

5) 박상기 외 12인(2002), 법학개론, 서울: 박영사, p. 12.

는 근대국가 성립 및 발전과정에서 대륙법계(독일과 프랑스)와 영미법계(영국과 미국)의 영향을 지대하게 받았기 때문이다.[6] 즉, 문호개방(1876) 이후 및 일제강점기(1910~1945)에 이르는 동안은 일본에 의해 대륙법계 경찰개념이 계수되었고, 미군정기(1945~1948)에는 영미법계의 경찰개념이 계수되어 양자가 혼합되어 오늘에 이르고 있기 때문이다.

바커(T. Baker) 등에 의하면, 중앙집권화된 경찰조직의 구조를 채택하고 있는 국가는 한국, 프랑스, 이태리, 핀란드, 이스라엘, 대만, 아일랜드, 덴마크, 스웨덴 등을 들고 있다. 그리고 지방분권화 된 경찰조직의 구조를 채택하고 있는 국가는 미국, 캐나다, 네덜란드, 스위스, 벨기에 등을 들고 있다. 그리고 중앙집권과 지방분권의 절충형 경찰조직의 구조를 채택하고 있는 국가로는 일본, 영국, 통일독일, 호주, 브라질 등을 들고 있다.[7]

그러나 이러한 견해는 절대적인 것이 아니라 상대적인 기준에 불과한 것이다. 보는 관점에 따라 국가경찰이라고 규정한 나라에도 자치경찰이 존재(예: 한국의 자치경찰)하고 있으며, 자치경찰이라고 규정한 나라에도 국가경찰이 존재(예: 미국의 주경찰과 연방경찰)하기도 한다. 그리고 절충형경찰이라고 해도 그 형식이 동일한 것은 아니다. 예컨대, 영국경찰과 일본경찰의 존재형식이 다르다.

생각건대, 경찰제도상의 양대 체계(대륙법계의 국가경찰, 영미법계의 자치경찰)의 이러한 차이점 또는 특색은 조직구조적인 차원 외에도 경찰임무 또는 권한 등 여러 가지 점에서 나타난다. 그러나 중요한 사실은 양대 체계의 특색은 개괄적이고 유형적인 것에 불과해지고 있다는 점이다.[8] 이상과 같은 경찰제도상의 양대 체계의 구별은 이에 상응하는 조직구조·역할·권한 등에서 원칙적으로 차이가 있다는 것이지, 대륙법계 국가에서는 국가경찰 일색이며, 그 기능은 전면적으로 광범위하고, 영미법계 국가에서는 자치경찰 외에는 다른 경찰이 존재할 수 없고, 그 기능은 반드시 좁게 국한되어 있어야 한다는 것은 아니라는 점이다.[9]

---

6) 각국의 법을 비교하는데 츠바이게르트(Zweigert)의 견해는 이른바 모법질서(母法秩序)에 한정해야 하지 자법질서(子法秩序)를 대상으로 삼을 필요는 없다고 한다. 자법질서는 모법질서의 양식을 유지하고 있는 한, 모법질서를 따르는 것이기 때문이다. 따라서 우리가 보통 대륙법계 하면 독일법과 프랑스법, 영미법계하면 영국법, 미국법을 비교법의 표준으로 삼는 것은 그러한 이유이다. 물론, 이러한 기준은 거시적 분석을 하는데 유용한 것이지 미시적 분석이 요구되는 경우는 반드시 적합하다고 할 수는 없다. 법체계의 실제는 그 나라가 처한 상황에 따라 개별적으로 정립되기 때문이다. 박홍규(1998), 비교법: 법을 통한 세계여행, 서울: 도서출판 이론과 실천, pp. 42-43 재인용.

7) T. Baker, R.D. Hunter, J.P. Rush(1997), Police System & Practice: An Introduction, N.J.: Prentice Hall.; 이황우(2005), 앞의 책, p. 50 재인용.

8) 정진환(1978), "대륙법계 국가의 경찰제도," 건국대학교 대학원 논문집 제8집, p. 157.

특히, 20세기에 들어와서 이러한 현상은 더욱 두드러져서, 대륙법계 국가인 독일이나 프랑스가 영미법계의 제도를 계수하고 반면, 영미법계의 여러 나라가 독일과 프랑스의 제도를 계수하는 등 상호간에 제도상의 장점을 채택하고 있다. 이러한 현상은 후진국일수록 더욱 현저하며, 선진국의 각종 우수제도를 혼합계수하고 있어 오늘날은 가히 영미법계와 대륙법계의 혼합·융화시대라 할만하다.[10] 아래에서는 국가경찰을 집권화모델, 자치경찰을 분권화모델, 그리고 혼합형경찰은 절충형모델로 구분하여 살펴보기로 한다.[11]

2. 집권화모델

1) 집권화모델의 개념

집권화모델(Centralized Model)은 국가경찰에 해당하는 것으로 경찰력이 중앙정부의 직접적인 통제하에 놓여 있는 체제를 말한다. 따라서 국가(중앙정부)가 경찰활동의 성공과 실패에 대한 책임을 지게 된다. 한국경찰은 집권화모델의 전형적인 예라고 볼 수 있다. 물론, 경찰법의 개정으로 2021년 7월부터 일정부분 자치경찰 요소가 도입되었지만, 조직 근간은 중앙집권적인 국가경찰 형식을 취하고 있음은 분명한 사실이다(한국경찰의 조직구조적 특성에 대해서는 뒤에서 살펴보기로 한다).

2) 집권화모델의 특징

(1) 민주주의와 양립 가능성

중앙집권적인 경찰조직은 과거의 전체주의나 오늘날 사회주의 또는 공산주의 국가에만 특징적으로 나타나는 것은 아니다. 또 중앙집권적 경찰조직이 민주주의와 반드시 대립하는 것도 아니다. 오늘날 여러 민주국가에서도 중앙집권적인 국가경찰을 운영하고 있음에 주목할 필요가 있다.

국가경찰조직 역시 국가의 기본적 통치이념과 운영방식 그리고 조직구성원들의 행태에 따라 국민의 자유와 권리를 충실히 보장할 수 있다는 의미이다. 아마도 전체주의나 사회주의 국가의 국가경찰과 민주주의 국가의 국가경찰의 차이는 이러한 점에 있다고 볼 수 있다.

9) Donald O. Schultz(1979), Modern Police Administration, Huston: Gulf Publishing Co., pp. 5-7.
10) 서재근(1963), 앞의 책, p. 43.
11) 경찰대학(2002), 비교경찰론, 경찰공제회, pp. 12-14.

(2) 국가·사회 권리의 비교 우위성

중앙집권적인 국가경찰을 유지하는 국가는 지방분권적인 자치경찰을 유지하는 국가와 비교해 볼 때, 상대적으로 국가 및 사회의 권리가 더 중요시되는 경향이 있다고 볼 수 있다. 또 중앙집권적 국가경찰과 지방분권적 자치경찰의 조직구조 자체를 놓고 볼 때는 집권화된 국가경찰이 권력적이고 따라서 권력남용의 여지가 많다고 본다. 진보나 보수 여부를 떠나서 정치권력집단은 자신들의 지배권력을 강화하고, 기득권을 지속시키기 위해서 강력한 국가경찰을 적절하게 통제 및 이용하고자 할 것이며, 이는 필연적인 현상이라고 본다.

한편, 미국과 같이 지방분권화된 자치경찰을 기본구조로 하는 나라는 경찰이 개인의 자유와 권리를 보호하기 위해서 존재하는 것으로 인식되었기 때문에 개인의 자유와 권리는 보다 중요시되고 있는 것도 사실이다. 그러나 자치경찰 역시 국가경찰과 마찬가지로 '물리적 강제력'을 수단으로 사용하고 있으며, 따라서 부적절한 공권력 행사로 인한 개인의 자유와 권리(즉, 인권)의 침해 가능성은 상존한다는 점이다. 이러한 문제는 경찰의 지방분권화가 가장 보편적으로 이루어진 미국도 마찬가지이다.[12)]

다만, 역사적으로 보았을 때, 중앙집권적인 국가경찰을 운용하는 나라에서는 국가 및 사회의 권리가 상대적으로 비교우위에 있다고 볼 수 있다. 특히, 근대국가 형성과정에서 이러한 현상이 뚜렷하게 나타나고 있다. 국가가 존재해야 개인이 존재한다는 인식이 지배적이었기 때문이다.

(3) 경찰활동 영역의 광범위성

프랑스와 독일과 같은 대륙법계 국가가 전통적으로 집권화된 경찰조직의 구조를 유지하고 있는데, 이들 경찰은 전형적인 경찰업무뿐만 아니라 다른 행정청의 사무까지 경찰활동 영역으로 보았다.[13)]

따라서 경찰의 활동영역은 매우 포괄적이었다고 볼 수 있다. 그리고 오늘날에 이르러서도 경찰은 고유한 업무 외에도 다른 국가행정기관에 대한 집행원조(이른바 '조장행정업무')를 하고 있기 때문에 그 활동영역이 여전히 넓은 것이 사실이다. 예컨대, 독일

12) 이에 대해서는 P. D. Netzley(2000), Issues in Crime, CA: Lucent Book, pp. 9-13 참조.

13) 프랑스는 다른 선진국 경찰 중에서 한국경찰과 가장 흡사한 조직 및 활동을 하고 있다고 볼 수 있다. 역사적으로 17·8세기의 루이14세(1643~1715), 19세기의 나폴레옹황제(1804~1814), 20세기의 드골대통령(1958~1969)으로 이어지는 과정에서 강력한 중앙집권적 정치체제를 유지한 덕택으로 현재까지도 수상, 내무부장관, 경찰청장의 위계로 이어지는 국가경찰체제의 전형적인 모습을 보여주고 있다. 김형만 8인(2003), 비교경찰제도론, 서울: 법문사, p. 530.

의 통일경찰법모범초안 제1조(경찰의 직무) 가운데, '경찰은 다른 행정청에 관한 집행원조를 행한다'고 규정되어 있음은 이를 반영하고 있다.[14]

이러한 문제로 인해 대륙법계에서는 경찰개념상에서 실질적 의미의 경찰과 형식적 의미의 경찰, 협의의 행정경찰과 보안경찰, 그리고 행정경찰의 탈경찰화(脫警察化) 등을 시도하면서 경찰의 고유영역을 정립하고자 한 것이다. 그리고 이처럼 경찰조직의 구조가 집권화되어 있기 때문에 권력의 오남용 문제가 제기될 수 있으며, 따라서 이의 대안으로 프랑스에서는 경찰을 행정경찰(行政警察)과 사법경찰(司法警察)로 구분한 것도 바로 이러한 까닭이다.

3. 분권화모델

1) 분권화모델의 개념

분권화모델(Decentralized Model)은 자치경찰에 해당하는 것으로 경찰력이 지방자치단체의 관리하에 놓여 있는 체제를 말한다. 따라서 지방정부(자치단체)가 경찰활동의 성공과 실패에 대한 책임을 지게 된다.

2) 분권화모델의 특징

분권화모델을 취한 나라들의 경우, 비록 상대적이지만 역사적으로 권력이 중앙에 집중되면 경찰력이 오남용될 것을 우려하여 이에 대한 대안으로 많은 지방분권적 자치경찰을 만들었다고 볼 수 있다. 뿐만 아니라 이러한 국가에서는 경찰권한의 행사(특히, 대륙법계 관점에서 보는 행정경찰의 영역)에서도 많은 제한을 하고 있다.

그러나 주의할 것은 자치경찰을 운용하고 있는 국가의 행정경찰권한은 국가경찰을 운용하고 있는 국가에 비하여 제한적이지만, 사법경찰권한 즉, 범죄수사권(犯罪搜査權, 수사개시·진행·종결)은 훨씬 광범위하게 행사하고 있다는 점이다. 이러한 점에서 국가경찰과 자치경찰의 권한문제는 상대적인 관점에서 접근해야 할 것이다.

분권화모델인 자치경찰을 도입하고 있는 나라는 역사적으로 영국과 미국을 들 수 있다. 영국의 각 지역은 '자치경찰활동'(self policing)의 전통에 따라 개별적으로 발전해왔다고 볼 수 있다. 따라서 영국은 지방에 기초를 둔 자치경찰제도(물론 중앙정부에서 경찰권을 위임하고, 일정부분 이를 통제하고 있지만)를 스스로 만들어 운영하고 있다

14) 볼프 R. 쉔케/서정범 역(2001), 독일경찰법론, 서울: 세창출판사, p. 313.

는 점에 자긍심을 가지고 있다. 경찰활동을 지방자치단체에 기초를 둠으로써 책임과 권한을 분산시키는 자치경찰제는 영국의 오랜 역사를 걸쳐 이루어져 왔다.[15] 그러나 이러한 영국은 북아일랜드지역에 대해서는 중앙집권적인 국가경찰 형태로 운영하고 있다. 따라서 영국경찰은 절충형모델에서 살펴보기로 한다.

3) 분권화모델의 예: 미국경찰

(1) 미국경찰의 지방분권화

미국(美國, United States of America)은 북아메리카 대륙의 48개주(州, state)와 알래스카·하와이의 2개 주로 구성된 50개 국가로 이루어진 연방국가라 할 수 있다. 국토면적은 미국 영토에 속하는 오대호 지역까지 포함하여 약 950만㎢이고, 인구는 약 3억 3천만 명에 이른다.

미국은 지리적으로 매우 광대하고, 각 지역의 역사적 발전과정이 상이하고, 또 기후 풍토 등이 현저하게 다르기 때문에 획일적인 지방정부제도를 확립·운영하는 것은 불가능하다고 해도 과언이 아니다. 미국의 정부 수준은 크게 연방정부, 50개의 주정부, 그리고 주정부 산하의 수많은 자치단체인 지방정부로 나눌 수 있다. 미국의 경찰 역시 이러한 정부 수준에 따라 수많은 경찰조직이 존재하고 있다. 이 가운데서 미국경찰의 전형은 각각의 50개 주에 자치적으로 존재하는 수많은 지방경찰(Loacl Police)이라 할 수 있다.

이러한 미국경찰은 기본적으로 영국의 영향을 많이 받았다고 볼 수 있다.[16] 미국경찰의 특징과 관련하여 첫째, 경찰권한 행사에 있어서 제한적이라는 점이다. 기본적으로 기초자치단체 이르기까지 경찰이 자치화됨으로써 지역적 관할이 매우 제한되어 있고, 경찰권한 행사에 있어서 법률에 의한 엄격한 통제를 받고 있다. 미란다판결(1966년)과 같은 연방대법원의 판결은 경찰보다는 시민의 권리를 우선시하는 방향으로 나아가고 있다. 그러나 한편으로는 경찰의 야만성·폭력성이 여전히 사회적 논란이 되기도 한다.

둘째, 경찰에 대한 지방의 통제를 들 수 있다. 경찰업무에 대한 책임은 주로 지방정부에 맡겨져 있다. 미국의 지방행정체제 자체가 분권성에 기초한 것이기 때문에 경찰조직체제 역시 같은 원리에 의해 이루어지고 있다.

15) Richard J. Terrill(1999), World Criminal Justice System, Cincinnati: Anderson Publishing Company, pp. 11-13.
16) 이황우(2005), 앞의 책, pp. 50-51.

(2) 미국의 자치경찰조직

영국이 광역자치단체 수준에 자치경찰이 조직화되어 있다면, 미국은 더 분화되어 광역자치단체 및 기초자치단체 수준에 이르기까지 복잡·다양하게 자치경찰이 존재한다고 볼 수 있다. 미국경찰의 전형은 기본적으로 이러한 자치경찰이라고 할 수 있다. 미국의 자치경찰의 문제점을 든다면, 아이러니하게도 자치경찰이 지나치게 분권화되어 있고, 비체계적으로 설치·운영되어 있다는 점이다.[17)]

미국의 경찰 규모(연방 및 주경찰 포함)와 관련하여 1967년 대통령범죄위원회(the President's Crime Commission)의 잘못된 조사보고에 따르면, 약 40,000여 개가 존재한다고 하였으며 한동안 이 자료가 사용되기도 하였다. 그러나 보다 정확한 조사에 의하면, 2000년 현재, 약 18,000개의 경찰조직이 존재하는 것으로 나타났다.[18)] 이 가운데 자치경찰조직으로서 지방경찰(Local Police)이 12,666개, 군보안관서(Sheriff's Department)가 3,070개 존재하는 것으로 나타났다. 지방경찰은 시(市, municipal)와 군(郡, county)의 기초자치단체 경찰을 의미한다.

보안관(Sheriff)은 일부 군(郡, county) 단위의 지역에서 활동하는 경찰을 의미한다. 이들 군보안관 역시 일종의 자치경찰 형태를 띠고 있는데, 미국 법집행기관 가운데 법적인 신분과 역할 면에 있어서 매우 독특한 위치를 차지하고 있다.[19)]

먼저, 보안관의 법적 신분이 매우 독특하다. 미국 37개 주에서 이들의 임무를 주헌법에서 규정하고 있는 일종의 '헌법기관'(a constitutional office)으로 존재하기 때문이다. 또 보안관은 2개의 주를 제외하고는 모두 주민투표에 의해 선출되는 선거직 공무원이라는 점이다(로드 아일랜드주의 경우 주지사가 임명하고, 하와이주의 경우에는 주대법원장이 임명함). 다른 도시경찰의 경찰 최고책임자는 원칙적으로 정치적으로 중립성을 가지고 있는 것과는 달리 선거직 공무원인 보안관은 당파성을 갖는 정치와 직접적으로 관련되어 있다. 역사적으로 보안관은 미국에서 가장 강력한 정치인으로서 활동을 하였다고 할 수 있다. 끝으로, 보안관은 형사사법시스템(경찰, 검찰, 법원, 교정기관)의 모든 영역에서 활동하기 때문에 그 역할 역시 특색이 있다고 볼 수 있다.

---

17) 위의 책, p. 51.

18) 이러한 법집행기관에는 약 71만 명의 정규경찰과 약 31만 명의 비정규경찰(민간인)로 총 110만 명의 조직원이 근무하는 것으로 나타났다. Walker, C.M. Katz(2005), The Police in America, N.Y.: McGraw-Hill, pp. 63-64.

19) Ibid., p. 67.

〈미국의 자치·주·연방·특별경찰 규모〉

<table>
<tr><th colspan="2">자치경찰</th><th colspan="2">국가경찰</th><th rowspan="2">특별
경찰기관</th></tr>
<tr><th>지방경찰기관</th><th>보안관서</th><th>주경찰기관</th><th>연방 법집행기관</th></tr>
<tr><td>12,666개</td><td>3,070개</td><td>49개</td><td>19개</td><td>1,376개</td></tr>
</table>

* 연방법집행기관의 경우에는 조직원 500명 이상의 기관 대상.
* 특별경찰기관(SDP: Special District Police)은 각 지역의 특성에 따라 공항경찰, 공원경찰, 유료도로경찰, 교량 및 터널경찰, 주택지구경찰, 지하철경찰, 캠퍼스경찰 등이 있음.

이러한 수많은 경찰조직 가운데, 지방의 자치경찰은 매우 소규모 조직형태를 띠고 있다. 자치경찰(지방경찰 및 보안관서) 가운데 경찰관의 수가 50명 미만인 경찰조직이 약 78%이며, 경찰관 50~100명 수준의 경찰조직이 약 13%로서 100명 미만의 경찰관을 가진 자치경찰이 90%를 넘어서고 있다. 그리고 단지 1명을 고용하고 있는 자치경찰도 482개나 된다(그 이전에는 이보다 훨씬 많았는데, 통폐합하면서 점차 줄어들고 있다). 반면, 미국의 최대 규모의 도시인 뉴욕경찰(NYPD)의 경우에는 약 40,000명의 직원을 고용하고 있는 것처럼 대도시는 경찰은 조직규모가 매우 큰 곳도 존재한다.[20]

(3) 미국경찰의 국가경찰적 요소

이상에서 살펴본 바와 같이 미국경찰은 지방분권적 사상에 기초하여 자치경찰제도를 적절하게 운용하고 있으나 한편으로는 복잡·다양해진 범죄와 무질서 문제에 대응하는데 일정한 한계를 안고 있다. 따라서 이에 대응하기 위하여 주 또는 연방적 차원에서 '국가경찰' 형태의 경찰조직을 운용하고 있다.

즉, 국가경찰 형태라 할 수 있는 주(州)차원의 경찰조직(State Police)과 연방(聯邦)차원의 경찰기능을 가진 연방법집행기관(Federal Law Enforcement Agency)이 자치경찰의 한계를 극복하기 위하여 일정부분 존재하고 있다. 예컨대, 주경찰로써 고속도로 순찰대(Highway Patrol), 연방경찰로서 우리에게 친숙한 연방범죄수사국(FBI: Federal Bureau of Investigation) 등을 들 수 있다. 물론, 이들이 엄밀한 의미에서 '일반경찰'(General Police)는 아니다.

20) 미국경찰조직에 있어서 특정경찰업무(지령실 담당관, 조사·기획전문가, 범죄정보분석가, 컴퓨터전문가 등)는 정규경찰이 아닌 민간인에 의해서 이루어지고 있다. 모든 지방 자치경찰조직에서 민간인 고용비율이 1960년대에는 약 10%, 1980년대에는 약 20%, 2000년대에는 약 30% 수준에 이르고 있다. Ibid., p. 65.

4. 절충형모델

1) 절충형모델의 개념

절충형모델(Integrated Model)은 중앙정부와 지방정부가 경찰에 대한 관리 및 통제를 분담하는 체제를 말한다. 이러한 절충형체제는 분권화된 자치경찰이 가지고 있는 단점(비능률성 등)과 집권화된 국가경찰이 갖는 단점(정치성·권력성 등)을 일정부분 극복할 수 있다는 장점이 있다.

2) 절충형모델의 예: 영국경찰과 일본경찰

(1) 영국경찰

① 영국경찰의 지방분권화

영국(英國, United Kingdom)은 지리적으로 크게 잉글랜드와 웨일즈, 스코틀랜드, 북아일랜드 지역으로 나뉘어 있다. 국토면적은 약 24만㎢이고, 인구는 약 6천 800만 명에 이른다.

경찰은 조직 구조적으로 지방분권화를 보다 체계화하여 지역주민이 요구하는 치안서비스를 제대로 제공하기 위해 노력하고 있으며, 아울러 지역주민의 적극적인 참여를 유도하고 있다. 그러나 한편으로는 범죄의 광역화·기동화 등에 대응하기 위하여 중앙정부의 관리 및 통제방안 역시 활발하게 논의·진행되고 있다.[21]

② 영국의 자치경찰조직 정비과정

영국 경찰을 개괄적으로 살펴보면, 네 지역 모두에 통일된 경찰제도는 존재하지 않는다고 볼 수 있다. 다만, 영국의 역사적 발전과정에 따라 크게 잉글랜드·웨일즈 경찰, 스코틀랜드 경찰, 그리고 북아일랜드 경찰로 구분할 수 있다.[22] 이 가

21) 김형만 외 8인(2003), 앞의 책, p. 335.

22) 영국경찰의 지역적 다양성·특성은 역사적 배경과 무관하지 않다. ① 아일랜드(Ireland)는 12세기 잉글랜드의 침략을 받은 이래, 1800년까지 잉글랜드의 식민지였다. 이후 아일랜드의 독립을 위한 게릴라전의 결과로 1922년에 아일랜드는 독립을 하였으나 북동부의 6개 지역인 북아일랜드는 영국의 준자치지역으로 남아 있다. 이러한 아일랜드 사회와 정치는 잉글랜드와 상당한 차이가 있다. 1969년 북아일랜드의 정치폭동이 영국군에 의해 진압된 후, 1972년부터 자치의회가 해산되고 영국정부의 직접적인 통치를 받고 있다. ② 웨일즈(Wales)도 아일랜드와 마찬가지로 12세기에 잉글랜드의 침략을 받았으며, 1536년에 정치적으로 통합되었다. 그 후 이 두 지방은 지리적 인접성 등으로 인해 한 지역으로 통치되었으며, 1964년 분권화가 일어질 때까지 두 지방의 정치체제는 거의 차이가 없었다. ③ 스코틀랜드(Scotland)의 경우는 아일랜드나 웨일즈와 달리 수세기 동안 독립국가의 지위를 누렸으며, 1707년 잉글랜드 및 스코틀랜드와의 정치적 통합도 점령이 아닌 협정에

운데 조직·임무·기능·규모 등 여러 면에서 가장 기준이 되는 것은 잉글랜드·웨일즈 경찰이라고 할 수 있다.

우리가 일반적으로 영국경찰이라고 할 때에는 잉글랜드·웨일즈 경찰을 지칭하는 것이다. 후술하겠지만, 잉글랜드·웨일즈 지역의 경찰에 대해서는 영국정부의 내무부(Home Office)가 중앙의 경찰관리조직으로서 기능하고 있다. 그리고 스코틀랜드는 역사적 특성에 따라 내무부와 별개의 스코틀랜드부(Scottish Office)가 스코틀랜드 지역의 경찰을 중앙관리하고 있다. 한편, 북아일랜드에는 구 식민지라는 특수 사정 때문에 내무부 직할인 국가경찰이 설치되어 있다. 이 밖에도 영국에는 군, 철도, 항만, 하천, 공원, 대학 등에 특별경찰이 설치되어 있다.[23]

영국 경찰제도는 구조적으로 광역자치단체 단위의 '자치경찰'이라 할 수 있다. 이를 바탕으로 주민의 필요와 선택에 따라 그 지역의 치안정책이 결정되고, 그 집행과정에 주민들이 여러 경로를 거쳐 직접 참여하고 그 결과도 주민들에게 보고되어 최종 평가를 받게 된다는 것이 영국식 경찰제도의 이념이다. 영국의 이러한 자치경찰은 각 지역의 독특한 특색에 맞게 발전되어 왔다. 다만, 근대 런던경찰청이 창설(1829)되어 정착된 이후, 일종의 '롤모델'(role model)이 되어 여러 자치경찰조직에 적지 않은 영향을 끼치게 되었다. 그러나 각 지역의 사정과 여건에 맞게 조금은 비체계적·비효율적인 형태로 운영되었다.

그런데, 영국 자치경찰의 비체계적·비효율적인 운영에 대한 일대 개혁이 이루어지게 되었다. 1960년대 들어 여러 가지 사회적인 문제로 인해, 이후 대대적인 지방행정조직의 통폐합이 이루어졌고, 이의 연장선에서 자치경찰조직 역시 새롭게 제정된 「경찰법」(Police Act, 1964)에 의해서 정비된 것이다.[24] 이러한 자치경찰의 운영은 「경찰과 치안법원에 관한 법」(Police and Magistrates's Court Act, 1994)으로 대폭 개정되고, 이후 「경찰법」(Police Act, 1996)으로 통합되었다.

의해 성립되었다. 이 때문에 수세기 동안의 정치적 결합에도 불구하고 여전히 스코틀랜드는 민족적 정체성을 유지하고 있다. 박천오·박경효·김상묵 외 5인(1996), 비교행정론, 서울: 법문사, pp. 193-197.

23) 정진환(2006), 비교경찰제도, 서울: 백산출판사, pp. 53-54.

24) 1950년대 중반 이후 범죄가 급증하였는데 특히 청바지와 록(Rock) 음악으로 대변되는 '신세대'의 등장과 '갱문화' 등 청소년 범죄의 증가가 사회문제로 대두되면서 이들과 경찰 간의 충돌이 잦아지게 되었다. 그리고 세 곳의 지방경찰청장들이 뇌물수수 사건에 연루되어 사법처리 되었고, 스코틀랜드의 작은 마을에서 경찰관이 어린 소년을 구타하는 등 경찰의 대민자세가 쟁점으로 부각되었다. 그리고 인종폭동 등 각종 시위와 폭동이 빈발하여 경찰과 시위대의 충돌이 잦았고, 또 지방경찰청의 운영에 있어서도 적지 않은 갈등이 노정되어 왔었다. 이러한 사회적 문제로 인해 1960년에 의회에서 내무부장관의 제청으로 경찰의 제반 문제를 조사하기 위하여 '왕립조사단'(Royal Commission)을 구성하여 경찰개혁을 논의하게 되었는데, 그 결과로서 마련된 것이 1964년 경찰법이라 할 수 있다. 김형만 외 8인(2003), 앞의 책, pp. 331-333.

이러한 정비과정을 거쳐, 영국전체의 경찰조직은 런던경찰청과 런던시티경찰청을 포함하여 잉글랜드에 39개, 웨일즈에 4개, 스코틀랜드에 8개, 북아일랜드에 1개로 총 52개의 자치경찰(지방경찰청)이 설치되어 오늘에 이르고 있다.

영국경찰의 이러한 일련의 개혁과정은 형식적으로는 자치경찰을 지향한 것이지만, 실질적으로는 중앙정부의 통제 강화의 연장선에서 이루어진 것이라고 볼 수 있다.[25)]

런던수도경찰청의 자치경찰화

영국 수도경찰인 런던수도경찰청(London Metropolitan Police)의 역사는 곧 영국경찰의 역사라고 해도 과언이 아니다. 1829년에 탄생한 런던경찰청은 영국 법집행의 대명사로서, 다른 지방경찰의 창설과 운영에 있어서 모범이 되어 선도적 역할을 해 왔다. 주지한 바와 같이 런던은 오랫동안 국제사회에서 정치·경제·문화의 중심지 역할을 해 왔으며, 한편으로는 이로 인해 국내적·국제적 테러위협 역시 적지 않게 받아온 것이 사실이다.

이러한 이유로 인해 런던수도경찰청은 영국에서 유일하게 국가경찰(북아일랜드 제외)체제로 유지되어 왔다. 그러나 학계와 사회 일각에서 이러한 런던수도경찰청의 특수한 관리체제(지역주민의 통제가 배제된 국가경찰)에 대해 끊임없는 비판이 제기되어 왔다.[26)] 이 문제는 최초로 런던시장과 의회의원의 직선을 골자로 하는 런던의 자치정부 수립안(1998)이 확정됨으로써 변화의 계기를 마련하게 되었다.

즉, 런던시의 자치화에 따라 2000년 첫 민선시장이 선출되고 국가경찰인 런던수도경찰청 역시 자치경찰로 전환된 것이다. 이로써 1829년 수도경찰청으로서 창설된 이래 171년 만에 런던수도경찰청은 역시 다른 지방경찰청과 마찬가지로 경찰위원회(런던 경찰위원회)의 관리하에 둠으로써 영국(북아일랜드 제외) 전역의 경찰은 예외 없이 '형식'에 있어서 자치경찰이 되었다.[27)]

한편, 경찰개혁법(Police Reform Act, 2002)이 제정되어 다시 한번 경찰개혁이 이루어졌다. 당시 영국의 범죄율은 다른 유럽국가에 비하여 상당히 높은 편이었으며 특히, 지역 자치경찰간의 범죄통제 성과에서 현저한 차이가 나타났다. 중앙정부는 이러한 차이를 줄여서 모든 자치경찰이 일정한 수준에 도달하게 하여 국민의 신뢰를 회복하고자 하였다. 요약건대, 2002년 경찰개혁법은 1996년의 경

25) 김학경·이성기(2012), "영국지방자치경찰의 새로운 패러다임: 2011 경찰개혁 및 사회책임법과 국립범죄청을 중심으로," 경찰학연구 12(1), p. 152.

26) S. Spencer(1985), Called to Account: The Case for Police Accountability in England & Wales, National Council for Civil Liberties, Nottingham, Chapter 5 Proposals for Reform.

27) 김형만 외 6인(2003), 앞의 책, pp. 338-339.

찰법을 수정하여 중앙정부의 권한 즉, 내무부장관의 권한을 확대하여 자치경찰에 대한 통제를 강화하고자 한 것이다.[28)]

그런데, 2010년도에 이르러 기존의 형식적 자치경찰운영과 실질적인 중앙정부의 통제강화정책으로 인하여 지역 특성을 반영한 경찰활동이 전혀 이루어지지 못하고 있다는 비판이 제기되기 시작하였다. 이에 따라 2011년 9월에 「경찰개혁 및 사회책임법」(Police Reform and Social Responsibility, 2011)이 의회를 통과하여 2012년 1월부터 시행되었다.

③ 영국경찰의 국가경찰 요소

㉠ 3원관리체제에서 4원관리체제로 변화

영국경찰이 지방분권적인 자치경찰제도로 운영된다고 해서 자치단체의 전적(全的)인 권한으로 운영되는 것은 결코 아니다. 지방분권화된 영국경찰에 대한 국가경찰 요소는 몇 가지 차원에서 살펴볼 수 있다.

먼저, 각 지방의 자치경찰에 대한 중앙의 관리적·통제적인 면에서 살펴볼 수 있다. 영국경찰은 1964년 경찰법 이후, 2002년 경찰개혁법에 이르기까지 '3원체제'(Tripartite System)에 의해서 중앙에서 지방 자치경찰에 대한 관리·운영에 개혁이 이루어졌다. 즉, 내무부장관(Home Secretary, 스코틀랜드는 스코틀랜드부장관), 각 지방의 경찰위원회(Local Police Authority), 각 지방의 경찰청장(Chief Constable)의 3자가 권한과 책임을 분담하는 관리체제를 구축하였다.[29)] 아래와 같이 3원체제를 통해 상호견제와 균형을 도모함으로써, 경찰의 민주성과 효율성을 달성하고자 한 것이다.[30)]

28) 위의 논문, p. 153.

29) 영국경찰의 3원체제는 모든 경찰조직에 적용된다. 이러한 관리체제는 잉글랜드와 웨일즈 지역뿐만 아니라 스코틀랜드의 각 자치경찰청도 마찬가지이다. 마찬가지로 북아일랜드 경찰청(Royal Ulster Constabulary)은 내무부장관 소속하에 있는 국가경찰이지만, 내무부장관과 북아일랜드 경찰위원회, 그리고 북아일랜드 지방경찰청장이라는 3원체제에 의해 운영되고 있다. 한편, 영국에서는 자치경찰뿐만 아니라 국가경찰기능을 담당하는 국가범죄정보국(NCIS: National Criminal Intelligence Service)과 국가범죄수사대(NCS: National Crime Squad)도 독립적인 관리위원회의 관리하에 두어 다른 경찰조직과 마찬가지로 내무부장관·관리위원회·기구의 책임자의 3원체제로 운영되고 있다. 정진환(2006), 앞의 책, p. 71 재인용.

30) 김학경·이성기(2012), 앞의 논문, p. 153 재인용.

〈영국경찰의 3원체제〉

내무부장관

- 지방경찰의 효율성 향상을 위한 조정·지원·통제
  - 정부예산 50% 부담 및 이에 따른 감사
  - 지방경찰청장 임명 및 해임승인, 해임 요구권
  - 지방경찰위원 5명의 독립위원 선임권
  - 지방경찰 목표 달성도 평가, 보조금 지급에 반영
  - 특별감사권과 보고
  - 지시명령 및 규칙 제정권 등

지방경찰위원회

- 지방경찰청의 관리 및 효율성 유지
  - 17명의 위원으로 구성(9인 지방의회, 3인 치안판사, 5인 독립위원)
  - 지방경찰청 예산·재정 총괄
  - 지방경찰청장 및 차장 임명, 해임권
  - 지방경찰청 활동계획 및 목표설정 등

지방경찰청장

- 관할경찰사무의 총괄
  - 관할경찰에 대한 독자적 지휘·감독권
  - 차장 이외의 모든 경찰관 인사권 행사(내무부장관이 정한 규칙 준수)
  - 일반적인 예산운용권 등

주지하는 바와 같이 분권화된 자치경찰제도하의 지방경찰청장은 매우 많은 권한을 행사해온 것이 사실이다.[31] 따라서 지방경찰청장을 견제하기 위한 내무부장관과 지방경찰위원회의 역할은 매우 중요한 의미를 갖는다.

그런데, 이러한 3원체제하에서 내무부장관의 지방경찰에 대한 중앙집권적 통제가 강화되면서 특히, 지방경찰위원회의 역할이 축소되었다. 그 결과 3원체제에서 지방경찰위원회가 가장 약한 구성요소로 전락하게 되었다는 비판이 제기 되었다. 이로 인해 지방경찰위원회가 경찰의 책임성을 담보하는 민주적인 기구로서 제대로된 역할을 수행하지 못했다고 지적된 것이다.[32]

이러한 문제를 해결하기 위하여 「경찰개혁 및 사회책임법」(Police Reform and Social Responsibility, 2011)이 제정되었고, 기존의 3원체제를 해체하고 새로운 '4원체제'(Quadriparite System)를 정립하였다.[33]

31) '지방경찰청장은 그 관할지역의 왕'(Chief constable is king of his kingdom)이라 일컬어질 정도로 광범위한 권한과 거의 절대적인 독자적 지휘권을 가지고 있다. 이에 대해 레이너(Reiner)는 "경찰청장은 오직 신과 여왕과 자신의 양심에 따르며 다른 어느 누구의 지시도 받지 않는다"라고 하였다. R. Reiner(1991), Chief Constable, Oxford University Press, Introduction.; 김형만 외 8인(2003), 앞의 책, p. 361.
32) 여개명(2019), "영국경찰의 거버넌스 구조의 변화과정에 대한 연구," 치안정책연구 33(2), p. 273.
33) 위의 논문, p. 273.

이에 따라 기존의 3원체제하의 한 축을 담당했던 경찰위원회제도는 폐지하고, 선거에 의해 선출되는 치안위원장(PCC: Police and Crime Commissioner)이 4년의 임기 동안 지역주민의 의견을 반영하여 지역의 치안문제에 대하여 전반적인 권한과 책임을 지도록 하였다.[34]

한편, 치안위원장의 견제장치로서 각 지방에 치안평의회(PCP: Police and Crime Panel)를 설치하도록 하였다. 치안평의회는 지방경찰의 예산지출에 대한 감사권 등을 행사하게 하며, 치안위원장이 작성하는 치안계획을 검토하는 역할을 부여하였다. 4원체제에 의한 지방경찰의 운용내용을 살펴보면 아래와 같다.[35]

〈영국경찰의 4원체제〉

지방 치안평의회	지방 치안위원장	내무부장관
- 관할구역내 지자체에서 파견된 1인의 선출직 대표 및 2명의 독립위원 포함 최대 20명으로 구성 - 지방경찰의 예산지출 감사 - 치안위원장에 대한 정보 및 출석요구권 - 조사의뢰 및 주민소환투표 실시	- 지역주민의 선거에 의해 선출 - 지방경찰청장 및 차장의 임명 및 해임권 - 경찰예산 및 재정 총괄 - 지역치안계획 수립(전략적 경찰활동 요구조건 참조 필수)	- 정부예산 50% 부담 및 감사 - 전략적경찰활동 요구조건 작성 및 배포 - 국가적인 범죄대응과 관련 지방경찰에 대한 임무부여 및 조정(전략적경찰활동 요구조건 및 국립범죄청을 통하여) - 국립범죄청장 임명(지방경찰청장 중에서)

지방경찰청장
- 관할경찰에 대한 독립적인 지휘 및 통제권 - 차장 이외의 모든 경찰의 인사권 - 일상적인 예산 운용권

㉡ 북아일랜드 지방경찰청

북아일랜드는 아일랜드 독립 후에도 영국령으로 있으면서 신구교도간의 분쟁이 계속되고 있고, 지하조직인 북아일랜드 공화군(IRA)이 각종 테러를 계속하여 치안유지에 어려움이 많다. 이러한 치안상황에 대응하기 위하여 북아일

34) 런던과 맨체스터는 지방치안위원장을 새롭게 선출하지 않는다. 런던의 경우에는 런던시장이 지방치안위원장의 역할을 하고, 맨체스터의 경우에는 부시장이 이 역할을 하도록 하였다. 위의 논문, pp. 273-274.
35) 김학경·이성기(2012), 앞의 논문, pp. 160-164.

랜드는 내무부장관 직속의 국가경찰(RUC: Royal Ulster Constabulary)을 유지하고 있다.

이처럼 북아일랜드 경찰을 국가경찰로 파악하고, 이를 잉글랜드·웨일즈, 스코틀랜드의 자치경찰과 구별하는 것이 일반적이다. 그러나 북아일랜드 경찰이 국가경찰로서의 갖는 위상과 성격이 한국이나 프랑스에서와 같은 강한 정도의 것은 아니며, 오히려 중앙집권화된 자치경찰이라고 보기도 한다.[36)]

㉢ 국립범죄청 설치

이상에서 살펴본 바와 같이 영국경찰은 4원체제 특히, 지방 치안위원장과 치안평의회를 통해서 영국의 전통적인 자치경찰 기능을 강화하였음을 알 수 있다. 그러나 이러한 지역 중심의 자치경찰은 급변하는 치안환경 속에서 특히, 광역화된 조직범죄 및 국제범죄 등에 대해서 효율적으로 대응하는 데는 한계가 있다.

이러한 국가적인 범죄에 대응하기 위해 2013년에 국립범죄청(NCA: National Crime Agency)이 설립되었다.[37)] 국립범죄청은 국경관리, 불법무기, 사이버범죄, 위조, 마약밀매, 자금세탁 및 불법금융, 인신매매, 조직화된 이민범죄, 유괴, 아동학대, 뇌물 등 부정부패 관련 범죄를 다룬다.[38)]

국립범죄청은 조직범죄문제 등과 관련하여 지방경찰 및 다른 법집행기관에 업무를 부과하고, 이를 조정할 수 있는 권한을 가지고 있다. 그리고 지방경찰과의 원활한 협조를 위하여 내무부장관이 지방경찰청장 가운데 한 사람을 국립범죄청장으로 선임하도록 하였다.

(2) 일본경찰

일본(日本, Japan)은 국토면적 약 38만㎢이고, 인구는 약 1억 3천만 명에 이르는 입헌군주국(立憲君主國)이다. 일본의 행정구역은 광역자치단체인 도도부현(都道府縣)과 기초 자치단체인 시정촌(市町村, 특별구 포함)으로 구성되어 있다.[39)]

---

36) 경찰대학(2002), 앞의 책, p. 81.

37) 국립범죄청이 설치되기 이전에는 국가수사기관으로서 국가범죄정보국(NCIS: National Criminal Intelligence Service)과 국가범죄수사대(NCS: National Crime Squad)가 있었으나 폐지되었다. 국가범죄정보국(NCIS)은 마약 및 조직범죄 등에 대한 정보의 수집·분석·배포, 그리고 수사업무를 수행하는 내무부장관 직속기관 이었다. 국가범죄수사대(NCS: National Crime Squad)는 국제범죄 등 광역범죄와 관련하여 독자적인 범죄수사를 하는 한편, 각 지방경찰청의 강력·조직·광역범죄 수사에 대한 지원을 병행하였다.

38) 영국 국립범죄청(https://nationalcrimeagency.gov.uk/).

39) 일본의 지방행정체계는 크게 도도부현(都道府縣)으로 구분된다. 여기에서 도(都)는 동경도(東京 都, 도쿄도),

어떻게 보면, 일본경찰은 국가경찰과 자치경찰이 결합한 절충형모델의 전형이라고 할 수 있다. 일본에서는 전반적인 경찰업무는 광역자치단체인 도도부현(都道府縣)에서 처리하는 것을 원칙으로 하고, 중앙정부인 국가는 긴급사태를 선포한 경우를 제외하고는 경찰권한을 직접적으로 행사하지 않도록 하고 있다.

다만, 경찰업무의 성격상 국가적 이해관계와 지방적 이해관계가 함께 있는 것으로서 도도부현에서 처리하는 것보다는 국가가 전국적으로 통일하여 행하는 것이 한층 효율적인 특정사항에 대해서는 도도부현 자치경찰에 대하여 국가경찰이 지휘·감독권을 행사하도록 하고 있다.[40)]

한편, 아래 표에서 보는 바와 같이 일본경찰은 2020년 현재 전체 경찰직원의 정원은 296,412명에 이르고 있다. 이 가운데 288,417명(약 97.0%)은 광역자치경찰인 도도부현 경찰본부 소속이고, 7,995명(약 3.0%)은 국가경찰인 경찰청 소속이다.[41)]

〈일본경찰 현황(2020)〉

(단위: 명, %)

구분	국가경찰(경찰청)				광역자치경찰(도도부현경찰)				합계
	경찰관	황궁경찰	일반직원	소계	경무관	경찰관	일반직원	소계	
정원	2,179	932	4,884	7,995 (3.0)	630	259,369	28,418	288,417 (97.0)	296,412 (100.0)

① 국가경찰조직: 경찰청과 관구경찰국

일본은 국가경찰로 내각총리대신의 소할(所轄: 조직상 상하관계이지만 독립성이 강한 소속관계를 표현하는 것으로서, 지휘감독보다 더욱 약한 관계를 의미함)하에 국가공안위원회(國家公安委員會)를 설치하고, 그 관리하에 경찰청(警察廳)을 두고 있다. 경찰청에는 생활안전국, 형사국, 교통국, 경비국, 정보통신국 5개국(局)이 있고, 부속기관으로는 경찰대학, 과학경찰연구소, 황궁경찰본부가 있다.[42)]

도(道)는 북해도(北海道, 홋카이도), 부(府)는 대판부(大阪府, 오사카부)와 경도부(京都府, 교토부)를 의미하며, 현(縣)에는 지정현(指定縣, 인구 50만 이상의 시를 지정시라고 하며 이를 포괄하는 현을 지정현이라 함)과 이외의 현을 포함하여 43개(2003년 현재)가 있다. 김형만 외 8인(2003), 앞의 책, pp. 191-192.; 정진환(2006), 앞의 책, p. 257.

40) 위의 책, pp. 272-282.

41) 치안정책연구소(2020), 외국 자치경찰제도 연구, 범신사, pp. 112-113.

42) 경찰청에 속해 있는 황궁경찰본부는 황궁 내에 위치하고 있으며, 천황·황후 및 황태자 기타 왕족의 호위, 황

그리고 경찰청의 지방기관으로서 일본 전국적으로 7개의 지방에 관구경찰국(管區警察局)과 2개 통신부를 두고 있다.[43] 이들 관구경찰국은 지역적인 대규모 소요사태, 재해, 광역범죄에 대한 대응, 그리고 자치경찰의 업무조정 등에 관한 경찰청 소관사무의 일부를 분장하고 있다.

② 자치경찰조직: 경시청과 경찰본부

광역자치경찰은 도도부현(都道府縣)에 공안위원회(동경도공안위원회, 북해도공안위원회, 대판부공안위원회, 경도부공안위원회)를 설치하고 그 관리하에 동경도 경시청(警視廳), 북해도 경찰본부(警察本部), 그리고 45개 부현에 경찰본부를 두고 있다.

도도부현경찰은 각 관할구역 안에서 경찰업무를 수행하고 국가에서 지원하는 일정한 경비(지방재정법상 국고보조금)를 제외한 필요경비는 자치단체 스스로 부담하는 자치경찰이라 할 수 있다(다만, 동경경시청은 그 특성상 자치경찰이면서도 국가경찰의 성격이 강하다고 할 수 있다).

이러한 각 도도부현경찰은 상호협력할 의무가 있다. 도도부현경찰은 상호 독립하고 있어 상하의 지휘명령관계는 없으나 경찰업무의 광역적 성격으로 말미암아 상호협력하지 않으면 경찰운영의 능률화는 기대할 수 없으므로 상호협력하도록 하고 있다.

한편, 도도부현경찰은 해당 도도부현의 관할구역에 내에서 경찰의 업무를 수행하며, 따라서 경찰권한의 행사는 지역적으로 해당 경찰의 관할구역 내에 제한됨이 원칙이다. 다만, 경찰활동의 범위를 엄격하게 한정하는 것은 경찰의 업무수행을 어렵게 하기 때문에 도도부현경찰은 그 관할구역 내의 범죄의 진압 및 수사, 피의자의 체포, 기타 공안의 유지에 관련하여 필요한 한도 내에 그 관할구역 외에서도 권한이 미칠 수 있도록 하고 있다.

거(皇居) 및 어소(御所)의 경비, 기타 황궁경찰에 관한 사무를 관장하고 있다. 위의 책, pp. 275-276.

43) 동경경시청은 수도경찰의 특수성을 고려하여 관구경찰국의 관할구역으로부터 제외하였고, 북해도(北海道)에는 도(道)전체를 관할하는 북해도경찰본부가 설치되어 있으므로 관구경찰국은 설치되어 있지 않다. 동경도는 관구경찰국의 관할구역으로부터 제외되고 또 북해도에는 관구경찰국이 설치되어 있지 않으므로 그 대신 경찰청의 지방기관으로서 동경도 경찰통신부, 북해도 경찰통신부가 설치되어 각각의 구역에서 경찰통신에 관한 사무를 분장하고 있다. 위의 책, p. 277.

제3절 경찰조직의 법적 근거와 구조적 특징

1. 경찰조직의 법적 근거

우리나라 일반행정조직의 구조는 1990년대에 이르러 지방분권화가 되었지만, 경찰조직은 경찰조직의 구조모델 가운데 집권화모델 즉, 중앙집권화된 국가경찰을 기본으로 하고 있다.

경찰은 1945년 10월 21일 국립경찰로 출범한 이래 1991년 경찰법이 공포(법률 제4369호)됨으로써 46년 만에 내무부장관의 보조기관에서 내무부 소속의 외청(外廳)인 경찰청(警察廳)으로 독립하여 경찰행정의 책임성과 독자성을 행사할 수 있는 체계를 갖추게 되었다.

주지하는 바와 같이, 주권(主權)은 국민에게 있고 모든 권력은 국민으로부터 나오기 때문에 민주국가에서 근원적인 경찰행정의 주체는 국민이라 할 수 있다. 그러나 경찰행정 현실에서 볼 때, 모든 국민이 이러한 경찰행정의 주체로서 관련 업무를 담당할 수 없음은 분명하다. 그렇다면, 누구에게 이러한 경찰행정 관련 업무를 맡겨야 할 것인가 하는 문제가 제시된다. 현대 법치국가에서 일반 사인(私人) 또는 사적 집단에 이를 전적으로 맡기는 것은 어려운 일이다(물론, 국가업무의 성격에 따라 민간 위탁은 가능하다).[44] 이 때문에 나타나는 것이 국가행정조직법상의 '경찰행정의 주체'(警察行政의 主體) 개념이라 할 수 있다. 이는 경찰사무를 수행하고 아울러 경찰사무를 하기 위해 필요한 권리·의무를 가진 독자적인 임무의 수행자로서 공법(公法)에 근거한 주체라 할 수 있다.[45]

법치주의(法治主義)하에서 이러한 경찰행정의 주체는 ㉠ 경찰조직의 구조화에 관한 법(국가경찰과 자치경찰의 조직 및 운영에 관한 법률 등), ㉡ 경찰조직 구성원의 인사관리에 관한 법(경찰공무원법 등), ㉢ 경찰조직의 예산관리에 관한 법(국가재정법 등), ㉣ 경찰공무원의 권한행사에 관한 법(경찰관직무집행법 등 여러 개별법) 등 총체적인 법체계를 필요로 한다.[46] 이를 '경찰조직 법정주의'(警察組織 法定主義)라

44) 행정기관은 법령으로 정하는 바에 따라 그 소관사무 중 조사·검사·검정·관리 업무 등 국민의 권리·의무와 직접 관계되지 아니하는 사무를 지방자치단체가 아닌 법인·단체 또는 그 기관이나 개인에게 위탁(委託)할 수 있다(정부조직법 제6조 제3항).

45) 홍정선(2007), 경찰행정법, 서울: 박영사, p. 101 재구성.

46) 그러나 구체적·개별적 관련법이 없다고 해서 경찰행정주체의 존재 및 정당성을 잃는 것은 아니라고 본다. 헌

고 부르기도 한다.

그런데, 경찰조직을 어떻게 이해하느냐에 따라 법의 적용범위가 달라진다고 본다. 포괄적으로 본다면, 조직구조, 인사, 예산, 권한행사 등과 관련된 모든 법체계가 이에 해당하기 때문이다. 그러나 이 장에서는 이 가운데, 우리나라의 경찰조직의 구조 또는 구조화(構造化, organizing)에 관한 것을 중심으로 살펴보고자 한다.

앞에서 살펴본 바와 같이 구조적 관점이라는 것은 경찰업무의 분화, 권한의 배분, 공식화, 통합 또는 조정과 관련된 것이다.[47] 이처럼 경찰조직을 협의(즉, 구조중심)로 이해하게 되면 경찰기관의 조직에 관한 일반적 사항 즉, 경찰기관의 설치·변경·폐지, 경찰기관의 권한 및 경찰기관 상호간의 관계 등만을 경찰조직법의 범위로 파악하게 된다.[48]

경찰조직의 근거가 되는 법은 기본적으로 헌법(憲法), 정부조직법, 그리고 국가경찰과 자치경찰의 조직 및 운영에 관한 법률(약칭: 경찰법) 등을 들 수 있다. 이 가운데 경찰조직의 구조와 관련된 대표적인 법이 바로 '경찰법'이라 할 수 있다.[49]

1) 헌법

현행법상으로 경찰권 역시 행정권의 일부이기 때문에 대통령을 수반으로 하는 정부에 속한다(헌법 제66조 제4항). 따라서 경찰권은 대통령의 통할(統轄) 하에서 행사되어짐은 물론이다. 우리나라는 헌법상 기본적으로는 대통령제를 택하고 있으며, 정부를 구성하는 기본요소인 대통령·국무회의·국무총리·행정각부의 장관 등에 관하여 규정하면서, 이들에 관한 보다 세부적이고 구체적인 것은 법률로 정하도록 하고 있다(헌법 제96조).

법에 따른 국가행정조직의 기본법인 정부조직법은 조직상 구체적인 사항의 상당부분을 대통령령으로 정하도록 규정함으로 인해, 실제상 행정조직법정주의 의미는 상당히 퇴색되고 있다. 따라서 1948년 대한민국 정부수립 이후, 경찰조직은 일반경찰기관으로서 분명히 제도적으로 설치·운영되었지만, 경찰의 기본적 활동에 관한 법인 경찰관직무집행법은 1953년, 경찰공무원의 관리에 관한 법인 경찰공무원법은 1969년, 그리고 경찰조직의 구조화에 관한 법인 경찰법은 1991년에서야 비로소 제정되었다. 어떻게 보면 경찰제도의 전문성·독립성은 완성이 아닌 여전히 진행단계에 있다고 볼 수 있다.

47) 신유근(1981), 앞의 책, pp. 22-25.

48) 김남진·서정범(1998), 경찰법, 서울: 화학사, p. 105.; 홍정선(2001), 행정법원론(상), 서울: 박영사, p. 613.

49) 종래 행정법학자들의 경찰개념 및 관련법에 대한 논의는 형식적·제도적 경찰개념뿐만 아니라 실질적 경찰개념을 포괄하여 접근하는 것이 일반적이다. 그러나 경찰학 관련학자들의 논의는 경찰개념 정립 부분에서는 실질적 경찰개념까지 포괄하면서도, 경찰조직법 등에서는 형식적 경찰개념에 국한하여 접근하고 있다. 생각건대, 경찰학(Police Science)의 학문적 영역은 개념과 제도에 있어서 모두 형식적적 의미의 경찰 즉, '일반경찰기관'을 중심으로 접근하는 것이 바람직하다고 본다.

2) 정부조직법

헌법에 근거하여 제정된 기본법률이 정부조직법(政府組織法)이다. 국가행정조직의 기본법률로서 정부조직법의 기본 구성도 대통령, 국무회의, 국무총리 및 행정각부장관을 대상으로 규정하고 있음은 물론이다.[50)]

따라서 정부조직법은 국가행정사무의 통일적이고도 능률적인 수행을 위하여 국가행정기관의 설치·조직과 직무범위의 대강을 정하는 국가행정조직에 관한 일반법(一般法)의 성격을 갖는다. 정부조직법은 입법조직법인 국회법 및 사법조직법인 법원조직법과 더불어 우리나라의 국가조직을 정하는 가장 기본적인 조직법을 구성하고 있다.[51)]

정부조직법에 따라 대통령은 정부의 수반으로서 법령에 따라 모든 중앙행정기관의 장을 지휘·감독하도록 하고 있고, 국무총리는 대통령의 명을 받아 각 중앙행정기관의 장을 지휘·감독하도록 하고 있다(정부조직법 제11조 제1항, 제18조 제1항).

한편, 행정안전부장관은 국무회의의 서무, 법령 및 조약의 공포, 정부조직과 정원, 상훈, 정부혁신, 행정능률, 전자정부, 정부청사의 관리, 지방자치제도, 지방자치단체의 사무지원·재정·세제, 낙후지역 등 지원, 지방자치단체간 분쟁조정, 선거·국민투표의 지원, 안전 및 재난에 관한 정책의 수립·총괄·조정, 비상대비, 민방위 및 방재에 관한 사무를 관장하도록 하고 있다(제34조 제1항).

그리고 치안에 관한 사무를 관장하기 위하여 행정안전부장관 소속으로 경찰청(警察廳)을 두도록 하고 있으며(제34조 제4항), 경찰청의 조직·직무범위 그밖에 필요한 사항은 따로 법률(즉, 경찰법 등)로 정하도록 하고 있다(제5항).[52)]

---

50) 정부조직법 등에 근거해서 2017년 8월 현재 대한민국 정부조직은 18부 5처 17청, 2원 4실 6위원회 등의 기관으로 구성되어 있다. 경찰청은 행정안전부 외청으로 소속되어 있다. 한편, 2017년 현재 대한민국 전 지역의 지방자치단체인 지방행정구역은 1개의 특별시(서울), 6개의 광역시(부산, 대구, 인천, 광주, 대전, 울산), 8개의 도(경기, 강원, 충청남·북도, 전라남·북도, 경상남·북도), 그리고 1개의 특별자치도(제주)와 특별자치시(세종)로 구분된다. 이들 17개 특별시와 광역시·도에 223개의 기초자치단체가 설치되어 있다.
행정안전부(http://www.mois.go.kr).; 정부24(https://www.gov.kr/portal/orgInfo).

51) 정부조직법은 국가행정기관에 관해 규정할 뿐 지방자치행정기관에 대해서는 규정하지 않는다. 그리고 그것도 직접국가행정사무를 담당하는 국가행정기관에 대해서만 규정한다. 국가행정기관 중에서도 중앙행정기관에 대해서는 비교적 자세히 규정하고 있으나, 특별지방행정기관에 대해서는 규정하는 바가 없다. 다만, 정부조직법은 행정기관의 설치·조직의 대강만을 규정할 뿐이고 구체적인 사항은 대통령령에 많이 위임되고 있다. 한편, 넓은 의미에서 중앙행정기관으로 볼 수 있는 감사원과 같은 헌법상의 독립기관은 이 법에서는 규정되고 있지 않다.

52) 한편, ① 해양에서의 경찰 및 오염방제에 관한 사무를 관장하기 위하여 해양수산부장관 소속으로 해양경찰청을 두도록 하고 있다. 그리고 해양경찰청에 청장 1명과 차장 1명을 두되, 청장 및 차장은 경찰공무원으로 보하도록 하고 있다(정부조직법 제43조 제2항 및 제3항). ② 그동안 해양경찰은 조직에 관한 별도의 개별법 없이 정부조직법에 근거를 두고 운영되어 오다가, 2019년 8월 20일 「해양경찰법」이 제정(시행, 2020.02.21)되어 법적인 기반이 마련되었다.

3) 국가경찰과 자치경찰의 조직 및 운영에 관한 법률

국가경찰과 자치경찰의 조직 및 운영에 관한 법률(약칭: 경찰법)은 경찰의 민주적인 관리·운영과 효율적인 임무수행을 위하여 경찰의 기본조직 및 직무범위와 그 밖의 필요한 사항을 규정하고 있다(제1조).[53] 경찰조직의 구조에 관한 법으로써 경찰법 외에도 「의무경찰대 설치 및 운영에 관한 법률」, 「경찰대학 설치법」 등이 있다.

2. 경찰조직의 구조적 특징

1) 중앙집권적인 국가경찰

우리나라 경찰은 기본적으로 중앙집권적인 국가경찰로 이루어져 있음을 특징으로 한다. 이러한 국가경찰은 일반경찰기관(一般警察機關, General Police)으로서 치안에 관한 사무를 관장하고 있다.

일반경찰기관이라는 것은 경찰개념으로 볼 때, 형식적·제도적 의미의 경찰(즉, 통일적인 제복을 입은 경찰)로서 법집행·질서유지·대민봉사와 같은 전반적인 업무를 수행하는 경찰을 의미한다고 볼 수 있다.

이러한 국가경찰은 경찰청을 정점으로 하여 시·도경찰청, 경찰서, 지구대·파출소 등의 하위체계를 이루고 있다. 그리고 규모와 정도의 차이는 있지만, 경찰청, 시·도경찰청, 경찰서의 소관업무 즉, 기능(경무·생활안전·수사·교통·경비·정보·보안·외사 등)은 대동소이하다고 본다.

한편, 지구대·파출소 등은 이러한 경찰기능이 세분화되지는 않았지만, 제1차적으로 이와 관련된 업무를 전반적으로 수행한다고 본다. 그리고 지구대·파출소는 특히, 생활안전기능과 밀접하게 관련되어 관할구역 내에서 범죄예방 및 위험발생의 방지와 관련된 제반활동을 수행하고 있다.

〈경찰조직 변화 추이(단위: 개소)〉

구 분	2003	2004	2005	2010	2011	2012	2013	2014	2015	2016	2017	2018	2019	2020
지방청	14	14	14	16	16	16	16	16	16	17	17	17	18	18
경찰서	233	233	234	248	249	249	250	250	251	252	254	255	255	257
지구대	–	871	872	423	428	427	512	515	514	516	518	582	585	585
파출소	2,945	119	200	1,517	1,517	1,524	1,436	1,438	1,463	1,473	1,486	1,433	1,436	1,437

53) 이황우(2005), 앞의 책, p. 138.

이상과 같은 경찰청 산하의 시·도경찰청, 경찰서, 지구대·파출소의 규모는 다음과 같다. 한편, 2004년에 2~3개의 파출소를 통폐합하여 설치한 것이 지구대이다. 지구대 운영은 이후, 많은 시행착오를 거치면서 어느 정도 정착단계에 이르렀다고 볼 수 있다.[54)]

2) 국가경찰조직의 구조적 2원화

경찰조직은 우리나라 경찰은 기본적으로 중앙집권적인 국가조직으로 구조화되어 있음을 특색으로 한다. 이러한 국가경찰조직의 구조는 1948년 대한민국 정부수립 이후 단일체제(1948년 치안국, 1974년 치안본부, 1991년 경찰청)로 운영되었다. 그러다가 1996년 8월에 경찰기능에서 해양경찰기능이 분리되어 독립적인 해양경찰청(海洋警察廳)이 이를 맡도록 함으로써 국가경찰은 이원화(二元化: 육상경찰과 해양경찰)되었다고 볼 수 있다.[55)]

즉, 이 해에 정부조직법의 개정으로 '해양에서의 경찰 및 오염방제에 관한 사무를 관장'하기 위하여 해양수산부장관 소속으로 해양경찰청을 두도록 한 것이다. 해양경찰조직의 구조 역시 기본적으로 해양경찰청·지방해양경찰청·해양경찰서·파출소 등의 체제로 구성되어 있다.

이러한 상황에서 지난 2014년 4월 전남 진도 앞바다에서 세월호가 침몰하여 학생을 포함한 300명 이상의 승객이 사망한 사건에 대한 책임을 물어 해양경찰청을 해체하였다. 이후 졸속(拙速)으로 그해 11월에 국민안전처(國民安全處)를 설치하고, 그 소속으로 소방업무를 담당하는 '중앙소방본부'와 해양경찰사무를 담당하는 '해양경비안전본부'를 두도록 하였다. 이 해양경비안전본부로의 체제 개편 이후, 특별하게 해양경찰기능이 개선된 것도 없으며, 또 조직위상은 오히려 크게 떨어진 것이 사실이다. 이러한 우여곡절 끝에, 2017년 7월 정부조직법의 개정으로 종전과 같이 해양경찰청이 다시 부활하였다.

(육상)경찰은 대한민국 정부수립 이후 조직에 관한 별도의 개별법 없이 정부조직법에 근거를 두고 운영되어 오다가, 경찰법(警察法)이 1991년에 제정되어 제도적 독립화·전문화가 되는 계기가 되었다. 한편, (육상)경찰에서 분리된 해양경찰은 오랜 동안 개별법 없이 정부조직법에 근거를 두고 운영되어 오다가, 2019년 8월 20일 「해양경찰법」(海洋警察法)이 제정(시행, 2020. 02. 21)되어 법적·제도적 기반이 마련되었다.

---

54) 사이버경찰청(http://www.police.go.kr) 통계자료 참조.

55) 김남진(2002), 경찰행정법, 서울: 경세원, p. 22.; 홍정선(2007), 앞의 책, pp. 104-105.; 조철옥(2008), 경찰학개론, 서울: 대영문화사, p. 206.

3) 지방분권적 자치경찰의 존재

(1) 시·도자치경찰위원회의 설치와 국가경찰사무의 일부 자치화

위에서 살펴본 바와 같이 우리나라 경찰은 중앙집권적인 국가경찰을 기본으로 하고 있다. 다만, 2021년 7월부터 부분적으로 자치경찰제도가 일정부분 되입되었다. 이를 위해 2020년 12월 경찰법이 전부 개정되었고, 법 명칭 역시 「국가경찰과 자치경찰의 조직 및 운영에 관한 법률」(약칭: 경찰법)로 되었다.

이에 따라 시·도지사 소속으로 시·도자치경찰위원회가 설치되었고, 경찰사무의 일부가 자치경찰사무로 되었다. 그러나 큰 틀에서는 국가경찰조직의 기본구조 즉, 경찰청, 시·도경찰청, 경찰서, 지구대 및 파출소체제를 그대로 유지하고 있다는 점은 변함이 없다고 볼 수 있다. 이러한 점에서 현행 도입된 자치경찰은 지극히 형식적인 수준에 그치고 있은 상황이다.

자치경찰의 도입

① **시·도자치경찰위원회의 설치**

자치경찰사무를 관장하게 하기 위하여 특별시장·광역시장·특별자치시장·도지사·특별자치도지사(이하 '시·도지사' 함) 소속으로 시·도자치경찰위원회를 둔다. 다만, 시·도에 2개의 시·도경찰청을 두는 경우 시·도지사 소속으로 2개의 시·도자치경찰위원회를 둘 수 있다(경찰법 제18조 제1항)

시·도자치경찰위원회는 합의제 행정기관으로서 그 권한에 속하는 업무를 독립적으로 수행한다(제2항).

② **자치경찰사무**

경찰법 제3조에서 정한 '경찰의 임무'[56]범위에서 관할 지역의 생활안전·교통·경비·수사 등에 관한 다음의 사무를 자치경찰사무로 한다(경찰법 제4조 제1항 제2호).

㉠ 지역 내 주민의 생활안전 활동에 관한 사무

㉡ 지역 내 교통활동에 관한 사무

㉢ 지역 내 다중운집 행사 관련 혼잡 교통 및 안전 관리

㉣ 일정한 수준의 수사사무[57]

---

56) 경찰의 임무: ① 국민의 생명·신체 및 재산의 보호, ② 범죄의 예방·진압 및 수사, ③ 범죄피해자 보호, ④ 경비·요인경호 및 대간첩·대테러 작전 수행, ⑤ 공공안녕에 대한 위험의 예방과 대응을 위한 정보의 수집·작성 및 배포, ⑥ 교통의 단속과 위해의 방지, ⑦ 외국 정부기관 및 국제기구와의 국제협력, ⑧ 그 밖에 공공의 안녕과 질서유지(경찰법 제3조).

57) 자치경찰이 담당하는 수사사무는 다음과 같다. ① 학교폭력 등 소년범죄, ② 가정폭력, 아동학대 범죄, ③ 교

(2) 제주특별자치도 자치경찰

① 제주특별자치도 자치경찰의 설치

지난 참여정부(노무현 대통령 재임기)에서는 '분권과 자율'이라는 국정지표에 따라 지방분권 정책을 중점적으로 추진해왔으며, 이에 따라 지난 2005년에 제주특별자치도 기본구상에 따라 제주도에 자치경찰을 도입할 것을 밝힌 바 있다.

이러한 노력으로 2006년 2월에 「제주특별자치도 설치 및 국제자유도시 조성을 위한 특별법」(약칭: 제주특별법)을 제정하였으며, 이 법에 제주특별자치도에 자치경찰을 설치할 수 있는 근거(시행 동년 7월 1일)가 마련되었다. 그리고 이 법에 따라 제주특별자치도의 자치경찰사무를 처리하기 위하여 제주도지사 소속으로 자치경찰단(自治警察團)이 설치 및 운영 등에 관한 규정(제87조~제119조)이 마련되었다.

물론, 제주특별자치도에 제주지방경찰청(현 제주경찰청)이라는 국가경찰이 종전과 마찬가지로 제주지역 치안에 관한 전반적인 책임을 지고 있음은 물론이다. 다만, 제주특별자치도라는 지역적 특성을 고려하여 국가경찰체제하에서 일정부분 자치경찰제도 즉, 자치경찰단을 설치한 것이다.

다만, 제주자치경찰의 규모는 국가경찰에 비교할 때 매우 미미한 수준이다. 2006년 출범 당시 자치경찰단 소속 자치경찰공무원의 정원은 38명에 불과하였고, 2020년 현재 156명에 이르고 있다.[58)]

이들은 자치경찰공무원 신분으로 관련 직무를 수행하며, 임용권은 도시자사 행사하도록 하고 있다. 즉, 도지사는 소속 자치경찰공무원의 임명·휴직·면직과 징계를 할 권한을 가진다(제주특별법 제107조). 또 자치경찰의 직무 및 법적 권한 역시 국가경찰에 비해 상대적으로 제한적임은 물론이다.

통사고 및 교통 관련 범죄, ④ 「형법」 제245조에 따른 공연음란 및 「성폭력범죄의 처벌 등에 관한 특례법」 제12조에 따른 성적 목적을 위한 다중이용장소 침입행위에 관한 범죄, ⑤ 경범죄 및 기초질서 관련 범죄, ⑥ 가출인 및 「실종아동등의 보호 및 지원에 관한 법률」 제2조 제2호에 따른 실종아동 등 관련 수색 및 범죄(경찰법 제4조 제1항 제2호 라목 이하).

58) 허경미(2021), 경찰학, 서울: 박영사, p. 68 재인용.

〈국가경찰(경찰·해양경찰)과 자치경찰조직의 구조화 과정〉

국가경찰과 자치경찰

치안국(治安局, 1948.11 ~ 1974.12)
- 정부조직법 제정(1948.7.17, 법률 제1호)
- 정부조직법에 근거하여 내무부장관 소속하에 치안국 설치(48.11)
  : 치안국에 해양경찰대 신설(53.12)

⇩

치안본부(治安本部, 1974.12 ~ 1991.7)
- 정부조직법 개정으로 치안국을 치안본부로 개편(74.12)

⇩

경찰청(警察廳, 1991.07 ~ 현재)
- 경찰조직의 근거법인 경찰법 제정(91.05)
- 경찰청과 그 소속기관 직제 제정(대통령령, 91.07)
- 정부조직법 개정, 경찰법에 근거하여 치안본부를 경찰청으로 개편(91.07)
  - 경찰청 소속 해양경찰대를 해양경찰청으로 개편(91.07)
  - 경찰청의 해양경찰에 관한 사무폐지(96.08)
- 경찰법을 「국가경찰과 자치경찰의 조직 및 운영에 관한 법률」로 전부개정(2020.12)

해양경찰청(1996.8 ~ 2014.11)
- 정부조직법에 근거하여 해양수산부장관 소속하에 해양경찰청 설치(96.08)
- 해양경찰청과 그 소속기관 직제 제정(96.08)
- 해양경찰청 폐지(14.11)

⇩

해양경비안전본부(2014.11 ~ 2017.07)
- 정부조직법에 근거하여 국민안전처 소속하에 해양경비안전본부 설치(14.11)
- 국민안전처 폐지(17.07)

⇩

해양경찰청 부활(2017.07 ~ 현재)
- 정부조직법에 근거하여 해양수산부장관 소속하에 해양경찰청 설치(17.07)
- 해양경찰법 제정(2019.08)

제주자치경찰의 도입(2006)
- 제주특별자치도 설치 및 국제자유도시 조성을 위한 특별법 제정(2006.02)
  - 도지사 소속 자치경찰단 설치(2006.07 ~ 현재)
  - 도지사의 자치경찰공무원 임용

자치경찰의 전국적 도입(2021.07)
- 경찰법을 전부개정하여 국가경찰과 자치경찰의 조직 및 운영에 관한 법률로 명칭 변경(2020.12)
  - 시·도지사 소속 시·도자치경찰위원회 설치
  - 국가경찰사무의 일부 자치경찰사무로 전환
- 자치경찰제도의 전국(18개 시·도경찰청) 시행(2021.07)
- 제주특별자치도 자치경찰단 역시 제주특별자치도 자치경찰위원회 소속하에 둠(제주특별법 제88조, 2020.12)

자치경찰단 자치경찰사무

자치경찰은 다음의 사무(이하 '자치경찰사무'라 함)를 처리한다(제주특별법 제90조 각호).

① 주민의 생활안전활동에 관한 사무

② 지역교통활동에 관한 사무

③ 공공시설과 지역행사장 등의 지역경비에 관한 사무

④ 「사법경찰관리의 직무를 수행할 자와 그 직무범위에 관한 법률」에서 자치경찰공무원의 직무로 규정하고 있는 사법경찰관리의 직무

⑤ 「즉결심판에 관한 절차법」 등에 따라 「도로교통법」 또는 「경범죄 처벌법」 위반에 따른 통고처분 불이행자 등에 대한 즉결심판 청구 사무

경찰관직무집행법의 준용과 무기와 장비의 사용

① 경찰관직무집행법의 준용

자치경찰공무원이 자치경찰사무를 수행할 때에는 「경찰관 직무집행법」 제3조(불심검문) 제4조(보호조치 등), 제5조(위험발생의 방지 등), 제6조(범죄의 예방과 제지), 제7조(위험방지를 위한 출입), 제10조(경찰장비의 사용), 제10조의2(경찰장구의 사용), 제10조의3(분사기 등의 사용), 제10조의4(무기의 사용), 제11조(사용기록의 보관) 및 제12조(벌칙)를 준용(準用)한다(제주특별법 제96조 제1항).[59]

② 무기사용의 제한용

준용되는 「경찰관 직무집행법」 제10조의4(무기의 사용)에도 불구하고 도지사의 신청으로 제주자치도경찰청장의 승인을 받은 자치경찰공무원만 무기를 휴대·사용할 수 있다(제주특별법 제97조 제1항).

생각건대, 1948년 정부수립 이후, 우리나라 전체에 걸쳐 국가경찰체제를 유지하여 오다가 2006년에 제주특별자치도에 유일하게 자치경찰제도가 일정부분 도입·운영되었다는 점에서 그 역사적 의의를 찾을 수 있다. 국가경찰과는 별개의 독립된 조직으로써 제주특별자치도에 의해 자치경찰단이 운영되었기 때문이다.

② 제주특별자치도 자치경찰의 조직개편

경찰법 전부개정으로 2021년 7월부터 전국 18개 시·도경찰청에 걸쳐 일정부분 자치경찰제가 도입되었음은 위에서 설명한 바와 같다. 이에 따라 2006년에 설치된 제주특별자치도 자치경찰제도(즉, 자치경찰단) 역시 조직개편이 이루어지

59) 따라서 경찰관직무집행법상의 제8조(사실의 확인 등), 제8조의2(정보의 수집 등), 제8조의3(국제협력), 제9조(유치장) 등은 자치경찰공무원의 자치경찰사무에 해당되지 않는다.

게 되었다.

2006년 자치경찰 도입 당시에는 자치경찰단은 제주자치도에 두도록 하였다(제주특별법 제106조). 그러나 2020년 12월 「국가경찰과 자치경찰의 조직 및 운영에 관한 법률」(약칭: 경찰법) 제18조에 따라 설치되는 제주특별자치도 자치경찰위원회 소속으로 자치경찰단을 두도록 한 것이다(제주특별법 제88조 제1항). 제주특별자치도 자치경찰위원회 역시 제주특별자치도지사 소속으로 되어 있기 때문에 큰 변화는 없다고 본다. 다만, 중간에 관리기구로서 '자치경찰위원회'가 설치되었다는 점에서 차이가 있다.

4) 특별경찰기관의 존재

한편, 이상과 같은 일반경찰기관 외에도 특별경찰기관(特別警察機關)이 존재한다. 특별경찰기관이라는 것은 특정의 전문영역에서 경찰상의 권한을 가진 행정기관으로서 조직상 일반경찰기관에 속하지 아니하는 국가기관을 의미한다. 그런데, 이러한 특별경찰기관은 '경찰기관'으로서의 의미보다는 다음과 같은 '경찰기능'으로서의 의미가 강하다고 본다.

㉠ 다른 국가행정기관(산림·영업·보건·건축 등)에 부수하여 특정한 경찰관련 업무를 수행(협의의 행정경찰/특별사법경찰)

㉡ 보통경찰기관의 사항적·지역적·인적 한계를 보조 또는 지원하는 형식으로 관련 업무를 수행(의무경찰, 청원경찰 등)

㉢ 특별한 상황(국가 비상사태 등)에서 한시적으로 경찰관련 업무를 수행하는 경우(계엄시령관 등)

특별경찰기관에 관한 내용은 후술하는 '경찰집행기관'에서 보다 상세하게 살펴보기로 한다.

제4절 경찰조직의 구조유형 : 경찰기관

경찰조직의 구조는 경찰기능 또는 경찰업무를 담당하는 각 단위로 하여 경찰기관(警察機關)이라는 용어를 사용하여 유형화할 수 있다. 이러한 경찰기관은 그 법률상의 지위, 권한, 업무의 종류 및 내용 등을 기준으로 하여 여러 가지로 나눌 수 있다.

이를 구분하면, 경찰기관은 크게 ㉠ 경찰의사 심의·의결기관: 경찰의결기관(국가경찰위원회, 시·도자치경찰위원회), ㉡ 경찰의사 표시기관: 경찰관청(경찰청장, 시·도경찰청장, 경찰서장 등), ㉢ 경찰의사 집행기관: 경찰집행기관(순경~치안총감에 이르는 경찰공무원), 그리고 기타 경찰의사 관련하여 자문기관 등으로 구분할 수 있다.[60]

1. 경찰의결기관

1) 국가경찰위원회

(1) 국가경찰위원회의 성격

국가경찰행정에 관한 주요 안건을 심의·의결(審議·議決)하기 위하여 행정안전부에 국가경찰위원회를 두도록 하고 있다(경찰법 제7조 제1항). 1991년 제정된 경찰법에 의해 경찰위원회(警察委員會)가 설치되었고, 2020년 12월 법 개정으로 국가경찰위원회(國家警察委員會)로 명칭이 변경되었다.

국가경찰위원회는 합의제(合議制) 심의·의결기관으로서, 독임제(獨任制) 경찰관청인 경찰청장의 단독 의사결정의 단점을 보완하는 기능을 수행한다. 아울러 국가경찰위원회는 경찰의 정치적 중립성 확보, 정책결정과 집행의 민주성과 공정성을 확보하기 위한 합의제 의결기관이라 할 수 있다.[61]

국가경찰위원회와 경찰청장 등 경찰관청과의 관계

경찰행정을 과정론적 관점에서 본다면, 어떤 경찰목적(예: 불법폭력시위의 효과적 통제)을 달성하기 위하여 대책(예: 최루탄·물대포·음향폭탄 사용 등)이 여러 방면(특히, 대통령 또는 집권여당의 의견 등)에서 나오게 된다. 그런데, 이 경우 불법폭력시위를 효과적으로 통제할 수는 있으나 그로 인한 심각한 인권침해 문제가 제기될 수 있다. 이러한

60) 일반경찰기관 또는 보통경찰기관으로서 (육상)경찰뿐만 아니라 해양경찰도 포함되는데, 아래에서는 논의의 편의상 (육상)경찰을 중심으로 살펴보고자 한다.
61) 조철옥(2008), 앞의 책, p. 208.

이유로 인해 공권력 행사에 대한 정당성·타당성·효과성 등에 대한 충분한 논의과정이 제도적으로 보장되어야 한다. 그렇지 않으면 민주주의의 본질 즉, 인권을 침해할 가능성이 높기 때문이다.

그런데, 대표적인 경찰관청인 경찰청장(警察廳長)은 독임제(獨任制) 관청으로써 경찰업무를 관장하는데 정치적 이해관계를 초월하여 중립적으로 존재하기가 어렵다. 특히 임용권자인 대통령 등의 의사를 반(反)하는 것은 결코 쉬운 일이 아니다. 따라서 경찰청장은 치안정책적 대안(예: 최루탄·물대포·음향폭탄의 사용 등)에 대한 결정권을 독단적으로 행사해서는 안 된다고 본다.

이러한 결정권의 행사는 일정한 자격(특히, 정치적 중립성)을 가진 일정 수의 사람들이 참여한 가운데 중립적으로 이루어지는 것이 바람직하다고 본다. 합의제(合議制) 기관인 국가경찰위원회(國家警察委員會) 등을 제도적으로 설치한 것은 바로 이러한 까닭이다. 비록, 국가경찰위원 역시 대통령이 임용권을 행사하지만, 합의제의 성격상 개인의 정치적 책임을 면할 수 있어서 중립적인 결정을 내리는데 유리하기 때문이다.

요약건대, 경찰목적(예: 불법폭력시위의 통제 등)의 달성을 위해 제시된 치안정책(예: 최루탄·물대포·음향폭탄의 사용 등)은 국가경찰위원회의 사전 심의·의결(審議·議決)과정을 거쳐야 하고, 경찰청장은 대외적으로 이를 공표 즉, 표시(表示)하고, 조직 내의 경찰관들에게 이에 대한 지휘·감독을 행사해야 할 것이다. 그리고 하부 경찰집행기관(즉, 현장 담당경찰)은 이러한 지휘·감독에 따라 주어진 직무를 집행(執行)해야 할 것이다. 이러한 일련의 과정이 바로 '경찰의사의 심의·의결 → 경찰의사의 표시 → 경찰의사의 집행'인 것이다.

그러나 후술하겠지만, 영국 및 일본과는 달리 우리나라의 국가경찰위원회는 법적·제도적으로는 그러한 기능(즉, 정치적 중립에 입각한 객관적 의사결정)을 담당하도록 하고 있지만, 현실에 있어서는 그 역할이 미흡한 실정이다(이에 대해서는 후술하기로 한다).[62]

(2) 국가경찰위원회의 조직

① 국가경찰위원회의 구성

국가경찰위원회는 위원장 1명을 포함한 7명의 위원으로 구성하되, 위원장 및 5명의 위원은 비상임(非常任)으로 하고, 1명의 위원은 상임(常任)으로 하고 있다.[63] 위원 중 상임위원은 정무직으로 하고 있다(경찰법 제7조 제2항 및 제3항).[64]

---

62) 경찰법 및 경찰조직의 운영 및 관리체계상 본다면, 경찰위원회를 먼저 다루고, 다음에 경찰관청을 다루는 것이 바람직하다고 본다. 다만, 위에서 설명한 바와 같이 우리나라의 경찰위원회가 아직까지 그 역할이 미흡하고, 또 한편으로는 종래 경찰학 관련서적에서 경찰관청을 먼저 다룬 까닭에 이에 따르기로 한다.

63) ① 위원장은 위원회를 대표하며, 위원회의 사무를 총괄한다. ② 위원장은 비상임위원중에서 호선(互選: 특정한 범위 안의 사람들끼리 투표하여 그 구성원 중에서 어떤 사람을 뽑음)한다. ③ 위원장이 사고가 있을 때에는 상임위원, 위원중 연장자순으로 위원장의 직무를 대리한다(국가경찰위원회 규정 제2조).

② 국가경찰위원의 임명과 결격사유

위원의 임명은 행정안전부장관의 제청(提請: 공식적 요청)으로 국무총리를 거쳐 대통령이 임명하도록 하고 있다(경찰법 제8조 제1항). 여기에서 행정안전부장관이 위원 임명을 제청할 때 경찰의 정치적 중립이 보장되도록 하여야 한다.

그리고 위원 중 2명은 법관의 자격이 있는 사람이어야 하며, 특정 성(性)이 6/10을 초과하지 아니하도록 노력해야 한다(제3항 및 제4항). 성적 구성이 6/10을 초과하지 않도록 한다면, 위원이 7명이라면 성비가 4 : 3 정도 수준이 되어야 한다는 의미이다.

한편, 일정한 결격사유에 해당하는 사람은 위원이 될 수 없으며, 위원이 결격사유에 해당하는 경우에는 당연퇴직(當然退職)한다(제8조 제5항).

국가경찰위원의 결격사유

① 정당의 당원이거나 당적을 이탈한 날부터 3년이 지나지 아니한 사람
② 선거에 의하여 취임하는 공직에 있거나 그 공직에서 퇴직한 날부터 3년이 지나지 아니한 사람
③ 경찰, 검찰, 국가정보원 직원 또는 군인의 직에 있거나 그 직에서 퇴직한 날부터 3년이 지나지 아니한 사람
④ 「국가공무원법」 제33조(공무원의 결격사유) 각 호의 어느 하나에 해당하는 사람. 다만, 「국가공무원법」 제33조 제2호 및 제5호에 해당하는 경우에는 같은 법 제69조 제1호 단서에 따른다.

③ 국가경찰위원의 임기·신분보장, 의무

㉠ 국가경찰위원의 임기·신분보장

위원의 임기는 3년으로 하며, 연임(連任)할 수 없다. 이 경우 보궐위원의 임기는 전임자 임기의 남은 기간으로 한다(제9조 제1항).

그리고 위원은 중대한 신체상 또는 정신상의 장애로 직무를 수행할 수 없게 된 경우를 제외하고는 그 의사에 반하여 면직(免職)되지 아니한다(제2항).

64) 정무직공무원원은 경력직공무원 외의 공무원(특수경력직)의 하나로서 여기에는 ① 선거로 취임하거나 임명할 때 국회의 동의가 필요한 공무원, ② 고도의 정책결정 업무를 담당하거나 이러한 업무를 보조하는 공무원으로서 법률이나 대통령령(대통령실의 조직에 관한 대통령령만 해당 됨)에서 정무직으로 지정하는 공무원이 이에 해당한다(국가공무원법 제2조 제3항 제1호).

㉡ 국가경찰위원의 의무

위원의 의무와 관련해서는 「국가공무원법」 제60조(비밀엄수 의무) 및 제65조(정치운동 금지)를 준용하도록 하고 있다(경찰법 제8조 제6항).

비밀엄수와 정치운동 금지

① 비밀엄수의 의무

공무원은 재직 중은 물론 퇴직 후에도 직무상 알게 된 비밀을 엄수(嚴守)하여야 한다(국가공무원법 제60조).

② 정치운동의 금지[65)]

㉠ 공무원은 정당이나 그 밖의 정치단체의 결성에 관여하거나 이에 가입할 수 없다.

㉡ 공무원은 선거에서 특정 정당 또는 특정인을 지지 또는 반대하기 위한 일정한 행위를 하여서는 아니 된다.

㉢ 공무원은 다른 공무원에게 제1항과 제2항에 위배되는 행위를 하도록 요구하거나, 정치적 행위에 대한 보상 또는 보복으로서 이익 또는 불이익을 약속하여서는 아니 된다.

㉣ 제3항 외에 정치적 행위의 금지에 관한 한계는 대통령령 등으로 정한다.

(3) 국가경찰위원회의 권한: 경찰행정에 관한 심의·의결권

위원회는 경찰의결기관으로서 경찰행정에 관한 심의·의결 권한을 가지고 있다. 따라서 다음과 같은 사항에 대해서는 위원회의 심의·의결을 거치도록 하고 있다(경찰법 제10조 제1항 각호).

㉠ 국가경찰사무에 관한 인사, 예산, 장비, 통신 등에 관한 주요정책 및 경찰업무 발전에 관한 사항[66)]

㉡ 국가경찰사무에 관한 인권보호와 관련되는 경찰의 운영·개선에 관한 사항[67)]

---

65) ① 국가공무원법 제65조를 위반한 자는 3년 이하의 징역과 3년 이하의 자격정지에 처한다. ② 제1항에 규정된 죄에 대한 공소시효의 기간은 「형사소송법」 제249조 제1항에도 불구하고 10년으로 한다(국가공무원법 제84조).

66) 이와 관련된 심의·의결사항을 구체적으로 설명하면 다음과 같다. ① 경찰청 소관 법령과 행정규칙의 제정·개정 및 폐지에 관한 사항, ② 경찰공무원의 채용·승진 등 인사운영 기준에 관한 사항, ③ 경찰공무원에 대한 교육 및 복지 증진에 관한 사항, ④ 경찰복제 및 경찰장비에 관한 사항, ⑤ 경찰정보통신 개발 및 운영에 관한 사항, ⑥ 경찰조직 및 예산편성 등에 관한 사항, ⑦ 경찰 중·장기 발전계획에 관한 사항, ⑧ 그 밖에 위원회가 경찰 주요정책 및 경찰업무 발전에 필요하다고 인정하는 사항(국가경찰위원회 규정 제5조 제1항).

67) 이와 관련된 심의·의결사항을 구체적으로 설명하면 다음과 같다. ① 국민의 권리·의무와 직접 관계되는 경찰행정 및 수사절차, ② 경찰행정과 관련되는 과태료·범칙금 기타 벌칙에 관한 사항, ③ 경찰행정과 관련되는 국민의 부담에 관한 사항(국가경찰위원회 규정 제5조 제2항).

ⓒ 국가경찰사무 담당 공무원의 부패 방지와 청렴도 향상에 관한 주요 정책사항

ⓓ 국가경찰사무 외에 다른 국가기관으로부터의 업무협조 요청에 관한 사항

ⓔ 제주특별자치도의 자치경찰에 대한 경찰의 지원·협조 및 협약체결의 조정 등에 관한 주요 정책사항

ⓕ 경찰법 제18조에 따른 시·도자치경찰위원회 위원 추천, 자치경찰사무에 대한 주요 법령·정책 등에 관한 사항, 제25조 제4항에 따른 시·도자치경찰위원회 의결에 대한 재의 요구에 관한 사항

ⓖ 경찰법 제2조에 따른 시책(치안정책 등) 수립에 관한 사항

ⓗ 경찰법 제32조에 따른 비상사태 등 전국적 치안유지를 위한 경찰청장의 지휘·명령에 관한 사항

ⓘ 그 밖에 행정안전부장관 및 경찰청장이 중요하다고 인정하여 국가경찰위원회의 회의에 부친 사항

(4) 국가경찰위원회의 운영

① 국가경찰위원회의 심의·의결 방법

이상에서 살펴본 국가경찰위원회의 사무는 경찰청에서 수행하고, 회의는 재적위원 과반수의 출석과 출석위원 과반수의 찬성으로 의결하도록 하고 있다(경찰법 제11조). 이 밖의 경찰법에 규정된 것 외에 국가경찰위원회의 운영 및 제10조 제1항 각 호에 따른 심의·의결 사항의 구체적 범위, 재의 요구 등에 필요한 사항은 대통령령(즉, 경찰위원회 규정)으로 정하도록 하고 있다(경찰법 제11조 제2항).

② 국가경찰위원회의 회의

이 위원회의 회의는 정기회의와 임시회의로 구분한다. 정기회의는 특별한 사유가 있는 경우를 제외하고는 매월 2회 위원장이 소집한다(국가경찰위원회 규정 제7조 제1항 및 제2항).

그리고 위원장은 필요한 경우 임시회의를 소집할 수 있으며, 위원 3인 이상과 행정안전부장관 또는 경찰청장은 위원장에게 임시회의의 소집을 요구할 수 있다(제3항). 제3항의 규정에 의한 임시회의소집 요구가 있는 경우에는 위원장은 특별한 사유가 없는 한 회의를 소집하여야 한다(제4항).

(5) 국가경찰위원회의 심의·의결권의 구속력 문제 등

① 심의·의결권의 구속력 문제

경찰법 제10조 제1항에서 규정하고 있는 심의·의결사항과 관련하여 '위원회의 심의·의결을 거쳐야 한다'고 규정하고 있다. 여기에서 '거쳐야 한다'는 뜻은 그 심의·의결이 '사전(事前)의 동의 또는 승인'을 의미하는 것이라고 할 수 있다.

따라서 경찰관청(경찰청장 등)이 심의·의결 대상 사항인 법령, 예규, 그리고 주요 치안정책임에도 불구하고 위원회를 거치지 않고 집행한 경우, 그 법령이나 예규, 주요 치안정책 등이 효력이 있는지의 여부에 관한 것이다.

이와 관련하여 먼저, 이는 의사결정 자체가 없는 경우이므로 당연 무효(無效)라고 보는 견해가 있다.[68] 다음으로 반드시 거쳐야 할 절차를 결한 행위로 그 절차의 목적과 취지가 행정의 적정과 원활을 위한 것이라면 취소(取消) 사유로 보아야 한다는 견해가 있다.[69]

그런데, 그동안 위원회의 실제 심의·의결절차를 거치지 않고 선(先) 시행하는 사례가 적지 않다는 것이 문제이다.[70] 이러한 문제는 최근에도 크게 개선되지 않았음은 물론이다. 어쨌든, 법적으로는 위원회의 심의·의결은 경찰관청인 경찰청장을 기속(羈束)한다고 본다.[71]

---

68) 조철옥(2008), 앞의 책, p. 206.

69) 이에 대해서는 반드시 거쳐야 할 절차적 흠결(節次的 欠缺)로 볼 수도 있다. 이 경우 절차의 취지 목적이 단순히 행정의 적정·원활한 운영을 위하는 등 행정상의 편의에 있을 때에는 그 절차를 결하는 행위는 반드시 무효가 되지 않는다는 것이 통설이다. 김남진(1996), 행정법Ⅰ, 서울: 법문사, p. 299.

70) 이 같은 경찰청의 안건 부의 기피는 심의·의결 범위의 포괄성에서 오는 담당자의 법령 미숙지에 원인이 있다고 볼 수도 있다. 이 경우, 경찰위원회(현 국가경찰위원회)는 경찰청을 상대로 행정심판을 청구하는 방법도 생각할 수 있으나 이는 경찰행정의 국민의 신뢰를 저해할 우려가 크다. 그렇다고 하자의 원인인 법정요건을 사후에 보완함으로써 하자를 치유할 수 있도록 하는 것, 즉 추인(追認)을 인정하는 것으로 본다면, 이는 경찰위원회가 통과 의례적 기관이라는 비판에서 자유로울 수 없다고 본다. 이강종(2002), "한국경찰위원회제도에 관한 연구: 구조기능적 접근을 중심으로," 동국대학교 박사학위논문, p. 135.

71) ① 경찰위원회(현 국가경찰위원회)의 심의·의결에 부의(附議, 안건으로 의견을 제시)하는 주체는 행정안전부장관과 집행을 담당하는 경찰청장이다. 여기에서 행정안전부장관이 부의 할 수 있는 것은 경찰청장 임명제청의 동의 요구와 경찰위원회의 심의·의결내용이 부적정하다고 판단될 때의 재의요구에 국한된다. ② 한편, 경찰위원회 스스로가 심의·의결의 안건을 구체적으로 적시하여 그것을 부의하도록 경찰청에 요구할 수 있는가 하는 문제가 제기된다. 이와 관련하여 경찰위원회 운영세칙(예규) 제7조(의안의 부의 요구)에서 '위원회는 경찰법 제9조 제1항 각호 및 대통령령인 경찰위원회규정 제5조(심의·의결사항의 구체적 범위)에 규정된 심의·의결사항에 관하여 경찰청장에게 서면으로 의안의 부의를 요구할 수 있다. 경찰청장은 전항의 요구가 있을 때에는 특별한 사유가 없는 한 이에 응하여야 한다'고 규정하고 있다. ③ 이와 같은 경찰위원회의 부의 요구권은 집행기관인 경찰청의 심의·의결 부의의 기피 또는 방해를 방지하기 위한 법적 안정성 확보를 위한 장치라 할 수 있다. 그러나 실제 경찰위원회의 의결사항을 경찰청에서 고의로 이행을 기피하는 이른바 '부작위에 의한 불법행위'를 할 경우, 의무이행심판(행정심판법 제5조 제3호)을 구하는 행정심판 이외에 이의 이행을 강제할

② 행정안전부장관의 재의 요구권의 타당성 문제

한편, 행정안전부장관은 위원회의 심의·의결내용이 부적정하다고 판단될 때에는 재의(再議)를 요구할 수 있다고 규정하고 있다(경찰법 제10조 제2항).

이 경우에는 의결한 날로부터 10일 이내에 재의요구서(再議要求書)를 위원회에 제출하도록 하고 있다(경찰위원회규정 제1항). 그리고 위원장은 재의요구가 있는 경우에는 그 요구를 받은 날부터 7일 이내에 회의를 소집하여 다시 의결하여야 한다고 규정하고 있다(제2항).

위원회에 부의할 안건의 발언권을 행정안전부장관과 경찰청장에게 인정하고 있으면서, 재의요구권은 행정안전부장관에게만 국한하는 것은 위원회의 의결을 존중하고 재의의 신중을 기하자는 데 의의가 있다고 볼 수 있다(다만, 입법론상 형평성에 어긋난다고 볼 수 있다). 그리고 행정안전부장관이 재의를 요구할 수 있을 정도로 치안정책 등에 전문성을 가지고 있는지도 의문이다.

그리고 문제가 되는 것은 위원회의 재의결이 행정안전부장관을 기속하느냐 하는 것도 문제이다. 이러한 기속력이 없다면 이론상 장관은 그의 의사가 관철될 때까지 몇 번이고 재의 요구가 가능할 것이고, 이는 사실상 거부권이 된다.[72] 이 같은 결과는 위원회제도의 취지에 어긋난다고 할 수 있다. 그러나 현행법은 이 경우에 대한 명문의 규정을 두고 있지 않다.

경찰청장 인사제청 동의권의 허구

현행법상 '경찰청장은 국가경찰위원회의 동의(同意)를 받아 행정안전부장관의 제청(提請)으로 국무총리를 거쳐 대통령이 임명하도록 하고 있다. 이 경우 국회의 인사청문을 거쳐야 한다'고 규정하고 있다(경찰법 제14조 제2항).

그러나 이러한 권한을 경찰위원회(현 국가경찰위원회)가 독립적으로 행사하고 있다고 믿는 사람은 아무도 없다. 위원회가 동의권을 행사하기 위해서는 사전에 검증절차가 필요하나 인사의 보안을 이유로 검증에 필요한 자료의 제시도 없이 동의 절차가 진행되기도 하고, 설혹 검증자료가 제시될지라도 실제 장관의 제청에 이의를 제기하거나 부결된 사례도 없다. 따라서 위원회의 경찰청장 임명제청 동의권은 절차를 거치는 극히 형식적인 것에

내부적 수단이 없다는 것이 문제이다. ④ 그리고 경찰위원회의 실제 운영에 있어서 위원회에 의한 부의요구는 그다지 많지 않다는 점이다. 이는 경찰위원회가 집행기관인 경찰청의 업무를 잘 파악하지 못하고 있고, 경찰청에서 부의하는 안건을 중심으로 심의·의결하는 소극적인 태도에서 비롯된 것 이라고 할 수 있다. 이로 인해 경찰위원회가 일종의 '형식적 통과의례 기관'이라는 평가를 받기도 한다. 위의 논문, pp. 133-134.

72) 이황우(1993), "한국의 경찰위원회와 일본의 국가공안위원회와의 비교분석," 한국공안행정학회보 제2호, p. 51.

불과하다. 더욱이 국회의 인사청문회법 시행으로 위원회의 임명제청 동의권은 더더욱 그 의미가 퇴색되었다고 할 수 있다.[73)]

2) 시·도자치경찰위원회

(1) 시·도자치경찰위원회의 성격

위에서 국가경찰행정에 관한 주요 안건을 심의·의결(審議·議決)하기 위하여 설치된 국가경찰위원회에 대해서 살펴보았다. 이와는 별도로 2020년 12월 법 개정으로 시·도자치경찰위원회(市·道自治警察委員會)가 설치되었다.

시·도자치경찰위원회의 설치

자치경찰사무를 관장하게 하기 위하여 특별시장·광역시장·특별자치시장·도지사·특별자치도지사(이하 '시·도지사'라 함) 소속으로 시·도자치경찰위원회를 둔다. 다만, 시·도에 2개의 시·도경찰청을 두는 경우 시·도지사 소속으로 2개의 시·도자치경찰위원회를 둘 수 있다(경찰법 제18조 제1항).
시·도자치경찰위원회는 합의제 행정기관(合議制 行政機關)으로서 그 권한에 속하는 업무를 독립적으로 수행한다(제2항).

시·도자치경찰위원회 역시 국가경찰위원회와 마찬가지로 합의제(合議制) 심의·의결기관으로서, 자치경찰사무를 민주적이고 중립적으로 관리하기 위해 설치한 것이라고 볼 수 있다. 그러나 2020년 12월 당시 경찰법 개정과정이 상당히 졸속(拙速)으로 진행되었고, 따라서 시·도자치경찰위원회의 정체성 및 역할에 대한 충분한 논의가 이루어지지 못했음은 부인하기 어려운 사실이다.

(2) 시·도경찰위원회의 조직

① 시·도자치경찰위원회의 구성

시·도자치경찰위원회는 위원장 1명을 포함한 7명의 위원으로 구성하되, 위원장과 1명의 위원은 상임(常任)으로 하고, 5명의 위원은 비상임(非常任)으로 한다(경찰법 제19조 제1항).

위원은 특정 성(性)이 6/10을 초과하지 아니하도록 노력하여야 한다(제2항). 성적 구성이 6/10을 초과하지 않도록 한다면, 위원이 7명이라면 성비가 4 : 3 정

73) 이강종(2002), 앞의 논문, p. 137.

도 수준이 되어야 한다는 의미이다. 한편, 위원 중 1명은 인권문제에 관하여 전문적인 지식과 경험이 있는 사람이 임명될 수 있도록 노력하여야 한다고 규정하고 있다(제3항).

② 시·도자치경찰위원의 임명

시·도자치경찰위원회 위원은 다음의 사람을 시·도지사가 임명하도록 하고 있다(경찰법 제20조 제1항).

㉠ 시·도의회가 추천하는 2명

㉡ 국가경찰위원회가 추천하는 1명

㉢ 해당 시·도 교육감이 추천하는 1명

㉣ 시·도자치경찰위원회 위원추천위원회가 추천하는 2명

㉤ 시·도지사가 지명하는 1명

한편, 시·도자치경찰위원회 위원장은 위원 중에서 시·도지사가 임명하고, 상임위원은 시·도자치경찰위원회의 의결을 거쳐 위원 중에서 위원장의 제청으로 시·도지사가 임명하도록 하고 있다. 이 경우 위원장과 상임위원은 지방자치단체의 공무원으로 한다(제20조 제3항).

③ 시·도자치경찰위원의 자격요건

시·도자치경찰위원회 위원은 다음의 어느 하나에 해당하는 자격을 갖추어야 한다(경찰법 제20조 제2항).

㉠ 판사·검사·변호사 또는 경찰의 직에 5년 이상 있었던 사람

㉡ 변호사 자격이 있는 사람으로서 국가기관 등에서 법률에 관한 사무에 5년 이상 종사한 경력이 있는 사람

㉢ 대학이나 공인된 연구기관에서 법률학·행정학 또는 경찰학 분야의 조교수 이상의 직이나 이에 상당하는 직에 5년 이상 있었던 사람

㉣ 그 밖에 관할 지역주민 중에서 지방자치행정 또는 경찰행정 등의 분야에 경험이 풍부하고 학식과 덕망을 갖춘 사람

시·도자치경찰위원의 결격사유

다음의 어느 하나에 해당하는 사람은 위원이 될 수 없다. 위원이 재직 중에라도 다음의 어느 하나에 해당하는 경우에는 당연퇴직(當然退職)한다.

① 정당의 당원이거나 당적을 이탈한 날부터 3년이 지나지 아니한 사람

② 선거에 의하여 취임하는 공직에 있거나 그 공직에서 퇴직한 날부터 3년이 지나지 아니한 사람

③ 경찰, 검찰, 국가정보원 직원 또는 군인의 직에 있거나 그 직에서 퇴직한 날부터 3년이 지나지 아니한 사람

④ 국가 및 지방자치단체의 공무원(국립 또는 공립대학의 조교수 이상의 직에 있는 사람은 제외함)이거나 공무원이었던 사람으로서 퇴직한 날부터 3년이 지나지 아니한 사람. 다만, 제20조 제3항 후단에 따라 위원장과 상임위원이 지방자치단체의 공무원이 된 경우에는 당연퇴직하지 아니한다.

⑤ 「지방공무원법」 제31조(결격사유)의 어느 하나에 해당하는 사람. 다만, 「지방공무원법」 제31조 제2호 및 제5호에 해당하는 경우에는 같은 법 제61조 제1호 단서에 따른다(이상 경찰법 제20조 제7항 각호).

④ 시·도자치경찰위원의 임기·신분보장, 의무

㉠ 시·도자치경찰위원의 임기·신분보장

시·도자치경찰위원회 위원장과 위원의 임기는 3년으로 하며, 연임(連任)할 수 없다. 보궐위원의 임기는 전임자 임기의 남은 기간으로 하되, 전임자의 남은 임기가 1년 미만인 경우 그 보궐위원은 제1항에도 불구하고 한 차례만 연임할 수 있다(경찰법 제23조 제1항).

그리고 위원은 중대한 신체상 또는 정신상의 장애로 직무를 수행할 수 없게 된 경우를 제외하고는 그 의사에 반하여 면직되지 아니한다(제23조 제2항).

㉡ 시·도자치경찰위원의 의무

위원은 정치적 중립을 지켜야 하며, 권한을 남용하여서는 아니 된다(경찰법 제20조 제4항). 공무원이 아닌 위원에 대해서는 「지방공무원법」 제52조(비밀엄수의 의무) 및 제57조(정치운동의 금지)를 준용하도록 하고 있다(제20조 제5항).

한편, 공무원이 아닌 위원은 그 소관 사무와 관련하여 형법이나 그 밖의 법률에 따른 벌칙을 적용할 때에는 공무원으로 본다(제20조 제6항).

(3) 시·도자치경찰위원회의 권한

시·도자치경찰위원회는 경찰의결기관으로서 소관사무에 심의·의결권(審議·議決權)을 가지고 있다. 따라서 다음과 같은 소관사무에 대해서 위원회의 심의·의결을 거치도록 하고 있다(경찰법 제24조 및 제25조).

㉠ 자치경찰사무에 관한 목표의 수립 및 평가

㉡ 자치경찰사무에 관한 인사, 예산, 장비, 통신 등에 관한 주요정책 및 그 운영지원

㉢ 자치경찰사무 담당 공무원의 임용, 평가 및 인사위원회 운영

㉣ 자치경찰사무 담당 공무원의 부패 방지와 청렴도 향상에 관한 주요 정책 및 인권 침해 또는 권한남용 소지가 있는 규칙, 제도, 정책, 관행 등의 개선

㉤ 제2조에 따른 시책(치안정책 등) 수립

㉥ 제28조 제2항에 따른 시·도경찰청장의 임용과 관련한 경찰청장과의 협의, 제30조 제4항에 따른 평가 및 결과 통보

㉦ 자치경찰사무 감사 및 감사의뢰

㉧ 자치경찰사무 담당 공무원의 주요 비위사건에 대한 감찰요구

㉨ 자치경찰사무 담당 공무원에 대한 징계요구

㉩ 자치경찰사무 담당 공무원의 고충심사 및 사기진작

㉪ 자치경찰사무와 관련된 중요사건·사고 및 현안의 점검

㉫ 자치경찰사무에 관한 규칙의 제정·개정 또는 폐지

㉬ 지방행정과 치안행정의 업무조정과 그 밖에 필요한 협의·조정[74)]

이상과 같이 위원회가 심의·의결권을 가진다는 것은 이를 통해서 자치경찰사무와 관련하여 경찰관청 즉, 시·도경찰청장에 대해서 관리기관(管理機關)의로서의 지위를 갖는다는 의미이다. 다만, 현행 경찰조직이 구조 및 경찰공무원의 신분이 종전과 같이 국가경찰을 기본으로 한 상황에서 위원회가 관련업무와 관련하여 관리기관으로서 심의·의결기능을 수행하는 것은 적지 않은 한계가 있다고 본다.

74) 이 밖에도 ① 제32조에 따른 비상사태 등 전국적 치안유지를 위한 경찰청장의 지휘·명령에 관한 사무, ② 국가경찰사무·자치경찰사무의 협력·조정과 관련하여 경찰청장과 협의, ③ 국가경찰위원회에 대한 심의·조정 요청, ④ 그 밖에 시·도지사, 시·도경찰청장이 중요하다고 인정하여 시·도자치경찰위원회의 회의에 부친 사항에 대한 심의·의결 등을 하도록 규정하고 있다(경찰법 제24조 14호~17호).

시·도자치경찰위원회의 시·도경찰청장에 대한 인사 및 지휘·감독권 문제

경찰법에서는 시·도자치경찰위원회에게 소관사무에 대한 심의·의결권을 부여하고 있을 뿐만 아니라, 이에 더하여 시·도경찰청장의 임용과 관련하여 시·도자치경찰위원회와 경찰청장이 협의하여 추천(推薦)하도록 하고 있고, 자치경찰사무 관련 시·도경찰청장에 대한 원칙적인 지휘·감독권(指揮·監督權)을 부여하고 있다. 그러나 이러한 시·도자치경찰위원회의 추천권과 지휘·감독권은 근본적인 한계가 있다고 본다.

① 시·도자치경찰위원회의 경찰청장의 시·도경찰청장 추천관련 협의의 실효성 문제

시·도경찰청에 시·도경찰청장을 두며, 시·도경찰청장은 치안정감·치안감(治安監) 또는 경무관(警務官)으로 보하도록 하고 있다(경찰법 제28조 제1항). 이러한 시·도경찰청장에 대한 임용은 경찰공무원법 제7조(임용권자)에 규정되어 있다.[75] 그러나 이러한 임용절차에도 불구하고 시도·경찰청장에 대한 임용은 다음과 같은 예외를 두고 있다.

즉, 경찰공무원법 제7조(임용권자)에도 불구하고 시·도경찰청장은 경찰청장이 시·도자치경찰위원회와 협의(協議)하여 추천한 사람 중에서 행정안전부장관의 제청으로 국무총리를 거쳐 대통령이 임용하도록 한 것이다(경찰법 제28조 제2항).

그러나 시·도경찰청장 임용과 관련하여 시·도자치경찰위원회의 추천이 현실적으로 이루어지는 것은 한계가 있다고 본다. 참고적으로 국가경찰위원회(舊 경찰위원회)의 경찰청장에 대한 동의(同意) 규정(경찰법 제14조 제2항)이 지극히 형식적 수준에 머무르고 있는 것이 현실이다. 따라서 경찰청장과 시·도자치경찰위원회가 협의하여 시·도경찰청장을 추천한다는 것이 무슨 특별한 의미(실질적인 추천 가능성, 그리고 자치경찰도입 취지와 부합되는지의 여부 등)가 있는지 의문이다.

② 시·도자치경찰위원회의 시·도경찰청장에 대한 지휘·감독권 행사의 한계

시·도경찰청장은 자치경찰사무에 대해서는 시·도자치경찰위원회의 지휘·감독을 받아 관할구역의 소관 사무를 관장하고 소속 공무원 및 소속 경찰기관의 장을 지휘·감독하도록 하고 있다(경찰법 제28조 제3항).

그리고 이러한 지휘·감독 방법과 관련하여 다음과 같이 규정하고 있다. 즉, 시·도자치경찰위원회는 자치경찰사무에 대해 '심의·의결을 통하여' 시·도경찰청장을 지휘·감독하도록 한 것이다(제28조 제4항). 이에 더하여 시·도자치경찰위원회가 '심의·의결할 시간적 여유가 없거나 심의·의결이 곤란한 경우', 대통령령으로 정하는 바에 따라 시·도자치경찰위원회의 지휘·감독권을 시·도경찰청장에게 위임(委任)한 것으로 본다고 하였다(제28조 제4항 하단).

75) 총경 이상 경찰공무원은 경찰청장 또는 해양경찰청장의 추천을 받아 행정안전부장관 또는 해양수산부장관의 제청으로 국무총리를 거쳐 대통령이 임용한다. 다만, 총경의 전보, 휴직, 직위해제, 강등, 정직 및 복직은 경찰청장 또는 해양경찰청장이 한다(경찰공무원법 제7조 제1항, 이하 생략).

그런데, 시·도자치경찰위원회는 말 그대로 심의·의결기관이다. 지휘·감독권이라는 것은 상급관청이 하급관청에 대해서 행사하는 권한을 의미한다. 또 경찰관청 즉, 경찰청장, 시·도경찰청장, 경찰서장 등이 직무수행과 관련하여 소속 경찰공무원에게 내리는 일종의 명령권(命令權)이라 할 있다.[76)]

그런데, 시·도경찰위원회의 심의·의결은 정기회의(월 2회) 및 특별한 경우 임시회의를 통해서 이루어지기 때문에 이를 통해 지휘·감독권을 행사한다는 것은 현실적으로 불가능한 일이다. 경찰업무라는 것은 상당 부분 긴급성, 위험성, 돌발성 등의 특성을 가지고 있기 때문에 신속한 명령계통을 세우지 않으면 경찰목적을 달성하기 어렵기 때문이다.

이러한 이유로 시·도자치경찰위원회의 시·도경찰청장에 대한 지휘·감독 규정에도 불구하고, 다시 시도경찰청장에게 위임할 수 있다는 내용을 다시 규정(제28조 제4항 하단)하고 있다. 요약건대, 시·도경찰위원회의 시·도경찰청장에 대한 지휘·감독권 행사는 실효성(實效性)이 거의 없는 지극히 형식적인 수준에 불과한 것이다.

(3) 시·도자치경찰위원회의 운영

① 시·도자치경찰위원회의 심의·의결 방법

㉠ 의결

시·도자치경찰위원회는 소관사무에 대해서 심의·의결한다. 시·도자치경찰위원회의 회의는 재적위원 과반수의 출석과 출석위원 과반수의 찬성으로 의결한다(경찰법 제25조 제1항 및 제2항).

㉡ 재의결

한편, 시·도지사는 제1항에 관한 시·도자치경찰위원회의 의결이 적정하지 아니하다고 판단할 때에는 재의를 요구할 수 있다(제25조 제3항).

그리고 위원회의 의결이 법령에 위반되거나 공익을 현저히 해친다고 판단되면 행정안전부장관은 미리 경찰청장의 의견을 들어 국가경찰위원회를 거쳐 시·도지사에게 제3항의 재의를 요구하게 할 수 있고, 경찰청장은 국가경찰위원회와 행정안전부장관을 거쳐 시·도지사에게 재의를 요구하게 할 수 있다(제25조 제4항).

시·도자치경찰위원회의 위원장은 재의요구를 받은 날부터 7일 이내에 회의

76) 사전적인 의미로서 지휘(指揮, command)라는 것은 지휘관이 계급과 직책에 의해서 예하 부서에 대하여 합법적으로 행사하는 권한을 말한다. 지휘는 가용 경찰자원의 효율적인 사용과 부여된 임무를 완수하기 위하여 경찰조직의 운용, 편성, 지시, 협조 및 통제에 대한 권한과 책임이 따른다. 더 나아가 부하직원인 경찰공무원 개개인의 건강, 복지, 사기 및 규율 등에 대한 책임도 포함된다.
다음백과(https://100.daum.net/encyclopedia).

를 소집하여 재의결하여야 한다. 이 경우 재적위원 과반수의 출석과 출석위원 3분의 2 이상의 찬성으로 전과 같은 의결을 하면 그 의결사항은 확정된다(제25조 제5항).

② 시·도자치경찰위원회의 회의

시·도자치경찰위원회의 회의는 정기적으로 개최하여야 한다. 다만 위원장이 필요하다고 인정하는 경우, 위원 2명 이상이 요구하는 경우 및 시·도지사가 필요하다고 인정하는 경우에는 임시회의를 개최할 수 있다(경찰법 제26조 제1항).

시·도자치경찰위원회는 회의 안건과 관련된 이해관계인이 있는 경우 그 의견을 듣거나 회의에 참석하게 할 수 있다. 시·도자치경찰위원회의 위원 중 공무원이 아닌 위원에게는 예산의 범위에서 직무활동에 필요한 비용 등을 지급할 수 있다. 그 밖에 시·도자치경찰위원회의 운영 등에 필요한 사항은 대통령령으로 정하는 기준에 따라 시·도 조례로 정한다(제26조 제2항~제4항).

2. 경찰관청

1) 경찰관청의 의의

경찰관청 또는 경찰행정관청은 법적으로 주어진 권한의 범위 내에서 경찰업무에 관한 의사를 결정(決定)하고, 이를 외부에 표시(表示)할 수 있는 권한을 가진 기관을 의미한다.[77] 아울러 경찰관청은 소속 경찰공무원들에게 직접적인 지휘·감독권을 행사하는 기관을 의미한다.[78]

이러한 경찰관청은 ㉠ 중앙경찰관청, ㉡ 지방경찰관청으로 구분된다. 정부조직법 및 경찰법 등에 따라 중앙경찰관청은 경찰청장과 국가수사본부장 등이 있고, 지방경찰관청으로는 시·도경찰청장·경찰서장이 있다.

그리고 주의할 것은 지구대장이나 파출소장 등은 경찰서장의 보조기관이지 경찰관청은 아니라는 점이다.[79]

77) 홍정선(2007), 앞의 책, pp. 103-104.

78) 경찰조직 운영 및 주요활동에 대한 심의·의결권은 국가경찰위원회와 시·도경찰위원회에서 행사하도록 되어 있다. 그러나 이들 위원회가 현실적으로 모든 경찰활동에 구체적·직접적으로 심의·의결권을 행사하는 것은 한계가 있다. 위원회의 의사결정은 거시적·정책적 차원에서 경찰활동의 방향을 제시하는 역할을 한다고 본다. 반면, 경찰청장 등 경찰관청의 의사결정은 상대적으로 미시적·현실적 차원에서 소속 경찰공무원을 직접적으로 지휘·감독하는 수단으로 이루어지고, 이를 통해 경찰목표를 달성하는 역할을 한다고 볼 수 있다.

① 행정안전부장관 등의 경찰관청으로서의 지위 문제

경찰관련법상 행정안전부장관 등의 지위와 관련하여 경찰관청이라고 보는 견해와 경찰관청이 아니라는 견해가 있다.

경찰관청을 '범죄 및 무질서와 같은 위험방지, 그리고 범죄수사 등과 관련된 치안업무 수행에 관한 국가의사를 결정하고, 이를 외부에 표시할 수 있는 권한을 가진 기관'으로 정의하는 한 행정안전부장관을 경찰관청이라고 하기는 어렵다고 본다.

다만, 정부조직법상 행정기관의 장의 직무권한으로서 '소관사무를 통할하고 소속공무원을 지휘·감독한다'라고 규정(정부조직법 제7조 제1항)되어 있으므로 경찰관청에 대한 감독기관이라는 의미에서 경찰관청이라고 부를 수도 있다. 그러나 이러한 관점에서 본다면, 국무총리 더 나아가 대통령 역시 경찰관청이라는 논리가 성립된다.

국무총리 역시 '대통령의 명을 받아 각 중앙행정기관의 장을 지휘·감독한다'고 규정하고 있고(정부조직법 제18조 제1항), 더 나아가 대통령은 '정부의 수반으로서 법령에 따라 모든 중앙행정기관의 장을 지휘·감독한다'고 규정하고 있기 때문이다(제11조 제1항).

이처럼 단순히 '지휘·감독'이라는 관점에서 본다면, 경찰관청의 개념은 매우 포괄적이다. 그러나 대통령, 국무총리, 행정안전부장관과 같은 정치기관(政治機關)을 경찰관청으로 해석하게 되면, 경찰의 정치적 중립성 확보는 사실상 불가능하다. 이는 민주주의 본질에 위배되는 것이다. 또 이들은 경찰활동에 대한 전문적인 지식을 가지고 있는 것도 아니다.

요약건대, 경찰직무와 관련된 중앙경찰관청은 경찰청장으로 보는 것이 타당하다고 본다. 이렇게 해야 경찰의 핵심이념이라 할 수 있는 정치적 중립성과 민주적 운영이 담보될 수 있을 것이다.

② 일본의 '소할'(所轄) 개념과 시사점

일본의 경우에는 국가의 경찰조직을 내각총리대신의 '소할'(所轄)하에 국가공안위원회를 두고, 그 관리하에 경찰청을 두고 있다. 여기에서 '소할'이라는 것은 조직상의 상하관계이지만 독립성이 강한 관계 사이에 소속관계를 표현하는 것으로서 지휘·감독보다 더욱 약한 관계를 의미하는 것이다. 이처럼 일본은 제도적으로 경찰의 중립성·독립성을 보장해 주고 있는 셈이다.

일본뿐만 아니라 영국의 경찰도 정치적 중립성을 바탕으로 한 합의제(合議制) 형식의 위원회가 지방분권적인 자치경찰을 실질적으로 관리하고 있다.

그러나 우리나라의 국가경찰위원회와 시·도경찰위원회는 정치적 중립성 확보가 실질적으로 되어 있지 못하고, 형식적 수준으로 운영되고 있음을 부인하기 어렵다. 그리고 대통령이 임용하는 경찰청장을 정점으로 한 독임제(獨任制) 국가경찰의 성격은 매우 강하다.

79) 물론, 현행 경찰관직무집행법 등에서 경찰서장뿐만 아니라 지구대장과 파출소장, 출장소장을 '경찰관서의 장(長)'으로 규정하고 있다. 그러나 이것만으로 지구대장, 파출소장, 출장소장을 경찰관청이라고 보기는 어렵다. 홍정선(2007), 앞의 책, p. 108.

이러한 현실에서 경찰청장은 정치적으로 중립성을 띠고, 소속 경찰공무원에게 지휘·감독권을 행사하는 것은 한계가 있다. 이러한 관점에서 보면, 경찰관청의 개념은 모호해진다.

2) 경찰관청의 유형

(1) 중앙경찰관청

① 경찰청장

국가경찰조직으로서 치안에 관한 사무를 관장하게 하기 위하여 행정안전부장관 소속으로 경찰청(警察廳)을 두고 있다(경찰법 제12조).

경찰청의 최고책임자인 경찰청장(警察廳長)은 국가경찰사무를 총괄하고 경찰청 업무를 관장하며, 소속 공무원 및 각급 국가경찰기관의 장(시·도경찰청장·경찰서장 등)을 지휘·감독하도록 하고 있다(경찰법 제14조 제3항). 경찰청장은 치안총감(治安總監)으로 보(補)하도록 하고 있다(제14조 제1항).

이러한 경찰청장은 국가경찰위원회의 '동의'(同意)를 얻어 행정안전부장관의 '제청'(提請)으로 국무총리를 거쳐 대통령이 '임명'(任命)하도록 하고 있다(제14조 제2항). 경찰청장의 임기는 2년으로 하고 '중임'(重任)할 수 없다(제14조 제4항). 그리고 경찰청장이 직무를 집행하면서 헌법이나 법률을 위배하였을 때에는 탄핵소추(彈劾訴追)를 의결할 수 있도록 하고 있다(제14조 제5항).

① 중임과 연임

공무원 임용과 관련하여 중임(重任)과 연임(連任)이 있다. 연임과 중임은 임기가 정해진 직위(職位)에 임기가 만료된 후에 다시 취임·선임 될 수 있다는 점에서 같다. 그러나 연임은 연속성을 의미하는 개념이라면, 중임은 연속적이든 단속적이든 그 직위를 가지는 것을 말한다. 따라서 중임의 개념이 포괄적이라 할 수 있다.

② 탄핵소추

국회가 특정한 공무원의 위헌 또는 위법한 행위에 대해 탄핵을 발의하여 '파면'(罷免)을 요구하는 것을 의미한다. 국회는 대통령, 국무총리, 국무 위원 헌법재판소 재판관 등 형벌 또는 보통의 징계로 처분이 곤란한 고위 공무원이나 특수직 공무원 등이 직무를 행하면서 헌법이나 법률에 어긋나는 행위를 한 때에 그 공무원의 탄핵소추를 의결할 수 있다(헌법 제65조 제1항).

한편, 경찰청에 차장을 두며, 차장은 치안정감(治安正監)으로 보하도록 하고 있다(경찰법 제15조 제1항). 차장은 경찰청장을 보좌하며, 경찰청장이 부득이한 사유로 직무를 수행할 수 없을 때에는 그 직무를 대행(代行)하도록 하고 있다(제15조 제2항). 직무의 대행은 법정대리(法定代理)를 의미하는 것으로서 뒤에서 자세히 살펴보기로 한다.

① 경찰청장의 수사 지휘·감독과 한계

경찰청장은 경찰의 수사에 관한 사무의 경우에는 개별 사건의 수사에 대하여 구체적으로 지휘·감독할 수 없도다(경찰법 제14조 제6항).

다만, 국민의 생명·신체·재산 또는 공공의 안전 등에 중대한 위험을 초래하는 긴급하고 중요한 사건의 수사에 있어서 경찰의 자원을 대규모로 동원하는 등 통합적으로 현장대응할 필요가 있다고 판단할 만한 상당한 이유가 있는 때에는 국가수사본부장을 통하여 개별 사건의 수사에 대하여 구체적으로 지휘·감독할 수 있다(제14조 제6항 하단). 경찰청장은 개별 사건의 수사에 대한 구체적 지휘·감독을 개시한 때에는 이를 국가경찰위원회에 보고하여야 한다(제14조 제7항, 이하 생략).

② 경찰청장의 비상사태시의 지휘·감독

경찰청장은 다음의 경우에는 자치경찰사무를 수행하는 경찰공무원(제주특별자치도의 자치경찰공무원 포함)을 직접 지휘·명령할 수 있다(경찰법 제32조 제1항 각호).

㉠ 전시·사변, 천재지변, 그 밖에 이에 준하는 국가 비상사태, 대규모의 테러 또는 소요사태가 발생하였거나 발생할 우려가 있어 전국적인 치안유지를 위하여 긴급한 조치가 필요하다고 인정할 만한 충분한 사유가 있는 경우

㉡ 국민안전에 중대한 영향을 미치는 사안에 대하여 다수의 시·도에 동일하게 적용되는 치안정책을 시행할 필요가 있다고 인정할 만한 충분한 사유가 있는 경우

㉢ 자치경찰사무와 관련하여 해당 시·도의 경찰력으로는 국민의 생명·신체·재산의 보호 및 공공의 안녕과 질서유지가 어려워 경찰청장의 지원·조정이 필요하다고 인정할 만한 충분한 사유가 있는 경우.

경찰청장은 위와 같은 조치가 필요한 경우에는 시·도자치경찰위원회에 자치경찰사무를 담당하는 경찰공무원을 직접 지휘·명령하려는 사유 및 내용 등을 구체적으로 제시하여 통보하여야 한다(제32조 제2항).

(2) 국가수사본부장

한편, 경찰청에 국가수사본부(國家搜査本部)를 두며, 국가수사본부장은 치안정감(治安正監)으로 보하도록 하고 있다(경찰법 제16조 제1항).[80] 국가수사본부장은 「형사소

송법」에 따른 경찰의 수사에 관하여 각 시·도경찰청장과 경찰서장 및 수사부서 소속 공무원을 지휘·감독하도록 하고 있다(제16조 제2항).

주지하는 바와 같이, 2020년 12월 경찰조직의 개편을 위해 기존의 경찰법이 「국가경찰과 자치경찰의 조직 및 운영에 관한 법률」(약칭: 경찰법)로 전부개정되었다. 이 법에 의해 국가경찰과 자치경찰제를 도입하는 한편, 수사경찰업무를 총괄하는 경찰청 산하의 독립부서인 국가수사본부를 신설(2021. 01)한 것이다. 국가수사본부는 형사소송법의 개정(2020. 02)으로 검사의 수사지휘권 폐지되고, 1차 수사종결권이 경찰로 이관되면서, 경찰수사의 독립성·전문성, 그리고 수사역량을 높이기 위한 목적으로 설치되었다고 볼 수 있다.

① 검사와 사법경찰관의 관계 등

㉠ 검사와 사법경찰관은 수사, 공소제기 및 공소유지에 관하여 서로 협력(協力)하여야 한다.

㉡ 위에 따른 수사를 위하여 준수하여야 하는 일반적 수사준칙에 관한 사항은 대통령령으로 정한다(이상 형사소송법 제195조 제1항 및 제2항).

② 사법경찰관리

㉠ 경무관, 총경, 경정, 경감, 경위는 사법경찰관으로서 범죄의 혐의가 있다고 사료하는 때에는 범인, 범죄사실과 증거를 수사한다.[81)]

㉡ 경사, 경장, 순경은 사법경찰리로서 수사의 보조를 하여야 한다(이상 형사소송법 제197조 제1항 및 제2항).

경찰의 수사를 총괄하는 국가수사본부장의 정치적 중립성 등을 확보하기 위하여 임용에 있어서 보다 엄격한 기준을 규정하고 있다.

즉, 국가수사본부장의 임기는 2년으로 하며, 중임(重任)할 수 없으며, 그리고 국가수사본부장은 임기가 끝나면 당연히 퇴직하도록 하고 있다(경찰법 제16조 제3항 및 제4항). 이에 더하여 국가수사본부장이 직무를 집행하면서 헌법이나 법률을 위배하였을 때에는 국회는 탄핵소추를 의결할 수 있도록 하였다(제16조 제5항).

---

80) 국가수사본부장을 경찰청 외부 대상으로 모집하여 임용할 필요가 있는 때에는 일정한 자격을 갖춘 사람을 중에서 임용하도록 하고 있다. 임용자격 및 결격사유에 대한 세부적인 내용은 경찰법 제16조 제6항 및 제7항 참조.

81) 치안정감인 국가수사본부장은 「형사소송법」에 따른 경찰의 수사와 관련하여 각 시·도경찰청장과 경찰서장 및 수사부서 소속 공무원을 지휘·감독하도록 규정(경찰법 제16조 제1항 및 제2항)하고 있음은 위에서 살펴본 바와 같다. 그런데, 형사소송법상의 사법경찰관은 경무관 이하 경위까지로 하고 있다. 현행 형사소송법상으로 한다면, 사법경찰관이 아닌 국가수사본부장(치안정감)이 수사를 총괄하는 셈이다.

2) 지방경찰관청

(1) 시·도경찰청장

① 시·도경찰청장의 임용

시·도경찰청에 시·도경찰청장을 두며, 시·도경찰청장은 치안정감(治安正監)·치안감(治安監) 또는 경무관(警務官)으로 보하도록 하고 있다(경찰법 제28조 제1항). 2020년 현재 전국에 18개 시·도경찰청이 설치되어 있다.

경찰공무원법 제7조(임용권자)에도 불구하고,[82] 시·도경찰청장은 경찰청장이 시·도자치경찰위원회와 협의(協議)하여 추천한 사람 중에서 행정안전부장관의 제청으로 국무총리를 거쳐 대통령이 임용하도록 하고 있다(경찰법 제28조 제2항).

시·도경찰청장의 임용에 있어서 시·도자치경찰위원회와의 협의 규정을 둔 것은 자치경찰제의 시행과 더불어 일정부분 동 위원회에 인사권한을 부여한 것이라 할 수 있다. 그러나 이러한 협의 규정이 실질적인 의미를 가지고 있는지는 의문이다.

② 시·도경찰청장의 지휘·감독권 등

이러한 시·도경찰청장은 소관 사무와 관련하여 ㉠ 국가경찰사무, ㉡ 자치경찰사무, ㉢ 수사에 관한 사무로 구분하여 지휘·감독권을 행사하도록 하고 있다(경찰법 제28조 제3항).

시·도경찰청장의 지휘감독권 행사 방법

① 국가경찰사무: 경찰청장의 지휘·감독을 받아 관할구역의 소관 사무를 관장하고 소속 공무원 및 소속 경찰기관의 장을 지휘·감독
② 자치경찰사무: 시·도자치경찰위원회의 지휘·감독을 받아 관할구역의 소관 사무를 관장하고 소속 공무원 및 소속 경찰기관이 장을 지휘·감독
③ 수사관련사무: 국가수사본부장의 지휘·감독을 받아 관할구역의 소관 사무를 관장하고 소속 공무원 및 소속 경찰기관의 장을 지휘·감독(이상 경찰법 제28조 제3항)

그런데, 이들 각각의 경찰사무라는 것이 획일적으로 명확하게 구분되는 것이 아니며, 상호복합적으로 적용되는 경우도 적지 않기 때문에 지휘·감독 계통을 위와 같이 구분하는 것은 오히려 업무수행의 혼선을 불러일으킬 우려도 있다. 따라

82) 총경 이상 경찰공무원은 경찰청장 또는 해양경찰청장의 추천을 받아 행정안전부장관 또는 해양수산부장관의 제청으로 국무총리를 거쳐 대통령이 임용한다(경찰공무원법 제7조).

서 실질적인 지휘·감독은 현행 규정과 같이 구분되어 운영되기는 어렵다고 본다. 특히, 자치경찰사무에 대한 시·도자치경찰위원회의 지휘·감독권은 지극히 형식적인 수준에 불과하다고 본다.

한편, 시·도경찰청에 차장을 둘 수 있도록 하고 있다. 차장은 시·도경찰청장을 보좌하여 소관 사무를 처리하고 시·도경찰청장이 부득이한 사유로 직무를 수행할 수 없을 때에는 그 직무를 대행하도록 하고 있다(경찰법 제29조 제1항 및 제2항).

(2) 경찰서장

경찰사무를 지역적으로 분담하여 수행하기 위하여 시·도경찰청 산하에 경찰서를 두고 있다. 이 경찰서에 경찰서장을 두며, 경찰서장은 경무관, 총경(總警) 또는 경정(警正)으로 보하고 있다(경찰법 제30조 제1항).

경찰서장은 시·도경찰청장의 지휘·감독을 받아 관할구역의 소관 사무를 관장하고 소속 공무원을 지휘·감독하도록 하고 있다(제30조 제2항). 그리고 시·도자치경찰위원회는 정기적으로 경찰서장의 자치경찰사무 수행에 관한 평가결과를 경찰청장에게 통보하여야 하며 경찰청장은 이를 반영하도록 하고 있다(제30조 제4항).

한편, 경찰서장 소속으로 지구대 또는 파출소를 두고, 그 설치기준은 치안수요·교통·지리 등 관할구역의 특성을 고려하여 행정안전부령으로 정하도록 하고 있다. 다만, 필요한 경우에는 출장소(出張所)를 둘 수 있도록 하고 있다(제30조 제3항).

3) 경찰관청의 권한행사 범위: 관할

경찰관청의 관할(管轄, Jurisdiction)이라는 것은 경찰이 권한을 행사할 수 있는 업무의 범위나 지역적 범위, 대상 등을 말한다. 사실, 경찰관할이라는 것은 경찰권한 자체를 의미하는 것이라고도 할 수 있다. '권한'(權限)이라는 용어 자체에 이미 '한계'(限界) 즉, 관할이 내포되어 있기 때문이다.

따라서 경찰권한은 경찰기관인 경찰관청이 국가의 행위로써 유효하게 사무를 처리할 수 있는 능력 또는 사무의 범위라 할 수 있다.

(1) 사물관할

사물관할(事物管轄) 또는 사항관할(事項管轄)이라는 것은 경찰기관이 처리할 수 있고 또는 처리해야 하는 사무(직무, 임무, 책무)의 범위를 말한 것이다. 따라서 사물관할 또는 사항관할은 예컨대, 아래와 같은 경찰법 제3조(경찰의 임무)를 말한다.

㉠ 국민의 생명·신체 및 재산의 보호
㉡ 범죄의 예방·진압 및 수사
㉢ 범죄피해자 보호
㉣ 경비·요인경호 및 대간첩·대테러 작전 수행
㉤ 공공안녕에 대한 위험의 예방과 대응을 위한 정보의 수집·작성 및 배포
㉥ 교통의 단속과 위해의 방지
㉦ 외국 정부기관 및 국제기구와의 국제협력
㉧ 그 밖에 공공의 안녕과 질서유지

이러한 경찰기관의 사물관할은 법령에서 정해진다. 그리고 특별법이 일반법에 우선한다는 원칙에 따라 특별경찰기관의 사물관할이 일반경찰기관의 권한에 우선한다. 예컨대, 의회경찰이나 법정경찰이 그 관할 내에서는 일반경찰기관에 우선한다.

이러한 경찰기관의 사물관할은 경찰권한 행사의 범위를 설정하고 있다.[83] 따라서 사물관할을 벗어난 경찰기관의 행정행위는 원칙적으로 무효가 된다. 아울러 사물관할에 반하는 법규명령(경찰명령)은 무효가 된다.[84]

운전면허 정지처분의 무효

운전면허에 대한 정지처분 권한은 경찰청장으로부터 경찰서장에게 권한이 위임된 것이므로 음주 운전자를 적발한 단속 경찰관으로서는 관할 경찰서장의 명의로 운전면허 정지처분을 대행처리 할 수 있을지는 몰라도 자신의 명의로 이를 할 수는 없다.
따라서 단속 경찰관이 자신의 명의로 운전면허 행정처분통지서를 작성·교부하여 행한 운전면허 정지처분은 비록 그 처분의 내용·사유·근거 등이 기재된 서면을 교부하는 방식으로 행해졌다고 하더라도 권한 없는 자에 의하여 행하여진 점에서 무효처분(無效處分)에 해당한다.[85]

그러나 한편으로는 경찰기관의 사물관할의 한계를 명확히 하는 것은 사실상 불가능하다고 본다. 위 경찰법상의 사물관할 즉, 임무 규정에서 '그 밖에 공공의 안녕과 질서유지'라는 '불확정 개념'(不確定 概念)이 존재하기 때문이다. 그리고 사물관할은 국민의 인권침해 여지가 있는 권력적 작용을 중심으로 하지만, 한편으로는 비권력적 작용에도

83) 조철옥(2010), 경찰학총론, 경기: 21세기사, p. 195.
84) 홍정선(2007), 앞의 책, pp. 120-121.
85) 대법 1997.5.16., 97누2313.

적용될 수 있다고 본다. 예컨대, 길 안내, 교통지도와 같은 경찰의 비권력적 작용 역시 무제한으로 이루어질 수는 없기 때문이다.

(2) 지역관할

지역관할(地域管轄)이라는 것은 경찰기관이 자신의 직무상의 권한(사물관할)을 행사할 수 있는 공간적·지리적인 영역을 말한다.

이와 관련하여 경찰청장은 최고 경찰관청으로서 대한민국 모든 지역을 관할한다(다만, 이는 육상에 제한되며, 해양에서의 경찰활동은 해양경찰청장이 관할한다). 그리고 하급 경찰관청인 시·도경찰청장과 경찰서장의 지역관할은 제한되어 있다. 즉, 경찰청장의 관할하에 각 시·도경찰청장별로 관할구역이 분화(2020년말 현재 18개)되고, 시·도경찰청장의 관할하에 각 경찰서장의 관할구역으로 분화(257개)되어 있다.

따라서 예컨대, 각각의 경찰서장은 자신의 관할구역에서 범죄 등 위험발생의 방지 및 제거 역할을 하게 된다. 여기에서 주의할 것은 관할구역의 판단에 있어서 범죄자 내지 가해자(즉, 위험을 야기한 자)의 주소지나 거주지가 결정적인 것은 아니라는 점이다. 경찰상 보호해야 하는 이익이 침해되거나 위협을 받는 사람 내지 지역이 기준이 된다.

한편, 다른 행정관청이나 삼권분립의 원칙, 그리고 국제법적 근거 등에 의해 (육상) 경찰의 지역관할은 일정한 한계가 있다.

① 해양경찰사무에 대한 한계

법적으로는 우리나라 치안에 관한 사무를 관장하게 하기 위하여 경찰청을 두고(경찰법 제12조 제1항), 경찰청장은 국가경찰에 관한 사무를 총괄하도록 하고 있다(제14조 제3항 단서).

다만 이러한 사정에도 불구하고, 경찰청 외에 해양경찰청이 설치되어 있고, 이에 따라 '해양에서의 경찰 및 오염방제에 관한 사무를 관장'하기 위하여 해양경찰청을 두고 있다(정부조직법 제43조 제2항). 아울러 해양경찰청장은 해앙경찰에 관한 사무를 총괄하도록 하고 있다(해양경찰법 제11조 제3항).

따라서 경찰청장은 육상에서의 치안에 관한 사무를 총괄하고, 해양경찰청장은 해양에서의 경찰사무를 총괄하고 있다고 볼 수 있다.

② 삼권분립의 원칙에 따른 한계

삼권분립(三權分立)의 원칙상 국회와 법원에 대한 국가경찰의 활동은 제한된다. 이에 따라 먼저, 국회에서의 경찰작용은 정부가 아니라 국회에 의해서 원칙적으로 이루어진다. 따라서 '회기'(會期) 중 국회에서의 질서유지를 위하여 국회의장(國會議長)은 경찰권이라 할 수 있는 경호권(警護權)을 행사한다(국회법 제143조). 그리고 국회의 경호를 위하여 국회에 경위(警衛: 일종의 국회 담당 경찰관)를 두도록 하고 있다(제144조 제1항).

다만, 국회의장은 국회의 경호를 위하여 필요한 때에는 국회운영위원회의 동의를 얻어 '일정한 기간을 정하여' 정부에 대하여 필요한 경찰공무원의 파견을 요구할 수 있다(제144조 제2항).

경위와 파견된 경찰공무원은 의장의 지휘를 받아 관련업무를 수행하되, 경위는 회의장건물 안에서, 경찰공무원은 회의장 건물 밖에서 경호하도록 하고 있다(제144조 제3항).

한편, 삼권분립의 원칙상 법원의 경찰작용도 정부가 아니라 법원에 의해서 이루어진다. 이에 따라 법정의 질서유지는 재판장(裁判長)이 이를 행하도록 하고 있고, 따라서 재판장은 법정의 존엄과 질서를 해칠 우려가 있는 사람의 입정(入廷) 금지 또는 퇴정(退廷)을 명할 수 있고, 그 밖에 법정의 질서유지에 필요한 명령을 할 수 있다(법원조직법 제58조 제1항 및 제2항).

다만, 재판장은 법정에서의 질서유지를 위하여 필요하다고 인정할 때에는 '개정 전후에 상관없이' 관할 경찰서장에게 경찰공무원의 파견을 요구할 수 있다. 이러한 요구에 따라 파견된 경찰공무원은 법정 내외의 질서유지에 관하여 재판장의 지휘를 받도록 하고 있다(제60조 제1항 및 제2항).

③ 치외법권 지역에 의한 한계

외교공관과 외교관의 개인주택은 국제법상 치외법권(治外法權) 지역이므로 경찰권이 개입될 수는 없는 불가침 영역이다. 이를 '관사(官舍)의 불가침'이라고 한다.

따라서 경찰은 외교사절의 요구나 동의가 없는 한 직무수행을 위해 그 영역에 들어갈 수 없다. 외교관의 관사에 대한 불가침에 준하여 외교사절의 승용차, 보트, 비행기 등 교통수단도 불가침의 특권을 가진다.[86]

다만, 화재나 전염병의 발생 등과 같이 공공의 안전을 유지하기 위하여 긴급을 요하는 경우가 있다. 이 경우에는 외교사절의 동의가 없어도 공관에 들어가 필요한 조치를 할 수 있다. 이는 국제적 관습(慣習)으로 인정되고 있다.

86) 조철옥(2010), 앞의 책, p. 198 재인용.

④ 주한미군 지위협정에 의한 한계

「주한미군 지위협정(한미 SOFA)」은 미군 당국이 부대 영 내외에서 경찰권을 행사함으로써 자체적으로 질서와 안전의 유지를 위하여 필요한 조치를 할 수 있도록 규정하고 있다.

따라서 미군 당국은 그 시설 및 구역 내에서 범죄를 행한 모든 자를 체포할 수 있다. 대한민국 경찰은 미군 당국이 동의하는 경우가 아니면 미군시설이나 구역 내에서 사람이나 재산에 관하여, 또는 시설 및 구역 내외를 불문하고 미국재산에 관하여 압수·수색·검증을 할 수 없다.[87] 그러나 한국경찰이 미군시설이나 영내에서의 압수·수색·검증을 요청하는 경우에는 미군 당국은 필요한 조치를 해야 한다.

(3) 인적 관할

인적 관할은 넓은 의미에서 경찰기관의 권한이 어떠한 사람에게 적용되는가와 관련된다. 경찰기관의 권한은 원칙적으로 자연인·법인·내국인·외국인을 불문하고 모든 사람에게 적용된다. 그러나 국내법적으로는 대통령과 국회의원, 국제법적으로는 외교사절과 주한미군에 대한 일정한 한계가 있다.

① 대통령·국회의원에 대한 한계

대통령은 '내란 또는 외환의 죄를 범한 경우를 제외하고는 재직 중 형사상의 소추를 받지 아니한다'고 하여 불소추특권을 인정하고 있다(헌법 제84조).

그리고 국회의원은 '현행범인인 경우를 제외하고는 회기 중 동의 없이 체포 또는 구금되지 아니한다. 그리고 국회의원이 회기 전에 체포 또는 구금된 때에는 현행범인이 아닌 한 국회의 요구가 있으면 회기 중 석방된다'고 하여 불체포특권을 인정하고 있다(제44조 제1항 및 제2항). 또 '국회의원은 국회에서 직무상 행한 발언과 표결에 관하여 국회 외(外)에서 책임을 지지 아니한다'고 하여 면책특권을 인정하고 있다(제45조).

87) 다만, 미군 당국이 동의한 경우, 그리고 살인·강도·강간 등 중대한 죄를 범하고 도주하는 현행범인을 추적하는 때에는 대한민국 경찰도 미군 시설 및 구역 내에서 범인을 체포할 수 있다. 한편, 한국경찰이 체포하려고 하는 자로서 SOFA 협정 대상이 아닌 자가 미군시설이나 영내에 있을 때에는 한국경찰이 요청하는 경우에 미군 당국은 그자를 즉시 체포하여 한국경찰에 인도해야 한다. 위의 책, p. 198 재인용.

② 외교사절 등과 주한미군에 대한 한계

대사·공사와 같은 외교사절(外交使節)은 국가를 대표하는 외교교섭과 함께 자국민에 대한 보호와 감독의 임무를 수행한다. 이들은 「외교관계에 관한 비엔나협약」(1961)에 의해 일정한 외교특권(공간과 주거의 불가침, 신체의 불가침, 재판관할권으로부터의 면제 등)을 가진다.

영사는 국가를 대표하는 기관은 아니지만, 자국민을 보호하는 중요한 임무를 수행한다. 영사는 「영사관계에 관한 비엔나협약」(1963)에 의해 일정한 특권이 인정된다. 다만, 영사는 본국을 대표하는 외교사절은 아니기 때문에 특권과 면제가 다소 제한적이다.

한편, 주한미군은 앞에서 설명한 「주한미군 지위협정(한미 SOFA)」에 의해서 형사재판권 및 재판전의 형사절차(체포, 구금 등 수사)에 있어서 일정한 특권이 인정된다.

4) 경찰관청의 권한행사 방법

경찰관청은 자기에게 주어진 권한을 자기 스스로 법이 정한 바에 따라 행사하는 것이 원칙이다. 그러나 예외적으로는 업무처리의 효율성이나 기관구성자의 사고 등을 이유로 다른 기관이 관련 권한을 행사하게 하는 경우가 있다. 이에는 ㉠ 권한의 위임(委任)과 ㉡ 권한의 대리(代理)가 있다.[88)]

(1) 경찰관청의 권한위임

① 권한위임의 의미

권한의 위임(委任, delegation)은 행정관청이 자기에게 주어진 권한을 스스로 행사하지 않고 법령(法令)에 근거하여 타관청 등에게 '사무처리 권한의 일부'를 '실질적으로 이전'하여 그의 이름과 권한과 책임으로 특정 사무를 처리하게 하는 것을 말한다.

이러한 관점에서 경찰관청의 권한위임이라는 것은 경찰관청이 법령에 근거하여 사무처리 권한의 일부를 하급경찰관청 또는 보조기관에 이전하고, 수임기관이 그 위임받은 권한을 자기의 이름과 책임으로 행사할 수 있게 하는 것을 의미한다. 한편, 현행법상 타행정관청이나 사인(私印)에 대해서도 권한의 위임이 행해지기도 한다. 이 경우에는 보통 위탁(委託)이라고 한다.

88) 이하 김남진(2002), 앞의 책, pp. 35-48. 홍정선(2007), 앞의 책, pp. 123-132 재구성.

뒤에서 살펴보겠지만, 권한의 대리는 대리관청이 피대리관청의 권한을 대행할 뿐 행정관청의 권한에 변동을 가져오지 않는데, 권한의 위임은 행정관청의 권한 자체를 수임자(受任者)에게 이전한다는 점에 주의할 필요가 있다. 따라서 경찰청장이 일정한 경찰공무원의 임용권을 시·도경찰청장에게 위임하였다면, 시·도경찰청장은 자신의 이름과 권한과 책임으로 임용권을 행사하게 된다.

임용권한의 위임 예

① 경찰청장은 대통령령으로 정하는 바에 따라 경찰공무원의 임용에 관한 권한의 일부를 시·도경찰청장에게 위임할 수 있다(경찰공무원법 제7조 제3항).
② 경찰청장은 경찰공무원법 제7조 제3항에 따라 시·도경찰청장에게 그 소속 경찰공무원 중 경정의 전보·파견·휴직·직위해제 및 복직에 관한 권한과 경감 이하의 임용권을 위임한다(경찰공무원 임용령 제4조 제3항).
③ 시·도경찰청장은 소속 경감 이하 경찰공무원에 대한 해당 경찰서 안에서의 전보권을 경찰서장에게 다시 위임할 수 있다(경찰공무원임용령 제4조 제6항).

② 권한위임의 상대방

권한위임은 위임의 상대방 또는 형태를 기준으로 하급경찰관청에 대한 위임, 보조경찰기관에 대한 위임, 대등경찰관청 또는 타행정관청에 대한 위임, 지방자치단체 또는 그 기관에 대한 위임, 지방자치단체 이외의 법인·단체 또는 개인에 대한 위임 등으로 구분할 수 있다.

그러나 위임은 시·도경찰청장과 경찰서장과 같은 하급관청에 대해서 이루어지는 것이 일반적이다. 하급관청의 소관사무는 원칙적으로 상급관청의 소관사무를 사항적 또는 지역적으로 한정하여 맡는 것이므로, 경찰업무의 실제에 있어서 그 기관의 소관사무에 대응한 권한이 위임되는 것이 통례이다.

그리고 경찰관청의 권한을 위임받은 기관은 위임받은 권한의 일부를 하급관청 또는 보조기관에 재위임(再委任)할 수 있다. 경찰청장은 경찰공무원의 임용에 관한 권한의 일부를 시·경찰청장에게 위임할 수 있고, 또 시·도경찰청장은 다시 경찰서장에게 위임할 수 있다는 의미이다.

임용권한의 재위임 예

경찰공무원 임용령 제4조 제3항 등에 따라 임용권을 위임받은 시·도경찰청장은 소속 경감 이하 경찰공무원에 대한 해당 경찰서 안에서의 전보권을 경찰서장에게 다시 위임할 수 있다(경찰공무원 임용령 제4조 제6항).

③ 권한위임의 한계

그런데 주의할 것은 권한위임은 '일부의 위임'을 하는 것이지, 전부의 위임을 하는 것은 아니다. 왜냐하면 권한 전부의 위임은 사실상 위임한 행정관청의 권한 자체의 폐지를 뜻하는 것이 되기 때문이다. 따라서 규정의 유무를 불문하고 권한위임은 권한 일부의 위임으로 해석해야 한다.

④ 권한위임의 효과

권한위임의 사항에 관해 수임기관(受任機關: 위임을 받은 기관)은 자기의 권한으로 이를 행사하는 것이므로 수임기관의 이름으로 처리하지 않으면 안 된다. 따라서 수임기관의 권한행사의 효과는 수임기관 자체에 귀속한다.

위임된 사항에 관해서는 행정소송법상의 피고도 수임기관이 됨은 물론이다. 따라서 수임기관이 처리한 수임사항에 대해서는 수임기관이 책임을 지며, 그것을 위임한 상급경찰관청은 직접적인 책임을 지지 않는다.

(2) 경찰관청의 권한대리

① 권한대리의 의의

권한의 대리(代理, proxy)란 일정한 사유에 의해서 행정관청이 자신의 권한의 '전부' 또는 '일부'를 타기관으로 하여금 행사하게 하는 경우를 말한다.

이때 대리관청(代理官廳, 예: 경찰청 차장)은 '피대리관청(被代理官廳, 예: 경찰청장)을 위한 것임을 표시'하면서 대리관청 자신의 이름으로 행위 하되, 그 효과는 피대리관청에 구속하게 하는 제도를 말한다. 이를 권한의 대행 또는 직무대행이라 부르기도 한다. 대리관청이 대리권에 속한 사항에 관하여 행한 행위는 피대리관청의 행위로서의 효과가 발생한다.

경찰관청에서도 권한대리가 이루어질 수 있음은 물론이다. 권한대리의 관계는 경찰관청과 그의 보조기관 사이에서 이루어지는 것이 보통이다. 이러한 권한대리는 다시 법정대리(法定代理)와 임의대리(任意代理)로 구분할 수 있다.

② 법정대리

법정대리는 법정사실이 발생하는 경우에 직접 법령의 규정에 근거하여 이루어지는 대리를 말한다. 따라서 법정대리에는 후술하는 임의대리와 같은 수권행위(授權行爲)의 문제가 생기지 않는다.

㉠ 법정대리의 법적 근거 여부

법정대리는 말 그대로 법령의 근거를 바탕으로 하는 것이다. 이러한 법정대리의 법적 근거로 헌법 제71조와 정부조직법 제7조 제2항 등이 있다.[89] 마찬가지로 경찰관청의 법정대리는 경찰법에 근거를 두고 있다.

이에 따라 경찰청에 차장(次長)을 두고 있는데, 차장은 경찰청장을 보좌하며, 경찰청장이 '부득이한 사유'로 직무를 수행할 수 없을 때에는 그 직무를 대행하도록 하고 있다(경찰법 제15조). 또한 시·도경찰청에도 차장을 둘 수 있도록 하고 있는데, 차장은 시·도경찰청장을 보좌하여 소관사무를 처리하고 시·도경찰청장이 '부득이한 사유'로 직무를 수행할 수 없을 때에는 그 직무를 대행하도록 하고 있다(경찰법 제29조).

㉡ 법정대리의 대리권 범위

법정대리는 피대리관청이 부득이한 사고가 있는 경우에 생기는 것이므로 피대리관청의 권한 전부에 미침이 당연하다. 따라서 후술하는 임의대리와는 달리 포괄적 대리가 가능하다.

㉢ 대리관청과 피대리관청의 지위

법정대리에서는 대리관청(예, 경찰청 차장)은 피대리관청(예, 경찰청장)의 권한을 '자기의 책임'하에 행사한다. 그러나 피대리관청은 대리관청의 선임·지휘·감독에 대한 책임을 지지 아니한다.

왜냐하면 대리관계가 피대리관청의 의사가 아니라 법령에 강제된 것이기 때문이다. 예컨대, "경찰청 차장은 경찰청장을 보좌하며, 경찰청장이 '부득이한 사유로 직무를 수행할 수 없을 때'에는 그 직무를 대행한다"와 같이 법으로 명시하고 있다(경찰법 제15조 제2항).

89) 대통령이 궐위되거나 사고로 인하여 직무를 수행할 수 없을 때에는 국무총리, 법률이 정한 국무위원의 순서로 그 권한을 '대행'(代行)한다(헌법 제71조). 각 행정기관의 장은 소관사무를 통할하고 소속공무원을 지휘·감독한다. 차관 또는 차장은 그 기관의 장을 보좌하여 소관사무를 처리하고 소속공무원을 지휘·감독하며, 그 기관의 장이 사고로 직무를 수행할 수 없으면 그 직무를 대행한다(정부조직법 제7조 제2항).

㉣ 복대리 문제

뒤에서 살펴보는 임의대리와는 달리 법정대리에서는 복대리가 가능한 것으로 본다.

③ 임의대리

임의대리는 법정대리와 달리 경찰관청이 "자신의 '의사'(意思)"에 의해 하급기관에게 대리권을 부여함으로써(즉, 수권행위(授權行爲)를 통해서) 이루어지는 대리를 말한다. 이를 수권대리라고도 한다. 수권행위는 상대방의 동의를 필요하지 않는 일방적 행위라 할 수 있다.

㉠ 임의대리의 법적 근거 여부

임의대리는 권한의 일시적 대리행사의 문제로서 권한의 이전을 가져오는 것이 아니므로, 반드시 법적 근거를 요구하는 것은 아니다. 따라서 명문의 규정 유무를 불문하고 임의대리는 원칙적으로 가능하다고 본다(다수설).

㉡ 임의대리의 대리권 범위

임의대리는 권한의 '일부에 한해서' 가능함이 이치상 당연하다. 즉, 피대리관청이 그의 권한에 관하여 포괄적으로 대리권을 부여하는 것은 법령에 의하여 정해진 권한을 사실상 포기하는 것이 되기 때문에 금지된다.

㉢ 대리관청과 피대리관청의 지위

임의대리에서 대리관청은 피대리관청의 권한을 피대리관청의 책임하에 자기 이름으로 행사하게 되며, 이때 대리관청의 행위는 바로 피대리관청의 행위로 된다. 한편, 피대리관청은 대리관청에 대한 선임·지휘·감독권을 행사할 수 있고, 또 그에 대한 책임을 부담하게 된다. 이는 '임의'에 의한 대리가 이루어진 까닭이다.

㉣ 복대리 문제

임의대리에서 대리관청이 대리권을 다시 다른 기관에 대해서 행사하게 할 수 있는가 하는 것이다. 이것이 복대리(複代理)의 문제인데, 임의대리에서는 신뢰관계(信賴關係)가 기초가 되므로, 복대리는 원칙적으로 부인된다(일반적 견해).

6) 경찰관청의 상호관계

국가행정관청은 행정부 수반인 대통령을 정점으로 하는 피라미드형의 계층조직을 이루면서 상·하 및 대등의 관계에서 타행정관청과 관계를 맺고 있는데, 이는 경찰청장을 정점으로 하는 경찰조직도 마찬가지라 할 수 있다.[90)]

(1) 상·하 경찰관청 간의 관계

경찰법에서 '경찰청장은 국가경찰에 관한 사무를 총괄하고 경찰청 업무를 관장하며 소속 공무원 및 각급 경찰기관의 장을 지휘·감독한다'라고 규정하고 있다(제14조 제3항). 그리고 '시·도경찰청장은 국가경찰사무에 대해서는 경찰청장의 지휘·감독을 받아 관할구역의 소관 사무를 관장하고 소속 공무원 및 소속 경찰기관의 장을 지휘·감독한다'라고 규정하고 있다(제28조 제3항).

따라서 앞에서 살펴본 바와 같이 경찰관청은 자기의 권한 일부를 하급경찰관청에 위임하여 그 이름(명의)과 책임하에 처리하게 하는 경우가 많이 있다. 그리고 상급경찰관청이 하급경찰관청의 권한의 행사를 지휘하여 그의 적법성과 타당성을 확보하기 위하여 일정한 '감독권'(監督權)을 가지고 있다.

상급경찰관청이 하급경찰관청에 대한 감독의 범위는 경찰관청의 종류와 사무의 성질에 따라 다르다고 할 수 있는데, 일반적으로 감시권, 인가권, 그리고 행정명령권 등과 같은 수단이 인정되고 있다.

① 감시권

감시권은 상급관청이 하급관청을 감독하기 위하여 사무를 감사하고 보고를 받는 등의 권한을 말한다.

상급관청은 필요한 때에 경찰공무원을 파견하여 하급관청의 집무상황을 시찰하고, 서류·장부 등을 검열하며, 또한 하급관청에 명하여 집무상의 보고서를 제출하게 할 수 있다. 이러한 행위는 법적 근거가 있음을 필요로 하지는 않는다. 이러한 감시권은 사전예방적 감독수단인 것이 원칙이나 사후 교정적 감독수단으로 행사될 때도 있다.

② 인가권

인가권(승인·동의권)은 하급관청이 명령을 발하거나 처분을 하기 전에 미리 이에 대한 상급관청의 동의를 구하게 하는 것을 말한다.

90) 이하 김남진(2002), 앞의 책, pp. 48-59. 홍정선(2007), 앞의 책, pp. 132-138 재구성.

하급관청이 그 권한을 행사함는데 미리 상급관청의 인가(또는 승인)를 받는 것을 명문으로 법에 규정하는 경우도 있다. 그러나 법령에 근거가 없는 경우에도 상급관청은 감독권의 내용으로써, 하급관청의 일정한 권한행사에 미리 인가를 받게 할 수 있다는 것이 일반적인 견해이다.

상급경찰관청의 승인 예: 지구대·파출소 설치

시·도경찰청장은 경찰서장의 소관사무를 분장하기 위하여 행정안전부령으로 정하는 바에 따라 경찰청장의 승인(承認)을 받아 지구대 또는 파출소를 둘 수 있다(경찰청과 그 소속기관 직제 제43조 제1항).

주의할 것은 여기에서 '인가' 등의 용어가 사용되고 있지만, 그것은 경찰조직의 내부적 행위로서 행정행위(즉, 처분)의 성질을 가지지 않음이 원칙이다. 따라서 하급관청은 그 상급관청의 인가의 거부 등에 대해 항고쟁송(취소심판, 취소소송 등)을 제기할 수는 없으며, 다만 법률에 근거가 있는 경우 기관소송을 제기할 수 있다고 보는 것이 타당하다.

③ 훈령권

훈령(訓令)이란 상급관청이 하급관청의 권한행사를 지휘하기 위하여 발하는 명령(命令)을 말한다. 이러한 훈령을 발할 수 있는 권한이 훈령권(訓令權)이다. 훈령권은 다른 말로 지휘권(指揮權)이라고도 한다.[91]

이러한 훈령권은 법령상 명문으로 규정되는 경우가 있으나, 반드시 명문의 근거가 있어야만 훈령권이 인정되는 것은 아니다. 훈령권은 상급관청이 하급관청에 대한 정상적인 감독권을 행사하기 위해 당연히 요구되는 것이기 때문이다.

91) 훈령의 종류는 크게 네 가지로 나눌 수 있다. ① 좁은 의미의 훈령: 상급관청이 하급관청에 대하여 장기간에 걸쳐 그 권한의 행사를 일반·추상적으로 규율하는 명령을 말한다. 재량권 행사의 기준을 정하는 재량준칙이 대표적이다. ② 지시: 상급관청이 하급관청에 대하여 개별적·구체적으로 발하는 명령이다. ③ 예규: 행정사무의 통일을 기하기 위한 반복적 행정사무의 처리기준을 말한다. ④ 일일 명령: 당직·출장·각종 휴가 등 일일 사무에 관하여 발하는 명령이다.

훈령권의 규정 예

① **대통령의 훈령권**

대통령은 정부의 수반으로서 법령에 따라 모든 중앙행정기관의 장을 지휘·감독한다(정부조직법 제11조 제1항).

② **경찰청장의 훈령권**

경찰청장은 국가경찰에 관한 사무를 총괄하고 경찰청 업무를 관장하며, 소속 공무원 및 각급 경찰기관의 장을 지휘·감독한다(경찰법 제14조 제3항).

그리고 훈령권은 경찰조직 내부에서의 작용으로 하급관청을 구속할 뿐 국민을 구속하는 것은 아니라는 것이 통설·판례의 입장이다.

훈령권의 구속력

국무총리훈령은 상급행정기관이 하급행정기관에 대하여 발하는 일반적인 행정명령으로서 행정기관 내부에만 구속력이 있을 뿐 대외적인 구속력을 가지는 것은 아니다.[92)]

그리고 통설에 따르면 훈령 위반은 위법이 아니므로 훈령 위반행위의 효력은 적법하고, 다만 훈령 위반자에게는 징계책임이 부과될 수 있을 뿐이다.

훈령과 직무명령

1. 훈령과 직무명령의 구분

훈령은 상·하 관청간의 문제이므로 상급공무원이 하급공무원에게 발하는 공무원 간의 문제인 직무명령과는 구별된다.

훈령은 상급기관구성자의 변경(예: 경찰청장의 교체)에도 불구하고 효력을 가지나 직무명령은 그러하지 아니하다. 그리고 훈령은 하급관청의 소관사무에 관련되나, 직무명령은 공무원 개인의 직무와 관련을 맺는다. 물론, 훈령은 동시에 직무명령으로서의 기능을 가질 수도 있다.

2. 훈령과 직무명령의 성립 요건

훈령과 직무명령의 성립요건은 형식적 요건과 실질적 요건으로 구분할 수 있는데, 이의 특성을 살펴보면 아래와 같다.

92) 대법 1994.8.9., 94누3414.

<table>
<tr><th>훈령의 형식적 요건</th><th>실질적 요건(양자공통)</th></tr>
<tr><td>① 훈령권한이 있는 상급관청이 발한 것일 것
② 하급관청의 권한 내에 속하는 것일 것
③ 하급관청의 독립성이 보장된 사항이 아닐 것
④ 법정의 형식과 절차가 있으면 이를 갖출 것</td><td rowspan="4">① 내용이 법령에 저촉되지 않을 것
② 내용이 공익에 적합할 것
③ 내용이 실현가능하고 명확할 것</td></tr>
<tr><th>직무명령의 형식적 요건</th></tr>
<tr><td>① 직무명령권한이 있는 상관이 발한 것일 것
② 하급공무원의 직무범위 내에 속하는 사항일 것
③ 하급공무원의 독립성이 보장된 사항이 아닐 것
④ 법정의 형식과 절차가 있으면, 이를 갖출 것</td></tr>
</table>

(2) 대등 경찰관청의 간의 관계

① 권한의 상호존중

대등 경찰관청 상호간(예: 시·도경찰청장 상호간 또는 경찰서장 상호간)에는 서로 그 권한을 존중할 것이 요구되며, 자기의 권한이 다른 기관에 의해 침해되는 것을 배제하는 동시에 타경찰관청의 권한을 침범하지 않도록 배려하지 않으면 안 된다. 경찰관청의 권한은 경찰관청 스스로가 정하는 사항이 아니라 법령상 정해지는 것이기 때문이다.

경찰관청 상호간에 분쟁이 있는 경우, 이를 해결하고 결정하는 절차를 '주관쟁의'(主管爭議)라고 한다. 그리고 일반적으로 상급관청은 하급관청 상호간의 권한분쟁이 있는 경우에 이를 결정하는 권한을 가진다. 이를 '주관쟁의 결정권'이라고 한다.

② 권한의 상호협력

㉠ 협의

어떠한 사항이 둘 이상의 대등 경찰관청의 권한과 관련되는 경우에는 상호간의 협의에 의하여 이를 결정하도록 하는 것을 말한다.

㉡ 사무의 촉탁

대등한 경찰관청 간에 있어서 어느 경찰관청의 직무상 필요한 사무가 타경찰관청의 관할에 속한 경우, 그 경찰관청에 위탁하여 처리시키도록 하는 것을 말한다. 예컨대, 경찰서장이 물건의 압수와 관련하여 그 물건의 소재지의 경찰서장에게 해당 물건의 압수를 위탁하는 것과 같다.

㉢ 행정응원

이는 경찰사무의 처리를 위하여 다른 경찰관청으로부터 인력이나 장비 또는 전문지식 등의 도움을 받는 것을 말한다. 이에 관한 일반조항으로는 행정절차법(行政節次法) 제8조가 있고, 특별법으로는 경찰직무응원법(警察職務應援法) 등이 있다.

3. 경찰집행기관

경찰집행기관(警察執行機關)이라는 것은 경찰업무를 일선현장에서 직접적으로 수행하는 경찰기관을 말한다. 경찰업무는 경찰관직무집행법 및 관계법령에 구체적으로 명시되어 있다.

경찰집행기관은 법치주의 원칙하에서 관련업무를 일반적·직접적으로 집행하게 된다. 그리고 이러한 범위 내에서 특정한 사안의 경우에는 절차적으로 경찰의결기관인 국가경찰위원회 및 시·도자치경찰위원회의 심의·의결과정을 거쳐서, 경찰관청인 경찰청장, 시·도경찰청장, 경찰서장의 대외적인 의사표시 및 명령에 따라 집행이 이루어지게 된다. 이러한 경찰집행기관은 그의 직무의 일반성 여부에 따라 일반경찰집행기관과 특별경찰집행기관으로 나눌 수 있다.

1) 일반경찰집행기관

경찰공무원은 경찰집행기관으로서 계급은 순경, 경장, 경사, 경위, 경감, 경정, 총경, 경무관, 치안감, 치안정감, 치안총감으로 구분된다(경찰공무원법 제3조). 이들은 특정직 국가공무원으로서 일반적으로 제복을 착용하고 직무수행을 위하여 필요한 경우 무기를 휴대할 수 있다(경찰공무원법 제26조 제1항 및 제2항).

일반경찰집행기관을 구성하는 경찰공무원은 경찰법 제3조(경찰의 임무) 및 경찰관직무집행법 제2조(직무의 범위), 그리고 구체적으로는 수많은 개별법에 근거하여 직무를 수행하고 있다. 이러한 경찰공무원의 직무는 크게 예방적 차원의 행정경찰직무와 사후대응적 차원의 사법경찰직무, 그리고 이들 양자의 성격을 모두 갖는 기본적·표준적 직무로 구분할 수 있다.

한편, 사법경찰직무를 수행하는 일반경찰집행기관은 특징이 있다. 형사소송법 제197조에서는 일반경찰집행기관인 경찰공무원이 사법경찰에 관한 직무 즉, 범죄수사를 담당하도록 하고 있는데, 이들을 '사법경찰관리'(司法警察官吏)라고 부른다. 사법경찰관리는 순경에서 경무관까지를 말한다.

여기에서 경위·경감·경정·총경·경무관은 '사법경찰관'(司法警察官), 순경·경장·경사는 '사법경찰리'(司法警察吏)라 부른다. 그리고 사법경찰관(경위 ~ 경무관)은 수사의 주체로서 범죄의 혐의가 있다고 사료하는 때에는 범인, 범죄사실과 증거를 수사하도록 하고 있다(형사소송법 제197조 제1항). 그리고 사법경찰리(순경 ~ 경사)는 수사의 보조자로서 관련업무를 수행하도록 하고 있다(제2항).

의무경찰제도

① 의무경찰의 의의

의무경찰은 간첩(무장공비 포함)의 침투거부, 포착, 섬멸, 그 밖의 대(對)간첩작전을 수행하고 치안업무를 보조(補助)하는 경찰을 말한다(의무경찰대 설치 및 운영에 관한 법률 법(약칭: 의무경찰대법) 제1조 제1항).

이러한 의무경찰의 업무를 수행하기 위하여 시·도경찰청장 및 대통령령으로 정하는 국가경찰기관의 장(또는 해양경찰기관의 장) 소속으로 의무경찰대(義務警察隊)라는 조직을 두도록 하고 있다(제1조 제1항 하단). 의무경찰대의 대원(隊員)은 다음과 같이 구성된다(의무경찰대법 제2조 제1항).

㉠ 「의무경찰대법」상의 의무경찰

㉡ 「경찰공무원법」상의 경찰공무원

여기에서 '㉡' 즉, 경찰공무원법상의 경찰공무원은 일반경찰집행기관으로서 의무경찰대에 소속되어 법에서 규정한 관련업무를 수행한다. 한편, 「의무경찰대법」상의 의무경찰로 임용되는 경우는 다음과 같다.

㉠ 「병역법」 제25조 제1항에 따라 전환복무 된 사람[93)]

㉡ 경찰대학을 졸업하고 경위로 임용된 사람으로서 「병역법」 제25조 제1항에 따라 전환복무 된 사람은 전환복무 기간 중 의무경찰대의 대원으로 복무하여야 함.

이들 의무경찰은 그 임용, 복무, 신분보장 등에 있어서 다음과 같은 특례(特例)를 제외하고는 「경찰공무원법」 및 경찰공무원에게 적용되는 「국가공무원법」상의 관련규정을 준용(準用)하도록 하고 있다(의무경찰대법 제4조 제1항).

㉠ 경찰공무원법 적용 제외: 시보임용(제13조), 보훈(제21조), 당연퇴직(제27조), 직권면직(제28조), 정년(제30조)

㉡ 국가공무원법 적용 제외: 보수결정의 원칙(제46조), 의사에 반한 신분 조치(제68조), 휴직 등(제71조~제73조의2), 사회보장(제77조)

93) 전환복무라는 것은 현역병으로 복무 중인 사람이 의무경찰대원(또는 의무소방원)의 임무에 복무하도록 군인으로서의 신분을 다른 신분으로 전환하는 것을 말한다(병역법 제2조 제7호).

② 의무경찰의 역사적 발전과 쇠퇴과정

㉠ 전투경찰의 설치

1970년 12월 31일 간첩(무장공비 포함)의 침투거부 · 포착 · 섬멸 기타의 대간첩작전을 수행하기 위하여 서울특별시장·부산시장·도지사 및 해양경찰대장 소속하에 전투경찰대를 두도록 하는 「전투경찰대설치법(戰鬪警察隊設置法)」이 제정되었다. 그리고 이 법에 따라 전환복무(轉換服務)의 일환으로 전투경찰순경을 두도록 하였다.

㉡ 의무경찰의 추가 도입

1980년에 법개정으로, 치안업무의 일부를 전투경찰순경이 보조하기 위하여 전투경찰대의 임무에 치안보조업무를 추가하게 되었다. 이러한 배경 속에서 1982년에 법개정을 통해 전투경찰을 ㉠ 작전전경과 ㉡ 의무경찰로 구분하였다. 기본적으로 작전전경은 대간첩작전 기능을 수행하였다면, 의무경찰은 치안업무(예: 방범순찰, 집회시위관리, 교통질서유지 등)의 보조기능을 수행하도록 하였다.

여기에서 작전전경은 경찰청장의 요청으로 국방부장관이 배정하고, 의무경찰은 경찰청장이 국방부장관에게 추천하여 경찰청에서 선발하도록 하고 있다(병역법 제24조 및 제25조, 전투경찰대설치법 제3조).

㉢ 의무경찰로의 일원화

지난 2013년 9월 25일 대간첩작전 등을 수행하였던 전투경찰(작전전경)이 폐지되었다. 전투경찰제도가 폐지된 배경에는 전체 병역의무자의 복무기간 단축 등으로 인한 병역자원의 감소 등을 들 수 있다. 이에 따라 경찰은 2007년부터 작전전경과 의무경찰(전·의경)의 인력을 감축하기 시작하였으며, 2012년 1월부터 작전전경의 차출을 중단하여 2013년 9월 25일에 마지막 기수 전역을 끝으로 폐지되었다. 이후 의무경찰이 전투경찰(작전전경)의 역할을 대신하고 있다.

이상과 같이 전투경찰이 폐지되고, 의무경찰로 일원화됨에 따라 법률 명칭을 「전투경찰대설치법」에서 「의무경찰대 설치 및 운영에 관한 법률(약칭: 의무경찰대법)」로 개정(2016.1.25.)되었다.

㉣ 의무경찰의 폐지

의무경찰은 2021년 6월에 마지막으로 선발하고(1,142기), 2023년에 폐지될 예정이다. 2023년은 1983년 2월 의무경찰 1기가 최초로 선발된 이후, 40년이 되는 해이다. 마지막으로 선발하는 1,142기를 포함해서 지금까지 의무경찰로 복무한 인원은 총 490,000명이다.

문재인정부는 지난 2017년 '의무경찰 단계적 감축 및 경찰인력 증원방안'을 국정과제로 확정하고 이듬해부터 인원을 매년 20%씩 감축하였다. 문재인대통령은 대통령 선거기간 중 의무경찰제도의 폐지와 공공일자리 81만 개 창출을 공약으로 내건 바 있다. 의무경찰제도를 폐지하고 경찰공무원 인력을 충원하겠다는 의미이다. 한편, 의무경찰 폐지이유와 관련하여 인구감소로 국방을 담당할 병역인력 자체가 부족하여 전환복무가 어렵게 되었다는 점도 들 수 있다(국방부는 2016년 5월 의무경찰제도를 폐지한다는 방침을 내놓은 바 있다).[94)]

2) 특별경찰집행기관

특별경찰집행기관은 위에서 설명한 바와 같이 범죄 등 위험발생 방지 및 제지와 관련된 전반적인 업무를 수행하는 일반경찰집행기관(즉, 경찰공무원법상의 순경~치안총감)과는 달리 특별한 분야의 관련 직무를 담당하는 기관을 말하는데, 여기에는 ㉠ 협의의 행정경찰: 특별사법경찰, ㉡ 청원경찰, 그리고 ㉢ 비상경찰 등을 들 수 있다.

(1) 협의의 행정경찰: 특별사법경찰

특별경찰기관으로서 '협의의 행정경찰기관'은 타행정작용에 부수하여, 그 영역에서 일어나는 안녕질서에 대한 위해를 방지하는 임무를 담당하고 있는 기관을 말한다.

사실, 국가행정기관에서 수행하는 모든 행정업무(산림·영업·보건·건축·소방·군수사기관 등)와 관련하여 이를 위반하는 일들이 빈번하게 발생하기 마련이다. 이들 소관부처의 업무와 관련된 위반행위는 해당 기관에서 일차적으로 통제하는 것이 바람직하다고 본다. 해당 기관이 관련 업무의 특성을 가장 잘 알고 있고, 따라서 위반행위에 대한 대응 역시 적절하게 할 수 있기 때문이다.

물론, 이들 국가행정기관의 본연의 업무가 통제 및 규제는 아니다. 국가행정기관은 해당업무와 관련된 국민의 복리증진을 위해 존재하는 것이기 때문이다.

협의의 행정경찰 예: 산림경찰

산림보호법은 '산림보호구역을 관리하고 산림병해충을 예찰(豫察)·방제(防除)하며 산불을 예방·진화하고 산사태를 예방·복구하는 등 산림을 건강하고 체계적으로 보호함으로써 국토를 보전하고 국민의 삶의 질 향상에 이바지함을 목적'으로 하고 있다(산림보호법 제1조).

그런데, 이러한 산림보호법상의 목적에 반하는 위법행위가 존재하기 마련이다. 예컨대, 산림보호구역 또는 보호수(保護樹)에 불을 지르는 경우를 들 수 있다. 이러한 위반행위 경우, 7년 이상 15년 이하의 징역에 처하도록 하고 있다(산림보호법 제53조 제1항).

이러한 위법행위가 발생한 경우, 산림보호 관할 행정청(산림청 등)은 소관업무의 위반사항에 대해 '물리적 강제력' 즉, 범죄수사권을 행사할 수 있다는 의미이다. 이러한 점에

94) 나무위키(https://namu.wiki).

서 산림청 등은 '소관업무'에 한(限)하여 특별경찰기관으로서 기능한다고 볼 수 있다.[95)]

그리고 산림보호에 관하여 다른 법률에 특별한 규정이 있는 경우를 제외하고는 이 법에서 정하는 바에 따르도록 하고 있다(산림보호법 제5조). 산림보호에 대해서는 산림보호법이 특별법(特別法)으로서 우선 적용된다는 의미이다.

협의의 행정경찰과 특별사법경찰의 관계

1. 협의의 행정경찰 개념의 성립 배경

행정경찰(行政警察)이라는 개념은 '위험발생의 방지'라는 예방적 경찰활동과 관련된다. 여기에서 '협의의 행정경찰'이라는 개념은 19세기 독일에서 '행정경찰의 탈경찰화'의 결과로서 형성된 개념이라 할 수 있다.

독일에서는 행정경찰을 개념적으로 보안경찰과 협의의 행정경찰로 구분하여, 보안경찰(즉, 일반경찰기관)의 고유한 정체성(즉, 형식적·제도적 의미의 경찰개념)을 확립하고자 한 것이다.

2. 특별사법경찰의 의의

한편, 사법경찰(司法警察)이라는 것은 범죄수사와 밀접한 관련성을 갖는다. 현행 사법경찰은 (일반)사법경찰과 특별사법경찰로 구분된다(형사소송법 제196조 및 제245조의10). 여기에서 (일반)사법경찰은 일반경찰기관(경찰청, 시·도경찰청, 경찰서) 소속 경찰 및 검찰청 소속 수사관을 말한다.

그리고 특별사법경찰은 삼림, 해사, 전매, 세무, 군수사기관, 그 밖에 특별한 사항에 관하여 사법경찰관리의 직무를 행하는 자를 말한다(형사소송법 제245조의10). 이들 특별사법경찰에 대한 구체적인 내용은 「사법경찰관리의 직무를 수행할 자와 그 직무범위에 관한 법률」(약칭: 사법경찰직무법)에 규정되어 있다.

3. 협의의 행정경찰과 특별사법경찰의 동일성

이러한 점에서 볼 때, 협의의 행정경찰과 특별사법경찰은 '용어'상으로는 구분된다. 그런데, 양자는 용어만 다를 뿐 '업무'상으로는 협의의 행정경찰과 특별사법경찰과은 동일하다는 의미이다.[96)]

협의의 행정경찰은 특별사법경찰이라는 이름으로 소관부서의 위반사항에 대한 단속업무(즉, 사법경찰활동)를 수행하기 때문이다. 그리고 법적으로도 '협의의 행정경찰'이라

95) 협의의 행정경찰 즉, 특별사법경찰은 경찰학에서 중점적으로 다루는 형식적·제도적 의미의 일반경찰집행기관과는 개념, 목적, 역사, 법적 근거, 조직, 역할과 권한 등에서 차이가 있다. 따라서 일반경찰집행기관을 주요 연구대상으로 하는 경찰학의 영역에서 이 특별경찰기관에 관한 논의를 크게 할 필요는 없고, 단지 비교론적 관점에서 접근하면 족하다고 본다.

96) 김종오·김태진(2011), "특별사법경찰의 교육훈련 효율성 제고 방안에 관한 연구," 한국공안행정학회보, 제44호, p. 14.

는 용어는 존재하지 않는다. 이러한 점에서 오늘날 독일과 같은 대륙법계에서 유래된 협의의 행정경찰이라는 용어를 사용하는 것은 특별한 실익은 없다고 본다.

사실, 오늘날 우리나라 대부분의 중앙 및 지방행정기관은 특별사법경찰을 운용하고 있다. 이와 관련하여 2009년 현재 중앙행정부처 및 지방자치단체의 932개 기관에 17,613명이 특별사법경찰로서 관련업무를 수행하고 있는 것으로 나타났다(2017년 기준으로는 19,469명 관련업무를 수행하고 있음). 따라서 형사소송법(제245조의10)에서 규정하고 있는 특별사법경찰의 종류는 일종의 '예시적 규정'이라고 볼 수 있고, 그 종류는 매우 많음을 알 수 있다.[97] 이러한 상황이다 보니 전체 특별사법경찰의 업무에 대한 실태 파악도 쉽지 않은 상황이다.

이와 같이 일반경찰기관 소속의 (일반)사법경찰이 아닌 다른 국가행정기관의 소속 공무원들에게 특별한 사법경찰권을 부여한다는 것은 적지 않은 문제(특히, 전문성 부족 등)가 발생할 소지가 없지 않다. 그러나 (일반)사법경찰이 국가의 모든 업무영역과 시설(산림·영업·보건·건축·소방·헌병·교정·선박·열차 등)에서 활동한다는 한계가 있다고 본다. 따라서 특별사법경찰의 전문성 및 사명감을 제고하고, 이를 적절하게 운용하는 것은 의의가 있다고 볼 수 있다.

(2) 청원경찰

청원경찰(請願警察)은 다음의 어느 하나에 해당하는 기관의 장 또는 시설·사업자 등의 경영자가 경비(經費, cost)를 부담하는 조건으로 경찰의 배치를 신청하는 경우에, 그 기관·시설 또는 사업장 등의 경비(警備, security)를 담당하게 하기 위하여 배치하는 경찰을 말한다(청원경찰법 제2조).

㉠ 국가기관 또는 공공단체와 그 관리하에 있는 중요시설 또는 사업장

㉡ 국내 주재 외국기관

㉢ 기타 행정안전부령으로 정하는 중요시설·사업장 또는 장소

이러한 청원경찰의 배치결정을 받은 자(즉, 청원주)와 배치된 기관·시설 또는 사업장 등의 구역을 관할하는 경찰서장의 감독을 받아 그 경비구역만의 경비를 목적으로 필요한 범위 안에서 '경찰관직무집행법'(警察官職務執行法)에 따른 경찰관의 직무를 수행하도록 하고 있다(청원경찰법 제3조).

이처럼 청원경찰은 제한된 근무지역(즉, 국가중요시설) 내에서 경찰관직무집행법상의 직무를 수행한다는 점에서 특별경찰집행기관의 성격을 가지고 있다고 볼 수 있다. 그리고 청원경찰이 비록 경찰관직무집행법상의 직무를 수행하도록 하고 있지만, 사법

97) 위의 논문, p. 13 재인용.; https://blog.naver.com/terryhong1/222449617858.

경찰작용에 대해서는 일정부분 한계를 두고 있다. 즉, "청원경찰은 경찰관 직무집행법에 따른 직무 외의 수사활동 등 사법경찰관리의 직무를 수행해서는 아니 된다"고 규정하고 있기 때문이다(청원경찰법 시행규칙 제21조 제2항)

(3) 비상경찰집행기관

전국 또는 일부 지역에 비상사태가 발생하여 일반경찰집행기관으로는 공공의 안녕과 질서를 유지할 수 없다고 인정되는 경우에 병력으로써 이를 대체하게 된다.[98)]

이와 관련하여 대통령은 계엄(戒嚴)을 선포하게 되고, 대통령이 임명한 계엄사령관은 당해 지역의 사법권·행정권의 전부 또는 일부를 행사하게 된다. 계엄법상 대통령이 선포하는 계엄은 비상계엄과 경비계엄이 있다(제2조 제1항~제3항).

㉠ 비상계엄: 대통령이 전시·사변 또는 이에 준하는 국가비상사태시 적과 교전(交戰) 상태에 있거나 사회질서가 극도로 교란(攪亂)되어 행정 및 사법(司法)기능의 수행이 현저히 곤란한 경우에 군사상 필요에 따르거나 공공의 안녕질서를 유지하기 위하여 선포

㉡ 경비계엄: 대통령이 전시·사변 또는 이에 준하는 국가비상사태시 사회질서가 교란되어 일반 행정기관만으로는 치안을 확보할 수 없는 경우에 공공의 안녕질서를 유지하기 위하여 선포

---

98) 허경미(2021), 경찰학, 서울: 박영사, p. 101.

제7장

경찰조직의 인사관리

제7장 경찰조직의 인사관리

제1절 경찰인사관리의 의의

1. 경찰인사관리의 개념

경찰인사행정 또는 경찰인사관리(警察人事管理, Police Personnel Management)라는 것은 '경찰조직의 목표달성에 필요한 인적자원의 충원·유지, 근무의욕의 고취, 행동과 태도의 통제 등 상호 연관된 요소들을 체계적으로 관리하는 제반활동'을 의미한다고 할 수 있다.

경찰인사관리를 과정론적 측면에서 본다면, 경찰공무원의 모집 → 경찰공무원의 법적 관계 발생(신규채용·초임보직·시보임용) → 경찰공무원의 법적 관계 변경(승진·전보·강등·정직·휴직 등) → 경찰공무원의 법적 관계 소멸(퇴직·면직 등) → 경찰공무원의 퇴직관리(연금·재고용 등)와 같은 과정을 거치게 된다.

2. 경찰인사관리의 중요성

이러한 경찰조직은 조직이 지향하는 목표를 달성해야 하는데, 이를 위해서는 경찰관 개개인이 공직자(公職者)로서의 위상을 정립할 수 있도록 조직은 많은 관심과 배려를 해주어야 하며, 한편으로는 이들에 대한 적절한 통제가 이루어져야 한다고 본다.

이 때문에 경찰관의 자질과 행태, 그리고 동기부여 등에 관한 연구는 인사관리에 있어서 매우 중요한 비중을 차지하고 있다. '인사(人事)가 만사(萬事)'라는 말이 있다. 인사를 공정하고 형평성 있게 하는 것이야말로 모든 조직을 운영하는데 가장 기본이라는 의미이다. 조직의 목표, 구조설계와 관리 그리고 환경에 대한 대응은 모두 구성원의 의

지와 역량에 달려있다.

따라서 우수한 인적 자원을 선발하여 적재적소(適材適所)에 배치하는 것은 경찰관리자의 첫 번째 덕목이라는 점에서는 이론의 여지가 없다. 그리고 경찰인사가 공정하지 못하면 부하직원들이 불만을 드러내고 불신의 원인이 된다. 그래서 어느 조직이든 공감할 수 있는 인사를 요구하는 것이다.[1)]

더욱이 부적절한 경찰인사관리가 이루어지게 되면, 조직 내적인 문제뿐만 아니라 조직 외적으로도 심각한 결과를 초래하게 된다. 부적절한 경찰인사관리 관행이 언론 등을 통해 외부에 알려질 경우, 경찰에 대한 대국민 신뢰는 저하될 것이다. 또 관련분야의 전문성 등이 부족한 경찰관이 배치됨으로써 직무수행 능력이 떨어지고, 그것으로 인해 만약에 심각한 인권침해 등의 문제가 발생하게 되면 그 비난을 면하기 어려울 것이다. 최근에도 경찰관의 전문성과는 무관하게 승진을 위한 보직 경쟁에 의한 인사, 그리고 징계를 받은 경찰관에 대한 전문성과 전혀 무관한 좌천성 인사를 단행하는 일들이 발생하고 있음은 물론이다.

생각건대, 경찰조직 내적인 문제와 외적인 문제는 상호 밀접한 역학관계를 형성하고 있다고 본다. 경찰인사관리의 첫 단추인 채용단계에서 유능한 인재를 선발하지 못하고, 부적절한 교육훈련을 실시하고, 공정하지 못한 승진·전보·징계 등이 이루어지고, 적절한 경력개발을 하기 어려운 환경 속에 놓이게 되면, 경찰공무원 개개인들은 공무원 본연의 정신과 자세를 잃기 마련이다. 이로 인해, 국민을 보호해야 할 경찰이 오히려 국민을 상대로 치명적인 피해를 가져다주기도 한다.

---

1) 아래는 경찰인사에 대한 조직구성원들의 불만 섞인 목소리 가운데 하나이다. "어느 조직이든지 인사철만 되면 자신이 인사 대상자 여부를 떠나 관심을 갖게 되고 조직 전체가 술렁이게 된다. 우리 경찰조직도 새해 초 승진시험이 공고되면서 승진대상자에 대한 하마평(下馬評)이 오르내리고, 인사 시즌 한 달여 기간 동안 주인공들은 어디로 가야할지 마음을 졸이고, 조연들은 인사라는 그림이 어떻게 그려질지에 관심이 집중되었었는데 어제 드디어 고대하던 그림이 공개되었다. ○○출신 경찰청장이 부임하여 첫 인사라는 점에서 과거와 다른 신선하고 조직원들이 공감하는 획기적인 그림을 그릴 것이라는 기대가 컸기 때문인지 모르지만 씁쓸한 마음이 앞선다. 밥은 뜸이 들어야 맛이 있듯이 오랫동안 뜸을 들여온 인사라 구수한 냄새가 날 줄 알았는데, 정년이 연장되어 덤으로 아직까지 머물러 있는 입장에서 왈가불가할 처지가 아니라 어금니를 꽉 물고 있지만 직원들의 자조 섞인 말 한마디 한마디에 공감이 가는 이유는 무엇일까? 누구는 특진해서 인근 경찰서 과장으로 나갔다가 6개월여 만에 다시 돌아오고, 누구는 승진후보자도 아닌데 경감이 경정과장 자리를 꿰차고 가고, 누구는 7~8년차 고참 경감인데 3급서 계장으로 쫓겨 간다. 참 재미있고 우습지 않은가? 왜 '인사가 만사'라고 하였는지. 그러나 A경찰서 B지구대장으로 근무하던 K가 1년 여 만에 고향으로 다시 복귀한 것에 대해 진심으로 축하를 한다"(2012.01. 어느 인터넷 글 중에서).

3. 경찰인사관리의 현황과 문제

1) 경찰인사관리의 현황

오늘날 전통적인 경찰의 업무라 할 수 있는 법집행, 질서유지뿐만 아니라 대민봉사 역시 중요한 경찰역할 가운데 하나로 인식되고 있다. 더욱이 최근 들어 다양한 신종범죄의 등장과 범죄수법의 고도화·흉폭화, 그리고 사회적 약자 및 불특정인을 대상으로 하는 범죄가 증가하고 있다. 이로 인해 국민들의 범죄에 대한 불안감 및 안전에 대한 욕구 등, 전반적인 치안수요가 증대되고 있다.

이러한 치안상황에 대응하기 위하여 경찰인력 또한 꾸준히 증원되고 있다. 2020년 12월 현재 경찰인력은 126,227명(1인당 담당인구는 평균 411명) 수준에 이르고 있다. 이는 지난 2001년 90,819명(1인당 담당인구 526명)과 비교해 본다면 경찰인력은 인구대비 상당히 증가하였음을 알 수 있다.

물론, 치안수요가 많은 대도시·신도시 지역과 치안수요가 상대적으로 많지 않은 소도시·농어촌 지역의 경찰공무원 1인당 담당 인구의 편차가 크기 때문에 향후 치안정책적으로 이러한 부분을 고려해야 할 것이다. 참고로 아래 표는 경찰계급별 인력구성을 보여주고 있다.[2)]

〈경찰계급별 인력구성(2020년 현재)〉

(단위: 명, %)

총 계	치안총감	치안정감	치안감	경무관	총경	경정	경감	경위	경사	경장	순경
126,227	1	6	27	65	551	2,794	9,596	15,631	25,742	32,160	39,654
100.0%	–	–	0.02	0.05	0.44	2.21	7.60	12.40	20.40	25.48	31.42

그리고 아래 표는 경찰관 계급별 인력구성을 정부의 다른 부처와 비교하여 제시해주고 있다.[3)] 국가와 지방 일반행정직의 경우와 비교하여 볼 때, 해양경찰과 소방직, 경찰직은 7급 이하(경위 이하)가 적지 않은 비중을 차지하고 있음을 알 수 있다. 그리고 특히, 경찰직의 경우 4급 이상(총경 이상)의 비중이 매우 낮음을 알 수 있다.

2) 사이버경찰청(https://www.police.go.kr).

3) 경찰청(2020), 경찰백서, p. 324.

〈타부처와 계급별 인력구성 비교(2019년 현재)〉

구 분	4급 이상(총경 이상)	5~6급(경정, 경감)	7~9급(경위 이하)
국가일반직	5.3%	30.2%	64.5%
지방일반직	1.4%	35.7%	62.9%
해양경찰	0.8%	8.5%	90.7%
소 방 직	0.8%	9.6%	89.6%
경 찰 청	0.5%	9.6%	89.9%

2) 경찰인사관리의 문제

그동안 경찰관 1인당 담당 인구는 꾸준히 감소하였다.[4] 인구증가 대비 경찰인력의 채용규모가 확대되었다는 의미이다. 그러나 경찰인력의 증대 자체가 치안역량 강화와 직결되는 것은 아니라고 본다. 양적인 경찰인력의 증대도 중요하지만 유능한 경찰인력을 선발하고, 이들을 적재적소에 배치하는 등의 질적인 수준의 향상은 더욱 중요하기 때문이다. 그리고 특히, 형평성 있는 승진기회를 부여하는 것은 구성원들이 주어진 조직목표를 달성과 관련하여 최상의 동기부여 요인이 된다고 본다.

한편, 위의 표에 나타난 바와 같이 경찰관 계급별 인력분포를 다른 국가기관과 비교해 보면, 총경이상의 고위직은 매우 낮고, 경위 이하의 하위직은 매우 높은 압정형 구조를 띠고 있음을 발견할 수 있게 된다. 이러한 인사분포의 불균형적인 문제는 낮은 승진기회를 의미하며, 인해 조직구성원들의 사기저하 등의 문제는 끊임없이 제기되고 있다.

검찰청 소속 차관급 검사의 규모 문제

2017년 행정자치부(현 행정안전부)에 따르면, 현재 행정부의 차관급 공무원은 105명 정도이다. 대부분 행정부처에는 차관이 1명이고, 부총리가 이끄는 기획재정부에서도 차관이 2명에 불과하다. 경찰조직에서 차관급 예우를 받는 사람은 경찰청장 1명뿐이다. 그런데, 정부조직 가운데 법무부 외청인 검찰청에 차관급이 전체 행정부처 차관의 약 절반인 50명

4) 2017년 12월 기준 경찰관 1인당 담당인구는 독일(258명), 프랑스(279명), 미국(299명), 영국(284명)으로 나타났다. 경찰청(2018), 경찰백서, p. 398.; 그러나 경찰청이 제시한 년도별 각국의 수치들이 일관성이 다소 떨어지며, 따라서 경찰의 인적 규모 확충이라는 명분을 얻기 위한 모습으로 비춰지기도 한다. 참고적으로 경찰청 「경찰백서(2015)」 자료에서는 2014년 일본경찰의 1인당 담당인구는 493명으로 나타났다. 이 수치는 우리나라(2014년 469명, 2015년 456명)보다 높기 때문에 2015년 통계자료에서는 의도적으로 제시하지 않은 것으로 보인다.

을 차지하고 있다. 이런 예우는 다른 행정부처에 비하면 매우 파격적이다.

검사의 정원을 규정한 대통령령인 「검사정원법 시행령」에 따르면, 차관급 예우를 받는 검사장급 이상 검사의 정원은 검찰총장을 포함해 49명이나 된다(검찰총장은 장관급 예우를 받는다).[5)]

여기에는 고등검찰청 검사장과 고검 차장, 지방검찰청 검사장은 물론이고 법무부 주요 실·국장급 고위 간부, 법무연수원장과 기획부장, 사법연수원 부원장이 모두 검사장급으로 돼 있어 차관급 예우를 받는다. 더욱이 법무부 차관 자리에도 대부분 현직 검사가 보임되는 관행을 고려하면 차관급 이상은 50자리가 된다.

이러한 문제는 새로운 건 아니다. 법무부의 외청인 검찰청의 고위직이 타 행정부처보다 너무 많다는 지적은 오래전부터 제기되어 왔음은 주지의 사실이다. 이에 대해서 제도적으로 행정고시에 합격하면 5급부터 시작하지만, 검사는 3급 부이사관부터 출발하기 때문에 이를 동일선상에서 비교하기는 어렵다는 지적도 있다. 또 「검찰청법」상의 검찰청은 각급 법원에 대응해 소재해 있고, 법관들과 격을 맞추다 보니 고위직이 많아졌다는 주장도 있다. 아울러 검사는 특수한 업무를 수행하는 특정직 공무원인 만큼 특수성이 인정될 필요가 있다는 주장도 제기된다. 그러나, 지나치면 문제가 발생할 수 밖에 없다고 본다.[6)]

더욱이 경찰공무원의 신규채용은 순경 출신, 경찰대학 출신, 경찰간부후보생 출신, 고시출신 등 다양한 형태로 이루어지고 있는데, 경찰대학 출신 등이 경찰고위직을 거의 독점하고 있는 것이 현실이다.

다양한 신규채용은 유연한 인사관리를 하는데 유리하고, 이를 통해 조직구성원들 간의 적절한 '견제와 균형'(Check and Balance)이 이루어질 때는 긍정적인 효과를 가져다준다. 그러나 이러한 경찰인사관리가 잘못 운영되었을 경우 이로 인한 더욱 심각한 부작용을 초래할 수 있다. 특정집단이 조직의 헤게모니(hegemony)를 장악하게 될 경우, 그 폐단은 적지 않다는 의미이다.

물론, 모든 경찰조직구성원을 만족시키는 인사관리는 불가능하다고 본다. 또한 순경출신의 지적능력 및 전문성은 다른 경찰대학·경찰간부후보생, 그리고 고시 출신의 지적능력 및 전문성과 차이가 있을 수 있다고 본다. 그리고 경찰인사관리의 탄력적·개방적 운용은 급변하는 치안환경에 대한 능동적 대응 차원에서 매우 중요한 요소라고 본다.

그러나 무엇보다도 본질적이며 중요한 것은 누구나 공감할 수 있는 균형감 있는 인

5) 「검사정원법 시행령」에 의한 2019년 12월 현재 검사의 정원은 2,292명이며, 검사 외의 검찰청 소속 공무원 정원은 8,494명이다. 검찰청(2020), 2020년 검찰연감, pp. 34-47.
6) KBS NEWS(2017.05.22.).

사시스템을 구축하는 일이라고 본다. 인사시스템 자체가 불균형적·기형적으로 운영되면, 내부 개별집단의 생존(승진기회 확대 등)은 가장 중대한 관심사항이 되기 마련이다. 이로 인해 과도한 경쟁유발이나 구성원들 간의 갈등이 야기되고, 이는 곧 무분별한 수단과 방법을 통해 권력과 지위를 쟁취하려는 이른바 '조직정치'(組織政治, Organizational Politics) 현상으로 이어지기도 한다. 생각건대, 현재와 같은 경찰채용 방법이 과연 타당한지에 대해서 다시 한번 검토할 필요가 있다.

경찰인력은 12.6% 늘었는데, 왜 일선 치안인력은 부족한가

지난 5년간(2012~2017) 전체 경찰인원은 102,386명에서 115,280명으로 12.6%가 늘었다. 그런데, 주로 사무를 보는 경찰청 본청의 인력증가율이 현장 치안을 맡는 지방경찰청보다 2배 이상 높은 것으로 나타났다. 직급별로 볼 때도 상위직 인원은 늘고 하위직은 줄어든 것으로 나타났다.

이와 관련하여 2017년 6월 23일 국회 예산정책처의 '추경안 분석보고서'에 따르면, 경찰청 본청 인원은 2012년 923명에서 2017년 1,183명으로 28.2% 증가하였다. 같은 기간 17개 지방경찰청 인원이 101,463명에서 114,097명으로 12.5% 늘어난 것과 비교해 2배가 넘는다.

〈경찰인력 증감율(2012~2017)〉

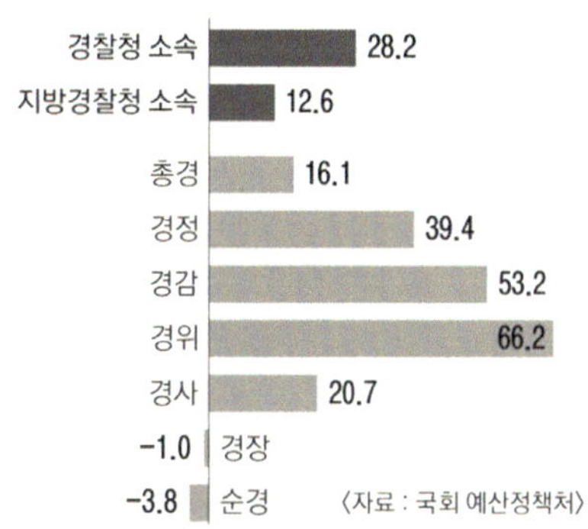

직급별로 보면, 최하위직인 순경(3.8%)과 경장(1.0%)이 각각 감소했다. 반면 일선 경찰서 팀장급인 경위(66.2%)와 경감(53.2%), 과장급인 경정(39.4%), 서장급인 총경(16.1%) 등은 증가하였다.

일선 경찰서의 한 경감은 "현장에는 사람이 부족한데, 본청과 고위직만 늘리는 것은 결국 고위직 인사석체 해소를 위한 것 아니냐"며 불만을 토로하였다. 다른 하위직 경찰은 "금요일 밤 파출소에 인력이 얼마나 부족한지 이루 말할 수도 없다"며 "새로 투입되는 인력은 우선 현장에 배치해야 한다"고 주장하였다. 이에 대해 경찰청 관계자는 "공무원 4급(서기관)에 해당하는 총경 직급 증가의 경우 경찰의 4급 비율(0.5%)이 다른 공무원 조직(2% 이상)에 미치지 못해 직급 구조를 개선한 결과"라고 설명하였다. 그는 또 "전체 증원 인원 중 98% 이상을 지방청과 그 소속기관에 배치하였다"며 "본청의 인력증가도 사무직보다 사이버안전국, 과학수사관리관 등의 조직이 신설되면서 필요한 인력이 배치된 결과"라고 하였다.[7]

7) 서울신문(2017.06.23.).

따라서 경찰조직 내의 특정집단의 절대권력화는 '조직건강성'(組織健康性)을 위해서 결코 바람직한 현상은 아니다. 검찰의 수사권과 소추권 독점 등을 통한 형사사법의 권력집단화를 비난하기에 앞서 조직 내적으로 권력집단화를 추구하는 것은 문제가 있다.

흔히들 '경찰의 꽃'은 '총경'(總警)이라고 한다. 경찰서장은 경찰관청으로 경찰직에 입직한 사람이라면 누구나 한 번쯤은 희망하는 자리이기 때문이다. 그러나 생각을 달리한다면, 경찰의 꽃은 '일선경찰'이 되어야 한다고 본다. 경찰조직의 절대다수를 차지하는 이들은 시민과 직접적으로 상호작용하며, 이러한 과정에서 시민으로부터 신뢰를 받기도 하지만, 비난을 받는 원인을 제공한다. 경찰의 대외적 이미지는 바로 일선경찰에서 비롯되며, 따라서 일선경찰의 자부심과 동기부여는 경찰목표 달성의 핵심이 되는 것이다.

4. 경찰인사관리의 법적 근거

경찰인사관리와 관련된 대표적인 법적 근거로서 「경찰공무원법」(警察公務員法, 1969년 제정)을 들 수 있다. 여기에서 경찰공무원은 제도적 의미의 국가경찰에 소속하는 공무원을 말한다. 경찰공무원법은 「국가공무원법」(國家公務員法, 1949년 제정)에 대한 특별법으로서, '국가경찰공무원의 책임 및 직무의 중요성과 신분 및 근무조건의 특수성에 비추어 그 임용, 교육훈련, 복무(服務), 신분보장 등에 관하여 규정하고 있다'(제1조).

그리고 경찰공무원법에 규정되어 있지 않은 사항은 국가공무원법을 준용하여 적용하고 있다. 국가공무원법은 모든 국가공무원에게 적용할 인사행정의 근본기준을 제시하고 있기 때문이다.

이 밖에도 경찰인사관리와 관련된 법규정으로서 「경찰공무원 임용령」, 「경찰공무원 승진임용규정」, 「경찰공무원 징계령」, 「경찰공무원 교육훈련규정」, 「경찰공무원 복무규정」 등이 있다.

제2절 경찰인사관리의 원리

1. 엽관주의와 실적주의

경찰공무원의 인사관리(人事管理, Personnel Management)는 어떠한 방법으로 하는 것이 바람직한가? 이와 관련하여 엽관주의와 실적주의 차원에서 살펴보기로 한다.

1) 엽관주의

엽관주의(獵官主義, Spoils System)는 전쟁에서 승리한 집단이 전리품(spoils)을 나누어 가지듯이 정치적으로 선거 등에서 승리한 집단이 관직(官職)을 나누어 갖는 인사행정제도를 말한다. 즉, 엽관주의적 인사관리는 집권한 정당의 정치적 추종자들을 정당활동에 대한 공헌도와 충성심의 정도에 따라 배분하는 것을 의미한다.

엽관주의와 정실주의

엽관주의와 정실주의(情實主義, Nepotism)를 같은 뜻으로 사용하는 사람들이 있다. 엽관주의나 정실주의에 의한 인사행정의 생리가 비슷하기 때문에 이를 동일시하는 경향이 있다. 그러나 정실주의는 엽관주의보다 넓은 의미가 있다. 정실주의는 일반적으로 실적주의(實績主義, Merit System) 이외의 요인을 고려하여 관직에 임용하는 원칙을 의미한다. 여기에서 말하는 실적주의 이외의 요인에는 엽관주의에서 중요시하는 정치적 요인뿐만 아니라 혈연, 지연, 학연, 그리고 개인적 친분 등이 포함된다.[8]

물론, 국가 통치권자의 입장에서는 자신의 정치적·행정적 신념과 정책 등을 같이 하는 추종세력과 함께 국가를 경영한다는 점에서 장점이 있다. 그러나 미국의 경험을 통해 다음과 같은 한계점들이 나타났다.[9]

먼저, 정권이 바뀔 때마다 대량적인 인력교체가 일어나 전임자의 경험과 국가행정의 계속성에도 한계를 가져다주었다.

둘째, 행정경험이 없는 무능한 사람들이 정부에 많이 들어가 업무의 효율성을 떨어뜨

8) 오석홍(1996), 인사행정론, 서울: 박영사, p. 24.;
9) 위의 책, pp. 26-27.; 역사적으로 엽관주의가 미국의 인사행정을 지배하던 시기는 1820년대부터 이후 50여 년 동안이다. 한편, 정실주의는 1688년 명예혁명 이후 싹터 1870년까지 영국에서 성행하였던 공무원 임용의 관행으로 알려져 있다. 그러나 과거나 현재에도 엽관주의와 정실주의적 인사행정은 정도의 차이가 있을 뿐이며, 특히 정부의 고위공무원 올라갈수록 어느 나라를 막론하고 일정부분 차지하고 있음은 물론이다.

이고, 무능함에 의한 부정부패의 확대, 추종자들을 위한 불필요한 관직의 증대 즉, '위인설관'(爲人設官)을 가져다주었다.

셋째, 공직의 취임은 정당이나 집권자에 대한 개인적 충성에 달려 있기 때문에 공무원의 직무의 본질인 공평하고 공정한 임무의 수행을 기대할 수 없었다.

끝으로, 엽관주의하에서는 능력과 상관없이 정당이나 집권자의 특수이익에 연결된 사람들만이 공직에 임용될 수 있기 때문에 정부관료제의 민주화에도 역행하는 것이었다.

2) 실적주의

실적주의(實績主義, Merit System)는 엽관주의나 정실주의가 아닌 개인의 능력, 자격, 성적에 기초를 두고 인사행정을 하는 제도를 말한다. 이러한 실적주의는 미국이나 영국에서 엽관주의나 정실주의를 바탕으로 한 인사행정의 폐단을 극복하기 위해 도입한 것이라고 할 수 있다. 이러한 주장을 뒷받침하는 것이 정치·행정이원론(政治·行政二元論)이다. 오늘날의 실적주의는 다음과 같은 기본명제를 가지고 출발하고 있다.[10]

먼저, 모든 국민에게 공직취임의 기회를 균등하게 보장하고, 임용은 실적기준에 따라 공정한 공개경쟁(公開競爭)의 과정을 거쳐 이루어져야 한다.

둘째, 인사행정의 모든 국면에 걸쳐 공무원들이 공평한 처우를 받도록 하여야 하며, 공무원들의 권익을 최대한 보장해야 한다.

셋째, 일(근무실적)에 맞는 보수를 실현해야 하며, 직무성과를 높이기 위하여 적절한 인센티브(incentive)를 부여해야 한다.

넷째, 인사행정은 공무원들 개인의 사사로운 이익이 아닌 공익(公益)을 추구하는 방향으로 이루어져야 하며, 따라서 공무원들의 높은 윤리수준을 유지할 수 있어야 한다.

다섯째, 인사행정은 인적자원을 효율적으로 활용할 수 있도록 이루어져야 한다.

여섯째, 퇴직관리의 기준은 공무원의 실적에 바탕을 두어야 하며, 교육훈련을 통해 재직공무원들의 직무수행 능력을 향상해야 한다.

일곱째, 자의적이거나 정실로 인한 인사조치, 정당한 직무수행에 대한 보복, 정치적 압력 등으로부터 공무원을 보호하여야 한다.

마지막으로 인사행정은 외부환경의 요청에 능동적으로 대응할 수 있도록 이루어져야 한다.

10) 위의 책, pp. 27-28.

이상과 같은 점에서 본다면, 실적주의는 현대 자유민주주의에 가장 부합하는 인사행정의 기본원리라고 할 수 있다.

3) 경찰인사관리의 적용

대한민국 정부수립 이후, 국가인사관리의 공식적 기본원칙은 실적주의에 기초하였다고 볼 수 있다(물론, 과거에는 공식적인 인사관리의 원칙으로 삼은 실적주의가 실제로 적용되지 못한 부분도 없지 않았음은 부인하기 어렵다). 따라서 경찰인사관리 역시 원칙적으로 능력과 자격에 따라 임용되는 실적주의를 바탕으로 한 것이라 할 수 있다.[11]

이와 관련하여 국가공무원법에서는 공무원 임용의 원칙으로써 '시험성적·근무성적, 그 밖의 능력의 실증에 따라 행한다'고 규정하고 있다(제26조). 그리고 경찰공무원법에서는 임용 가운데 승진과 관련하여 '바로 아래 하위계급에 있는 경찰공무원 중에서 근무성적평정, 경력평정, 그 밖의 능력을 실증(實證)하여 승진임용한다'고 규정하고 있는데(제15조 제1항), 이는 모두 실적주의를 반영한 것이다.

그러나 엽관주의·정실주의가 전적으로 배제되는 것은 아니다. 경찰고위직으로 올라갈수록 이러한 요소는 크게 작용하는 것이 사실이다. 그리고 어떤 면에서 경찰고위직으로 올라갈수록 엽관주의·정실주의적인 경찰인사는 법적으로 허용되어 있다고 볼 수 있다.[12]

생각건대, 어떠한 공직이라 할지라도 인사관리에 있어서 실적주의(신규채용 등)뿐만 아니라 엽관주의·정실주의(특히, 고위직의 승진임용 등)는 함께 작용한다고 본다. 다만, 여기서 중요한 것은 법에서 정하고 있는 기본원칙은 충실히 준수해야 한다고 본다.

---

11) 역사적으로, 1920~1930년대 이전의 미국경찰은 지방 정치인들의 성향에 따라 임명되었고, 따라서 경찰은 이들 정치인들의 이해관계에 따라 직무를 수행하지 않으면 안 되는 시기가 있었다. 즉, 경찰은 본연의 업무라 할 수 있는 범죄예방 및 대응보다는 선거에서 승리할 수 있는 정치적 봉사활동 등을 하는데 동원되기도 하였다. 이 시기를 '초기봉사지향시대'라고 부른다. 미국경찰은 이러한 정치 편향성 등의 문제가 제기된 이후 많은 시행착오를 거치면서 전문경찰로서 발전하여 현재에 이르고 있다. 이상안(1999), 신경찰행정학, 서울: 대명출판사, pp. 40-43.

12) 예컨대, ① 총경 이상의 경찰공무원은 대통령이 임용하도록 규정하고 있고(경찰공무원법 제7조 제1항), 경정으로의 신규채용, 승진임용 및 면직 역시 대통령이 하도록 하고 있기 때문에(제2항) 대통령에 의한 엽관주의와 정실주의적 인사관리는 기본적으로 작용한다고 본다. ② 승진(昇進)에서도 마찬가지이다. 경찰공무원의 승진은 능력의 실증(근무성적 평정, 경력평정 등)을 기본으로 하면서도(경찰공무원법 제15조 제1항), 승진심사의 대상은 경무관 이하로 규정하고 있다(제2항). 이렇게 본다면, 치안감·치안정감·치안총감의 승진에 대한 명확한 방법은 법적으로 규정되어 있지 않은 것이며, 이는 단적으로 엽관주의 또는 정실주의적 인사관리가 가능하다는 것을 보여주는 것이라고 본다. ③ 이러한 인사원리에 의해서 김○○ 전(前)경찰청장의 경우와 같이, 지방청차장(경무관, 2008.3), 지방청장(치안감, 2010.9), 경찰청차장(치안정감, 2012.1), 경찰청장(치안총감, 2012.5~2013.3)에 이르기까지 빠른 승진이 가능하게 된다. 충청일보(2013. 3. 17).

경찰의 정치적 중립을 위한 최소한의 법적 규정은 보장되어야 주어진 직무에 충실할 수 있기 때문이다. 국민의 삶의 질과 직결되는 '치안'(治安)은 정치적 이해관계로 해결되는 문제가 아니라, 범죄 및 무질서와 관련된 지극히 현실적인 문제이기 때문이다.

그러나 경찰은 대표적인 권력기관(權力機關)으로서 정치적인 이해관계가 크게 맞물려 있기 때문에 지배권력집단은 공식적으로는 경찰의 정치적 중립성을 표방해 왔지만, 실제 인사관리에 있어서는 그것을 실천에 옮기기는 쉽지 않다.

2. 계급제와 직위분류제

이상에서 살펴본 엽관주의와 실적주의는 경찰공무원의 임용(채용·승진·전보 등)과 관련하여 적용된다고 볼 수 있다. 그렇다면, 임용된 경찰공무원을 경찰조직에 어떻게 하면 적재적소에 배치하여 운용할 것인 가하는 문제가 제기된다. 이와 관련하여 논의되는 것이 바로 '계급제'(階級制, rank classification)와 '직위분류제'(職位分類制, position classification)라 할 수 있다(계급제와 직위분류제도 채용 등에 적용됨은 물론이다).

계급제와 직위분류제는 각각 도입 배경과 장단점을 가지고 있다. 그러나 오늘날 계급제와 직위분류제가 명확히 구분되기보다는 상호 중첩되는 부분이 없지 않다.[13] 따라서 아래에서는 이들 두 모형이 가지고 있는 본래의 특징을 중심으로 살펴보기로 한다.

1) 계급제

계급제는 아주 오랜 역사적 전통을 가지고 있으며, 오늘날에도 많은 국가의 인사관리에서 기본적으로 채택되고 있는 방식이라고 할 수 있다. 많은 국가에서 유지되고 있는 계급제도는 정치적으로 민주화가 이루어지기 훨씬 전부터 국가체제를 유지하기 위한 공직분류체계의 기본 틀로 형성되었다.

근대국가 이전의 왕이나 군주는 자신의 권력을 유지하기 위하여 엄격한 상하관계로 계층화된 분류체계를 형성하는 것이었다. 따라서 모든 국가에서는 오래전부터 관등제도(官等制度)를 마련하여 국가통치의 기본으로 삼았다.

이러한 계급제는 개인의 능력이나 역량과 관계없이 특정한 개인에게 부여된 계급에 따라 직무·직위가 부여되는 제도를 말한다. 즉, 직위가 내포하고 있는 직무가 아니라,

13) 오석홍(1996), 앞의 책, p. 108.

개인이 가지고 있는 '계급'(階級)에 따라 직무를 담당하게 하는 '사람중심제도'(person oriented system)이다.

2) 직위분류제

직위분류제는 조직에 있는 수많은 직위를 직무의 종류와 수준에 따라 분류하는 관리제도를 말한다. 직위분류제는 사람을 중심으로 공직체계를 분류하는 계급제와는 달리 '직무'(職務)의 특성을 가지고 공직을 분류하는 '직무중심제도'(job oriented system)라 할 수 있다.[14)]

이러한 직위분류제는 20세기 초 미국에서 시작되어 많은 나라에 확대되었다. 우리나라도 국가공무원법에서 '직위분류제는 대통령령으로 정하는 바에 따라 그 실시가 쉬운 기관, 직무의 종류 및 직위부터 단계적으로 실시할 수 있다'고 규정하고 있다(제24조).

이러한 직위분류제는 일과 책임의 단위는 직위를 기초로 그 직위에 내포된 직무의 내용이 동일하거나 유사한 직무를 종류별로 분류하고, 종류별로 분류된 직무를 토대로 각 직무가 내포하고 있는 직무수행의 곤란성이나 책임성이 동일하거나 유사한 직무로 분류하여 체계화하는 것이다.

즉, 직위분류제는 각각의 직위가 내포하고 있는 직무의 내용이나 직무의 상대적 가치에 따라 직무를 수직적이고 수평적으로 분류하여 체계화하는 것이다. 따라서 직위분류제는 시험이나 임용, 보수, 기타 인사관리의 합리화를 위한 수단으로 활용된다.

한편, 직위분류제는 분류된 직위에 적합한 인물을 임용하는 것이기 때문에 공무원이 장기근무와 경력발전을 통하여 내부인사를 임용하는 폐쇄형 인사체계가 아니라, 외부인사의 임용이 자유로운 개방형 인사체계에 속한다고 할 수 있다.

3) 경찰인사관리의 적용

우리나라는 계급제를 원칙으로 하고 직위분류제적 요소를 가미하고 있기 때문에 양자는 상호배타적 관계가 아니라, 상호보완적 관계에 있다고 볼 수 있다. 그리고 양자는 일정한 장·단점을 가지고 있다.[15)] 따라서 경찰조직 역시 계급제를 기본으로 하고 직위분류

14) O. Glenn Stahl(1983), Public Personnel Administration, N.Y.: Harper & Row, pp. 183-184.; 강성철 외 4인(2011), 새 인사행정론, 서울: 대영문화사, p. 171.

15) 계급제는 초등학교 선생님, 직위분류제는 중·고등학교 선생님에 비유할 수 있을 것이다. 초등학교 선생님은 국어, 수학, 사회, 과학 등 여러 가지 교과목들을 포괄적으로 가르칠 수 있다. 바꿔 말하면 초등학교는 선생님이라는 신분이 중요하며, 따라서 이러한 신분만 있으면 포괄적인 교육이 가능하다. 반면, 중·고등학교는 국어, 수학, 사회, 과학 선생님이 명확히 구분된다. 선생님이라는 신분 외에 '특정 과목'을 가르칠 수 있는 전문성이 중요한 요소가 되는 셈이다. 이러한 교육방식은 각각 장단점이 있음은 물론이다.

제를 가미하고 있다.[16)]

이러한 계급제와 직위분류제의 특징을 토대로 경찰인사관리에 적용한다면, 다음과 같이 설명할 수 있을 것이다.[17)]

(1) 채용방식

경찰공무원의 채용과 관련하여 계급제는 전문적 지식을 가진 사람을 선발하기보다는 장래의 발전 가능성과 잠재력을 지닌 사람을 채용하고, 직위분류제는 당장 어떤 직위·직무에 필요한 전문가를 채용하는 것을 의미한다.

따라서 어떠한 구체적 직무를 특정하여 선발하기보다는 순경, 경위(경찰간부후보생·경찰대학 졸업생), 경정 이하(5급 공무원시험 합격생 등) 등 계급으로 구분하여 채용하는 방법을 기본으로 하고 있다. 그리고 부분적으로 전문성을 고려하여 직위분류제식 채용(외사, 범죄심리분석, 사이버수사, 운전·항공, 경찰특공대 등)을 하고 있다.

(2) 인사관리의 탄력성과 전문성

계급제에서는 계급만 같다면, 보수의 변동 없이 전보(동일 직위 및 자격 내에서의 근무기관이나 부서를 달리하는 임용)가 가능하며, 승진의 경우에도 동일 분야로만 이루어지는 것이 아니므로 인사관리의 탄력성이 크다. 따라서 경찰공무원은 폭넓은 시각과 이해력을 갖게 되어 자신의 경력발전 기회를 향상하게 해준다. 경찰서장 등 경찰관청으로서 조직 전체를 효율적으로 운영하기 위해서는 폭넓은 직무의 이해는 매우 중요하다고 본다.

그러나 여러 경찰기능의 관련업무를 수행하다 보면, 오랜 공직생활에도 불구하고 특정 업무에 대한 전문적인 경험과 식견이 부족할 우려가 있다. 이러한 점에서 직위분류제에 의한 특정 경찰업무의 전문화(예, 수사경과제 등)는 매우 중요한 의미가 있다.

(3) 신분보장

계급제는 임용에 있어서 일반적으로 폐쇄체제로 운영되어 장기간 근무하게 되고,

---

16) ① 계급제로서 순경, 경장, 경사, 경위, 경감, 경정, 총경, 경무관, 치안감, 치안정감, 치안총감 11계급을 두고 있다(경찰공무원법 제2조). 그리고 ② 직위분류제에 해당하는 경과(警科, 즉 일반경과·수사경과·보안경과·특수경과)를 부여하고 있다(동법 제3조, 경찰공무원임용령 제3조). 그리고 직위분류제적 요소를 더욱 가미한다면 경과는 경찰기능(즉, 생활안전·수사·교통·경비·정보·보안·외사·경무 등)과 연계되어 보다 확대될 수 있을 것이다. 한편, ③ 직위분류제 요소로서 경과 외에 특기(特技)가 경찰공무원 임용령 제3조에 규정되어 있었으나, 그동안 특별하게 활용되지 않았다. 이러한 이유로 경찰공무원 임용령을 개정(2016.12.30.)하여 특기제도를 폐지하였다.

17) 강성철 외 4인(2011), 앞의 책, pp. 170-216 재구성.

내부승진을 통하여 장기근속이 보장되므로 공무원의 신분보장과 직업공무원제도를 확립하는데 용이하다.

반면 직위분류제는 근본적으로 특정 직위나 직무와 관련되어 있기 때문에 조직개편이나 직무의 불필요성 등으로 직무 자체가 축소 또는 폐지된 경우, 그 공무원은 다른 직무를 맡을 수 없거나 다른 부서로의 이동이 제한되므로 신분보장이 불안정해질 수 있다.

이러한 점에서 계급제를 기본으로 하는 경찰공무원제도는 의미가 있다. 그러나 신분보장으로 인해 무사안일(無事安逸)에 빠지거나, 동일 계급에 있는 경찰공무원이 직무수행보다 행정권력을 이용하여 국민을 지배하거나 자신들의 집단이익을 옹호하는 특권집단화 할 가능성이 있다.

(4) 권력성과 엘리트의식

계급제는 계급간의 구별이 분명하기 때문에 능력 있는 부하들로부터 여러 정보나 자문을 구하지 않고, 독단적으로 결정할 가능성이 있어 합리적인 의사결정이 이루어지지 못할 우려가 있다. 또 계급제상 상위 계급에 있는 경찰관리자는 엘리트 의식에 빠지기 쉽다.

반면, 직위분류제는 계급이 아닌 직무의 전문성에 따라 인사관리가 이루어지고, 주어진 직위·직무에 대한 권한과 책임, 그리고 보수체계가 결정되므로, 계급지상주의적인 조직행태는 상대적으로 약하다고 본다.

우리나라 경찰조직은 계급이 곧 사회적 신분이자 경찰로서의 성공을 의미하는 것으로 받아들이는 경향이 내재해 있어서 이로 인한 폐단이 적지 않다.

(5) 인사관리의 용이성과 성과 달성도

계급제는 인사관리(채용, 승진, 보직, 전보 등)를 계급을 기준으로 하기 때문에 직위분류제보다 인사관리가 상대적으로 용이하고 비용도 절감된다. 그러나 직무내용, 성격, 그리고 자격요건에 따라 적합한 적임자를 임용하지 못할 우려가 있기 때문에 인사관리상의 비효율성 문제가 나타날 수 있다. 직위분류제는 인사관리가 복잡하고 어려운 반면, 체계적으로 관리·운영될 수 있어 인사관리의 효율성을 꾀할 수 있는 장점이 있다.

한편, 계급제는 상명하복관계에 의한 명령체계가 명확하기 때문에 의해 급변하는 치안환경에서 신속하게 대응할 수 있다. 반면, 직위분류제는 비상시의 신속한 업무대응이 어려울 수 있다. 즉, 지나친 직무구조의 편협성과 비탄력적 분류체계 때문에 변화하는 치안환경에 적절히 대응하지 못할 우려가 있다.

3. 직업공무원제도

1) 직업공무원제도의 의의

현대적 의미의 직업공무원제도(職業公務員制度, Career Civil Service System)는 우수한 젊은 인재들을 공직에 유치하고, 그들이 공직에 근무하는 것을 명예로 인식하고 정년퇴임 시까지 장기간에 걸쳐 성실하게 근무하도록 하는 임용제도를 말한다. 이는 정권교체와 관계없이 행정의 일관성과 독자성을 유지하기 위하여 헌법과 법률에 따라 공무원의 신분 즉, 공무원의 임용이 공무원 개인의 능력이나 업적에 따라 보장되는 공무원제도를 말한다. 이는 공직의 영속성과 전문성의 확보에 공헌한다.

이러한 점에서 본다면 직업공무원제도는 공무원의 '신분보장'(身分保障)을 통한 '평생의 직업'(a life work)과 밀접한 관련성을 가지고 있다고 볼 수 있다. 오늘날의 관점에서 본다면 직업공무원제도는 실적주의를 전제로 하는 것으로 인식되고 있지만, 이는 개념적·제도적으로 분명히 다른 것이다. 역사적으로 본다면 엽관주의·정실주의와도 관련성을 가지고 있음은 물론이다.[18)]

한편, 직업공무원제도는 계급제와 폐쇄형 임용체계를 기본으로 하고 있다고 볼 수 있다. 이를 위해서 원칙적으로 학력과 연령이 엄격히 제한된 젊은 인재를 최하위 직급으로 임용하여, 장기간에 걸쳐 근무하도록 하여 경력개발을 시키고, 이를 통해 단계적으로 승진시키는데 초점을 두고 있다.

이러한 점에서 조직의 중간계층에서의 신규채용은 원칙적으로 허용하지 않고, 상위직의 대부분은 내부승진에 의하도록 하고 있다. 그러나 이러한 폐쇄적 임용구조로 인한

18) 역사적으로 볼 때, 직업공무원제도는 실적주의뿐만 아니라 엽관주의·정실주의와도 관련된다. ① 즉, 유럽국가에서는 19세기 이전 중앙집권적인 절대주의국가를 유지하기 위하여 정실 임용에 의한 직업공무원제도가 생겨났고, 19세기 이후에는 실적주의에 기반을 둔 현대적 직업공무원제도로 발전하기 시작하였다. ② 19세기 이후의 미국은 유럽과 같은 관료제적 전통을 경험하지 않았을 뿐만 아니라, 전통적으로 직업공무원제도를 민주주의에 대한 위협으로 인식하였다. 관직의 장기적 점유는 관료주의화를 촉진하며, 이는 민주화를 저해하는 요인으로 인식한 것이다. 이에 따라 1829년 이후 정치적 임용을 주요 내용으로 하는 엽관주의를 민주주의의 실천적 원리로 인식하고, 정권의 교체에 따라 공직의 대량 교체를 실천하는 전통이 확립되었다. 따라서 이후 공무원의 실적주의와 정치적 중립원칙이 확립된 이후에도 공직자의 모든 직급에 대한 외부임용을 허용하는 개방형 공무원제도를 채택한 것이다. 미국은 1930년 이후부터 직업공무원제도에 관심을 가지고 이를 일정부분 가미하고 있다고 볼 수 있다. 위의 책, p. 42.

공직의 보수화·관료주의화, 공직 분위기의 침체로 인한 공무원의 전반적인 질적 수준 저하, 외부환경 변화에 대한 수동적 대응 및 무사안일주의 등의 우려가 제기될 수 있다.

2) 경찰인사관리의 적용

경찰공무원도 당연히 직업공무원제도에 의해 신분보장을 받는다. 경찰공무원의 신분보장은 엽관주의 또는 정실주의의 폐단을 방지하고, 국민 전체의 봉사자로써 주어진 직무에 충실할 수 있도록 하고자 하는데 있다.

이에 대하여 헌법에서 '공무원의 신분은 법률이 정하는 바에 의하여 보장된다'고 규정하고 있다(제7조 제2항). 그리고 국가공무원법에서는 '공무원은 형의 선고, 징계처분 또는 이 법에서 정하는 사유에 따르지 아니하고는 본인의 의사에 반하여 휴직·강임 또는 면직을 당하지 아니한다'고 하고 있다(제68조). 헌법과 국가공무원법상에서 보장하고 있는 공무원의 신분보장은 당연히 경찰공무원에게도 적용됨은 물론이다.

다만, 경찰공무원으로서 치안총감과 치안정감과 같은 고위공무원은 위와 같은 신분보장이 되지 않는다.[19] 그리고 시보임용(試補任用) 중인 경찰공무원 역시 시보임용의 특성으로 인해 신분보장이 되지 않는다.[20]

---

19) 의사에 반한 신분조치: 공무원은 형의 선고, 징계처분 또는 이 법에서 정하는 사유에 따르지 아니하고는 본인의 의사에 반하여 휴직·강임 또는 면직을 당하지 아니한다. 다만, 1급 공무원과 제23조에 따라 배정된 직무등급이 가장 높은 등급의 직위에 임용된 고위공무원단에 속하는 공무원은 그러하지 아니하다(국가공무원법 제68조).

20) 시보임용기간 중에 있는 경찰공무원이 근무성적 또는 교육훈련성적이 불량할 때에는 국가공무원법제68조(의사에 반한 면직) 및 경찰공무원법 제28조(직권면직)에도 불구하고 면직시키거나 면직을 제청할 수 있다(경찰공무원법 제13조 제3항).

제3절 경찰인사제도

1. 경찰공무원의 의의

1) 경찰공무원의 개념

공무원(公務員, Public Service Personnel)이라는 것은 사적(私的)인 일이 아닌 공적(公的)인 일 즉, '공무'(公務)를 수행하는 사람을 뜻한다.[21] 현대 자유민주국가에서 공무원은 특정 지배집단의 이해관계를 반영하기 위하여 존재하는 것이 아니라 국민을 위해 존재한다는 점은 분명한 사실이다. 이는 판단의 문제가 아니라 당위(當爲)의 문제인 것이다.

따라서 대한민국 헌법에서도 '공무원은 국민 전체의 봉사자이며, 국민에 대하여 책임을 진다'고 규정하고 있다(제7조 제1항). 헌법에서는 이에 더하여 '모든 국민은 법률(法律)이 정하는 바에 의하여 공무담임권(公務擔任權)을 가진다'고 규정하고 있다(제25조).[22] 따라서 공무원이 될 수 있는 권리는 정치적·경제적·사회적 신분 등과 관계없이 모든 국민에게 평등하게 보장되어야 한다.

이러한 점에서 경찰공무원(警察公務員)은 치안(治安)에 관한 공적인 업무를 수행하는 공무원으로서 국민 전체의 봉사자로서, 국민전체에 대해 책임을 져야하는 것이다. 이는 비록 경찰업무가 전형적인 규제적·강제적 특징을 가지고 있음에도 불구하고, 그것은 당해 직면한 사건의 해결을 위한 수단적 조치이며, 궁극적으로는 개인과 국민전체의 자유와 권리를 보호·보장하는 봉사자로서의 위상을 가져야 함을 의미하는 것이다.

또 경찰공무원은 정치적 이해관계에 좌우되지 않고, 법에 규정된 역할을 중립적(中

21) 사전적 의미로 '공'(公)에 내포된 공적이라는 것은 공평(公平)함을 의미하며, 이 외에도 관청·기관·벼슬을 의미하고 있다. 더 나아가 '공'은 일반인이 아닌 귀인(貴人)을 의미하는 것이다. 이러한 점에서 공무원은 공적인 일을 공평하게 수행하는 관청·기관으로서 타인의 모범이 되는 훌륭한 인품과 전문성을 갖추고 있어야 한다.

22) 공무담임권이란 입법부, 행정부, 사법부는 물론이고 지방자치단체 등 국가, 공공단체의 구성원으로서 그 직무를 담당할 수 있는 권리를 말한다. 여기서 직무를 담당한다는 것은 모든 국민이 현실적으로 그 직무를 담당할 수 있다고 하는 것이 아니라, 국민의 공무담임에 관한 자의적이지 않고 평등한 기회를 보장을 받음을 의미하는 것이다. 이러한 공무담임권의 보호영역에는 공직취임의 기회의 자의적인 배제뿐만 아니라 공무원의 신분의 부당한 박탈까지 포함되는 것이다. 공무담임권은 선거직공무원을 비롯한 모든 국가기관의 공직에 취임할 수 있는 권리이므로 여러 가지 선거에 입후보해서 당선될 수 있는 피선거권을 포함하는 개념이다. 헌재 2006.2.23, 2005헌마403.

立的)으로 수행해야 한다. 경찰은 법치주의 원리에 따라 주어진 업무를 수행하며, 법치주의를 파괴하는 자에 대해 물리적 강제력을 행사하여 통제하는 법치주의의 수호자(守護者)라 할 수 있다.

2) 경찰공무원의 성격

일반적으로 공무원은 국가공무원(國家公務員)과 지방공무원(地方公務員)으로 구분할 수 있다. 여기에서 국가공무원은 국가에 의해 임용되는 공무원을, 지방공무원은 지방자치단체에 의해 임용되는 공무원을 말한다.[23)]

(1) 국가공무원

현행 경찰조직은 기본적으로 국가경찰(國家警察) 형식을 띠고 있다. 따라서 국가경찰조직에 근무하는 경찰공무원은 당연히 국가공무원에 해당한다.

국가공무원에 해당하는 경찰은 원칙적으로 국가공무원법의 적용을 받게 되지만, 경찰의 책임 및 직무의 중요성과 신분 및 근무조건의 특수성에 비추어 별도로 경찰공무원법(警察公務員法)을 두어 그 임용, 교육훈련, 복무, 신분보장 등에 관하여 국가공무원법에 대한 특례를 규정하고 있다(경찰공무원법 제1조). 따라서 국가공무원법과 경찰공무원법은 일반법과 특별법의 관계에 있기에, 우선 경찰공무원법을 적용하고, 이 법에 규정이 없는 사항에 대해 국가공무원법을 준용하고 있다.

(2) 경력직 공무원

국가공무원은 다시 ㉠ 경력직 공무원과 ㉡ 특수경력직 공무원으로 구분하고 있는데, 경찰공무원은 이 가운데 경력직 공무원에 해당된다(국가공무원법 제2조 제1항 및 제2항).

여기에서 말하는 경력직 공무원이라는 것은 '실적과 자격에 따라 임용되고, 그 신분이 보장되며 평생 동안(근무기간을 정하여 임용하는 공무원의 경우에는 그 기간 동안을 말함) 공무원으로 근무할 것이 예정되는 공무원'을 말한다(제2조 제2항). 바꿔 말하면 경력직 공무원은 실적주의에 의해 임용되고, 직업공무원제도에 의해 신분보장이 되는 공무원을 말한다.[24)]

---

23) 공무원의 의미를 넓게 해석하면, 일체의 공무담당자, 즉 선거에 의하여 선출되는 공무원을 포함하여 국가나 지방자치단체의 모든 기관구성자를 의미하고, 여기에는 사법상 계약·사무위임 등에 의해 한정된 공무를 담당하는 자까지 포함된다.

24) 경력직 공무원과 대비되는 특수경력직 공무원은 경력직 공무원을 제외한 공무원을 말한다. 바꿔 말하면, 실적주의가 아닌 엽관주의와 정실주의에 의해 임용되거나 직업공무원제도에 의한 신분보장이 되지 않는 공무원을

(3) 특정직 공무원

경력직 공무원은 ㉠ 일반직 공무원과 ㉡ 특정직 공무원으로 구분하고 있는데, 경찰공무원은 이 가운데 특정직 공무원에 해당한다(국가공무원법 제2조 제2항 제2호).[25)]

특정직 공무원이라는 것은 경찰을 포함하여 법관, 검사, 외무공무원, 소방공무원, 교육공무원, 군인, 군무원, 헌법재판소 헌법연구관, 국가정보원 직원, 경호공무원과 특수분야의 업무를 담당하는 공무원으로서 다른 법률에서 특정직 공무원으로 지정하는 공무원을 의미한다.

한편, 경찰은 특정직 공무원이므로 조직상 경찰기관에 근무하는 일반직 공무원과 경찰공무원법이 아닌 「의무경찰대 설치 및 운영에 관한 법률(약칭: 의무경찰대법)」의 적용을 받는 '의무경찰'(병역법에 따라 전환복무 된 자)은[26)] 신분상으로는 경찰공무원이 아니라고 할 수 있다.[27)] 그러나 이들 역시 형법상의 공무집행방해죄(公務執行妨害罪)의 대상이 되는 공무원에 해당하는 것은 물론이고, 국가배상법(國家賠償法)상의 공무원에도 포함된다.

형법·국가배상법상의 공무원 범위

형법상의 공무집행방해죄(제136조)는 직무를 집행하는 공무원을 폭행·협박함으로써 성립하는 범죄인데(5년 이하의 징역 또는 1천만원 이하의 벌금), 여기에서 공무원의 범위는 포괄적이다.

이는 서비스를 제공하는 주체의 신분에 초점을 둔 것이라기보다는 서비스의 특성 자체(즉, 공공재로서의 성격을 갖는)에 초점을 두었다고 본다. 따라서 청원경찰과 방범대원도

의미한다고 본다. 여기에는 ① 정무직 공무원(선거로 취임하거나 임명할 때 국회의 동의가 필요한 공무원, 고도의 정책결정 업무를 담당하거나 이러한 업무를 보조하는 공무원으로서 법률이나 대통령령에서 정무직으로 정하는 공무원), ② 별정직 공무원(비서관·비서 등 보좌업무 등을 수행하거나 특정한 업무수행을 위하여 법령에서 별정직으로 지정하는 공무원)이 이에 해당된다(국가공무원법 제2조 제3항 각호).

25) 일반직 공무원은 기술·연구 또는 행정 일반에 대한 업무를 담당하는 공무원을 말한다(국가공무원법 제2조 제2항 제1호).

26) 한편, 병역법에 따라 전환복무 된 사람 중 경찰대학을 졸업하고 경위(警衛)로 임용된 사람 역시 전환복무기간 중 의무경찰대의 대원으로 복무하여야 한다(의무경찰대법 제2조의3 제2항). 다만, 의무경찰대의 대원으로 전환복무 되어 경위로 임용된 경찰대학 졸업생은 병역법에 따라 일정 기간 전환복무를 할 뿐이지 신분은 경찰공무원법의 적용을 받는다.

27) 조철옥(2008), 경찰학개론, 서울: 대영문화사, p. 303.; 그러나 주의할 것은 경찰공무원법상의 시보임용(제13조), 보훈(제21조), 당연퇴직(제27조), 직권면직(제28조), 정년(제30조)과 국가경찰공무원에게 적용되는 국가공무원법 중 보수결정의 원칙(제46조), 의사에 반한 신분조치(제68조), 휴직(제71조), 휴직기간(제72조), 특수경력직 공무원의 휴직(제73조의2), 사회보장(제77조)을 제외하고는 경찰공무원법과 국가경찰공무원에게 적용되는 국가공무원법을 의무경찰에게 준용(準用)하도록 하고 있다(의무경찰대법 제4조 제1항).

이에 포함된다. 일용직 근로자의 경우에도 공무원의 지휘를 받고 공무수행중임을 상대방에게 밝힌 경우에는 공무원에 해당하는 것으로 보아야 한다.[28)]

한편, 국가배상법 제2조에서는 공무원의 배상책임(賠償責任)을 규정하고 있는데, 이 경우 공무원의 범위 역시 포괄적이다.

이 법에 의하면, '① 국가나 지방자치단체는 공무원 또는 공무를 위탁받은 사인(이하 '공무원'이라 함)이 직무를 집행하면서 고의 또는 과실로 법령을 위반하여 타인에게 손해를 입히거나, 「자동차손해배상 보장법」에 따라 손해배상의 책임이 있을 때에는 이 법에 따라 그 손해를 배상하여야 한다. 다만, 군인·군무원·경찰공무원 또는 예비군대원이 전투·훈련 등 직무 집행과 관련하여 전사(戰死)·순직(殉職)하거나 공상(公傷)을 입은 경우에 본인이나 그 유족이 다른 법령에 따라 재해보상금·유족연금·상이연금 등의 보상을 지급받을 수 있을 때에는 이 법 및 「민법」에 따른 손해배상을 청구할 수 없다. ② 제1항 본문의 경우에 공무원에게 고의 또는 중대한 과실이 있으면 국가나 지방자치단체는 그 공무원에게 구상(求償)할 수 있다'고 규정하고 있다.

3) 경찰공무원제도의 기본체계

경찰은 계급제를 원칙으로 하면서, 부분적으로 직위분류제를 가미하고 있다고 볼 수 있다. 계급제(순경~치안총감)에 의해 기본적으로 체계화되고, 직위분류제(경과제도)에 의해 전문화하는 형식을 취하고 있다고 볼 수 있다.

(1) 계급제

경찰은 기본적으로 특정 직위에 임명된 사람의 신분과 자격을 중심으로 계급을 부여하여 계층이 나누어지도록 하는 계급제를 채택하고 있다. 경찰계급에 따라 직책의 난이도와 보수에 차이가 난다. 경찰계급은 순경(巡警), 경장(警長), 경사(警査), 경위(警衛), 경감(警監), 경정(警正), 총경(總警), 경무관(警務官), 치안감(治安監), 치안정감(治安正監), 치안총감(治安總監)으로 구분된다(경찰공무원법 제3조).

이러한 계급체계 아래에서 치안에 관한 경찰조직의 사무를 총괄하는 경찰청장은 치안총감으로 보하도록 하고 있다. 시·도경찰청장은 치안정감·치안감 또는 경무관으로 보하도록 하고 있으며, 경찰서장은 경무관·총경, 또는 경정으로 보하도록 하고 있다(경찰법 제14조 제1항, 제28조 제1항, 제30조 제1항). 다만, 시·도경찰청장 가운데 제주도경찰청장의 경우 과거에는 경무관이 임명되었는데, 지금은 치안감이 임명되고 있어 경무관은 큰 의미가 없다고 본다. 또 경찰서장의 경우에도 경정이 임용되는 경우는 극히 드물다고 본다.

---

28) 대법 1986.1.28, 85도2448.; 대법 1991.3.27, 90도2930; 배종대(2010), 형법각론, 서울: 홍문사, p. 845.

(2) 경과제

경찰은 그 직무의 종류에 따라 경과(警科)에 따라 구분할 수 있다(경찰공무원법 제4조). 경과라는 것은 일종의 직위분류 형식으로서 경찰직무의 특성에 맞는 경찰 개개인의 능력과 경력에 따라 전문화하는 분류체계라 할 수 있다(사실, 경과제가 제대로 이루어지기 위해서는 채용단계에서부터 별도의 선발과정을 거치는 것이 바람직하다고 본다).

현행 법규정상 경찰의 경과는 크게 ㉠ 일반경과, ㉡ 수사경과, ㉢ 보안경과, ㉣ 특수경과로 구분하고 있다. 이러한 경과는 총경 이하 경찰공무원에게 부여하며, 다만 수사경과와 보안경과는 경과는 경정 이하 경찰공무원에게만 부여하고 있다(경찰공무원 임용령 제3조 제1항).

〈경찰경과의 분류 및 직무유형〉

구 분	경과별 직무 유형	적용대상
일반경과	• 기획·감사·경무·생활안전·교통·경비·작전·정보·외사나 그 밖의 직무로서 수사경과·보안경과 및 특수경과에 속하지 아니하는 직무	총경 이하
수사경과	• 범죄수사에 관한 직무	경정 이하
보안경과	• 보안경찰에 관한 직무	경정 이하
특수경과	• 항공경과 – 경찰항공기의 운영·관리에 관한 직무 • 정보통신경과 – 경찰정보통신의 운영·관리에 관한 직무 • 해양경과(삭제, 2016.12.30.) • 운전경과(삭제, 2016.12.30.)	총경 이하

* 관련근거: 경찰공무원법 제4조, 경찰공무원 임용령 제3조 및 시행규칙 제19조

* 경과 외에 특기(特技)가 경찰공무원 임용령(제3조)에 규정되어 있었으나, 오랜 기간 특별하게 이용되지 않았기 때문에 폐지(2016.12.30.)되었다.

* 해양경찰청 소속 경찰공무원에게 부여하는 경과는 따로 대통령령(해양경찰청 소속 경찰공무원 임용령 시행령 제3조)으로 정하고 있다.

그런데, 여기에서 일반경과가 경찰업무의 전문성과 관련하여 어떠한 특별한 의미가 있는지는 의문이다. 경찰의 수사전문화 및 수사구조의 합리화를 위해 2005년부터 수사경과제(搜査警科制)를 채택한 것은 의미가 있다고 본다. 그리고 최근 보안경과제(保安警科制)를 보다 적극적으로 운영하고자 하고 있는데, 경찰조직의 전문화를 위해서는 매우 바람직한 현상이라고 본다.

그리고 위에서 살펴본 바와 같이 이러한 경과는 모든 경찰계급에 적용되는 것이 아니라 원칙적(原則的)으로 '총경 이하'에만 적용되도록 하고 있다는 점이다. 즉, 경무관 이상의 경찰은 계급제의 적용만을 받는다는 의미이다. 그리고 수사경과 및 보안경과의 경우에는 경정 이하에만 적용되기 때문에, 이 경우에는 총경 이상은 계급제의 적용만을 받는다고 볼 수 있다.

그런데, 이와 같은 특성으로 인해 경과제도는 한계가 있으며, 따라서 여러 가지 문제가 노정될 수밖에 없다고 본다. 예컨대, 수사경과에 오랫동안 전문성을 쌓아온 수사 또는 형사담당 경찰관이 경위, 경감, 경정계급(경찰서 과장 등)을 거쳐 총경계급(경찰서장 등)이 되는 경우, 경과의 적용은 없어지게 된다. 이때부터 계급제의 적용을 받게 되어 당사자가 경찰서장에 임용되었을 경우, 과연 경찰서의 업무 전반을 이해하고 체계적으로 관리 할 수 있는지에 대해서는 의문이다.

생각건대, 계급제와 경과제의 부적절한 절충적 운영은 오히려 조직운용과 업무의 정체성을 모호하게 할 우려가 있다고 본다. 따라서 경찰경과 가운데 가장 전문적 영역이라 할 수 있는 수사경과 등이 제대로 운영되기 위해서는 계급의 한계를 두어서는 안 된다고 본다. 이를 위해서는 수사경과는 경찰조직 내에서 어떠한 독립적인 위치를 차지하도록 하고, 계급제과 관계없는 직수행상의 비교 우위적 권한과 직책을 부여하고, 그에 상응하는 책임을 부여하도록 하는 방안을 모색할 필요가 있다고 본다.

이러한 점에서 아직은 제도적으로 미흡하지만, 2021년 경찰법 개정으로 경찰청에 국가수사본부를 설치하고, 본부장을 치안정감으로 보하여 형사소송법에 따른 경찰의 수사에 관하여 각 시·도경찰청장과 경찰서장 및 수사부서 소속 공무원을 지휘·감독하도록 한 것은 의미가 있다고 본다(경찰법 제16조 제1항 및 제2항).

2. 경찰공무원의 권리·의무·책임

1) 경찰공무원의 권리

(1) 기본권의 보장

경찰공무원에게도 국민과 마찬가지로 헌법에서 보장하는 기본권(基本權)이 원칙적으로 보장된다. 다만 경찰공무원으로서 적절한 직무수행을 위하여 일정부분 기본권의 제한이 인정되고 있다.

특별법률관계·특수신분관계에 따른 경찰공무원의 기본권 제한

특별한 법률상의 원인(예: 법률의 규정 또는 당사자의 동의 등)에 의하여 일정한 공법(公法)상의 목적을 위하여 필요한 범위 내에서 당사자(當事者)의 일방이 포괄적으로 그 상대방을 지배하고, 그 상대방은 이에 복종함을 내용으로 하는 법률관계(예: 국가와 공무원과의 관계 등)를 특별권력관계(特別權力關係, special authority relation)라고 한다. 그러나 이러한 특별권력관계 개념은 국민이 국가의 구성원으로서 가지는 일반적 지위에서 통치권(統治權)에 복종하는 관계인 일반권력관계(一般權力關係)에 대응되는 것으로서 오늘날에는 이를 부정하는 견해가 지배적이다.[29)]

다만, 특별한 국가행정 목적의 달성을 위하여 국가와 국민 사이에 일반적인 결합관계와는 별도의 강력한 결합관계가 필요함을 부인할 수는 없다. 이러한 이유로 과거 특별권력관계 개념을 적용하였는데, 이것의 지배권력집단에 의해 자의적(恣意的) 남용되어 법치주의(法治主義)의 이념에 반하는 경우가 적지 않았다. 따라서 특별권력관계론은 부정되고, 대신 특별법률관계(特別法律關係, special law relation) 또는 특수신분관계(特殊身分關係, special status relation))에서 기본권은 제한된다고 보는 견해가 타당성을 갖는다.[30)]

이러한 특별법률관계 또는 특수신분관계에 있는 경찰공무원 등에 대해서는 특수신분관계의 본질에서 오는 일정한 기본권의 제한이 인정되고 있다. 다만, 이에 따른 기본권 제한은 합리적·합법적인 범위 내에서 이루어져야 할 것이다. 그리고 양심(良心)의 자유와 같은 절대적 기본권은 어떠한 경우에도 제한할 수 없으며, 상대적 기본권을 제한하는 경우에도 그 본질적 내용과 인간의 존엄과 가치는 침해할 수 없음은 물론이다.

특별법률관계 또는 특수신분관계에 있는 경찰공무원은 국민전체에 대한 봉사자이기 때문에 정치적 중립성을 보장하기 위하여 법률이 정하는 바에 의하여 정당가입이나 정치적 활동 등이 금지된다. 그리고 노동조합을 결성하는 등 집단행동(노동3권: 단결권·단체교섭권·단체행정권)은 금지된다.[31)] 또 경찰공무원은 대통령, 국회의원, 지방의회의원 및 지방자치단체의 장에 입후보하기 위해서는 일정기간(90일) 전에 사임하여야 한다(공직선거법 제53조 제1항). 이 밖에도 국가공무원법 및 경찰공무원법상의 의무·금지에 따른 제한이 따른다.[32)]

---

29) 경찰공무원의 법관계는 기본적으로 자연인인 경찰공무원과 임용주체의 지위를 갖는 공법상의 법인 즉, 국가 사이에 존재하는 공법상 근무관계·공법상 성실관계이다. 경찰공무원의 법관계는 공법관계로 형성되는 것이지, 특별권력관계로 형성되는 것은 아니다. 홍정선(2007), 경찰행정법, 서울: 박영사, p. 155.

30) 헌법재판소는 특수신분관계를 인정하고 공무원 등에 대한 기본권 제한의 특수성을 인정하고 있다. 헌재 2005.5.26, 2001얼마728.

31) 공무원은 근로자로서 법률이 정하는 자에 한하여 단결권·단체교섭권 및 단체행동권을 가진다(헌법 제33조 제2항). 이를 위하여 제정된 법이 '공무원의 노동조합 설립 및 운영 등에 관한 법률'인데, 경찰공무원은 그 직무의 특수성으로 인해 이 법의 적용에서 제외된다.

32) 김철수(2006), 헌법학개론, 서울: 박영사, pp. 361-364.

(2) 신분보장

경찰공무원은 법이 정한 사유와 절차에 따르지 않는 한 공무원의 신분을 박탈당하지 않는다. 경찰공무원의 신분보장에 관한 내용은 앞의 직업공무원제도에서 설명한 바와 같다. 따라서 경찰공무원은 징계처분 기타 그 의사에 반하는 불리한 처분(휴직 등)이나 부작위에 대하여 소청심사위원회(訴請審査委員會)에 소청 할 수 있고(국가공무원법 제9조), 또 관할 행정법원에 행정소송을 제기할 수 있다(행정소송법 참조). 다만, 행정소송은 소청심사위원회의 심사·결정을 거치지 아니하면 제기할 수 없다(국가공무원법 제16조 제1항).

이 밖에도 경찰공무원은 국가에 대한 재산상의 권리(보수청구권, 연금청구권, 보훈을 받을 권리 등)를 가지고 있다.[33]

2) 경찰공무원의 의무

경찰공무원은 국가공무원으로서 일정한 권리를 보장받고 있으며, 동시에 국민전체에 대한 봉사자로서 국민에 대하여 책임을 지는 등 제반 의무를 지게 된다(헌법 제7조 제1항). 이러한 경찰공무원의 의무 준수는 경찰윤리를 실천하는 구체적인 방법이 된다고 볼 수 있다.

그리고 위에서 살펴본 바와 같이, 경찰공무원이 부담하는 의무는 경찰공무원이 특별권력관계에 놓이기 때문에 법적 근거 없이도 당연히 인정되어야 한다는 논리는 타당하지 않다. 경찰공무원에게 부과되는 의무는 반드시 구체적인 법적 근거가 있어야 한다는 의미이다. 경찰공무원관계도 공법상의 법관계이고, 그 법관계는 법치주의원칙 내에서만 존재하는 것이기 때문이다.[34] 경찰공무원의 의무와 관련된 법규정으로는 국가공무원법, 경찰공무원법, 공직자윤리법 등이 있다.[35]

(1) 국가공무원법상의 의무

국가공무원법상의 공무원의 의무는 모든 국가공무원을 대상으로 하는 것인데, 아래에서는 이 가운데 경찰공무원을 중심으로 살펴보기로 한다.

① 선서의 의무

국가공무원법에 따라 공무원은 취임할 때에 소속기관장 앞에서 대통령령이 정

33) 이에 대한 자세한 내용은 홍정선(2007), 앞의 책, pp. 183-187 참조.
34) 위의 책, p. 187.
35) 이하 위의 책, pp. 189-201 재구성.

하는 바에 따라 선서(宣誓, oath)를 하여야 한다. 다만 불가피한 사유가 있으면 취임 후에 선서할 수 있다(제55조). 이에 따라서 경찰공무원은 교육훈련을 마치고 소속 기관장 앞에서 취임 선서를 하게 된다.

선 서

나는 대한민국 공무원으로서 헌법과 법령을 준수하고, 국가를 수호하며, 국민에 대한 봉사자로서의 임무를 성실히 수행할 것을 엄숙히 선서합니다.(국가공무원 복무규정(제2조) 상의 선서문)

② **법령준수 및 성실의 의무**

모든 공무원은 법령을 준수하며 성실히 직무를 수행하여야 한다(제56조). 법령준수의무는 법치국가에서 공무원이 부담하는 가장 기본적인 의무 가운데 하나가 된다. 여기에서 법령이란 행정법의 법원이 되는 모든 법을 말한다. 법규명령 외에 행정규칙도 포함됨은 물론이다. 따라서 경찰공무원의 법령위반행위는 그 행위의 무효·취소, 손해배상, 그리고 자신의 개인적인 책임문제가 발생한다.

한편, 성실의무(誠實義務) 역시 공무원에게 부과된 가장 기본적인 의무 중의 하나이다. 성실이란 자신의 임무수행에 있어서 자신의 인격과 양심에 따라 최선을 다하여야 함을 뜻한다(제56조 단서). 물론, 그렇다고 해서 성실의무라는 것이 경찰공무원에게 무한정의 희생·헌신·충성을 요구하는 것은 아니다. 성실의무 위반 여부의 판단은 쉬운 일이 아니다. 그러나 성실의무는 정치적·윤리적인 의무에 불과한 것이 아니라 국가공무원법에서 규정하고 있는 법적 의무임에는 분명하다.

성실의 의무 등 위반

경찰공무원인 A가 법학전문대학원(로스쿨)에 입학한 후, 2년 3개월간 육아휴직을 하면서 휴직원과 복무상황 신고서에 로스쿨 재학사실을 기재하지 않고 로스쿨에서 30과목(85학점)을 수강함으로써 육아휴직을 휴직의 목적 외로 사용하였다. 이에 대하여 지방경찰청장(현 시·도경찰청장)은 A에 대해 국가공무원법 제56조의 성실의무 등을 위반하였다는 이유로 감봉 1개월의 징계처분을 하였다.

이 사건의 경우, A가 육아휴직 중 로스쿨에 재학한 행위는 '휴직의 목적 외 사용'으로서 국가공무원법에서 정한 성실의무, 복종의 의무, 품위유지의 의무위반에 해당한다. 따라서 위 소속기관장의 처분은 재량권을 일탈·남용한 것으로 볼 수 없는 정당한 행위이다.[36)]

36) 대구지법 2018.10.5., 2018구합21165.

③ 복종의 의무

공무원은 직무를 수행할 때 소속 상관의 직무상 명령에 복종하여야 한다(제57조). 경찰조직은 계층적 조직체로서 상명하복(上命下服)의 원칙은 직무수행에 있어서 매우 중요한 것이다. 여기에서 소속 상관은 당해 경찰공무원의 직무에 관해서 지휘·감독할 수 있는 권한을 가진 기관을 말한다. 그리고 소속 상관은 언제나 1인만을 의미하는 것은 아니며, 또한 소속 상관은 행정관청일 수도 있고, 보조기관일 수도 있다.

한편, 직무상의 명령은 상급공무원이 하급공무원에 대해 직무상 발하는 명령을 총칭하는 개념이다. 그 내용은 개별·구체적일 수도 있고, 일반·추상적일 수도 있다. 직무상 명령은 개념상 훈령(訓令)과 구별된다.

〈직무상 명령과 훈령의 구분〉

구 분	직무상 명령	훈령
규율관계자	• 상·하급 공무원간의 규율	• 상·하급관청간의 규율
신분변동	• 상·하급 공무원의 신분변동에 따라 효력이 상실	• 상급관청이 폐지하지 않는 한 기관구성자의 변동에 관계없이 효력을 지속

이러한 직무상 명령은 하급공무원을 구속할 뿐 국민을 구속하는 것은 아니다. 소속 상관의 직무상 명령을 위반하면 징계사유가 된다(제78조 제1항 단서). 직무상 명령의 대상이 될 수 있는 사항은 ㉠ 상관의 권한에 속하고, ㉡ 부하직원의 권한에 속하는 직무에 관련이 있는 사항이다. 한편, 적법한 직무상 명령이 있으면 당해 경찰공무원은 그 명령에 복종하여야 하는데, 이는 소속 상관의 명령을 이행하여야 함을 의미한다. 즉, 직무상 명령을 받은 경찰공무원은 그 명령의 내용에 따라 작위의무·부작위의무·수인의무·급부의무를 이행하여야 한다.

그러나 명백히 위법한 직무상의 명령(예, 범죄행위의 명령)에 대해서는 복종을 거부해야 하며, 만약 이에 복종하면 그 명령을 한 상관은 물론이고 그 명령을 집행한 공무원도 책임을 면할 수 없다.

④ 직장이탈금지의 의무

공무원은 소속 상관의 허가 또는 정당한 사유가 없으면 직장을 이탈하지 못한다(제58조). 경찰공무원은 직무 수행시간에 주어진 근무지에서 성실히 직무를 수행해야 함은 당연한 일이다.

직장이탈 금지의무 위반 여부

1. 경찰서 수사과 형사계 반장인 원고의 부하직원에 대한 뇌물수수사건의 검찰 수사과정에서, 뇌물을 받은 사람이 원고라는 제공자의 진술에 따라 원고에게까지 수사가 확대되자, 원고가 수사를 피하기 위해 사직원(辭職願)을 제출하였다. 그러나, 사직원이 수리도 되지 아니한 상태에서 소속 상관의 허가 없이 3개월여 동안 직장을 이탈하고 출근하지 아니하여 뇌물수수 등의 죄로 지명수배되었다. 이 사건의 경우, 원고의 위와 같은 행위는 국가공무원법상의 직장이탈에 해당한다. 이러한 이유로 원고에 대하여 한 파면 처분에 재량권을 남용 또는 일탈한 위법이 없다.[37]
2. 경찰공무원이 운전면허증의 부정발급과 관련하여 누명을 쓰고 구속될지 모른다는 생각에서 직장이탈을 하였다. 그러나 조사 결과, 제3자의 범행으로 밝혀진 경우, 직장이탈은 경찰공무원으로서의 성실의무, 직장이탈금지의무에 위배되는 행위라고 할 것이다. 그러나 그 경찰관이 이전에 징계처분을 받은 전력도 없고 21년 남짓 재직하는 동안 경찰청장표창을 비롯하여 23회의 표창을 받은 점을 고려한다면, 그 정도의 비위사실에 대하여 징계처분 중 가장 중한 파면을 결정한 것은 징계양정을 그르친 경우에 해당하여 위법하다.[38]

⑤ 친절·공정의 의무

공무원은 국민전체의 봉사자로서 친절하고 공정하게 직무를 수행하여야 한다(제59조). 이러한 친절의무는 경찰공무원이 국민에 대해 군림하는 자세가 아닌 봉사하는 자세로 직무를 수행해야 한다는 것이며, 공정의무는 특정 국민이 아니라 모든 국민에 대하여 불편부당(不偏不黨)하게 직무를 수행해야 한다는 것을 의미한다. 이것 역시 법적 의무이다.

⑥ 종교중립의 의무

공무원은 종교에 따른 차별 없이 직무를 수행하여야 한다. 따라서 공무원은 소속 상관이 이에 위배되는 직무상 명령을 한 경우에는 이에 따르지 아니할 수 있다(제59조의2). 헌법은 모든 국민은 종교의 자유를 가지며, 국교는 인정되지 않고, 종교와 정치의 분리를 선언하고 있다(제20조). 오늘날 종교적 갈등은 정치적 갈

37) 대법 1991.11.22., 91누3666.
38) 고법 1995.8.30., 94구8051.

등 못지않게 심각한 사회적 문제로 대두되고 있으며, 따라서 경찰공무원은 종교적 중립성은 매우 중요한 의미가 있다.

다만, 주의할 것은 경찰공무원의 이러한 종교중립의무는 '직무상의 의무'를 의미하는 것이지, '신분상의 의무'(즉, 경찰공무원 신분이기 때문에 종교중립이어야 한다는 것)를 의미하는 것은 결코 아니다.

⑦ 비밀엄수의 의무

공무원은 '재직 중'은 물론 '퇴직 후'에도 직무상 알게 된 비밀을 엄수(嚴守)하여야 한다(제60조). 경찰공무원이 이러한 비밀엄수의무를 위반하면 징계처분을 받을 뿐만 아니라 형사처벌을 받게 된다.[39]

피의사실공표죄와 공무상비밀누설죄

1. 피의사실공표죄: 검찰, 경찰 그 밖에 범죄수사에 관한 직무를 수행하는 자 또는 이를 감독하거나 보조하는 자가 그 직무를 수행하면서 알게 된 피의사실을 공소제기 전에 공표(公表)한 경우에는 3년 이하의 징역 또는 5년 이하의 자격정지에 처한다(형법 제125조).
2. 공무상비밀누설죄: 공무원 또는 공무원이었던 자가 법령에 의한 직무상 비밀을 누설한 때에는 2년 이하의 징역이나 금고 또는 5년 이하의 자격정지에 처한다(형법 제126조).

물론, 「공공기관의 정보공개에 관한 법률」에 따른 비밀의 공개는 비밀엄수의무의 위

39) ① 일반 국민들은 사회에서 발생하는 제반 범죄에 관한 알권리를 가지고 있고 수사기관이 피의사실에 관하여 발표를 하는 것은 국민들의 이러한 권리를 충족하기 위한 방법의 일환이라 할 것이다. 그러나 한편으로는 헌법 제27조 제4항은 형사피고인에 대한 '무죄추정의 원칙'을 천명하고 있고, 형법 제126조에서는 '피의사실 공표행위'를 범죄로 규정하고 있다. 그리고 형사소송법 제198조에서는 '검사, 사법경찰관리 그 밖에 직무상 수사에 관계있는 자는 비밀을 엄수하며 피의자 또는 다른 사람의 인권을 존중하여야 한다'고 규정하고 있다. ② 이처럼 수사기관의 피의사실 공표행위는 공권력에 의한 수사결과를 바탕으로 한 것으로 국민들에게 그 내용이 진실이라는 강한 신뢰를 부여함은 물론 그로 인하여 피의자나 피해자 나아가 그 주변 인물들에 대하여 치명적인 피해를 가할 수도 있다는 점을 고려할 때, 수사기관의 발표는 원칙적으로 일반 국민들의 정당한 관심의 대상이 되는 사항에 관하여 객관적이고도 충분한 증거나 자료를 바탕으로 한 사실 발표에 한정되어야 한다. 그리고 이를 발표함에 있어서도 정당한 목적하에 수사결과를 발표할 수 있는 권한을 가진 자에 의하여 공식의 절차에 따라 행하여져야 하며, 무죄추정의 원칙에 반하여 유죄를 속단하게 할 우려가 있는 표현이나 추측 또는 예단을 불러일으킬 우려가 있는 표현을 피하는 등 그 내용이나 표현 방법에 대하여도 유념하지 아니하면 아니 된다. ③ 따라서 수사기관의 피의사실 공표행위가 위법성을 조각하는지의 여부를 판단함에 있어서는 공표 목적의 공익성과 공표 내용의 공공성, 공표의 필요성, 공표된 피의사실의 객관성 및 정확성, 공표의 절차와 형식, 그 표현 방법, 피의사실의 공표로 인하여 생기는 피침해이익의 성질, 내용 등을 종합적으로 참작하여야 한다. 대법 2002.9.24., 2001다49692.

반에 해당하지 아니한다. 한편 실질적으로는 비밀사항이 아니어도 경찰기관이 비밀로 정한 사항을 누설하면, 누설한 공무원은 형사처벌을 받지 아니하지만, 직무명령 위반으로 징계처분을 받을 수 있다.

공공기관의 정보공개 제한

국민의 알권리를 보장하고 국정에 대한 국민의 참여와 국정운영의 투명성을 확보하기 위하여 공공기관이 보유·관리하는 정보에 대한 국민의 공개청구 및 공공기관의 공개의무를 법으로 규정한 것이 「공공기관의 정보공개에 관한 법률」(약칭: 정보공개법)이다. 이에 따라 모든 국민은 정보의 공개를 청구할 권리를 가지고, 외국인도 대통령령이 정하는 바에 따라 정보공개를 청구할 수 있다(제5조).[40]

따라서 공공기관이 보유·관리하는 정보는 공개대상이 된다. 다만, 다음에 해당하는 정보에 대하여는 이를 공개하지 아니할 수 있다(제9조 제1항).

1. 다른 법률 또는 법률에서 위임한 명령(국회규칙·대법원규칙·헌법재판소규칙·중앙선거관리위원회규칙·대통령령 및 조례로 한정)에 따라 비밀이나 비공개 사항으로 규정된 정보
2. 국가안전보장·국방·통일·외교관계 등에 관한 사항으로서 공개될 경우, 국가의 중대한 이익을 현저히 해칠 우려가 있다고 인정되는 정보
3. 공개될 경우, 국민의 생명·신체 및 재산의 보호에 현저한 지장을 초래할 우려가 있다고 인정되는 정보
4. 진행 중인 재판에 관련된 정보와 범죄의 예방, 수사(搜査),[41] 공소의 제기 및 유지,

40) 정보공개를 청구할 수 있는 외국인은 ① 국내에 일정한 주소를 두고 거주하거나 학술·연구를 위하여 일시적으로 체류하는 자, ② 국내에 사무소를 두고 있는 법인 또는 단체가 이에 해당한다(정보공개법 시행령 제3조).

41) ① 공공기관의 정보공개에 관한 법률(이하 '정보공개법') 제9조 제1항에서 '수사'에 관한 사항으로서 공개될 경우 그 직무수행을 현저히 곤란하게 한다고 인정할 만한 상당한 이유가 있는 정보를 비공개대상정보의 하나로 규정하고 있다. 그 취지는 수사의 방법 및 절차 등이 공개되어 수사기관의 직무수행에 현저한 곤란을 초래할 위험을 막고자 하는 것으로서, 수사기록 중의 의견서, 보고문서, 메모, 법률검토, 내사자료 등(이하 '의견서 등')이 이에 해당한다고 할 수 있다. 그러나 공개청구대상인 정보가 의견서 등에 해당한다고 하여 곧바로 정보공개법 제9조 제1항 규정된 비공개대상정보라고 볼 것은 아니다. 즉, 의견서 등의 실질적인 내용을 구체적으로 살펴 수사의 방법 및 절차 등이 공개됨으로써 수사기관의 직무수행을 현저히 곤란하게 한다고 인정할 만한 상당한 이유가 있어야만 위 비공개대상정보에 해당한다고 봄이 타당하다. ② 원심판결은 이 사건 정보 중 개인 인적사항 부분을 제외한 나머지 부분인 범죄사실, 적용법조, 증거관계, 고소인 및 피고소인의 진술, 수사결과 및 의견 등은 수사기록 중의 의견서, 법률검토 등에 해당하여 수사에 관한 사항에 포함되는 것으로 보았다. 그러나 원고는 관련사건의 고소인으로서 그 권리구제를 위하여 경찰의 송치의견서의 내용을 알 필요성이 크고, 반면 수사기관은 그 정보의 내용, 수집경로 등이 노출된다 할지라도 향후 범죄의 예방이나 정보수집, 수사활동 등에 영향을 미치는 경우로 보기 어려운 점 등을 고려할 필요가 있다. ③ 이러한 점에서 본다면, 위 정보가 공개될 경우 피고(광주서부 경찰서장)의 직무수행을 현저히 곤란하게 하거나 피의자의 인권 및 공익 목적을 해하는 결과를 야기한다고 인정하기 어렵다. 따라서 이러한 이유를 들어 이 사건 정보 중 개인 인적사항 부분을 제외한 나머지 부분은 정보공개법 제9조 제1항 제4호의 비공개대상정보에 해당하지 아니한

형의 집행, 교정(矯正), 보안처분에 관한 사항으로서 공개될 경우, 그 직무수행을 현저히 곤란하게 하거나 형사피고인의 공정한 재판을 받을 권리를 침해한다고 인정할 만한 상당한 이유가 있는 정보(이하 생략).

⑧ 청렴의무

공무원은 직무와 관련하여 직접적이든 간접적이든 사례·증여 또는 향응을 주거나 받을 수 없다. 공무원은 직무상의 관계가 있든 없든 그 소속 상관에게 증여하거나 소속 공무원으로부터 증여를 받아서는 아니 된다(제61조).

경찰공무원의 청렴의무 위반은 징계사유가 될 뿐만 아니라 경우에 따라서는 형법상 뇌물에 관한 죄(제129조 수뢰죄, 사전 수뢰죄)를 구성할 수도 있다.[42)]

수뢰죄·사전수뢰죄

1. 수뢰죄: 공무원 또는 중재인이 그 직무에 관하여 뇌물을 수수, 요구 또는 약속한 때에는 5년 이하의 징역 또는 10년 이하의 자격정지에 처한다(형법 제129조 제1항).
2. 사전수뢰죄: 공무원 또는 중재인이 될 자가 그 담당할 직무에 관하여 청탁을 받고 뇌물을 수수, 요구 또는 약속한 후 공무원 또는 중재인이 된 때에는 3년 이하의 징역 또는 7년 이하의 자격정지에 처한다.

⑨ 영예의 제한 의무

공무원이 외국 정부로부터 영예(榮譽)나 증여를 받을 경우에는 대통령의 허가를 받아야 한다(제62조).

⑩ 품위유지의 의무

공무원은 직무의 내외를 불문하고 그 품위가 손상되는 행위를 하여서는 아니 된다(제63조). 여기에서 품위손상행위란 국가의 권위·위신·체면·신용 등에 영향을 미칠 수 있는 경찰공공무원의 불량하거나 불건전한 행위를 말한다(예: 축첩, 도박, 마약이나 알코올 중독, 음주운전 등). 그리고 이러한 품위유지의무는 직무수행 중뿐만 아니라 직무수행과 관계없이도 존재하며(예: 휴가기간 동안의 음주운전 등), 따라서 이를 위반하면 역시 징계사유가 된다.

다고 판단한 원심의 위와 같은 판단은 정당하다. 거기에 정보공개법 제9조 제1항 제4호에 규정된 비공개대상 정보에 관한 법리오해의 위법이 없다. 대법 2012.7.12, 2010두7048.

42) 설날 며칠 뒤 부하 경찰관을 통하여 관내 업소 경영자로부터 금 80만원을 교부받은 파출소장에 대한 해임처분이 재량권을 일탈·남용한 것이 아니다. 대법 1999.3.9., 98두18145.

⑪ 영리업무 금지 및 겸직 금지(허가)의무

공무원은 공무 외에 영리(營利)를 목적으로 하는 업무에 종사하지 못하며 소속 기관장의 허가 없이 다른 직무를 겸할 수 없다. 이에 따른 공무원의 영리를 목적으로 하는 업무의 한계는 대통령령(국가공무원 복무규정)으로 정한다(제64조).[43)]

⑫ 정치운동 금지의무

공무원은 국민전체에 대한 봉사자로서 정치적 중립성을 지켜야 한다(헌법 제7조). 공무원은 정당이나 그 밖의 정치단체의 결성에 관여하거나 이에 가입할 수 없다(국가공무원법 제65조 제1항).

따라서 공무원은 선거에서 특정 정당 또는 특정인을 지지 또는 반대하기 위한 행위를 하여서는 아니 된다(제2항 각호).[44)] 아울러 공무원은 다른 공무원에게 위와 같은 사항에 위배되는 행위를 하도록 요구하거나, 정치적 행위에 대한 보상 또는 보복으로서 이익 또는 불이익을 약속하여서는 아니 된다(제3항).

⑬ 집단행위 금지의무

공무원은 노동운동이나 그 밖에 공무 외의 일을 위한 집단행위를 하여서는 아니 된다. 다만, 사실상 노무에 종사하는 공무원은 예외로 한다(제66조 제1항).

경찰공무원은 국민전체의 이익을 위해 봉사하는 자이므로 자신 또는 조직의 이익을 위한 집단행동(集團行動: 단결권·단체교섭권·단체행동권)은 금지된다(이에 대한 세부내용은 경찰공무원의 기본권보장 부분 참조).

---

43) ① 영리업무의 금지: 공무원은 다음의 어느 하나에 해당하는 업무에 종사함으로써 공무원의 직무 능률을 떨어뜨리거나, 공무에 대하여 부당한 영향을 끼치거나, 국가의 이익과 상반되는 이익을 취득하거나, 정부에 불명예스러운 영향을 끼칠 우려가 있는 경우에는 그 업무에 종사할 수 없다. ㉠ 공무원이 상업, 공업, 금융업 또는 그 밖의 영리적인 업무를 스스로 경영하여 영리를 추구함이 뚜렷한 업무, ㉡ 공무원이 상업, 공업, 금융업 또는 그 밖에 영리를 목적으로 하는 사기업체(私企業體)의 이사·감사 업무를 집행하는 무한책임사원·지배인·발기인 또는 그 밖의 임원이 되는 것, ㉢ 공무원 본인의 직무와 관련 있는 타인의 기업에 대한 투자, ㉣ 그 밖에 계속적으로 재산상 이득을 목적으로 하는 업무(국가공무원 복무규정 제25조). ② 겸직의 허가: ㉠ 공무원이 위 영리업무(제25조)에 해당하지 아니하는 다른 직무를 겸하려는 경우에는 소속 기관의 장의 사전 허가를 받아야 한다. ㉡ 이러한 허가는 담당 직무 수행에 지장이 없는 경우에만 한다. ㉢ 여기에서 '소속 기관의 장'이란 고위공무원단에 속하는 공무원 이상의 공무원에 대해서는 임용제청권자, 3급 이하 공무원 및 기능직 공무원에 대해서는 임용권자를 말한다(제26조).

44) ① 투표를 하거나 하지 아니하도록 권유 운동을 하는 것, ② 서명 운동을 기도(企圖)·주재(主宰)하거나 권유하는 것, ③ 문서나 도서를 공공시설 등에 게시하거나 게시하게 하는 것, ④ 기부금을 모집 또는 모집하게 하거나, 공공자금을 이용 또는 이용하게 하는 것, ⑤ 타인에게 정당이나 그 밖의 정치단체에 가입하게 하거나 가입하지 아니하도록 권유 운동을 하는 것(국가공무원법 제65조 제2항 각호).

(2) 경찰공무원법상의 의무

① 거짓보고 등의 금지 의무

경찰공무원은 직무에 관하여 거짓으로 보고나 통보를 하여서는 아니 된다. 그리고 경찰공무원은 직무를 게을리 하거나 유기(遺棄)해서는 아니 된다(경찰공무원법 제24조).

② 지휘권 남용 등의 금지 의무

전시·사변, 그 밖에 이에 준하는 비상사태이거나 작전수행 중인 경우 또는 많은 인명 손상이나 국가재산 손실의 우려가 있는 위급한 사태가 발생한 경우, 경찰공무원을 지휘·감독하는 사람은 정당한 사유 없이 그 직무수행을 거부 또는 유기하거나 경찰공무원을 지정된 근무지에서 진출·퇴각 또는 이탈하게 하여서는 아니 된다(제25조).

③ 제복착용의 의무

경찰공무원은 제복을 착용하여야 한다고 하고 있다(제26조 제1항). 이러한 점에서 경찰공무원의 제복착용 역시 의무사항이라고 본다.

그리고 경찰공무원은 직무수행을 위하여 필요한 때에는 무기를 휴대할 수 있다(제26조 제2항). 다만, 상관의 무기 휴대명령에 따른 이의 휴대는 의무의 성질을 갖는다고 볼 수 있다.[45)]

(3) 공직자윤리법상 의무

공직자윤리법에서는 공직자에 대한 재산등록 및 공개 등을 규정함으로써 이들의 부정한 재산증식을 방지하고 공무집행의 공정성 등을 확보하고자 하고 있다.

---

45) 이 밖에도 경찰공무원의 복무에 관한 사항을 규정하고 있는 「경찰공무원 복무규정」(대통령령)에서는 ① (직무와 관계없는) 지정장소 외에서의 직무수행 금지 의무(제8조, 상사의 허가 또는 명령에 의한 경우 제외), ② 근무시간 중 음주 금지 의무(제9조, 특별한 사정이 있는 경우 예외로 하되, 이 경우 술기운이 있는 상태에서 직무를 수행해서는 안 됨), ③ (직위 또는 직권을 이용한) 민사분쟁에의 부당개입 금지 의무(제10조), ④ (임용 등 신분·근무관계 변동시) 상관에 대한 신고 의무(제11조), ⑤ (치안상황에 대한) 신속·정확·간결한 보고 및 통보 의무(제12조), ⑥ 여행제한 의무(제13조, 휴무일 또는 근무시간 외에 2시간 이내에 직무에 복귀하기 어려운 지역으로 여행을 하고자 할 때에는 소속 경찰기관의 장에게 신고를 하여야 함. 그리고 치안상 특별한 사정이 있어 경찰청장 또는 경찰기관의 장이 지정하는 기간 중에는 소속경찰기관의 장의 허가를 받아야 함) 등이 규정되어 있다. 한편, 경찰법에서 경찰공무원의 직무수행상의 상호협력의무(제24조 제1항)가 규정되어 있다.

① 재산등록 의무

경찰공무원 가운데 총경(자치총경 포함) 이상의 공직자는 공직자윤리법이 정하는 바에 따라 재산을 등록하여야 한다(제3조 제1항 제9호). 재산등록 대상은 ㉠ 본인, ㉡ 배우자(사실상의 혼인관계에 있는 사람 포함), ㉢ 본인의 직계존속·직계비속(다만, 혼인한 직계비속인 여성과 외증조부모, 외조부모, 외손자녀 및 외증손자녀는 제외)이 해당된다(제4조 제1항 각호).

② 재산공개 의무

공직자윤리위원회는 재산등록의무자 가운데 일정한 자는 공직자 본인과 배우자 및 본인의 직계존속·직계비속의 재산에 관한 등록사항(그리고 변동사항 신고내용)을 등록기간(또는 신고기간) 만료 후 1개월 이내에 관보 또는 공보에 게재하여 공개하여야 한다.

경찰공무원으로서 재산공개 의무자는 치안감 이상의 경찰공무원, 그리고 시·도경찰청장이 이에 해당된다(제10조 제1항 제8호).

3) 경찰공무원의 책임

(1) 경찰공무원의 행정책임: 징계

경찰공무원은 법규정에 따라 부여된 역할과 권한을 바탕으로 최선을 다해서 업무를 수행해야 할 의무가 있다. 경찰공무원이 자신에게 부여된 의무를 제대로 수행하지 못하였을 경우, 이에 상응하는 행정적 책임으로서 징계대상이 됨은 물론이다.

① 징계의 의의

징계(懲戒)라는 것은 경찰공무원이 공무원으로서 부담하는 의무를 위반하였을 때, 경찰공무원관계의 질서유지를 위해 관련법에 따라 해당 공무원에게 법적인 제재 즉, 벌을 가하는 것을 말한다.

개념적으로 의무위반에 대하여 가해지는 처벌이 징계벌(懲戒罰)이고, 처벌을 받게 되는 지위를 징계책임(懲戒責任)이라고 한다. 이러한 징계는 기본권으로 보장되는 공무담임권에 대한 제한을 가져오는 것이므로 법률의 근거(국가공무원법, 공무원 징계령, 경찰공무원 징계령 등)를 필요로 한다. 따라서 과거와 같이 특별권력관계론을 명분으로 징계할 수는 없음은 물론이다.[46]

46) 홍정선(2007), 앞의 책, p. 202.

② 징계의 종류

국가공무원법상의 경찰공무원에 대한 징계는 파면(罷免) · 해임(解任) · 강등(降等) · 정직(停職) · 감봉(減俸) · 견책(譴責)으로 구분하고 있다(제79조).

이러한 징계 가운데 중징계는 파면, 해임, 강등 및 정직을 의미하고, 경징계란 감봉 및 견책을 의미한다(경찰공무원 징계령 제2조). 징계처분을 내리는 징계권자의 징계종류의 선택은 재량적이다.

징계권자의 징계 양정 범위

공무원인 피징계자에게 징계사유가 발생하여 징계처분을 하는 경우, 어떠한 처분을 할 것인지는 징계권자의 재량(裁量)에 맡겨진 것이다. 다만, 징계권자가 그 재량권의 행사로서 한 징계처분이 사회통념상 현저하게 타당성을 잃어 징계권자에게 부여된 재량권을 남용한 것이라고 인정되는 경우에 한하여 그 처분을 위법한 것이라 할 것이다.

여기에서 공무원에 대한 징계처분이 사회통념상 현저하게 타당성을 잃었다고 하려면 구체적인 사례에 따라 징계의 원인이 된 비위사실의 내용과 성질, 징계에 의하여 달성하려고 하는 행정목적, 징계양정의 기준 등 여러 요소를 종합 판단할 때에 그 징계 내용이 객관적으로 명백히 부당하다고 인정할 수 있는 경우라야 한다.[47]

㉠ 파면

파면은 경찰공무원의 신분을 박탈하여 공무원관계를 배제하는 징계처분을 말한다.[48] 파면된 경찰공무원은 다시 경찰공무원에 임용될 수 없다(경찰공무원법 제8조 제2항 제10호). 그리고 퇴직급여 · 퇴직수당의 일부를 줄여 지급한다(공무원연금법 제65조 제1항).[49]

㉡ 해임

해임 역시 파면과 마찬가지로 경찰공무원의 신분을 박탈하여 공무원관계를 배제하는 징계처분이다.[50] 그리고 해임된 경찰공무원은 파면과 마찬가지로

47) 대법 2002.9.24., 2002두6620.

48) A경찰서 경위 B는 ○○경찰서 ○○지구대, ○○파출소에 근무하면서 관할 구역 내 불법오락실업주 M으로부터 일정기간(2008.08.13.~2010.05.08.) 동안 10회에 걸처 420만원을 수수한 비위로 파면 및 징계부가금 5배 처분한 사례. 행정안전부 소청심사위원회(2011), 소청결정사례집 제48집, pp. 293-297.

49) ① 파면된 자로서 재직기간이 5년 미만인 사람의 퇴직급여: 그 금액의 4분의 1, ② 파면된 자로서 재직기간이 5년 이상인 사람의 퇴직급여: 그 금액의 2분의 1, ③ 파면된 자의 퇴직수당: 그 금액의 2분의 1을 감액한 후 지급한다(공무원연금법 시행령 제61조 제1항 제1호).

50) A 지방검찰청 검찰사무관 B는 2008. 7. 21. B로부터 차용명목으로 200만원을 송금 받아 수수하였고 2008. 11. 27~2010. 5. 22. C로부터 50만원씩 10회에 걸쳐 500만원을 송금 받는 등 자신이 담당했던 사건관련자로부터 금품을 수수한 비위로 해임 및 징계부가금 2배 부과 처분한 사례, 행정안전부 소청심사위원회(2011),

다시 경찰공무원에 임용될 수 없다(경찰공무원법 제8조 제2항 제10호).

그러나 경찰공무원으로서 해임된 경우에는 퇴직급여·수당의 감액은 없다. 다만, 금품 및 향응수수, 공금의 횡령·유용으로 해임된 경우에는 감액하여 지급한다(공무원연금법 제64조 제1항 제3호).[51]

㉢ 강등

강등은 1계급 아래로 직급을 내리고(고위공무원단에 속하는 공무원은 3급으로 임용하고, 연구관 및 지도관은 연구사 및 지도사로 함) 경찰공무원신분은 보유하나 3개월간 직무에 종사하지 못하며 그 기간 중 보수의 '전액('全額)을 감하도록 하는 징계처분이다(국가공무원법 제80조 제1항).

국가공무원에 대한 강등 규정은 2008년에 신설된 징계내용이며, 2015년 12월 법개정으로 보수의 2/3에서 전액을 감하는 것으로 강화되었다.[52] 참고로 계급을 구분하지 아니하는 공무원과 임기제공무원에 대해서는 강등을 적용하지 않는다(제80조 제1항).

㉣ 정직

정직은 1개월 이상 3개월 이하의 기간으로 하고, 정직 처분을 받은 자는 그 기간 중 경찰공무원의 신분은 보유하나 직무에 종사하지 못하며, 보수의 '전액'을 감하도록 하는 징계처분을 말한다(제80조 제3항).[53] 정직 역시 법 개정으로 보수의 2/3에서 전액을 감하는 것으로 강화되었다.

앞의 책, pp. 336-341.

51) ① 해임된 자로서 재직기간이 5년 미만인 사람의 퇴직급여: 그 금액의 8분의 1, ② 해임된 자로서 재직기간이 5년 이상인 사람의 퇴직급여: 그 금액의 4분의 1, ③ 해임된 자의 퇴직수당: 그 금액의 4분의 1을 감액한 후 지급한다(공무원연금법 시행령 제61조 제1항 제2호).

52) A 경찰서 경사 B는 2010년 치안성과평가 하위등급을 받은 것에 불만을 품고 2011.03.06. 20:00경 술에 취한 상태로 정보보안과장 B의 관사에 찾아가 욕설을 하고 주먹으로 얼굴을 1회 때리고, 같은 날 21:20경 재차 관사에 찾아가 욕설을 하고, 다음날 07:00경 욕설을 하며 B의 멱살을 잡아 와이셔츠 단추를 떨어뜨리는 등 하극상을 한 비위로 강등 처분한 사례; A 경찰서 경사 B는 2011.08.19. 00:15경 혈중알코올농도 0.188%의 주취 상태로 운전하다가 무단 횡단하는 피해자의 다리 부위를 승용차 앞 범퍼로 추돌하여 형사입건 되고 언론보도 된 비위로 강등 처분한 사례. 행정안전부 소청심사위원회(2011), 앞의 책, pp. 21-26, pp. 200-205.

53) A 경찰서 경위 B는 관련자 C로부터 부탁을 받고 수사한 사건에 대하여 검사가 보완수사지휘를 하자 보완수사지휘 내용이 기재된 구속영장신청서 사본을 B에게 주어 복사하게 하는 등 2차례에 걸쳐 직무상 비밀을 C에게 알려줌으로써, 공무상비밀누설 혐의로 구속되어 언론에 보도되고 징역 6월 선고유예를 받은 비위로 정직 3월 처분한 사례. 위의 책, pp. 58-62.

㉤ 감봉

감봉은 1개월 이상 3개월 이하의 기간 동안 보수의 3분의 1을 감하는 징계처분을 말한다(제80조 제4항).[54)]

㉥ 견책

견책(譴責)은 전과(前過)에 대하여 훈계하고 회개하게 하는 징계처분을 말한다(제80조 제5항).[55)]

③ 징계위원회와 징계권자

㉠ 징계위원회

경무관 이상의 경찰공무원에 대한 징계의결은 국가공무원법(제81조) 및 공무원 징계령(제2조·제3조)에 따라 국무총리 소속으로 설치된 '징계위원회'(懲戒委員會)에서 하도록 하고 있다(경찰공무원법 제32조 제1항).

그리고 총경 이하의 경찰공무원에 대한 징계의결을 하기 위하여 대통령령으로 정하는 경찰기관(경찰청, 시·도 경찰청, 경찰서 등)에 '경찰공무원 징계위원회'를 두도록 하고 있다(제32조 제2항).

㉡ 징계권자

이상과 같은 징계 역시 임용권한의 일부이므로 임용권자(任用權者)가 징계권자가 되는 것이 원칙이다.

이에 따라 경찰공무원에 대한 징계는 징계위원회의 의결을 거쳐 징계위원회가 설치된 소속기관의 장이 하되, 국가공무원법에 의하여 국무총리 소속으로 설치된 징계위원회에서 의결한 징계는 경찰청장이 하도록 하고 있다(경찰공무원법 제33조). 다만, 파면·해임·강등 및 정직은 징계위원회의 의결을 거쳐 해당 경찰공무원의 임용권자가 하되, 경무관 이상의 강등 및 정직과 경정 이상의 파면 및 해임은 경찰청장의 제청으로 행정안전부장관과 국무총리를 거쳐 대통령이 하고, 총경 및 경정의 강등 및 정직은 경찰청장이 하도록 하고 있다(제33

54) A 경찰서 경감 B는 수사지휘비 100만원 상당을 편법으로 집행 사용하고, 부하직원들로부터 378,000원 상당의 차량유류를 제공받았으며, 관용차량을 이용하였음에도 이용하지 않은 것처럼 하여 여비 73,000원을 부당 수령하고 허위 증빙서류로 국내여비(이전비) 80만원을 부당 수령한 비위로 감봉 3월 처분한 사례. 위의 책, pp. 381-388.

55) A 경찰서 경위 B는 팀원 C가 근무지를 무단이탈하여 사행성 게임을 하는 등 직무를 태만히 한 잘못에 대해 1차 감독을 소홀히 한 비위로 견책 처분한 사례. 위의 책, pp. 459-462.

조 하단). 징계에 대한 세부적인 내용은 뒤의 경찰인사기관 부분에서 살펴보기로 한다.

(2) 경찰공무원의 형사책임

① 행정법규 위반에 따른 형사책임

경찰공무원의 행정법규 위반에 따른 형사책임은 경찰공무원법을 위반한 것에 대하여 형사처벌을 받게 되는 경우를 말한다.

이와 관련하여 먼저, 경찰공무원으로서 전시·사변 그 밖의 이에 준하는 비상사태이거나 작전수행 중인 경우에 ㉠ 직무태만 또는 유기금지(경찰공무원법 제24조 제2항), ㉡ 지휘권 남용 등의 금지(제25조), ㉢ 직장 이탈금지(국가공무원법 제58조 제1항)를 위반한 경우에는 3년 이상의 징역이나 금고에 처하도록 하고 있다. 그리고 위와 같은 국가비상사태 상황에서 ㉠ 거짓보고 등의 금지(경찰공무원법 제24조 제1항), ㉡ 복종의 의무(국가공무원법 제57조)를 위반한 경우에는 7년 이하의 징역이나 금고에 처하도록 하고 있다(이상 경찰공무원법 제37조 제1항).

또 이상과 같은 국가비상사태의 경우 외(外)에 집단살상의 위급사태가 발생한 경우에 위에서 명시한 법규정(즉, 경찰공무원법 제24조·제25조, 국가공무원법 제57조·제58조 제1항)을 위반한 경우에는 7년 이하의 징역이나 금고에 처하도록 하고 있다(경찰공무원법 제32조 제2항).

그리고 경찰공무원이 경찰공무원법상 정치관여의 금지(제23조)를 위반하여 정당이나 정치활동에 관여하는 행위를 한 사람은 5년 이하의 징역과 5년 이하의 자격정지에 처하고, 그 죄에 대한 공소시효(公訴時效)의 기간은 형사소송법 제249조 제1항에도 불구하고 10년으로 하도록 하고 있다(제37조 제3항).

한편, 경찰공무원이 ㉠ 시험 또는 임용의 방해행위 금지(국가공무원법 제44조), ㉡ 인사에 관한 부정행위 금지(제45조)를 위반한 경우에는 1년 이하의 징역 또는 100만원 이하의 벌금에 처하도록 하고 있다. 그리고 집단행위의 금지(국가공무원법 제66조)를 위반한 경우에는 2년 이하의 징역 또는 200만원 이하의 벌금에 처하도록 하고 있다(제37조 제4항).

② 형법위반에 따른 형사책임

형법위반에 따른 형사책임은 경찰공무원이 형법상의 '공무원의 직무에 관한 죄'(제122조~제135조)를 범한 경우에 받게 되는 책임을 말한다.

이와 관련하여 ㉠ 직무유기(형법 제122조, 1년 이하의 징역이나 금고 또는 3년 이하의 자격정지), ㉡ 직권남용(제123조, 5년 이하의 징역, 10년 이하의 자격정지 또는 1천만원 이하의 벌금), ㉢ 불법체포·불법감금(제124조, 7년 이하의 징역과 10년 이하의 자격정지, 미수범 처벌), ㉣ 폭행·가혹행위(제125조, 5년 이하의 징역과 10년 이하의 자격정지), ㉤ 피의사실공표(제126조, 3년 이하의 징역 또는 5년 이하의 자격정지), ㉥ 공무상 비밀의 누설(제127조, 2년 이하의 징역이나 금고 또는 5년 이하의 자격정지), ㉦ 선거방해(제128조, 10년 이하의 징역과 5년 이상의 자격정지), ㉧ 수뢰·사전수뢰(제129조, 5년 이하의 징역 또는 10년 이하의 자격정지 등), ㉨ 제3자 뇌물제공(제130조, 5년 이하의 징역 또는 10년 이하의 자격정지), ㉩ 수뢰 후 부정처사·사후수뢰(제131조, 1년 이상의 유기징역 등), ㉪ 알선수뢰(제132조, 3년 이하의 징역 또는 7년 이하의 자격정지), ㉫ 뇌물공여 등(제133조, 5년 이하의 징역 또는 2천만원 이하의 벌금), 그리고 ㉬ 몰수·추징(범인 또는 사정을 아는 제3자가 받은 뇌물 또는 뇌물로 제공하려고 한 금품, 몰수할 수 없는 경우에는 그 가액을 추징)이에 해당한다.

한편, 경찰공무원이 직권(職權)을 이용하여 이상에서 규정한 죄(즉, 제122조~제133조의 공무원의 직무에 관한 죄) 이외의 죄를 범한 때에는 그 죄에 정한 형의 2분의 1까지 가중(加重)하도록 하고 있다. 단 공무원의 신분에 의하여 특별히 형이 규정된 때에는 예외로 한다(제135조).

징계벌과 형벌의 비교

징계벌도 당사자에게 심리적 고통과 불이익을 부과한다는 점에서 형벌(刑罰)과 같다. 다만, 그 목적과 불이익의 구체적인 내용에 있어서는 차이가 있다.

㉠ 형벌은 국가와 일반사회 공공의 질서유지를 목적으로 하나 징계벌은 경찰조직 내부에서 공무원관계의 질서유지를 목적으로 한다. ㉡ 형벌은 국민을 대상으로 하나 징계벌은 경찰공무원을 대상으로 한다. ㉢ 형벌은 인간의 신체상의 자유와 재산권의 박탈 등을 내용으로 하나 징계벌은 공무원의 신분상 이익의 전부 또는 일부의 박탈을 내용으로 한다. 따라서 ㉣ 형벌은 공무원의 퇴직여하에 관계가 없으나, 징계벌은 퇴직 후에는 문제되지 아니한다.

한편, 징계벌과 형벌은 목적·내용 등에서 상이하므로, 하나의 행위(예: 뇌물수수 등)에 대하여 양자를 병과(倂科)할 수 있다. 양자의 병과는 일사부재리원칙(헌법 제13조 제1항)에 반하는 것은 아니다.

공무원에게 징계사유가 인정되는 이상, 관련된 형사사건이 아직 유죄로 확정되지 아니하였다 하더라도 징계처분을 할 수 있음은 물론, 그 징계처분에 대한 행정소송을 진행함에도 아무런 지장이 있을 수 없다.[56]

물론, 경찰공무원의 경우 형사재판의 결과 자격정지(資格停止) 이상의 형을 선고받은 경우에는 당연퇴직(當然退職)이 되므로(경찰공무원법 제27조) 징계벌은 무의미하다. 그러나 벌금형이나 무죄판결을 받는 경우에는 따로 징계절차를 개시할 수도 있다.

(3) 경찰공무원의 민사책임

① 경찰공무원의 국민에 대한 민사책임

민사상 책임이란 경찰공무원이 직무상 불법행위로 인하여 국민에게 손해를 끼친 경우, 그 경찰공무원이 피해자인 사인에게 직접 배상책임을 부담하는 것을 말한다.

경찰공무원이 직무수행 중 불법행위로 타인에게 손해를 입힌 경우에 국가 등이 국가배상책임을 지는 것 외에 경찰공무원 개인도 고의 또는 중과실이 있는 경우에는 불법행위로 인한 손해배상책임을 진다. 따라서 이 경우 피해자인 사인은 경찰공무원을 상대로 손해배상을 청구할 수 있다.

다만, 경찰공무원에게 경과실(輕過失, 가벼운 주의의무 위반)만 있는 경우에는 경찰공무원 개인은 손해배상책임을 부담하지 아니한다. 이는 헌법 제29조 제1항과 국가배상법 제2조의 입법취지에 조화되는 것이다.[57]

적법한 직무수행에 대한 손실보상제도의 도입

2013년 4월 5일에 경찰관직무집행법이 개정되어 손실보상(損失補償)규정이 신설(시행 2014.4.6)되었다.[58] 이로써 경찰관이 적법(適法)하게 직무를 수행하는 과정에서 국민이

56) 대법 2001.11.9, 2001두4184.; 대법 2001.11.9, 2001두4184.

57) 공무원의 직무상 불법행위로 손해를 받은 국민은 법률이 정하는 바에 의하여 국가 또는 공공단체에 정당한 배상을 청구할 수 있다. 이 경우 공무원 자신의 책임은 면제되지 아니한다(헌법 제29조 제1항). 공무원이 고의 또는 과실로 법령을 위반하여 타인에게 손해를 입힌 경우에 공무원에게 고의 또는 중대한 과실이 있으면 국가나 지방자치단체는 그 공무원에게 구상(求償)할 수 있다(국가배상법 제2조).

58) 손실보상: ① 국가는 경찰관의 적법한 직무집행으로 인하여 다음 각 호의 어느 하나에 해당하는 손실을 입은 자에 대하여 정당한 보상(補償)을 하여야 한다. ㉠ 손실발생의 원인에 대하여 책임이 없는 자가 생명·신체 또는 재산상의 손실을 입은 경우(손실발생의 원인에 대하여 책임이 없는 자가 경찰관의 직무집행에 자발적으로 협조하거나 물건을 제공하여 생명·신체 또는 재산상의 손실을 입은 경우 포함). ㉡ 손실발생의 원인에 대하여 책임이 있는 자가 자신의 책임에 상응하는 정도를 초과하는 생명·신체 또는 재산상의 손실을 입은 경우. ② 제1항에 따른 보상을 청구할 수 있는 권리는 손실이 있음을 안 날부터 3년, 손실이 발생한 날부터 5년간

재산상 피해를 입은 경우 국가가 정당한 보상을 할 수 있는 길이 열린 것이다.

지금까지는 국민이 경찰관의 '위법한' 직무집행에 대해 손해배상(損害賠償)을 청구할 수는 있었지만, '적법'한 직무집행으로 인한 손실에 대해서는 정당하게 보상받을 방법이 없었다. 소방관 등 타부처 공무원은 개별 법률에 이미 손실보상 규정이 마련되어 있었으나, 일반 국민을 상대로 가장 광범위하게 법집행을 하고, 업무성격상 많은 경우 재산상의 피해를 야기할 수 있는 경찰관의 직무집행에 대해서는 손실보상 근거 규정이 없었던 것이다. 이로 인해 국민의 재산권이 완전히 보장되지 않고, 경찰관의 입장에서는 사비를 들여 변상해주거나, 부득이 다른 예산 항목을 전용하여 보상해주는 사례도 빈번했다.

② 경찰공무원의 국가에 대한 배상책임

한편, 경찰공무원이 국가에 대하여 재산상의 손해를 끼친 경우에는 국가에 대하여 재산상의 책임을 져야 한다. 배상책임에는 「국가배상법」에 의한 배상책임과 「회계관계직원 등의 책임에 관한 법률」 상의 회계관계직원에 의한 배상책임이 있다.[59] 이 가운데 국가배상법에 따른 경찰공무원의 배상책임은 다음과 같다.

먼저, 경찰공무원의 직무수행상 불법행위로 타인에게 손해를 가한 경우, 국가가 경찰공무원을 대신하여 배상책임을 지도록 하고 있다(국가배상법 제2조 제1항). 그런데, 이때 경찰공무원이 직무수행상의 고의 또는 중대한 과실이 있으면, 국가나 지방자치단체는 그 공무원에게 구상(求償)할 수 있도록 하고 있다(제2조 제2항). 고의나 중대한 과실에 대해서는 해당 경찰공무원에게도 배상책임을 묻을 수 있다는 의미이다.

행사하지 아니하면 시효의 완성으로 소멸한다. ③ 제1항에 따른 손실보상신청 사건을 심의하기 위하여 손실보상심의위원회를 둔다(이하 생략, 경찰관직무집행법 제11조의2).

59) 「회계관계직원 등의 책임에 관한 법률」에서 회계관계직원의 책임에 관하여 규정하고 있다. 이에 따라 ① 회계관계직원은 고의 또는 중대한 과실로 법령이나 그 밖의 관계 규정 및 예산에 정하여진 바를 위반하여 국가, 지방자치단체, 그 밖에 감사원의 감사를 받는 단체 등의 재산에 손해를 끼친 경우에는 변상할 책임이 있다. ② 현금 또는 물품을 출납·보관하는 회계관계직원은 선량한 관리자로서의 주의를 게을리하여 그가 보관하는 현금 또는 물품이 망실(亡失)되거나 훼손(毁損)된 경우에는 변상할 책임이 있다(제4조 제1항 및 제2항).

3. 경찰인사기관

1) 경찰임용과 임용권자

(1) 경찰임용의 의미

임용(任用)이라는 것은 '경찰공무원관계의 발생, 변경, 소멸의 원인이 되는 모든 행위'를 지칭한다. 경찰조직에 필요한 인적자원을 조직 내외적으로 운용하는 제반활동을 의미하는 것이다. 한편, 임용이 가장 좁은 의미로 사용되는 경우는 경찰공무원관계를 처음 발생시키는 신규채용으로서의 임명(任命)을 의미하기도 한다. 그리고 이러한 임용을 외부임용과 내부임용으로 구분하기도 한다.[60]

공무원임용령상에서 임용의 내용을 세부적으로 살펴보면, 이는 '신규채용, 승진, 전직(轉職), 전보, 겸임, 파견, 강임(降任), 휴직, 직위해제, 정직, 강등, 복직, 면직, 해임 및 파면'을 말한다(제2조 제1호). 그리고 경찰공무원법상에서 임용의 내용은 '신규채용, 승진, 전보, 파견, 휴직, 직위해제, 정직, 강등, 복직, 면직, 해임 및 파면'을 말한다(제1조의2 제1호).

이러한 점에서 법적인 임용은 넓은 의미로 사용되고 있음을 알 수 있다. 그런데, 공무원임용령과 경찰공무원법상의 임용 내용에 다소 차이가 있음을 알 수 있다. 즉, 경찰공무원에 적용되는 경찰공무원법상의 임용 내용에는 전직, 겸임, 강임이 규정되어 있지 않음을 알 수 있다(경찰공무원의 임용에 관한 세부적인 내용은 후술하는 '경찰인사관리과정'에서 살펴보기로 한다).

〈국가(경찰)공무원 임용의 유형〉

임 용	외부임용	공 개 채 용	신규채용
		경력경쟁채용	
	내부임용	수평적 이동	전직*, 전보, 파견, 겸임*
		수직적 이동	승진, 강등, 강임*
		무직으로 이동	휴직, 정직, 직위해제
		직위의 복귀	복직
		신분의 소멸	면직, 파면, 해임

* 전직, 겸임, 강임은 경찰공무원법상의 임용 내용에 규정되어 있지 않음.

---

60) 강성철 외 4인(2011), 앞의 책, p. 246.; 조철옥(2010), 경찰학총론, 경기: 21세기사, p. 425.

(2) 경찰임용권자

경찰공무원 임용권자는 대통령, 경찰청장, 국가수사본부장, 시·도경찰청장, 경찰서장, 그리고 소속기관(경찰대학, 경찰인재개발원, 중앙경찰학교, 경찰수사연수원, 경찰병원)의 장 등을 들 수 있다(경찰공무원법 제7조, 경찰공무원 임용령 제4조).

① 대통령

먼저, 경찰공무원 임용권자로서 대통령을 들 수 있다. 총경 이상의 경찰공무원은 경찰청장의 추천을 받아 행정안전부장관의 제청으로 국무총리를 거쳐 대통령이 임용하도록 하고 있다(경찰공무원법 제7조 제1항). 그리고 이 가운데, 경찰청장은 국가경찰위원회의 동의를 받아 행정안전부장관의 제청으로 국무총리를 거쳐 대통령이 임명(任命)하도록 하고 있다. 이 경우 국회의 인사청문(人事聽聞)을 거쳐야 한다(경찰법 제14조 제2항).[61]

그리고 대통령은 경정에 대한 임용권도 일정부분 행사하고 있다. 즉, 경정의 '신규채용, 승진, 면직'은 경찰청장의 제청으로 대통령이 하도록 하고 있다(경찰공무원법 제7조 제2항).

② 경찰청장

대통령이 총경 이상의 경찰공무원에 대한 모든 임용권을 행사하는 것이 아니다. 이 가운데, 경찰청장은 '총경'의 전보, 휴직, 직위해제, 강등, 정직 및 복직에 관한 임용권을 행사하도록 하고 있다(경찰공무원법 제7조 제1항 하단).

그리고 경찰청장은 '경정 이하'의 경찰공무원을 임용하도록 하고 있다(7조조 제2항). 다민, 위에서 살펴본 바와 같이 '경정'의 신규채용, 승진, 면직은 대통령이 하도록 하고 있다. 이러한 점에서 경정의 경우에는 경찰청장은 신규채용, 승진, 면직을 제외한 임용권(즉, 전보, 파견, 휴직, 직위해제, 강등, 정직 및 복직 등)을 행사하도록 하고 있음을 알 수 있다.

③ 시·도경찰청장

경찰청장은 대통령령으로 정하는 바에 따라 경찰공무원의 임용에 관한 권한의

61) 참고적으로 2019년에 제정된 「해양경찰법」 상의 해양경찰청장은 해양경찰위원회의 동의를 받아 해양수산부장관의 제청으로 국무총리를 거쳐 대통령이 임명하도록 하고 있다(제11조 제2항). 그런데, 경찰청장의 경우와는 달리 해양경찰청장의 경우에는 국회의 인사청문을 거치지 않는다. 이는 해양경찰청의 조직위상 또는 입법적인 미비로 볼 수도 있으며, 한편 통치권자의 입장에서는 인사청문회 절차 자체가 자신의 임용권 행사에 일정한 제한을 가하는 결과를 가져다주기 때문에 제도적으로 이를 적극적으로 수용하려 하지 않을 것이다.

일부를 시·도경찰청장에게 위임(委任)할 수 있도록 하고 있다(경찰공무원법 제7조 제3항).

이러한 위임관계에 따라 시·도경찰청장은 소속 경찰공무원 가운데 경정의 전보, 파견, 휴직, 직위해제 및 복직에 관한 권한과 '경감 이하의 임용권'을 행사하도록 하고 있다(경찰공무원 임용령 제4조 제3항).

④ 경찰서장

시·도경찰청장은 소속 경감이하의 경찰공무원에 대한 해당 경찰서 안에서의 전보권(轉補權: 경찰공무원의 동일 직위 및 자격 내에서의 근무기관이나 부서를 달리하는 임용)을 경찰서장에게 위임할 수 있도록 하고 있다(경찰공무원 임용령 제4조 제6항).

⑤ 소속기관의 장

경찰청장의 관장사무를 지원하기 위해 경찰청장 소속하에 경찰대학, 경찰인재개발원, 중앙경찰학교, 경찰수사연수원, 그리고 경찰병원을 두고 있다(경찰청과 그 소속기관 직제 제2조 제1항, 제2항). 경찰청장은 대통령령으로 정하는 바에 따라 경찰공무원의 임용에 관한 권한의 일부를 이들 소속기관의 장에게 위임할 수 있도록 하고 있다(경찰공무원법 제7조 제3항).

경찰대학 등 소속기관의 장의 임용권한 내용은 시·도경찰청장과 동일하다. 즉, 소속기관의 장에게 그 소속 경찰공무원 중 경정의 전보·파견·휴직·직위해제 및 복직에 관한 권한과 경감 이하의 임용권 위임을 말한다(경찰공무원 임용령 제4조 제3항).

2) 경찰인사 관련위원회

경찰인사 관련위원회에는 경찰공무원법 및 국가공무원법상의 경찰공무원 인사위원회, 승진심사위원회, 징계위원회, 소청심사위원회, 고충심사위원회 등이 있다.

(1) 경찰공무원 인사위원회

① 인사위원회의 설치

경찰공무원의 인사에 관한 중요사항에 대하여 경찰청장의 '자문'(諮問)에 응하게 하기 위하여 경찰청에 경찰공무원 인사위원회(이하 '인사위원회')를 두고 있다(경찰공무원법 제5조 제1항). 인사위원회는 인사에 관한 의결기관이 아닌 자문기관(諮問機關)이라는 점에 주의할 필요가 있다.

② 인사위원회의 구성

인사위원회는 위원장을 포함한 5인 이상 7인 이하의 위원으로 구성되며, 위원장은 경찰청 인사담당국장이 되고, 위원은 경찰청 소속 총경 이상의 경찰공무원 중에서 경찰청장이 임명하도록 하고 있다(경찰공무원 임용령 제9조 제1항 및 제2항).

그리고 위원장이 부득이한 사유로 직무를 수행할 수 없는 때에는 위원 중에서 최상위계급 또는 선임의 경찰공무원이 그 직무를 대행하도록 하고 있다(동령 제10조 제2항).

③ 인사위원회의 운영

인사위원회는 ㉠ 경찰공무원의 인사행정에 관한 방침과 기준 및 기본계획, ㉡ 경찰공무원의 인사에 관한 법령의 제정 · 개정 또는 폐지에 관한 사항, ㉢ 그 밖에 경찰청장 또는 해양경찰청장이 인사위원회의 회의에 부치는 사항 등에 관하여 심의(審議)하도록 하고 있다(경찰공무원법 제6조 각호).

인사위원회의 운영과 관련하여 위원장은 인사위원회의 회의를 소집하고 그 의장이 되며, 회의는 재적위원 과반수의 찬성으로 의결한다(경찰공무원 임용령 제11조 제1항 및 제2항). 한편, 위원장은 인사위원회에서 심의된 사항을 '지체 없이' 경찰청장에게 보고하도록 하고 있다(경찰공무원 임용령 제13조).

(2) 승진심사위원회

① 승진심사위원회의 설치

경찰공무원의 승진심사를 하기 위하여 경찰청에 '중앙승진심사위원회'를 두고, 경찰청과 시·도경찰청 그리고 대통령령으로 정하는 경찰기관에 '보통승진심사위원회'를 두고 있다(경찰공무원법 제17조 제1항). 이러한 승진심사위원회는 승진대상자 명부의 선순위자 순으로 승진시키려는 결원의 '5배수의 범위'에 있는 사람 중에서 승진후보자를 심사·선발하도록 하고 있다(제2항).

그런데 주의할 것은 여기에서 말하는 승진임용의 대상은 '경무관(警務官) 이하의 계급'을 대상으로 한 것이다. 경찰공무원법상의 승진은 '실적주의'(實績主義: 근무성적평정 · 경력평정 · 기타 능력의 실증)를 바탕으로 한 것이며, 이의 대상 경

찰공무원은 경무관 이하의 계급으로 하고 있기 때문이다(제15조 제1항 및 제2항 단서).[62)]

따라서 경무관 상위계급인 치안감·치안정감·치안총감으로의 승진은 실적주의가 아닌 엽관주의(獵官主義)·정실주의(情實主義)를 바탕으로 대통령이 임용권을 행사하며, 이에 대해서는 경찰공무원법상에서 별도의 승진 규정을 두고 있지 않다.

② 승진심사위원회의 구성

㉠ 중앙승진심사위원회

경찰청에 둔 중앙승진심사위원회는 위원장을 포함한 5명 이상 7명 이하의 위원으로 구성한다. 경무관으로의 승진심사를 위하여 구성되는 중앙승진심사위원회 회의에 부칠 사항을 사전에 심의하기 위하여 중앙승진심사위원회에 복수(複數)의 '승진심의위원회'를 둘 수 있다. 각각의 승진심의위원회는 위원장을 포함한 5명 이상 7명 이하의 위원으로 구성하도록 하고 있다(경찰공무원 승진임용규정 제15조 제1항 및 제2항).

중앙승진심사위원회 및 승진심의위원회의 위원은 회의 소집일 전에 승진심사 대상자보다 상위계급인 경찰공무원 중에서 경찰청장이 임명하되, 승진심의위원회를 두는 경우 중앙승진심사위원회 위원은 승진심의위원회 위원 중에서 임명하도록 한다(제15조 제4항). 한편, 위원장은 위원 중 최상위 계급 또는 선임인 경찰공무원이 된다(제5항).

㉡ 보통승진심사위원회

경찰청·소속기관등·경찰서에 둔 보통승진심사위원회는 위원장을 포함한 5명 이상 7명 이하의 위원으로 구성 한다(경찰공무원 승진임용규정 제16조 제1항 및 제2항).

보통승진심사위원회 위원은 그 보통승진심사위원회가 설치된 경찰기관의 장이 승진심사대상자보다 상위계급인 경위 이상 소속 경찰공무원 중에서 임명하며, 위원장은 위원 중 최상위계급 또는 선임인 경찰공무원이 된다(제3항).[63)]

---

62) 경무관 이하 계급으로의 승진은 승진심사(昇進審査)에 의하여 한다. 다만, 경정 이하 계급으로의 승진은 대통령령으로 정하는 비율에 따라 승진시험(昇進試驗)과 승진심사를 병행할 수 있다(경찰공무원법 제15조 제2항).

63) 경찰공무원 승진임용규정 제16조 제3항에도 불구하고 시·도경찰청 및 경찰서에 두는 보통승진심사위원회 위원 중 2명은 승진심사대상자보다 상위계급인 경위 이상 소속 경찰공무원 중에서 「국가경찰과 자치경찰의 조

승진심사위원회의 관할

승진심사위원회는 다음의 구분에 따라 경찰공무원의 승진심사를 관할한다. 다만, 경찰청장은 승진예정 인원 등을 고려하여 부득이할 때에는 제2호의 승진심사 중 경찰서의 보통승진심사위원회에서 실시할 경위 이하 계급으로의 승진심사를 시·도경찰청의 보통승진심사위원회에서 하게 할 수 있다.

① 총경 이상 계급으로의 승진심사: 중앙승진심사위원회

② 경정 이하 계급으로의 승진심사: 해당 경찰관이 소속한 경찰기관의 보통승진심사위원회('③'의 경우는 제외)

③ 경찰서 소속 경찰공무원의 경감 이상 계급으로의 승진심사: 시·도경찰청 보통승진심사위원회(이상 경찰공무원 승진임용규정 제17조 제1항 각호).

③ 승진심사위원회의 운영

중앙승진심사위원회의 회의는 경찰청장이 소집하며, 보통승진심사위원회의 회의는 해당 경찰기관의 장이 경찰청장(경찰서 보통승진심사위원회 회의의 경우 시·도경찰청장을 말함)의 승인을 받아 소집한다(제18조 제1항). 승진심사위원회의 회의는 재적위원 과반수의 찬성으로 의결하며, 회의는 비공개로 한다(제2항 및 제3항).

(3) 징계위원회

경찰공무원의 징계는 중징계인 파면·해임·강등·정직, 그리고 경징계인 감봉·견책(譴責)으로 구분하고 있다(경찰공무원 징계령 제2조). 아래에서는 이러한 징계에 관한 방법 및 절차 등에 대해서 살펴보기로 한다.

① 징계위원회의 설치

㉠ 국무총리 소속 중앙징계위원회

경무관 이상의 경찰공무원에 대한 징계의결은 국가공무원법에 따라 국무총리 소속으로 설치된 '징계위원회'에서 하도록 하고 있다(경찰공무원법 제32조 제1항).

㉡ 경찰기관 소속 징계위원회

총경 이하의 경찰공무원에 대한 징계의결을 하기 위하여 대통령령(즉, 경찰

직 및 운영에 관한 법률」 제18조 제1항에 따른 시·도자치경찰위원회의 추천을 받아 그 보통심사위원회가 설치된 경찰기관의 장이 임명한다(경찰공무원 승진임용규정 제16조 제4항).

공무원 징계령)으로 정하는 경찰기관에 '경찰공무원 징계위원회'를 두도록 하고 있다(경찰공무원법 제32조 제2항).

그리고 경찰기관에 설치한 징계위원회는 '경찰공무원 중앙징계위원회'(이하 '중앙징계위원회'라 함)와 '경찰공무원 보통징계위원회'(이하 '보통징계위원회'라 함)로 구분하고 있다(경찰공무원 징계령 제3조 제1항).

중앙징계위원회는 경찰청에 두고, 보통징계위원회는 경찰청, 시·도경찰청, 경찰대학, 경찰인재개발원, 중앙경찰학교, 경찰수사연수원, 경찰병원, 경찰서, 경찰기동대, 의무경찰대, 그리고 경찰청장이 지정하는 경감 이상의 경찰공무원을 장으로 하는 기관에 두도록 하고 있다(제3조 제2항).

여기에서 중앙징계위원회는 '총경 및 경정'에 대한 징계 또는 「국가공무원법」 제78조의2에 따른 징계부가금 부과 사건(이하 '징계등'이라 함)을 심의·의결한다(경찰공무원 징계령 제4조 제1항).[64] 그리고 보통징계위원회는 해당 징계위원회가 설치된 경찰기관 소속 '경감 이하' 경찰공무원에 대한 징계등 사건을 심의·의결한다(4조 제2항).

〈징계대상 경찰공무원의 계급에 따른 담당 징계위원회〉

<table>
<tr><th colspan="2">계 급</th><th>담당 징계위원회</th></tr>
<tr><td colspan="2">경무관 이상</td><td>- 국무총리 소속 중앙징계위원회</td></tr>
<tr><td rowspan="2">총경 이하</td><td>총경·경정</td><td>- 경찰청에 설치된 중앙징계위원회</td></tr>
<tr><td>경감이하</td><td>- 경찰청, 시·도경찰청, 경찰대학, 경찰인재개발원, 중앙경찰학교, 경찰수사연수원, 경찰병원, 경찰서, 경찰기동대, 의무경찰대, 그리고 경찰청장이 지정하는 경감 이상의 경찰공무원을 장으로 하는 기관에 설치된 보통징계위원회[65]</td></tr>
</table>

64) 징계부가금이라는 것은 해당 징계 외에 일정한 행위로 취득하거나 제공한 금전 또는 재산상 이득(금전이 아닌 재산상 이득의 경우에는 금전으로 환산한 금액을 말함)의 5배 내 에에서 부과하는 것을 말한다(국가공무원법 제78조의2 제1항 단서).

65) 다만, 다음의 기관에 설치된 보통징계위원회는 이의 구분에 따른 경찰공무원에 대한 징계등 사건을 심의·의결한다. ① 경정 이상의 경찰공무원을 장으로 하는 경찰서, 경찰기동대 등 총경 이상의 경찰공무원을 장으로 하는 경찰기관: 소속 경위 이하의 경찰공무원, ② 의무경찰대 등 경찰청장이 지정하는 경감 이상의 경찰공무원을 장으로 하는 경찰기관: 소속 경사 이하의 경찰공무원(경찰공무원 징계령 제4조 제2항 각호).

② 징계위원회의 구성

㉠ 국무총리 소속 중앙징계위원회

국무총리 소속의 중앙징계위원회는 위원장 1명을 포함하여 17명 이상 33명 이하의 공무원위원과 민간위원으로 구성하고 있다. 이 경우 민간위원의 수는 위원장을 제외한 위원 수의 2분의 1 이상이어야 한다(공무원 징계령 제4조 제1항). 그리고 중앙징계위원회의 위원장은 '인사혁신처장'이 된다(제4조 제4항).

한편, 중앙징계위원회의 회의는 위원장과 위원장이 회의마다 지정하는 8명의 위원으로 구성한다. 이 경우 민간위원이 5명 이상 포함되어야 한다(제4조 제5항).

㉡ 경찰기관 소속 징계위원회

각 징계위원회는 위원장 1명을 포함하여 11명 이상 51명 이하의 공무원위원과 민간위원으로 구성한다(경찰공무원 징계령 제6조 제1항).

그리고 징계위원회가 설치된 경찰기관의 장은 이에 따른 위원 수의 2분의 1 이상을 일정한 기준에 해당하는 사람 중에서 성별을 고려하여 민간위원으로 위촉해야 한다(민간위원 자격에 대한 세부적인 내용은 제6조 제3항 각호 참조).

한편, 징계위원회의 위원장은 위원 중 최상위계급 또는 이에 상응하는 직급에 있거나 최상위계급 또는 이에 상응하는 직급에 먼저 승진임용된 공무원이 된다(제6조 제4항).

③ 징계위원회의 운영

㉠ 국무총리 소속 중앙징계위원회

징계위원회는 위원 5명 이상의 출석과 출석위원 과반수의 찬성으로 의결한다. 다만, 의견이 나뉘어 출석위원 과반수의 찬성을 얻지 못한 경우에는 출석위원 과반수가 될 때까지 징계등 혐의자에게 가장 불리한 의견에 차례로 유리한 의견을 더하여 가장 유리한 의견을 합의된 의견으로 본다(공무원 징계령 제12조 제1항).

㉡ 경찰기관 소속 징계위원회

징계위원회의 의결은 위원장을 포함한 위원 과반수의 출석과 출석위원 과반수의 찬성으로 의결하되, 의견이 나뉘어 출석위원 과반수의 찬성을 얻지 못한 경우에는 출석위원 과반수가 될 때까지 징계등 심의 대상자에게 가장 불리한 의견을 제시한 위원의 수를 그다음으로 불리한 의견을 제시한 위원의 수에 차례로 더하여 그 의견을 합의된 의견으로 본다(경찰공무원 징계령 제14조 제1항).

④ 징계절차

㉠ 징계요구 및 사유 등

경찰기관의 장은 소속 경찰공무원이 다음의 어느 하나에 해당할 때에는 '지체 없이' 관할 징계위원회를 구성하여 징계등 의결을 요구하여야 한다(경찰공무원 징계령 제9조 제1항).

가. 국가공무원법 제78조 제1항 제1호부터 제3호까지의 어느 하나에 해당하는 사유가 있다고 인정할 때[66]

나. 경찰공무원 징계령 제9조 제2항에 따른 징계등 의결 요구 신청을 받았을 때[67]

그리고 특별한 경우를 제외하고는 경찰공무원의 징계사유는 원칙적으로 재직 중에 발생한 것이어야 한다.

징계사유의 발생 시기

국가공무원으로 임용되기 전의 행위는 국가공무원법 제78조 제2항 및 제3항의 경우 외에는 원칙적으로 재직 중의 징계사유로 삼을 수 없다 할 것이다.

다만, 비록 임용 전의 행위라 하더라도 이로 인하여 임용 후의 공무원의 체면 또는 위신을 손상하게 된 경우에는 제1항 제3호 즉 '직무의 내외를 불문하고 그 체면 또는 위신을 손상하는 행위'로 삼을 수 있다고 보아야 할 것이다. 이러한 경우는 징계사유가 될 수 있다는 의미이다.[68]

66) ① 이 법 및 이 법에 따른 명령을 위반한 경우, ② 직무상의 의무(다른 법령에서 공무원의 신분으로 인하여 부과된 의무를 포함)를 위반하거나 직무를 태만히 한 때, ③ 직무의 내외를 불문하고 그 체면 또는 위신을 손상하는 행위를 한 때(국가공무원법 제78조 제1항).

67) 경찰기관의 장은 그 소속 경찰공무원에 대한 징계등 사건이 상급 경찰기관에 설치된 징계위원회의 관할에 속한 경우에는 그 상급 경찰기관의 장에게 징계의결서등을 첨부하여 징계등 의결의 요구를 신청하여야 한다(경찰공무원 징계령 제9조 제2항).

68) 대법 1990.5.22., 89누7368.

징계부과 사유의 시효(時效)

징계의결등의 요구는 징계 등 사유가 발생한 날부터 다음의 구분에 따른 기간이 지나면 하지 못한다(개정 2021.6.8.).[69]

① 징계 등 사유가 다음의 어느 하나에 해당하는 경우: 10년

㉠ 「성매매알선 등 행위의 처벌에 관한 법률」 제4조에 따른 금지행위

㉡ 「성폭력범죄의 처벌 등에 관한 특례법」 제2조에 따른 성폭력범죄

㉢ 「아동·청소년의 성보호에 관한 법률」 제2조 제2호에 따른 아동·청소년대상 성범죄

㉣ 「양성평등기본법」 제3조 제2호에 따른 성희롱

② 징계 등 사유가 국가공무원법 제78조의2 제1항의 어느 하나에 해당하는 경우: 5년[70]

③ 그 밖의 징계 등 사유에 해당하는 경우: 3년

㉡ 징계위원회의 의결 기한

징계등 의결 요구를 받은 징계위원회는 그 요구서를 받은 날부터 30일 이내에 징계 등에 관한 의결을 하여야 한다. 다만, 부득이한 사유가 있을 때에는 해당 징계 등 의결을 요구한 경찰기관의 장의 승인을 받아 30일 이내의 범위에서 그 기간을 연장할 수 있다(경찰공무원 징계령 제11조 제1항).

그리고 징계등 의결이 요구된 사건에 대한 징계등 절차의 진행이 국가공무원법 제83조(감사원의 조사 등)에 따라 중지되었을 때에는 그 중지된 기간은 위의 징계등 의결 기한에서 제외한다(제11조 제2항).[71]

㉢ 징계의 집행

징계등의 의결을 요구한 자는 '경징계'(감봉, 견책)의 징계 등 의결을 통지받았을 때에는 통지받은 날부터 '15일 이내'에 징계등을 집행하여야 한다(경찰

69) 여기에서 징계사유가 계속적으로 행하여진 일련의 행위인 경우에는 최종(最終)의 행위를 기준으로 해야 한다고 본다.; 이와 관련하여 국고금을 횡령한 자가 이를 변상하지 아니하고 있더라도 이는 횡령의 결과인 위법상태가 지속되고 있는 것에 불과하므로 국가공무원법 제83조의2 제1항의 규정에 의하여 징계사유의 시효의 기산일이 되는 '징계사유가 발생한 날'은 횡령행위가 있은 날이라고 할 것이고, 횡령한 금원을 변상한 날이라고 볼 수 없다. 대법 1990.4.10., 90누264.

70) ① 금전, 물품, 부동산, 향응 또는 그 밖에 대통령령으로 정하는 재산상 이익을 취득하거나 제공한 경우. ② 국가재정법에 따른 예산 및 기금 등을 횡령(橫領), 배임(背任), 절도, 사기 또는 유용(流用)한 경우(세부적인 내용은 국가공무원법 제78조의2 제1항 각호 참조).

71) ① 감사원에서 조사 중인 사건에 대하여는 조사개시 통보를 받은 날부터 징계 의결의 요구나 그 밖의 징계 절차를 진행하지 못한다. ② 검찰·경찰, 그 밖의 수사기관에서 수사 중인 사건에 대하여는 수사개시 통보를 받은 날부터 징계 의결의 요구나 그 밖의 징계 절차를 진행하지 아니할 수 있다. ③ 감사원과 검찰·경찰, 그 밖의 수사기관은 조사나 수사를 시작한 때와 이를 마친 때에는 10일 내에 소속 기관의 장에게 그 사실을 통보하여야 한다(국가공무원법 제83조 각항).

공무원 징계령 제18조 제1항).

징계등 의결을 요구한 자는 '중징계'(파면, 해임, 강등, 정직)의 징계등 의결을 통지받았을 때에는 '지체 없이' 징계등 처분 대상자의 임용권자에게 의결서 정본을 보내어 해당 징계등 처분을 제청하여야 한다. 다만, 경무관 이상의 강등 및 정직, 경정 이상의 파면 및 해임 처분의 제청, 총경 및 경정의 강등 및 정직의 집행은 경찰청장이 한다(경찰공무원 징계령 제19조 제1항)

⑤ 하자있는 징계

이상과 같은 징계행위에는 하자가 없어야 한다. 징계행위에 명백하고 중대한 하자가 있다면 징계행위는 무효의 행위가 된다.[72] 피징계자(또는 대리인)의 진술권(陳述權)은 보장된다. 따라서 징계자에게 진술의 기회를 부여하지 않은 결정은 '무효'(無效)가 된다(국가공무원법 제81조 제3항 및 제13조 제2항).

⑥ 징계처분 등 불이익처분에 대한 불복

한편, 징계처분 등 불이익처분에 대해서 부당하다고 생각하는 자는 소청 및 행정소송의 형태로 자신의 권리를 주장할 수 있다.

(4) 소청심사위원회

① 소청심사위원회의 설치

경찰공무원 등 행정기관 소속 공무원의 징계처분, 그 밖에 그 의사에 반하는 불리한 처분(예: 직위해제· 휴직 등)이나 부작위에 대한 소청을 심사·결정하기 위하여 인사혁신처에 소청심사위원회(訴請審査委員會)를 두도록 하고 있다(국가공무원법 제9조 제1항). 소청심사는 항고쟁송으로서 행정심판(行政審判)의 일종이다.[73] 소청은 경찰공무원 개인의 권익보호와 행정질서의 확립을 목적으로 한다.

경찰공무원이 위에서 설명한 바와 같이 징계처분 등 불리한 처분을 받았을 때에는 그 처분이 있는 것을 안 날로부터 30일 이내에 소청심사위원회에 이에 대한

72) 징계권자가 징계처분을 함에 있어서 사실관계를 오인한 하자가 있는 경우에 그 하자가 중대하더라도 외형상 개관적으로 명백하지 않다면 그 징계처분은 취소할 수 있음에 불과하고 당연 무효라고 볼 수 없다. 따라서 징계원인 사실관계의 오인이 잘못된 징계자료에 기인한 경우에 그 징계자료가 외형상 상태성을 결여하고 객관적으로 그 성립이나 내용의 진정을 인정할 수 없는 것임이 명백한 경우가 아닌 한 그 징계자료에 기인한 사실관계의 오인을 외형상 객관적으로 명백한 하자라고 보기는 어려울 것이다. 대법 1990.11.27. 90누5580.

73) 소청심사는 징계처분과 같은 행정처분에 대한 재심사의 청구라는 점에서 행정심판의 일종이나 국가공무원법은 행정심판법에 대한 특례로서 소청제도를 마련하고 있다. 이러한 점에서 소청심사는 일종의 특별행정심판이라고 볼 수 있다. 조철옥(2010), 앞의 책, p. 423.

심사를 청구할 수 있다. 이 경우 변호사를 대리인으로 선임할 수 있다(국가공무원법 제76조 제1항). 아래 표에서는 지난 2016~2020년 동안의 경찰공무원 등을 포함한 공무원 유형별 소청심사 현황을 보여주고 있다.[74)]

〈공무원 유형별 소청현황〉

(단위: 건)

구 분	경찰 공무원	교정 공무원	세무 공무원	기타일반행정 공무원	계
2016	545	16	21	278	860
2017	503	42	24	300	869
2018	395	31	15	389	830
2019	319	41	20	417	797
2020	254	33	17	461	765

② 소청심사위원회의 구성 등

㉠ 소청심사위원회의 구성

인사혁신처에 설치된 소청심사위원회는 위원장 1명을 포함한 5명 이상 7명 이하의 상임위원과 상임위원 수의 2분의 1 이상인 비상임위원으로 구성하되, 위원장은 정무직(政務職)으로 보한다(국가공무원법 제9조 제3항). 여기에서 상임위원의 임기는 3년으로 하며, 한 번만 연임(連任)할 수 있다(제10조 제2항).

㉡ 소청심사위원회 위원의 임명과 자격

소청심사는 경찰공무원 등의 인사상의 불이익에 대한 재심사(再審査)라는 점에서 중요한 의미가 있기 때문에 이들 위원(위원장 포함)의 자격과 임명 역시 중요한 의미를 갖는다. 따라서 소청심사위원은 다음과 같은 인사행정에 관한 식견이 풍부한 자 중에서 인사혁신처장의 제청으로 국무총리를 거쳐 대통령이 임명하도록 하고 있다(국가공무원법 제10조 제1항 각호).

가. 법관·검사 또는 변호사의 직에 5년 이상 근무한 자(비상임위원)

나. 대학에서 행정학·정치학 또는 법률학을 담당한 부교수 이상의 직에 5년 이상 근무한 자(비상임위원)

74) 이에 대한 세부적인 내용은 인사혁신처 소청심사위원회(https://sochung.mpm.go.kr/home/page/index.do) 참조.

다. 3급 이상 공무원 또는 고위공무원단에 속하는 공무원으로 3년 이상 근무한 자(상임위원)

㉢ 소청심사위원회 위원의 결격사유

소청심사위원회의 위원은 일정한 결격사유가 있으면 위원이 될 수 없도록 하고 있으며,[75] 따라서 이러한 결격사유에 해당하게 된 때에는 당연퇴직(當然退職)하도록 하고 있다(제10조의2 제1항 및 제1항).

㉣ 소청심사위원회 위원의 신분보장

국가공무원법에서는 소청심사위원회의 위원에 대한 신분보장을 하고 있다. 즉, 위원은 '금고 이상의 형벌이나 장기의 심신 쇠약으로 직무를 수행할 수 없게 된 경우 외에는 본인의 의사에 반하여 면직되지 아니한다'고 규정하고 있다(국가공무원법 제11조).

③ 소청심사위원회의 운영

소청심사위원회는 소청을 접수하면 지체없이 심사하여야 한다. 그리고 이에 따른 심사를 할 때 필요하면 검증(檢證)·감정(鑑定), 그 밖의 사실조사를 하거나 증인을 소환하여 질문하거나 관계 서류를 제출하도록 명할 수 있다(국가공무원법 제12조 제1항 및 제2항). 소청심사위원회의 소청사건을 심사할 때에는 소청인(또는 대리인)의 진술권(陳述權)은 보장된다. 따라서 진술의 기회를 부여하지 않은 결정은 '무효'(無效)이다(제13조 제2항).

소청 사건의 결정은 재적 위원 3분의 2 이상의 출석과 출석위원 과반수의 합의에 따르되, 의견이 나뉘어 출석위원 과반수의 합의에 이르지 못하였을 때에는 과반수에 이를 때까지 소청인에게 가장 불리한 의견에 차례로 유리한 의견을 더하여 그중 가장 유리한 의견을 합의된 의견으로 본다(제14조 제1항).

④ 소청심사위원회의 결정 기속력

소청심사위원회의 결정은 처분 행정청을 기속(羈束)한다(국가공무원법 제15조).[76] 이에 따라 소청심사위원회는 직접 처분의 취소·변경을 하거나 처분청에

75) 소청심사위원회 위원의 결격사유: ① 국가공무원법 제33조(공무원 결격사유) 각 호의 어느 하나에 해당하는 자, ② 정당법에 따른 정당의 당원, ③ 공직선거법에 따라 실시하는 선거에 후보자로 등록한 자(국가공무원법 제10조의2 제1항).

76) 소청심사위원회의 결정은 다음과 같이 구분한다. ① 심사 청구가 이 법이나 다른 법률에 적합하지 아니한 것이면 그 청구를 각하(却下)한다. ② 심사 청구가 이유 없다고 인정되면 그 청구를 기각(棄却)한다. ③ 처분의

이를 명할 수 있다.

다만 소청심사위원회가 징계처분 또는 징계부가금 부과처분(이하 '징계처분등' 이라함)을 받은 자의 청구에 따라 소청을 심사할 경우에는 원징계처분보다 무거운 징계 또는 원징계부가금 부과처분보다 무거운 징계부가금을 부과하는 결정을 하지 못한다(제14조 제8항). 이를 불이익변경금지(不利益變更禁止)의 원칙이라고 한다. 이 원칙은 소청인에게 소청의 권리를 보장하기 위한 것이다.

⑤ 소청심사의원회의 결정에 대한 불복

소청심사위원회의 결정에 불복하는 자는 행정소송(行政訴訟)을 제기할 수 있다.[77] 그러나 징계처분등, 그 밖에 본인의 의사에 반한 불리한 처분이나 부작위(不作爲)에 관한 행정소송은 소청심사위원회의 심사·결정을 거치지 아니하면 이를 제기할 수 없다(국가공무원법 제16조 제1항).

경찰공무원의 징계처분, 휴직처분, 면직처분, 그 밖에 의사에 반하는 불리한 처분에 대한 행정소송의 경우에는 경찰청장을 피고(被告)로 한다. 다만, 경찰공무원법 제7조(임용권자) 제3항 및 제4항에 따라 임용권을 위임(국가수사본부장, 시·도경찰청장, 그 밖의 소속 기관의 장 등)한 경우에는 그 위임을 받은 자를 피고로 한다(경찰공무원법 제34조).

(5) 고충심사위원회

① 고충심사위원회의 설치

경찰공무원 등 공무원은 인사·조직·처우 등 각종 직무 조건과 그 밖에 신상 문제와 관련한 고충(苦衷)에 대하여 상담을 신청하거나 심사를 청구할 수 있으며,

---

취소 또는 변경을 구하는 심사 청구가 이유 있다고 인정되면 처분을 취소 또는 변경하거나 처분 행정청에 취소 또는 변경할 것을 명한다. ④ 처분의 효력 유무 또는 존재 여부에 대한 확인을 구하는 심사 청구가 이유 있다고 인정되면 처분의 효력 유무 또는 존재 여부를 확인한다. ⑤ 위법 또는 부당한 거부처분이나 부작위에 대하여 의무 이행을 구하는 심사 청구가 이유 있다고 인정되면 지체 없이 청구에 따른 처분을 하거나 이를 할 것을 명한다(국가공무원법 제14조 제6항 각호).

77) ① 행정소송은 다음의 네 가지로 구분한다. ㉠ 항고소송: 행정청의 처분 등이나 부작위에 대하여 제기하는 소송, ㉡ 당사자소송: 행정청의 처분 등을 원인으로 하는 법률관계에 관한 소송 그 밖에 공법상의 법률관계에 관한 소송으로서 그 법률관계의 한쪽 당사자를 피고로 하는 소송, ㉢ 민중소송: 국가 또는 공공단체의 기관이 법률에 위반되는 행위를 한 때에 직접 자기의 법률상 이익과 관계없이 그 시정을 구하기 위하여 제기하는 소송, ㉣ 기관소송: 국가 또는 공공단체의 기관상호 간에 있어서의 권한의 존부 또는 그 행사에 관한 다툼이 있을 때에 이에 대하여 제기하는 소송(행정소송법 제3조). ② 항고소송은 ㉠ 취소소송: 행정청의 위법한 처분 등을 취소 또는 변경하는 소송, ㉡ 무효 등 확인소송: 행정청의 처분 등의 효력 유무 또는 존재여부를 확인하는 소송, ㉢ 부작위 위법확인소송: 행정청의 부작위가 위법하다는 것을 확인하는 소송으로 구분한다(제4조).

누구나 기관 내 성폭력 범죄 또는 성희롱 발생 사실을 알게 된 경우 이를 신고할 수 있다. 이 경우 상담 신청이나 심사 청구 또는 신고를 이유로 불이익한 처분이나 대우를 받지 않도록 하고 있다(국가공무원법 제76조의2 제1항).

따라서 중앙인사관장기관의 장, 임용권자 또는 임용제청권자는 이에 따른 상담을 신청받은 경우에는 소속 공무원을 지정하여 상담하게 하고, 심사를 청구받은 경우에는 관할 고충심사위원회에 부쳐 심사하도록 하여야 하며, 그 결과에 따라 고충의 해소 등 공정한 처리를 위하여 노력해야 한다(제76조의2 제2항).[78] 이러한 고충심사의 처리대상은 다음과 같다.[79]

고충처리대상

공무원은 다음과 같은 문제와 관련된 고충의 처리를 요구할 수 있다.
① 인사·조직·처우 등 직무 조건과 관련된 신상 문제
② 「성폭력범죄의 처벌 등에 관한 특례법」 제2조에 따른 성폭력범죄
③ 「양성평등기본법」 제3조 제2호에 따른 성희롱
④ 「공무원 행동강령」 제13조의3에 따른 부당한 행위 등으로 인한 신상 문제
(공무원 고충처리규정 제2조).

㉠ 경찰기관에 설치한 고충심사위원회

경찰공무원의 인사상담 및 고충을 심사하기 위하여 경찰청, 시·도자치경찰위원회, 시·도경찰청, 대통령령으로 정하는 경찰기관에 경찰공무원 고충심사위원회를 두고 있다(경찰공무원법 제31조 제1항).[80]

㉡ 중앙인사기관(소청심사위원회)에 설치한 중앙고충심사위원회

경찰공무원 고충심사위원회의 심사를 거친 재심청구(再審請求)와 경정 이상의 경찰공무원의 인사상담 및 고충심사는 국가공무원법에 따라 설치된 중앙

---

78) 경찰공무원 고충심사위원회의 구성, 심사 절차 및 운영에 필요한 사항은 대통령령 즉, 「공무원 고충처리규정」으로 정하고 있다(경찰공무원법 제31조 제3항).

79) 중앙고충심사위원회의 기능은 인사혁신처 소청심사위원회에서 관장하고 있다. 참고적으로 고충심사의 대상에서 제외되는 사항은 다음과 같다. ① 다른 법령에 의하여 처리되는 사항(소청심사 대상, 연금급여 심사 대상, 감사원의 처분에 대한 재심의 사항 등), 그리고 ② 국가 사무의 관리운영에 관한 사항(법률의 개폐, 예산조치의 요구 등 국회의 협력이 필요하거나 당해 행정기관으로는 곧 시정이 불가능한 사항 등)은 고충심사의 대상에서 제외된다. 인사혁신처 소청심사위원회(https://sochung.mpm.go.kr/home/page/index.do).

80) 대통령령이 정하는 경찰기관이라는 것은 경찰대학, 경찰인재개발원, 중앙경찰학교, 경찰수사연수원, 경찰서, 경찰기동대, 기타 경감 이상의 경찰공무원을 장으로 하는 기관 중 행정안전부장관이 지정하는 경찰기관을 말한다(공무원 고충처리규정 제3조의2 제1항).

고충심사위원회에서 하도록 하고 있다(경찰공무원법 제31조 제2항). 한편, 중앙고충심사위원회의 기능은 인사혁신처 소청심사위원회에서 관장하도록 하고 있다(국가공무원법 제76조의2 제4항).

② 고충심사위원회의 구성

경찰공무원 고충심사위원회는 위원장 1명을 포함하여 7명 이상 15명 이하의 공무원위원과 민간위원으로 구성한다. 이 경우 민간위원의 수는 위원장을 제외한 위원 수의 2분의 1 이상이 되도록 하고 있다(공무원 고충처리규정 제3조의2 제2항).

경찰공무원 고충심사위원회의 위원장은 설치기관 소속 공무원 중에서 인사 또는 감사 업무를 담당하는 과장 또는 이에 상당하는 직위를 가진 사람이 된다(제3조의2 제3항). 그리고 경찰공무원 고충심사위원회의 공무원위원은 청구인보다 상위 계급 또는 이에 상당하는 소속 공무원 중에서 설치기관의 장이 임명하도록 하고 있다(제3조의2 제4항). 한편, 경찰공무원 고충심사위원회의 민간위원은 일정한 자격에 해당하는 사람 중에서 설치기관의 장이 위촉하도록 하고 있다. 이 경우 민간위원의 임기는 2년으로 하며, 한 번만 연임할 수 있다(민간위원의 자격요건에 대해서는 제3조의2 제5항 각호 참조).

인사혁신처 중앙고충심사위원회는 위원장 1명을 포함한 상임위원 5명과 비상임위원 4명으로 구성되어 있고, 위원회 사무를 처리하기 위하여 행정과를 두고 있다.[81]

③ 고충심사위원회의 심사절차 및 결정

고충심사위원회가 청구서를 접수한 때에는 30일 이내에 고충심사에 대한 결정을 하여야 한다. 다만, 부득이하다고 인정되는 경우에는 고충심사위원회의 의결로 30일을 연장할 수 있다(공무원 고충처리규정 제7조 제1항).

보통고충심사위원회의 결정은 위원 5명 이상의 출석과 출석위원 과반수의 합의에 따른다(제10조 제1항). 중앙고충심사위원회의 결정은 위원(국가공무원법 제9조 제3항에 따라 인사혁신처에 설치된 소청심사위원회의 상임위원과 비상임위원을 말함) 3분의 2 이상의 출석과 출석위원 과반수의 합의에 따른다(제10조 제2항).

81) 인사혁신처 소청심사위원회(https://sochung.mpm.go.kr/home/page/index.do).

고충심사위원회의 결정

① 고충심사청구가 상당한 이유가 있다고 인정되는 경우: 처분청이나 관계기관의 장에게 시정을 요청하는 결정
② 시정을 요청할 정도에 이르지 아니하나, 제도나 정책 등의 개선이 필요하다고 인정되는 경우: 처분청이나 관계기관의 장에게 이에 대한 합리적인 개선을 권고하거나 의견을 표명하는 결정
③ 고충심사청구가 이유 없다고 인정되는 경우: 청구를 기각(棄却)하는 결정
④ 고충심사청구가 다음의 어느 하나에 해당하는 경우, 청구를 각하(却下)하는 결정
  ㉠ 고충심사청구가 적법하지 아니한 경우
  ㉡ 사안이 종료된 경우, 같은 사안에 관하여 이미 소청 또는 고충심사 결정이 이루어진 경우 등 명백히 고충심사의 실익이 없는 경우(이상 공무원 고충처리규정 제10조의 제3항 각호).

④ 고충심사위원회 심사결정의 기속력

고충심사위원회가 결정한 결정서를 송부받은 설치기관의 장은 심사결과를 청구인에게 통보하는 외에 스스로 고충의 해소를 위한 조치를 하거나 관계기관의 장에게 필요한 조치를 요청하여야 한다(공무원 고충처리규정 제12조 제1항).

종래에는 이러한 공충심사위원의 심사결정이 어떠한 행정처분에 대한 위법성 여부를 다투는 것이 아니었기 때문에 그 결정에 기속력도 없으며, 다만 결정을 따르도록 하는 권고의 성격이 강했다(심사결정에 불복하여 법원에 행정소송을 제기할 수 없음은 물론이다).

그러나 고충심사위원회의 심사결정이 권고 수준에 불과한 것이라면 이러한 제도를 운영하는 취지가 퇴색됨은 물론이다. 이러한 문제를 개선하기 위하여 2019년 관련 규정을 개정하여 일정부분 실효성(實效性)을 확보하고자 하고 있다.

따라서 심사결과 중, 제10조 제3항 제1호(고충심사청구가 상당한 이유가 있다고 인정되는 경우)에 따른 시정을 요청받은 처분청 또는 관계기관의 장은 특별한 사유가 없으면 이를 '이행'(履行)하고, 시정요청을 받은 날부터 30일 이내에 그 처리결과를 설치기관의 장에게 알리도록 하였다. 다만, 특별한 사유로 이행할 수 없는 경우 그 사유를 설치기관의 장에게 문서로 통보하도록 하였다(공무원 고충처리규정 제12조 제2항).

그리고 심사결과 중, 제10조 제3항 제2호(시정을 요청할 정도에 이르지 아니하나, 제도나 정책 등의 개선이 필요하다고 인정되는 경우)에 따른 개선 권고를 받

은 처분청 또는 관계기관의 장은 이를 이행하도록 '노력'(努力)하도록 하였다(제12조 제3항).

제4절 경찰인사관리의 과정

이상에서 경찰인사관리의 의의, 기본원리, 그리고 제도적 내용 등을 살펴보았다. 아래에서는 이러한 내용들을 토대로 경찰인사관리가 어떠한 과정을 거치면서 진행되는지를 살펴보기로 한다.

1. 경찰공무원의 모집

1) 공무담임권의 보장

모든 국민은 법률이 정하는 바에 의하여 공무담임권(公務擔任權)을 가진다(대한민국 헌법 제25조). 공무담임권은 행정부뿐만 아니라 입법부·사법부·지방자치단체와 기타 일체의 공공단체의 직무를 담임하는 권리를 말한다. 여기서 직무를 담당한다는 것은 모든 국민이 현실적으로 그 직무를 담당할 수 있다고 하는 의미가 아니라, 국민의 공무담임에 관한 자의적이지 않고 평등한 기회를 보장받음을 의미한다.[82)]

2) 임용자격

그렇다면, 어떤 성향과 자질을 갖추고 있는 사람이 경찰이 되는 것이 바람직한가? 일반적으로 공무원에게 요구되는 일반적인 자격은 두 가지를 들 수 있다. 하나는 전통적으로 요구되어 온 '지식과 기술'이며, 다른 하나는 새롭게 강조되는 '태도와 가치관'이다.[83)]

82) 헌재 2000.8.29. 2001얼마788 등, 헌재판례집 제14권 2집, pp. 219-224.; 김철수(2006), 헌법학원론, 서울: 박영사, p. 984.
83) 박동서(1990), 인사행정론, 서울: 법문사, p. 176.

〈경찰인사관리의 기본과정〉

경찰공무원의 모집

① 공무담임권 보장
② 결격사유

⇓

경찰공무원의 법적 관계 발생

① 신규임용 : 채용
- 공개채용
- 경력경쟁채용

② 초임보직
③ 시보임용

임　용 : 신규채용, 승진, 전보, 파견, 휴직, 직위해제, 정직, 강등, 복직, 면직, 해임, 파면 등
임용권자 : 대통령, 경찰청장, 시·도경찰청장, 경찰서장 등

⇒

경찰공무원의 법적 관계 변경

① 상위직급으로의 변경
- 일반승진
- 특별승진
- 근속승진

② 동일직급 내의 변경
- 전보, 복직

③ 하위직급으로 변경
- 강등

④ 무직급으로 변경
- 휴직
- 정직
- 직위해제

징계: 파면, 해임, 강등, 정직, 감봉, 견책

⇒

경찰공무원의 법적 관계 소멸

① 당연퇴직
- 정년(연령·계급)
- 결격사유 발생

② 면직
- 의원면직
- 강제면직 : 징계면직, 직권면직

⇓

경찰공무원의 퇴직관리

① 공무원연금
② 재고용 프로그램

경찰은 어떤 생산 공장에서 기계를 다루는 사람들과는 달리 일반시민과 국가질서를 위해서 치안서비스를 제공하는 역할을 하고 있다. 더욱이 이러한 경찰업무는 많은 경우 평온한 상태에서 이루어지기보다는 갈등 및 긴장감이 내재해 있는 불안정한 상황에서 이루어지는 것이 일반적이다.

바꿔 말하면, 경찰업무라는 것이 단순히 예측 가능한 기술적인 수준에서 기계를 잘 다루고 못 다루고 하는 문제가 아니라 불확실한 상황 속에서 위험요소를 최소화할 수 있는 능력을 요구한다. 특히, 경찰은 개인의 권리와 생명에 직접 관련된 업무를 담당한다는 점에서 그 중요성은 더욱 강조된다. 따라서 양질의 치안서비스를 제공할 수 있는 유능한 인적자원을 효율적으로 관리하는 일은 매우 중요하다.

이러한 점에서 경찰이라는 직업은 단순히 업무수행과 관련된 지식과 기술을 갖추고 있다고 해서 되는 것이 아니라고 본다. 그 이면에는 시민·개인의 자유와 권리의 보호 및 국가의 질서유지를 위한 투철한 사명감과 봉사정신, 그리고 희생정신을 갖추고 있어야 한다는 것은 분명한 사실이다(이러한 점에서 오늘날 한국경찰공무원의 채용방법에 대해서 많은 논의와 재검토를 할 필요가 있다고 본다).

이러한 점 때문에 일찍이 윌슨(O. W. Wilson)은 경찰의 자질과 관련하여 정의에 대한 명확한 신념을 갖추고, 높은 수준의 정직성, 정력, 용기, 감정적 안정성, 지혜, 그리고 자신감을 지니고 있어야 한다고 하였다. 그리고 볼머(A. Vollmer)는 경찰의 자질과 관련하여 솔로몬의 지혜, 다윗의 용기, 삼손의 체력, 욥의 인내, 모세의 리더십, 착한 사마리아인의 친절, 알렉산더의 전략, 다니엘의 신념, 링컨의 외교술, 나자레 목수의 관용, 그리고 자연과학, 생물학 및 사회과학 등 모든 분야에 깊은 지식을 가져야 한다고 하였다.[84)]

물론 개인이 현실적으로 공무를 담임하기 위해서는 '법률이 정하는 바에 의하여' 임명에 필요한 일정한 자격을 갖추고 있어야 한다. 경찰공무원이 되기 위한 기본적 자격조건은 경찰공무원법에서 규정(제7조)하고 있다.

(1) 신체 및 사상이 건전하고 품행이 방정한 자

경찰의 임용자격과 관련하여 신체 및 사상이 건전하고 품행이 방정(方正)한 사람 중에서 임용한다고 규정하고 있다(경찰공무원법 제8조 제1항). 이는 일정한 신체조건을

84) O. W. Wilson and R.C. Mclaren(1977), Police Administration, N.Y.: McGraw Hill Co., p. 245.; V.A. Leonard, H.W. More(1978), Police Organization and Management, N.Y.: The Foundation Press, Inc., p. 276.; 이황우(2005), 경찰행정학, 서울: 법문사, p. 322 재인용.

갖추지 못하였거나, 사상이 불건전하거나 품행이 방정하지 못한 경우에는 경찰공무원으로 임용될 수 없다는 것을 의미한다.

여기에서 신체조건은 체력시험 등을 통해 어느 정도 객관적 측정에 의해서 검증이 가능하다. 다만, 사상 및 품행과 관련해서는 어떤 면에서는 객관성 확보에 있어서 한계가 있다고 본다. 이러한 객관성 등을 확보하기 위해 적성검사 및 면접 등의 방법을 실시하고 있다.'

동성애자의 경찰지원 가능성

동성애자도 경찰이 될 수 있는가? 남성 동성애자이자 성 소수자 인권운동을 하고 있는 이○○(26)씨는 23일 국민신문고(www.epeople.go.kr)의 민원란에 "국가인권위원회법 제2조 제3항을 보면 임용 등에 있어서 성적지향에 의한 차별을 금지하고 있습니다. 동성애자도 경찰이 될 수 있나요"라고 질문했다. 이튿날 경찰청은 '경찰공무원법 제7조'(임용자격 및 결격사유)를 제시하며 "경찰공무원은 신체 및 사상이 건전하고 품행이 방정한 사람 중에서 임용한다고 규정하고 있습니다. 이 점을 참고하시면 될 것 같습니다"라고 답변했다.

이 답변이 알려지면서 인터넷과 트위터를 뜨겁게 달궜다. 글을 올린 이○○씨는 "경찰청은 원칙적 답변을 했을지 모르겠지만 다른 부연 설명 없이 관련 조항만 붙여놔 오해를 사고 있다"며 "동성애자는 신체 및 사상이 건전하고 품행이 방정하니 임용이 가능하다는 답변인지, 반대의 이유로 임용이 불가능하다는 뜻인지 모르겠다"고 말했다. 경찰청 관계자는 "딱 부러지게 답하기 어려워 원칙적 측면에서 관련 법 조항을 올렸다"며 "다른 의도가 있는 것은 절대 아니다"라고 하였다.[85)]

(2) 결격사유

경찰공무원은 다른 국가공무원 비해 그 직무의 특수성을 가지고 있기 때문에 보다 엄격한 자격요건을 요구하고 있다.[86)] 경찰공무원법에서는 임용상의 결격사유(缺格事由)를 구체적으로 두어, 이에 해당하는 사람은 경찰공무원으로 임용될 수 없도록 규정하고 있다(경찰공무원법 제8조 제2항).

85) 한국일보(2012.05.27.).

86) 징계에 의하여 파면 또는 해임의 처분을 받은 사람을 경찰공무원 임용의 결격사유라고 정한 것이 과잉금지원칙에 위배되어 공무담임권에 대한 과도한 제한이라고 할 수 없다. 또한 임용 결격사유를 규정함에 있어서 다른 법률보다 경찰공무원법의 규정이 다소 강화되어 있더라도 합리적 이유 없는 자의적인 차별이라고 볼 수 없다. 따라서 이 사건 법률조항이 헌법상 과잉금지의 원칙이나 평등의 원칙에 위배되거나 공무담임권을 부당하게 침해한다고 할 수 없다. 헌재 2010.9.30., 2009헌바122.

경찰공무원의 임용 결격사유

① 대한민국 국적(國籍)을 가지지 아니한 사람[87)]
② 「국적법」 제11조의2 제1항에 따른 복수국적자
③ 피성년후견인 또는 피한정후견인
④ 파산선고를 받고 복권되지 아니한 사람
⑤ 자격정지 이상의 형(刑)을 선고받은 사람
⑥ 자격정지 이상의 형의 선고유예를 선고받고 그 유예기간 중에 있는 사람
⑦ 공무원으로 재직기간 중 직무와 관련하여 「형법」 제355조 및 제356조에 규정된 죄를 범한 자로서 300만원 이상의 벌금형을 선고받고 그 형이 확정된 후 2년이 지나지 아니한 사람
⑧ 「성폭력범죄의 처벌 등에 관한 특례법」 제2조에 규정된 죄를 범한 사람으로서 100만원 이상의 벌금형을 선고받고 그 형이 확정된 후 3년이 지나지 아니한 사람
⑨ 미성년자에 대한 다음 각 목의 어느 하나에 해당하는 죄를 저질러 형 또는 치료감호가 확정된 사람(집행유예를 선고받은 후 그 집행유예기간이 경과한 사람 포함)
가. 「성폭력범죄의 처벌 등에 관한 특례법」 제2조에 따른 성폭력범죄
나. 「아동·청소년의 성보호에 관한 법률」 제2조 제2호에 따른 아동·청소년대상 성범죄
⑩ 징계에 의하여 파면 또는 해임처분을 받은 사람(이상 경찰공무원법 제8조 제2항 각호)

이와 같은 경찰공무원이 되기 위한 능력요건이 결여된 임용 즉, 결격사유에 해당하는 자를 경찰공무원으로 임용하는 행위는 무효(無效)가 된다. 국가의 과실은 문제되지 않는다.

경찰공무원 임용의 당연무효

경찰공무원법에 규정되어 있는 경찰관 임용 결격사유는 경찰관으로 임용되기 위한 절대적인 소극적 요건이라 할 수 있다. 따라서 임용 당시, 경찰관 결격사유가 있었다면 비록 임용권자의 과실(過失)에 의하여 임용 결격자임을 밝혀내지 못하였다 하더라도 그 임용행위는 당연무효(當然無效)로 보아야 한다.[88)]

---

87) 외국인과 복수국적자의 임용: ① 국가기관의 장은 국가안보 및 보안·기밀에 관계되는 분야를 제외하고 대통령령 등으로 정하는 바에 따라 외국인을 공무원으로 임용할 수 있다(국가공무원법 제26조의3 제1항). ② 국가기관의 장은 다음의 어느 하나에 해당하는 분야로서 대통령령 등으로 정하는 분야에는 복수국적자(대한민국 국적과 외국 국적을 함께 가진 사람)의 임용을 제한할 수 있다. ㉠ 국가의 존립과 헌법 기본질서의 유지를 위한 국가안보 분야, ㉡ 내용이 누설되는 경우 국가의 이익을 해하게 되는 보안 · 기밀 분야, ㉢ 외교, 국가 간 이해관계와 관련된 정책결정 및 집행 등 복수국적자의 임용이 부적합한 분야(제26조의3 제2항).

88) 대법2005.7.28., 2003두469.

2. 경찰공무원의 법적 관계 발생

1) 신규임용: 채용

채용(採用)이라는 것은 특정인에게 경찰로서의 신분을 부여하여 근무관계를 설정하는 행위를 말한다. 이러한 채용은 임용권자와 당사자 모두의 동의가 필요한 '쌍방적 행정행위'라 할 수 있으며, 따라서 임용에 있어서 당사자의 동의는 절대적 요건이 되고, 임용권자와 당사자 모두 임용거부를 할 수 있는 법적 권리가 인정된다. 상대방의 동의가 없는 임용은 무효가 됨은 물론이다. 임용은 행정행위로서 개별적·구체적 규율에 해당하며, 그 성격은 형성적 행위로서 특허(特許)에 해당한다고 할 수 있다.[89]

현행 경찰공무원의 신규채용은 크게 ㉠ 공개경쟁채용(公開競爭採用)과 ㉡ 경력경쟁채용(經歷競爭採用, 과거에는 '특별채용'이라는 용어를 사용)으로 구분할 수 있다(경찰공무원법 제10조 단서). 생각건대, 경찰공무원을 포함한 모든 공무원의 채용방식은 기본적으로 공개경쟁채용을 원칙으로 하고, 예외적인 경우에 경력경쟁채용으로 하는 것이 바람직하다고 본다.[90] 그것은 헌법이 보장하는 공무담임권(제25조)을 구체적으로 실현하는 방법이기 때문이다.

(1) 공개경쟁채용

공개경쟁채용이라는 것은 말 그대로 '공개경쟁시험에 의한 채용'을 의미한다. 이와 관련하여 현행 경찰공무원법상 공개경쟁채용은 크게 두 가지 방식으로 이루어진다고 볼 수 있다.

첫째, 경정 및 순경의 신규채용은 공개경쟁시험으로 한다고 규정하고 있다(경찰공무원법 제10조 제1항). 둘째, 경위의 신규채용 가운데 하나로서 대통령령으로 정하는 자격을 갖추고 공개경쟁시험으로 선발된 사람(즉, '경찰간부후보생')이 이에 해당한다(제10조 제2항 하단).[91]

89) 조철옥(2010), 앞의 책, p. 426.
90) 강성철 외 4인(2011), 앞의 책, p. 251.
91) 부정행위에 대한 제재: 경찰청장은 경찰공무원의 채용시험 또는 경찰간부후보생 공개경쟁선발시험에서 부정행위를 한 응시자에 대하여는 해당 시험을 정지 또는 무효로 하고, 그 처분이 있은 날부터 5년간 시험응시자격을 정지한다(경찰공무원법 제11조).

(2) 경력경쟁채용

① 경력경쟁채용의 의미

경찰공무원은 공개경쟁채용시험 방식 외에 경력경쟁채용시험으로 신규채용 할 수 있다. 경력경쟁채용시험은 '경력 등 응시요건을 정하여 같은 사유에 해당하는 다수인(多數人)을 대상으로 경쟁의 방법으로 채용하는 시험'을 말한다(경찰공무원법 제10조 제3항).[92] 이러한 경력경쟁채용 방법은 공개경쟁을 제한하는 별도의 선발절차를 거쳐 경찰공무원을 신규로 채용하는 방식이라 할 수 있다.

② 경력경쟁채용의 특징

경력경쟁채용은 공개경쟁채용제도를 보완하고 필요한 인력의 확보를 쉽게 한다는 장점이 있다. 급변하는 치안환경 속에서 효율적인 대응을 위해서는 획일적인 공개경쟁채용의 방법보다 특별한 경력 등을 가진 자들을 대상으로 제한된 경쟁을 통하여 채용하는 것이 능률적일 수도 있다고 본다. 이러한 분위기 속에서 우리나라는 전반적으로 경력경쟁채용의 범위가 확대되고 있다.

그러나 경우에 따라서는 경력경쟁채용 과정에서 정치적 압력이나 정실이 개입할 가능성이 크기 때문에 실적주의를 침해하는 결과를 초래하기 쉽다. 또 실제로 경력경쟁채용이 필요하지 않은 분야 또는 상황(즉, 공개경쟁채용으로도 충분히 채용이 가능한 상황) 인데도 불구하고 이를 제도적으로 운영하는 경우도 없지 않다. 그리고 경력경쟁채용 규모가 조직 내에서 차지하는 비중이 지나치게 높을 경우, 조직 내의 사기관리 등에 있어서 어려운 문제가 제기될 수 있다.

요약건대, 공개경쟁채용을 기본으로 하면서 이를 보완하기 위해 경력경쟁채용을 일정 수준으로 도입하는 것이 바람직하다고 본다.

③ 경찰공무원의 경력경쟁채용 내용

다음의 어느 하나에 해당하는 경우에는 경력경쟁채용시험으로 경찰공무원을 신규채용 할 수 있도록 하고 있다(경찰공무원법 제10조 제3항 각호).

㉠ 「국가공무원법」 제70조 제1항 제3호의 사유로 퇴직하거나,[93] 같은 법 제71

92) 이러한 경력경쟁채용시험이 모두 다수인을 대상으로 하는 것은 아니다. 즉, 소수의 인원만을 대상으로도 경력경쟁채용이 가능하다는 의미이다. 경찰공무원법에서는 이와 관련하여 "다만, 다수인을 대상으로 시험을 실시하는 것이 적당하지 아니하여 대통령령으로 정하는 경우에는 다수인을 대상으로 하지 아니한 시험으로 경찰공무원을 채용할 수 있다"고 규정하고 있다(제10조 제3항 하단).

93) 직권면직: 직제와 정원의 개폐 또는 예산의 감소 등에 따라 폐직(廢職) 또는 과원(過員)이 되었을 때(국가공무

조 제1항 제1호의 휴직 기간 만료로 퇴직한 경찰공무원을 퇴직한 날부터 3년(공무원 재해보상법에 따른 공무상 질병 또는 부상으로 인한 휴직의 경우에는 5년) 이내에 퇴직 시에 재직한 계급의 경찰공무원으로 재임용하는 경우

㉡ 공개경쟁시험으로 임용하는 것이 부적당한 경우에 임용예정 직무에 관련된 자격증 소지자를 임용하는 경우

㉢ 임용예정직에 상응하는 근무실적 또는 연구실적이 있거나 전문지식을 가진 사람을 임용하는 경우

㉣ 「국가공무원법」에 따른 5급 공무원의 공개경쟁채용시험이나 「사법시험법」(2009년 5월 28일 법률 제9747호로 폐지되기 전의 것을 말함)에 따른 사법시험에 합격한 사람을 경정 이하의 경찰공무원으로 임용하는 경우

㉤ 섬, 외딴곳 등 특수지역에서 근무할 사람을 임용하는 경우

㉥ 외국어에 능통한 사람을 임용하는 경우

㉦ 제주특별자치도의 자치경찰공무원을 그 계급에 상응하는 경찰공무원으로 임용하는 경우

㉧ 「국가경찰과 자치경찰의 조직 및 운영에 관한 법률」 제16조에 따라 경찰청 외부를 대상으로 모집하여 국가수사본부장을 임용하는 경우

경찰대학 졸업생의 경위 임용 방법의 정체성 문제

경찰대학을 졸업한 자를 경위로 신규채용하는 것은 공개채용에 해당하는 것인가, 아니면 경력경쟁채용(특별채용)에 해당하는 것인가.

이에 대한 현행법의 태도는 다소 모호하다. 경찰공무원법에서 경위의 신규채용은 ㉠ 경찰대학을 졸업한 사람, ㉡ 대통령령으로 정하는 자격을 갖추고 공개경쟁시험으로 선발된 사람(즉, '경찰간부후보생')으로서 교육훈련을 마치고 정하여진 시험에 합격한 사람 중에서 한다고 규정하고 있다(제10조 제2항). 경찰간부후보생은 명확히 공개경쟁시험으로 선발된 사람이라고 규정하고 있는데, 경찰대학을 졸업한 사람의 경우에는 그것이 무엇을 의미하는지가 명확하지 않기 때문이다.

한편, 2021년 7월 시행되는 자치경찰제도를 대비하여 2020년 12월 22일 경찰법뿐만 아니라 경찰공무원법을 전부개정하였다. 그런데, 경찰공무원법이 전부개정 되기 전까지는 경력경쟁채용시험으로 경찰공무원을 신규채용 할 수 있는 경우로서 '국가공무원법 제85조에 따라 재학 중에 장학금을 받고 졸업한 사람을 임용하는 경우'를 규정하고 있었다(당

원법 제70조 제1항 제3호).

시의 제8조 제3항 제5호).[94] 이러한 법규정으로 볼 때, 경찰대학 졸업자들에 대한 경위의 신규채용은 일종의 경력경쟁채용(즉, 특별채용)이라 할 수 있다. 그런데, 2020년 12월 22일 경찰공무원법을 전부개정하면서 이 규정을 삭제하였다. 이러한 상황으로 인해 경찰대학 졸업생의 경위 신규채용 방법은 그 정체성이 모호하지만, 경력경쟁채용에 해당한다고 볼 수 있다.

경찰조직은 경위의 신규채용은 경찰대학 졸업생 120명(70.6%), 간부후보생 50명(29.4%: 일반 40명, 세무회계 5명, 사이버 5명)으로 전체 170명(100.0%)에 이른다. 경찰대학 졸업생이 고교시절에 학업성적이 뛰어나다는 점 외에는 어떠한 전문분야의 특별한 경력이나 자격을 갖추고 있다고 보기는 어렵다고 본다. 이러한 사정에도 불구하고 이들이 차지하는 비중이 지나치게 높은 것이 현실이다. 경찰대학은 1979년 개교하여 1981년에 제1기가 입학한 이래로 해마다 120명을 입학정원으로 하고 있다(경찰대학의 학사운영에 관한 규정 제14조 제1호). 생각건대, 경찰대학 졸업생의 경위 신규채용은 일정부분 경찰조직 발전에 공헌한 부분이 없지 않지만, 경찰인사관리에 있어서 총체적인 문제의 핵임에 있음은 부인하기 어렵다.

(3) 채용후보자 명부 등재 등

경찰청장은 신규채용시험에 합격한 사람(경찰대학을 졸업한 사람과 경찰간부후보생 포함)을 대통령령으로 정하는 바에 따라 성적 순위에 따라 채용후보자 명부에 등재(登載)하여야 한다(경찰공무원법 제12조 제1항). 경찰공무원의 신규채용은 이에 따른 채용후보자 명부의 등재 순위에 따른다. 다만, 채용후보자가 경찰교육기관에서 신임교육을 받은 경우에는 그 교육성적 순위에 따른다(제12조 제2항).

이러한 채용후보자 명부의 유효기간은 2년의 범위에서 대통령령으로 정한다. 다만, 경찰정장은 필요에 따라 1년의 범위에서 그 기간을 연장할 수 있다(제12조 제3항).[95]

94) 인사혁신처장은 우수한 공무원을 확보하기 위하여 필요하면 초·중등교육법, 고등교육법, 그 밖에 다른 법률(경찰대학설치법 등)에 따라 설치된 각급 학교의 재학생으로서 공무원으로 임용되기를 원하는 자에게 장학금을 지급하고 졸업 후 일정한 의무복무 기간을 부과하여 공무원으로 근무하게 할 수 있다(국가공무원법 제85조 제1항).

95) 임용 또는 임용제청의 유예: 임용권자 또는 임용제청권자는 채용후보자 명부에 등재된 채용후보자가 다음의 어느 하나에 해당하는 경우에는 채용후보자 명부의 유효기간의 범위에서 기간을 정하여 임용 또는 임용제청을 유예할 수 있다. 다만, 유예기간 중이라도 그 사유가 소멸한 경우에는 임용 또는 임용제청을 할 수 있다(경찰공무원 임용령 제18조의2 제1항 각호, 2020.12.10. 신설).

① 「병역법」에 따른 병역복무를 위하여 징집 또는 소집되는 경우

② 학업을 계속하는 경우

③ 6개월 이상의 장기요양이 필요한 질병이 있는 경우

④ 임신하거나 출산한 경우

⑤ 그 밖에 임용 또는 임용제청의 유예가 부득이하다고 인정되는 경우

경찰공무원 채용상의 병역 조건 개정

2020년 경찰공무원 2차 채용시험부터 병역 조건이 기존의 '병역을 필하였거나 면제가 된 자'에서 '제한 없음'으로 변경되었다. 이제 병역 미필자 역시 경찰공무원시험에 응시할 수 있게 되었음을 의미한다. 따라서 병역을 미필한 수험생이 경찰공무원시험에 합격한 경우에는 병역 복무기간 동안 임용이 유예되고, 병역 복무를 마치고 나서 경찰에 임용될 수 있게 된 것이다.

이와 관련하여 현행 경찰공무원법에서는 신규채용시험에 합격한 사람이 채용후보자 명부에 등재된 이후, 그 유효기간 내에 「병역법」에 따른 병역 복무를 위하여 군에 입대한 경우(대학생 군사훈련 과정 이수자 포함)의 의무복무 기간은 유효기간에 넣어 계산하지 아니한다고 규정하고 있다(경찰공무원법 제12조 제4항, 2020.06.09. 신설).

한편, 채용후보자가 다음의 어느 하나에 해당하는 경우에는 채용후보자로서의 자격을 상실한다(경찰공무원 임용령 제19조 각호).

㉠ 채용후보자가 임용 또는 임용제청에 응하지 아니한 경우

㉡ 채용후보자로서 받아야 할 교육훈련에 응하지 아니한 경우

㉢ 채용후보자로서 받은 교육훈련성적이 수료점수에 미달되는 경우

㉣ 채용후보자로서 교육훈련을 받는 중에 퇴학처분을 받은 경우. 다만, 질병 등 교육훈련을 계속할 수 없는 불가피한 사정으로 퇴학처분을 받은 경우는 제외한다.

경찰공무원의 교육훈련

교육훈련(教育訓練, Education and Training)이라는 것은 경찰공무원이 직무수행에 필요한 지식과 기술을 습득하여 경찰조직의 목적달성에 기여할 수 있도록 이들의 능력을 개발 및 향상하는 것을 말한다. 이러한 경찰의 교육훈련의 기능을 좀 더 세분화하면, 신규채용자의 능력개발, 직무능력의 향상, 당해 계급에서의 전문성 강화, 그리고 경찰공무원 자신의 삶의 질 향상 등을 들 수 있을 것이다.[96)]

이에 따라 경찰청장은 모든 경찰공무원에게 균등한 교육훈련의 기회가 주어지도록 교육훈련에 관한 종합적인 기획 및 조정을 하도록 하고 있다(경찰공무원법 제22조 제1항). 이에 따라 경찰교육훈련은 크게 ㉠ 학교교육, ㉡ 위탁교육, ㉢ 직장훈련, ㉣ 기타 교육훈련으로 구분하고 있다(경찰공무원 교육훈련규정 제7조).

96) 허경미(2013), 경찰인사론, 서울: 박영사, p. 94.

① 학교교육

경찰청장은 경찰공무원의 교육훈련을 위한 교육훈련기관을 설치·운영할 수 있도록 하고 있다(경찰공무원법 제22조 제2항). 학교교육은 경찰교육훈련기관인 경찰대학·경찰인재개발원·중앙경찰학교 및 경찰수사연수원에서 실시하는 교육을 말한다(경찰공무원 교육훈련 규정 제2조 제3호). 이러한 교육훈련기관에 의한 교육은 크게 신임교육, 기본교육, 전문교육이 있다(경찰공무원 교육훈련규정 제8조 제1항~제4항).

㉠ 신임교육

경찰공무원으로 신규채용된 자로서 임용전 신임교육을 받지 아니한 자를 대상으로 함. 다만, 경사 이상의 경찰공무원으로 신규채용 된 자로서 일정한 해당 교육을 받은 자는 그러하지 아니함

㉡ 기본교육

가. 경정, 경감, 경위 및 경사(경찰공무원 승진임용 규정에 따라 경정, 경감, 경위 및 경사 승진후보자명부에 등재된 자 포함)는 해당 계급별 기본교육을 받아야 함

나. 경찰청장이 정하는 바에 의하여 교육훈련대상자로 선발된 총경(경찰공무원 승진임용 규정에 따라 총경승진후보자명부에 등재된 자 포함)은 기본교육으로 치안정책교육을 받아야 함

㉢ 전문교육

경정 이하 경찰공무원은 직무와 관련된 전문교육을 받아야 함

② 위탁교육

경찰청장은 교육훈련을 위하여 필요하면 대통령령으로 정하는 바에 따라 경찰공무원을 국내외의 교육기관에 위탁하여 일정 기간 교육훈련을 받게 할 수 있다(경찰공무원법 제22조 제3항).[97)]

③ 직장훈련

직장훈련은 경찰기관의 장이 소속경찰공무원의 직무수행능력을 향상시키기 위하여 일상 업무를 통하여 행하는 훈련을 말한다(경찰공무원 교육훈련규정 제2조 제5호). 이러한 직장훈련은 ㉠ 직장교육, ㉡ 체력단련, ㉢ 무도훈련 등으로 구분된다.

97) 위탁교육은 국내외의 대학원 석·박사과정을 비롯하여 각급 국가기관, 공공기관, 연구기관, 민간기관 등을 통해 다양한 형태로 이루어지고 있다. 외국경찰 관련기관의 단기과정, 국내의 중앙공무원교육원, 정보통신공무원교육원, 외국어연수원(한국외국어대학), 군부대, 국가정보원 통일연수원 등 60여기 기관의 교육프로그램에 참여 할 수 있다. 경감 또는 경위로서 당해 직무와 관련된 전문분야의 위탁교육을 받은 자는 그에 상응하는 전문화교육을 받은 것으로 본다. 그리고 위탁교육기관에서 받은 포상 및 징계는 경찰교육기관에서 받은 포상 또는 징계로 본다(경찰공무원 교육훈련규정 제13조 제1항 및 제2항). 김창윤 외 24인(2014), 경찰학, 서울: 박영사, p. 640.

2) 보직관리와 초임 보직

(1) 보직관리의 기본원칙

임용권자 또는 임용제청권자는 법령에서 따로 정하거나 일정한 경우를 제외하고는[98] 소속 경찰공무원에게 하나의 직위(職位: 경찰공무원 개인에게 부여할 수 있는 직무와 책임)를 부여하여야 한다(경찰공무원 임용령 제22조 제1항).

경찰공무원을 보직함에 있어서는 경과·교육훈련·근무경력 등을 고려하여 능력을 적절히 발전시킬 수 있도록 해야 한다(제22조 제2항). 그리고 상위계급의 직위에 하위계급인 사람을 보직할 수 있는 경우는 다음의 어느 하나에 해당하는 경우로 한정한다(제22조 제3항 각호).

㉠ 승진후보자를 임용예정 계급의 직위에 보직하는 경우

㉡ 해당 기관의 상위계급에 결원이 있으나 승진후보자가 없는 경우

한편, 경찰공무원을 보직할 때에는 특별한 사정이 없으면 배우자 또는 직계존속이 거주하는 지역을 고려해야 한다(제22조 제4항).[99]

(2) 초임 보직

① 경위 이상

경위 이상으로 신규채용 된 경찰공무원은 관리능력을 배양할 수 있도록 전공 및 적성을 고려하여 합리적으로 보직하여야 한다(경찰공무원 임용령 제23조 제1항).

② 경사 이하

경사 이하로 신규채용 된 경찰공무원은 지구대, 파출소, 기동순찰대, 경찰기동대나 그 밖에 경비업무를 수행하는 부서에 보직하여야 한다(경찰공무원 임용령 제23조 제2항).

98) ① 「국가공무원법」 제43조에 따라 별도정원이 인정되는 휴직자의 복직, 파견된 자의 복귀 또는 파면·해임·면직된 자의 복귀 시에 그에 해당하는 계급의 결원이 없어 그 계급의 정원에 최초로 결원이 생길 때까지 해당 경찰공무원을 보직 없이 근무하게 하는 경우, ② 직제의 신설·개편 또는 폐지 시 2개월 이내의 기간 동안 기관의 신설 준비 등을 위하여 보직 없이 근무하게 하는 경우(경찰공무원 임용령 제22조 제1항 각호).

99) 고려시대나 조선시대에는 인정(人情)에 따른 폐단을 막기 위하여 일정한 범위 내의 친족간에 동일관사(同一官司)나 또는 통속관계(統屬關係)에 있는 관사(官司)에 취임하지 못하도록 하거나 어떠한 지방에 특별한 연고가 있는 관리는 그 지방에 파견하지 못하게 하는 등의 이른바 '상피제'(相避制)를 적용하였다.

3) 시보임용

(1) 시보임용의 의의

임용권자는 신규임용 된 경찰공무원이 경찰관으로서의 자격 등 적격성을 갖추고 있는지를 확인하는 동시에 일정기간 경찰실무를 습득하기 위해 시험보직을 명하게 되는데 이를 시보임용(試補任用)이라고 한다.[100)]

시보임용 된 공무원은 시보기간이 끝난 뒤 정식공무원으로 임명된다. 시보기간은 후보자의 적격성 여부를 판정하는 선발과정의 일부이며, 시보기간 중 부적격자로 판정받은 후보자는 정규 공무원으로 임용되지 못한다. 이러한 시보제도는 선발제도의 보완이라는 목적 외에 후보자에게 기초적 적응훈련을 시킨다는 부수적 목적도 지니고 있다.[101)]

(2) 시보임용의 내용

경정 이하의 경찰공무원을 신규채용 할 때에는 1년간 시보(試補)로 임용하고, 그 기간이 만료된 다음 날에 정규 경찰공무원으로 임용하도록 하고 있다(경찰공무원법 제13조 제1항). 휴직 기간, 직위해제 기간 및 징계에 의한 정직처분 또는 감봉처분을 받은 기간은 위에 따른 시보임용기간에 산입하지 아니한다(제13조 제2항).

(3) 시보임용 경찰공무원의 면직 등

임용권자 및 임용제청권자는 시보임용기간 중 경찰공무원에 대하여 근무사항을 항상 지도·감독하여야 한다(경찰공무원 임용령 제20조 제1항).

한편, 시보임용기간 중에 있는 경찰공무원이 근무성적 또는 교육훈련성적이 불량할 때에는 「국가공무원법」 제68조 및 이 법 제28조에도 불구하고,[102)] 면직시키거나 면직을 제청할 수 있다(경찰공무원법 제13조 제3항).

이에 따라 임용권자 또는 임용제청권자는 시보임용 경찰공무원이 다음의 어느 하나에 해당하여 정규 경찰공무원으로 임용하는 것이 부적당하다고 인정되는 경우에는 정규임용심사위원회의 심사를 거쳐 해당 시보임용 경찰공무원을 면직시키거나 면직을 제

---

100) 조철옥(2010), 앞의 책, p. 428.

101) 강성철 외 4인(2011), 앞의 책, p. 269.

102) ① 국가공무원법 제68조(의사에 반한 신분조치)에서는 '공무원은 형의 선고, 징계처분 또는 이 법에서 정하는 사유에 따르지 아니하고는 본인의 의사에 반하여 휴직·강임 또는 면직을 당하지 아니한다'고 규정하고 있다. ② 경찰공무원법 제28조(직권면직)에서는 '임용권자는 일정한 사유에 해당될 때에는 직권으로 면직시킬 수 있다'고 규정하고 있다. 바꿔 말하면 직권으로 면직시킬 수 있는 사유가 발생하지 않는 경우에는 신분보장이 된다는 의미이다.

청할 수 있다(경찰공무원 임용령 제20조 제2항 각호).[103)]

㉠ 징계사유에 해당하는 경우

㉡ 실무수습 등 일정기간 동안의 교육훈련성적이 만점의 60퍼센트 미만이거나 생활기록이 극히 불량한 경우

㉢ 「경찰공무원 승진임용 규정」에 따른 제2 평정 요소의 평정점이 만점의 50퍼센트 미만인 경우

일반적으로 시보임용 된 경찰공무원이 시보기간 동안에 직위해제나 징계처분을 받은 경우에는 당연퇴직이 된다고 볼 수 있다(그렇기 때문에 위에서 설명한 징계처분 등을 받은 기간이 시보기간에 계산되지 않는다는 규정은 별로 의미가 없다고 본다). 실제로 동일한 행위(예: 음주운전·도박 등)로 정식 경찰관은 감봉을 받지만, 시보경찰관은 면직처분을 받을 가능성이 높기 때문이다.[104)]

(4) 시보임용의 면제

그런데, 위에서 설명한 시보임용에도 불구하고, 다음의 어느 하나에 해당하는 경우에는 시보임용을 거치지 아니한다(경찰공무원법 제13조 제4항).

㉠ 경찰대학을 졸업한 사람 또는 경찰간부후보생으로서 정하여진 교육을 마친 사람을 경위로 임용하는 경우

㉡ 경찰공무원으로서 대통령령으로 정하는 상위계급으로의 승진에 필요한 자격요건을 갖추고 임용예정 계급에 상응하는 공개경쟁 채용시험에 합격한 사람을 해당 계급의 경찰공무원으로 임용하는 경우

㉢ 퇴직한 경찰공무원으로서 퇴직 시에 재직하였던 계급의 채용시험에 합격한 사람을 재임용하는 경우

㉣ 자치경찰공무원을 그 계급에 상응하는 경찰공무원으로 임용하는 경우

경찰공무원법상의 시보임용에도 불구하고 면제대상자(특히, 경찰대학 졸업한 사람 또는 경찰간부후보생)가 이상과 같다면, 결국에는 순경으로 공개채용 된 자 등이 시보임용 대상자로 남게 되어 불합리하다고 본다.[105)]

---

103) 시보임용 경찰공무원을 정규 경찰공무원으로 임용함에 있어서 그 적부를 심사하게 하기 위하여 임용권자 또는 임용제청권자 소속하에 '정규임용심사위원회'를 둔다(경찰공무원 임용령 제20조 제3항).

104) 조철옥(2010), 앞의 책, p. 428.

105) 국가공무원법의 시보임용규정에서는 ① 5급 공무원(5급에 상당하는 공무원 포함)을 신규 채용하는 경우에는 1년, ② 6급 이하의 공무원을 신규 채용하는 경우에는 6개월간 각각 시보(試補)로 임용하고 그 기간의 근무성

3. 경찰공무원의 법적 관계 변경

1) 상위직위로의 변경

승진(昇進, Promotion)이라는 것은 하위직급에서 상위직급으로 임용되는 것을 말한다. 승진은 일반적으로 직무의 난이도와 책임의 증대를 의미하며 보수의 증액을 수반한다. 승진은 동일한 등급 내에서 호봉만 올라가는 승급과 구분되며, 횡적 이동인 전보 등과도 구분된다.

경찰조직 내에서 승진은 단순한 결원 보충의 의미를 갖는 것이 아니고, 구성원의 동기를 유발하고 사기를 진작시키는 수단이 된다는 점에서 중요한 의미가 있다. 따라서 합리적인 승진제도의 확립은 직업공무원제의 발전에 매우 긴요한 것이다. 경찰공무원의 승진에는 일반승진, 특별승진, 그리고 근속승진이 있다.

(1) 일반승진

① 일반승진의 의의

경찰공무원은 바로 아래 하위계급에 있는 경찰공무원 중에서 근무성적평정, 경력평정, 그 밖의 능력을 실증(實證)하여 승진임용하도록 하고 있다(경찰공무원법 제15조 제1항). 따라서 이러한 승진은 실적주의에 의하고 있음을 알 수 있다.

경찰공무원법상 실적주의에 의한 승진은 기본적으로 승진심사(昇進審査)에 의한다고 볼 수 있다. 즉, 경무관(警務官) 이하의 계급에의 승진은 승진심사에 의한다고 규정한 것이 바로 그것이다(제15조 제2항). 다만, 경정(警正) 이하의 계급으로의 승진은 대통령령으로 정하는 비율에 따라 승진시험과 승진심사를 병행할 수 있도록 하고 있다(제15조 제2항 하단). 한편, 총경 이하의 경찰공무원에 대해서는 대통령령으로 정하는 바에 따라 승진대상자 명부를 작성하도록 하고 있다(제15조 제4항).

그런데 주의할 것은 여기에서 말하는 실적주의에 의한 승진심사는 '경무관 이하의 계급'을 대상으로 한 것이라는 점이다. 바꿔 말하면, 경무관 상위계급인 치안감·치안정감·치안총감은 실적주의가 아닌 엽관주의·정실주의를 바탕으로 한 것이며,[106] 따라서 이에 대해서는 경찰공무원법상에서 별도의 승진 규정을 두고

적·교육훈련성적과 공무원으로서의 자질을 고려하여 정규 공무원으로 임용하도록 하고 있다(제29조 제1항).

106) 엽관주의와 정실주의에 의한 인사관리의 단점 가운데 하나가 공직에의 취임이나 승진, 그리고 신분의 유지가

있지 않다는 점이다.

경찰인사관리의 난맥

지난 2011년 12월 15일 경찰청(9층 무궁화회의실)에서 근무 중인 계장급(경정) 이상 간부 180여 명이 조○○ 전 경찰청장의 긴급 지시를 받고 은밀히 한자리에 모였다. '경찰대 1기생 거취에 대한 회의 및 투표' 때문이었다. 조 청장은 "경무관에 오르지 못한 1기 간부들이 서울청과 본청에 많이 포진해 있다"면서 "이들의 지방전출 등 인사적체 해소 방안을 허심탄회하게 논의하고자 한다"고 운을 뗐다. 인사와 직결되는 만큼 당사자인 1기생부터 막내 기수 경정들까지 모두의 얼굴에 긴장감이 역력했다. 누구도 선뜻 입을 열지 않고 무거운 침묵만 흘렀다. 1기생은 1981년 경찰대에 입학, 1985년 4월 임관해 27년간 경찰생활을 하였다. 총경급 이하 본청과 서울청에 근무하는 1기 출신은 14명이다. 당사자인 1기생 총경 한 명이 말문을 열었다. 그는 "후배들을 위해 언제든 나갈 수 있다"면서도 "'1기만 재수 없어 걸렸다'는 식은 곤란하다. 인사규정을 정례화해서 공평하게 매년 적용하는 방안을 마련해야 한다"고 말했다. 다른 1기생 역시 "승진 불이익은 받아들일 수 있지만, 가족들이 여기 있는데 혼자 지방으로 가라는 하는 것은 재고해 달라"고 호소했다.

이들의 발언에 후배들은 말문을 닫았다. 결국 논의가 지지부진하자 조 청장은 비밀 무기명 투표안을 꺼내들었다. 첫 번째 안은 '경대 1기라고 특별히 불이익을 주지 말고, 승진 연도를 기준으로 입직(入職) 경로 구별 없이 똑같이 대우해 순환시켜야 한다'는 것이었다. 두 번째는 '20일 총경급 인사 때, 특별기준을 정해서 본청과 서울청에 있는 1기생을 수도권 등으로 강제조정'하는 차등 대우 안이었다. 투표 결과, 첫 번째 안이 선택된 것으로 알려졌다. 후배들은 1기들이 자리를 뜬 다음 진행된 회의에서 "1기라고 무조건 희생되는 것은 바람직하지 못하다"는 의견을 개진한 것으로 전해졌다. 지난해에도 조 청장이 경대 1기 총경들에게 수도권 전출을 독려하는 내용의 '경찰대 1기생 인사관리지침' 전자우편을 보내는 등 경무관 추가 승진에 제동을 걸려 했지만 내부 반발과 여론에 밀려 결국 흐지부

전적으로 소속 정당이나 집권자에 대한 충성(忠誠)에 의존하므로 인사행정에 공정성을 보장할 수 없다는 점이다. 즉, 권력집단에서 자신의 공직 신분을 유지 또는 승진시켜 준 만큼 그에 상응하는 충성(이로 인해 정치편향적 태도를 취할 가능성도 배제하기 어렵다)을 하지 않을 수 없는 것이다. 이러한 문제는 경찰수뇌부의 임용과 관련하여 항상 조직 내외적으로 많은 논란이 되어 왔다. 이와 관련하여 예컨대, 지난 대통령선거에 개입한 혐의로 불구속기소 된 김○○ 전 서울경찰청장(치안정감)이 지난해 승진대상자가 아니었음에도 권력실세의 도움을 받아 서울청장에 오른 것으로 알려져 파장이 커지고 있다. 검찰의 '원○○ 전 국정원장과 김○○ 전 청장의 대통령선거 개입' 수사결과 발표 이후 배후 인물에 대한 후폭풍이 거센 가운데 향후 재판과정에서 김○○ 전 청장을 발탁한 권력실세가 드러날 경우 큰 파장이 예상된다. 사정당국 관계자는 "지난해 치안정감 인사 때 권력실세 A씨가 힘을 써 승진대상자가 아니었던 김○○ 전 청장을 서울청장으로 기용했다"면서 "당시 승진 발표를 코앞에 두고 승진자가 바뀌어 경찰 내부에서 말이 많았다"고 밝혔다. 김○○ 전 청장은 지난해 5월 8일 경찰청 보안국장에서 서울청장으로 전격 내정되었다. 경찰 등에 따르면, 당시 서울청장은 B치안감으로 내정되었고, B치안감은 승진 발표를 앞두고 청와대 측으로부터 축하 전화까지 받은 것으로 알려졌다. 그러나 발표 직전에 갑자기 서울청장 내정자가 김○○ 전 청장으로 번복되면서 경찰 수뇌부 인사가 요동쳤다고 한다. 서울신문(2013.06.17.).

지되었다.

총경급 이하 경찰대 1기생 인사는 '뜨거운 감자'가 되었다. 이들이 본청 및 서울청의 포진으로 경찰대 출신 인사적체가 가중되면서 동기생 아래에 동기를 배치해야 하거나, 후배들의 보직관리를 잠식한다는 이야기도 나오고 있다. 반면 능력과 경험에 따라 인사권자로서 인사를 하면 되는데 굳이 1기를 '제물'로 삼아 투표를 강행하는 것은 가혹하다는 비난의 목소리가 높다. 또 지난해에 이어 올해도 '경대 1기 적체'를 해결하겠다며 투표결과를 근거로 제시하려다가 되레 반대의 결론이 나오면서 체면까지 구겼다는 것이 중론이다.[107)]

② 승진 소요 최저근무연수

경찰공무원의 승진에 필요한 계급별 최저근무연수, 승진 제한에 관한 사항, 그 밖에 승진에 관하여 필요한 사항은 대통령령(경찰공무원 승진임용규정)으로 정하도록 하고 있다(경찰공무원법 제15조 제4항). 경찰공무원 승진임용규정에 따르면, 계급별 승진소요 최저 근무연수는 다음과 같다(제5조 제1항 각호).

㉠ 총경: 4년 이상

㉡ 경정 및 경감: 3년 이상

㉢ 경위 및 경사: 2년 이상

㉣ 경장 및 순경: 1년 이상

그리고 원칙적으로 휴직 기간, 직위해제 기간, 징계처분 기간 및 승진임용 제한 기간은 위의 승진 소요 최저근무연수 기간에 포함되지 아니한다(제5조 제2항). 다만 이에 대해서는 일정한 예외가 존재한다. 예컨대, 공무상 질병 또는 부상으로 인하여 휴직한 경우에 그 휴직기간 등은 포함된다. 이 밖에도 승진소요 최저 근무연수와 관련하여 기준이 있다(이에 대한 세부적인 내용은 제5조 제2항~제8항 참조),

(2) 근속승진

근속승진(勤續昇進)이라는 것은 일정한 계급에서 일정한 기간 근무하면 자동으로 승진하는 것을 말한다.

경찰공무원법 제15조(승진) 제2항에 따른 승진요건(즉, 승진심사 및 승진시험)에도 불구하고 경찰청장은 해당 계급에서 다음의 기간 동안 재직한 사람을 경장, 경사, 경위, 경감으로 각각 근속승진임용할 수 있도록 하고 있다. 다만, 인사교류 경력이 있거

107) 서울신문(2011.12.19.).

나 주요 업무의 추진 실적이 우수한 공무원 등 경찰행정 발전에 기여한 공이 크다고 인정되는 경우에는 대통령령으로 정하는 바에 따라 그 기간을 단축(短縮)할 수 있다(경찰공무원법 제16조 제1항 각호).

㉠ 순경을 경장으로 근속승진 임용하려는 경우: 해당 계급에서 4년 이상 근속자

㉡ 경장을 경사로 근속승진 임용하려는 경우: 해당 계급에서 5년 이상 근속자

㉢ 경사를 경위로 근속승진 임용하려는 경우: 해당 계급에서 6년 6개월 이상 근속자

㉣ 경위를 경감으로 근속승진 임용하려는 경우: 해당 계급에서 8년 이상 근속자

(3) 특별승진

일반승진과 근속승진 외에 특별유공자 등에 대한 특별승진(特別昇進)이 있다. 경찰공무원으로서 다음의 어느 하나에 해당되는 사람에 대하여는 제15조(승진)에도 불구하고 1계급 특별승진시킬 수 있다. 다만, 경위 이하의 경찰공무원으로서 모든 경찰공무원의 귀감이 되는 공을 세우고 전사(戰死)하거나 순직(殉職)한 사람에 대하여는 2계급 특별승진 시킬 수 있도록 하고 있다(경찰공무원법 제19조 제1항 각호).

㉠ 「국가공무원법」 제40조의4 제1항 제1호부터 제4호까지의 규정 중 어느 하나에 해당되는 사람[108)]

㉡ 전사하거나 순직한 사람

㉢ 직무수행 중 현저한 공적을 세운 사람

경찰공무원의 특별승진의 계급범위는 요건에 따라 ㉠ 경위 이하 계급으로의 승진, ㉡ 경감 이하 계급으로의 승진, ㉢ 경정 이하의 계급으로의 승진, ㉣ 치안정감 이하의 계급으로의 승진으로 구분하고 있다(이에 대한 세부적인 내용은 경찰공무원 승진임용 규정 제37조 및 제38조 참조).

그리고 이러한 특별승진은 경찰청장이 특히 필요하다고 인정하는 경우에 수시로 실시할 수 있다(제39조). 그러나 특별승진을 빈번하게 실시할 경우, 오히려 역효과가 날 우려도 있다고 본다.

108) 우수 공무원 등의 특별승진: ① 청렴하고 투철한 봉사 정신으로 직무에 모든 힘을 다하여 공무 집행의 공정성을 유지하고 깨끗한 공직 사회를 구현하는 데에 다른 공무원의 귀감(龜鑑)이 되는 자, ② 직무수행 능력이 탁월하여 행정 발전에 큰 공헌을 한 자, ③ 경찰조직의 능률화·경제화에 기여하는 제안의 채택·시행으로 국가 예산을 절감하는 등 행정 운영 발전에 뚜렷한 실적이 있는 자, ④ 재직 중 공적이 특히 뚜렷한 자가 명예퇴직할 때(국가공무원법 제40조의4 제1항 각호).

2) 동일직위 내의 변경

(1) 전보

국가공무원법에서는 전보(轉補, transference)는 '같은 직급 내에서의 보직 변경 또는 고위공무원단 직위 간의 보직 변경을 말한다'고 하고 있으며(제5조 제6호), 경찰공무원법은 '경찰공무원의 동일 직위 및 자격 내에서의 근무기관이나 부서를 달리하는 임용을 말한다'고 하고 있다(제2조 제2호).

따라서 경찰공무원의 전보는 계급별로 경찰관서간의 직위 이동과 동일 관서 내에서의 직위 이동을 의미한다. 예컨대, A경찰서의 형사과장(경정)과 B경찰서의 형사과장(경정)이 인사발령에 의해 서로 자리를 맞바꾸고, A경찰서 내에서 생활안전과장과 정보과장이 서로 자리를 맞바꾸는 경우 등이 이에 해당한다.

임용권자 또는 임용제청권자는 경찰공무원의 동일 직위에서의 장기근무로 인한 직무수행의 침체현상을 방지하여 직무성과를 높일 수 있도록 하는 한편, 지나치게 잦은 전보로 인한 능률저하를 방지하여 안정적으로 직무를 수행할 수 있도록 특별한 사정이 없으면 정기적으로 전보를 실시하도록 하고 있다(경찰공무원 임용령 제26조).

따라서 이러한 같은 점을 고려하여 원칙적으로 특별한 사정이 없는 한, 임용권자 또는 임용제청권자는 소속 경찰공무원이 해당 직위에 임용된 날부터 1년 이내(감사업무를 담당하는 경찰공무원의 경우에는 2년 이내)에 다른 직위에 전보할 수 없도록 하고 있다(예외적인 경우는 경찰공무원 임용령 제27조 제1항 각호 참조).

(2) 복직

복직(復職, Reinstatement)은 휴직, 직위해제 또는 징계로 인한 정직(강등에 따른 정직 포함) 중에 있는 경찰공무원을 직위에 복귀시키는 것을 말한다(경찰공무원법 제2조 제3호).

3) 하위직위로의 변경

경찰공무원의 하위직급(下位職級)으로의 변경은 징계 가운데 하나인 강등(降等)을 들 수 있다. 강등은 파면, 해임, 정직과 더불어 중징계에 해당한다(경찰공무원 징계령 제2조 제1호).

강등은 1계급 아래로 직급을 내리고(고위공무원단에 속하는 공무원은 3급으로 임용하고, 연구관 및 지도관은 연구사 및 지도사로 함) 공무원신분은 보유하나 3개월간 직무에 종사하지 못하며 그 기간 중 보수는 전액을 감하도록 하는 징계조치이다(국가공무원법 제80조 제1항).[109)]

4) 무직위로의 변경

무직위(無職位)라는 것은 일정한 사유가 발생한 경우, 경찰공무원의 신분은 유지하되 직위를 부여하지 않는 것을 말한다. 여기에는 휴직, 징계 가운데 하나인 정직, 그리고 직위해제가 있다.

(1) 휴직

경찰공무원의 휴직은 본인의 의사와 관계없이 임용권자가 행하는 직권휴직과 본인의 희망에 의하여 임용권자가 행하는 의원휴직으로 구분된다.

① 직권휴직

국가공무원법상에서 임용권자는 다음과 같은 사유로 공무원 본인의 의사에도 불구하고 휴직을 명할 수 있다(국가공무원법 제71조 제1항 및 제72조).

㉠ 신체 · 정신상의 장애로 장기 요양이 필요할 때

㉡ 병역법에 따른 병역 복무를 마치기 위하여 징집 또는 소집된 때

㉢ 천재지변이나 전시 · 사변, 그 밖의 사유로 생사(生死) 또는 소재(所在)가 불명확하게 된 때(다만 경찰공무원의 경우에는 법원의 실종선고를 받는 날까지, 경찰공무원법 제29조 제1항),

㉣ 그 밖에 법률의 규정에 따른 의무를 수행하기 위하여 직무를 이탈하게 된 때

㉤ 공무원의 노동조합 설립 및 운영 등에 관한 법률 제7조에 따라 노동조합 전임자로 종사하게 된 때

이상과 같은 국가공무원법상의 직권휴직 사유 가운데 경찰공무원에 적용되는 것은 ㉠, ㉡, ㉢, ㉣에 해당한다고 볼 수 있다. 경찰공무원은 수사(搜査) 등 공공의 안녕과 국가안전보장에 관한 연무에 종사하는 공무원으로서 노동조합 가입대상에서 제외되기 때문이다(공무원의 노동조합 설립 및 운영 등에 관한 법률 제6조 제2항 제3호 단서).

---

109) 하위직위로(下位職位)의 변경에 해당하는 강임(降任)이 있다. 강임은 직제 또는 정원의 변경이나 예산의 감소 등으로 직위가 폐직되거나 하위직위로 변경되어 과원이 된 경우 또는 본인이 동의한 경우에는 소속 공무원을 강임할 수 있다(국가공무원법 제73조의4 제1항). 이러한 강임은 징계에 해당하는 것은 아니다. 그런데, 주의할 것은 이러한 하위직위로의 변경인 국가공무원법상의 강임은 경찰공무원에는 적용되지 않는다는 점이다(경찰공무원법 제36조 제1항 단서).

② 의원휴직

국가공무원법상 임용권자는 공무원이 다음의 어느 하나에 해당하는 사유로 휴직을 원하면 휴직을 명할 수 있다(국가공무원법 제71조 제2항 각호).

㉠ 국제기구, 외국기관, 국내외의 대학·연구기관, 다른 국가기관 또는 대통령령으로 정하는 민간기업, 그 밖의 기관에 임시로 채용될 때

㉡ 국외 유학을 하게 된 때

㉢ 중앙인사관장기관의 장이 지정하는 연구기관이나 교육기관 등에서 연수하게 된 때

㉣ 만 8세 이하 또는 초등학교 2학년 이하의 자녀를 양육하기 위하여 필요하거나 여성공무원이 임신 또는 출산하게 된 때

㉤ 조부모, 부모(배우자의 부모 포함), 배우자, 자녀 또는 손자녀를 부양하거나 돌보기 위하여 필요한 경우. 다만, 조부모나 손자녀의 돌봄을 위하여 휴직할 수 있는 경우는 본인 외에 돌볼 사람이 없는 등 대통령령 등으로 정하는 요건을 갖춘 경우로 한정함

㉥ 외국에서 근무·유학 또는 연수하게 되는 배우자를 동반하게 된 때

㉦ 대통령령등으로 정하는 기간 동안 재직한 공무원이 직무 관련 연구과제 수행 또는 자기개발을 위하여 학습·연구 등을 하게 된 때

한편, 이상과 같은 의원휴직 사유 가운데 '㉣'의 경우(만 8세 이하 또는 초등학교 2학년 이하의 자녀를 양육하기 위하여 필요하거나 여성공무원이 임신 또는 출산하게 된 때)에는 대통령령으로 정하는 특별한 사정이 없으면 휴직을 명하여야 한다(국가공무원법 제71조 제2항 하단 단서). 그리고 이에 따른 휴직을 이유로 인사에 불리한 처우를 하여서는 아니 된다(제71조 제4항).[110)]

(2) 정직

무직위로의 변경과 관련하여 경찰공무원에 대한 징계 가운데 하나인 정직을 들 수 있다. 정직은 1개월 이상 3개월 이하의 기간으로 하고, 정직 처분을 받은 자는 그 기간 중 공무원의 신분은 보유하나 직무에 종사하지 못하며 보수는 전액을 감하도록 하고 있다(국가공무원법 제80조 제3항).

110) 휴직 기간 및 휴직의 효력에 대해서는 국가공무원법 제72조 및 제73조 참조.

(3) 직위해제

① 직위해제의 의의

직위해제(職位解除)는 경찰공무원 본인에게 직위(직무와 책임)를 계속 보유하게 할 수 없는 일정한 귀책사유가 발생하여 그 경찰공무원에게 직위를 부여하지 아니하는 것을 말한다. 직위해제는 휴직과는 달리 본인에게 귀책사유가 있을 때에 행하는 것이므로 일정부분 제재(制裁)적인 성격을 갖는 행정처분이라고 할 수 있다.

그리고 휴직과는 달리 복직이 보장되지 않는다. 그러나 국가공무원법상의 징계(懲戒)에 해당하는 것은 아니다.

직위해제의 성격

직위해제는 국가공무원법 제73조의3에서 규정한 사유에 따라 당해 공무원이 장래에 있어서 계속 직무를 담당하게 될 경우, 예상되는 업무상의 장애 등을 예방하기 위하여 일시적으로 당해 공무원에게 직위를 부여하지 아니함으로써 직무에 종사하지 못하도록 하는 잠정적인 조치로서의 보직의 해제를 의미하는 것이다.

따라서 과거의 공무원의 비위행위에 대하여 질서유지를 목적으로 행해지는 징벌적 제재로서의 징계와는 그 성질이 다르다.[111]

직위해제는 징계처분과 법적 기초를 달리하므로 시효의 적용을 받지 않으며, 직위해제 후 동일사유로 징계나 직권면직처분을 하여도 일사부재리(一事不再理)의 원칙에 반하지 않는다. 그리고 직위해제는 임용권자의 재량사항으로서 의무적 직위해제는 인정되지 않으며, 주로 지휘관 등이 직무수행상의 문제가 있을 때 징계책임을 묻는 대신에 활용하는 경우가 많다.[112]

111) 대법 2003.10.10., 2003두5945.

112) 조철옥(2010), 앞의 책, p. 432.; 국가안보 비상시기 휴일 골프를 친 A경찰서장이 직위해제 되었다. K지방경찰청은 19일 오후 A경찰서장을 지방청 경무과로 대기발령 내리고, B보안과장을 후임 서장에 임명하였다. A경찰서장은 지난 3월 9일 한 골프장에서 경찰행정발전위원회 위원인 조선소 협력업체 대표 등 3명과 함께 골프를 친 것으로 알려졌다. 경찰은 이날 골프비용을 누가 계산했는지 등 접대성 골프 여부에 관한 조사하고 있는 것으로 전해졌다. K지방경찰청은 북한의 정전협정 백지화 선언 등 국가적 위기상황에 경찰 지휘관이 관내를 떠나 골프를 친 것은 부적절한 처신으로 판단해 직위해제를 했다고 밝혔다. 모닝뉴스(2013.03.19.).

일사부재리원칙의 위배 여부

직권면직처분 또는 해임처분과 이보다 앞서 행하여진 직위해제처분은 그 목적을 달리한 각 별개의 독립된 처분이라 할 것이므로 직권면직처분 또는 해임처분이 이 직위해제처분을 사유로 하였다 하더라도 일사부재리원칙에 위배되지 않는다.[113)]

② 직위해제의 사유

임용권자는 다음과 같은 경우에 해당하는 공무원에게 직위를 부여하지 않을 수 있다(국가공무원법 제73조의3 제1항).

㉠ 직무수행 능력이 부족하거나 근무성적이 극히 나쁜 자

㉡ 파면·해임·강등 또는 정직에 해당하는 징계 의결이 요구 중인 자

㉢ 형사 사건으로 기소된 자(약식명령이 청구된 자는 제외)

㉣ 고위공무원단에 속하는 일반직공무원으로서 제70조의2 제1항 제2호부터 제5호까지의 사유로 적격심사를 요구받은 자

㉤ 금품비위, 성범죄 등 대통령령으로 정하는 비위행위로 인하여 감사원 및 검찰·경찰 등 수사기관에서 조사나 수사 중인 자로서 비위의 정도가 중대하고 이로 인하여 정상적인 업무수행을 기대하기 현저히 어려운 자

이상과 같은 직위해제 사유 가운데, '㉣'은 '고위공무원단에 속하는 일반직공무원'에게 해당되는 경우이기 때문에 경찰공무원은 제외된다고 볼 수 있다. 그리고 위의 '㉠'의 직위해제 사유와 '㉡·㉢' 또는 '㉤'의 직위해제 사유가 경합할 때에는 '㉡·㉢' 또는 '㉤'의 직위해제 처분을 하도록 하고 있다(제73조의3 제5항).

③ 부가처분

위의 직위해제 사유 가운데, '㉠'의 경우(즉, 직무수행능력이 부족하거나 근무성적이 극히 나쁜 자)에 해당하는 자에 대해서는 임용권자는 3개월의 범위 내에서 대기를 명하도록 하고 있다(제73조의3 제3항). 그리고 임용권자 또는 임용제청권자는 이에 따라 대기 명령을 받은 자에게 능력 회복이나 근무성적의 향상을 위한 교육훈련 또는 특별한 연구과제의 부여 등 필요한 조치를 취하도록 하고 있다(제73조의3 제4항).

113) 대법 1983.10.25., 83누340.; 대법 1984.2.28., 83누489.

④ 직위해제의 효과

직위가 해제되면 직무에 종사하지 못한다. 출근의무도 없다. 물론, 직위해제 사유가 소멸되면 임용권자는 '지체 없이' 직위를 부여해야 한다(제73조의3 제2항). 그리고 직위해제 사유 가운데, '㉠'의 사유로 대기명령을 받은 기간 중 능력 또는 근무성적의 향상을 기대하기 어렵다고 인정되면 징계위원회의 동의를 얻어 임용권자는 직권으로 면직시킬 수 있다(국가공무원법 제70조 제1항 제5호).

4. 경찰공무원의 법적 관계 소멸

1) 당연퇴직

당연퇴직(當然退職)이라는 것은 임용권자의 의사와 관계없이 법이 정한 일정한 사유가 발생했을 경우, 당연히 경찰공무원관계가 소멸되는 것을 말한다.

(1) 정년

경찰공무원은 정년(停年)에 달하면 당연퇴직하게 된다. 경찰공무원의 정년에는 연령정년(年齡停年)과 계급정년(階級停年)이 있다. 경찰공무원의 연령정년과 계급정년은 다음과 같다(경찰공무원법 제30조 제1항 각호).

㉠ 연령정년: 60세

㉡ 계급정년

가. 치안감: 4년

나. 경무관: 6년

다. 총　경: 11년

라. 경　정: 14년

한편, 징계로 인하여 강등(경감으로 강등된 경우 포함)된 경찰공무원의 계급정년은 강등되기 전 계급 중 가장 높은 계급의 계급정년으로 하도록 하고 있다. 그리고 계급정년 산정은 강등되기 전 계급의 근무연수와 강등 이후의 근무연수 합산한다(경찰공무원법 제30조 제2항 각호).

계급정년의 연장

① 수사, 정보, 외사, 보안, 자치경찰사무 등 특수 부문에 근무하는 경찰공무원으로서 대통령령으로 정하는 바에 따라 지정을 받은 사람은 총경 및 경정의 경우에는 4년의 범위에서 대통령령으로 정하는 바에 따라 계급정년을 연장할 수 있다(경찰공무원법 제30조 제3항).[114)]

② 경찰청장 또는 해양경찰청장은 전시·사변이나 그 밖에 이에 준하는 비상사태에서는 2년의 범위에서 계급정년을 연장할 수 있다. 이 경우, 경무관 이상의 경찰공무원에 대해서는 행정안전부장관과 국무총리를 거쳐 대통령의 승인을 받아야 하고, 총경·경정의 경찰공무원에 대해서는 국무총리를 거쳐 대통령의 승인을 받아야 한다(제30조 제4항).

(2) 결격사유 발생

앞에서 살펴본 바와 같이 경찰공무원법 제8조 제2항 각호(1호~10호)에서 일정한 결격사유를 가지고 있는 사람은 경찰공무원으로 채용될 수 없도록 하고 있다. 이러한 결격사유가 경찰공무원으로 재직하는 동안, 발생하게 된 경우에도 당연히 퇴직한다(경찰공무원법 제27조).

다만, 이러한 결격사유에도 불구하고, 다음과 같은 경우에는 일정한 조건에 해당될 때 당연퇴직한다(제27조 하단 단서).

㉠ 제4호: 파산선고를 받고 복권되지 아니한 사람

파산선고를 받은 사람으로서 「채무자 회생 및 파산에 관한 법률」 에 따라 신청기한 내에 면책신청을 하지 아니하였거나 면책불허가 결정 또는 면책 취소가 확정된 경우

㉡ 제6호: 자격정지 이상의 형의 선고유예를 선고받고 그 유예기간 중에 있는 사람

「형법」 제129조부터 제132조까지, 「성폭력범죄의 처벌 등에 관한 특례법」 제2조, 「아동·청소년의 성보호에 관한 법률」 제2조 제2호 및 직무와 관련하여 「형

---

114) ① 경찰공무원법 제30조 제3항에 따른 계급정년 연장은 임용권자 또는 임용제청권자가 인력수급관계, 직무의 특수성, 연장대상자의 건강상태 및 직무수행능력 등을 고려하여 경찰청장이 정하는 기준에 따라 실시한다. ② 임용권자 또는 임용제청권자가 제1항에 따라 정년을 연장할 때에는 제3항에 따른 정년연장심사위원회의 심사를 거쳐야 한다. ③ 경찰공무원의 정년 연장에 관한 사항을 심사하게 하기 위하여 임용권자 또는 임용제청권자 소속으로 경찰공무원정년 연장심사위원회를 둔다. ④ 제3항에 따른 경찰공무원 정년연장심사위원회의 구성 및 운영에 필요한 사항과 정년 연장 신청 등 정년 연장에 필요한 사항은 행정안전부령으로 정한다(경찰공무원 임용령 제48조).

법」 제355조 또는 제356조에 규정된 죄를 범한 사람으로서 자격정지 이상의 형의 선고유예를 받은 경우만 해당

2) 면직

면직(免職)이라는 것은 특별한 행위로 경찰공무원의 법적 관계를 소멸시키는 것을 말한다. '특별한 행위'에 의한다는 점에서 법정 사유로 인한 당연퇴직과는 다르다. 면직에는 공무원 자신의 의사에 의한 의원면직과 자신의 의사와 관계없는 직권면직이 있다.

(1) 의원면직

의원면직(依願免職)은 경찰공무원 자신의 사의표시에 의해서 임용권자가 공무원관계를 소멸시키는 처분을 말한다. 헌법에서 보장하는 직업선택의 자유는 '선택의 자유' 뿐만 아니라 '사직의 자유' 또한 이에 해당하는 것이다. 따라서 경찰공무원이 스스로 그만두는 경우는 전적으로 개인의 자유로운 선택에 달려 있다고 본다.

한편, 의원면직의 특별한 경우로 명예퇴직(名譽退職)이 있다. 경찰공무원으로서 20년 이상 근속한 자가 정년 전에 스스로 퇴직하면, 예산의 범위에서 명예퇴직 수당을 지급할 수 있도록 하고 있다(국가공무원법 제74조의2 제1항).

(2) 강제면직

강제면직(强制免職)은 경찰공무원 본인의 의사와 관계없이 임용권자가 일방적으로 경찰공무원관계를 소멸시키는 처분을 말한다. 강제면직에는 징계면직과 직권면직이 있다.

① 징계면직

징계면직(懲戒免職)은 경찰공무원이 관계법령상 요구되는 의무를 위반할 때, 그에 대하여 가해지는 제재로서의 징계처분에 의한 파면(罷免)과 해임(解任)을 말한다(이에 관해서는 경찰공무원의 징계책임 부분에서 살펴본 바 있다).

② 직권면직

임용권자는 다음과 같은 일정한 사유에 해당될 때에는 직권(職權)으로 면직시킬 수 있다(경찰공무원법 제28조 제1항 각호).

㉠ 국가공무원법 제70조 제1항 각호의 규정 중 다음의 어느 하나에 해당될 때

가. 직제와 정원의 개폐 또는 예산의 감소 등에 따라 폐직(廢職) 또는 과원(過員)이 되었을 때

나. 휴직 기간이 끝나거나 휴직 사유가 소멸된 후에도 직무에 복귀하지 아니하거나 직무를 감당할 수 없을 때

다. 직위해제에 따라 대기 명령을 받은 자가 그 기간에 능력 또는 근무성적의 향상을 기대하기 어렵다고 인정된 때

ⓛ 경찰공무원으로는 부적합할 정도로 직무 수행능력이나 성실성이 현저하게 결여된 사람으로서 대통령령으로 정하는 사유에 해당된다고 인정될 때

ⓒ 직무를 수행하는 데에 위험을 일으킬 우려가 있을 정도의 성격적 또는 도덕적 결함이 있는 사람으로서 대통령령으로 정하는 사유에 해당된다고 인정될 때

ⓔ 해당 경과에서 직무를 수행하는 데 필요한 자격증의 효력이 상실되거나 면허가 취소되어 담당 직무를 수행할 수 없게 되었을 때.

위에서 살펴본 경찰공무원법상의 직권면직 사유 가운데 ⓖ의 '다'와 'ⓛ'과 'ⓒ'으로 면직시키는 경우에는 징계위원회의 동의를 받도록 하고 있다(경찰공무원법 제28조 제2항). 생각건대, 직권면직 사유 가운데 ⓖ의 '다'와 'ⓛ'과 'ⓒ'은 객관적이라기보다는 주관적 판단요소가 없지 않다고 본다. 이러한 이유로 임용권자 단독으로 면직시키기보다는 징계위원회의 동의를 거쳐 보다 객관적으로 평가하도록 하고 있음을 알 수 있다. 한편, 'ⓔ'의 경우 당연퇴직이 아니라 직권면직 사유에 해당한다는 점에 주의할 필요가 있다.

5. 경찰공무원의 퇴직관리

1) 경찰공무원 연금제도

경찰공무원의 인사관리는 퇴직 이후에도 계속된다고 할 수 있다. 퇴직으로 인해 비록 경찰공무원의 법적 신분은 소멸되지만, 국가는 퇴직한 경찰공무원들에 대한 사회보장제도로서 연금제도를 운용하고 있기 때문이다.

연금제도는 퇴직 또는 사망과 공무(公務)로 인한 부상·질병·장애에 대하여 적절한 급여를 지급함으로써, 공무원 및 그 유족의 생활안정과 복리 향상에 이바지함을 목적

으로 하고 있다(공무원연금법 제1조).[115] 이 제도는 1949년에 제정된 국가공무원법에 연금제도에 관한 규정을 두고 있었으나, 1960년에 와서야 비로소 공무원연금법을 제정·공포하였다. 공무원 연금제도는 퇴직급여에서 출발하였는데, 우리나라는 퇴직연금(각종 퇴직급여 등)과 복리후생적 연금(재해/장해급여 및 공제제도)을 포함하고 있다.[116]

2) 경찰공무원 재고용 프로그램

정부(행정안전부, 공무원연금관리공단, 고용노동부 등)는 퇴직 후 재취업을 희망하는 퇴직공무원들의 구직신청을 받아 취업알선을 주선해주고 있다. 공무원연금법의 적용을 받는 정년퇴직, 명예퇴직 경찰공무원 등은 누구나 신청할 수 있다.[117]

한편, 경찰공무원법에서는 국가공무원법 제70조 제1항 제3호의[118] 사유로 퇴직하거나, 같은 법 제71조 제1항 제1호의[119] 휴직 기간 만료로 퇴직한 경찰공무원을 퇴직한 날부터 3년(공무원 재해보상법에 따른 공무상 질병 또는 부상으로 인한 휴직의 경우에는 5년) 이내에 퇴직 시에 재직한 계급의 경찰공무원으로 재임용할 수 있도록 하고 있다(경찰공무원법 제10조 제3항 제1호).

이러한 경력경쟁채용 역시 경찰공무원의 재고용 프로그램의 하나라고 할 수 있다. 다만 이러한 퇴직경찰공무원의 경력경쟁채용을 하는데, ㉠ 종전의 재직기관에서 감봉 이상의 징계처분을 받은 자, ㉡ 계급정년에 의하여 정년퇴직한 자는 그 대상에서 제외된다(경찰공무원 임용령 제16조 제1항 각호).

---

115) 공무원연금법상의 공무원은 ① 국가공무원법, 지방공무원법, 그 밖의 법률에 따른 공무원을 말한다. 다만, 군인과 선거에 취임하는 공무원은 제외한다. ② 그 밖에 대통령령으로 정하는 국가나 지방자치단체의 직원에 해당하는 자를 말한다(공무원연금법 제3조 제1항 제1호 각 목).

116) 강성철 외 4인(2011), 앞의 책, p. 465.

117) 이황우(2005), 앞의 책, p. 420.

118) 직제와 정원의 개폐 또는 예산의 감소 등에 따라 폐직(廢職) 또는 과원(過員)이 되었을 때(국가공무원법 제70조 제1항 제3호).

119) 신체·정신상의 장애로 장기 요양이 필요할 때(국가공무원법 제70조 제1항 제3호).

제8장

경찰조직의 예산관리

제8장 경찰조직의 예산관리

제1절 경찰예산관리의 의의

1. 경찰예산관리의 개념

재산에 대한 수입과 지출을 관리하는 것은 정부와 기업뿐만 아니라 개인에 있어서도 매우 중요한 일이다. 조직이나 개인은 일정한 수입을 확보하고, 그 범위 내에서 최선의 수입과 지출을 추구하면서 살아가고 있다. 물론, 현실적으로는 최상의 방법으로 이를 관리하는 것은 쉬운 일이 아니다. 지난 1970년대 이후 미국을 포함하여 많은 중앙정부 및 지방자치단체는 세원의 감소, 조세저항, 국고보조의 감소(자치단체의 경우) 등으로 인해 재정적인 어려움을 겪어 왔다.[1)]

거시적으로 볼 때, 재무행정 또는 재무관리(Financial Management)라는 것은 정부가 효율적으로 자금을 조달하고 관리하여 사용하는 것과 관련된다. 그런데, 접근하는 관점에 따라 다르겠지만 재무행정 또는 재무관리의 영역은 매우 포괄적이고 복잡하다. 여기에는 예산, 세무, 회계, 감사, 구매, 그리고 경제와 관련된 국가행정 등이 포함되기도 한다. 이 장에서는 이 가운데 특히, '예산'을 중심으로 살펴보기로 한다.

예산(豫算, Budget or Estimated Cost)이라는 것은 회계연도 내의 국가활동을 위한 국가의 세입(수입)과 세출(지출)에 관한 예정적인 계획을 말한다. 국가의 회계연도는 매년 1월 1일에 시작하여 12월 31일에 종료하도록 하고 있다(국가재정법 제2조).

일반적으로 국회가 가지고 있는 가장 중요한 권한은 법률을 의결하는 권한 즉, 입법권(立法權)이라 할 수 있다. 그러나 국회의 입법권 못지않게 중요한 것 가운데 하나가 바로 국가의 예산안을 심의·의결하여 확정하는 권한이라 할 수 있다(헌법 제54

1) James J. Fyfe et al.(1997), Police Administration, N.Y.: McGraw-Hill Company, Inc., pp. 250-251.

조 제1항).

형식적·절차적 관점에서 본다면, 국가의 예산이라는 것은 헌법(憲法)과 국가재정법(國家財政法)에 의하여 정부가 일정한 형식에 따라 편성하고, 국회의 심의·의결을 거쳐 확정된 회계연도의 세입과 세출을 포함한 재정계획을 의미한다.

경찰조직의 예산이라는 것은 국가예산의 일부분이라 할 수 있다. 경찰조직의 예산관리라는 것은 경찰청이 회계연도에 해야 할 사업과 활동을 위하여 필요한 비용을 기획재정부에 요청하여 국회의 심의·의결을 거쳐 배정받은 계수로 표시된 예산액을 체계적으로 관리하는 제반과정을 의미한다고 할 수 있다.

2. 경찰예산관리의 규모

2021년 국가예산(일반회계·특별회계)은 약 460조원이며, 이 가운데 경찰예산은 약 12조원으로 약 2.6%를 차지하고 있다.[2] 12조원(100.0%)의 경찰예산을 성질별로 보면, 인건비 9조원(약 77.0%)과 기본경비가 4,500억원(약 3.7%)로 이들 경직성 경비가 경찰예산의 약 80% 이상을 차지하고 있다.[3] 이렇게 되면 나머지 약 20% 예산을 가지고 실제 경찰활동에 필요한 주요사업을 해야 한다는 의미이다.

국가예산 가운데 경찰예산이 차지하는 비중은 큰 폭의 변동 없이 일정부분 증감(增減)하고 있다. 다만, 최근 들어 민생치안 문제가 중요한 경찰의 현안 과제로 대두되고 있는 상황에서 정부예산 대비 경찰예산 규모가 일정부분 증가해야 한다는 의견도 제기되고 있다. 그러나 중요한 것은 주어진 예산을 효율적으로 운용함으로써 경찰목표를 최대한 날성해야 힌다는 점이다.

이러한 현실에서 가장 우선으로 해야 할 일은 기존 80%의 경직성 경비를 줄이는 방법을 검토해 볼 수 있다. 즉, 이의 사용에 대한 재평가를 통해서 불필요한 곳에 비합리적 또는 관행적으로 사용하고 있는 것은 아닌지를 파악해야 한다. 예컨대, 경찰교육시스템 운영에 대한 재검토, 장비의 현대화를 통에 경찰인력 조정 등이 논의될 수 있을 것이다. 그리고 주요경찰사업에 투입되는 20%의 예산을 단기적 차원과 장기적 차원에서 재검토하여 적절하게 활용할 수 있는 방법을 검토해야 할 것이다.[4]

---

2) 대한민국 국회(https://www.assembly.go.kr/assm/userMain/main.do) 예결산 자료 참조.

3) 경직성 경비라는 것은 지출규모나 방법 등이 미리 정해짐으로써 감축의 여지가 없는 경비로서 예산편성과정에서 사업비와 대비되는 개념으로 고정으로 지출되는 소모성 성격이 짙은 예산이라고 할 수 있다.

4) 신현기 외 8인(2004), 경찰학개론, 서울: 법문사, p. 280.

3. 경찰예산관리의 중요성

그런데 주의할 것은 예산이라는 것이 단순히 수입과 지출에 관련된 계획을 의미하는 것은 아니라는 점이다. 이는 한정된 자원을 배분하고자 하는 의사결정과정이며, 조직의 목표달성을 위한 계획을 수치로 표시한 것이라 할 수 있다. 바꿔 말하면, 예산이라는 것은 조직이 하고자 하는 일을 효율적으로 수행하는데 필요한 자금을 조달하고 사용하는 것에 관한 의사결정이라고 볼 수 있다. 따라서 예산이라는 것은 어떤 조직의 책임자가 회계연도 동안 달성하고자 하는 목표를 자금이라는 숫자로 표현한 것이며, 따라서 숫자로 표현한 업무계획서라고도 할 수 있다.[5)]

경찰예산관리는 경찰조직이 지향하는 목표를 달성하기 위하여 경찰에 책정된 금전적 자원을 기획, 사용, 그리고 통제하는 일련의 과정이라고 할 수 있다. 국민의 입장에서는 경찰이 국민을 위한 치안정책을 수립하고, 시행하기를 바랄 것이다. 그런데 다음과 같은 가정을 해 보자.

첫째, 경찰이 치안정책을 공개하고 예산을 공개하지 않는다. 둘째, 치안정책을 공개하지 않고 경찰예산을 공개한다. 이 두 가지 가운데 하나만을 선택해야 한다면 무엇을 선택하는 것이 좋을까? 치안정책을 공개하고 예산을 공개하지 않는다면 실제로 그대로 집행되었는지 알 수가 없기 때문에 빈껍데기 치안정책 될 수 있다. 반면, 경찰예산을 공개하면 경찰조직이 어떤 정책을 수행했는지를 간접적으로 추정할 수 있다.

사실, 경찰이 국민을 위한 것이라고 하면서 추진한 치안정책의 실효성 여부는 관련 예산을 어떻게 책정·집행하였는지를 조사하면 쉽게 알 수 있다. 제대로 공개된 경찰예산은 경찰조직이 제시한 어떠한 미사여구(美辭麗句)보다 정확하다는 의미이다. 따라서 경찰예산을 제대로 운영하고, 국민에게 공개하는 것이 무엇보다도 중요한 것이다.[6)]

---

5) 역사는 예산에 대해서도 많은 교훈을 남겨준다. 왕권시대에는 왕의 예산과 국가의 예산은 구별이 없었다. 마치 기업의 소유주가 기업의 자산을 자기의 자산과 구별 없이 마구 사용하는 것과 같았다. 민주주의란 왕의 세입과 세출에 관한 권한의 제약을 놓고 의회에서 왕과 싸우는 기록으로 점철되어 있다. 결국, 민주주의 정신이란 정부의 세입세출에 국민의 의견을 반영하고자 하는 것으로 볼 수 있다. 국민은 민주주의를 확립해 가면서 정부는 작을수록 좋다는 것을 깨닫게 되었다. 정부는 최소한의 경찰과 국방업무만을 담당하고 나머지 경제활동을 비롯한 기타 사항들은 국민들의 뜻에 맡겨 주기를 원하는 것이 초기 서구민주주의 내용이었다. 항상 작은 정부를 원했던 국민이 주어진 시대와 상황에 적합한 작은 정부의 유지에 성공했을 때 정부는 유능했고, 그때의 정부는 국민을 위한 민주정부였다. 그러나 국민이 항상 작은 정부에 성공한 것은 아니다. 정부의 예산은 과거 몇 십 년 동안 지구상의 대다수의 나라에서 국민총생산(GNP: Gross National Product)의 증가율보다 훨씬 초과하는 증가율로 팽창하였다. 게다가 예산이라는 이름으로 편성되지 않고 국회의 심의와 의결을 거치지도 않는 사실상의 예산 외의 예산이 천문학적 수준에 이르고 있는 것이 오늘날의 현실이다. 이문영·윤성식(1993), 재무행정: 예산 및 재무행정, 서울: 학현사, pp. 93-94.

이처럼 예산은 우리에게 실체를 가지고 있는 허상이 아닌 정보를 제공해 준다. 따라서 경찰예산의 체계적인 관리야말로 효율적인 경찰활동이 실현될 수 있는 첫걸음이 된다고 할 수 있다. 경찰예산을 제대로 이해하지 않고서는 경찰조직의 제반활동을 파악할 길이 없다. 요약건대, 경찰조직의 선전과 구호는 알 수 있을지라도 실제로 어떤 치안정책이 집행되었는가는 오로지 경찰예산을 분석함으로써 파악이 가능하다. 그런데, 이처럼 경찰예산이 중요한 것임에도 불구하고 이의 규모 및 운영과 관련하여 조직 외적으로 공개하는 것은 극히 지엽적이다.

경찰조직의 재무관리 또는 재무행정이라는 것은 자금의 조달과 사용을 능률적이고 효과적으로 운영하는 것과 관련된다. 따라서 경찰조직에 대한 이해와 파악은 조직의 예산을 파악할 수 있는 능력을 갖추는 것에서부터 시작된다. 경찰예산 담당자가 경찰조직을 가장 통찰력 있게 관찰할 수 있는 것도 이 때문이다.

예산에는 조직의 모든 문제점과 약점이 구체적인 숫자로서 객관적으로 표현되어 있다. 따라서 경찰조직의 문제점과 약점을 해결할 수 있는 방안의 단서도 예산 속에 존재한다고 본다. 경찰조직의 장(長)이 예산에 대해 무지하면 예산을 잘 사용하지 못함은 물론이다.

4. 경찰예산관리의 법적 근거

경찰을 포함한 정부의 예산은 국민이 납부하는 세금과 사용자 요금 등과 같은 공공의 재원으로 운용되기 때문에 관련된 제반 절차와 방식은 법률에 근거를 두고 있다. 이러한 예산 운용의 가장 중요한 기본법은 납세의 의무와 조세법률주의(租稅法律主義)

6) 경찰의 부정부패와 관련하여 상당부분이 금전적인 이해관계와 연결되어 있다고 본다. 금전적인 이해관계 없이 단순히 심리적인 이익을 위해서 자신에게 위험하고 도덕적으로도 괴로운 부패행위를 자행할 리가 없기 때문이다. 따라서 조직 내적인 부정부패는 인사 청탁 외에 금전적인 이해관계와 관련되는 경찰예산집행과 연결되기 쉽다고 본다. 따라서 경찰의 예산이 올바르게 집행된다면 조직 내적인 부패 문제는 상당부분 해결될 수 있을 것이다. 부패를 척결하려는 방안은 여러 가지가 있을 수 있으나 가장 유효한 통제수단은 부패에 대한 엄격한 규정의 제정과 준수라고 할 수 있다. '윗물이 맑아야 아랫물이 맑다'라는 상식이 틀린 말은 아니지만, 상급 경찰공무원 몇 사람이 청렴하다고 부패가 추방될 리는 없다. 예산과정에서 부패를 척결하는 과정은 첫째, 예산과정에 대한 구체적이고 엄격한 기록(복식부기)의 유지가 필요하다. 둘째, 기록된 모든 사항이 실질적이어야 한다. 즉, 허위기록 아닌 실제의 기록이 이루어져야 하는데, 이를 위해서는 자금의 흐름을 면밀하게 추적할 수 있는 환경이 갖추어져야 한다. 셋째, 기록의 진위여부를 판단할 수 있는 감사(監査)가 행해져야 한다. 감사가 제기능을 발휘하기 위해서는 담당기관이 독립적이어야 한다. 마지막으로 이상과 같은 제도적인 장치와 더불어 대통령을 포함한 고위공직자들 스스로가 부패척결을 위한 진정한 의지와 하위 공직자들의 자발적인 윤리의식이 필요하다. 위의 책, pp. 60-63, pp. 90-91 재구성.

등을 규정하고 있는 헌법(憲法)이라 할 수 있다.[7)]

헌법에서 규정하고 있는 이러한 원칙들을 실현하기 위해 각종 하위법이 있다. 대표적으로 예산의 심의와 집행과정 등과 관련한 상세한 내용은 국회법에 규정되어 있다. 그리고 정부의 예산을 관리하기 위한 기본법으로 「국가재정법」(國家財政法, 2006년 제정)이 있다. 국가재정법은 1961년부터 운영되었던 예산회계법(2006년 폐지)의 골격을 전면 개편하면서 기존의 기금관리기본법과 통합하여 만들어졌다.

한편, 국가회계와 이와 관계되는 기본적인 사항을 정하여 국가회계를 투명하게 처리하고, 재정에 관한 유용하고 적정한 정보를 생산·제공하는 것을 목적으로 하는 「국가회계법」(國家會計法, 2007년 제정)이 제정되었다.

제2절 경찰예산관리의 원리

1. 경찰예산관리의 기본원칙

경찰과 같은 정부조직이 주어진 예산을 효율적으로 운용하기 위한 몇 가지 원칙이 있다. 물론, 이는 절대적인 것은 아니며 정부의 역할에 대한 시대적 배경에 따라 다르며, 이들 원칙간에도 상충되기도 한다.[8)] 아래에서는 이와 관련된 몇 가지 중요한 원칙들을 살펴보기로 한다.

---

7) 납세의 의무는 국방의 의무, 교육을 받게 할 의무, 근로의 의무, 재산권행사의 공공복리적합 의무, 환경보전의 의무, 헌법과 법률준수의 의무와 더불어 중요한 국민의 기본적 의무라고 할 수 있다. '모든 국민은 법률이 정하는 바에 의하여 납세(納稅)의 의무를 진다'(헌법 제38조). 납세의 의무라는 것은 국가의 통치활동에 필요한 경비를 충당하기 위하여 국민이 조세(租稅)를 납부하는 의무를 말한다. 조세는 국세·지방세와 같은 세금만이 아니고 그 명칭 여하를 불문하고 '보상 없이', 국가가 '일방적·강제적으로 과하는 일체의 경제적 부담'을 말한다. 납세의 의무는 조세공평주의(租稅公平主義)와 조세법률주의(租稅法律主義)라는 두 가지 원칙에 따라야 한다. 납세의 의무는 재산권에 대한 일종의 제한이기 때문에 국민의 자력(資力)에 따라서 공정·평등하게 과세되어야 한다. 그리고 행정부의 일방적이고 자의적인 과세를 금하고 반드시 국회가 제정한 법률에 의해서만 과세할 수 있도록 함으로써 국민의 재산권을 보장하도록 하고 있다. 따라서 '조세의 종목과 세율은 법률로 정하도록'하고 있다(헌법 제59조). 김철수(2006), 헌법학개론, 서울: 박영사, pp. 1005-1006.

8) 이문영·윤성식(1993), 앞의 책, pp. 106-109.; 이종수·윤영진 외(2009), 새 행정학, 서울: 대영문화사, pp. 467-470.

1) 예산통일의 원칙

예산통일의 원칙은 특정 수입과 특정 지출이 연계되어서는 안 된다는 것을 의미한다. 모든 국가수입은 일단 국고에 편입된 이후 모든 지출로 이루어져야 한다는 것이다. 다만 예외로서 특별회계, 목적세, 기금 등이 있다.

2) 예산총계주의 원칙

원칙적으로 한 회계연도의 모든 수입을 세입으로 하고, 모든 지출을 세출로 해야 한다(국가재정법 제17조 제1항). 따라서 일정한 경우를 제외하고는 세입과 세출은 모두 예산에 계상하여야 한다(제17조 제2항).

예산총계주의 원칙의 예외

① 각 중앙관서의 장은 용역 또는 시설을 제공하여 발생하는 수입과 관련되는 경비로서 대통령령으로 정하는 경비(이하 '수입대체경비'라 함)의 경우 수입이 예산을 초과하거나 초과할 것이 예상되는 때에는 그 초과수입을 대통령령으로 정하는 바에 따라 그 초과수입에 직접 관련되는 경비 및 이에 수반되는 경비에 초과지출할 수 있다.
② 국가가 현물로 출자하는 경우와 외국차관을 도입하여 전대(轉貸)하는 경우에는 이를 세입세출예산 외로 처리할 수 있다.
③ 차관물자대(借款物資貸)의 경우 전년도 인출예정분의 부득이한 이월 또는 환율 및 금리의 변동으로 인하여 세입이 그 세입예산을 초과하게 되는 때에는 그 세출예산을 초과하여 지출할 수 있다.
④ 전대차관을 상환하는 경우 환율 및 금리의 변동, 기한 전 상환으로 인하여 원리금 상환액이 그 세출예산을 초과하게 되는 때에는 초과한 범위 안에서 그 세출예산을 초과하여 지출할 수 있다(이상 국가재성법 제53조 제1항~제4항).

이러한 예산총계주의 원칙(또는 예산완전성의 원칙)은 모든 세입과 세출은 예산에 명시적으로 나열되어 있어야 한다는 것을 의미한다.

예컨대, 지방정부가 각종 개발 부담금을 징수하여 중앙정부의 세입 장부로 이전시킬 때, 징수비용을 제외한 순수 수입만을 중앙정부 세입예산에 반영시켜서는 안 된다(100원을 징수하는 과정에서 10원의 비용이 들었다면, 100원을 보고하고 10원을 사후적으로 보상받는 방식을 채택해야 하며, 90원만 이전시켜서는 안 된다). 다만, 현물출자나 외국 차관을 정부 이름으로 대신 빌려서 실제 그 돈을 사용할 차관사업 수행자에게 그대로 넘겨주는 전대차관은 예외로 인정된다.

3) 예산단일성의 원칙

예산단일성의 원칙은 가능한 한 단일의 회계내에서 정리되어야 한다는 것을 의미한다. 여러 개의 회계장부를 두게 되면 재정구조를 이해하기 어렵기 때문이다. 다만 예외적인 장치로서 특별한 목적을 수행하기 위해 특별회계, 기금, 추가경정예산 등을 활용할 수 있다.

4) 예산공개의 원칙

모든 예산은 공개되어야 한다는 '공개성의 원칙'이 있다. 이는 예산의 편성, 심의, 집행, 결산 그리고 감사의 모든 과정과 관련보고서가 공개되어야 함을 의미한다. 우리나라 국회 및 정부는 인터넷(대한민국국회 예결산정보시스템, 기획재정부 디지털예산회계시스템 등)에 각종 재정정보를 공개하여 이 원칙을 지키고자 하고 있다. 이러한 공개성의 원칙은 최근 더욱 강화되고 있다. 다만, 국방비·국가정보원예산 등 체제유지비의 경우 안보를 이유로 공개하지 않는 경우도 있다.

5) 회계연도 독립의 원칙

회계연도는 예산이 시작되고 종료되는 일정한 기간이라고 할 수 있다. 국가의 회계연도는 매년 1월 1일에 시작하여 12월 31일에 종료한다(국가재정법 제2조). 이러한 회계연도 내의 수입과 지출은 다른 회계연도의 수입·지출과 구분되어 운용되어야 한다.

이는 각 회계연도의 경비는 그 연도의 세입 및 세출로 충당하여야 한다는 것을 의미하는데, 이를 회계연도 독립의 원칙이라고 한다(제3조). 이 밖에도 예산결산 일치의 원칙, 예산구체성의 원칙, 예산 신축성의 원칙 등이 있다.

6) 정부의 예산편성 및 집생행시의 준수사항

국가재정법은 '국가의 예산·기금·결산·성과관리 및 국가채무 등 재정에 관한 사항을 정함으로써 효율적이고 성과 지향적이며, 투명한 재정운용과 건전재정의 기틀을 확립하고 재정운용의 공공성을 증진하는 것을 목적'으로 하고 있다(국가재정법 제1조).

이러한 목적을 달성하기 위해서 정부는 예산을 편성하거나 집행할 때 다음의 원칙을 준수하도록 하고 있다(국가재정법 제16조 각호).

㉠ 정부는 재정건전성의 확보를 위하여 최선을 다하여야 한다.

㉡ 정부는 국민부담의 최소화를 위하여 최선을 다하여야 한다.

㉢ 정부는 재정을 운용할 때 재정지출 및 「조세특례제한법」 제142조의2 제1항에 따른 조세지출의 성과를 제고하여야 한다.

㉣ 정부는 예산과정의 투명성과 예산과정에의 국민참여를 제고하기 위하여 노력하여야 한다.

㉤ 정부는 예산이 여성과 남성에게 미치는 효과를 평가하고, 그 결과를 정부의 예산편성에 반영하기 위하여 노력하여야 한다.

㉥ 정부는 예산이 「저탄소 녹색성장 기본법」 제2조 제9호에 따른 온실가스 감축에 미치는 효과를 평가하고, 그 결과를 정부의 예산편성에 반영하기 위하여 노력하여야 한다.

2. 경찰예산의 종류

1) 정부의 예산을 구성하는 세 가지 공공재원

회계(會計, accounting)라는 것은 들어온 '세입(수입)과 나간 세출(지출)을 계산하는 것'을 말한다. 국가가 수행하는 사업의 성격에 따라 예산은 크게 일반회계(一般會計)와 특별회계(特別會計)로 구분된다(국가재정법 제4조 제1항). 그리고 일반회계와 특별회계 외에도 기금(基金)에 의한 방법이 있다.

아래 표에서는 2021년도 국가 전체(입법부, 행정부, 사법부) 예산(세출중심)이라 할 수 있는 일반회계, 특별회계, 기금, 그리고 경찰청 소관 일반회계, 특별회계의 내용을 보여주고 있다.[9)]

〈국가 및 경찰청 예산내용(2021)〉

구 분		예산내용
국가전체	일반회계	약 381조원
	특별회계	약 79조원
	기 금	약 773.7조원
	소 계	약 1,233.7조원
경찰청	일반회계	약 11.2조원
	특별회계(책임운영기관: 경찰병원)	약 8,000억원
	소 계	약 12조원

* 경찰 일반회계의 세입예산은 약 8,600억원으로 세출예산에 비해 규모가 매우 적음. 세입원으로는 재산수입(관유물대여로 등), 경상이전수입(벌금, 몰수금 및 과태료 등), 재화 및 용역판매수입(면허료 및 수수료 등), 관유물매각대금 등.

* 참고적으로 경찰조직의 청사 신축·증축, 관사취득 등을 위해 국유재산관리기금이 조성됨. 다만, 경찰의 국유재산관리기금은 경찰청소관이 아니라 기획재정부 소관임.

9) 기획재정부(http://www.mosf.go.kr/main.do).; 일반회계, 특별회계, 기금 등에 대한 세부적인 내용은 기획재정부(2021), 나라살림: 예산 및 기금운용계획 참조.

(1) 일반회계

예산통일의 원칙(豫算統一原則)에 따라 모든 세입은 원칙적으로 일반회계로 통합되어 일반회계에서 목적에 따라 지출되도록 하고 있다. 즉, 일반회계는 정부예산 시스템의 핵심이라 할 수 있다. 일반회계는 일반적 국가활동에 대한 총세입과 총세출을 망라하여 편성한 예산을 의미하는 것이기 때문이다. 이러한 일반회계 예산은 국가 고유의 기능수행을 위해 필요한 예산이므로 그 세입은 원칙적으로 조세수입(租稅收入)을 원천으로 하고 있고(국가재정법 제4조 제2항), 그 세출은 국가사업을 위한 기본적 경비지출로 구성된다.

이러한 일반회계는 통제 지향적 관점에서 중요한 의미를 갖는다. 즉, 예산통일의 원칙에 의해 원칙적으로 일반회계에 망라함으로써 일반적인 정부의 예산활동을 관리감독하는 회계라고 할 수 있다.

(2) 특별회계

특별회계는 ㉠ 국가에서 특정한 사업을 운영하고자 할 때, ㉡ 특정한 자금을 보유하여 운용하고자 할 때, ㉢ 특정한 세입으로 특정한 세출에 충당함으로써 일반회계와 구분하여 회계처리 할 필요가 있을 때에 법률로써 설치하되, 일정한 법률에 의하지 아니하고는 이를 설치할 수 없도록 하고 있다(국가재정법 제4조 제3항).[10)]

생각건대, 국가 재정사업의 특성에 따라 집행부의 예산 운영의 재량을 넓혀 주거나 국가의 필요에 따라 한시적으로 집중적인 재정지원이 요구되는 사업을 뒷받침하기 위해서 별도의 예외적인 정부자금을 관리할 장치가 필요한 경우가 있다.[11)] 이처럼 특별회계는 한시적으로 특정한 세입으로 특정한 세출에 충당하기 위한다는 점에서 일반회계와 차이가 있다.

따라서 특별회계와 후술하는 기금은 다음의 경우에는 이를 폐지하거나 다른 틀별회계 또는 기금으로 통합할 수 있도록 하고 있다(국가재정법 제15조 각호).

㉠ 설치목적을 달성한 경우

㉡ 설치목적의 달성이 불가능하다고 판단되는 경우

㉢ 특별회계와 기금 간 또는 특별회계 및 기금 상호 간에 유사하거나 중복되게 설치된 경우

10) 2021년 현재 농어촌구조개선 특별회계, 교통시설 특별회계, 교도작업 특별회계, 주한미군기지이전 특별회계, 혁신도시건설 특별회계, 책임운영기관 특별회계 등 20개 특별회계가 있다.

11) 이종수·윤영진 외(2009), 앞의 책, p. 474.

㉣ 그 밖에 재정운용의 효율성 및 투명성을 높이기 위하여 일반회계에서 통합 운용하는 것이 바람직하다고 판단되는 경우

오늘날 정부의 예산사업이 다양해지면서 특별회계의 수와 규모는 점차 증대되는 경향이 있다. 그러나 입법부와 국민들의 예산통제의 관점에서는 특별회계 수가 적은 것이 바람직하다고 본다. 특별회계의 규모가 과도하게 많으면 재원배분 구조를 왜곡시킬 우려가 있으며, 재정 운영에서도 일관된 기준을 적용하기 힘들게 된다. 그리고 경우에 따라서는 예산 팽창을 효과적으로 통제하지 못해 재정 인플레이션을 초래할 수도 있다.

다만, 집행부서에 따라서는 일반회계보다 예산 운영에서 유연성을 발휘할 수 있는 특별회계를 선호하는 경향이 있고, 집중적인 예산 대응이 필요한 국가적 사안에 적극적으로 대응하기에는 일반회계보다 효과적인 면에서 긍정적인 면도 있다고 본다.[12)]

(3) 기금

이상에서 살펴본 바와 같이 정부의 재정활동은 일반회계와 특별회계와 같은 예산에 의해 운용된다. 그러나 특정분야의 사업에 대해 지속적이고 안정적인 자금 지원이 필요한 경우 예산과는 별도로 정부가 직접 기금(基金)을 조성·운용하거나 민간이 조성·운용하는 기금에 출연하여 정책 목적을 달성하기도 한다.

이에 따라 국가재정법에서는 '기금은 국가가 특정한 목적을 위하여 특정한 자금을 신축적으로 운용할 필요가 있을 때에 한정하여 법률로써 설치하되, 정부의 출연금 또는 법률에 따른 민간부담금을 재원으로 하는 기금은 관련 법률에 의하지 아니하고는 이를 설치할 수 없다고 규정하고 있다(국가재정법 제5조 제1항).[13)]

사실, 국가의 예산은 원칙적으로 입법부의 엄격한 통제를 받아야 한다. 그러나 기금은 재정운영의 신축성 제고를 위한 예외로 인정되어 일반회계 및 특별회계와는 달리 세입세출예산에 의하지 않고 운영될 수 있다(국가재정법 제5조 제2항).

이처럼 세입세출예산 외로 운영되는 기금의 규모가 커지면서 일반회계, 특별회계와 함께 '제3의 예산'이라고도 불린다. 경찰의 경우에도 국유재산법에 의해 경찰조직의 청사 신축·증축, 관사취득 등을 위해 국유재산관리기금이 조성되어 있다(다만, 경찰의 국유재산관리기금은 경찰청소관이 아니라 기획재정부 소관이다).[14)]

---

12) 위의 책, p. 474.

13) 이러한 관련 법에 따라, 2021년 현재 고용보험기금, 공무원연금기금, 국민연금기금, 사립학교 교직원연금기금, 복권기금, 국민체육기금, 남북협력기금, 양성평등기금, 범죄피해자보호기금 등 67개 기금이 있다. 기획재정부(http://www.mosf.go.kr/main.do).; 기획재정부(2021), 앞의 자료, pp. 299-309 참조.

따라서 기금의 규모가 커지면서 국회의 기금예산에 대한 통제가 강화되었다. 이와 관련하여 정부는 기금운용계획(이 법 제67조 제3항)의 규정에 따른 주요 항목 단위로 마련된 기금운용계획안을 회계연도 개시 120일 전까지 국회에 제출하도록 하고 있다. 이 경우 중앙관서의 장이 관리하는 기금의 기금운용계획안에 계상된 국채발행 및 차입금의 한도액은 이 법 제20조의 규정에 따른 예산총칙에 규정하여야 한다(국가재정법 제68조 제1항).

한편, 기금은 지출계획의 주요 항목 지출금액의 범위 안에서 대통령령이 정하는 바에 따라서 일정부분 세부항목 지출금액을 변경할 수 있는 등 일반적인 예산과는 달리 집행부의 재량은 상대적으로 크다고 볼 수 있다(국가재정법 제70조). 이상에서 논의한 일반회계, 특별회계, 그리고 기금은 각각의 특징을 가지고 있다.[15]

〈일반회계, 특별회계, 기금의 비교〉

구분	예산		기금
	일반회계	특별회계	
설치 사유	• 국가 고유의 일반적 재정활동	• 특정사업 목적을 위해 특정자금 운용 • 특정세입으로 특정세출 충당	• 특정목적을 위해 특정자금 운용
운용 형태	• 공권력에 의한 조세수입과 무상급부의 원칙	• 일반회계와 기금운용 형태의 혼재	• 출연금, 부담금 등 다양한 재원으로 융자사업 등 수행
예산확정 절차	• 소관부처의 예산요구 • 기획재정부가 정부예산안 편성 • 국회의 심의·의결·확정	• 좌 동	• 기금관리주체가 운영계획 수립 • 기획재정부장관 협의·조정 • 국회의 심의·의결·확정
집행 절차	• 합법성에 입각하여 엄격히 통제 • 예산의 목적외 사용 금지 원칙	• 좌 동	• 합목적성 차원에서 상대적으로 자율성과 탄력성 보장
수입지출 연계	• 특정수입과 지출의 연계 배제	• 특정수입과 지출의 연계	• 특정수입과 지출의 연계
계획 변경	• 추경예산 편성	• 좌 동	• 주요 항목 지출 금액의 20% 이상 변경시 국회의결 필요(금융성기금 30%)
결산	• 국회 결산심의 승인	• 좌 동	• 좌 동

14) 예결산산정보시스템(http://www.assembly.go.kr).
15) 이종수·윤영진 외(2009), 앞의 책, pp. 475-476.

2) 예산의 성립과정에 의한 분류

(1) 본예산

본예산(本豫算, the Main Budget)은 정부가 매년 정기적으로 다음 연도의 세입과 세출을 예산안으로 최초 편성하여, 국회에서 심의·의결하여 확정된 예산을 말한다(헌법 제54조 제1항).

정부는 회계연도마다 예산안을 편성하여 회계연도 개시(매년 1월 1일) 90일 전까지 국회에 제출하고 국회는 이를 회계연도 개시 30일 전까지 의결하여야 한다(헌법 제54조 제2항). 본예산은 한 회계연도 예산을 최초로 성립시킨 예산이란 의미에서 당초예산(Original Estimates)이라고도 한다.[16)]

(2) 수정예산

수정예산(修正豫算, a Revised Budget)은 정부가 예산을 편성하여 국회에 제출한 이후, 확정되기 전에 국제정세나 국내외 여건의 변동으로 예산안의 일부 내용을 변경하여 다시 국회에 제출하는 예산을 말한다. 본예산이 국회에 제출되어 거의 2개월간의 예산심의를 받는 동안에 이미 제출한 본예산의 내용 중 일부를 변경할 필요성이 생길 수도 있기 때문에 이러한 제도를 두고 있다.

따라서 정부는 예산안을 국회에 제출한 후 부득이한 사유로 인하여 그 내용의 일부를 수정하고자 하는 때에는 국무회의의 심의를 거쳐 대통령의 승인을 얻은 수정예산안을 국회에 제출할 수 있도록 하고 있다(국가재정법 제35조).

수정예산안이 국회에 제출되면 이미 제출한 당초예산안에 흡수되어 심의·의결된다. 수정예산은 예산금액의 일부의 증감, 예산목적이나 예산총칙의 변경 등 예산 전반에 걸친 수정을 할 수는 있으나 예산금액의 합계 즉, 총액을 증가시킬 수는 없다.

한편, 수정예산안과 후술하는 추가경정예산안은 예산안의 편성이 끝난 후에 이를 변경하기 위한 제도라는 점에서는 동일하나, 수정예산안은 정부가 국회에 예산을 제출한 후 아직 예산이 의결되기 전에 정부가 제출한 예산안을 수정할 수 있도록 한 것이라는 점에서 차이가 있다.

(3) 추가경정예산

정부는 예산에 변경을 가할 필요가 있을 때에는 추가경정예산(追加更正豫算, a Revised Supplementary Budget)안을 편성하여 국회에 제출할 수 있도록 하고 있다

16) 이목훈(2010), 재무행정론, 서울: 대왕사, p. 99.

(헌법 제56조). 추가경정예산(추경예산)은 예산이 국회를 통과한 이후 예산집행 과정에 다시 제출되는 예산이다. 이는 본예산과 별개로 성립하지만 일단 성립하면 통산하여 전체로 실시된다. 그리고 마지막 추경예산을 최종예산이라고 한다.

추경예산은 예산이 국회를 통과하여 확정된 후임에도 불구하고 새로운 사유로 인하여 필요한 경비의 부족이 발생하는 등 이미 성립한 예산에 변경을 가할 필요가 있을 때에 편성할 수 있는데, 이를 자칫 오남용 할 경우 재정건전성을 저해할 우려가 있기 때문에 비교적 엄격히 제한하고 있다.

이에 따라 정부는 다음의 어느 하나에 해당하게 되어 이미 확정된 예산에 변경을 가할 필요가 있는 경우에는 추가경정예산안을 편성할 수 있도록 하고 있다(국가재정법 제89조 제1항 각호). 정부는 국회에서 추가경정예산안이 확정되기 전에 이를 미리 배정하거나 집행할 수 없다(제89조 제2항).

㉠ 전쟁이나 대규모 재해(「재난 및 안전관리 기본법」 제3조에서 정의한 자연재난과 사회재난의 발생에 따른 피해를 말한다)가 발생한 경우

㉡ 경기침체, 대량실업, 남북관계의 변화, 경제협력과 같은 대내·외 여건에 중대한 변화가 발생하였거나 발생할 우려가 있는 경우

㉢ 법령에 따라 국가가 지급하여야 하는 지출이 발생하거나 증가하는 경우

3) 예산 불성립시 예산집행을 위한 장치

국가예산이라는 것은 다음 회계연도 개시일 전까지 의결되어야 하지만, 불가피한 사유(정당간의 정치적 대립 등)로 국회가 의결하지 못해 예산이 성립되지 못하는 경우가 발생할 수 있다. 이러한 문제를 해결하기 위해서 도입한 것이 바로 '준예산'(準豫算)이다.[17]

이는 예산집행의 신축성을 부여하고 예산의 불성립으로 인한 행정의 중단을 방지하는 기능을 한다. 준예산에 의해서 정부는 국회에서 예산안이 의결될 때까지 전년도 예산에 준(準)하여 집행할 수 있다. 그러나 모든 국가경비에 대한 집행이 가능한 것은 아니다.

이와 관련하여 헌법에서는 새로운 회계연도가 개시될 때까지 예산안이 의결되지 못한 때에는 정부는 국회에서 예산안이 의결될 때까지 다음의 목적을 위한 경비는 전년도 예산에 준하여 집행할 수 있도록 규정하고 있다(헌법 제54조 제3항 각호).

17) 예산불성립과 관련하여 미국, 일본, 영국, 캐나다에서는 잠정예산(暫定豫算: 최초 4~5 개월에 해당하는 예산의 국고지출을 허용)을 사용하며, 우리나라는 제1공화국 때 가예산(假豫算: 잠정예산과 유사하지만 사용기간이 1개월에 국한됨)을 채택하였고, 1960년도 이후에는 준예산을 채택하고 있다. 예산이 성립되면, 유효기간이나 지출 잔액 유무에 관계없이 본예산에 흡수된다. 이문영·윤성식(1993), 앞의 책, p. 112.; 이종수·윤영진 외(2009), 앞의 책, p. 477.

㉠ 헌법이나 법률에 의하여 설치된 기관 또는 시설의 유지·운영

㉡ 법률상 지출의무의 이행

㉢ 이미 예산으로 승인된 사업의 계속

4) 세입과 세출의 구분에 의한 분류

우리나라의 예산은 총계주의원칙에 따라 기본적으로 세입예산(歲入豫算)과 세출예산(歲出豫算)으로 분리하여 관리되고 있다. 세입(수입)예산이라는 것은 한 해 동안 조세(租稅)로 인한 수입금과 차입금으로 인한 수입, 그리고 수수료나 사용료 같은 것으로 인한 기타 수입의 합계로 볼 수 있다. 주의할 것은 여기에서의 '세입'(歲入)이란 조세에 의한 수입 즉, 세입(稅入)을 의미하는 것이 아니라는 점이다.

세출(지출)예산이라는 것은 한 해 동안 국가의 지출에 대한 구체적인 분류를 해 놓은 예산의 형식을 말한다. 세입과 마찬가지로 세출(歲出)이란 세출(稅出)을 의미하는 것이 아니라는 점에 주의할 필요가 있다. 여기에서 말하는 세출이란 세금의 지출이 아니고, 세금을 포함한 세입의 지출을 말하는 것이다.

우리나라는 전통적으로 품목별 예산제도를 기본으로 하면서, 2007~2008년도부터 프로그램예산제도를 도입·적용하고 있다고 볼 수 있다. 이에 따라 기본적으로 세입예산은 관(款)-항(項)-목(目)으로 분류되고, 세출예산은 이보다는 복잡한 구조로 분류·관리되고 있다. 즉, 세출예산은 장(章, 분야)-관(款, 부문)-항(項, 프로그램)-세항(細項, 단위사업)-세세항(細細項, 세부사업)으로 분류·관리되고 있다. 예산구분에서 장·관·항은 국회의 의결 없이 과목간 예산 내역과 규모변경, 즉 이용(移用)이 불가능한 입법과목이며, 세항과 목은 행정부 재량으로 전용(轉用)이 가능한 행정과목이다.

〈세입예산 과목과 세출예산 과목(예: 경찰청)〉

<table>
<tr><th>구 분</th><th colspan="3">입법과목</th><th colspan="3">행정과목</th></tr>
<tr><td rowspan="2">세입예산</td><td>관</td><td colspan="2">항</td><td colspan="3">목</td></tr>
<tr><td>내국세
관세 등</td><td colspan="2">소득세, 상속세 등</td><td colspan="3">신고분, 원천분 등</td></tr>
<tr><td rowspan="2">세출예산</td><td>장
(분야)</td><td>관
(부문)</td><td>항
(프로그램)</td><td>세항
(단위사업)</td><td>세세항
(세부사항)</td><td>목</td></tr>
<tr><td>공공질서
및 안전</td><td>경찰</td><td>범죄수사
활동</td><td>첨단과학
수사지원</td><td>과학수사
장비보강</td><td>인건비
경상비</td></tr>
</table>

* 분야(공공질서 및 안전)는 다시 부문(관) 즉, 경찰(경찰청 소관), 해경(해양경찰청 소관), 재난관리(소방청 소관), 법무 및 검찰(법무부 소관) 등으로 구분된다.

제3절 경찰예산제도의 개혁과 변화

국가가 효율적으로 예산을 확보하여 이를 지출하는 것은 쉬운 일이 아니라고 본다. 이를 위해서 여러 가지 예산제도가 시행되어 왔고, 그 문제점을 극복하기 위하여 새로운 예산제도를 도입하는 과정을 거쳐 왔다. 아래에서는 이와 관련된 몇 가지 중요한 예산제도를 살펴보기로 한다.

1. 일괄총액예산제도

일괄총액예산제도(一括總額豫算制度, LSBS: Lum Sum Budget System)는 가장 통제가 약화 된 형태의 예산으로서 예산을 집행하는 기관에게 사실상 모든 자유재량이 부여된 예산제도라고 할 수 있다. 이는 예산의 총액만이 예산심의의 대상이 되고, 일단 총액이 결정되면 사실상의 세부항목에 대한 통제는 없고, 예산집행기관이 임의대로 집행하는 형식을 가지고 있는 가장 오래된 형태의 예산이라고 할 수 있다.[18)]

국가 차원에서 본다면 왕정시대(王政時代)의 예산은 일종의 총액예산이라고 볼 수 있다. 물론, 예산의 총액마저 왕의 자의적인 의사대로 결정되지만, 영국에서는 왕권에 제약을 받기 시작하면서부터 세금을 부과하는데 국회의 동의를 얻어야 하게 됨으로써 총액에 대한 중대한 제약이 가해졌다. 이처럼 세입이 제약을 받게 되니 세출의 총액은 자연히 세입의 한도 내로 정해지기 마련이고 총액을 국회가 결정하는 형태가 되었다. 그러나 세출의 총액이 이렇게 간접적으로 결정된 다음은 왕은 마음대로 예산을 집행하므로 일괄총액예산이나 다름없었다.

오늘날에는 일괄총액예산의 형태를 띠는 국가는 거의 없다고 본다. 예산에 대한 통제는 국민의 권리나 다름없고 그것을 포기하는 것은 상상할 수도 없기 때문이다.

2. 품목별예산제도

1) 품목별예산제도의 의의

대부분의 예산은 조직별로 분류하고 그다음 세출의 구체적 항목 즉, 지출대상을 기

18) 이문영·윤성식(1993), 앞의 책, pp. 513-514.

준으로 분류한다. 이처럼 지출대상을 기준으로 하는 분류를 품목별예산제도(品目別豫算制度, LIBS: Line Item Budgeting System)라고 하는데, 일괄총액예산에 비해 통제가 강화된 예산제도라고 할 수 있다.

품목별예산은 특히 입법부의 행정부 통제를 용이하게 하는 예산제도라 할 수 있다. 이는 지출의 정확성과 합법성을 통제하는 가장 유효한 예산제도로서 오랫동안 사용되어 왔을 뿐만 아니라 지난 수십 년 동안의 예산개혁에도 불구하고 여전히 예산제도의 가장 기본적인 형태로 남아 운영되고 있다.[19)]

경찰예산을 품목별예산 방식으로 분류·관리한다면, 지출할 품목의 대상 및 성질에 따라 인건비, 기본경비, 사업비 등으로 분류하고 인건비의 경우 다시 급여·연금·여비·수용비·상여금 등으로 품목을 구체화하여 예산을 편성하는 방식이다.

2) 품목별예산제도의 특징

품목별예산제도의 도입 초기에는 예산개혁을 위한 조치였다. 품목별예산제도는 공공부문의 자의적인 지출행위를 감소시키는 데 크게 기여한 것으로 평가되고 있다. 이는 투입 지향적 예산제도로서 사업의 성과나 예산 운영 방식보다는 비용의 통제에 초점을 두었다. 여기에서 말하는 통제는 전통적 통제 즉, 예산집행에 있어서 부정과 오류가 없는지를 확인하고 감독하는데 유용하다는 것이지 예산집행이 효율적으로 이루어졌는지를 확인하고 감독하는데 초점을 둔 것은 아니라는 점이다. 따라서 이 제도는 개별 부서의 지출을 통제하고 공무원들로 하여금 회계책임에 민감하도록 엄격하게 회계감사를 수행하도록 하는 것이 기본 목적이라고 할 수 있다.

어떻게 보면, 품목별 예산은 단순하기 때문에 친숙하다는 장점이 있다. 선거직 공무원들은 새로운 예산제도는 자신들에게 필요한 정보를 제대로 주지 않을 수도 있다고 우려하여 다른 형태의 예산서로 전환하지 않으려는 경향도 있다. 또한 품목별 예산은 예산삭감이 이루어질 때 이익집단의 저항을 덜 야기한다는 측면에서 일정부분 정치적 장점이 있다. 사업별로 예산이 책정되었을 때, 예컨대, 고아원 개선사업예산을 삭감한다면 당장에 심각한 반발을 초래할 수 있다. 그러나 보건복지부의 인건비, 소모품비, 건물수리비 등을 삭감한다면 그 영향이 결국 고아원개선사업예산 삭감까지 미친다고 해도 파급효과가 그리 쉽게 눈에 띄지 않을 것이다.

---

19) 우리나라의 예산제도는 관리통제의 특성이 강한 품목별 분류라는 주장이 많다. 형식적으로 예산의 분류는 분야, 소관(조직), 기능, 프로그램별 분류특성을 다양하게 반영하고 있지만, 실제 운영은 품목 단위로 관리되는 경향이 있으며, 공식적으로 허용되고 있다고 해도 품목(品目) 간에 전용(轉用)이 쉽지 않기 때문이다. 이종수·윤영진 외(2009), 앞의 책, p. 483.

3) 품목별예산제도의 단점

그러나 품목별예산제도는 단점이 적지 않다. 무엇보다도 지출 항목을 너무 엄격히 분류하여 전반적인 정부 기능 혹은 전체 사업에 대한 정보를 확인할 수가 없다. 따라서 정부사업의 성격을 알지 못하고 사업성과와 정부의 생산성을 정확히 평가할 수가 없다. 특히, 투입을 중심으로 예산을 편성하기 때문에 재정지출의 구체적인 목표 의식이 결여되어 있다. 품목들이 상세히 기재될수록 관리자의 유연성이 떨어지기 때문에 환경변화가 심한 경우 능동적인 대응이 어렵게 된다. 그리고 예컨대, 경찰조직에서 경찰 인건비 등을 인상해달라고 요구하지만, 품목별예산에서는 이를 반영하기가 어렵다. 경찰인건비의 증가와 경찰활동의 성과 간의 상관관계가 분명하지 않기 때문이다.

따라서 예산 담당자들은 전년도에 비해 개별 사업 항목들이 얼마나 더 증감되었는지를 확인할 뿐 특정 사업에 대한 성과 확보여부를 직접적으로 고려하지 않았다. 관리자들이 사업방법과 수단에 대해 큰 관심을 가지지 않기 때문에 예산 변경의 폭이 크지 않다. 이러한 점에서 품목별예산은 점증주의예산과 동일한 의미로 해석될 수 있다.[20)]

4) 품목별예산제도의 변형

사실, 품목별예산은 다양한 형태로 편성될 수 있다. 조직을 단위로 편성될 수도 있지만, 기능을 단위로 편성될 수도 있고, 사업을 단위로 편성될 수도 있으며, 사업의 하부단위인 활동(즉, 최소 업무단위)을 기준으로 편성될 수도 있다. 더 나아가 이 제도는 예산개혁으로 등장한 다른 예산제도(예: 성과주의 예산, 계획예산, 영본위 예산 등)와도 결합하여 사용될 수도 있다.

예컨대, 우리나라는 품목별예산제도의 한계를 보완하기 위해서 프로그램예산(Program Budgeting)을 도입·시행하고 있다. 프로그램예산의 형식은 예산서에 제시된 숫자의 정보를 품목이 아닌 사업 단위별로 배열하는 것으로 이 방법은 후술하는 성과주의 예산제도와 계획예산제도에서 사용하는 것이다.[21)]

---

20) 점증주의예산(漸增主義豫算, Incremental Budgeting)은 예산을 편성하는데 전년도 예산을 기준으로 하여 다음 해의 예산을 배정하는 방법이다. 예컨대, 경찰조직의 2012년도 범죄수사 예산이 약 1,000억 원이 책정되어 있다고 하면, 다음 해의 예산에는 이 기준보다 10%(즉, 100억)를 증액시켜 1,100억 원으로 배정하는 것이 곧 점증주의 예산이다. 이러한 예산편성 방법은 주로 품목별예산이나 성과주의예산에서 관행적으로 지속되어온 것으로 상당히 오래된 전통적인 예산편성 방법이라 할 수 있다. 이러한 점증주의예산편성 방법의 장점으로는 첫째, 정치적 마찰을 피할 수 있고, 각 중앙관서의 반발·저항을 최소화할 수 있고, 둘째, 특정 부문의 예산이 급격히 증액되거나 감액되는 것을 효과적으로 방지할 수 있고, 셋째, 예산과정에 참여한 관리자들에 의한 조정이 가능하다는 점 등을 들 수 있다. 반면, 이 방법의 단점으로서 과거의 예산 자체가 너무 불합리하게 편성되었을 때에는 그러한 문제점에도 불구하고 합리적·개혁적인 예산편성을 하지 못할 수 있다는 점 등을 들 수 있다.

〈품목별예산과 프로그램예산의 비교〉

품목별예산 형식				
구 분	합계	사업A	사업B	••
인건비				
물건비				
시설비				
••				

〈문제점〉
- 단위사업별 총예산 규모 파악 곤란
- 사업목적(성과)에 대한 관심 미흡
- 전년 대비 점증적 예산 편성
- 정책분석에 관심 미흡
- 품목별 총액 내 지출사업 자율 변경
- 품목별 한도 내에서 관리책임 국한

⇨

프로그램예산 형식				
구 분	합계	인건비	물건비	••
사업A				
사업B				
사업C				
••				

〈기대효과〉
- 단위사업별 예산규모 파악 용이
- 프로그램 예산 대비 성과측정 가능
- 사업 기간별 중장기 예산 편성
- 사업성, 효과성 등 정책분석 강조
- 사업별 총액 내에서 지출 자율 변경
- 사업의 성과관리에 대한 책임 강화

그런데, 국가의 모든 예산을 성과와 연계시켜 접근하는 것은 한계가 있다고 본다. 따라서 프로그램예산제도는 성과관리와 연계된 재정사업(총사업의 1/3수준)을 위주로 하고 나머지는 여전히 품목별 예산으로 운영되고 있다고 볼 수 있다. 공공서비스 내지 치안서비스로서 갖는 특징 즉, 계량화의 어려움으로 인해 그것에 대한 성과측정은 사실상 쉬운 일이 아니라고 본다. 생각건대, 오늘날 대부분의 많은 국가에서 기본적으로 예산형식이 품목별예산의 형태를 취하고 있을지라도 사업의 효율성을 평가하여 그것이 다음 예산편성의 기획단계에서 반영되어 합리적인 자원의 배분이 이루어질 수 있으면 품목별예산에서 훨씬 더 진일보한 것이다.

3. 성과주의예산제도

1) 성과주의예산제도의 의의

성과주의예산제도(成果主義 豫算制度, PBS: Performance Budgeting System)는 다음에 설명할 계획예산(計劃 豫算)과 마찬가지로 투입(input)에 초점을 두었던 품목별 예산과는 달리 조직이 생산한 산출(output)을 강조하고 있다. 공공서비스의 모든 산출에 대한 측정이 쉽지 않기 때문에, 이의 실행에 어려움이 있는 것이 사실이지지만 실시 초기에 많은 환영을 받았던 예산제도이다. 이 예산제도는 미국에서부터 시작하여 전

21) 이종수·윤영진 외(2009), 앞의 책, p. 505.

세계의 많은 국가에 적지 않은 영향을 끼쳤는데, 여전히 이의 시행착오를 겪고 있다.

성과주의예산은 원가(原價)를 계산하는 예산제도라고 볼 수 있다. 이는 예산투입을 정부의 산출에 연결시키는 제도로서 정부가 하려는 사업이 무엇이며, 그것에 소요되는 원가(비용)가 얼마나 되는지를 밝혀주는 예산제도이다.[22)]

2) 성과주의예산제도의 특징

성과주의예산의 장점은 국민이 정부의 활동과 목적을 이해하는데 용이하고, 자원배분의 합리성과 예산집행의 신축성을 기할 수 있다는 점이다. 각 기능별로 일정한 성과지표를 제시하고 그에 상응하는 예산을 책정하기 때문에 그것을 통해 국민들은 정부가 어떠한 일을 추진하고 있는지에 대해서 알 수 있다.

사실, 성과주의예산의 원래 취지는 부처 내지 기관과는 상관없이 기능(function)을 중심으로 예산을 편성하는 것이다.[23)] 그렇지만 각 부처는 기능중심으로 조직되어 있기 때문에 부처와 일치할 때가 많으나, 하나의 기능이 여러 부처에 산재하는 경우도 있고, 반대로 몇 개의 기능이 한 부처에 속하기도 한다. 여기에서 말하는 기능이라는 것은 거시적으로 본다면, 일반공공행정, 공공안전·질서, 외교·통일, 국방, 교육, 보건, 사회복지 등으로 분류할 수 있을 것이다.

이렇게 보면 성과주의예산에서 '기능'이라는 것은 앞의 세출예산에서의 '장(분야)-관(부문)'과 일맥상통하는 것이라고 볼 수 있다. 아래 표에서 보는 바와 같이, 우리나라는 분야-부문별 세출예산은 일반회계 범위 내에서 국가기관을 크게 15개 분야(그 아래 하위단위인 부문)로 구분하여 관리하고 있다. 경찰청은 이 가운데 공공질서·안전 분야에 해당된다.

따라서 예컨대, 공공안전 및 질서를 하나의 상위기능(분야)으로 놓고, 하위기능으로 법원 및 헌재, 법무 및 검찰, 경찰(警察), 해양경찰, 재난관리(부문)로 다시 세분화시킬 수 있다. 그리고 그러한 하위기능(부문)을 다시 세분화하여 각 프로그램별(사업별, 항)로 세분화가 이루어지게 된다.

22) 이렇게 하기 위해서는 원가회계정보시스템을 구축하여 정확하고 합리적인 원가계산이 가능해야 한다. 예산에서 원가를 계산함으로써 조직이 무엇을 얼마의 원가로 이행할 수 있다는 것을 보여 주어야 한다. 주로 행정조직에서 서비스 산출의 단위원가를 업무측정 단위별로 계산하는데, 예산의사결정과정에서 특히 예산우선순위를 결정하는 데 주로 원가정보가 많이 사용되었다. 이문영·윤성식(1993), 앞의 책, p. 519.

23) 기능(Function)은 하부기능(Subfunction)으로 다시 세분화되고, 하부기능은 다시 사업(Program)-하부사업(Subprogram)-활동(Activity)으로 분화된다. 이러한 방식은 미국의 성과주의 예산에서 많이 사용하는 방법인데, 우리나라의 경우에도 이를 참고할 수 있을 것이다. 위의 책, p. 520.

따라서 기능별 예산제도 또는 활동별 예산제도라고도 하는 성과주의예산제도는 예산과목을 사업별, 활동별로 분류하여 이를 다시 세부사업별, 세부활동별로 분류한 다음 각 세부사업별, 세부활동별로 단위원가 당 업무량을 곱하여 예산액을 구하여 편성한다. 즉, 예산편성의 공식은 '단위원가 × 업무량 = 예산액'으로 표시된다.

어떻게 보면, 성과주의예산은 운영관리를 위한 지침으로서 효과적이라고 할 수 있다. 관리자들은 산출물 기준으로 관련사업에서 무엇이 기대된다는 것을 알게 되고 생산과정을 잘 계획할 수 있게 된다. 주어진 재원에서 더 많은 산출물을 창출하면 배정되는 재원규모를 다음 연도에도 유지하거나 증액 배정받을 수도 있다.

〈국가의 분야-부문별 구분(2021)〉

분 야	부 문	세출예산	비고(소관기관)
총 계	약 381조원		
일반공공행정	입법 및 선거관리 지방, 일반행정 등	생략	생략
공공질서 및 안전 (약 21조 원)	법원 및 헌재	약 1,700억원	대법원, 헌재
	법무 및 검찰	약 4,000억원	법무부
	경 찰	약 12조원	경찰청
	해양경찰	약 1,500억원	해양경찰청
	소방 등 재난관리	약 2,000억원	소방청 등
통일 · 외교	이하 생략	이하생략	이하 생략
국 방			
교 육			
문화 및 관광			
환 경			
사회복지			
보 건			
농림수산			
산업·중소기업, 에너지			
교통 및 물류			
통 신			
국토 및 지역개발			
과학기술			
예비비			

3) 성과주의예산제도의 단점

성과주의예산은 목표관리제도와 연계되지만 이를 적용할 수 있는 영역은 제한적이다. 특히, 경찰·소방 등 공공질서 및 안전 분야에 적용하기가 어려운데, 이러한 영역은 계량화가 쉽지 않다는 근본적인 한계 때문이다. 바꿔 말하면, 양적 측면에서의 평가는 용이하지만 질적 측면에서의 평가는 용이하지 못하는 근본적인 단점이 있다.

그리고 성과주의 원리에 따라 단위사업을 구분하고, 이에 따른 단위원가를 계산하는 것도 쉽지 않다. 우선 업무의 수량적 측정이 어렵다. 공공서비스의 경우는 업무를 동질적으로 구분하기가 쉽지 않기 때문이다. 이를 위해서는 정부회계시스템에 있어서 감가상각이나 재무제표가 체계적으로 구축되어야 하는데, 이것이 쉬운 일은 아니다. 그리고 구체적인 개별적 사업만 나타나 있어, 전략적인 목표의식이 결여되어 있다는 점을 들 수 있다. 장기적인 계획과 연계보다는 당장에 눈앞의 실적만 중시하는 예산이기 때문이다.

한편, 성과주의예산에서는 효율성을 강조하고 있다. 그러나 더 근본적인 질문에 대해서는 해결하지 못하고 있다. 예컨대, 해당 사업이 정말 필요한 것인지, 제한된 자원을 유사한 사업에 대해 최적으로 배분하는 방법 등에 대해서 명확한 설명이 어렵다. 이러한 문제를 해결하기 위해 등장한 것이 계획예산제도(PPBS)라 할 수 있다.

4) 사례: 경찰성과계획서에 의한 예산운용과 문제점

경찰은 2020년 달성해야 할 4대 전략목표로서 '㉠ 범죄와 사고로부터 국민 안전 확보, ㉡ 사회전반에 법질서 확립, ㉢ 안보 대응역량 강화로 확고한 사회안정 유지, ㉣ 치안인프라를 확충하여 경찰역량 제고'를 제시하였다. 이러한 4대 전략목표를 달성하기 위하여 다시 9개의 프로그램 목표를 설정하고, 그 아래 23개의 단위사업을 제시하였다.[24)]

〈경찰성과계획서 기본 내용〉

구 분	전략목표	프로그램 목표	단위사업			
			소계	일반재정	R&D	정보화
개수	4개	9개	23개	20개	0	3
비율(%)	-	-	100.0%	87.0%	0.0%	13.0%

24) 대한민국정부(2019), 2020년도 성과계획서(경찰청), pp. 1-4.

〈4대 전략목표별 9개 프로그램 목표 내용〉

전략목표 Ⅰ	전략목표 Ⅱ	전략목표 Ⅲ	전략목표 Ⅳ
범죄와 사고로부터 국민 안전 확보	사회전반에 법질서 확립	안보대응역량 강화로 확고한 사회안정 유지	치안인프라를 확충하여 경찰역량 제고
프로그램목표 1 범죄예방 및 사회적 약자보호활동 강화	프로그램목표 1 준법시위문화 정착 및 사회갈등 최소화	프로그램목표 1 사회안정을 해치는 국제성 범죄에 대처	프로그램목표 1 경찰교육강화 및 전문성 향상
프로그램목표 2 국민생활 위협하는 각종 범죄에 대한 신속한 대처			프로그램목표 2 경찰장비와 정보화운영체계 선진화
프로그램목표 3 교통사고 감소 교통안전 확보			프로그램목표 3 경찰병원의 효율적 경영을 통한 의료서비스 향상
			프로그램목표 4 합리적 조직관리 및 국민신뢰를 바탕으로 한 치안역량 향상

그런데, 이와 같은 경찰성과계획서에 의해 만들어진 예산안이 과연 그 목적을 충실히 달성할 수 있을 것인지에 대해서 많은 재검토가 필요하다고 본다. 이와 관련하여 기본적으로 4대 전략목표의 설정이 오늘날 경찰이 달성해야 할 핵심과제로서 방향성이 타당한지 살펴볼 필요가 있다. 그리고 4대 전략목표를 실현하기 위한 9가지 프로그램 목표가 균형적으로 배분되었는지 또 그 내용이 타당성을 갖는지 살펴볼 필요가 있다.

예컨대, 전략목표 Ⅱ(사회전반에 법질서 확립)에서는 단지 하나의 프로그램 목표(준법시위문화 정착 및 사회갈등 최소화)를 제시하고 있는데, 그것으로 충분한지 의문이다.

마찬가지로 전략목표 Ⅲ(안보대응역량 강화로 확고한 사회안정 유지) 역시 단지 하나의 프로그램 목표(사회안정을 해치는 국제성 범죄 대처)를 제시하고 있는데, 수많은 범죄 가운데 국제성 범죄만을 별도의 전략목표를 설정하여 접근하는 것이 과연 필요한지 의문이다. 안보활동이라고 한다면, 국제성범죄뿐만 아니라 보안기능도 포함되기 때문에 프로그램 목표가 추가될 필요성이 있다고 본다.

전략목표 Ⅳ(치안인프라를 확충하여 경찰역량 제고)에서 중요 프로그램 목표로서 '경찰병원의 효율적 경영으로 의료서비스 향상'으로 설정하는 것이 과연 타당한지도 의문이다. 전략목표 Ⅳ(치안인프라를 확충하여 경찰역량 제고)에서 프로그램 목표로서 '합리적 조직관리 및 국민신뢰를 바탕으로 한 치안역량 향상'을 제시하고 있다. 위 표에서는 이에 대한 세부내용이 제시되지 않았지만, 성과계획서 내용을 살펴보면, 성과지표로서 ㉠ 조직분위기 만족도, ㉡ 주요치안정책 언론홍보 실적, ㉢ 경찰청 SNS 친구 수, ㉣ 홈페이지 방문자수(정보화)로 제시하고 있다.[25] 합리적 조직관리 및 국민신뢰를 바탕으로 치안역량을 향상시키기 위해 적정한 평가지표로 보기에는 너무 궁색한 수준이다.

요약컨대, 경찰조직에서 제시한 성과목표 및 그에 맞는 성과지표가 이 정도 수준으로 제시하고, 또 그에 상응하는 예산안을 책정하는 것을 보면, 성과주의예산이라는 미명하에 경찰성과와 예산책정이 얼마나 허술하게 계획·집행되고 있는지를 알 수 있다.

5) 성과주의예산제도의 시사점

성과주의예산이 남긴 가장 큰 공헌은 원가와 성과를 예산과정을 통해서 파악하고, 이를 통해서 사업목표달성의 정도를 평가하려고 시도했다는 점이다. 직접 성과주의예산을 채택하여 실행하지 않았던 많은 조직들로 성과측정을 위한 노력을 예산에 접목시키려고 하였다. 목표를 설정하고 작업량을 결정하여 원가정보를 계산함으로써 효율성을 측정하려는 흔적을 보여준 것이다. 어쨌든 성과주의예산을 통해서 다음과 같은 시사점을 제시해 주고 있다.[26]

첫째, 성과주의예산은 작은 규모의 조직에 적용하기가 쉽다. 조직의 규모가 커질수록 원가계산이 복잡해지며 처리해야 하는 자료나 정보의 양이 엄청나기 때문에 작은 조직일수록 상대적으로 성과주의 예산을 쉽게 적용할 수 있다. 한국경찰은 거대한 국가경찰시스템으로 운용되고 있기 때문에 사실 성과주의예산을 도입하는 것은 한계가 있다고 본다.

둘째, 어떻게 보면 성과주의예산은 집행기관의 재량을 많이 허용하고 있다고 본다. 어떠한 조직의 사업예산이 품목별로 편성되어 통제되지 않고, 총액만이 결정되어 집행기관의 자유재량에 맡김으로써 구체적인 지출에 대한 간섭을 배재하는 것이 성과주의예산의 기본정신이라 할 수 있다. 대신 예산을 집행하는 기관은 목표달성 책임을 진다.

25) 위 보고서, p. 181.
26) 이문영·윤성식(1993), 앞의 책, pp. 528-530.

그러므로 국회에서는 지출항목에 대한 엄격한 통제를 가능하게 하는 품목별 예산을 더 선호하고 있고, 사실상 이에 더 익숙해 있는 것이 현실이다. 사실, 본래의 한국경찰에서 시도한 성과주의는 본래의 성과주의 방식이라기보다는 품목별 예산제도하에서 변형적·기형적으로 성과주의시스템을 도입한 것에 불과하다고 본다. 그렇기 때문에 많은 문제를 내포하고 있는 것이다.

셋째, 성과주의예산이 성공하기 위해서는 예산회계정보시스템이 각 사업별로 원가계산을 가능하게 해줄 수 있어야 한다. 성과평가와 관련된 많은 정보들을 신뢰할 수 없고 타당성과 객관성이 결여되면 유용한 정보가 되지 못한다. 그리고 성과측정 정보를 다음 예산의 편성시에 반영하지 않고 외면하는 한 성과주의 예산은 표면적으로 정책의 정당성을 보여주기 위한 허구에 불과한 것이다. 후진국들이 성과주의 예산의 도입에 실패한 이유의 하나도 이것이며, 한국도 마찬가지이다. 경찰조직에서 제시하고 있는 성과지표의 문제를 보면 알 수 있는 것이다.

넷째, 성과주의예산은 이 분야에 전문적이고 적극적인 자세를 지닌 예산담당자를 필요로 한다. 특히, 원가를 계산하고 이를 사용하여 성과측정까지 해낼 수 있기 위해서는 폭넓은 회계지식이 필요하다. 그리고 단순히 회계지식뿐만 아니라 조직업무 전반적인 것을 정확하게 파악하여 평가할 수 있는 지식 역시 요구된다.

마지막으로, 성과주의예산은 중요한 사업, 특히 논란이 되는 사업의 경우 효율성의 측정을 위해 목표달성을 계량화된 업무량으로 측정하고자 하였다. 바꿔 말하면 성과주의예산은 계량화가 가능하지 않으면 이러한 성과측정을 할 수 없으므로 주로 객관적인 계량화가 용이한 사업만을 대상으로 성과주의예산이 도입되었고, 이것이 성과주의예산의 한계점이었다. 그리고 실제로 계량화가 용이하다고 해도 업무측정량이나 단위원가의 계산은 그리 쉽지 않았으며, 여러 가지 예상치 못한 문제점들을 노출시켰다.

4. 계획예산제도

1) 계획예산제도의 의의

계획예산제도(PPBS: Planning Programing and Budgeting System)는 장기적인 기획과 세부적인 사업계획 및 예산운영을 하나의 통합적인 체제로 운영하여 자원배분에 관한 의사결정을 합리적으로 일관성 있게 하려는 제도라 할 수 있다.[27] 바꿔 말하

27) 계획예산제도는 1940년대 미국이 국가방위 전략계획의 수립 목표에 따라 국가방위위원회가 마련한 물자통제

면, 일반적인 예산운영체계의 '자원투입 → 과정 → 산출 → 결과'라는 인과적 관계에서 성과주의 예산제도가 '과정과 산출'을 주요 대상으로 삼았다면, 계획예산제도는 '자원투입 → 사업 → 산출 → 결과(영향)'까지를 명시적인 대상범위로 삼고 있다.

계획예산제도는 투입요소는 물론 정부의 목적, 사업, 최종산물, 그리고 정책효과와 같은 결과영역에도 관심을 집중하면서 예산결정이 이루어져야 한다는 것을 강조하고 있다. 궁극적으로 이러한 계획예산제도는 기획·계획, 사업분석, 예산배분을 단일의 의사결정으로 통합하려는 것이라 할 수 있다.[28)]

2) 계획예산제도의 특징

이러한 계획예산제도의 가장 중요한 요소는 '계획'(planning)이다. 이 제도는 범위가 확장되어 국가정책수립에 있어서 단년도에서 다년도의 관점으로 바뀌었으며, 이를 통해 예산을 심의하는데 종합적인 기반을 제공하고 있다. 한편, 계획예산제도에서 계획은 국가 정책적인 목표를 설정하고 이를 달성하기 위한 노력들을 관리하기 위한 프로그램을 개발·결정하는 데 사용된다. 즉, 계획예산제도의 핵심적 요소는 프로그래밍(programming)을 통하여 기획·계획과 예산을 연결시켜 하나의 통합체제를 구축하는 것이라 할 수 있다. 통합체제 속에서 다음과 같은 구성요소들을 유기적으로 결합시키고 있다.[29)]

첫째, 목표의 명확한 규정이다. 계획예산제도의 사업구조는 정부 또는 치안사업의 목표를 뚜렷이 밝혀야 한다. 이는 장기적 발전목표와 이를 구체화하는 중기적 목표체계로 나타난다.

둘째, 장기적인 사업-재정계획의 수립이다. 통상적인 예산운영의 기간은 1년에 불과하지만, 1년 단위의 예산을 편성하기 위해 우선 장기적인 기간을 가지고 장기적인 기획(예컨대, 5개년 기획·계획)에 따라 일정기간 동안 기대되는 성과와 예상되는 비용을 고려하는 사업의 세부적인 시행계획과 시행일정을 정해야 한다. 이 과정에서 하나의 목표를 달성할 수 있는 여러 가지 대안을 검토하고 가장 효과적이고 능률적인 대안을

계획부터 출발한 것으로 보고 있다. 이후 학술적·실무적 차원에서 정부예산제도에 많은 영향을 미쳤지만, 운영상의 문제 등으로 인해 1971년에 공식적으로 중단되었다. 우리나라에서는 1970년대 초에 이 제도를 연구한 바 있으나, 공식적으로 도입하여 운영되고 있지는 않고 있다. 그러나 비록 계획예산제도가 실패했지만, 국가가 운영하는 사업의 개선을 제도적으로 정착시켰다는 점은 높이 평가된다. 즉, 계획예산제도는 각 부서가 자체적으로 업무와 기능을 재평가하고 투입, 산출, 그리고 목표 등에 관한 유용한 정보를 축적하게 하였다. 그리고 정부 고위층에게 계획, 예산, 그리고 성과에 대한 관심을 갖게 하였다. 이종수·윤영진 외(2009), 앞의 책, pp. 607-608.; 이목훈(2010), 앞의 책, pp. 305-306.

28) 위의 책, p. 304.

29) 위의 책, pp. 304-305.

선택하게 된다.

셋째, 사업-재정계획을 바탕으로 연도별 예산을 수립하여 집행하는 것이다. 계획과 예산을 연결하는 통합적 의사결정체제로서의 계획예산제도는 효과성을 강조한다는 점이 가장 중요한 특징이다. 국가가 국가발전목표를 달성하기 위하여 각종 정책이나, 사업을 수행하는데 절약과 능률을 강조하는 것도 중요하지만, 예산사업을 수행하여 소기의 목표를 달성하는 것이 중요하다. 계획예산제도는 목표달성의 효과성을 높이기 위한 의사결정 메커니즘이라는 점에서 획기적인 예산제도라 할 수 있다.

따라서 계획예산제도는 다음과 같은 장점이 있다. 첫째, 재원배분에 관한 결정이 합리적이다. 계획예산제도는 합리모형 또는 총체주의에 이론적 근거를 두고 예산결정에서 합리성을 추구하고 있다. 계획예산제도는 정책목표, 사업, 대안, 비용, 효과 등을 종합적으로 고려하고, 과학적 분석기법을 이용하여, 장기적인 접근을 한다는 점에서 합리적인 자원배분을 달성하려는 예산제도이다.[30)]

둘째, 재원배분에 관한 결정이 일원화되어 있다. 기획-사업분석-예산결정이 단일의 통합적인 의사결정체계에 의해 이루어진다. 통합적인 의사결정은 관련 정보와 결정권이 최고관리층에 집중됨으로써 가능하게 되는데, 이는 신속하고 종합적인 의사결정을 할 수 있게 해 준다.

3) 계획예산제도의 단점

첫째, 계획예산제도는 관련정보와 의사결정권한이 과도하게 집권화되어 있다는 점이다. 이러한 집권화는 신속하고 종합적인 의사결정을 가능하게 하지만 이로 인한 문제가 발생한다. 집권화로 인해서 입법부보다는 행정부 즉, 대통령이 예산결정의 주도권을 잡게 되고, 행정부처에서는 국·과보다는 장관에게 권한이 집중되며, 지방정부보다는 중앙정부가 결정권을 행사하게 된다.

둘째, 사업구조를 작성하기가 어렵다. 사업구조는 계획예산제도의 핵심적인 것으로서 사업구조를 작성하는 것은 매우 중요하다. 그러나 계획예산제도와 같이 목표설정, 상위사업, 하위사업 요소들을 체계적으로 계층화하는 것은 결코 쉬운 일이 아니다.

셋째, 계량화와 환산작업이 어렵다. 사업요소는 최종산물로서 계량화되어야 하는데, 정부의 예산사업의 대부분은 산출물의 계량화가 간단하지 않다는 점이다. 또한 여러 사업에 공통적으로 투입되는 간접비는 각 사업별로 분할하여 배분하여야 하는데, 이 역시 쉬운 일이 아니다.

30) 이종수·윤영진 외(2009), 앞의 책, p. 609.

넷째, 과다한 자료와 정보를 산출하고 관리해야 한다. 계획예산제도는 여러 대안에 대한 비교검토 및 비용–효과분석 등을 통하여 많은 자료와 정보를 산출하고 이를 이용 가능한 형태로 관리해야 한다. 이를 위해서는 많은 시간과 인력, 그리고 비용이 요구된다.

다섯째, 의회의 반대와 공무원의 이해 부족도 문제가 된다. 의회는 일반적으로 행정부에 대한 재정적인 통제를 중시하는데, 과학적 분석방법으로 정당화한 예산안의 내용을 의회가 심의과정에서 삭감하거나 통제하기가 쉽지 않다. 한편, 많은 공무원은 계획예산제도의 복잡한 분석기법과 편성방법을 이해하기가 쉽지 않다. 이렇게 되면, 사업을 계획하고 분석하는 전문가들의 영향력은 커지고, 경험 많은 관료들의 영향력은 감소하게 된다.

5. 영기준예산제도

1) 영기준예산제도의 의의

영기준예산제도(ZBBS: Zero Based Budgeting System)는 새로운 사고와 운영방식을 도입하려는 노력으로 전통적인 예산운영방식이 지닌 점증주의의 단점을 보완하려는 것이라 할 수 있다. 점증적인 예산결정은 전년도의 사업을 중요한 기준으로 적용함으로써 기존의 사업들을 재평가 없이 미래에도 계속 적용하려는 경향이 있다.[31] 반면, 영기준예산은 이론적으로는 모든 지출제안서를 영점 기준에서 검토하도록 요구하고 있다.

이와 같은 영점 기준에서 사업의 우선순위를 결정하게 되는데, 이는 당해 업무를 관장하는 관리자로부터 시작하여 계층조직에 따라 차상위관리자, 중간관리자, 최고관리자로 올라가면서 결정된다. 상위층으로 올라갈수록 하위단위의 의사결정 패키지를 종합하고 이들을 대상으로 우선순위를 결정하는 방식을 취하고 있다.

영기준예산제도는 기존사업과 새로운 사업을 구분하지 않고, 모든 사업을 엄밀히 분석하여 사업의 타당성을 확보하려는 것으로서 이러한 점에서 서비스 수준분석(service level analysis)이라 불리는 예산제도이다. 서비스 수준분석은 모든 사업을 동일한 평

31) 미국은 1976년 재정긴축 국면을 맞이하면서 의회와 당시 대통령 후보인 카터는 새로운 예산개혁 방안으로서 영기준예산제도(ZBBS: Zero Based Budgeting System)를 제시하였고, 후에 이를 연방적 차원에서 도입하였다. 우리나라에서는 1982년부터 예산안 편성에서 이 제도가 적용되고 있으나, 형식에만 그치고 있다는 비판을 받고 있다. 위의 책, p. 610.; 이목훈(2010), 앞의 책, pp. 314-311.

가 방법을 거치도록 하는 예산과정으로서, 서비스 수준분석의 초점은 서비스의 제공 수준이 다른 요소들을 파악하는 것이라 할 수 있다. 이 제도는 기획과 분석을 강조한다는 점에서 계획예산제도와 비슷하고, 능률적인 관리를 위하여 구성원들의 참여를 촉진한다는 점에서 목표에 의한 관리(MBO)와도 비슷하다고 할 수 있다.[32)]

2) 영기준예산제도의 특징

영기준예산제도는 예산운영 단위를 식별하는 것은 관리회계에서 비용과 책임센터를 구분하는 것과 유사하다. 특히 영기준예산제도에서의 정보의 투입과 산출에 대한 요구는 전통적인 예산과는 판이하다고 볼 수 있다. 이러한 예산방식은 예산결정에 요구되는 조건들을 평가하는데 환류를 강조하고 있다. 이에 따라 영기준예산제도는 다음과 같은 장점이 있다.

첫째, 합리적인 자원배분이 가능하다. 영기준예산제도는 모든 사업에 대해 근본적인 재평가를 하며, 사업의 목표, 기획, 분석과 평가, 예산편성을 단일과정으로 통한한 예산제도이다. 이러한 종합적인 의사결정방법으로 합리적인 의사결정과 합리적인 자원배분을 달성할 수 있다. 즉, 이 제도는 신규사업뿐만 아니라 기존사업에 대해서도 철저하게 재검토함으로써 점증주의적인 예산결정과 전년도 답습주의를 극복할 수 있고, 예산낭비와 예산팽창을 억제할 수 있다.

둘째, 다양성과 신축성을 지니고 있다. 이 제도의 핵심단위인 의사결정단위가 조직단위가 될 수도 있고, 기능이나 활동 또는 사업단위가 될 수도 있기 때문이다. 조직단위를 의사결정단위로 할 때에는 여러 계층의 조직단위가 모두 의사결정단위가 될 수 있다. 사업단위를 의사결정단위로 할 때에도 이 사업과 관련된 여러 조직단위를 다시 의사결정 단위로 삼을 수 있다.

셋째, 조직구성원의 참여를 촉진한다. 의사결정 패키지의 작성과 우선순위 결정에 구성원의 참여가 이루어지기 때문이다. 계획예산제도가 운영의 측면에서 높은 전문성을 요구한다면, 영기준예산은 이보다는 적은 전문성을 요구한다. 동시에 이는 조직구성원 모두가 참여할 수 있는 분권적인 관리체계를 필요로 한다.[33)]

---

32) 목표관리(MBO: Management By Objectives)는 1973년 미국 연방정부에 도입되어 예산운영 및 재무관리 수단으로 이용되었다. 이 방식은 목표설정과 행동계획, 사업의 진도 파악 및 평가 등의 과정에서 관리자는 물론이고 부하직원들이 함께 참여하여 자신들의 일을 스스로 계획하고 집행·평가하는 제도라 할 수 있다. 따라서 이 제도는 엄밀한 의미에서는 예산제도라기보다는 조직운영 기법으로서 상향적·참여적·자기통제적인 관리를 기할 수 있다는 장점이 있다. 그러나 이 제도는 단기적·가시적인 업무에 적합하며, 이윤을 추구하지 않는 계층적인 정부조직에서는 적용하기 힘들다는 단점이 있다. 이종수·윤영진 외(2009), 위의 책, p. 616.

3) 영기준예산제도의 단점

그러나 영기준예산제도는 다음과 같은 단점이 있다. 먼저, 과다한 노력과 시간을 요구한다는 점이다. 계획예산제도와 마찬가지로 영기준제산제도 역시 많은 노력과 시간 그리고 자료의 작성과 관리가 요구된다. 조직계층제에 따라 일선관리자로부터 최고관리자에 이르기까지 상향적으로 작업이 진행되므로 이들에게 모두 영기준예산제도에 대해 교육해야 함은 물론, 작업과정에서 과다한 시간과 노력을 기울이도록 해야 하며, 많은 문서를 산출하여 관리하도록 해야 한다.

둘째, 우선순위 결정이 쉽지 않다는 점이다. 방대한 의사결정 패키지를 대상으로 우선순위를 결정하는 것은 영기준예산제도에 있어서 가장 어려운 작업에 해당한다. 어떻게 보면 우선순위의 결정은 기본적으로 가치판단의 성격을 지닌다. 그러므로 시간적 제약 속에서 우선순위의 결정은 주관성을 면하기가 어렵다.

셋째, 영기준예산제도는 단기적인 사업에 중점을 두고 장기적 계획이나 기본정책 문제 등을 소홀하게 취급함으로써 장기적인 정책목표를 경시하는 경향이 있다.[34)]

제4절 경찰예산관리의 과정

경찰조직의 예산관리과정이라는 것은 예산이 편성되고 집행되는 모든 과정을 말한다. 이는 치안정책과 불가분의 관계에 있으므로 예산과정이란 결국, 치안정책의 형성에서 집행 그리고 평가에 이르는 모든 과정이라 할 수 있다.

예산과 정책이 따로 존재한다면 그것은 아무런 의미도 없고 무익한 것이다. 예산 없는 정책은 헛된 구호에 불과하고, 정책 없는 예산집행은 방향타를 상실한 조난선에 불과한 것이라고 본다. 따라서 치안정책의 형성과 집행이 경찰행정의 핵심이라면, 이러한 경찰조직의 모든 활동은 결국 예산과 연계될 수밖에 없는 것이다.

요약건대, 예산관리과정이라는 것은 자원배분을 위한 의사결정과정을 말한다. 예산에 대한 의사결정은 자의적이고 비합리적인 근거에 의하지 않고, 합리적이고 경제적인

33) 위의 책, pp. 611-612.
34) 이목훈(2010), 앞의 책, pp. 314-315.

원칙에 근거해서 이루어져야 한다.

〈경찰예산관리과정〉

예산안 편성	① 사업계획서 제출: 경찰청장 → 기획재정부장관 ② 예산편성지침 통보: 기획재정부장관 → 경찰청장 ③ 예산요구서제출: 경찰청장 → 기획재정부장관 ④ 예산안 편성 및 국회제출: 기획재정부장관 → 국회
⇓	
예산안 심의·의결	① 예산결산특별위원회 구성 ② 예산결산특별위원회 종합심사 ③ 본회의의 예산안의 확정
⇓	
예산의 집행	① 예산배정요구서의 제출: 경찰청장 → 기획재정부장관 ② 예산의 배정: 기획재정부장관 → 경찰청장 ③ 배정된 예산의 탄력적 집행: 경찰청장 → 산하 기관의 장
⇓	
예산의 결산	① 경찰결산보고서 작성 및 제출: 경찰청장 → 기획재정부장관 ② 국가결산보고서 작성 및 제출: 기획재정부장관 → 감사원 ③ 결산검사 및 결산보고서 제출: 감사원 → 기획재정부장관 ④ 국가결산보고서 국회에 제출 및 국회의 결산심의

1. 경찰예산안의 편성

1) 중기사업계획서의 제출

경찰청장 등 각 중앙관서의 장은 매년 1월 31일까지 해당 회계연도부터 5회계연도 이상의 기간 동안의 신규사업 및 기획재정부장관이 정하는 주요 계속사업에 대한 중기사업계획서를 기획재정부장관에게 제출하여야 한다(국가재정법 제28조).

2) 예산편성지침의 통보

기획재정부장관은 국무회의의 심의를 거쳐 대통령의 승인을 얻은 다음 연도의 예산안편성지침을 매년 3월 31일까지 경찰청장 등 각 중앙관서의 장에게 통보하여야 한다(국가재정법 제29조 제1항).

3) 예산요구서의 제출

경찰청장 등 각 중앙관서의 장은 위에 따른 예산안편성지침에 따라 그 소관에 속하는 다음 연도의 세입세출예산·계속비·명시이월비 및 국고채무부담행위 요구서(이하 '예산요구서')를 작성하여 매년 5월 31일까지 기획재정부장관에게 제출하여야 한다(국가재정법 제31조 제1항).

4) 예산안의 편성 및 국회제출

기획재정부장관은 위의 규정에 따른 예산요구서에 따라 예산안을 편성하여 국무회의의 심의를 거친 후 대통령의 승인을 얻어야 한다(국가개정법 제32조). 그리고 정부는 대통령의 승인을 얻은 예산안을 회계연도 개시 120일 전까지 국회에 제출하여야 한다(제33조).

그리고 정부는 예산안을 국회에 제출한 후 부득이한 사유로 인하여 그 내용의 일부를 수정하고자 하는 때에는 국무회의의 심의를 거쳐 대통령의 승인을 얻은 수정예산안을 국회에 제출할 수 있다(제35조). 이를 수정예산이라고 한다.

한편, 정부는 경찰청과 같은 독립기관의 예산을 편성할 때 해당 독립기관의 장의 의견을 최대한 존중하여야 하며, 국가재정상황 등에 따라 조정이 필요한 때에는 해당 독립기관의 장과 미리 협의하여야 한다(제40조 제1항).

2. 경찰예산의 심의·의결

1) 예산결산특별위원회의 구성

정부에서 제출한 예산안에 대해서 국회는 이를 심의·확정한다(헌법 제54조 제1항). 정부는 회계연도마다 예산안을 편성하여 회계연도 개시 90일전까지 국회에 제출되면, 예산안의 심의를 위한 국회가 개회되고, 예산안의 종합심사는 예산결산특별위원회에 의해 이루어진다.

국회는 이러한 예산안과 결산을 종합적으로 심사하기 위해 예산결산특별위원회를 두고 있는데, 실질적으로 예산안과 결산이 동 위원회에서 심의·의결된 대로 본회의에서 의결되는 경우가 대부분이므로 예산결산특별위원회는 국회의 예산안과 결산 심의에 있어서 핵심적인 역할을 하고 있다고 할 수 있다.[35)]

35) 국가의 경제활동에 있어서 재정의 역할이 증대되고 이에 따라 국회의 예산안 및 결산에 대한 심사기능을 한

2) 예산결산특별위원회의 종합심사

예산결산특별위원회의 종합심사에 의해 예산안에 대한 실질적인 조정작업이 이루어지게 된다. 예산안에 대한 종합정책 질의 → 부처별 심의 → 계수조정 소위원회의 계수조정 → 예산결산특별위원회 전체회의에서 소위원회의 조정안 승인의 과정을 거치게 된다.

3) 예산안의 확정

예산결산특별위원회의 종합심사를 거친 예산안은 회계개시 30일 전까지 본회의의 의결을 거침으로써 확정된다(헌법 제54조 제2항). 본회의에서 확정된 예산은 정부로 이송되고 국무회의의 동의를 거쳐 대통령이 공포한다.

3. 경찰예산의 집행

예산의 집행이라는 것은 국회에서 심의·의결하여 확정된 예산에서 정한 금액을 국고에 수납하고 이를 지출하는 재정활동을 말한다.

1) 예산배정요구서의 제출

경찰청장 등 각 중앙관서의 장은 예산이 확정된 후 사업운영계획 및 이에 따른 세입세출예산·계속비와 국고채무부담행위를 포함한 예산배정요구서를 기획재정부장관에게 제출하여야 한다(국가재정법 제42조).

2) 예산의 배정

기획재정부장관은 위의 규정에 따른 예산배정요구서에 따라 분기별 예산배정계획을 작성하여 국무회의의 심의를 거친 후 대통령의 승인을 얻어야 한다(제43조 제1항). 그리고 기획재정부장관은 경찰청장 등 각 중앙관서의 장에게 예산을 배정한 때에는 감사원에 통지하여야 한다(제43조 제2항).[36] 그리고 예산의 배정에 있어서 기획재정부장관

층 더 전문화하고 효율화시킬 필요성이 높아짐에 따라 제15대 국회 말기에 국회법을 개정(2000.02.16.)하여 제16대 국회(2000.05.30)부터 예산결산특별위원회를 연중 운영되는 상설특별위원회로 전환하였다. 예산결산특별위원회의 세부적인 운영상의 내용에 대해서는 홈페이지(https://budget.na.go.kr:444/budget/index.do) 참조.

36) 감사원은 국가의 세입·세출의 결산, 국가 및 법률이 정한 단체의 회계검사와 행정기관 및 공무원의 직무에 관한 감찰을 하기 위하여 대통령 소속하에 이를 두고 있다(헌법 제97조). 그리고 감사원은 세입·세출의 결산을 매년 검사하여 대통령과 차년도 국회에 그 결과를 보고하여야 한다(제99조). 즉, 감사원은 국가예산관리에

은 일정한 조정이 가능하다.[37)]

한편, 기획재정부장관은 예산집행의 효율성을 높이기 위하여 매년 예산집행에 관한 지침을 작성하여 경찰청장 등 각 중앙관서의 장에게 통보하여야 한다(제44조). 그리고 경찰청장 등 각 중앙관서의 장은 세출예산이 정한 목적 외에 경비를 사용할 수 없다(제45조).

3) 배정된 예산의 탄력적 집행

예산의 성립 후에도 일어나는 상황의 변동에 즉응하고 예산을 효율적으로 관리·집행하기 위하여 세출예산에 대해 다음과 같은 일정한 융통성을 부여하고 있다.

(1) 예산의 이용·이체

① 예산의 이용

예산의 이용(移用)은 입법과목인 '장·관·항'의 상호융통을 의미한다. 이는 국회에서 정한 것(즉, 입법과목)이기 때문이다.

따라서 각 중앙관서의 장은 예산이 정한 각 기관 간 또는 각 장·관·항 간에 상호 이용(移用)할 수 없다(국가재정법 제47조 제1항). 다만, 다음의 어느 하나에 해당하는 경우에 한정하여 미리 예산으로써 국회의 의결을 얻은 때에는 기획재정부장관의 승인을 얻어 이용하거나 기획재정부장관이 위임하는 범위 안에서 자체적으로 이용할 수 있다(제47조 제1항 각호).[38)]

㉠ 법령상 지출의무의 이행을 위한 경비 및 기관운영을 위한 필수적 경비의 부족액이 발생하는 경우

있어서 중요한 역할을 하고 있기 때문에 기획재정부장관은 예산배정에 있어서도 감사원에게 통지하도록 한 것이다. 감사원은 대통령 직속 기관이지만, 독립적 지위를 법률로 보장하는 합의제 감사기관이다. 1948년 정부수립과 함께 설립되었다.

37) 기획재정부장관은 ① 필요한 때에는 대통령령이 정하는 바에 따라 회계연도 개시 전에 예산을 배정할 수 있다. 그리고 ② 예산의 효율적인 집행관리를 위하여 필요한 때에는 위의 분기별 예산배정계획에 불구하고 개별 사업계획을 검토하여 그 결과에 따라 예산을 배정할 수 있다. 끝으로 ③ 재정수지의 적정한 관리 및 예산사업의 효율적인 집행관리 등을 위하여 필요한 때에는 분기별 예산배정계획을 조정하거나 예산배정을 유보할 수 있으며, 배정된 예산의 집행을 보류하도록 조치를 취할 수 있다(국가재정법 제43조 제3항~제5항).

38) 경찰청장 등 각 중앙관서의 장은 제1항 단서의 규정에 따라 예산을 자체적으로 이용한 때에는 기획재정부장관 및 감사원에 각각 통지하여야 하며, 기획재정부장관은 제1항 단서의 규정에 따라 이용의 승인을 하거나 제2항의 규정에 따라 예산을 이용 또는 이체한 때에는 그 중앙관서의 장 및 감사원에 각각 통지하여야 한다(국가재정법 제47조 제3항). 그리고 경찰청장 등 각 중앙관서의 장이 제1항 또는 제2항에 따라 이용 또는 이체를 한 경우에는 분기별로 분기만료일이 속하는 달의 다음 달 말일까지 그 이용 또는 이체 내역을 국회 소관 상임위원회와 예산결산특별위원회에 제출하여야 한다(제47조 제4항).

㉡ 환율변동·유가변동 등 사전에 예측하기 어려운 불가피한 사정이 발생하는 경우

㉢ 재해대책 재원 등으로 사용할 시급한 필요가 있는 경우

㉣ 그 밖에 대통령령으로 정하는 경우

② 예산의 이체

기획재정부장관은 정부조직 등에 관한 법령의 제정·개정 또는 폐지로 인하여 중앙관서의 직무와 권한에 변동이 있는 때에는 경찰청장 등 그 중앙관서의 장의 요구에 따라 그 예산을 상호 이용(移用)하거나 이체(移替)할 수 있다(국가재정법 제47조 제2항).

(2) 예산의 전용

예산의 전용(轉用)은 행정과목인 '세항, 세세항, 목' 간의 상호융통을 의미하는 것이다. 이에 따라 경찰청장 등 각 중앙관서의 장은 예산의 목적범위 안에서 재원의 효율적 활용을 위하여 대통령령으로 정하는 바에 따라 '기획재정부장관의 승인'(承認)을 얻어 각 세항 또는 목의 금액을 전용할 수 있다. 이 경우 사업 간의 유사성이 있는지, 재해대책 재원 등으로 사용할 시급한 필요가 있는지, 기관운영을 위한 필수적 경비의 충당을 위한 것인지 여부 등을 종합적으로 고려하여야 한다(국가재정법 제46조 제1항).

그리고 경찰청장 등 각 중앙관서의 장은 위와 같은 규정에도 불구하고 회계연도마다 기획재정부장관이 위임하는 범위 안에서 각 세항 또는 목의 금액을 자체적으로 전용할 수 있다(제46조 제2항).[39]

다만, 위와 같은 상황에도 불구하고 경찰청장 등 각 중앙관서의 장은 다음의 어느 하나에 해당하는 경우에는 전용할 수 없다(제46조 제3항).

㉠ 당초 예산에 계상되지 아니한 사업을 추진하는 경우

㉡ 국회가 의결한 취지와 다르게 사업 예산을 집행하는 경우

---

39) 기획재정부장관은 제1항의 규정에 따라 전용의 승인을 한 때에는 그 전용명세서를 그 중앙관서의 장 및 감사원에 각각 송부하여야 하며, 각 중앙관서의 장은 제2항의 규정에 따라 전용을 한 때에는 전용을 한 과목별 금액 및 이유를 명시한 명세서를 기획재정부장관 및 감사원에 각각 송부하여야 한다(국가재정법 제46조 제3항). 그리고 각 중앙관서의 장이 제1항 또는 제2항에 따라 전용을 한 경우에는 분기별로 분기만료일이 속하는 달의 다음 달 말일까지 그 전용 내역을 국회 소관 상임위원회와 예산결산특별위원회에 제출하여야 한다(제46조 제4항).

(3) 예산의 이월

예산의 이월(移越)은 예산을 다음 회계연도에 넘겨 그 회계연도의 예산으로 사용하는 것을 말한다. 그런데, 원칙적으로 매 회계연도의 세출예산은 다음 연도에 이월하여 사용할 수 없도록 하고 있다(국가재정법 제48조 제1항).

다만 이러한 사정에도 불구하고 다음의 어느 하나에 해당하는 경비의 금액은 다음 회계연도에 이월하여 사용할 수 있다. 이 경우 이월액은 다른 용도로 사용할 수 없으며, 'ⓛ'에 해당하는 경비의 금액은 재이월할 수 없다(제48조 제2항 각호).

㉠ 명시이월비

㉡ 연도 내에 지출원인행위를 하고 불가피한 사유로 인하여 연도 내에 지출하지 못한 경비와 지출원인행위를 하지 아니한 그 부대경비

㉢ 지출원인행위를 위하여 입찰공고를 한 경비 중 입찰공고 후 지출원인행위까지 장기간이 소요되는 경우로서 대통령령으로 정하는 경비

㉣ 공익사업의 시행에 필요한 손실보상비로서 대통령령으로 정하는 경비

㉤ 경상적 성격의 경비로서 대통령령으로 정하는 경비

여기에서 '㉠'의 명시이월이라는 것은 세출예산 가운데 경비의 성질상 당해 연도 내에 그 지출을 끝내지 못할 경우에 미리 국회의 승인을 얻어 예산을 다음 연도에 넘겨서 사용하는 것을 말한다. 그리고 '㉡'은 사고이월이라고 한다.

4. 경찰예산의 결산

예산의 결산(決算, closing)이라는 것은 회계연도 내의 국가의 세입과 세출의 실적을 확정적 계수로 표시한 결과를 말한다. 회계연도 동안의 수입과 지출을 마감하여 계산하는 것을 의미한다.

정부는 결산이 「국가회계법」에 따라 재정에 관한 유용하고 적정한 정보를 제공할 수 있도록 객관적인 자료와 증거에 따라 공정하게 이루어지게 하여야 한다(국가재정법 제56조).

1) 경찰청장의 결산보고서 작성 및 제출

경찰청장 등 각 중앙관서의 장은 국가회계법에서 정하는 바에 따라 회계연도마다 작성한 결산보고서(이하 '국가결산보고서'라 함)를 다음 연도 2월 말일까지 기획재정부장

관에게 제출하여야 한다(국가재정법 제58조 제1항).

2) 국가결산보고서의 작성 및 제출

기획재정부장관은 국가회계법에서 정하는 바에 따라 회계연도마다 작성하여 대통령의 승인을 받은 국가결산보고서를 다음 연도 4월 10일까지 감사원에 제출하여야 한다(국가재정법 제59조).

3) 결산검사

감사원은 위에 따라 제출된 국가결산보고서를 검사하고 그 보고서를 다음 연도 5월 20일까지 기획재정부장관에게 송부하여야 한다(국가재정법 제60조).

4) 국가결산보고서의 국회제출

끝으로, 정부는 위에 따라 감사원의 검사를 거친 국가결산보고서를 다음 연도 5월 31일까지 국회에 제출하여야 한다(국가재정법 제61조). 이에 대한 국회의 결산승인이 나면, 정부의 예산집행 책임이 해제되고 당해 연도 예산의 기능은 완결된다.

1. 성인지 결산서의 작성

정부는 여성과 남성이 동등하게 예산의 수혜를 받고 예산이 성차별을 개선하는 방향으로 집행되었는지를 평가하는 보고서(이하 '성인지 결산서'라 함)를 작성하여야 한다. 성인지 결산서에는 집행실적, 성평등 효과분석 및 평가 등을 포함하여야 한다(국가재정법 제57조 제1항 및 제2항, 신설 2010.05.17.)

2. 온실가스감축인지 결산서의 작성

정부는 예산이 온실가스를 감축하는 방향으로 집행되었는지를 평가하는 보고서(이하 '온실가스감축인지 결산서'라 함)를 작성하여야 한다. 온실가스감축인지 결산서에는 집행실적, 온실가스 감축 효과분석 및 평가 등을 포함하여야 한다(제57조2 제1항 및 제2항, 신설 2021.06.15.).

제9장

결 론

제9장

결 론

개인의 자유와 권리보호를 본질로 하는 민주주의 이념을 바탕으로 한 근대국가(近代國家)가 성립한 이래로, 국가는 범죄와 무질서 문제 등에 대해 제도적으로 전문화·독립화되어 있는 조직을 만들어 이를 통제하고자 노력을 하고 있다. 경찰을 포함한 검찰, 법원, 교정과 같은 형사사법기관(刑事司法機關)이 바로 그것이다. 이러한 형사사법기관의 민주적·체계적인 운영으로 우리사회가 범죄 및 무질서의 위협으로부터 일정부분 안전하고 평화롭게 유지되고 있음은 부인하기 어려운 사실이다.

경찰은 이러한 형사사법의 첫 단계로서 범죄예방과 범죄수사, 그리고 무질서 문제에 대응하는 과정에서 일반국민과 가장 직접적이고 빈번하게 상호작용하는 대표적인 국가조직이라 할 수 있다. 경찰은 이러한 목적을 달성하기 위하여 일선현장에서 적지 않은 재량권을 가지고 '물리적 강제력'(物理的 强制力)을 행사할 수 있으며, 따라서 인권보호 및 공정한 법집행 등은 무엇보다도 중요한 일이다.

그런데, 경찰이 일선현장에서 공정한 법집행과 인권보호를 위해서는 이들에게 단순히 물리적 강제력만을 부여하는 것으로 되는 것은 아니다. 경찰 개인의 국가 및 국민에 대한 사명감, 직업적 윤리의식 함양 및 전문성 확립은 물론이거니와 경찰조직의 체계적인 구축과 경찰인사·조직·예산관리가 효율적으로 이루어졌을 때 가능한 일이다.

생각건대, 경찰은 거대한 조직체계(국가경찰·자치경찰과 관계없이 전체 조직규모면에서 볼 때)를 갖추고, 어떠한 국가기관보다도 다양한 활동영역에서 많은 재량권을 행사하고 있다고 본다. 그리고 이러한 이유로 인해 경찰은 그 권력을 오남용하여 인권침해를 하게 되고, 또 국가권력집단의 체제유지 수단으로 전락하기도 하였다. 이러한 점에서 경찰활동의 정당성(正當性)은 국가이념·경찰이념 차원의 형이상학(形而上學)에서 시작되어, 현장대응의 적절성과 관련된 기술적 수단 차원의 형이하학(形而下學)에까지 이르는 과정에서 찾아야 한다는 어려움이 있다.

경찰학(警察學)은 이러한 경찰현상을 학문적으로 정립함으로써, 보다 체계적·과학적으로 경찰실무에 적용하기 위한 이론체계라 할 수 있다. 그런데, 경찰현상은 매우 복잡·다양하기 때문에 경찰학 영역 역시 방대한 것이 사실이다. 경찰학에 관심이 있는 사람이라면, 이의 연구대상 및 방법이 다른 어떠한 학문보다 복잡하고 포괄적이라는 사실을 인식하고 있을 것이다. 경찰학은 단일의 학문적 성격을 갖기보다는 철학, 법학, 행정학, 정치학, 범죄학(사회학·심리학·생물학), 역사학, 그리고 자연과학에 이르기까지 다른 여러 관련분야의 지식기반을 총체적으로 이용하는 복합학문적(interdisciplinary) 성격을 가지고 있다. 이러한 이유로 학문적 정체성을 확립하는 것을 결코 쉬운 일이 아니다.

따라서 경찰학을 크게 경찰학총론(警察學總論)과 경찰학각론(警察學各論)으로 구분하여 경찰현상을 체계적으로 접근하고자 하는 이유가 여기에 있다. 이 책 경찰학총론에서는 경찰개념, 경찰이념과 윤리, 경찰역사, 경찰조직·인사·예산 등을 살펴보고자 하였다(그리고 이 책과는 별도로 경찰학각론에서는 경찰권한을 바탕으로 하여 경찰현장운용 즉, 생활안전·수사·교통·경비·정보·보안·외사경찰과 같은 경찰기능을 살펴보고자 하였다). 이러한 방법으로 경찰학을 접근한다면, 아래의 그림과 같이 체계화할 수 있을 것이다.

〈경찰학의 기본체계〉

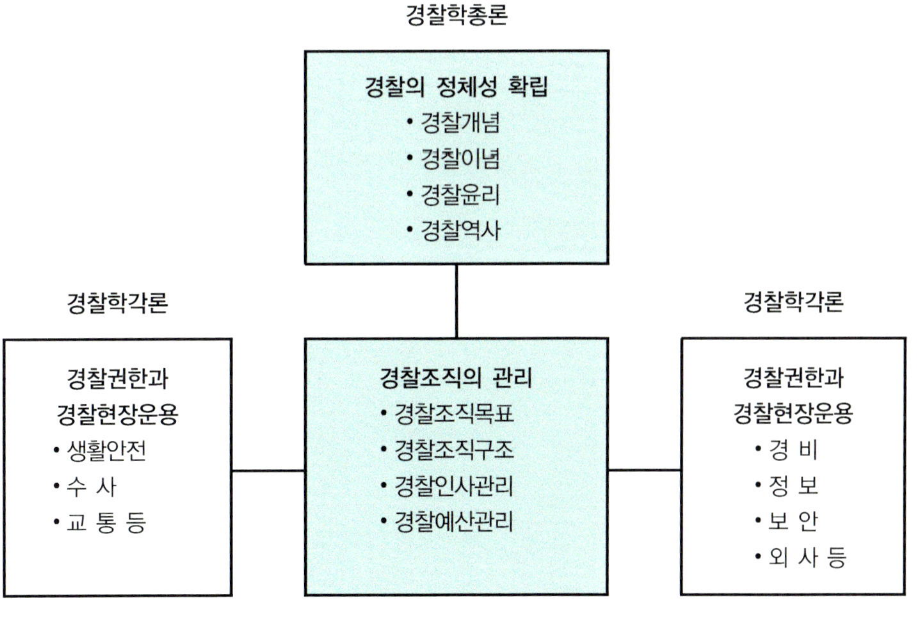

이러한 경찰학의 기본체계는 인간의 신체에 비유할 수 있을 것이다. 기본체계 그림의 맨 위(경찰의 정체성 확립 부분)는 인간의 머리에 해당하고, 가운데(경찰조직의 관리)는 인간의 몸통, 그리고 좌우(경찰권한과 현장운용)는 인간의 팔과 다리에 해당한다고 볼 수 있다.

여기에서 주의할 것은 각각의 부분이 불균형을 이룰 때(즉, 머리가 지나치게 크거나, 몸통이 지나치게 비대하거나, 손발이 지나치게 왜소할 때 등)에는 정상적인 기능을 하기가 어렵다는 점이다. 바꿔 말하면, 경찰 스스로가 자신들의 정체성을 확립하고 있지 못한다거나, 조직관리(인사·예산 등)가 특정계층 중심으로 이루어진다거나, 일선경찰의 도덕성과 전문성 그리고 자아효능감이 떨어질 때(열악한 근무환경, 승진상의 어려움, 소외감 등) 주어진 목표를 달성하는데 한계가 있다는 점이다.

요약건대, 경찰조직을 하나의 '유기체'(有機體)로 간주하고 각 구성요소 상호간의 긴밀하고, 유기적인 상호작용이 이루어졌을 때, 경찰목표를 효율적으로 달성할 수 있다는 의미이다.

경찰학 총론

INDEX

저 / 자 / 소 / 개

최선우(崔善羽)

- 동국대학교 경찰행정학과 졸업
- 동국대학교 경찰행정학과 대학원 졸업(법학박사, 경찰학전공)
- 치안연구소 연구원(외래)
- 행정고시, 7급·9급 행정직 시험출제위원
- 경찰공무원 간부후보생·순경 시험출제위원
- 경비지도사·청원경찰 시험출제·선정위원
- 동국대, 경찰대, 관동대, 광운대, 대불대, 순천향대, 원광대, 인천대 등 외래교수
- 현재 광주대학교 경찰·법·행정학부 교수

[주요저서 및 논문]

저서

경찰학각론(2021)
경호학(2021, 개정판)
민간경비론(2021, 제6판)
환경설계와 범죄예방: 지속가능한 도시발전과 CPTED(2020)
경찰면접(2020, 공저)
커뮤니티 경찰활동: 경찰과 커뮤니티(2017)
경찰학(2017, 제3판)
경찰과 커뮤니티(2010, 개정판)
경찰교통론(2008, 공저)
치안서비스 공동생산론(2002)
지역사회 경찰활동: 각국의 이슈 및 현황(2001, 역서)

논문

색채가 인간심리에 미치는 특성 연구(2021)
인간의 본성에 대한 연구(2019)
경찰공무원의 독직폭행에 관한 연구(2017)
방어공간의 영역성 연구(2017)
권력모델에 의한 형사사법 연구(2017)
영국경찰의 정당성 확보와 저하에 관한 역사적 연구(2016)
수사구조의 근대성과 미군정기의 수사구조 형성과정 연구(2015)
영국 근대경찰의 형성에 관한 연구(2015)
개화기 근대 해양경찰의 등장과 역사적 함의(2015)
국가중요시설의 위험요소 평가 및 대응전략(2015)
영국 민간경비산업의 제도적 정비와 민간조사에 관한 연구(2014)
경찰학의 정체성과 학문분류체계에 관한 연구(2014)
민간경비의 자율적 운영에 관한 연구(2013)
경찰정신에 관한 연구: 차일혁을 중심으로(2012, 공동)
북한의 사이버테러리즘에 관한 연구(2012, 공동)
공동주거 단지의 범죄발생 특성에 관한 연구(2012)
경찰조직의 진단과 건강성 연구(2011)
국가질서와 시민불복종 연구: 소로우의 사상을 중심으로(2011, 공동)
다문화사회의 범죄문제와 경찰의 대응(2011)
성범죄에 대한 진화심리학적 접근(2010)외 다수

도서출판
그린

경찰학 총론 - 경찰이념과 경찰조직 -

1판1쇄 인쇄 ▶ 2021년 12월 27일
1판1쇄 발행 ▶ 2021년 12월 31일
저 자 ▶ 최선우
발행처 ▶ 도서출판 **그린**
발행인 ▶ 윤 덕 우
출판등록 ▶ 제8-161호(1995. 5. 3.)
주소 ▶ 경기 파주시 가람로116번길 107 운정한강듀클래스 411호 (우) 10896
전화 ▶ 02) 333-2574, 2575
Fax ▶ 02) 333-2561
E-mail ▶ greenpress@greenpress.co.kr
Homepage ▶ http://www.greenpress.co.kr

정가 : 24,000원

ISBN 978-89-5727-334-0

"이 연구는 2021년도 광주대학교 대학 연구비의 지원을 받아 수행되었음"